Berner Kommentar

Kommentar zum schweizerischen Privatrecht

Begründet von † Prof. Dr. M. Gmür
Fortgeführt durch † Dr. Dr. h.c. H. Becker und † Prof. Dr. A. Meier-Hayoz

Herausgegeben von

Professor em. Dr. Dr. h.c. Heinz Hausheer
und
Professor em. Dr. h.c. Hans Peter Walter

Der Berner Kommentar wurde im Jahre 1909 vom damaligen Ordinarius für Zivilrecht an der Universität Bern, Professor Dr. Max Gmür, begründet. Im Laufe der Jahrzehnte ist daraus eines der umfassendsten und wichtigsten Werke der schweizerischen juristischen Literatur herangewachsen.

Der Kommentar befindet sich in ständiger Entwicklung. Zurzeit ist eine Reihe von Bänden (Familienrecht, Erbrecht, Sachenrecht, Obligationenrecht) in Neuauflagen im Erscheinen begriffen. Der Verlag macht es sich zur Pflicht, nur dann Lieferungen erscheinen zu lassen, wenn sie ein thematisch geschlossenes Gebiet behandeln. Daraus ergibt sich, dass alle Einzellieferungen des Berner Kommentars für den Praktiker auch wirklich brauchbar sind. Die neu erscheinenden Bände enthalten den Gesetzestext in allen drei Amtssprachen. Der Verlag gibt mindestens einmal im Jahr ein neues Gesamtverzeichnis des Werkes heraus. Bitte verlangen Sie dieses Verzeichnis, das Ihnen jeweils den neuesten Stand des Werkes vermittelt, bei Ihrem Buchhändler oder direkt beim Verlag.

Schweizerisches Zivilgesetzbuch

Das Erbrecht

Band III, 1. Abteilung
Die Erben

2. Teilband
Die Verfügung von Todes wegen

2. Teil
Die Willensvollstrecker, Art. 517–518 ZGB

Erläutert von
Dr. oec. Hans Rainer Künzle
Titularprofessor für Privatrecht und
Privatrechtsvergleichung an der Universität Zürich
Rechtsanwalt

Stämpfli Verlag AG Bern · 2011

Bibliografische Information der Deutschen Nationalbibliothek
Die Deutsche Nationalbibliothek verzeichnet diese Publikation in der Deutschen National-
bibliografie; detaillierte bibliografische Daten sind im Internet über http://dnb.d-nb.de abrufbar.

Alle Rechte vorbehalten, insbesondere das Recht der Vervielfältigung, der Verbreitung und der
Übersetzung. Das Werk oder Teile davon dürfen ausser in den gesetzlich vorgesehenen Fällen
ohne schriftliche Genehmigung des Verlags weder in irgendeiner Form reproduziert (z.B. foto-
kopiert) noch elektronisch gespeichert, verarbeitet, vervielfältigt oder verbreitet werden.

© Stämpfli Verlag AG Bern · 2011

Gesamtherstellung:
Stämpfli Publikationen AG, Bern
Printed in Switzerland

ISBN 978-3-7272-3364-7

FSC
Mix
Produktgruppe aus vorbildlicher
Waldwirtschaft und anderen
kontrollierten Herkünften
Cert no. SQS-COC-023903
www.fsc.org
© 1996 Forest Stewardship Council

Berner Kommentar

Kommentar zum schweizerischen Privatrecht

Die Autorinnen und Autoren des Berner Kommentars sind:
Prof. Dr. Regina Aebi-Müller in Luzern; lic. iur. Kurt Affolter, Fürsprecher und Notar in Ligerz; Dr. Thomas Bähler, Rechtsanwalt in Bern; PD Dr. Harald Bärtschi, Rechtsanwalt in Zürich; † Prof. Dr. Hermann Becker; Dr. Bernhard Berger, Rechtsanwalt in Bern; Dr. Isabelle Berger, Bern; Dr. Roland Brehm in Bottmingen; Prof. Dr. Jürgen Brönnimann, Rechtsanwalt in Bern; Dr. Marcel Brülhart, Rechtsanwalt in Bern; Prof. Dr. Eugen Bucher in Bern; Dr. Alfred Bühler in Egliswil; † Dr. Walter Bühler; Prof. Dr. Pio Caroni in Bern; Prof. Dr. Paul Eitel, Rechtsanwalt in Solothurn; Dr. Daniel Emch in Bern; lic. iur. Kathrin Enderli, Rechtsanwältin in Bern; Prof. Dr. Walter Fellmann, Rechtsanwalt und Notar in Luzern; Prof. Dr. Peter Forstmoser, Rechtsanwalt in Zürich; Dr. Nina Frei, Rechtsanwältin in Zug; lic. iur. Sylvia Frei-Maurer in Zürich; † Prof. Dr. Hans-Peter Friedrich; Prof. Dr. Stephan Fuhrer, Rodersdorf; Prof. Dr. Susan Emmenegger in Bern; † Dr. Georg Gautschi; Prof. Dr. Thomas Geiser in Bern; Prof. Dr. Dr. Hans Giger, Rechtsanwalt in Zürich; † Dr. Silvio Giovanoli; † Dr. Ernst Götz; Dr. Balz Gross in Zürich; Dr. Andreas Güngerich, Rechtsanwalt in Bern; Prof. Dr. Dr. h.c. Heinz Hausheer in Bern; Prof. Dr. Dr. h.c. Cyril Hegnauer in Wädenswil; Prof. Dr. Sibylle Hofer in Bern; Prof. Dr. Stephanie Hrubesch-Millauer in Bern; † Prof. Dr. Hans Huber; Dr. Christoph Hurni in Bern; † Prof. Dr. Peter Jäggi; † Dr. Arnold Janggen; † Prof. Dr. Karl Käfer; lic. iur. Carolina Keller Jupitz in Zürich; Prof. Dr. Franz Kellerhals in Bern; Dr. Laurent Killias, Rechtsanwalt in Zürich; Prof. Dr. Alfred Koller in St. Gallen; Prof. Dr. Thomas Koller in Bern; Prof. Dr. Dr. h.c. Ernst A. Kramer in Basel; Dr. Brigitte Kratz, Rechtsanwältin in Zürich; † Prof. Dr. Max Kummer; Dr. Manfred Küng, Rechtsanwalt in Bassersdorf; Prof. Dr. Hans Rainer Künzle, in Zürich; Prof. Dr. Peter V. Kunz in Bern; Dr. Christoph Kurth, Rechtsanwalt in Zürich; Dr. Paul Lemp in Biel; † Prof. Dr. Peter Liver; Prof. Dr. Alexander R. Markus in Bern; Dr. Mario Marti in Bern; Daniel Marugg in Zürich; † Prof. Dr. Arthur Meier-Hayoz; † Prof. Dr. Hans Merz; Prof. Dr. Karin Müller in Luzern; Prof. Dr. Erwin Murer in Freiburg; Dr. James T. Peter, Rechtsanwalt in Zürich; † Prof. Dr. Vito Picenoni; Prof. Dr. Thomas Probst in Freiburg; Dr. Markus Reber in Solothurn; Prof. Dr. Manfred Rehbinder in Zürich; Dr. Ruth Reusser in Bern; Prof. Dr. Heinz Rey in Zürich; Prof. Dr. Hans Michael Riemer in Zürich; Dr. Yves Rüedi in Glarus; Dr. David Rüetschi in Bern; Dr. Sven Rüetschi in Bern; Dr. Marc Schaetzle, Rechtsanwalt in Zürich; Prof. Dr. Christina Schmid-Tschirren in Bern; Jörg Schmid in Zürich; Prof. Dr. Bruno Schmidlin in Genf; Prof. Dr. Bernhard Schnyder in Freiburg; Dr. Rino Siffert in Bern; PD Dr. Felix Schöbi in Bern; Prof. Dr. Karl Spühler in Zürich; Dr. Annette Spycher, Rechtsanwältin in Bern; Dr. Marco Stacher in Zürich; † Prof. Dr. Emil W. Stark; Dr. Martin H. Sterchi, Rechtsanwalt in Bern; Prof. Dr. Jean-Fritz Stöckli in Basel; Prof. Dr. Axel Tschentscher in Bern; † Prof. Dr. Peter Tuor; Dr. Christoph Thurnherr, Rechtsanwalt in Baden; lic. iur. Urs Vogel in Kulmerau; Prof. Dr. Hans-Ueli Vogt in Zürich; Dr. Adrian Walpen in Bern; Prof. Dr. h.c. Hans Peter Walter in Bern; Dr. Fridolin Walther, Rechtsanwalt in Bern; Dr. Daniel Wehrli, Rechtsanwalt in Zürich; Prof. Dr. Rolf H. Weber, Rechtsanwalt in Zürich; † Prof. Dr. Peter Weimar in Winterthur; Dr. Jürg Wichtermann, in Bern; Prof. Dr. Stephan Wolf in Bern; Prof. Dr. Roger Zäch in Zürich; Dr. Corinne Zellweger-Gutknecht in Zürich; Dr. Florian Zihler in Bern; Dr. Simon Zingg in Bern; Prof. Dr. Dieter Zobl in Zürich; Dr. Roger Zuber in Zürich.

Vorwort

Die vorliegende Kommentierung ist aus der Habilitationsschrift «Der Willensvollstrecker im schweizerischen und US-amerikanischen Recht» (Zürich 2000) und daran anschliessenden Publikationen hervorgegangen, welche während der praktischen Tätigkeit erstellt wurden, nämlich:
- Die Befugnisse des Willensvollstreckers, in: Der Willensvollstrecker, hrsg. von Jean Nicolas Druey und Peter Breitschmid, St. Gallen 2001, S. 21–87 (Studien zum Privat-, Handels- und Wirtschaftsrecht) (= HSG-Weiterbildungsveranstaltung vom November 1999/März 2000).
- Der Willensvollstrecker und das Bank- und Postgeheimnis, in: Festschr. für Jean Nicolas Druey, hrsg. v. Rainer J. Schweizer, Herbert Burkert und Urs Gasser, Zürich 2002, S. 209–218.
- Anlageberatung, Vermögensverwaltung und Willensvollstreckung, in: Festschr. für Heinz Rey, hrsg. v. Wolfgang Portmann, Roger Zäch, Heinrich Honsell und Dieter Zobl, Zürich 2003, S. 451–471.
- Anfang und Ende der Willensvollstreckung, in: Festschr. für Ernst A. Kramer, hrsg. v. Heinrich Honsell, Roger Zäch, Franz Hasenböhler, Friedrich Harrer und René Rhinow, Basel/Genf/München 2004, S. 371–387.
- Einleitung: Aktuelle Gerichtspraxis zur Willensvollstreckung, in: Willensvollstreckung – Aktuelle Rechtsprobleme, hrsg. v. Hans Rainer Künzle, Zürich 2004, S. 1–7 (= Band 5 der Schweizer Schriften zur Vermögensberatung und zum Vermögensrecht).
- Der Umgang des Willensvollstreckers mit Unternehmen im Nachlass, in: Willensvollstreckung – Aktuelle Rechtsprobleme, hrsg. v. Hans Rainer Künzle, Zürich 2004, S. 9–36.
- Einleitung: Aktuelle Gerichtspraxis zur Willensvollstreckung, in: Willensvollstreckung – Aktuelle Rechtsprobleme (2), hrsg. v. Hans Rainer Künzle, Zürich 2006, S. 1–17 (= Band 8 der Schweizer Schriften zur Vermögensberatung und zum Vermögensrecht).
- Anfang und Ende der Willensvollstreckung, in: Willensvollstreckung – Aktuelle Rechtsprobleme (2), hrsg. v. Hans Rainer Künzle, Zürich 2006, S. 19–36.
- Tätigkeit ausländischer Vollstrecker in der Schweiz, in: Willensvollstreckung – Aktuelle Rechtsprobleme (2), hrsg. v. Hans Rainer Künzle, Zürich 2006, S. 292–354.
- Erbengemeinschaft und Willensvollstrecker, in: Festschr. zum Schweizerischen Juristentag, hrsg. v. Roger Zäch u.a., Zürich 2006, S. 159–173.
- Kommentar zu Art. 517–518 ZGB, in: Handkommentar zum Schweizer Privatrecht, hrsg. v. Marc Amstutz, Zürich 2007.
- Aktuelle Praxis zur Willensvollstreckung, successio 1 (2007) 42–48.
- Aktuelle Praxis zur Willensvollstreckung (2006–2007), successio 1 (2007) 248–258.

- Aktuelle Praxis zur Willensvollstreckung (2007–2008), successio 2 (2008) 299–308.
- Die Anlagestrategie des Willensvollstreckers, successio 3 (2009) 51–66.
- zusammen mit Christian Lyk: Die Stellung des Willensvollstreckers im Steuerverfahren, Festschrift Wolfgang Zankl, Wien 2009, S. 503–523 (= StR 65 [2010] 123–131 und 182–191).
- Aktuelle Praxis zur Willensvollstreckung (2008–2009), successio 3 (2009) 267–280.
- (Deutsche) Testamentsvollstreckung und (schweizerische) Willensvollstreckung, in: 3. Deutscher Testamentsvollstreckertag, hrsg. v. d. Arbeitsgemeinschaft Testamentsvollstreckung und Vermögenssorge (AGT) e.V., Bonn 2010, S. 43–65 (= successio 4 [2010] 224–338).
- Aktuelle Praxis zur Willensvollstreckung (2009–2010), successio 4 (2010) 281–293.

Da sich Ansichten im Laufe der Zeit vertiefen, aber auch verändern können, verzichte ich im Kommentar fast vollständig darauf, eigene Publikationen über den Willensvollstrecker zu zitieren, die vorstehend erwähnten Publikationen sollen allesamt durch das vorliegende Werk «ersetzt» werden.

Ich danke den Herausgebern des Berner Kommentars, Prof. Heinz Hausheer und Prof. Hans Peter Walter, für das mir gewährte Vertrauen. Peter Breitschmid und Paul Eitel danke ich für die stete Unterstützung und ihre Freundschaft, welche unter anderem im Verein Successio gebündelt wird. Ich danke Ihnen und vielen weiteren Erbrechtslehrern von den Universitäten Basel (Thomas Sutter-Somm), Bern (Stephan Wolf), Freiburg (Alexandra Rumo-Jungo) und St. Gallen (Thomas Geiser), dass sie an meinen Willensvollstrecker-Seminaren Referate gehalten haben, welche mithalfen, die Willensvollstreckung weiter zu entwickeln. Schliesslich danke ich den Verlagen Schulthess, Stämpfli und Swisslex, dass mit successio online eine Plattform geschaffen wurde, welche aktuelle Informationen – auch zum Willensvollstrecker – bieten kann.

Danken möchte ich sodann Markus Pichler und Marc Antonio Iten, welche an der Ausarbeitung einer Dissertation über den Willensvollstrecker sind und mir Einblick in ihre Arbeiten gewährten, aber leider noch nicht zitiert werden können.

Meinen Partnerkollegen von der KENDRIS private AG und insbesondere unserem Chairman, Rudolf Roth, danke ich für den gewährten Freiraum, ganz besonders für das «Sabbatical» im Jahre 2010, welches erlaubte, den Kommentar abzuschliessen.

Last but not least danke ich meiner Frau Ursula für ihr grosses Verständnis. Das Buch widme ich meinen Töchtern Sandra und Patricia in der Hoffnung, dass sie mit dem von mir ernannten Willensvollstrecker dereinst zufrieden sind.

Binz, 2. April 2011   Hans Rainer Künzle

Inhaltsübersicht

Vorwort..	VII
Allgemeine Literatur	XIII
Abkürzungsverzeichnis	XVII

Vorbemerkungen zu Art. 517–518................................... 1

- I. Aufgaben des Willensvollstreckers 8
    - A. Verwaltung der Erbschaft.................................... 9
    - B. Liquidation der Erbschaft 11
    - C. Ausrichtung von Vermächtnissen........................ 11
    - D. Vornahme der Erbteilung 12
    - E. Vollzug von Auflagen, Bedingungen und persönlichen Anordnungen.................................. 14
    - F. Schutz von weiteren Dritten?.............................. 18
    - G. Abgrenzungen 19
- II. Qualifikation des Willenvollstreckers 22
    - A. Beauftragter.. 23
    - B. Gewillkürter Vertreter 24
    - C. Gesetzlicher Vertreter (i.w.S.)............................ 27
    - D. Treuhänder/trustee.. 32
    - E. Abgrenzungen 38
    - F. Willensvollstreckung als Institut eigner Art 40
- III. Schweizerisches Kollisionsrecht 41
    - A. Staatsverträge 41
    - B. Internationales Privatrecht (IPR) 43
- IV. Tätigkeit des Willensvollstreckers im Ausland 48
    - A. Ausländische Mobilien 48
- V. Tätigkeit ausländischer Vollstrecker in der Schweiz...... 55
    - A. Anwendbares Recht.. 55
    - B. Ausweis 57
    - C. Länderübersicht.. 62
- VI. Intertemporales Recht 78

Inhaltsübersicht

Fünfter Abschnitt: Die Willensvollstrecker			79
I.	Inbesitznahme der Erbschaft		90
	A.	Beginn der Willensvollstreckung	90
	B.	Grundverhältnis	127
	C.	Eigentum am Nachlass	131
	D.	Besitz an den Nachlassgegenständen	134
	E.	Grundbuch	137
II.	Verwaltung der Erbschaft		140
	A.	Grundlagen	141
	B.	Aufnahme des Inventars	149
	C.	Forderungen und Schulden	159
	D.	Verwaltung der Nachlassgegenstände	161
	E.	Fähigkeiten des Willensvollstreckers	190
	F.	Auskunft	199
	G.	Mitwirkung im Steuerverfahren	210
III.	Vorbereitung der Erbteilung		236
	A.	Güterrechtliche Auseinandersetzung	236
	B.	Ausrichtung der Vermächtnisse	241
	C.	Erarbeitung des Teilungsplans	244
IV.	Durchführung der Erbteilung		270
	A.	Allgemeines	270
	B.	Grundbuch	273
	C.	Gründung von juristischen Personen und Handelsgesellschaften	276
	D.	Handelsregister	277
	E.	Familienrechtliche Aspekte	278
	F.	Partieller und fehlerhafter Vollzug	279
	G.	Vollzug ohne den Willensvollstrecker	283
	H.	Beendigung der Willensvollstreckung	284
V.	Honorar		289
	A.	Umfang	289
	B.	Abrechnungspflicht	297
	C.	Retentionsrecht	301
VI.	Verantwortlichkeit		301
	A.	Haftung des Willensvollstreckers	301
	B.	Strategien zur Vermeidung der Haftung des Willensvollstreckers	309
	C.	Haftung der Erben	312
	D.	Haftung der Aufsichtsbehörde	312

VII. Zuständigkeiten und Verfahren 313
    A. Zivilrechtliche Streitigkeiten im ordentlichen
       Verfahren 313
    B. Zwangsvollstreckungsverfahren 332
    C. Aufsicht 333
    D. Strafrecht 355

Stichwortverzeichnis 359

Allgemeine Literatur

Schweizerische Literatur

BRACHER HANSJÜRG, Der Willensvollstrecker, insbesondere im zürcherischen Zivilprozessrecht, Zürich 1966 (Diss. Zürich 1965).

BREITSCHMID PETER, Die Stellung des Willensvollstreckers in der Erbteilung, in: Praktische Probleme der Erbteilung, hrsg. v. Jean Nicolas Druey und Peter Breitschmid, St. Gallen 1997, S. 109–178 (zit. Stellung des Willensvollstreckers).

DERS., Entwicklungen im Erbrecht, SJZ 102/2006, 103–106.

BRÜCKNER CHRISTIAN/WEIBEL THOMAS, Die erbrechtlichen Klagen, 2. Aufl., Basel 2006.

CHRIST BERNHARD, Kommentar zu 517–518 ZGB, in: Praxiskommentar Erbrecht, hrsg. v. Daniel Abt und Thomas Weibel, Basel 2007 (zit. PraxKomm-CHRIST).

DERRER BRUNO, Die Aufsicht der zuständigen Behörde über den Willensvollstrecker und den Erbschaftsliquidator, Zürich 1985 (Diss. Zürich 1985).

DRUEY JEAN NICOLAS, Grundriss des Erbrechts, 5. Aufl., Bern 2002 (zit. Grundriss).

DUTOIT BERNARD, Droit international privé suisse, Basel/Genf/München 2003.

ESCHER ARNOLD, Kommentar zum Schweizerischen Zivilgesetzbuch, Band III: Erbrecht, 1. Abteilung: Die Erben (Art. 457–536), 3. Aufl., Zürich 1959; 2. Abteilung: Der Erbgang (Art. 537–640), 3. Aufl., Zürich 1960 (zit. ZK-ESCHER).

FELLMANN WALTER, Kommentar zum Schweizerischen Privatrecht, Band VI: Das Obligationenrecht, 2. Abteilung: Die einzelnen Vertragsverhältnisse, 4. Teilband: Art. 394–406 OR, 4. Aufl., Bern 1992 (zit. BK-FELLMANN).

FRANK RICHARD/STRÄULI HANS/MESSMER GEORG, Kommentar zur zürchrischen Zivilprozessordnung, 2. Aufl., Zürich 2000.

HAUSHEER HEINZ, Erbrechtliche Probleme des Unternehmers, Bern 1970 (Habil. Bern).

HOLENSTEIN PETER, Die prozessuale Stellung des gesetzlich über Drittrechte Verfügungsberechtigten, Zürich o.J. (Diss. Zürich 1975).

HUX THOMAS, Die Anwendbarkeit des Auftragsrechts auf die Willensvollstreckung, die Erbschaftsverwaltung, die Erbschaftsliquidation und die Erbenvertretung, Entlebuch 1985 (Diss. Zürich 1985).

JOST ARTHUR, Fragen aus dem Gebiete der Willensvollstreckung, in: Festg. zum Schweizerischen Anwaltstag, hrsg. v. Luzernischen Anwaltsverband, Luzern 1953, S. 81–110 (zit. Fragen).

DERS., Der Willensvollstrecker, Zürich 1953 (zit. Willensvollstrecker).

KARRER MARTIN, Kommentar zu Art. 517 f. und Art. 551–559 ZGB, in: Kommentar zum Schweizerischen Privatrecht, Schweizerisches Zivilgesetzbuch II (Art. 457–977, Art. 1–61 SchlT), hrsg. v. Heinrich Honsell, Peter Nedim Vogt und Thomas Geiser, 3. Aufl., Basel/Genf/München 2007 (zit. BSK-Karrer).

MEIER-HAYOZ ARTHUR/FORSTMOSER PETER, Grundriss des schweizerischen Gesellschaftsrechts, 10. Aufl., Bern 2007.

NATER URS ANDREA, Die Erbengemeinschaft im Zivilprozess, Diss. Zürich 1978.

NUSSBAUM H., Der Willensvollstrecker, ZBGR 4/1923 S. 57–66, 96–106 und 144–151.

PIOTET PAUL, Schweizerisches Privatrecht, Band IV: Erbrecht, 2 Halbbände, Basel/Stuttgart 1978/81; Nachtrag zu den Bänden IV/1 und IV/2, Basel/Frankfurt am Main 1986 (zit. SPR IV/1 und IV/2 bzw. Nachtrag).
DERS., Précis de droit successoral, 2. Aufl., Bern 1988 (zit. Précis).
ROSSEL VIRGILE/MENTHA F.-H., Manuel du Droit Civil Suisse, 3 Bände, 2. Aufl., Lausanne/Genf 1922.
SCHICKER WALTER, Die Rechtsstellung des nach Art. 602/III ZGB für eine Erbengemeinschaft ernannten Vertreters, Zürich 1951 (Diss. Zürich 1949).
SCHNYDER ANTON, Kommentar zu Art. 41–60 OR, in: Kommentar zum Schweizerischen Privatrecht, Obligationenrecht I: Art. 1–519 OR, hrsg. v. Heinrich Honsell, Nedim Peter Vogt und Wolfgang Wiegand, 4. Aufl., Basel/Genf/München 2007 (zit. BSK-Schnyder).
SCHNYDER BERNHARD/MURER ERWIN, Kommentar zum Schweizerischen Privatrecht, Band II: Das Familienrecht, 3. Abteilung: Die Vormundschaft, 1. Teilband: Systematischer Teil und Kommentar zu den Art. 367–397 ZGB, 3. Aufl., Bern 1984 (BK-SCHNYDER/MURER).
STIERLIN KONRAD, Der Willensvollstrecker als Erbschaftsverwalter, Erbschaftsliquidator und Erbenvertreter, Diss. Zürich 1972.
STRAEHL PAUL, Die Erbschaftsverwaltung nach Art. 554 f. des Schweizerischen Zivilgesetzbuches, Diss. Basel 1953 (MaschSchr.).
TUOR PETER, Kommentar zum Schweizerischen Privatrecht, Band III: Erbrecht (Art. 457–640), Bern 1929; Band III: Das Erbrecht, 1. Abteilung: Die Erben (Art. 457–536), 2. Aufl., Bern 1964 (BK-TUOR).
TUOR PETER/PICENONI VITO, Kommentar zum Schweizerischen Privatrecht, Band III: Das Erbrecht, 2. Abteilung: Der Erbgang (Art. 537–640 ZGB), Bern 1973 (zit. BK-TUOR/PICENONI).
TUOR PETER/SCHNYDER BERNHARD/SCHMID JÖRG/RUMO-JUNGO ALEXANDRA, Das schweizerische Zivilgesetzbuch, 13. Aufl., Zürich 2009.
YUNG WALTER, Les droits et les devoirs de l'administrateur officiel d'une succession, SJ 69/1947 S. 449–480.
WENGER JEAN-CLAUDE, Der Anwalt als Willensvollstrecker, in: Das Anwaltsgeheimnis, Band 3, Zürich 1997, S. 51–82.
WETZEL CLAUDE, Interessenkonflikte des Willensvollstreckers, Zürich 1985 (Diss. Zürich 1984).
ZÄCH ROGER, Kommentar zum Schweizerischen Privatrecht, Band VI: Obligationenrecht, 1. Abteilung: Allgemeine Bestimmungen, 2. Teilband, 2. Unterteilband: Stellvertretung (Art. 32–40), Bern 1990 (zit. BK-ZÄCH).

Ausländische Literatur

BENGEL MANFRED/REIMANN WOLFGANG, Handbuch der Testamentsvollstreckung, 4. Aufl., München 2009.
BIRK ROLF, Kommentar zu Art. 25–26 EGBGB, in: Münchener Kommentar zum Bürgerlichen Gesetzbuch, Band 10: Internationales Privatrecht, 4. Aufl., München 2006 (zit. MünchKomm-BIRK).

DAMRAU JÜRGEN, Kommentar zu §§ 2197–2228 BGB, in: Kommentar zum Bürgerlichen Gesetzbuch, Band 22: Erbrecht 2: §§ 2064–2273 und §§ 1–35 BeurkG, hrsg. v. Hs. Th. Soergel, W. Siebert u.a., 13. Aufl., Stuttgart 2003 (zit. SOERGEL-DAMRAU).

Damrau Jürgen (Hrsg.), Praxiskommentar Erbrecht, Angelbachtal 2004 (zit. DAMRAU-BEARBEITER).

DÖRNER HEINRICH, Kommentar zu Art. 25–26 EGBGB, in: J. von Staudingers Kommentar zum Bürgerlichen Gesetzbuch und Nebengesetzen, Einführungsgesetz zum Bürgerlichen Gesetzbuche/IPR: Art. 25, 26 EGBGB (Internationales Erbrecht), 13. Aufl., Berlin 2007 (zit. STAUDINGER-DÖRNER).

REIMANN WOLFGANG, Kommentar zu §§ 2197–2228 BGB, in: J. von Staudingers Kommentar zum Bürgerlichen Gesetzbuch und Nebengesetzen, Band V: Erbecht §§ 2197–2264 (Testament 2), 14. Aufl., Berlin 2003 (zit. STAUDINGER-REIMANN).

SCHURIG KLAUS., Kommentar zu Art. 25–26 EGBGB, in: Kommentar zum Bürgerlichen Gesetzbuch, Band 10: Einführungsgesetz, hrsg. v. Hs. Th. Soegel, W. Siebert u.a., 12. Aufl., Stuttgart 1996 (zit. SOERGEL-SCHURIG).

WINKLER KARL, Der Testamentsvollstrecker, 19. Aufl., Regensburg 2008.

ZIMMERMANN WALTER, Kommentar zu §§ 2197–2228 BGB, in: Münchener Kommentar zum Bürgerlichen Gesetzbuch, Band 9: Erbrecht (§ 1922–2385 BGB und § 27–35 BeurkG), hrsg. v. Gerhard Schlichting, 5. Aufl., München 2010 (zit. MünchKomm-ZIMMERMANN).

Abkürzungsverzeichnis

A.	Auflage.
a.A.	am Albis.
aarg.	aargauisch(en).
AB	Aufsichtsbehörde.
ABBA	Aufsichtsbehörde über das Betreibungs- und Konkursamt.
ABGB	Allgemeines bürgerliches Gesetzbuch vom 1. Juni 1811 (JGS Nr. 946).
ABRA	Aufsichtsbehörde über die Rechtsanwälte.
Abs.	Absatz.
ABSH	Amtsbericht des Obergerichts an den Grossen Rat des Kantons Schaffhausen.
AEA 1925	Administration of Estates Act 1925 (15 & 16 Geo., c. 23) (Grossbritannien).
AEA 1965	Administration of Estates Act 1965 (Act No. 66 of 1965) (South Africa).
AG	(Kanton) Aargau.
	Aktiengesellschaft.
AG-EGZGB	EG vom 27. März 1911 zum Schweizerischen Zivilgesetzbuch und Partnerschaftsgesetz (SAR 210.100).
AG-GOG	G vom 11. Dezember 1984 über die Organisation der ordentlichen richterlichen Behörden (Gerichtsorganisationsgesetz (SAR 155.100).
AG-StG	Steuergesetz vom 15. Dezember 1998 (SAR 651.100).
AGVE	Aargauische Gerichts- und Verwaltungsentscheide.
AI	(Kanton) Appenzell I.-Rh.
AI-EGZGB	EG vom 30. April 1911 zum Schweizerischen Zivilgesetzbuch (AI-SG 211.000).
AI-SG	Kanton Appenzell I.-Rh., Systematische Gesetzessammlung.
AI-StG	Steuergesetz vom 25. April 1999 (AI-SG 640.000).
AJP	Aktuelle Juristische Praxis.
AK	Aufsichtskommission bzw. -behörde über die Advokaten bzw. Rechtsanwälte/Anwaltskammer.
al.	alinéa (= Abs.).
ALR	Allgemeines Landrecht für die Preussischen Staaten von 1794, Textausgabe, Frankfurt am Main/Berlin 1970.
A.M./a.M.	Anderer Meinung/anderer Meinung.
Anm.	Anmerkungen.
AnwK	Anwaltskammer.
AO	Abgabenordnung in der Fassung der Bekanntmachung vom 1. Oktober 2002 (BGBl. I S. 3866).
AppGer.	Appellationsgericht.
AppH	Appellationshof/Appellations- und Kassationshof.
AppK	Appellationskammer (des Obergerichts).
AppR	Appellationsrichter.

AR	(Kanton) Appenzell A.-Rh.
AR-bGS	Kanton Appenzell A.-Rh., bereinigte (systematische) Gesetzessammlung.
AR-EGZGB	G vom 27. April 1969 über die Einführung des Schweizerischen Zivilgesetzbuches (AR-bGS 211.1).
AR-GG	Gemeindegesetz vom 7. Juni 1998 (AR-bGS 151.11).
AR-GVP	Ausserrhodische Gerichts- und Verwaltungspraxis.
AR-JG	Justizgesetz vom 13. September 2010 (AR-bGS 145.31).
AR-StG	Steuergesetz vom 21. Mai 2000 (AR-bGS 621.11).
AR-VRPG	G vom 9. September 2002 über die Verwaltungsrechtspflege (AR-bGS 143.1).
Art.	Artikel, Article.
art.	article/articolo.
AS	Amtliche Sammlung der Bundesgesetze und Verordnungen (Eidgenössische Gesetzessammlung; ab 1948: Sammlung der eidgenössischen Gesetze).
ASA	Archiv für schweizerisches Abgaberecht/Archives de droit fiscal suisse.
ASA Bull.	Bulletin der Swiss Arbitration Association.
ASRF	Autorité de surveillance du registre foncier.
ASS	Assistalex.
BankG	BG vom 8. November 1934 über die Banken und Sparkassen (SR 952.0).
BayObLGZ	Sammlung der Entscheidungen des Bayerischen Obersten Landesgerichts in Zivilsachen.
BBl.	Bundesblatt.
BE	(Kanton) Bern.
BE-EGZGB	G vom 28. Mai 1911 betreffend die Einführung des Schweizerischen Zivilgesetzbuches (BSG 211.1).
BE-EGZSJ	EG vom 11. Juni 2009 zur Zivilprozessordnung, zur Strafprozessordnung und zur Jugendstrafprozessordnung (BSG 271.1)
BE-ESchG	G vom 23. November 1999 über die Erbschafts- und Schenkungssteuer (BSG 662.1).
BE-InvV	V vom 18. Oktober 2000 über Errichtung des Inventars (BSG 214.431.1).
BE-LICC	Loi du 28 mai 1911 sur l'introduction du Code civil suisse (RSB 211.1).
BE-StG	Steuergesetz vom 21. Mai 2000 (BSG 661.11).
BE-VRPG	G vom 23. Mai 1989 über die Verwaltungsrechtspflege (BSG 155.21).
BEHG	BG vom 24. März 1995 über die Börsen und den Effektenhandel (Börsengesetz – SR 954.1).
BeurkG	Beurkundungsgesetz vom 28. August 1969 (BGBl. I S. 1513).
BewG	BG vom 16. Dezember 1983 über den Erwerb von Grundstücken durch Personen im Ausland (SR 211.412.41).
BezGer.	Bezirksgericht.
BezR	Bezirksrat.
BG	Bundesgesetz.

BGB	Bürgerliches Gesetzbuch vom 18. August 1896 (RGBl. 195).
BGBB	BG vom 4. Oktober 1991 über das Bäuerliche Bodenrecht (SR 211.412.11).
BGE	Entscheidungen des Schweizerischen Bundesgerichtes.
BGer.	(Schweizerisches) Bundesgericht.
BGG	Bundesgesetz vom 17. Juni 2005 über das Bundesgericht (SR 173.110).
BGH	(deutscher) Bundesgerichtshof.
BGHZ	Entscheidungen des Bundesgerichtshofs in Zivilsachen.
BJ	Bundesamt für Justiz.
BJM	Basler Juristische Mitteilungen.
BL	(Kanton) Basel-Landschaft.
BL-EGZGB	G vom 16. November 2006 betreffend die Einführung des Zivilgesetzbuches (BL-SGS 211).
BL-EGZPO	EG vom 23. September 2010 zur Schweizerischen Zivilprozessordnung (BL-SGS 221).
BL-ESchG	G vom 7. Januar 1980 über die Erbschafts- und Schenkungssteuer (BL-SGS 334).
BL-SGS	Kanton Basel-Landschaft, Systematische Gesetzessammlung.
BL-StG	G vom 7. Februar 1974 über die Staats- und Gemeindesteuern (BL-SGS 331).
BL-VPO	G vom 16. Dezember 1993 über die Verfassungs- und Verwaltungsprozessordnung (BL-SGS 271).
BL-VVG	Verwaltungsverfahrensgesetz vom 13. Juni 1988 (BL-SGS 175).
BLVGE	Basellandschaftliche Verwaltungsgerichtsentscheide.
BN	Der Bernische Notar.
BR	Bündner Rechtsbuch.
BS	(Kanton) Basel-Stadt.
	Bereinigte Sammlung der Bundesgesetze und Verordnungen.
BS-AGE	Entscheidungen des Appellationsgerichts des Kantons Basel-Stadt.
BS-EGZGB	G vom 27. April 1911 betreffend die Einführung des Schweizerischen Zivilgesetzbuches (BS-SG 211.100).
BS-SG	Kanton Basel-Stadt, Systematische Gesetzessammlung.
BS-StG	G vom 12. April 2000 über die direkten Steuern (BS-SG 640.100).
BSl	Entscheide des Appellationsgerichts des Kantons Basel-Stadt.
BSG	Bernische Systematische Gesetzessammlung.
	(deutsches) Bundessozialgericht.
BV	Bundesverfassung der Schweizerischen Eidgenossenschaft vom 29. Mai 1874 (SR 101).
BVR	Bernische Verwaltungsrechtsprechung.
BWNotZ	Zeitschrift für das Notariat in Baden-Württemberg.
bzw.	beziehungsweise.
Cal.App.	California Appellate Reports (California, Court of Appeal).
Cal.Prob.Code	California Probate Code (West's Annotated California Code).
Cal.Rptr.	West's California Reporter.
Cass.	Cour de cassation/Camera di casszione civile des Tribunale di apello.

CC esp.	Código Civil Español (Ley de 11 de mayo de 1888 por la que se autoriza al Gobierno para publicar un Código Civil con arreglo a las condiciones y bases establecidas en la misma, Colección Legislativa de España, tomo CXL, primer semestre de 1888, p. 829 ss.).
CC fr.	Code civil français (L. du 30 ventôse an XII [sc. 21 mars 1804], contenant la réunion des lois civiles en un seul corps de lois, sous le titre Code civil des Français).
CC gr.	Zivilgesetzbuch von Griechenland vom 15.3.1940, übersetzt in: Internationales Erbschaftsrecht, hrsg. v. Murad Ferid, Karl Firsching, Heinrich Dörner und Rainer Hausmann, München 2010; weitere Übersetzungen: Greek Civil Code, übersetzt von Constantin Taliadoros, Athen 2000; Code Civil Hellénique, übersetzt von Pierre Mamopolos und Mitsa Tsitseklis-Souriadakis, 3. Aufl., Athen 2000.
CC it.	Codice civile italiano (R.D. 16 marzo 1942, n. 262, G.U. 4 aprile 1942, n. 79 Ediziione Straordinaria).
CC lux.	Code civil en vigueur dans la Grand-Duche de Luxembourg (Décrété le 5 mars 1803).
CC mon.	Code civil de la Principauté de Monaco (Ordonnance du 1er avril 1815).
CCS / C.C.S.	Code civil suisse du 10 décembre 1907 (RS 210).
CDG	Cudesch da dretg grischun (= Bündner Rechtsbuch). Collezione sistematica del diritto cantonale grigionese (= Bündner Rechtsbuch).
CE	Conseil d'Etat.
CEF	Camera di esecuzione e fallimenti del Tribunale di Apello.
cert.	certiorari.
Ch.D.	Law Reports, Chancery Division.
Cie.	Compagnie.
Civ.	Cour civile/Cour de justice/Cour de justice civile. Cour de cassation. Chambre civile. Corte civile/Camera civile des Tribunale di Appello.
Colum.L.Rev.	Columbia Law Review.
CR	Commission cantonale de recours.
Curt.	Curteis' Ecclesiastical Reports.
DB	Der Betrieb.
DBG	BG vom 14. Dezember 1990 über die direkte Bundessteuer (SR 642.11).
DDB	Droit du bail.
ders.	Derselbe/dieselbe/dasselbe.
DG	Dipartimento di giustizia.
d.h.	das heisst.
DI	Departement des Innern.
Dist.	District.
DNotZ	Deutsche Notar-Zeitschrift.
DP	Département politique.
D.P.	Dalloz, Recueil Périodique et Critique.

DStG	Gesetz vom 6. Juni 2000 über die direkten Kantonssteuern (SGF631.1).
DV	Direktion für Völkerrecht (des Eidgenössischen Politischen Departements).
E	Entwurf des Bundesrates zum ZGB, 1904.
E.	Erwägung(en).
EAA	Estate Administration Act (RSBC 1996, c. 122).
EG	Einführungsgesetz.
EGA	Eidgenössisches Grundbuchamt.
EGBGB	Einführungsgesetz vom 18. August 1896 zum Bürgerlichen Gesetzbuch (RGBl. 604).
EGVSZ	Entscheide der Gerichts- und Verwaltungsbehörden des Kantons Schwyz.
EGZGB	EG zum Schweizerischen Zivilgesetzbuch.
EinfG	Einführungsgesetz.
EJPD	Eidgenössisches Justiz- und Polizeidepartement.
EPTL	Estates, Powers and Trusts Law (McKinney's Consolidated Laws of New York Annotated).
ER	Einzelrichter.
E.R.	English Reports.
ErbR	Zeitschrift für die gesamte erbrechtliche Praxis.
Erl.	Erläuterungen zum Vorentwurf des Eidgenössischen Justiz- und Polizeidepartements, zitiert nach der 2. Auflage.
ESchG	Erbschafts- und Schenkungssteuergesetz (vgl. auch die Kantone BE, BL, FR, LU, SH, TG, UR, ZH).
EU-ErbVO	Entwurf für eine Erbrechtsverordnung (KOM[2009] 154 endg.).
EVED	Eidgenössisches Verkehrs- und Energiewirtschaftsdepartement.
Extraits	Extraits des Principaux Arrêts rendus par les diverses sections du Tribunal cantonal de l'Etat de Fribourg.
f.	folgende (Seite).
FamRZ	Zeitschrift für das gesamte Familienrecht (bis 1961: Ehe und Familie im privaten und öffentlichen Recht).
Festg.	Festgabe.
Festschr.	Festschrift.
ff.	folgende (Seiten).
FN	Fussnote.
For.	Consiglio di disciplina forense.
FR	(Kanton) Freiburg.
FR-DStG	G vom 6. Juni 2000 über die direkten Kantonssteuern (SGF 631.1).
FR-EGZGB	EG vom 22. November 1911 zum Schweizerischen Zivilgesetzbuch für den Kanton Freiburg (SGF 210.1).
FR-ESchG	G vom 14. September 2007 über die Erbschafts- und Schenkungssteuer (SGF 635.2.1).
FR-JG	Justizgesetz vom 31. Mai 2010 (SGF 130.1).
FR-LACC	Loi d'application du 22 novembre 1911 du code civil suisse pour le canton de Fribourg (RSF 210.1).
FR-LICD	Loi du 6 juin 2000 sur les impôts cantonaux directs (RSF 631.1).

FR-LISD	Loi du 14 septembre 2007 sur l'impôt sur les successions et les donations (RSF 635.2.1).
FR-LJ	Loi du 31 mai 2010 sur la justice (RSF 130.1).
GBV	V vom 22. Februar 1910 betreffend das Grundbuch (SR 211.432.1).
GE	(République et canton de) Genève/(Kanton) Genf.
GE-LACC	Loi d'application du 28 novembre 2010 du code civil suisse et autres lois fédéralesen matière civile (RSG E 1 05).
GE-LDS	Loi du 26 novembre 1960 sur les droits de succession (RSG D 3 25).
GE-LN	Loi du 25 novembre 1988 sur le notariat (RSG E 6 05).
GE-LOJ	Loi du 26 septembre 2010 sur l'organisation judiciaire (RSG E 2 05).
Geo.	George (English Statutes).
GL	(Kanton) Glarus.
GL-EGZGB	G vom 7. Mai 1911 über die Einführung des Schweizerischen Zivilgesetzbuches im Kanton Glarus (GL-GS III B/1/1).
GL-GOG	G vom 6. Mai 1990 über die Gerichtsorganisation des Kantons Glarus (GL-GS III A/2).
GL-GS	Sammlung des glarnischen Rechts, Gesetzessammlung.
GL-StG	Steuergesetz vom 7. Mai 2000 (GL-GS VI C/1/1).
GL-VRPG	G vom 4. Mai 1986 über die Verwaltungsrechtspflege (GL-GS III G/1).
GmbH	Gesellschaft mit beschränkter Haftung.
GR	(Kanton) Graubünden.
GR-EGZGB	EG vom 12. Juni 1994 zum Schweizerischen Zivilgesetzbuch (BR 210.100).
GR-EGZPO	EG vom 16. Juni 2010 zur Schweizerischen Zivilprozessordnung (BR 320.100).
GR-GKStG	G vom 31. August 2006 über die Gemeinde- und Kirchensteuern (BR 720.200).
GR-KGE	Entscheide des Kantonsgerichts des Kantons Graubünden (elektronisch publizierte Entscheide ab 2003 – www.kg-gr.ch).
GR-LICC	Lescha introductiva dal 12 da cercladur 1994 tar il cudesch civil svizzer (CDG 210.100).
	Legge d'introduzione dal 12 giugno 1994 al Codice civile svizzero (CDG 210.100).
GR-StG	Steuergesetz vom 8. Juni 1986 (BR 720.000).
G.U.	Gazetta Ufficiale (= italienisches Amtsblatt).
How.	Howard's Reports (Supreme Court, 42-65 U.S.).
hrsg.	herausgegeben.
HRV	Handelsregisterverordnung vom 7. Juni 1937 (SR 221.411).
i.Br.	im Breisgau.
IK	Inspektionskommission des Obergerichts.
InvV	Verordnung vom 16. November 1994 über die Errichtung des Nachlassinventars für die direkte Bundessteuer (SR 642.113).
IPG	Gutachten zum Internationalen und ausländischen Privatrecht.
IPRG	BG vom 18. Dezember 1987 über das Internationale Privatrecht (SR 291).

IPUG	Unveröffentliche Gutachten zum Internationalen und ausländischen Privatrecht des Max-Planck-Instituts für Internationales und ausländisches Privatrecht in Hamburg.
IPUK	Unveröffentliche Gutachten zum Internationalen und ausländischen Privatrecht des Max-Planck-Instituts für Internationales und ausländisches Privatrecht in Köln (Prof. Dr. Gerhard Kegel).
IPUL	Unveröffentliche Gutachten zum Internationalen und ausländischen Privatrecht des Max-Planck-Instituts für Internationales und ausländisches Privatrecht in Köln (Prof. Dr. Alexander Lüderitz).
i.S.	im Sinne.
i.S.v.	im Sinne von.
i.V.m.	in Verbindung mit.
JA	Justizabteilung (des EJPD).
JD	Justizdirektion.
JdT	Journal des Tribunaux.
JGS	Justizgesetzsammlung (A).
Jher. Jb.	Jherings Jahrbücher für Dogmatik des bürgerlichen Rechts.
JID	Juge-instructeur de district.
JK	Justizkommission.
JMBlNRW	Justizministerialblatt Nordrhein-Westfalen.
JU	(République et Canton du) Jura/(Kanton) Jura.
JU-CPA	L. du 30 novembre 1978 de procédure et de juridiction administrative et constitutionelle (Code de procédure administrative – RSJU 175.1).
JU-LI	Loi d'impôt du 26 mai 1988 (RSJU 641.11).
JU-LICC	Loi d'introduction du 9 novembre 1978 du Code civil suisse (RSJU 211.1).
JU-LIPC	Loi d'introduction du 16 juin 2010 du Code de procédure civile suisse (RSJU 271.1).
JU-LISD	Loi du 13 décembre 2006 sur l'impôt de succession et de donation (RSJU 642.1).
Justiz.	Die Justiz.
KassGer.	Kassationsgericht.
KGA	Kantonsgerichtsausschuss.
KGer.	Kantonsgericht.
KGP	Kantonsgerichtspräsidium.
KR	Konkursrichter.
KStA	Kantonales Steueramt.
L.	Loi.
LDS	Siehe GE-LDS.
LGVE	Luzerner Gerichts- und Verwaltungsentscheide.
LI	Loi d'impôt (siehe auch bei den einzelnen Kantonen: JU, VD, VS).
LIFD	Loi fédérale du 14 décembre 1990 sur l'impôt fédéral direct (RS 642.11).
LIPP	Loi du 27 septembre 2009 sur l'imposition des personnes physiques (RSG D 3 08).
LISD	Siehe FR-LISD und JU-LISD.

lit.	littera (= Buchstabe[n]).
LJZ	Liechtensteinische Juristenzeitung.
LM	Nachschlagewerk des Bundesgerichtshofes, hrsg. v. Lindenmaier, Möhring u. a.
LMSD	Loi du 27 février 1963 concernant le droit de mutation sur les transferts immobiliers et l'impôt sur les successions et donations (RSV 648.11).
LOG	Entscheide des Oberichts Luzern.
LPFisc	Loi du 4 octobre 2001 de prodédure fiscale (RSG D 3 17).
L.R. P. & D.	Law Reports: Probate and Divorce.
LSMD	siehe VD-LSMD.
Lsucc	siehe NE-LSucc.
LT	Legge tributaria del 21 giugno 1993 (TI-RL 10.2.1.1).
LU	(Kanton) Luzern.
LU-EGZGB	EG vom 20. November 2000 zum Schweizerischen Zivilgesetzbuch (SRL 200).
LU-ESchG	G vom 27. Mai 1908 betreffend die Erbschaftssteuern (SRL 630).
LU-NEStG	G vom 28. Juli 1919 betreffend die teilweise Änderung des Steuergesetzes vom 30. November 1892 (SRL 652).
LU-StG	Steuergesetz vom 22. November 1999 (SRL 620).
LU-VRG	G vom 3. Juli 1972 über die Verwaltungsrechtspflege (SRL Nr. 40).
Max.	Entscheidungen des Obergerichtes des Kantons Luzern und der Anwaltskammer (Maximen) (1961–1973)/Entscheidungen des Obergerichtes des Kantons Luzern und seiner Kommissionen (1931–1960).
MBVR	Monatsschrift für bernisches Verwaltungsrecht und Notariatswesen.
MDR	Monatsschrift für Deutsches Recht.
M.E./m.E.	Meines Erachtens/meines Erachtens.
Mio.	Million(en).
MittBayNot	Mitteilungen des Bayerischen Notarvereins.
Mod.	Consiglio di moderazione.
m.w.N.	mit weiteren Nachweisen.
MWStG	BG vom 12. Juni 2009 über die Mehrwertsteuer (SR 641.20).
N	Note(n).
n.	Numéro/numero (= Nummer).
NE	(République et Canton de) Neuchâtel/(Kanton) Neuenburg.
NE-LCDir	Loi du 21 mars 2000 sur les contributions directes (RSN 631.0).
NE-LICC	Loi du 22 mars 1910 concernant l'introduction du code civil suisse (RSN 211.1).
NE-LOJ	Loi du 27 janvier 2010 d'organisation judiciaire neuchâteloise (RSN 161.1).
NE-LSucc	Loi du 1 octobre 2002 instituant un impôt sur les successions et sur les donations entre vifs (RSN 633.0).
N.E.2d	North Eastern Reporter (1936 – present), Second Series.
NG	Nidwaldner Gesetzessammlung.
NI	Notariatsinspektorat.
NJW	Neue Juristische Wochenschrift.

NJW-RR	Neue Juristische Wochenschrift-Rechtsprechungsreport.
NK	Notariatskommission.
Not.	Consiglio di disciplina notarile.
Nr.	Nummer.
NW	(Kanton) Nidwalden.
NW-EGZGB	G vom 24. April 1988 über die Einführung des Schweizerischen Zivilgesetzbuches (NG 211.1).
NW-GerG	G vom 9. Juni 2010 über die Gerichte und die Justizbehörden (NG 261.1).
NW-StG	G vom 22. März 2000 über die Steuern des Kantons und der Gemeinden (Steuergesetz – NG 521.1).
N.Y.S.2d	West's New York Supplement (1888–1954), Second Series.
NZZ	Neue Zürcher Zeitung.
OG	BG vom 16. Dezember 1943 über die Organisation der Bundesrechtspflege (SR 173.110).
OGer.	Obergericht.
OGK	Obergerichtskommission.
OHG	BG vom 23. März 2007 über die Hilfe an Opfer von Straftaten (Opferhilfegesetz – SR 312.5).
OLG	Oberlandesgericht.
OLGZ	Entscheidungen der Oberlandesgerichte in Zivilsachen.
OR	BG vom 30. März 1911 betreffend die Ergänzung des Schweizerischen Zivilgesetzbuches (Fünfter Teil: Obligationenrecht) (SR 220).
ORK	Oberrekurskommission.
OW	(Kanton) Obwalden.
OW-AbR	Amtsbericht über die Rechtspflege (sc. des Kantons Obwalden).
OW-EGZGB	G vom 30. April 1911 betreffend die Einführung des Schweizerischen Zivilgesetzbuches (OW-GS 210.1).
OW-GOG	G vom 22. September 1996 über die Gerichtsorganisation (OW-GS 134.1).
OW-GS	Gesetzessammlung des Kantons Obwalden.
OW-StG	Steuergesetz vom 30. Oktober 1994 (OW-GS 641.4).
OWVVGE	Verwaltungs- und Verwaltungsgerichtsentscheide des Kantons Obwalden.
P.	Law Reports: Probate/Pacific Reporter.
p.	páginas (= Seiten).
PAA	Probate & Administration Act 1898 No. 13 (New South Wales).
P.D.	Probate Division.
PGB	Privatrechtliches Gesetzbuch für den Kanton Zürich, 4 Bände, hrsg. v. Bluntschli, Zürich 1854–56.
PK	(Finnisches) Perintökaari (Erbschaftsgesetz) vom 5.2.1965, abgedruckt und übersetzt in: Internationales Erbschaftsrecht, hrsg. v. Murad Ferid, Karl Firsching, Heinrich Dörner und Rainer Hausmann, München 2010.
PKG	Praxis des Kantonsgerichts von Graubünden.
Pra.	Die Praxis des Bundesgerichts (1901–1990)/Die Praxis (1991 ff.).

Pt./pt.	Punkt/point.
Pub.	Camera di diritto pubblico des Tribunale di Apello.
PVG	Praxis des Verwaltungsgerichts des Kantons Graubünden.
RBOG	Rechenschaftsbericht des Obergerichts des Kantons Thurgau an den Grossen Rat (1990 ff.)/Rechenschaftsbericht des Obergerichts, der Rekurskommission, des Versicherungsgerichts, des Kriminalgerichts und der Kriminalkammer (1972–1989)/Rechenschaftsbericht des Obergerichtes, der Rekurskommission, des Versicherungsgerichtes und der Kriminalkammer des Kantons Thurgau (1964–71)/Rechenschaftsbericht des Obergerichts, der Rekurskommission und der Kriminalkammer des Kantons Thurgau (1919–63).
R.D.	Regio Decreto (= Königliches Dekret).
RDAF	Revue de droit administratif et de droit fiscal (Revue genevoise de droit publique).
recht	(Zeitschrift) recht.
Rep.	Repertorio di Giurisprudenza Patria (Tessin).
resp.	Respectively/respectivement (= bzw.).
REST 2d Confl	Restatement of the Law, Second: Conflitc of Law.
RGZ	Entscheidungen des Reichsgerichts in Zivilsachen.
RJN	Recueil de jurisprudence Neuchâteloise.
RJNE	Recueil de Jugements du Tribunal cantonal de la République et Canton de Neuchâtel.
RK	Rekurskammer (des Obergerichts bzw. Kantonsgerichts).
RKW	Rückkaufswert.
RNotZ	Rheinische Notar-Zeitschrift.
Rpfleger	Der deutsche Rechtspfleger.
RPR	Rekurspraxis der Regierung des Kantons Graubünden.
RR	Regierungsrat.
RRV	Verordnung des Regierungsrats.
RS	Regierungsstatthalter.
RSB	Recueil systématique des lois bernoises.
RSBC	Revised Statutes of British Columbia (Canada).
RSF	Recueil systématique de la législation fribourgoise.
RSG	Recueil officiel systématique de la législation genevoise en vigueur.
RSJU	Recueil systématique du droit jurassien.
RSN	Recueil systématique de la législation neuchâteloise.
RSV	Recueil systématique de la législation vaudoise.
RS/VS	Recueil systématique des lois valaisannes.
S.	Seite(n).
SAR	Systematische Sammlung des Aargauischen Rechts.
sc.	scilicet (= d.h./nämlich).
SchKG	BG vom 11. April 1889 über Schuldbetreibung und Konkurs (SR 281.1).
SchlT	Schlusstitel des Schweizerischen Zivilgesetzbuches vom 10. Dezember 1907 (SR 210).
SCPA	Surrogate's Court Procedure Act.

Seuff. Bl.	Seufferts Blätter für die Rechtsanwendung.
SG	(Kanton) St. Gallen.
SG-EGZGB	EG vom 3. Juli 1911/22. Juni 1942 zum Schweizerischen Zivilgesetzbuch (SG-sGS 911.1).
SG-EGZPO	EG vom 15. Juni 2010 zur Schweizerischen Zivilprozessordnung (SG-sGS 961.2).
SG-KGE	(Kanton St. Gallen): Entscheidungen des Kantonsgerichts, der kantonsgerichtlichen Rekurskommission, des Kantonsgerichtspräsidenten, des Rekursrichters in Betreibungs- und Konkurssachen, des Unfallversicherungsgerichts, des Handelsgerichts und des Kassationsgerichts.
SG-sGS	Kanton St. Gallen, Gesetzessammlung, Neue Reihe.
SG-StG	Steuergesetz vom 9. April 1998 (SG-sGS 811.1).
SGer.	Schiedsgericht.
SGF	Systematische Gesetzessammlung des Kantons Freiburg.
SGGVP	St. Gallische Gerichts- und Verwaltungspraxis.
SGK	Entscheide des Kantonsgerichts St. Gallen.
SGVP	Kanton St. Gallen, Verwaltungspraxis.
SH	(Kanton) Schaffhausen.
SH-EGZGB	G vom 27. Juni 1911 über die Einführung des Schweizerischen Zivilgesetzbuches (SH-RB 210.100).
SH-ESchG	G vom 13. Dezember 1976 über die Erbschafts- und Schenkungssteuer (SH-RB 643.100).
SH-JG	Justizgesetz vom 9. November 2009 (SH-RB173.200).
SH-RB	Schaffhauser Rechtsbuch.
SH-StG	G vom 20. März 2000 über die direkten Steuern (SH-RB 641.100).
SH-VRG	G vom 20. September 1971 über den Rechtsschutz in Verwaltungssachen (SH-RB 172.200).
SJ	La Semaine judiciaire.
SJZ	Schweizerische Juristenzeitung.
SO	(Kanton) Solothurn.
SO-BGS	Bereinigte Sammlung der Solothurnischen Erlasse.
SO-BOG	Bericht des Obergerichts des Kantons Solothurn.
SO-EGZGB	G vom 4. April 1954 über die Einführung des Schweizerischen Zivilgesetzbuches (SO-BGS 211.1).
SO-GOG	G vom 13. März 1977 über die Gerichtsorganisation (SO-BGS 125.12).
SO-StG	G vom 1. Dezember 1985 über die Staats- und Gemeindesteuern (Steuergesetz – SO-BGS 614.11).
SOG	Solothurnische Gerichtspraxis.
sog.	sogenannt(e/er).
SPR	Schweizerisches Privatrecht.
SR	Systematische Sammlung der Bundesgesetze (Systematische Rechtssammlung).
SRG	Steuerrekursgericht.
SRK	Steuerrekurskommission.
SRL	Systematische Rechtssammlung des Kantons Luzern.
SRSZ	Systematische Gesetzessammlung des Kantons Schwyz.

ss.	et suivantes/páginas siguientes/seguenti / (= ff.).
StB	Steuer-Buch.
StE	Steuer-Entscheid.
Sten.Bull.NR	Amtliches stenographisches Bulletin der schweizerischen Bundesversammlung, Nationalrat.
StG	Steuergesetz (vgl. bei den Kantonen AG, AI, AR, BE, BL, BS, GL, GR, LU, NW, OW, SG, SH, SO, SZ, TG, UR, VS, ZG, ZH).
StGB	Schweizerisches Strafgesetzbuch vom 21. Dezember 1937 (SR 311.0).
STH	Der Schweizer Treuhänder.
StHG	BG vom 14. Dezember 1990 über die Harmonisierung der direkten Steuern der Kantone und Gemeinden (SR 642.14).
StR	Steuer Revue.
StV	Steuerverordnung.
Sw. & Tr.	Swabey & Tristram, Reports of Cases decided in the Court of Probate and in the Court for Divorce and Matrimonial Causes.
SZ	(Kanton) Schwyz.
SZ-EGZGB	EG vom 14. September 1978 zum schweizerischen Zivilgesetzbuch (SRSZ 210.100).
SZ-JV	Justizverordnung vom 18. November 2009 (SRSZ 231.110).
SZ-StG	Steuergesetz vom 9. Februar 2000 (SRSZ 21.10).
TA	Tribunal administratif.
TC	Tribunal Cantonal.
TE	Teilentwurf.
TG	(Kanton) Thurgau.
TG-EGZGB	EG vom 3. Juli 1991 zum Schweizerischen Zivilgesetzbuch (TG-RB 210.1).
TG-ESchG	G vom 15. Juni 1989 über die Erbschafts- und Schenkungssteuern (TG-RB 641.8).
TG-RB	Thurgauer Rechtsbuch.
TG-StG	G vom 14. September 1992 über die Staats- und Gemeindesteuern (Steuergesetz – TG-RB 640.1).
TG-VRG	G vom 23. Februar 1981 über die Verwaltungsrechtspflege (TG-RB 170.1).
TG-ZSRG	G vom 17. Juni 2009 über die Zivil- und Strafrechtspflege (RG-RB 271.1).
TI	(Repubblica e Cantone del) Ticino/(Kanton) Tessin.
TI-LACC	Legge di applicazione e complemento del 18 aprile 1911 del Codice civile svizzero (TI-RL 4.1.1.1).
TI-LOG	Legge del 10 maggio 2006 sull'organizzazione giudiziaria (TI-RL 3.1.1.1).
TI-LT	Legge tributaria del 21 giugno 1994 (TI-RL 10.2.1.1).
TI-RL	Raccolta delle leggi vigenti del Cantone Ticino.
u.a.	unter anderem.
Unif.Prob.Code	Uniform Probate Code.
UR	(Kanton) Uri.

UR-EGZGB	G vom 3. März 1989 über die Einführung des Schweizerischen Zivilgesetzbuches (UR-RB 9.2111).
UR-ESchG	G vom 2. Juni 1991 über die Erbschafts- und Schenkungssteuer (UR-RB 3.2221).
UR-GOG	G vom 17. Mai 1992 über die Organisation der gerichtlichen Behörden (UR-RB 2.3221).
UR-RB	Kanton Uri, Urner Rechtsbuch.
UR-StG	G vom 17. Mai 1992 über die direkten Steuern im Kanton Uri (UR-RB 3.221).
UR-VRPV	V vom 23. März 1994 über die Verwaltungsrechtspflege (UR-RB 2.3345).
U.S.	United States Reports (United States, Supreme Court, 1875 et seq.).
USA	United States of America (Vereinigte Staaten von Amerika).
usw./u.s.w.	und so weiter.
V	Verordnung.
v.	von.
VD	(Canton de) Vaud/(Kanton) Waadt.
VD-CDPJ	Code du 12 janvier 2010 de droit privé judiciaire vaudoise (RSV 211.02).
VD-CPC	Code de procédure civile du 14 décembre 1966 (RSV 270.11; nicht mehr in Kraft).
VD-LI	Loi du 4 juillet 2000 sur les impôts cantonaux (RSV 9.4).
VD-LICom	Loi du 5 décembre 1956 sur les impôts communaux (RSV 650.11).
VD-LOJ	Loi du 12 décembre 1979 d'organisation judiciaire (RSV 173.01).
VD-LSMD	Loi du 27 février 1963 concernant le droit de mutation sur les transferts immobiliers et l'impôt sur les successions et donations (RSV 648.11).
VE	Vorentwurf des Eidgenössischen Justiz- und Polizeidepartements zum ZGB vom 15. November 1900.
VEB	Verwaltungsentscheide der Bundesbehörden.
VersR	Versicherungsrecht.
VGer.	(schweizerisches) Verwaltungsgericht.
Vgl./vgl.	Vergleiche/vergleiche.
VJS	Vierteljahresschrift für Aargauische Rechtsprechung.
VK	Verwaltungskommission des Obergerichts.
Vorbem.	Vorbemerkungen.
VPB	Verwaltungspraxis der Bundesbehörden (1964/65 ff.)/Verwaltungsentscheide der Bundesbehörden (1927–1962/63).
VS	(Canton du) Valais/(Kanton) Wallis.
VS-EGZGB	EG vom 24. März 1998 zum Schweizerischen Zivilgesetzbuch (VS-SGS 211.1).
VS-EGZPO	EG vom 11. Februar 2009 zur Schweizerischen Zivilprozessordnung (VS-SGS 270.1).
VS-LACC	Loi d'application du 24 mars 1998 du code civil suisse (VS-SGS 211.1).

VS-LACPC	Loi d'application du 11 février 2009 du code de procédure civile suisse (VS-SGS 270.1).
VS-LI	Loi du 4 juillet 2000 sur les impôts directs cantonaux (RSV 9.4).
VS-NG	Notariatsgesetz vom 15. Dezember 2004 (VS-SGS 178.1).
VS-SGS	Systematische Gesetzessammlung der Republik und des Kantons Wallis.
VS-StG	Steuergesetz vom 10. März 1976 (VS-SGS 642.1).
VStG	BG vom 13. Oktober 1965 über die Verrechnungssteuer (SR 642.21).
WM	Zeitschrift für Wirtschafts- und Bankenrecht (früher: Wertpapiermitteilungen).
WPAA	Wills, Probate and Administration Act 1898.
WV	Willensvollstrecker.
z.B.	zum Beispiel.
ZBGR	Schweizerische Zeitschrift für Beurkundungs- und Grundbuchrecht.
ZBJV	Zeitschrift des bernischen Juristenvereins.
ZBl.	Schweizerisches Zentralblatt für Staats- und Gemeindeverwaltung (1900–1988)/Schweizerisches Zentralblatt für Staats- und Gemeinderecht (1989 ff.).
ZEV	Zeitschrift für Erbrecht und Vermögensnachfolge.
ZG	(Kanton) Zug.
ZG-BGS	Bereinigte Gesetzessammlung des Kantons Zug.
ZG-EGZGB	G vom 17. August 1911 betreffend die Einführung des Schweizerischen Zivilgesetzbuches für den Kanton Zug (ZG-BGS 211.1).
ZG-GOG	G vom 26. August 2010 über die Organisation der Zivil- und Strafrechtspflege (ZG-BGS 161.1).
ZG-StG	Steuergesetz vom 25. Mai 2000 (ZG-BGS 632.1).
ZG-VRG	G vom 1. April 1976 über den Rechtsschutz in Verwaltungssachen (Verwaltungsrechtspflegegesetz – ZG-BGS 162.1).
ZGB	Schweizerisches Zivilgesetzbuch vom 10. Dezember 1907 (SR 210).
ZGGVP	Gerichts- und Verwaltungspraxis des Kantons Zug.
ZH	(Kanton) Zürich.
ZH-EGZGB	EG vom 2. April 1911 zum Schweizerischen Zivilgesetzbuch (ZH-LS 230).
ZH-ESchG	G vom 28. September 1986 über die Erbschafts- und Schenkungssteuer (Erbschafts- und Schenkungssteuergesetz – ZH-LS 632.1).
ZH-GOG	G vom 10. Mai 2010 über die Gerichts- und Behördenorganisation im Zivil- und Strafprozess (ZH-LS 211.1).
ZH-LS	Zürcher Loseblattsammlung.
ZH-RB	Rechenschaftsbericht Verwaltungsgericht Zürich.
ZH-StG	G vom 8. Juli 1951 über die direkten Steuern (Steuergesetz – ZH-LS 631.1).
ZH-ZPO	G vom 13. Juni 1976 über den Zivilprozess (Zivilprozessordnung – ZH-LS 271; nicht mehr in Kraft).
Ziff.	Ziffer.
zit.	zitiert.

ZKG	Entscheide des Kassationsgerichts Zürich.
	Zivilurteile des Kassationsgerichts Graubünden.
ZPO	Schweizerische Zivilprozessordnung (Zivilprozessordnung) vom 19. Dezember 2008 (BBl. 2009, 21 ff.).
	(deutsche) Zivilprozessordnung vom 12. September 1950 (BGBl. I S. 3202).
ZR	Blätter für Zürcherische Rechtsprechung.
ZRG Germ. Abt.	Zeitschrift der Savigny-Stiftung für Rechtsgeschichte, Germanische Abteilung.
ZSR	Zeitschrift für Schweizerisches Recht.
ZStP	Zürcher Steuerpraxis.
ZVG	Entscheide des Verwaltungsgerichts Zürich.
ZVW	Zeitschrift für Vormundschaftswesen.
ZWR	Zeitschrift für Walliser Rechtsprechung.
ZZR	Zeitschrift für die Kund und Fortbildung der Zürcherischen Rechtspflege.

Vorbemerkungen zu Art. 517–518

			Note	Seite
Übersicht	Materialien			3
	Literatur			3
	Rechtsvergleichung			7
	I. Aufgaben des Willensvollstreckers		1	8
		A. Verwaltung der Erbschaft	2	9
		B. Liquidation der Erbschaft	6	11
		C. Ausrichtung von Vermächtnissen	7	11
		D. Vornahme der Erbteilung	8	12
		E. Vollzug von Auflagen, Bedingungen und persönlichen Anordnungen	11	14
		F. Schutz von weiteren Dritten?	19	18
		G. Abgrenzungen		19
		1. Erbschaftsverwalter (Art. 554)	20	19
		2. Erbschaftsliquidator (Art. 595)	22	20
		3. Erbenvertreter (Art. 602 Abs. 3)	23	21
		4. Patientenverfügung	24	22
	II. Qualifikation des Willensvollstreckers		25	22
		A. Beauftragter	26	23
		B. Gewillkürter Vertreter		24
		1. Vertreter des Erblassers	28	24
		2. Vertreter der Erben	30	25
		3. Vertreter der Erbschaft	32	26
		C. Gesetzlicher Vertreter (i.w.S.)	34	27
		1. Vormund	41	29
		2. Organ	44	30
		3. Amtsinhaber (Vermögensverwalter)	46	31
		D. Treuhänder/trustee	48	32
		E. Abgrenzungen		38
		1. Erbschaftsverwalter (Art. 554)	56	38
		2. Erbschaftsliquidator (Art. 595)	57	38
		3. Erbenvertreter (Art. 602 Abs. 3)	58	39
		4. Beistand eines Sterbenden	59	39
		5. Vorerbe	60	40
		6. Trustee	61	40
		F. Willensvollstreckung als Institut eigener Art	62	40
	III. Schweizerisches Kollisionsrecht		64	41
		A. Staatsverträge	65	41
		B. Internationales Privatrecht (IPR)		43
		1. Formstatut	69	43
		2. Schweizerischer Erblasser	70	43
		3. Ausländischer Erblasser	76	45
		a. Heimatstaaten mit Wohnsitzprinzip	77	46
		b. Heimatstaaten mit Staatsangehörigkeitsprinzip	78	46

			Note	Seite
		aa. Heimatstaaten ohne Wahlmöglichkeit	79	46
		bb. Heimatstaaten mit Wahlmöglichkeit	81	47
		c. Heimatstaaten mit Aufenthaltspinzip	83	47
	4.	Willensvollstreckerausweis	84	47
IV.	Tätigkeit des Willensvollstreckers im Ausland			48
	A.	Ausländische Mobilien		48
		1. Deutschland	85	48
		2. Italien	88	49
		3. Frankreich	91	50
		4. Spanien	94	51
		5. England	97	52
		6. USA		53
		a. New York	100	53
		b. Kalifornien	102	54
	B.	Ausländische Immobilien	104	54
V.	Tätigkeit ausländischer Vollstrecker in der Schweiz			55
	A.	Anwendbares Recht	106	55
	B.	Ausweis	109	57
		1. Vollstreckbarerklärung eines ausländischen Vollstreckerausweises (Art. 28 IPRG)	112	58
		2. Ausstellung eines schweizerischen Vollstreckerausweises	119	61
	C.	Länderübersicht	123	62
		1. Deutschland: Testamentsvollstrecker	124	62
		2. Österreich und Liechtenstein: Testaments-Executor	126	64
		3. Belgien: Exécuteur testamentaire	128	65
		4. Frankreich: Exécuteur testamentaire	130	65
		5. Italien: Esecutore testamentario	132	67
		6. Spanien: Albaceo	134	68
		7. Niederlande: Executele	137	69
		8. Schweden: Testamentsexekutor	140	70
		9. Griechenland: Testamentsvollstrecker	142	71
		10. England: Executor	144	72
		11. USA: Executor	146	73
		12. Kanada: Executor	148	74
		13. Australien: Executor	150	75
		14. Südafrika: Executor	152	75
		15. Administrator	154	76
VI.	Intertemporales Recht		156	78

Materialien:	Botschaft des Bundesrates vom 28. Mai 1904 an die Bundesversammlung zu einem Gesetzesentwurf enthaltend das Schweizerische Zivilgesetzbuch: Art. 522 f. Entwurf (zit. Entwurf); Erläuterungen zum Vorentwurf des Eidgenössichen Justiz- und Polizeidepartements, Erster Band: Einleitung, Personen-, Familien- und Erbrecht, 2. A., Bern 1914, S. 410 f. (zit. Erläuterungen); Art. 539 f. Vorentwurf des Eidgenössichen Justiz- und Polizeidepartements, redigiert nach den Beschlüssen der Zivilrechtskommission, Bern 1903 (zit. Vorentwurf 1903); Zusammenstellung der Anträge und Anregungen zum Vorentwurf vom 15. November 1900, Bern 1901, S. 103 (zit. Anträge); Art. 539 f. Vorentwurf vom 15. November 1900 des Eidgenössichen Justiz- und Polizeidepartements zum Schweizerischen Civilgesetzbuch (zit. Vorentwurf 1900); Erläuterungen zu dem Teilentwurf des schweizerischen Civilgesetzbuches über das Erbrecht: Art. 470 f. Teilentwurf (zit. Teilentwurf).
Schweizerische Literatur:	ABBET STÉPHANE, Légitimation de l'héritier et exécuteur testamentaire: problèmes de droit international privé, in: le droit des successions en Europe, hrsg. v. Centre de droit comparé et européen de l'Université de Lausanne, Genève 2003, S. 269–295; AMMANN FRITZ, Treuhand und Grundbuch, Affoltern a.A. 1946 (Diss. Zürich 1945); BAUMGARTNER MATTHIAS, Der Grundsatz der freien Erbteilung, Winterthur 1954 (Diss. Zürich 1953); BECK ALEXANDER, Historisches und Rechtsvergleichendes zur Stellung des Willensvollstreckers, ZBJV 84/1948 S. 1–34; BERTHER DURI, Die internationale Erbschaftsverwaltung, Zürich 2001 (Diss. Freiburg); BLOCH KONRAD, Zur Frage der Rechts- und Prozessstellung des Willensvollstreckers und des unverteilten Nachlasses im schweizerischen Recht, SJZ 54/1958 S. 337–346; DERS., Der anglo-amerikanische Trust und seine Behandlung im Internationalen Privatrecht, SJZ 46/1950 S. 65–71; BLUNTSCHLI JOHANN KASPAR, Privatrechtliches Gesetzbuch für den Kanton Zürich, 4. Band: Das zürcherische Erbrecht, Zürich 1856; BOSSARD EDMUND, Über die Pflichten des Willensvollstreckers, ZBJV 81/1945 S. 346–348; BREITSCHMID PETER, Einsatz des Willensvollstreckers bei persönlichkeitsrechtlichen Belangen, in: Willensvollstreckung – Aktuelle Rechtsprobleme (2), hrsg. v. Hans Rainer Künzle, Zürich 2006, S. 37–59 (zit. Einsatz); DERS., Vorsorgevollmachten – Allgemeiner Vorsorgeauftrag, medizinischer Vorsorgeauftrag, Patientenverfügung, Vertrauenspersonen und persönliches Umfeld – ein dicht gewobenes Netz mit Knoten- und Reissgefahr, ZVW 58/2003 S. 269–279; DERS., Kehl Robert, die Rechte der Toten – Knellwolf Esther, Postmortaler Persönlichkeitsschutz – Andenksschutz der Hinterbliebenen (Buch-Besprechungen), SJZ 89/1993 S. 328–330; BREITSCHMID PETER/ KÜNZLE HANS RAINER, Länderbericht Schweiz, in: Grenzenloses Erbrecht – Grenzen des Erbrechts, Köln 2004 (DACH Schriftenreihe Band 20); BUCHER ANDREAS, Das neue internationale Erbrecht, ZBGR 69/1988 S. 145–159; BUNDESAMT FÜR JUSTIZ, Ausländische Erbfolgezeugnisse als Ausweis für Eintragungen im schweizerischen Grundbuch, Bern 2001, <http:www.ejpd.admin.ch/con-tent/dam/data/wirtschaft/grundbuch__egris/ erbfolgezeugnisse-d.pdf> [besucht am 20.03.2011]); BUSCHOR THOMAS, Nachlassplanung (estate planning) nach schweizerischem internationalem Erbrecht, Zürich 1994 (Diss. Zürich); DALLAFIOR ROBERTO, Die Legitimation des Erben, Zürich 1990 (Diss. Zürich); DEVISME MARJORIE, Présentation synthétique de la réforme du droit des successions en France, ZBGR 88/2007 S. 253–262; DICKE DETLEV CHRISTIAN, Kommentar zu Art. 53 BV, in: Kommentar zur Bundesverfassung der Schweizerischen Eidgenossenschaft vom 29. Mai 1874, hrsg. v. Jean-François Aubert u.a., Basel/

Zürich/Bern 1987 ff.; DREYER ALOÏS, Le trust en droit Suisse, Genève 1981 (Thèse Fribourg); FRAEFEL JOSEF, Die Durchführung der anglo-amerikanischen «Administration» im Bereich des schweizerischen Rechts, Einsiedeln 1966 (Diss. Freiburg i.Ue. 1966); FRIMSTON RICHARD, The Scope oft he Law Applicable tot he Succession, in Particular the Administration of Estate, in: Successions internationales, hrsg. v. Andrea Bonomi und Christina Schmid, Zürich/Basel 2010, S. 69–76; GUBLER FRIEDRICH T., Besteht in der Schweiz ein Bedürfnis nach Einführung des Instituts der angelsächsischen Treuhand (trust)? ZSR 73/1954 S. 215a–476a; DERS., Vertretung und Treuhand bei Anleihen nach schweizerischem Recht, Aarau 1940 (Diss. Zürich 1938); GUILLAUME FLORENCE, Transmission d'une entreprise familiale à un descendant: Essai comparatif Suisse-France, SJ 131/2009 II S. 33–73; GUISAN FRANÇOIS, La fiducie en droit suisse, in: Travaux de la Semaine internationale de droit, Paris 1937, S. 93–116; HAAS-LEIMBACHER CHRISTELLE, Une réforme importante du droit successoral français – vers plus de liberté, successio 1/2007 S. 58–73; HEIM WILLY, Secret médical et faux certificat, JdT 134/1986 IV S. 130–139; HEINI ANTON, Kommentar zu Art. 86–96, in: Zürcher Kommentar zum IPRG, 2. Aufl., Zürich 2004 (zit. ZK-HEINI); DERS., Der treuhänderische Gesellschafter und Art. 401 OR, in: Festgabe für das Obergericht Luzern, Bern 1991, S. 187–195; HONSELL HEINRICH, Treuhand und Trust in Schuldbetreibung und Konkurs, recht 11/1993 S. 73–76; HUBER EUGEN, Erläuterungen zum Vorentwurf des Eidgenössischen Justiz- und Polizeidepartements, Erster Band: Einleitung, Personen-, Familien- und Erbrecht, 2. Aufl., Bern 1914 (zit. Erläuterungen I); DERS., Zum schweizerischen Sachenrecht, Bern 1914 (zit. Sachenrecht); DERS., System und Geschichte des Schweizerischen Privatrechts, Zweiter Band, Basel 1888; Band 4, Basel 1893 (zit. System II und IV); JOOS GREGOR, Testamentsformen in der Schweiz und in den USA, Zürich 2001 (Diss. Zürich; Zürcher Studien zum Privatrecht Band 170); KEHL-ZELLER ROBERT, Halt! Es ist mein Leben, Muri 1995; KOCHER MARTIN, Internationale Finanzierung von Rollmaterial der SBB mittels Leasing, Common Law Trust und Swap, recht 13/1995 S. 95–110; KÖTZ HEIN, Trust und Treuhand, Göttingen 1963; KÜNZLE HANS RAINER, Der direkte Anwendungsbereich des Stellvertretungsrechts, Bern 1987 (Diss. St. Gallen 1986) (zit. Anwendungsbereich); DERS., Einleitung, in: Praxiskommentar Erbrecht, hrsg. v. Daniel Abt und Thomas Weibel, Basel 2007 (zit. PraxKomm-KÜNZLE); DERS., Der Willensvollstrecker im schweizerischen und US-amerikanischen Recht, Zürich 2000 (Habil. Zürich) (zit. Willensvollstrecker); MAYER THOMAS M., Das Haager Trust Übereinkommen, AJP 13/2004 S. 156–168; NECKER ALFRED, Aperçu de quelques problèmes posés par l'exécuteur testamentaire d'une succession internationale en Suisse, ZBGR 52/1971 S. 129–179; DERS., La mission de l'exécuteur testamentaire dans les successions internationales, Genève 1972 (Thèse Genève); PIOTET PAUL, Inexistence et invalidité des dispositions à cause de mort, JdT 117/1969 I S. 162–179; REUSSER KATHRIN, Patientenwille und Sterbebeistand, Zürich 1994 (Diss. Zürich 1994); REY HEINZ, Aspekte richterlicher Rechtsfortbildung im Erbrecht, recht 2/1984 S. 84 ff.; REYMOND CLAUDE/REVACLIER JACQUES, Les opérations fiduciaires en droit suisse, in: Les opérations fiduciaires, éd. par Claude Witz et Bruno Oppetit, Paris 1985, S. 421–453; RÜEDE-BUGNION UTE, Fiduziarische Rechtsgeschäfte, die ein Markenrecht zum Gegenstand haben, nach schweizerischem Recht, Bern 1978 (Diss. Genf); SCHNITZER ADOLF F., Die Treuhand (der trust) und das Internationale Privatrecht, in: Gedächtnisschr. Ludwig Marxer, hrsg. v. Adulf Peter Goop,

Zürich 1963, S. 53–113; SCHNYDER ANTON K., Kommentar zu Art. 86–96 IPRG, in: Kommentar zum Schweizerischen Privatrecht, Internationales Privatrecht, hrsg. v. Heinrich Honsell, Nedim Peter Vogt, Anton K. Schnyder und Stephen V. Berti, 2. Aufl., Basel 2007 (zit. BSK-SCHNYDER); SCHNYDER BERNHARD, Vom Risiko im Erbrecht, recht 3/1985 S. 105–114; SCHÖMMER HANS-PETER/BÜRGI URS, Internationales Erbrecht: Schweiz, 2. Aufl., München 2006; SCHRAMM DOROTHEE, Kommentar zu Art. 1–32 IPRG, in: Handkommentar zum Schweizer Privatrecht, hrsg. v. Marc Amstutz u.a., Zürich 2007 (zit. CHK-SCHRAMM); SCHREIBER ALFRED, L'exécution testamentaire en droit suisse, Lausanne/Genève/Neuchâtel/Montreux/Berne/Bâle 1940 (zit. exécution testamentaire); DERS., La nature juridique de l'exécution testamentaire en droit suisse, JdT 88/1940 I S. 2–12; DERS., Die Rechtsstellung des Willensvollstreckers nach schweizerischem Zivilgesetzbuch, Aarau 1928 (zit. Rechtsstellung); SCHWANDER IVO, Einführung in das internationale Privatrecht, Erster Bd.: Allgemeiner Teil, 3. Aufl., St. Gallen 2000 (zit. Einführung); SEEGER HANS, Die Rechtsstellung des Willensvollstreckers nach schweizerischem Zivilgesetzbuch, Bern 1927; SIEHR KURT, Internationale Nachlässe: Tätigkeit des Willensvollstreckers im Ausland, in: Willensvollstreckung – Aktuelle Rechtsprobleme, hrsg. v. Hans Rainer Künzle, Zürich 2004, S. 269–289 (zit. Internationale Nachlässe); DERS., Das Internationale Privatrecht der Schweiz, Zürich 2002 (zit. Schweiz); DERS., Internationales Privatrecht, Heidelberg 2001 (zit. Internationales Privatrecht); SPINNER HERMANN, Die Rechtsstellung des Nachlasses in den Fällen seiner gesetzlichen Vertretung (ZGB 517, 554, 595, 602 III), Winterthur 1966 (Diss. Zürich 1965); SPIRIG EUGEN, Nacherbeinsetzung und Nachvermächtnis, ZBGR 58/1977 S. 193–222; SUPINO PIETRO, Rechtsgestaltung mit Trust aus Schweizer Sicht, St. Gallen 1994 (Diss. St. Gallen 1994); STAEHELIN DANIEL, Kommentar zu Art. 481–483 ZGB, in: Kommentar zum Schweizerischen Privatrecht, Schweizerisches Zivilgesetzbuch II (Art. 457–977 ZGB, Art. 1–61 SchlT), hrsg. v. Heinrich Honsell, Nedim Peter Vogt und Thomas Geiser, 3. Aufl., Basel/Genf/München 2007 (zit. BSK-STAEHELIN); SUTER STEFAN, Das Basler Erbrecht, Basel/Frankfurt am Main 1993; THÉVENOZ LUC, La fiducie, cendrillon du droit suisse, ZSR 114/1995 II S. 253–363; WÄLLI PIERRE, Das reine fiduziarische Rechtsgeschäft, Zürich 1969 (Diss. Zürich 1969); WATTER ROLF, Die Treuhand im Schweizer Recht, ZSR 114/1995 II S. 185–252; WIEGAND WOLFGANG, Trau, schau wem – Bemerkungen zur Entwicklung des Treuhandrechts in der Schweiz und in Deutschland, in: Festschrift für Helmut Coing, Bd. II, hrsg. v. Norbert Horn, München 1982, S. 565–591; WÜSTEMANN TINA/MARTÍNEZ LARISSA MAROLDA, Der schweizerisch-italienische Erbfall, successio 5/2011 S. 62–72; vgl. ferner die im allgemeinen Literaturverzeichnis aufgeführten Werke.

Ausländische Literatur:

AGALLOPOULOU PENELOPE, Basic Concepts of Greek Civil Law, Athens/Berne/Brussels 2005; BALLARINO TITO/BONOMI ANDREA, Diritto internazionale privato, 3. Aufl., Padova 1999; BATIFFOL HENRI/LAGARDE PAUL, Droit international privé, 7. Aufl., Paris 1983; CARAVACA ALFONSO-LUIS CALVO, La sucesión hereditaria en el Derecho Internacional privado español, Rev. Gen. Derecho Bd. 42/1986 Nr. 501–503 S. 3103–3138; CARAVACA ALFONSO-LUIS CALVO/GONZÁLEZ JAVIER CARRASCOSA, Derecho internacional privado, Bd. II, 10. Aufl., Granada 2010; CARSTEN GEBHARD, Schweden, in: Internationales Erbrecht, hrsg. v. Murad Ferid, Karl Firsching, Heinrich Dörner und Rainer Hausmann, Loseblattsammlung, Bd. VI, Stand: Lieferung 79, München 2010; CZIRNICH PETER, Die Stellung des «Executor» im englischen Recht, o.O. 1962 (Diss. München 1962); DANNENBRING ROLF, Republik Südafrika, in: Internationales Erbrecht, hrsg. v. Murad Ferid, Karl Firsching, Heinrich Dörner und Rainer Hausmann, Loseblattsammlung, Bd. I, Stand: Lieferung 79, München 2010; Dicey Albert V./Morris John H. C./Collins Lawrence (Hrsg.), The Conflict of Laws, Bd. 2, 14. Aufl., London 2006; DÖLLE HANS, Neutrales Handeln im Privatrecht, in: Festschr. für Fritz Schulz, Band 2, hrsg. v. Hans Niedermeyer und Werner Flume, Weimar 1951, S. 268 ff; DÖRNER HEINRICH/LAGARDE PAUL, Etude de droit comparé sur les règles de conflits de juridictions et de conflits de lois relatives aux testaments et successions dans les Etats membres de l'Union Européenne, Rapport Final: Synthèse et Conclusion, hrsg. v. Deutschen Notarinstitut, Würzburg 2002; FERID MURAD, Frankreich, in: Internationales Erbrecht, hrsg. v. Murad Ferid, Karl Firsching, Heinrich Dörner und Rainer Hausmann, Loseblattsammlung, Bd. III, Stand: Lieferung 79, München 2010; FIRSCHING KARL, Australien, in: Internationales Erbrecht, hrsg. v. Murad Ferid, Karl Firsching, Heinrich Dörner und Rainer Hausmann, Loseblattsammlung, Bd. I, Stand: Lieferung 79, München 2010; FIRSCHING KARL/WIRNER HELMUT, Österreich, in: Internationales Erbrecht, hrsg. v. Murad Ferid, Karl Firsching, Heinrich Dörner und Rainer Hausmann, Loseblattsammlung, Bd. VI, Stand: Lieferung 79, München 2010; FLEISCHHAUER JENS, Kanada, in: Internationales Erbrecht, hrsg. v. Murad Ferid, Karl Firsching, Heinrich Dörner und Rainer Hausmann, Loseblattsammlung, Bd. IV, Stand: Lieferung 79, München 2010; GEORGIADES APOSTOLOS, Griechenland, in: Internationales Erbrecht, hrsg. v. Murad Ferid, Karl Firsching, Heinrich Dörner und Rainer Hausmann, Loseblattsammlung, Bd. III, Stand: Lieferung 79, München 2010; GRUBER URS PETER, Ausländische Nachlassabwickler vor deutschen Gerichten, Rpfleger 108/2000 S. 250–255; HEWEL KERSTIN, Provinz Britisch Kolumbien, in. Internationales Erbrecht, hrsg. v. Murad Ferid, Karl Firsching, Heinrich Dörner und Rainer Hausmann, Loseblattsammlung, Bd. IV, Stand: Lieferung 79, München 2010; HIERNEIS OTTO M./HELLWEGE SABINE, Spanien, in: Internationales Erbrecht, hrsg. v. Murad Ferid, Karl Firsching, Heinrich Dörner und Rainer Hausmann, Loseblattsammlung, Bd. VII, Stand: Lieferung 79, München 2010; HUSTEDT VOLKER, Belgien, in: Internationales Erbrecht, hrsg. v. Murad Ferid, Karl Firsching, Heinrich Dörner und Rainer Hausmann, Loseblattsammlung, Bd. I, Stand: Lieferung 79, München 2010; JAHR GÜNTHER, Fremdzurechnung bei Verwaltergeschäften, in: Festschrift für Friedrich Weber, hrsg. v. Erhard Boekelmann u.a., Berlin/New York 1975, S. 275–305; KRUIS FERDINAND, Das italienische internationale Erbrecht, München 2005 (Münchener Universitätsschriften, Reihe der Juristischen Fakultät Band 185); LANGE HEINRICH, Die Rechtsmacht des Testamentsvollstreckers und ihre Grenzen, JuS 10/1970 S. 101–108; LÖBER BURCKHARDT, Erben und Vererben in Spanien, Frankfurt 1998; LÓPEZ SUÁREZ MARCOS A., La légitimation de l'héritier et les pouvoirs de l'exécuteur testamentaire. Le cas de l'Espangne, in: Le droit des successions en Europe, Genf 2003, S. 209–232; MUSCHELER KARLHEINZ, Die Haftungsordnung der Testamentsvollstreckung, Tübingen 1994 (Habil. Freiburg i.Br. 1991/92); NUSSBAUM ARTHUR, Sociological and Comparative Aspects of the Trust, 38 Colum.L.Rev. 408 (1938); OFFERGELD ASTRID, Die Rechtsstellung des Testamentsvollstreckers, Berlin 1995 (Diss. Münster 1994); SCHILKEN EBERHARD, Kommentar zu §§ 2353–2370 BGB, in: J. von Staudingers Kommentar zum Bürgerlichen Gesetzbuch und Nebengesetzen, Band V: Erbrecht §§ 2339–2385 BGB, 14. Aufl., Berlin 2004;

SCHÖMMER HANS-PETER/FASSOLD HEIDEMARIE/BAUER KLAUS, Internationales Erbrecht: Österreich, 2. Aufl., München 2003; SCHÖMMER HANS-PETER/GEBEL DIETER, Internationales Erbrecht: Spanien, München 2003; SCHÖMMER HANS-PETER/REISS JÜRGEN, Internationales Erbrecht: Italien, 2. Aufl., München 2005; SCHÖMMER HANS-PETER/STEINHAUER THOMAS/HAYDU RALPH, Internationales Erbrecht: Frankreich, München 2005; SCHÖNFELD WALTHER, Die Vollstreckung der Verfügungen von Todes wegen im Mittelalter nach sächsischen Quellen, ZRG Germ. Abt. 42/1921 S. 240–379; SCHULTZE ALFRED, Treuhänder im geltenden bürgerlichen Recht, Jher. Jb. 43/1901 S. 1–104; SELBHERR BENEDIKT, Immobilien in Spanien im Erbfall, MittBayNot 2002 S. 165–172; STADLER FRIEDRICH E., Italien, in: Internationales Erbrecht, hrsg. v. Murad Ferid, Karl Firsching, Heinrich Dörner und Rainer Hausmann, Loseblattsammlung, Bd. III, Stand: Lieferung 79, München 2010; SÜSS REMBERT, Erbrecht in Liechtenstein, in: Erbrecht in Europa, hrsg. v. Rembert Süss und Ulrich Haas, 2. Aufl., Angelbachtal 2008, S. 965–968; WEBER WOLFGANG, Niederlande, in: Internationales Erbrecht, hrsg. v. Murad Ferid, Karl Firsching, Heinrich Dörner und Rainer Hausmann, Loseblattsammlung, Bd. IV, Stand: Lieferung 79, München 2010; WEIDLICH MARTIN, Die rechtliche Stellung des Testamentsvollstreckers unter dem Gesichtspunkt der Treuhand, Berlin 1935 (Diss. Halle-Wittenberg); WENGLER WILHELM, Gutachten zum internationalen und ausländischen Familien- und Erbrecht, Bd. II, Berlin 1971; WILLIAMS SYDNEY E./MORTIMER CLIFFORD/SUNNUCKS J.H.G., Executors, Administrators and Probate, 19. Aufl., London 2008.

Rechtsvergleichung: **Belgien:** Art. 1025–1034 CC bel.; **Deutschland:** §§ 2197–2228 BGB; **Finnland:** PK 19:21; **Frankreich:** Art. 1025–1034 CC fr.; **Griechenland:** §§ 2017–2031 CC gr.; **Italien:** Art. 700–712 CC it.; **Liechtenstein:** § 816 ABGB; **Luxemburg:** Art. 1025–1034 CC lux.; **Niederlande:** Art. 4: 142–152 BW; **Österreich:** § 816 ABGB; **Portugal:** Art. 2079–2096 CC por.; **Schweden:** 19 Kap §§ 1–21a ÄB; **Spanien:** Art. 892–911 CC esp.
Aus dem Bereich des common law: **Australien – New South Wales:** PAA; **Grossbritannien:** AEA 1925, insbesondere s. 4–31; **Kanada – Britisch Kolumbien:** EAA, insbesondere s. 57–75; **Südafrika:** AEA 1965, insbesondere s. 7–56; **USA – Kalifornien:** Cal.Prob.Code, insbesondere §§ 8420–825; **USA – New York:** EPTL, insbesondere Article 11.
Übersetzungen: MAMOPOULOS PIERRE/TSITSEKLIN-SOURADAKIS MITSA, Code Civil Hellénique, Athènes/Komotini 2000; TALIADOROS CONSTANTIN, Greek Cicil Code, Athens/Komotini 2000); Übersetzungen in die deutsche Sprache finden sich bei Ferid/Firsching/Dörner/Hausmann unter dem jeweiligen Land.

I. Aufgaben des Willensvollstreckers

1   Die Aufgabe des Willensvollstreckers ist es, **den letzten Willen des Erblassers im Rahmen der Gesetze zu vollziehen** (BVR 21/1996 E. 3b S. 505 [RR]: «dem Erblasserwillen zu dienen und dem rechtsgültig ausgedrückten Willen zum Durchbruch zu verhelfen»). Im Text von Art. 518 Abs. 2 wird nur vom «Willen» des Erblassers gesprochen, treffender erwähnt Art. 517 den «letzten Willen» (ses dernières volontés, sua ultima volontà) (BGE 48 II 308 E. 2 S. 312 f. = JdT 71/1923 I S. 294 = Pra. 11/1922 Nr. 166 S. 413 f. = ZBGR 27/1946 Nr. 80 S. 235 = ZR 22/1923 Nr. 55 S. 106). Der Erblasser bringt seinen letzten Willen in einer einseitigen letztwilligen Verfügung oder einem (zweiseitigen) Erbvertrag zum Ausdruck (ZGGVP 1983–84 S. 94 E. 2 [VGer.]: Die Hauptfunktion des Willensvollstreckers liegt «in der Durchführung und Sicherung der vom Erblasser auf den Todesfall getroffenen Anordnungen»; ZBl. 48/1947 S. 46 = ZBGR 28/1947 Nr. 34 S. 77 [RR SZ]: «Die Hauptfunktion des Willensvollstreckers besteht danach in der Ausführung der letztwilligen Verfügung und in der Durchführung der Teilung»; ZBGR 27/1946 S. 289 [Kreisschreiben OGer. SO]: «Die Willensvollstreckung bezweckt die Sicherung der letztwilligen Verfügung des Erblassers ...»). Gleichzeitig hat der Willensvollstrecker aber auch **das Gesetz zu beachten** (DRUEY, Grundriss, § 14 N 66). Dieses verpflichetet ihn unter anderem, bei der Erbteilung den (allenfalls vom Willen des Erblassers abweichenden) gemeinsamen Willen der Erben (zum Beispiel ausgedrückt im Erbteilungsvertrag) zu befolgen. Daraus ergeben sich verschiedene Aufgaben, welche auch als Funktionen bezeichnet werden (ZBl. 48/1947 S. 46 = ZBGR 28/1947 Nr. 34 S. 76 [RR SZ]: «Hauptfunktion»; SJZ 33/1936–37 Nr. 82 S. 121 [JD SG]: «Funktionen des Willensvollstreckers»; SO-BOG 1936 S. 102: «Aufgaben und Funktionen des ... Willensvollstreckers»; Rep. 67/1934 S. 467 [Civ.]: «funzioni dell'esecutore testamentario»). Das ZGB nennt in Art. 518 Abs. 1 folgende Aufgaben: Verwaltung der Erbschaft (I.), Bezahlung der Schulden, Ausrichtung der Vermächtnisse (III.) und Vornahme der Erbteilung (IV.). Vom Gesetz nicht ausdrücklich erwähnt werden weitere Aufgaben des Willensvollstreckers, nämlich (soweit notwendig) die Liquidation der Erbschaft (II.) und die Durchsetzung von Auflagen zugunsten der Berechtigten (V.). Zu untersuchen ist sodann, ob (neben den Erben, Vermächtnisnehmern und Auflageberechtigten) weitere Personen (VI.) Anspruch haben, dass der Willensvollstrecker ihre Interessen wahrnimmt. Schliesslich müssen die Aufgaben des Willensvollstreckers von denjenigen anderer Verwalter der Erbschaft abgegrenzt werden (VII.).

A. Verwaltung der Erbschaft

a) Art. 518 Abs. 2 (ebenso § 2205 Satz 1 BGB) bezeichnet die Verwaltung der Erbschaft (vgl. dazu eingehend Art. 517–518 N 116 ff.) ausdrücklich als Aufgabe des Willensvollstreckers (SG-KGE 1938 Nr. 2 S. 11 = SJZ 36/1939–40 Nr. 90 S. 126 = ZBGR 26/1945 Nr. 71 258: Den Erben ist das Recht auf Verwaltung und Verfügung entzogen; dies entspricht dem Sinn und Zweck der Willensvollstreckung, nämlich einer dem Willen des Erblassers entsprechenden Durchführung der Erbteilung. Dennoch kommt der Verwaltung der Erbschaft in der Regel nur eine beschränkte Bedeutung zu, weil der Willensvollstrecker die Erbschaft nur während einer Übergangsphase verwaltet (**Abwicklungsvollstreckung**) (PIOTET, SPR IV/1, § 24 III A). Die eigentliche Aufgabe des Willensvollstreckers ist die Verteilung des Vermögens unter die Erben und nicht seine (jahrelange) Verwaltung (PIOTET, SPR IV/1, § 3 II: «Die Erbengemeinschaft ist nur ein vorübergehendes Stadium, eine zu liquidierende Gemeinschaft»). Ausnahmsweise kann der Erblasser eine dauernde Verwaltung anordnen oder die Erben können eine solche vereinbaren (Dauervollstreckung – Vorbem. zu Art. 517–518 N 4). Der Einfluss des Erblassers wird durch den Gesetzgeber auf verschiedene Weise beschränkt, etwa durch die (grundsätzliche) Freiheit der Erbschaftsverwaltung (Art. 602 Abs. 2; ZK-ESCHER, Art. 602 N 12) und die Beschränkung des Erblassers auf eine einmalige Nacherbschaft (Art. 488 Abs. 2; DRUEY, Grundriss, § 11 N 41).

b) Das auf die Erbengemeinschaft anwendbare Gesamthandsprinzip (BK-TUOR/PICENONI, Vorbem. zu Art. 602–606 N 7; ZK-ESCHER, Art. 602 N 2) wird vom Gesetz nur an wenigen Stellen durchbrochen (PIOTET, SPR IV/2, § 85 III: Zustellung von Betreibungsurkunden an einen einzelnen Erben [Art. 65 Abs. 3 SchKG] und Einrede eines einzelnen Erben betreffend einer Erbschaftsschuld [Art. 145 Abs. 2 OR]; bei Dringlichkeit kann zudem ein einzelner Erbe alleine handeln, vgl. Art. 517–518 N 462 f.). Das Gesamthandsprinzip stellt in verschiedener Hinsicht ein (faktisches und rechtliches) Hindernis dar und zwar (1) wegen der Unsicherheit über den Bestand der Erbengemeinschaft (BSK-KARRER, Vorbem. zu Art. 517–518 N 3; zu denken ist an abwesende oder unbekannte Erben, vgl. ZR 67/1968 Nr. 123 E. 1 S. 366 [OGer.]; SUTER, 103: Frau Anna Huber hat «den Sebastian Beck ‹in ihrer letsten kranckenheit› anno 1759 ersucht, nach ihrem Tode den Nachlass dem Sohn Johann Rudolf Huber zu übertragen»), (2) wegen der schwerfälligen Handlungsweise der Erbengemeinschaft (PIOTET, SPR IV/2, § 84 II B), (3) wegen Interessenkonflikten unter den Erben (nach SEEGER, S. 2, war diese Aufgabe bereits im Mittelalter aktuell), (4) wegen der Uneinigkeit unter den Erben (BREITSCHMID, Stellung des Willensvollstreckers, S. 145: Die Einsetzung eines Willensvollstreckers richtet sich «gegen Konflikte unter den Erben») und (5) wegen der Unerfahrenheit der Erben (BK-TUOR, Vorbem. zu Art. 517–518 N 1; ZK-ESCHER, Vorbem. zu Art. 517–518 N 1; JOST, Willensvollstrecker, N 1: «die Erben ermangeln der erforderlichen Rechts- oder Geschäftskenntnis»). Wenn der Erblasser einen Willensvollstrecker einsetzt, wird den Erben (von Gesetzes wegen) die Verfügungsberechtigung entzogen und auf den Willensvollstrecker übertragen (HOLENSTEIN, S. 34 und 57; Art. 517–518 N 200). Der Willensvollstrecker kann den Nachlass alleine verwalten, was zur (rechtlichen und faktischen) **Verbesserung der Handlungsfähigkeit der Erbengemeinschaft** beiträgt (AR-GVP 1988 Nr. 1083 S. 118 [RR]; RB 1986 E. 3 S. 103 [VGer.]: Ohne Willensvollstrecker ist die Erbengemeinschaft praktisch nicht handlungsfähig; ZGGVP 1983–84 S. 94 E. 2 [VGer.]: Der Willensvollstrecker wird eingesetzt, damit «Zweifel und Schwierigkeiten rasch erledigt werden»; HAUSHEER, Erbrechtliche Probleme, S. 73: Der Willensvollstrecker «soll für einen geordneten Ablauf des Erbganges ... besorgt sein»; TUOR/SCHNYDER/SCHMID/RUMO-JUNGO, § 71 N 33: «dass Zweifel und Schwierigkeiten rasch erledigt werden»). Der Willensvollstrecker nimmt zudem in gewissem Sinn die Aufgabe eines Schiedsrichters wahr (ZR 88/1989 Nr. 75 E. 3c S. 240 [OGer.]: «Würde ein Erblasser die Erbteilung einem Schiedsgericht überlassen, hätte dieses im Bereich des Pflichtteils nicht die Funktion eines verbindlich entscheidenden Gerichts, sondern allenfalls diejenige eines Willensvollstreckers»; DRUEY, Grundriss, § 14 N 67: Der Willensvollstrecker kann «durch die Übernahme der Verwaltung und durch Vorschläge über die Teilung als ‹Friedensengel› zwischen den Erben walten»).

4 c) In neuerer Zeit hat die Erbschaftsverwaltung dadurch zunehmende Bedeutung erlangt, dass komplexe Vermögen zu verwalten (diese Aufgabe hat bereits HUBER, System IV, S. 630, erwähnt) und insbesondere Unternehmen weiterzuführen sind (HAUSHEER, Erbrechtliche Probleme, S. 72 ff.; zu Einzelheiten vgl. Art. 517–518 N 184 ff.). Während § 2209 BGB eine besondere Regelung für die **Dauervollstreckung** vorsieht, welche auch Verwaltungsvollstreckung genannt wird, sehen Art. 517 f. diese nicht ausdrücklich vor. Sie wird in der Lehre und Praxis aber grundsätzlich für zulässig gehalten (zu Einzelheiten vgl. Art. 517–518 N 51 ff.).

5 d) Der Willensvollstrecker **verwaltet die Erbschaft.** Vom Nachlass abzugrenzen ist einerseits dasjenige Vermögen, welches der Erblasser bereits durch Rechtsgeschäfte unter Lebenden auf Dritte übertragen hat (PraxKomm-KÜNZLE, Einleitung N 8) und andererseits dasjenige Vermögen aus den 3 Säulen der Sozialversicherung, welches ausserhalb des Nachlasses an Dritte fliesst (PraxKomm-KÜNZLE, Einleitung N 133; nicht zum Nachlass gehören auch Zahlungen aufgrund des Wrongful Death Law, vgl. SGGVP 2007 Nr. 34 E. 2.4.2 S. 126). Abzugrenzen ist sodann, dass der Willensvollstrecker nicht die Rechte der einzelnen Erben verwaltet, welche ausschliesslich von diesen selbst ausgeübt werden. Zu diesen Rechten der einzelnen Erben gehört etwa das im bäuerlichen Bodenrecht bestehende Vorkaufsrecht (BN 14/1953 S. 195 = ZBGR 35/1954 Nr. 57 215 [JD]; das in diesem Entscheid erwähnte BG vom 12. Juni 1951 über die Erhaltung des bäuerlichen Grundbesitzes [SR 211.412. 11] war gültig bis zum 31. Dezember 1993 und wurde abgelöst durch das BG vom

4. Oktober 1991 über das bäuerliche Bodenrecht [BGBB – SR 211.412.11]). Kein Recht eines einzelnen Erben ist dagegen die Schlussabrechnung durch den Vormund des Erblassers (Art. 453 Abs. 2) und dessen Haftung, welche alle Erben betrifft (anders ZR 45/1946 Nr. 32 S. 64 = ZVW 2/1947 Nr. 69 S. 149 [OGer.]).

B. Liquidation der Erbschaft

Der Willensvollstrecker darf **nur so weit Liquidationshandlungen** (vgl. dazu eingehend Art. 517–518 N 125 ff.) vornehmen, **als diese** zur ordentlichen Verwaltung oder zur Vorbereitung der Teilung **notwendig** sind (DRUEY, Grundriss, § 14 N 20 f.). Er darf zwar einzelne Nachlassgegenstände verwerten (ZK-ESCHER, Art. 518 N 10), aber die Erbschaft nicht vollständig liquidieren und anschliessend die Erbanteile auszahlen, weil die Erben Anspruch auf Realteilung haben (Art. 517–518 N 298). Der Willensvollstrecker hat in erster Linie die Interessen der Erben und nicht diejenigen der Gläubiger zu verfolgen. Die Erbschafts- und Erbengläubiger haben zwar ebenfalls ein Interesse an der Einsetzung eines Willensvollstreckers, dieses findet aber im Erbrecht keine Stütze (anders PIOTET, SPR IV/2, § 100 III: «Die Anwesenheit eines Willensvollstreckers jedoch verhindert in erster Linie eine Teilung vor der Befriedigung der Gläubiger ...»). Diese müssen ihre Interessen mit anderen Schutzmechanismen verfolgen, welche im Erbrecht und im Schuldbetreibungs- und Konkursrecht zu finden sind (besondere Vorschriften für die Gläubiger des Erblassers befinden sich in Art. 497, Art. 564 Abs. 1, Art. 579 Abs. 1, Art. 582, Art. 583 Abs. 2, Art. 590, Art. 594 Abs. 1 und Art. 639 Abs. 1; besondere Vorschriften für die Gläubiger der Erben befinden sich in Art. 524, Art. 564 Abs. 2, Art. 578 und Art. 609; besondere Vorschriften für Erbschaften bestehen in Art. 49, 59, 65 Abs. 3, 67 Ziff. 2, 104, 132 Abs. 1, 149a Abs. 1, 193, 196, 219 Abs. 5 Ziff. 4, 230a Abs. 1, 234, 288a Ziff. 3 und 290 SchKG). Von diesen Bestimmungen ist die nach der Erbteilung fortbestehende solidarische Haftung der Erben (Art. 639) hervorzuheben. Wenn aufgrund einer Überschuldung eine Liquidation notwendig ist, wird der Erbschaftsliquidator (und nicht der Willensvollstrecker) eingesetzt (zur Abgrenzung vgl. Vorbem. zu Art. 517–518 N 22 und 57). Es ist sogar die Aufgabe des Willensvollstreckers, die Erbschaft vor unberechtigten Forderungen der Gläubiger zu schützen (517–518 N 113).

C. Ausrichtung von Vermächtnissen

Bei den Testamentsvollstreckern des kantonalen Rechts war der Schutz des Vermächtnisnehmers (vor den Erben) noch eine wichtige Aufgabe (vgl. etwa Art. 1040 PGB oder Art. 109 st. gallisches Gesetz über die Erbfolge vom 9. Dezember 1808: «Der Erblasser hat die Befugnis, Vollzieher seines letzten Willens aufzustellen, deren Instruktion das Vermächtnis ist»; NUSSBAUM, ZBGR 4/1923 S. 58: «Seine Bestellung erfolgte im Testament, fast regelmässig mit dem Auftrag, nach dem Tode des Erblassers die Vermächtnisse an die Bedachten auszurichten»). Der Testamentsvollstrecker entstand «aus dem Bedürfnis des Erblassers, die Liquidation des Nachlasses gemäss seinem Willen zu sichern, insbesondere aus der Sorge für die Ausrichtung der Vermächtnisse, die den gesetzlichen oder testamentarischen Erben oder Legataren auferlegt worden waren» (SEEGER, S. 8). Durch die Einsetzung eines Willensvollstreckers wird das Erbschaftsvermögen von demjenigen der Erben verwaltungsmässig getrennt (ZK-ESCHER, Vorbem. zu Art. 517 N 1). Damit kann der Erblasser seinen Willen in der Auseinandersetzung zwischen den Vermächtnisnehmern und Erben – bei entgegenstehenden Erbeninteressen – besser durchsetzen (BK-TUOR, Vorbem. zu Art. 517–518 N 1). Der Schutz des Vermächtnisnehmers kann im Einzelfall notwendig werden, weil dieser eine schwächere Position als die Erben hat, denn das Eigentum am Nachlass geht beim Tod des Erblassers gesamthaft auf die Erben über (Universalsukzession – ZK-ESCHER, Vorbem. zu Art. 560–579 N 2), während der Vermächtnisnehmer nur ein Forderungsrecht erwirbt. Das Bedürfnis des Erblassers, die Ausrichtung von Vermächtnissen mit Hilfe eines Willensvollstreckers sicherzustellen (vgl. dazu eingehend Art. 517–518 N 287 ff.), ist umso grösser, je mehr Verfügungsfreiheit der Erblasser hat. Die im heutigen Recht bestehenden Pflichtteile (Art. 471) lassen in der Regel (bei den am häufigsten anzutreffenden Konstellationen) relativ wenig Raum für Vermächtnisse, weshalb diese Aufgabe heute nicht mehr vorrangig ist (SEEGER, S. 8 f.: «Unter der Herrschaft eines Rechts, das die Verfügungsbefugnis des Erblassers in engen Grenzen hält und ihm nur die Verfügung über den nicht seinen nächsten Erben vorbehaltenen Teil gestattet, besteht für Testamentsvollstrecker wenig Bedürfnis»).

D. Vornahme der Erbteilung

8   a) Der Willensvollstrecker hat die **Teilung der Erbschaft vorzubereiten** (Art. 517–518 N 281 ff.) **und durchzuführen** (Art. 517–518 N 342 ff.; DRUEY, Grundriss, § 16 N 6; BSK-KARRER, Art. 518 N 3: «Vollstreckung des Willens des Erblassers»). Die Teilung ist notwendig, weil das Eigentum am Nachlass unmittelbar nach dem Tod des Erblassers auf die Gesamtheit der Erben übergeht (Art. 560 Abs. 1; PIOTET, SPR IV/1, § 3 I B). Die Einsetzung eines Willensvollstreckers kann helfen, Streitigkeiten unter den Erben zu verhindern, wenn dies auch keine vordringliche Aufgabe ist (NUSSBAUM, ZBGR 4/1923 S. 58). Das Bundesgericht umschreibt die Aufgabe wie folgt: «Beim Amt des Willensvollstreckers geht es ... unter anderem darum, die Vermögenswerte des Erblassers auf die einzelnen Erben zu übertragen, wobei möglichst auf die Interessen der Erben Rücksicht zu nehmen ist» (BGE 108 II 535 E. 2b S. 537 = JdT 131/1983 I S. 593 = Pra. 72/1983 Nr. 177 S. 480 = ZBGR 66/1985 Nr. 51 S. 246 = BN 45/1984 Nr. 13 S. 416 = ZBJV

120/1984 S. 163; weiter vgl. RVJ 2005 S. 241 E. 1a [Cass.]: «L'exécuteur testamentaire exécute une tâche de droit privé, dont le but est le partage successorale»).

b) Fraglich ist, ob der Willensvollstrecker auch die Aufgabe hat, die vom Erblasser in der letztwilligen Verfügung betroffenen Anordnungen gegen die Erben durchzusetzen (es geht nicht um alle Anordnungen des Erblassers, sondern nur um diejenigen in der letztwilligen Verfügung, vgl. ZK-ESCHER, Vorbem. zu Art. 517 N 1; BGE 48 II 308 E. 2 S. 313 = JdT 71/1923 I S. 294 = Pra. 11/1922 Nr. 166 S. 414 = ZBGR 27/1946 Nr. 80 S. 235; ZR 22/1923 Nr. 167 S. 331 [Bez.Ger.]: Ein Vermächtnis über 50'000 Mark darf nach einem Kurszerfall der deutschen Mark von den Willensvollstreckern nicht angepasst werden). In einzelnen kantonalen Rechten und in der älteren Literatur wird dies noch bejaht (ZK-ESCHER, Vorbem. zu Art. 517–518 N 1). So schrieb BLUNTSCHLI, S. 164: «Das Institut der Testamentsvollstrecker hat den Zweck, die Vollziehung des letzten Willens zu sichern». Das muss heute aber sowohl bezüglich der Höhe der Erbanteile als auch bezüglich ihrer Zusammensetzung verneint werden, immer vorausgesetzt, dass sich die Erben einig sind (zu Einzelheiten vgl. Art. 517–518 N 302). Da ein Interesse nach Durchsetzung des erblasserischen Willens in vielen Fällen vorhanden ist, muss die Frage anhand der erbrechtlichen Prinzipien entschieden werden: Das aus der Eigentumsgarantie fliessende Recht des Erblassers, über sein Vermögen (frei) verfügen zu können, seine Verfügungsbefugnis (DRUEY, Grundriss, § 4 N 16), findet seine Grenze am Recht der Erben auf freie Erbteilung (Art. 607 Abs. 2; BGE 114 II 418 E. 2a S. 419 = JdT 137/1989 I S. 579 = Pra. 78/1989 Nr. 169 S. 575 = ZBGR 72/1991 Nr. 5 S. 29; BREITSCHMID, Stellung des Willensvollstreckers, S. 141 f.: «Die Erben bestimmen ... [1] ob, [2] wann, [3] wie, [4] zu welchem Anrechnungswert ... geteilt wird»). Die Erben können auf die ihnen (mit den Teilungsvorschriften zugesprochenen) Vorteile verzichten und etwas anderes vereinbaren. Selbst wenn man die Durchsetzung der erblasserischen Anordnungen als wichtiger ansehen würde, könnte man nicht verhindern, dass die Erben direkt anschliessend an die Erbteilung die Verfügungen in ihrem Sinne korrigierten. Deshalb wird heute von der herrschenden Lehre anerkannt, dass die Erben eine vom letzten Willen des Erblassers bzw. von der gesetzlichen Ordnung abweichende **Erbteilung (für den Willensvollstrecker verbindlich) vereinbaren können** (DRUEY, Grundriss, § 16 N 61; BK-TUOR/PICENONI, Art. 608 N 9; PIOTET, SPR IV/2, § 108 II: «Anderseits dürfte ein Teilungsvertrag für den Willensvollstrecker verbindlich sein, den sämtliche Erben abschliessen und der von einer blossen Teilungsvorschrift des Erblassers abweicht; es sei denn, der Teilungsvertrag sei an sich rechtswidrig oder unsittlich»; ebenso ZGRG 2010 S. 102 E. 2c/bb [ER KGer.]). Wenn sich die Erben einig sind, werden ihre vermögensrechtlichen Interessen über diejenigen des Erblassers gesetzt (zu den höchstpersönlichen Rechten des Erblassers vgl. Vorbem. zu Art. 517–518 N 11).

10 c) **Die Willensvollstreckung erfüllt** – im Gegensatz etwa zum Vormund – **keine öffentlichen Interessen,** wie etwa den Schutz der Erben vor Benachteiligung (Vorbem. zu Art. 517–518 N 6; a.M. BAUMGARTNER, S. 18). Das zeigt sich unter anderem auch darin, dass nur die Erben die Ungültigkeit oder Herabsetzung einer letztwilligen Verfügung geltend machen können (DRUEY, Grundriss, § 14 N 69).

E. Vollzug von Auflagen, Bedingungen und persönlichen Anordnungen

11 a) Der Willensvollstrecker hat für den Vollzug von **Auflagen und Bedingungen** zu sorgen, obwohl diese Aufgabe im ZGB nicht ausdrücklich erwähnt wird (PKG 1985 Nr. 56 E. 2 S. 160 [PF 1/85; KGP]: «Zur Durchsetzung einer Auflage berechtigt sind auch die Willensvollstrecker»; ZK-ESCHER, Art. 482 N 19; BK-TUOR, Art. 482 N 16; BRÜCKNER/WEIBEL, S. 115). Der Erblasser hat ein Interesse, dass die von ihm angeordneten Auflagen durchgesetzt werden (DERRER, S. 13). Wenn kein Willensvollstrecker eingesetzt wird, besteht das Risiko, dass die Auflagen erst zu spät bekannt werden oder niemand deren Vollzug verlangt (BJM 1998 E. 1b S. 38 [ABBA BS]; SCHNYDER, recht 1985 S. 107). Das Tätigwerden des Willensvollstreckers schliesst nicht aus, dass sich auch andere Interessierte für den Vollzug der Auflagen einsetzen (BK-TUOR, Art. 482 N 19). Vollzogen werden Auflagen und Bedingungen nur, soweit sie nicht unsittlich oder rechtswidrig sind (unsittliche bzw. rechtswidrige Auflagen führen [auch ohne Anfechtung im Sinne von Art. 519 Abs. 1 Ziff. 3] zur Ungültigkeit der damit verbundenen Verfügung, vgl. BK-TUOR, Art. 482 N 27). Auflagen sind insofern ein Fremdkörper im Erbrecht, als sie nicht nur Vermögenswerte, sondern auch Persönlichkeitsrechte betreffen können (das Bundesgericht hat die in BGE 94 II 88 E. 7 S. 93 = JdT 117/1969 I S. 184 f. = Pra. 58/1970 Nr. 6 S. 16 f. vertretene Auffassung, dass sich die Auflage nur auf das dem Beschwerten zugefallene Vermögen beziehen könne, in BGE 101 II 25 E. 2a S. 29 = JdT 123/1975 I S. 565 f. = Pra. 64/1976 Nr. 178 S. 500 ausdrücklich wieder verworfen; die beiden Kategorien lassen sich häufig nicht genau trennen; so ist eine Anordnung über die Art der Bestattung auch mit Kosten verbunden, welche vom Willensvollstrecker zu tragen sind, sofern der Erblasser dafür nicht eine Vorauszahlung geleistet hat). Nach PIOTET kann die Willensvollstreckung zum Vollzug von Auflagen auf Dauer angelegt werden: «exécuteur testamentaire administrant les biens en cause pendant la durée de la charge» (PIOTET, JdT 117/1969 I S. 163). Dies gilt allerdings nur unter der Einschränkung, dass keine Pflichtteile von einer solchen Anordnung betroffen sind (vgl. dazu Art. 517–518 N 51) und dass der Willensvollstrecker sein Amt nach Beendigung der sonstigen Aufgaben nicht niederlegt (SCHREIBER, Rechtsstellung, S. 73 f.).

b) Der Willensvollstrecker kann auch **Anordnungen vollziehen, welche dem Erblasser um seiner Persönlichkeit willen zustehen** (vgl. dazu Vorbem. zu Art. 517–518 N 13 ff.). Diese Anordnungen können in einer letztwilligen Verfügung stehen, obwohl diese Form gar nicht erforderlich ist (Patiententestament [Art. 373 – in Kraft ab 1.1.2013], Organspenderausweis, Bestattungsanordnung usw.). Zwar können auch Angehörige diese Aufgabe erfüllen, wie im vermögensrechtlichen Bereich kann es dem Erblasser aber ein Anliegen sein, mit dem Willensvollstrecker eine von den Erben unabhängige Instanz einzuschalten. Art. 518 f. sind in diesen Fällen nur analog anwendbar.

12

(1) Der Erblasser kann Regeln für die **medizinische Behandlung** vor seinem Tod aufstellen, welche dann zur Anwendung kommen, wenn er sich selbst nicht mehr äussern kann. Solche Regeln werden gewöhnlich in einem **Patiententestament** (Living Will) aufgestellt, können aber auch in einer letztwilligen Verfügung stehen. Soweit vorhanden werden üblicherweise Angehörige dafür eingesetzt, um diese Bestimmungen durchzusetzen. Gelegentlich wird dieselbe Person, welche später auch als Willensvollstrecker tätig wird, für diese Aufgabe eingesetzt (BREITSCHMID, Einsatz, S. 55; BREITSCHMID, ZVW 58/2003 S. 277).

13

(2) Der Erblasser kann Bestimmungen über den Umgang mit seinem **Leichnam** aufstellen. Diese Regeln können in einem **Organspenderausweis** enthalten sein, aber auch in einer letztwilligen Verfügung stehen und sind diesfalls als Auflage anzusehen (Art. 482 Abs. 1; VPB 51/1987 Nr. 44 E. 1 S. 260 [BJ]: «Die sogenannten Persönlichkeitsrechte, wie namentlich das Recht am eigenen Körper ..., gehören nicht zum Nachlass. Das heisst allerdings nicht, dass es nicht möglich wäre, in einem Testament festzuhalten, was mit dem Leichnam geschehen ... soll. Solche Anordnungen können aber nur in der Form einer Auflage erfolgen»; SJ 107/1985 E. 5a S. 604 f. [RR]; ZBl. 74/1973 E. 4 S. 166 [RR]). Der Willensvollstrecker kann Anordnungen des Erblassers betreffend seinen eigenen Körper vollziehen (SJ 107/1985 E. 5a S. 605 [RR]: «des instructions écrites relatives au sort à donner à sa propre dépouille mortelle peuvent constituer une charge, qui ... oblige l'exécuteur testamentaire, à en requérir l'exécution»). Das Verfügungsrecht des Erblassers stützt sich in diesem Fall nicht auf das Erbrecht (ZK-ESCHER, Art. 560 N 2), sondern wird auf die Achtung der Menschenwürde und der Persönlichkeit zurückgeführt (BGE 98 Ia 508 E. 8b S. 522: Das Bestimmungsrecht über den toten Körper steht heute «unter dem Schutz des Grundrechtes der persönlichen Freiheit», welches «in umfassender Weise die Menschenwürde und den Eigenwert der Persönlichkeit schützen soll»; BGE 97 I 221 E. 4b S. 228: «die Verfügungsmacht des Lebenden über das Schicksal des Leibes nach dem Tod, ... stelle sich als Ausfluss der individuellen Freiheit des Bürgers, der Persönlichkeit und ihres Rechtes auf Geltung und Achtung durch die Allgemeinheit dar»; VB.2006.00144: Wunsch des Verstorbenen im Familiengrab bestattet zu werden; ZR 74/1975 Nr. 92 E. 4b S. 283 [OGer.]; zur

14

Organentnahme vgl. Art. 119a BV). Eine Anordnung des Erblassers kann deshalb auch durch übereinstimmende Willensäusserungen der Erben nicht umgestossen werden (DICKE, Art. 53 BV N 15). Wenn der Verstorbene keine Anordnung getroffen hat, entscheiden (gestützt auf die gleichen Rechtsgrundlagen) die nächsten Angehörigen (BGE 111 Ia 231 E. 3b S. 234: «On peut ... admettre que la garantie constitutionnelle de la liberté personnelle protège également le sentiment de piété des parents et, en conséquence, le droit de ceux-ci de s'opposer à une intervention injustifiée sur la dépouille d'un défunt»; BGE 101 II 177 E. 5a S. 190 f.: «Den Angehörigen eines Verstorbenen steht nach der in der Schweiz herrschenden Rechtsauffassung in den Schranken der öffentlichen Ordnung und der guten Sitten ein Bestimmungsrecht über dessen Leichnam zu. Dieses mit dem Eigentum vergleichbare, aber nicht vom Sachenrecht beherrschte Recht ist ein Ausfluss des allgemeinen Persönlichkeitsrechts und hat seinen Sitz in Art. 28 ZGB»; VPB 51/1987 Nr. 44 E. 1 S. 260 [BJ]: Das Recht der Angehörigen, über den Leichnam zu bestimmen, ist «Ausfluss ihres in ZGB 28 verankerten Persönlichkeitsrechts»; SJZ 86/1990 Nr. 83 E. 2 S. 422 [OGer. ZH]: «Das Recht zur Totenfürsorge beruht auf der engen Verbundenheit mit dem Verstorbenen und schützt die sich daraus ergebende besondere Gefühlsbeziehung»; ZR 74/1975 Nr. 92 E. 4c S. 283 [OGer.]: Wenn der Erblasser nichts angeordnet hat, können die Angehörigen aufgrund eines eigenen Persönlichkeitsrechts, welche auf der familienrechtlichen Verbundenheit [und nicht etwa auf Erbrecht] beruht, über den Umgang mit dem Leichnam entscheiden; ZBl. 74/1973 E. 4 S. 166 [RR]: «das Recht und die Pflicht der Fürsorge für den Leichnam», «Totenfürsorge»).

15 (3) Der Erblasser kann (in einer letztwilligen Verfügung) Bestimmungen über die Art und Weise seines **Begräbnisses** (Beerdigung oder Kremation, Kreuz oder Grabstein, Unterhalt des Grabes, Errichtung eines Denkmals usw.) treffen, und zwar in Form einer Auflage (AJP 5/1996 Nr. 5 E. 9 S. 1285 [OGer. ZH]: «Ist es ein Anliegen des Erblassers, seine letzte Ruhestätte nach seinen Wünschen zu gestalten, so kann er im Testament entsprechende Anordnungen in Form einer Auflage an die Erben treffen»; BK-TUOR, Art. 482 N 6; ZK-ESCHER, Art. 482 N 13; BSK-STAEHELIN, Art. 482 N 16). Zum möglichen Inhalt solcher Verfügungen vgl. die Homepage des Bestattungs- und Friedhofamtes der Stadt Zürich (<http://www.stadt-zuerich.ch/prd/de/index/bevoelkerungsamt/bestattungs-_und_friedhofamt/formulare_merkblaetter.html> [besucht am 20.10.2010]). Das Verfügungsrecht des Erblassers stützt sich nicht auf das Erbrecht, sondern auf Art. 53 Abs. 2 BV (BGE 118 IV 319 E. 2 S. 323: «du point de vue de la constitution, il se justifie d'admettre qu'un droit de la personnalité qui est en rapport avec la forme des funérailles peut durer au-delà de la mort ...»; BGE 97 I 221 E. 4b S. 229 = JdT 120/1972 I S. 113: Das Gebot schicklicher Beerdigung ist «ein vom Verfassungsgeber anerkanntes subjektives öffentliches Recht» bzw. «ein seiner Natur nach über den Tod hinaus wirkendes verfassungsmässiges Recht»; VPB 36/1972 Nr. 2 E. 2 S. 11 und E. 3b S. 13 [JA];

DICKE, Art. 53 BV N 12). Der Erblasser kann unter anderem den Bestattungsort bestimmen und die Angehörigen haben seinen Wunsch zu respektieren (BGE 129 I 173 E. 5 S. 181 = 1P.453/2002 = JdT 152/2004 I S. 163 f. = SJZ 99/2003 Nr. 24 S. 332: Das Grundrecht der Angehörigen auf persönliche Freiheit [Art. 10 BV] muss zurückstehen). Die Anordnungen des Erblassers können ganz allgemein gegen die Angehörigen durchgesetzt werden (BGE 101 II 177 E. 5a S. 191). Die von KEHL-ZELLER (recht 13/1995 S. 100 ff.) zusammengestellten Bestimmungen über das Bestattungswesen zeigen, dass Anordnungen der Verstorbenen über die Bestattungsart in vielen Gemeinden schon von der Friedhofsverwaltung durchgesetzt werden. Der Erblasser kann grundsätzlich den Willensvollstrecker einsetzen, um Auflagen im Zusammenhang mit dem Begräbnis zu vollziehen (ZBGR 30/1949 Nr. 111 S. 269 = ZBl. 39/1938 S. 521 [BGer.]). Der Willensvollstrecker kann diese Aufgabe allerdings in vielen Fällen nicht oder nur teilweise erfüllen, weil er regelmässig zu spät vom Tod des Erblassers Kenntnis erhält (AGVE 1988 Nr. 2 E. 3a S. 552 [RR]). Schneller reagieren kann er, wenn das Bestattungsamt entsprechende Erklärungen entgegennimmt und an den Willensvollstrecker weiterleitet (AGVE 1971 Nr. 23 E. 3d S. 345 [VGer.]). Das Bundesgericht hält die Durchsetzung derartiger Anordnungen für nicht praktikabel, weil Unklarheiten oder Willensmängel in der knappen Zeit bis zum Begräbnis nicht gerichtlich geklärt werden können (BGE 97 I 221 E. 4e S. 232 ff. = JdT 120/1972 I S. 115 ff.; weiter vgl. BK-TUOR, Art. 482 N 19; BREITSCHMID, SJZ 89/1993 S. 329: Die Anerkennung der Entscheidungsbefugnis des Verstorbenen «impliziert auch die Durchsetzbarkeit»). Wenn der Erblasser keine Anordnungen getroffen hat, können die Angehörigen (nicht: die Erben) aufgrund des Rechts der Totenfürsorge über die Bestattungsart (ZR 74/1975 Nr. 92 E. 4c S. 284 [OGer.]) und über die Gestaltung des Grabes bestimmen (SJZ 86/1990 Nr. 83 E. 1 S. 422 [OGer. ZH]).

(4) Anordnungen des Erblassers über seine **Trauerfeier** stützen sich auf Art. 49 f. BV und stellen eine Auflage dar (PIOTET, SPR IV/1, § 23 I; BSK-STAEHELIN, Art. 482 N 16). Diese Auflage kann vom Willensvollstrecker nur so weit durchgesetzt werden, als ihr nicht Persönlichkeitsrechte der Angehörigen entgegenstehen (DICKE, Art. 53 BV N 14: ein Mensch sollte «einen besonderen Wunsch über seine Beisetzung äussern können»). Das Bundesgericht hat die Durchsetzbarkeit offengelassen, für einen Auftrag über den Tod hinaus aber praktische Bedenken angemeldet (BGE 97 I 221 E. 4f S. 234 = JdT 120/1972 I S. 118: «Praktisch ist allerdings kaum vorstellbar, dass in einem Zivilverfahren in der Zeit zwischen Tod und Bestattung ein Entscheid erwirkt werden könnte, mit dem die Durchführung der vom Verstorbenen gewünschten Bestattungsfeier angeordnet würde»; weiter wird argumentiert, dass eine Kirche oder Religionsgemeinschaft nicht gezwungen werden könne, eine Trauerfeier durchzuführen). Wenn keine Anordnung des Erblassers vorliegt, gelten die kantonalen und kommunalen Vorschriften über das Bestattungswesen, welche die Bestimmung der Trauerfeier regelmässig als Sache der Angehöri-

gen ansehen (KEHL-ZELLER, recht 13/1995 S. 100 ff.). Die Anordnung, Messen für die Seelenruhe des Erblassers zu lesen, stellt ebenfalls eine Auflage dar (PIOTET, SPR IV/1, § 23 I.), deren Erfüllung der Willensvollstrecker verlangen kann (DRUEY, Grundriss, § 11 N 27).

17 (5) Der Willensvollstrecker kann auch beauftragt werden, den **Umgang mit vertraulichen oder geheimen Informationen,** welche dem Anwalts- oder Arztgeheimnis unterstehen, zu bestimmen, soweit dies überhaupt möglich ist (HEIM, JdT 134/1986 IV S. 138: «D'après la doctrine, les maîtres du secret après le décès d'un patient sont ses héritiers ainsi que ... l'exécuteur testamentaire ...»). Im Zusammenhang mit einer Klage, wenn zum Beispiel die Testierunfähigkeit geltend gemacht wird, kann es notwendig sein, dass der Arzt des Erblassers vom Arztgeheimnis entbunden werden muss. Dies kann (je nach dem Gegenstand der Klage) durch den Willensvollstrecker bzw. die Erben geschehen (ZR 77/1978 Nr. 21 E. IVd S. 41 [OGer.]; das Arztgeheimnis ist allerdings nur so weit aufzuheben, als es notwendig ist, um die Testierfähigkeit zu beurteilen, vgl. ATA/656/2007 [TA GE]). Zum Anwaltsgeheimnis des Willensvollstreckers selbst vgl. Art. 517–518 N 218.

18 c) Der Erblasser kann den Willensvollstrecker auch einsetzen, um die von ihm hinterlassenen Unterlagen auf eine bestimmte Art zu verwalten, insbesondere **Privatakten** zu vernichten oder ein **Manuskript** zu veröffentlichen (ZK-ESCHER, Art. 482 N 1: Übergabe einer Sammlung an ein öffentliches Institut, Veröffentlichung oder Nichtveröffentlichung eines Manuskripts). Das Beispiel von General Guisan zeigt, dass der Staat ein Interesse an der Aufbewahrung von Dienstakten hat und diese von den Privatakten auszuscheiden sind (VPB 40/1976 I Nr. 12 S. 48 [BR]: «General Guisan hatte 1947 ... zwei Obersten beauftragt, diese persönlichen und geheimen Dienstakten fünf Jahre nach seinem Ableben zu vernichten»; das Bundesarchiv, welchem sie schliesslich abgeliefert wurden, verpflichtete sich, «sie vor Ablauf von 50 Jahren nur mit Einwilligung der beiden Obersten ... zugänglich zu machen ...»). Auch hier handelt es sich um den Vollzug einer Auflage (Art. 482; BK-TUOR, Art. 482 N 6; die [persönlichen] Akten gehören zum Nachlass).

F. Schutz von weiteren Dritten?

19 Neben den Erben, Vermächtnisnehmern und Auflageberechtigten haben weitere Personen ein Interesse an der Erbschaft, nämlich die Erbschafts- und Erbengläubiger, der überlebende Ehegatte (bei der güterrechtlichen Auseinandersetzung), Miteigentümer (an Nachlassgegenständen), Mitarbeiter (im Unternehmen des Erblassers), der Staat usw. Zwar geht auch von diesen Personen ein gewisses Bedürfnis nach dem Einsatz des Willensvollstreckers aus, aber dieses findet im Erbrecht keine Stütze. Diese Personen **müssen ihre Interessen deshalb mit anderen Schutzmechanismen verfolgen,** welche für die Erbschafts- und Erbengläubiger im Erbrecht

und im Schuldbetreibungs- und Konkursrecht (Vorbem. zu Art. 518 N 6), für den überlebenden Ehegatten im Familienrecht, für die Miteigentümer im Sachenrecht, für die Mitarbeiter im Arbeitsrecht und für den Staat im Steuerrecht zu suchen sind (die Steuergesetze sehen üblicherweise eine Inventaraufnahme vor, vgl. BK-TUOR/PICENONI, Art. 553 N 9 ff.; Art. 517–518 N 236 ff.).

G. Abgrenzungen

1. Erbschaftsverwalter (Art. 554)

a) In **Art. 518 Abs. 1** wird der Willensvollstrecker den Regeln des Erbschaftsverwalters unterstellt, soweit keine eigenen Regeln (Art. 517 f. oder die Natur der Willensvollstreckung) vorhanden sind. Dieser Verweis bezieht sich nicht auf den Erbschaftsverwalter im Sinne von Art. 554, sondern auf den Erbschaftsliquidator nach Art. 595 (Erläuterungen S. 410; vgl. dazu Vorbem. zu Art. 517–518 N 22), an welchen auch der Erbschaftsverwalter anlehnt (DRUEY, Grundriss, § 14 N 54; BK-TUOR/PICENONI, Art. 554 N 18). Zwischen dem Willensvollstrecker und dem Erbschaftsverwalter besteht eine weitgehende Verwandtschaft (ZR 94/1995 Nr. 8 E. 4 S. 28 [OGer.]; Rep. 106/1973 S. 96 [Civ.]; YUNG, SJ 69/1947 S. 451). Diese kann aber nicht fruchtbar gemacht werden, weil auch der Erbschaftsverwalter nur summarisch geregelt ist (BK-TUOR, Vorbem. zu Art. 517–518 N 9; ROSSEL/MENTHA, S. 102).

b) Die Aufgabe des Erbschaftsverwalters ist weniger umfassend als diejenige des Willensvollstreckers, ist er doch nur mit der **Verwaltung (Erhaltung) des Vermögens** beauftragt (BGer. 2P.77/2006 E. 5.2: «Les compétences sont ... limitées é des fonctions conservatoires»; PKG 1994 Nr. 47 S. 151 [PF 20/94; KGP]: «rein verwaltende ... Tätigkeit»; SGVP 3/1938–43 Nr. 547 S. 381 f. = ZBGR 28/1947 Nr. 101 S. 261 [RR]: Der Erbschaftsverwalter hat «den Rechnungsruf zu erlassen, das Inventar und die Erbschaftsbilanz aufzustellen, die Massnahmen zur Erhaltung des Vermögens zu treffen und die Erbschaft zu verwalten; er hat die Forderungen des Erblassers einzuziehen und dessen Rechte und Pflichten allenfalls gerichtlich feststellen zu lassen; insoweit ist er dem Willensvollstrecker ... gleichzustellen»). Der Willensvollstrecker (Art. 518 Abs. 2) ist darüber hinaus auch noch mit der (Vorbereitung und Durchführung der) Erbteilung beauftragt (BGer. 5C.51/1995 AJP 5/1996 Nr. 6 E. 4b und 4c S. 1290: «Nachforschungen und Ermittlungen des Erbschaftsverwalters dürfen nicht zu einer ‹fishing expedition› ausarten»; PKG 1994 Nr. 47 S. 151 [PF 20/94; KGP]: Der Willensvollstrecker hat «im Gegensatz zum Erbschaftsverwalter die Vorbereitungen zur Teilung zu treffen und diese allenfalls durchzuführen»; DRUEY, Grundriss, § 14 N 67; BK-TUOR, Art. 554 N 12). Der Erbschaftsverwalter hat nur den vorhandenen Nachlass zu verwalten und sich nicht um lebzeitige Zuwendungen (Schenkungen, Erbvorbezüge) zu kümmern, welche zu Ausgleichungen oder Herabsetzungen führen können (BGer. 5C.51/1995 AJP 5/1996 Nr. 6 E. 4b S. 1292; PKG 1994 Nr. 47 S. 152 f. [PF 20/94; KGP]). Die Ausrichtung der Vermächtnisse kann zu seinen Aufgaben gehören, muss aber im Einzelfall geprüft werden (STRAEHL, S. 98 f.: Bei einer Erbschaftsverwaltung nach Art. 556 Abs. 3 kommt eine Ausrichtung von Vermächtnissen nie in Frage; bei einer länger dauernden Erbschaftsverwaltung dürfen Vermächtnisse nicht ausgerichtet werden, solange ihr Umfang nicht endgültig feststeht, sei es dass die Klagefristen für die Ungültigkeits- und Herabsetzungsklage [Art. 521 und Art. 533] noch nicht abgelaufen sind oder dass die Erben das Testament angefochten haben). Der Gesetzgeber will mit diesem Institut den Nachlass für diejenigen Erben sichern, welche im Zeitpunkt der Eröffnung des Erbganges nicht unmittelbar in den Besitz ihres Erbteils gelangen können, oder in jenen Fällen, in welchen das Vorhandensein eines Erben an sich ungewiss ist. Der Unterschied zeigt sich zum Beispiel, wenn ein Willensvollstrecker gleichzeitig als Erbschaftsverwalter eingesetzt wird und ihm (wegen seiner doppelten Rechtsstellung) erweiterte Befugnisse zugestanden werden (ZR 94/1995 Nr. 8 E. 4a S. 28 und E. 6 S. 29 [OGer.]: Trotz hängigem Erbenruf ist es einem Erbschaftsverwalter unter Umständen gestattet, eine Liegenschaft zu verkaufen, wenn er daneben auch der Willensvollstrecker ist, was ihm ohne diese Eigenschaft nicht zustehen würde).

2. Erbschaftsliquidator (Art. 595)

Die Aufgaben des Erbschaftsliquidators entsprechen grundsätzlich denjenigen des Erbschaftsverwalters (DRUEY, Grundriss, § 14 N 54; BK-TUOR/PICENONI, Art. 595 N 10). Zusätzlich hat er (weiter gehend als der Willensvollstrecker) die **vollständige Liquidation** zu besorgen (DRUEY, Grundriss, § 14 N 54; ZK-ESCHER, Art. 596 N 7 ff.): Der Willensvollstrecker ist nur zu Liquidationshandlungen im Rahmen der Vermögensverwaltung und als Vorbereitung der Teilung berechtigt (Vorbem. zu Art. 517–518 N 6), während der Erbschaftsliquidator das gesamte Vermögen versilbert (Art. 596 Abs. 1). Zunächst hat der Erbschaftsliquidator den Umfang der Erbschaft festzustellen. Er ist (im Gegensatz zum Willensvollstrecker – Art. 517–518 N 109) dazu verpflichtet, einen Rechnungsruf durchzuführen und ein Inventar aufzustellen (Art. 595 Abs. 2). Wenn ein Passivenüberschuss gegeben ist, erfolgt die Liquidation durch das Konkursamt (Art. 597). Bei einem Aktivenüberschuss hat der Erbschaftsliquidator (wie der Willensvollstrecker – Art. 517–518 N 128) die laufenden Geschäfte zu beenden, die Forderungen einzutreiben und die Schulden zu bezahlen sowie die Vermächtnisse auszurichten (Art. 596 Abs. 1). Soweit notwendig, kann er dazu auch Nachlassvermögen liquidieren (nach Art. 596 Abs. 2 kann er Liegenschaften nur auf dem Wege der öffentlichen Versteigerung oder mit Zustimmung der Erben veräussern). Während der Willensvollstrecker die Teilung vorbereitet und durchführt (Vorbem. zu Art. 517–518 N 8), hat der Erbschaftsliquidator das (verbleibende) Vermögen (in natura) einem allenfalls vorhandenen Willensvollstrecker oder den Erben (zu gesamter Hand) herauszugeben (BK-TUOR/PICENONI, Art. 596 N 18). Die Vorbereitung und Durchführung der Teilung gehört nicht mehr zu seinen Aufgaben (anders der Liquidator einer einfachen Gesellschaft, vgl. Rep. 103/1970 S. 63 [Civ.]).

3. Erbenvertreter (Art. 602 Abs. 3)

Ähnlich wie der Erblasser die Aufgaben des Willensvollstreckers in der letztwilligen Verfügung bestimmen kann, können die Aufgaben des Erbenvertreters von der bestellenden Behörde allgemein umschrieben werden (ZR 84/1985 Nr. 3 E. 4 S. 8 = ZBGR 79/1989 Nr. 1 S. 14 [OGer.]: Feststellen des Nachlasses im Zeitpunkt des Erbganges anhand der Erbschaftsakten und der seitherigen Änderungen). Daneben können Aufgaben aber auch im konkreten Fall erteilt werden (ZR 84/1985 Nr. 3 E. 4a S. 8 f. = ZBGR 70/1989 Nr. 1 S. 14 f. [OGer.]: Einsetzung eines Liegenschaftsverwalters, Einleitung eines Verfahrens zur gerichtlichen Feststellung des Mietzinses; ZR 54/1955 Nr. 34 S. 83 [OGer.]: «besondere Aufträge»; PKG 1985 Nr. 57 E. 2 S. 162 [PF 2/85; KGP]: Beschränkung auf die Liegenschaft in V). Im übrigen entsprechen die Aufgaben des Erbenvertreters grundsätzlich denjenigen des Erbschaftsverwalters (ZGGVP 2002 S. 161 E. 2a [JK]; Druey, Grundriss, § 14 N 62), zumal das Gesetz (Art. 602) die Aufgaben nicht definiert: Der Erbenvertreter hat die **Erbschaft zu erhalten** (ZR 54/1955 Nr. 34 S. 83 [OGer.]; SCHICKER, S. 99 und 111 ff.: Bezahlung von Schulden, Einziehung von Forderungen, Belastung und Veräusserung von Nachlassgegenständen und Vollzug von Vermächtnissen). Er kann im Rahmen der Verwaltung auch zu einzelnen Liquidationshandlungen beauftragt sein (Max. XI/1961–70 Nr. 384 S. 417 = SJZ 63/1967 Nr. 105 S. 206 = ZBGR 48/1967 Nr. 38 S. 223 [JK]: «Ausnahmen vom Verbot des Liquidierens mögen gegeben sein, wenn es sich darum handelt, einen den wertmässigen Bestand des Nachlasses bedrohenden Schaden abzuwenden oder wenn sich Liquidationshandlungen aus dem normalen Betrieb eines Gewerbes ergeben»; ZR 59/1960 Nr. 117 E. 3 S. 264 [OGer.]: Der Erbenvertreter darf «Liquidationshandlungen wie die Veräusserung einer Liegenschaft vornehmen ..., wenn sich der Nachlassbestand anders nicht halten lässt und eine Notlage einträte, wenn die Liquidierungshandlung unterlassen würde»). Der Erbenvertreter darf **Vermächtnisse ausrichten,** sofern die Schulden gedeckt sind (vgl. dazu Art. 517–518 N 289). Nicht zum Aufgabenbereich des Erbenvertreters gehören – wie beim Erbschaftsverwalter (SGVP 3/1928–43 Nr. 547 S. 381 f. = ZBGR 28/1947 Nr. 101 S. 261 [RR]) – die eigentliche Liquidation (Rep. 116/1983 E. 2 S. 59 [Civ.]; Rep. 105/1972 S. 298 [Civ.]; Max. XI/1961–70 Nr. 384 S. 417 = SJZ 63/1967 Nr. 105 S. 206 =

ZBGR 48/1967 Nr. 38 S. 223 = ZBJV 102/1966 S. 228 [JK]; ZR 26/1927 Nr. 32 E. 1 S. 66 [OGer.]) sowie die Vorbereitung (ZR 54/1955 Nr. 34 S. 83 [OGer.]; ZK-ESCHER, Art. 602 N 81) und Durchführung der Erbteilung (ZR 84/1985 Nr. 3 E. 4 S. 8 = ZBGR 70/1989 Nr. 1 S. 14 [OGer.]; Rep. 116/1983 E. 2 S. 59 [Civ.]; BLVGE 1980 Nr. 13.1 S. 133; Max. XI/1961–70 Nr. 384 S. 417 = SJZ 63/1967 Nr. 105 S. 206 = ZBGR 48/1967 Nr. 38 S. 223 = ZBJV 102/1966 S. 228 [JK]). In seinem Aufgabenbereich ist der Erbenvertreter auch berechtigt, Aktiv- und Passiv-Prozesse zu führen (ZGGVP 2002 S. 161 E. 2a [JK]), und seine Prozessstandschaft (vgl. dazu Art. 517–518 N 464) tritt an die Stelle der Prozessführungsbefugnis der Erben (LGVE 1978 I Nr. 419 S. 465 = ZBJV 115/1979 S. 616 [OGer.]). Diese Beschreibung zeigt, dass die Aufgaben des Erbenvertreters kaum weiter gehen als diejenigen des Erbschaftsverwalters und vollständig abgedeckt werden von denjenigen des Willensvollstreckers (Art. 518 Abs. 1 – PKG 1988 Nr. 58 S. 188 [PF 16/88; KGP]: Die Stellung des Erbenvertreters entspricht insofern derjenigen des Willensvollstreckers, als er «unabhängig vom Willen der einzelnen Erben oder deren Mehrheit ...» handelt). Wenn ein Erbschaftsverwalter bestellt wurde, hat ein Erbenvertreter kaum Platz, wenn ein Willensvollstrecker ernannt wurde, ist er überflüssig (MBVR 47/1949 Nr. 64 S. 183 = ZBGR 30/1949 Nr. 100 S. 251 [RR]; BK-TUOR/PICENONI, Art. 602 N 51).

4. Patientenverfügung

24   In einer Patientenverfügung (englisch: living will) oder einem Patiententestament können Regelungen über die medizinische Behandlung des Erblassers, den Umgang mit seinem Leichnam, die Bestattung, Trauerfeier usw. enthalten (vgl. dazu eingehend vorne, Vorbem. zu Art. 517–518 N 16 ff.).

II. Qualifikation des Willensvollstreckers

25   Der Gesetzgeber hat – im Bewusstsein, dass die Beratungen zum (deutschen) BGB trotz einer sehr ausführlichen Regelung des Testamentsvollstreckers in den §§ 2197–2228 BGB zu keinem eindeutigen Ergebnis geführt haben – diese Einordnung bewusst offengelassen und sie der Praxis und Doktrin überlassen (Sten.Bull.NR 16/1906 S. 204 f.). Das Bundesgericht hat sich bis heute nicht festgelegt, d.h. nicht ausdrücklich für eine bestimmte Theorie entschieden. Klarheit besteht einzig darüber, dass das Rechtsverhältnis des Willensvollstreckers zu den Erben «rein privatrechtlicher Natur» ist (BGE 90 II 376 E. 2 S. 380 = JdT 113/1965 I S. 340 = Pra. 54/1965 Nr. 36 S. 119). Die Qualifikation des Willensvollstreckers ist somit von der Lehre vorzunehmen. Über die Einordnung des Willensvollstreckers ins Begriffssystem bestehen zahlreiche Theorien. Die **Auswahl der anwendbaren**

Normen ist äusserst gering. Unabhängig von der massgebenden Theorie kommen vor allem die Bestimmungen über den Auftrag (Art. 394 ff. OR) und die Stellvertretung (Art. 32 ff. OR) in Frage. Der Verweis in Art. 518 Abs. 1 auf den Erbschaftsverwalter bedeutet, dass zudem (analog) Art. 554 f. und Art. 595 ff. herangezogen werden können (Vorbem. zu Art. 517–518 N 20). Allerdings darf dieser Verweis nicht überbewertet werden, wollte man doch damit nur den Willensvollstrecker der Aufsicht einer Behörde unterstellen (HUBER, Erläuterungen I, S. 410).

A. Beauftragter

a) Nach der Mandatstheorie erteilt der Erblasser dem Willensvollstrecker einen Auftrag, genauer ein **mandatum post mortem** (ZK-ESCHER, Vorbem. zu Art. 517–518 N 2). Der Auftrag ist ein in **Art. 394 ff. OR** geregelter Vertrag, der bei Dreiecksbeziehungen (wie der Stellvertretung oder der Treuhand) oft als Grundverhältnis dient, die Innenbeziehung regelt (ZÄCH, Art. 32 OR N 160 ff. und Art. 33 OR N 120).

26

b) Das kanonische Recht knüpfte bei der Schaffung des Testamentsvollstreckers unter anderem beim römischen Mandatsrecht an. Diese Theorie löste die Vormundschaftstheorie (Vorbem. zu Art. 517–518 N 41) ab. Die Mandatstheorie war im gemeinen Recht, im ALR (Teil I, Titel 12, § 557), CC fr. und ABGB (§ 816) herrschend. Der Auftrag wird in den Marginalien zu Art. 517 und zu Art. 518 (Sten.Bull.NR 15/1905 S. 1394; HUBER, Erläuterungen I, S. 410 f.) sowie im Text von Art. 517 erwähnt. Heute wird diese Theorie nicht mehr vertreten (BK-TUOR, Vorbem. zu Art. 517–518 N 4). Es besteht Einigkeit, dass **die Willensvollstreckung mit dem Auftrag zwar nicht vollständig, aber wenigstens teilweise erfasst werden kann** (BK-TUOR, Vorbem. zu Art. 517–518 N 6; ZK-ESCHER, Vorbem. zu Art. 517–518 N 6: «dem Mandat ähnlichen Auftrag»; BK-FELLMANN, Vorbem. zu Art. 394–406 OR N 21 f. und Art. 405 OR N 72 ff.). Anwendbar sind insbesondere die Vorschriften über die Verantwortlichkeit (Art. 398 f. OR), die Rechenschaft (Art. 400 OR) und den Rücktritt (Art. 404 OR) (DRUEY, Grundriss, § 14 N 41). Das Bundesgericht lässt offen, ob es sich um einen Auftrag mit gewissen Besonderheiten oder – was zutreffender ist – ein Rechtsverhältnis besonderer Art handle, auf welches das Auftragsrecht (beschränkt und analog) anwendbar sei (BGE 90 II 376 E. 2 S. 380 = JdT 113/1965 I S. 340 = Pra. 54/1965 Nr. 36 S. 119; BGE 78 II 123 E. 1a S. 125 = JdT 101/1953 I S. 11 = Pra. 41/1952 Nr. 120 S. 317).

27

B. Gewillkürter Vertreter

1. Vertreter des Erblassers

28   a) Die (gewillkürte) Stellvertretung des Erblassers beruht auf dem Gedanken, dass die Rechtswirkungen der Handlungen des Willensvollstreckers zuerst beim Erblasser eintreten und nur wegen der Universalsukzession (Art. 560) ihre Auswirkungen schliesslich bei den Erben zeigen. Diese Theorie ist vor dem Hintergrund zu sehen, dass der Erblasser den Umfang der Fähigkeiten des Willensvollstreckers bestimmt (SJ 61/1939 S. 461 [Civ.]: «c'est le de cujus qui fixe l'étendue des pouvoirs de l'exécuteur testamentaire qui, somme toute, le représente»). Eine Stellvertretung des Erblassers kann höchstens durch **Erteilung einer postmortalen Vollmacht** (Art. 35 OR) erreicht werden (JOST, Fragen, N 3). Während die Erben Eigentümer des Nachlasses sind, besitzt der Willensvollstrecker die Vertretungs- und Verfügungsmacht in Bezug auf den Nachlass. Diese Theorie führt zu einer **direkten Anwendung des Stellvertretungsrechts (Art. 32 ff. OR)**.

29   b) Die Theorie der Stellvertretung des Erblassers wurde vom ALR (§ 557 I, 12), von den Materialien zum ZGB (Art. 494 Abs. 1 vorläufiger Entwurf für die engere Kommission [1894]: «Der Willensvollstrecker ist Vertreter des Erblassers ... »; Sten.Bull.NR 15/1905 S. 1395: «des exécuteurs testamentaires, qui sont les représentants du disposant»; anders aber Erläuterungen S. 410) sowie von der älteren Lehre vertreten (vgl. etwa Bluntschli, 164), sie wurde aber auch in der Praxis erwähnt (offengelassen in BGE 108 II 535 E. 2d S. 538 = JdT 131/1983 I S. 594 = Pra. 72/1983 Nr. 177 S. 481 = ZBGR 66/1985 Nr. 51 S. 247; BGE 90 II 376 E. 2 S. 381 = JdT 113/1965 I S. 341 = Pra. 54/1965 Nr. 36 S. 120; weiter vgl. LGVE 1978 III Nr. 11 S. 34 [RR]; ZBGR 27/1946 S. 289 [Kreisschreiben OGer. SO]; SO-BOG 1936 S. 102 [Kreisschreiben OGer. SO]; a.M. SJZ 33/1936–37 Nr. 82 S. 121 [JD SG]: «Der Willensvollstrecker ist nicht Vertreter des Erblassers ...»). Häufig wurde die Vertretung nicht im technischen Sinne verstanden (vgl. etwa MBVR 17/1919 Nr. 136 E. 3 S. 504 [RR]: Der Willensvollstrecker hat dafür zu sorgen, «dass bei der Liquidation der Erbschaft dem Willen des Erblassers nachgelebt werde. In Bezug hierauf kann er als Stellvertreter des Erblassers bezeichnet werden»). Auch die Formulierung in Art. 518 Abs. 2, wonach der Willensvollstrecker «den Willen des Erblassers zu vertreten» habe, ist nicht wörtlich zu nehmen und meint – wie der französische und italienische Text zeigen – nur, dass dem letzten Willen des Erblassers (ses dernières volontés, sua ultima volontà) Nachachtung zu verschaffen sei (ZR 22/1923 Nr. 55 105 f. [BGer.]). Der Theorie der Vertretung des Erblassers kann nicht gefolgt werden, weil **der Erblasser** nicht mehr existiert und deshalb **nicht mehr vertreten werden kann** (SCHREIBER, JdT 88/1940 I S. 3: «L'exécuteur testamentaire ... ne peut représenter le ‹défunt›, car seule une personne existante peut être représentée»). Zudem **besitzt der Willensvollstrecker**

nicht nur eine postmortale Vollmacht, sondern eine weit gefestigtere Stellung (ZR 97/1998 Nr. 19 E. 2c S. 58 [AKRA]; ZK-ESCHER, Vorbem. zu Art. 517–518 N 2). Während eine postmortale Vollmacht formfrei erteilt werden kann (ZÄCH, Art. 35 OR N 68), muss der Willensvollstrecker durch letztwillige Verfügung ernannt werden (Art. 517–518 N 17).

2. Vertreter der Erben

a) Die Theorie, dass die Erben (genauer: die Gemeinschaft der Erben) vertreten werden, stützt sich auf die Tatsache, dass es schliesslich die Erben sind, welche (wegen der Universalsukzession nach Art. 560) die Folgen der Handlungen des Willensvollstreckers zu tragen haben. Sie zielt – wie diejenige des Erblassers (Vorbem. zu Art. 517–518 N 29) – auf die **Verwendung einer postmortalen Vollmacht.** Da die Erben vertreten werden (BGE 54 II 197 E. 1 S. 200 = JdT 76/1928 I S. 612 f. = Pra. 17/1928 Nr. 139 S. 410 = ZBGR 18/1937 Nr. 51 S. 142: «Vertreter der in der Erbengemeinschaft verbundenen Gesamtheit der Erben»), ohne selbst eine Vollmacht erteilt zu haben, kommt nur eine **analoge Anwendung von Art. 32 ff. OR** in Frage. Gelegentlich wird hervorgehoben, que «la ‹succession› ne possède pas la personnalité juridique» (SCHREIBER, JdT 88/1940 I S. 3), weil die Stellvertretung der Erben auf das Nachlassvermögen beschränkt ist (ZBGR 17/1936 Nr. 58 S. 136 [JD AG]).

b) Die Theorie der Stellvertretung der Erben wurde vor allem in der älteren deutschen Lehre vertreten (REY, recht 2/1984 S. 91). Sie wird teilweise von DRUEY unterstützt, der allerdings auch die vielfältigen Unterschiede betont (DRUEY, Grundriss, § 14 N 34 und 36). In der schweizerischen Rechtsprechung wurde sie in älteren Entscheiden erwähnt (BGE 55 I 341 E. 3 S. 346 = Pra. 19/1930 Nr. 11 S. 32 = SJ 52/1930 S. 74 = ZBGR 11/1930 Nr. 15 S. 78: représentant des héritiers; SJZ 33/1936–37 Nr. 82 S. 121 [JD SG]: «Der Willensvollstrecker ist ... Vertreter ... der Erben, allerdings mit der Einschränkung auf das Erbschaftsvermögen»), in neueren Entscheiden aber klar abgelehnt (ZR 87/1988 Nr. 129 E. 3 S. 308 [OGer.]: «Diese Kompetenzen übt der Willensvollstrecker nicht aufgrund einer Ermächtigung seitens der Erben aus ...»; BVR 9/1984 S. 237 [RS Bern]: Der Willensvollstrecker «ist nicht als Vertreter der Erben zu verstehen»). Die Theorie der Stellvertretung der Erben **erfasst den Willensvollstrecker nur unvollständig und entspricht dem Wesen des Willensvollstreckers nicht:** (1) Die postmortale Vollmacht kann von jedem Erben widerrufen werden (Zäch, Art. 35 OR N 73;), während der Willensvollstrecker von den Erben nicht beseitigt werden kann (SJ 117/1995 S. 219 E. 5 [Civ.]: «Si une personne entend s'assurer que sa volonté sera respectée après sa mort, elle a la faculté de prendre des dispositions pour cause de mort et de désigner un exécuteur testamentaire aux fins de les exécuter»). (2) Der gewillkürte Vertreter hat die Weisungen des Vertretenen zu befolgen (ZÄCH, Art. 33 OR N 102 ff.), während der

Willensvollstrecker nicht von den Weisungen der Erben abhängig ist (DRUEY, Grundriss, § 14 N 36). Der Willensvollstrecker muss sich unter Umständen sogar gegen die Erben durchsetzen, gegen sie Prozesse führen, wenn ihre Interessen mit denjenigen des Erblassers oder von Vermächtnisnehmern kollidieren (PIOTET, SPR IV/1, § 24 I: z.B. um gegenüber einem Erben die Erfüllung einer Auflage gerichtlich durchzusetzen). (3) Der Willensvollstrecker hat umfangreichere Fähigkeiten und Befugnisse als die Erben (PIOTET, SPR IV/1, § 24 I.), weil dessen Vertretungs- und Verfügungsmacht die Erben in ihrem Handeln (insbesondere bei Verfügungen) einschränkt (DRUEY, Grundriss, § 14 N 36). Dies kommt bei einer (gewillkürten) Stellvertretung nicht vor (ZÄCH, Vorbem. zu Art. 32–40 OR N 6), wohl aber bei einer gesetzlichen Vertretung (ZÄCH, Vorbem. zu Art. 32–40 OR N 50). (4) Der Vertreter ist primär auf Verpflichtungen ausgerichtet (ZÄCH, Vorbem. zu Art. 32–40 OR N 101 und 108), der Willensvollstrecker nimmt dagegen häufig Verfügungen vor (BJM 1971 S. 182 E. 4 [OGer. BS]: «Zu diesen einem allfälligen Willensvollstrecker vorbehaltenen Befugnissen gehört insbesondere die Verfügung über die Substanz des Nachlasses»). (5) Der Vertreter handelt immer in fremdem Namen, der Willensvollstrecker (bei Verfügungen) auch im eigenen Namen. (6) Während ein postmortaler Vertreter die Erben direkt berechtigt und verpflichtet, ist dies beim Willensvollstrecker nicht der Fall, denn er begründet nur Nachlassforderungen und – schulden.

3. Vertreter der Erbschaft

32   a) Weil weder die Stellvertretung des Erblassers (Vorbem. zu Art. 517–518 N 28 f.) noch diejenige der Erben(gemeinschaft) (Vorbem. zu Art. 517–518 N 30 f.) ganz befriedigt, wurde die Theorie geschaffen, dass die Erbschaft (der Nachlass) als verselbständigter Vermögenskomplex vertreten werde (BK-TUOR, Vorbem. zu Art. 517–518 N 4; ZK-ESCHER, Vorbem. zu Art. 517–518 N 2). Da die Erbschaft – im Gegensatz etwa zum ABGB – keine eigene Rechtspersönlichkeit ist (ZK-ESCHER, Vorbem. zu Art. 517–518 N 3), insbesondere keine juristische Person (ZK-ESCHER, Art. 602 N 4), kann eine Stellvertretung der Erbschaft nur durch (objektbezogenes) Handeln für ein Vermögen, sog. **neutrales Handeln,** bewirkt werden (DÖLLE, S. 273 ff.; SPINNER, 34 f.).

33 b) Die Theorie der Stellvertretung der Erbschaft wird vor allem in der älteren deutschen Lehre behandelt (REY, recht 2/1984 S. 91), konnte in der Schweiz aber nie Fuss fassen. Die Gerichte erwähnen sie in einigen Entscheiden (BGE 123 III 89 E. 3e S. 94: «Klage gegen ... den unverteilten Nachlass bzw. den Willensvollstrecker als dessen Vertreter»; BGE 90 II 274 E. 2 S. 281 = JdT 113/1965 I S. 341 = Pra. 54/1965 Nr. 36 S. 120; weiter vgl. LGVE 1978 III Nr. 11 E. 1 S. 34 [RR]; Rep. 106/1973 S. 351 E. 8 [CEF]; Rep. 103/1970 S. 72 [CEF]). Die **Figur des neutralen Handelns ist dem schweizerischen Recht fremd,** weil die Stellvertretung

personenbezogen ist, die Erbschaft aber kein vertretbares Rechtssubjekt darstellt (JOST, Fragen, N 4: Der Willensvollstrecker ist «nicht Vertreter der Erbschaft, da diese keine Rechtspersönlichkeit besitzt und Vertretung nur für Rechtssubjekte [physische oder juristische Personen] möglich ist»; WETZEL, N 83: «Da ... dem schweizerischen Recht die Vertretung eines Vermögens, das der juristischen Persönlichkeit entbehrt, fremd ist, kann dieser auch nicht Nachlassvertreter sein») und weil das Offenheitsprinzip verlangt, dass der Vertretene bestimmt ist oder wenigstens (später) bestimmt wird (KÜNZLE, Anwendungsbereich, 20 Fn. 18 und 60 Fn. 120).

C. Gesetzlicher Vertreter (i.w.S.)

a) Der Willensvollstrecker wird mit den gesetzlichen Vertretern in Verbindung gebracht, weil beide Institutionen im **Zusammenhang mit einer beschränkten Handlungsfähigkeit** vorkommen (SOG 1988 Nr. 2 E. 4a S. 7 [OGer.]: Willensvollstrecker als gesetzlicher Vertreter des unverteilten Nachlasses; SCHREIBER, JdT 88/1940 I S. 3: «Le pouvoir de représentation de l'exécuteur testamentaire ne résulte pas de la volonté des héritiers ..., ce pouvoir leur est imposé. Il est même exclusif ...»). Unterschiedlich ist aber, dass die gesetzliche Vertretung die beschränkte Handlungsfähigkeit des Vertretenen behebt (ZÄCH, Vorbem. zu Art. 32–40 OR N 7), während die Einsetzung eines Willensvollstreckers erst zur Beschränkung der Handlungsfähigkeit (der Erben) führt (zu Einzelheiten vgl. Art. 517–518 N 199 und 208).

b) Es wird vorgebracht, der Willensvollstrecker könne kein gesetzlicher Vertreter sein, weil er nicht durch das Gesetz, sondern durch den Erblasser ernannt werde (ZK-ESCHER, Vorbem. zu Art. 517–518 N 3). Der Unterschied in der **Ernennung** ist nicht so gross, wie er auf den ersten Blick erscheint: Der Willensvollstrecker wird zwar auf andere Weise als ein Vormund bestellt. Allerdings werden auch die meisten gesetzlichen Vertreter (anders etwa Art. 296: Eltern als gesetzliche Vertreter der Kinder) von einer Behörde ernannt und nicht vom Gesetz bestimmt (Art. 385 Abs. 1 [Vormund] und Art. 397 Abs. 1 [Beistand]). Zudem erklärt der Willensvollstrecker die Annahme seines Amtes auch gegenüber einer Behörde und erhält von dieser seinen Ausweis (Art. 517–518 N 29 ff. und N 34 ff.).

c) Gegen die Theorie der gesetzlichen Vertretung wird vorgebracht, der Willensvollstrecker wahre nicht die **Interessen** der (vertretenen) Erben, sondern diejenigen des Erblassers (PIOTET, Précis, § 9 I). Dieses Argument trifft insofern nicht zu, als es auf der überholten Ansicht basiert, der Willensvollstrecker könne sich gegen den gemeinsamen Willen der Erben durchsetzen (Art. 517–518 N 302). Ungewöhnlich ist aber, dass der Willensvollstrecker die Anordnungen Dritter (Testament des Erblassers) zu befolgen und die Interessen Dritter (Interessen der Vermächtnisnehmer) zu wahren hat und letztere sogar Vorrang geniessen können (Art. 517–518

N 287 ff.). Die Tatsache, dass der Willensvollstrecker gegen einzelne Erben Prozesse führt und sich gegen sie unter Umständen durchsetzen muss, hindert ihn aber nicht daran, gesetzlicher Vertreter der Erben zu sein.

37 d) Es wird angeführt, der Willensvollstrecker könne kein gesetzlicher Vertreter sein, weil er gar keine **Vertretungsmacht** besitze (BK-TUOR, Vorbem. zu Art. 517–518 N 7). Dies trifft nicht zu: Beim Willensvollstrecker stehen zwar Verfügungen im Vordergrund, daneben besitzt er aber auch eine Vertretungsmacht, welche gesetzlicher Natur ist (Art. 517–518 N 208).

38 e) Der Willensvollstrecker vertritt die Erben nur mit Bezug auf den Nachlass (SCHREIBER, exécution testamentaire, 5). Eine **Beschränkung der Vertretung auf bestimmte Vermögen** oder Geschäfte entspricht zwar nicht dem üblichen Bild des gesetzlichen Vertreters (Art. 407: «Der Vormund vertritt den Bevormundeten in allen rechtlichen Angelegenheiten ...»), sie ist aber nicht ausgeschlossen, wie die Beispiele des Verwaltungsbeistands (Art. 393) und des Vertretungsbeistands (Art. 392 Ziff. 1 und 3) zeigen (BK-SCHNYDER/MURER, Vorbem. zu Art. 392–397 N 12 und Art. 392 N 17, welcher von «Spezialfürsorge» spricht).

39 f) Während der gesetzliche Vertreter üblicherweise für eine einzelne Person (Mündel) bestellt wird, bestellt man den Willensvollstrecker in den meisten Fällen (ausser im Falle eines Alleinerben) für eine **Mehrzahl von Personen** (Erben). Dieser Unterschied ist allerdings nicht zwingend, vertritt doch der Beistand (Art. 393) einer Kollektivgesellschaft ebenfalls eine Vielzahl von Personen (BK-SCHNYDER/MURER, Art. 393 N 62) und der Beistand einer Aktiengesellschaft oder Stiftung vertritt mindestens wirtschaftlich die Interessen einer Mehrzahl von Personen.

40 g) In den Entwürfen zum BGB wird der Testamentsvollstrecker ausdrücklich als gesetzlicher Vertreter der Erben bezeichnet (SCHULTZE, Jher. Jb. 43/1901 S. 65). In der älteren Gerichtspraxis wird der Willensvollstrecker gelegentlich als gesetzlicher Vertreter der Erben angesehen (ZR 56/1957 Nr. 89 E. 2a S. 139 [OGer.]: «gesetzlicher Vertreter der Erben»; ZR 52/1953 Nr. 80 141 f. [HGer.]: «Die Erben sind ... Prozesspartei, doch ist ihnen das Recht zur Prozessführung entzogen, wenn der Erblasser einen Willensvollstrecker bestellt hat. Dieser ... ist ... gesetzlicher Vertreter, da er nicht von den vertretenen Personen bestellt ist»), in der neueren Gerichtspraxis allerdings nicht mehr (ZR 87/1988 Nr. 129 E. 3 S. 308 [OGer.]: «nicht als deren gesetzlicher Vertreter»). Der Willensvollstrecker ist zwar kein gewöhnlicher gesetzlicher Vertreter, insbesondere wegen seiner besonderen Interessenlage (Vorbem. zu Art. 517–518 N 36), dennoch ist eine **analoge Anwendung von Bestimmungen über den gesetzlichen Vertreter möglich,** was im deutschen Recht ähnlich gesehen wird (STAUDINGER-REIMANN, Vorbem. zu §§ 2197–2228 BGB Rn. 15: «Die Rechtsstellung des Testamentsvollstreckers nähert sich immerhin derjenigen des gesetzlichen Vertreters so weit, dass die Vorschriften in §§ 181,

207, 278, 254 BGB und § 241 ZPO auf ihn entsprechend angewendet werden können».

1. Vormund

a) Nach der ältesten Theorie wurde der Willensvollstrecker als eine Art Vormund im Sinne der bisherigen Terminologie aufgefasst (ZR 2/1903 Nr. 9 S. 9 [AppK]: «eine dem Vormunde ähnliche Stellung»; ZK-ESCHER, Vorbem. zu Art. 517–518 N 2; BK-TUOR, Vorbem. zu Art. 517–518 N 4; BECK, ZBJV 84/1948 S. 4 Fn. 1: «Dem ... Willensvollstrecker stand am nächsten der tutor testamentarius des römischen Rechts»). Das kanonische Recht, welches den Testamentsvollstrecker ausbildete (BK-TUOR, Vorbem. zu Art. 517–518 N 2; SCHÖNFELD, ZRG Germ.Abt. 42/1921 S. 336 f.: «Im 13. Jahrhundert erhielt ... die kanonische Lehre vom Testamentsvollstrecker ... mit Hilfe der reichen Praxis des oberitalienischen, d.h. langobardischen Gewohnheitsrechts ihre abschliessende Ausbildung... »), knüpfte (neben dem Mandatsrecht – Vorbem. zu Art. 517–518 N 26) am römischen Vormundschaftsrecht an (OFFERGELD, S. 35). Nach anderer Auffassung hat die Vormundschaftstheorie ihren Ursprung im Salmann, weil dieser eine Art Vormund gewesen sei (SEEGER, S. 19 f.). Weiter ist daran zu erinnern, dass die Vormundschaft oder Vogtei in den Stadtrechten eine Wurzel des Testamentsvollstreckers bildete (MUSCHELER, S. 29). Der Vormund ist ein gesetzlicher Vertreter, welcher einer beschränkt handlungsfähigen Person ermöglichen soll, am Rechtsverkehr teilzunehmen. Er wird in **Art. 367 ff. geregelt. Ergänzend und analog sind Art. 32 ff. OR anwendbar** (ZÄCH, Vorbem. zu Art. 32–40 OR N 44).

b) Der Willensvollstrecker erfüllt ähnliche Aufgaben wie ein Vormund der Erben: Beide widmen sich der Fürsorge. Nicht selten wird dieselbe Person, welche schon als Vormund des Erblassers tätig war, auch zum Willensvollstrecker ernannt. Die beiden Funktionen sind aber scharf zu trennen. Der Vormund des Erblassers wird nicht von Gesetzes wegen mit der Willensvollstreckung beauftragt, seine Aufgabe hört vielmehr mit dem Tod des Erblassers auf. Die Aufgaben des Vormundes und des Willensvollstreckers unterscheiden sich darin, dass der erste den Schutz des Bevormundeten (Fürsorge für die Person) wahrnimmt, während der zweite für die Vollziehung des Testaments (vermögensrechtliche Fürsorge) eingesetzt wird. Während der **Willensvollstrecker eine rein privatrechtliche Aufgabe** übertragen erhält, weist **diejenige des Vormunds auch öffentlich-rechtliche Komponenten** auf (BGE 100 Ib 113 E. 1 S. 114: «Rein theoretisch können Verfügungen im Gebiete des Vormundschaftswesens zum öffentlichen Recht gezählt werden»; BK-SCHNYDER/MURER, ST N 54: «Neben den reinen Privatrechtregeln enthält das Vormundschaftsrecht unzweifelhaft Normen, welche rechtstheoretisch dem öffentlichen Recht zuzuordnen sind»).

43 c) Wegen der Analogie zur Vormundschaft haben die Postglossatoren gewisse Bestimmungen entsprechend auf den Testamentsvollstrecker angewendet (BECK, ZBJV 84/1948 S. 4 Fn. 1; Beispiele für die analoge Anwendung sind die Fortdauer des Amtes trotz Wechsel des Inhabers, die Anwendung der Regeln über die Geschäftsführung bei mehreren Amtsinhabern und die Anwachsung der Befugnisse beim Ausscheiden einzelner Amtsinhaber; nicht anwendbar ist dagegen die Pflicht zur Übernahme des Amtes). Die Vormundschaftstheorie ist teilweise auch in den Materialien des ZGB (Sten.Bull.NR 15/1905 S. 1395) zu finden. Noch in Art. 495 Abs. 1 des Entwurfs Huber wurde der Willensvollstrecker unter die Aufsicht der Vormundschaftsbehörde gestellt. Man hat aber schliesslich darauf verzichtet, «parce qu'en pratique l'autorité tutélaire ne serait souvent pas en état de suffire à ses fonctions» (ROSSEL/MENTHA, S. 100). **Die Vormundschaftstheorie** war lange Zeit herrschende Lehre (BRACHER, S. 30 Fn. 5), sie wird heute aber nicht mehr vertreten, **gilt als überholt** (ZK-ESCHER, Vorbem. zu Art. 517–518 N 2).

2. Organ

44 a) Nach der Organtheorie wird der Willensvollstrecker als Organ und der Nachlass als juristische Person aufgefasst oder als Sondervermögen, welches wie eine juristische Person behandelt wird (SCHREIBER, Rechtsstellung, S. 8). Als Begründung für diese Theorie wird angeführt, dass der Nachlass vom übrigen Vermögen der Erben gesondert sei und der Willensvollstrecker ihn allein verwalten könne, was aber mit der Universalsukzession (Art. 560) nicht vereinbar ist (WEIDLICH, S. 10 f.). Man kann sich fragen, ob die Erbengemeinschaft eine juristische Person sein müsse, um Organe haben zu können, denn die Kollektiv- und Kommanditgesellschaft des schweizerischen Rechts (Art. 562 ff. und Art. 602 ff. OR), welche (wie die Erbengemeinschaft) Gesamthandsgemeinschaften sind, verfügen ebenfalls über Organe (MEIER-HAYOZ/FORSTMOSER, § 2 N 23 ff., § 13 N 23 und § 14 N 17). Es besteht Einigkeit darüber, dass der Willensvollstrecker kein eigentliches Organ ist (PIOTET, SPR IV/1, § 24 I), zumal auch die Personengesellschaften keine Organe im üblichen Sinne haben (MEIER-HAYOZ/FORSTMOSER, § 2 N 111). Es bleibt zu prüfen, ob die **Regeln der Personengesellschaften allenfalls analog übernommen** werden können.

45 b) Die Organtheorie hat nur in der Literatur einige Anhänger gefunden (SPINNER, S. 99 ff.), nicht aber in der Praxis. Der Willensvollstrecker unterscheidet sich von den Organen der Kollektiv- und Kommanditgesellschaft in verschiedener Weise: (1) Der Willensvollstrecker ist ein Fremdorgan, während bei den Personengesellschaften die Selbstorganschaft herrscht (MEIER-HAYOZ/FORSTMOSER, § 2 N 111, § 13 N 23 und § 14 N 17). (2) Während die Kollektiv- und Kommanditgesellschaft eine interne Kontrolle (durch die Gesellschafter) kennen (MEIER-HAYOZ/FORSTMOSER, § 13 N 54 und § 14 N 47), wird der Willensvollstrecker durch eine staatliche Aufsicht

kontrolliert (Art. 517–518 N 515 ff.). Daneben sind gewisse Parallelen festzustellen: (1) Die Rechtsstellung der Gesellschaftsorgane wird durch den Gesellschaftsvertrag und das Gesetz bestimmt (MEIER-HAYOZ/FORSTMOSER, § 13 N 42 und § 14 N 24), diejenige des Willensvollstreckers durch die letztwillige Verfügung und das Gesetz (Vorbem. zu Art. 517–518 N 88 ff.). Weitgehende Parallelen bestehen zwischen der Liquidation einer Kollektivgesellschaft (Art. 582 f. OR) und der Liquidation einer Erbschaft (Art. 596) (BK-TUOR/PICENONI, Vorbem. zu Art. 593–597 N 21 und Art. 596 N 1; ZK-ESCHER, Art. 596 N 2), welche allerdings vom Erbschaftsliquidator und nicht vom Willensvollstrecker durchgeführt wird (der Willensvollstrecker kann mit der Aufgabe der Erbschaftsliquidation betraut werden, hat aber keinen Anspruch darauf, vgl. Art. 517–518 N 123). Die **strukturellen Unterschiede** zwischen dem Willensvollstrecker und den Organen der Kollektiv- und Kommanditgesellschaft sind insgesamt **zu gross, als dass eine Anwendung von gesellschaftsrechtlichen Regeln auf den Willensvollstrecker in Frage käme.**

3. Amtsinhaber (Vermögensverwalter)

a) Häufig wird der Willensvollstrecker als privatrechtliches Amt bezeichnet (RBOG 1965 Nr. 3 S. 56 [RK]; BK-TUOR, Vorbem. zu Art. 517–518 N 4: «eine Art privatrechtliches Amt»; BSK-KARRER, Vorbem. zu Art. 517–518 N 6 und Art. 518 N 2: «ein rein privatrechtliches Institut»). Die Bezeichnung ‹Amt› entstand beim Testamentsvollstrecker, welcher von der Praxis (RGZ 56 S. 330; 61 S. 145; 81 S. 292) als ‹Partei kraft Amtes› im Prozess und vom BGB (§§ 2197 Abs. 2, 2201, 2202, 2215 Abs. 1, 2221, 2224 Abs. 1, 2225, 2226 BGB) als ‹Amt› bezeichnet wurde. Mit ‹Amt› wird ausgedrückt, dass der Willensvollstrecker im Interesse aller am Nachlass beteiligten Personen tätig ist und eine gegenüber den Erben unabhängige Stellung besitzt (SPINNER, S. 32). Diese Bezeichnung weist zudem auf die staatliche Aufsicht hin (BSK-KARRER, Vorbem. zu Art. 517–518 N 2). Schliesslich will man damit ausdrücken, dass es sich um eine Institution eigener Art handle (auch bei anderen gesetzlichen Vertretern, etwa beim Vormund und Beistand, welche der staatlichen Aufsicht unterstehen, spricht man von Amt, vgl. BK-SCHNYDER/MURER, Art. 367 N 10). Mit ‹privatrechtlich› bringt man zum Ausdruck, dass der Willensvollstrecker nicht im Dienste der Allgemeinheit (Öffentlichkeit) steht und auch kein Vertreter der Staatsgewalt ist (BSK-KARRER, Vorbem. zu Art. 517–518 N 2; SPINNER, S. 32). Um die Nähe zu verwandten Figuren (wie dem Erbschaftsverwalter oder dem Konkursverwalter) hervorzuheben, sollte man eigentlich von einem Verwalter fremden Vermögens (JAHR, S. 282: «Verwalter fremder Vermögen») sprechen. Wie bei den übrigen Vermögensverwaltern im schweizerischen Recht besteht die (gesetzliche) Vertretung darin, dass bestimmte Personen mit Bezug auf bestimmte Vermögenswerte vertreten werden (HUX, S. 19, welcher den Konkursverwalter [Art. 235 ff. SchKG], den Anleihensvertreter [Art. 1158 OR], den Erbschaftsverwalter [Art. 554 f.], den Erbschaftsliquidator

46

[Art. 595 f.], den Erbenvertreter [Art. 602 Abs. 3] und den Pfandhalter [Art. 860] nennt). Weder für ein privatrechtliches Amt noch für einen Vermögensverwalter bestehen allgemein gültige Normen. Beide Figuren sind **gesetzlich nicht** (in allgemeiner Form) **geregelt** (DREYER, N 135: «Faire de l'exécution testamentaire une catégorie sui generis revient en fait à ne pas la classer du tout»). Die Qualifikation führt somit nicht zu anwendbaren Normen, weder im schweizerischen noch im deutschen Recht.

47 b) Die Amtstheorie findet im Gesetzestext und in den Materialien des ZGB insofern Unterstützung, als auf die Bestimmung des ‹amtlichen Erbschaftsverwalters› verwiesen wird (Vorbem. zu Art. 517–518 N 20) und im italienischen Text des Art. 518 Abs. 3 von «ufficio» die Rede ist (BK-TUOR, Vorbem. zu Art. 517–518 N 8). Der Willensvollstrecker wird auch in der Praxis gelegentlich als Amt angesehen (ZBGR 27/1946 S. 289 [Kreisschreiben OGer. SO]; SJZ 37/1940–41 Nr. 26 S. 43 [OGer. ZH]: «Amt des Willensvollstreckers»). Das Bundesgericht spricht von einem privatrechtlichen Amt (BGE 100 II 52 E. 3a S. 61 = JdT 123/1975 I S. 264 = Pra. 64/1975 Nr. 236; BGE 91 II 177 E. 1 S. 180 = JdT 114/1966 I S. 152 = ZBGR 47/1966 Nr. 39 S. 177: «Da das Amt des Willensvollstreckers auch nach schweizerischem ZGB ein privatrechtliches ist ...»; BGE 90 II 376 E. 1 S. 379 = JdT 113/1965 I S. 339 = Pra. 54/1965 Nr. 36 S. 118: «Für seine Entsetzung von dem ihm vom Erblasser aufgetragenen [privaten] Amte ...»). Diese und ähnliche Bezeichnungen werden auch in der Literatur verwendet (DRUEY, Grundriss, § 14 N 35: Amtsträger; REY, recht 2/1984 S. 91: Amtscharakter; PIOTET, SPR IV/1, § 24 I: Privates Amt). In der neueren Lehre wird diese Theorie – zusammen mit der Treuhandtheorie (Vorbem. zu Art. 517–518 N 48 ff.) – bevorzugt (REY, recht 2/1984 S. 91). Gegen die **Einordnung des Willensvollstreckers als privatrechtliches Amt** bzw. als Vermögensverwalter kann nur wenig eingewendet werden, aber sie hilft nicht weiter, denn sie **führt nicht zu anwendbaren Rechtsnormen**. Der Willensvollstrecker wird deshalb häufig als **Institut eigener Art (sui generis)** angesehen (ZK-ESCHER, Vorbem. zu Art. 517–518 N 5).

D. Treuhänder/trustee

48 a) Die Treuhandtheorie ist in erster Linie geschichtlich bedingt (BK-TUOR, Vorbem. zu Art. 517–518 N 4): **Der Salmann war ebenso Vorläufer des Willensvollstreckers** (lex salica, Tit. 46; HUBER, System IV, S. 630 f.; BLOCH, SJZ 46/1950 S. 65: «Da nach alt-deutschem Recht letztwillige Verfügungen unstatthaft waren, wurde das Nachlassvermögen Salmannen als Treuhänder für die bedachten Erben übergeben») **wie die deutsch-rechtliche Treuhand** (BK-TUOR, Vorbem. zu Art. 517–518 N 7; ZK-ESCHER, Vorbem. zu Art. 517–518 N 4). Der Treuhänder bewahrt, verwaltet, verteidigt und fördert ein wirtschaftliches oder geistiges Gut (Vermögen) im Interesse des Treugebers (GUBLER, ZSR

73/1954 S. 217a) und verwendet es für einen Begünstigten (WATTER, ZSR 114/1995 II 187 m.w.N.). Es gibt verschiedene Formen der Treuhand, nämlich die aus dem römischen Recht stammende Fiduzia (Vorbem. zu Art. 517–518 N 49), die deutsch-rechtliche Treuhand (Vorbem. zu Art. 517–518 N 50) und den aus dem common law stammenden trust (Vorbem. zu Art. 517–518 N 51).

b) Die Treuhand wird in schweizerischen Gesetzen nur punktuell erwähnt, aber nicht eigentlich geregelt (WATTER, ZSR 114/1995 II S. 188 Fn. 15). Die Treuhand wurde durch die Praxis entwickelt (REYMOND/REVACLIER, S. 421 ff.). Wenn in der Schweiz von der Treuhand die Rede ist, meint man gewöhnlich die (aus dem römischen Recht stammende) **Fiduzia,** bei welcher das (volle) Eigentum auf den Fiduziar übertragen wird (BGE 78 II 445 E. 3 S. 451: «Das Bundesgericht hat sich vor Jahren der Theorie des vollen Rechtserwerbs durch den Treuhänder angeschlossen [BGE 31 II 109 f.]. Bei dieser Anschauung ... ist es seither geblieben ...»; GUBLER, ZSR 73/1954 S. 221a: «Seit dem führenden Entscheide BGE 31 II 109 ff. [1905] hat sich das Bundesgericht der von Regelsberger entwickelten sog. Theorie des vollen Rechtserwerbs durch den Treuhänder angeschlossen»). Das vom Treugeber übergebene Treugut wird Eigentum des Treuhänders (WATTER, ZSR 114/1995 II S. 212; das Treugut stammt gewöhnlich vom Fiduzianten [Treugeber], es kann aber auch von einem Dritten übertragen werden, ausnahmsweise braucht es nur eine Treuhandabrede, wenn nämlich der Treuhänder bereits Eigentümer ist). Das Treugut teilt – insbesondere im Falle des Konkurses – grundsätzlich das Schicksal des übrigen Vermögens des Treuhänders (Art. 401 OR kommt nicht zur Anwendung, vgl. HEINI, S. 191). Diese Folge kann durch die Bestellung einer Mehrheit von Treuhändern gemildert werden, weil beim Tod eines Treuhänders dessen Rechte den übrigen vermutungsweise anwachsen (BGE 78 II 445 E. 3 S. 452). Der Fiduziar ist gegenüber dem Fiduzianten durch den sog. Treuhandvertrag (pactum fiduciae) gebunden (WATTER, ZSR 114/1995 II S. 188), einem Vertrag sui generis, auf welchen **das Auftragsrecht (analog) anwendbar** ist (die Art und Weise der Anwendung des Auftragsrechts [direkte, analoge oder keine Anwendung], hängt von der Ausgestaltung des Treuhandverhältnisses ab, welche sehr unterschiedlich sein kann, vgl. BK-FELLMANN, Art. 394 OR N 72–74), und welcher die causa der Rechtsübertragung darstellt (WIEGAND, S. 589). Der Treuhänder untersteht den Weisungen des Treugebers, ist aber nur obligationenrechtlich gebunden, besitzt also eine überschiessende Rechtsmacht (HONSELL, recht 11/1993 S. 73). Begünstigte können vorhanden sein, müssen aber nicht (GUBLER, S. 168): «Es gibt keine Drittberechtigten, für die Rechte entstehen, die so stark sind, dass sie mit dinglichen Rechten verwechselt werden können» (SCHNITZER, S. 71). Die Fiduzia dient (Aufgabe) «der Umgehung, der Verbergung, dem Kredit und der Vereinfachung» (WÄLLI, S. 13). Häufig wird zwischen Verwaltungs- und Sicherungstreuhand unterschieden (SUPINO, S. 85).

49

50 c) Für die **deutsch-rechtliche Treuhand** ist charakteristisch, dass der Treuhänder nicht (voller) Rechtsinhaber (Eigentümer) wird (SCHNITZER, S. 85). Sie kommt in verschiedenen Formen vor: (1) Bei einer ersten Form erhält der Treuhänder ein **resolutiv bedingtes Eigentum** (GUBLER, S. 170 f.) und das Treugut bleibt von seinem Privatvermögen getrennt (SCHNITZER, S. 56). Der Treugeber hat mit der Errichtung der Treuhand seine Aufgabe erfüllt und spielt kaum mehr eine Rolle (SCHNITZER, S. 72), der Treuhänder steht zu ihm nicht in einem Vertragsverhältnis. Im Mittelpunkt stehen die Begünstigten, welche vom Treuhänder die Durchsetzung der Anordnungen des Treugebers verlangen können (SCHNITZER, S. 73). Diese Form der Treuhand konnte sich nicht durchsetzen (RÜEDE-BUGNION, S. 75). (2) Bei der zweiten Form, der von SIEBERT entwickelten **Ermächtigungstreuhand** (WATTER, ZSR 114/1995 II S. 189), erhält der Treuhänder eine Ermächtigung (im Sinne von § 185 BGB), d.h. die Macht, das Treugut zu verwalten und in eigenem Namen darüber zu verfügen (THÉVENOZ, ZSR 114/1995 II S. 325). Diese Fähigkeit wird häufig als Ausübung eigener dinglicher Rechte beschrieben (JOST, Willensvollstrecker, N 6). Die Ermächtigungstreuhand bietet den Vorteil, dass das Treugut im Konkurs des Treuhänders ausgesondert werden kann. Sie hat in der Praxis aber nur geringe Bedeutung erlangt und kommt etwa als Verwaltungstreuhand vor (THÉVENOZ, ZSR 114/1995 II S. 325). (3) Bei der dritten Form, der **Vollmachtstreuhand,** erhält der Treuhänder nicht Eigentum am Treugut, sondern lediglich eine Vollmacht (ZÄCH, Vorbem. zu Art. 32–40 OR N 63). Weil die Vollmacht nach schweizerischem Recht nicht unwiderruflich erteilt werden kann (ZÄCH, Art. 34 OR N 17 ff.), kann diese Form der Treuhand für das schweizerische Recht vernachlässigt werden.

51 d) Daneben ist der **anglo-amerikanische trust** zu nennen. Der trustee unterscheidet sich vom (fiduziarischen) Treuhänder hauptsächlich wie folgt (SUPINO, S. 88 ff.): (1) Der trust kann durch einseitiges Rechtsgeschäft errichtet werden, während die Treuhand auf einem Vertrag basiert. (2) Beim trust kann der Widerruf ausgeschlossen werden (irrevocable trust), während bei der (schweizerischen) Treuhand Art. 404 OR zu beachten ist (THÉVENOZ, ZSR 114/1995 II S. 339 ff., schlägt de lege ferenda vor, dieses Hindernis zu beseitigen). (3) Auf den trustee übertragenes Geld bildet ein Sondervermögen, während auf den Treuhänder übertragenes Geld (voll) in dessen Eigentum übergeht (THÉVENOZ, ZSR 114/1995 II S. 313 ff. schlägt de lege ferenda vor, auch für den Treuhänder ein Sondervermögen zu bilden). Der settlor geniesst dementsprechend einen umfassenden Schutz (KÖTZ, S. 30: Das Treugut fällt nicht in die Konkursmasse, der Begünstigte kann einen andern trustee bestellen), der Treugeber ist dagegen (im Verhältnis zu den Gläubigern des Treuhänders) nur bezüglich Treugut geschützt, welches er nicht selbst auf den Treuhänder übertragen hat (Art. 401 OR; WATTER, ZSR 114/1995 II S. 221 ff., möchte diese Bestimmung allerdings so extensiv auslegen, dass auch vom Treugeber übertragenes Eigentum erfasst wird, was m.E. nicht zulässig ist). (4) Der Ertrag und Ersatz (substitution) gehört beim trust zum Treugut (KÖTZ, S. 30 f.), was bei der Treuhand nicht der Fall

ist. (5) Eigenmächtig oder treuwidrig verwendetes Geld kann beim trust aufgrund des ‹Nachfolgerechts› (tracing) in weitem Umfang zurückverlangt werden (KÖTZ, S. 31 ff.; leading case ist in Re Hallett's Estate, [1880] 13 Ch.D. 696, 708), nicht aber bei der Treuhand (THÉVENOZ, ZSR 114/1995 II S. 338, fordert de lege ferenda ein Nachfolgerecht). (6) Die beneficiaries haben mit dem equitable title ein (mit den dinglichen Rechten vergleichbares) ius in rem, während die Begünstigten (welche nicht zugleich Treugeber sind) keinen weiter gehenden Anspruch als die (persönliche) Forderung gegenüber dem Treuhänder haben. Begünstigte sind zudem nicht so regelmässig vorhanden wie beneficiaries (KOCHER, recht 13/1995 S. 105). (7) Die Gerichte beaufsichtigen den trustee, nicht aber den Treuhänder. (8) Die Treuhand weist nicht die gleiche Flexibilität auf, welche beim trust anzutreffen ist (THÉVENOZ, ZSR 114/1995 II S. 259). (9) Die Treuhand wird für Zwecke eingesetzt, welche dem anglo-amerikanischen trust fremd sind. Dies trifft etwa auf die Sicherungsübereignung zu.

e) Die Treuhändertheorie findet in den Materialien des ZGB gewisse Unterstützung, weil dort vom Vertreter oder Treuhänder die Rede ist (HUBER, Erläuterungen I, S. 410; darauf nimmt RBOG 1939 Nr. 5 S. 48 = SJZ 38/1941–42 Nr. 2 S. 13 = ZBGR 21/1940 Nr. 146 S. 277 Bezug). **Das Bundesgericht bezeichnet die Treuhändertheorie als vorherrschend** (BGE 90 II 376 E. 2 S. 381 = JdT 113/1965 I S. 341 = Pra. 54/1965 Nr. 36 S. 120; weiter vgl. BGE 108 II 535 E. 2d S. 538 f. = JdT 131/1983 I S. 594 = Pra. 72/1983 Nr. 177 = ZBGR 66/1985 Nr. 51 S. 247; BGE 99 Ib 436 E. 2 S. 438 = JdT 123/1975 I S. 86 = Pra. 63/1974 Nr. 56 [amtlicher Treuhänder]). Auch kantonale Behörden und Gerichte verweisen auf sie (BVR 9/1984 S. 237 E. 7 [RS]; LGVE 1978 III Nr. 11 E. 1 S. 34 [RR]; ZBGR 27/1946 S. 289 [Kreisschreiben OGer. SO]; RBOG 1939 Nr. 5 S. 48 = SJZ 38/1941–42 Nr. 2 S. 13 = ZBGR 21/1940 Nr. 146 S. 277; anders ZBGR 19/1938 Nr. 36 S. 136 [JD AG]: «Die vom Grundbuchamt Kulm zu eigen gemachte Theorie, derzufolge der Willensvollstrecker germanisch-rechtlicher Treuhänder sei, ... ist umstritten»). In der Lehre wird die Treuhändertheorie ebenfalls vertreten (ZK-ESCHER, Vorbem. zu Art. 517–518 N 6; WETZEL, N 52; SEEGER, S. 29 ff., insbesondere S. 40; BLOCH, SJZ 54/1958 S. 340; AMMANN, S. 49: Gesetzliche Treuhandschaft). 52

f) Sowohl der Treuhänder als auch der Willensvollstrecker befinden sich in einer ausgesprochenen Vertrauensposition (RVJ 2005 S. 241 E. 1a [Cass.]: «une personne de confiance»), beide wahren fremde Interessen (VJS 36/1936 233 Nr. 94 = SJZ 34/1937–38 Nr. 97 S. 136 [OGer. AG]: Der Willensvollstrecker hat die Stellung eines Vertreters «in der besonderen Gestalt des Treuhänders»; BOSSARD, ZBJV 81/1945 S. 346). Dennoch besteht Übereinstimmung in der Ansicht, dass **bei der Willensvollstreckung keine eigentliche (römisch-rechtliche) fiduziarische Treuhand vorliegt** (BGE 90 II 376 E. 2 S. 381 = JdT 113/1965 I S. 341 = Pra. 54/1965 Nr. 36 S. 120: «noch erhält der Willensvollstrecker fiduziarisches Eigentum am 53

Nachlass»; ZK-Escher, Vorbem. zu Art. 517–518 N 4; Thévenoz, ZSR 114/1995 II S. 270; Reymond/Revaclier, S. 426). Der Fiduziar erhält das Eigentum am Treugut (zum Beispiel zu Sicherungs- oder Aufbewahrungszwecken) und gibt dieses dem Treugeber später wieder zurück, während der Willensvollstrecker kein Eigentum am Nachlass erhält, dieses geht wegen der Universalsukzession (Art. 560) vielmehr direkt auf die Erben über (BSK-Karrer, Vorbem. zu Art. 517–518 N 6). Der fiduziarische Treuhänder steht zum Begünstigten in keinem Rechtsverhältnis, wohl aber der Willensvollstrecker zu den Erben (Art. 517–518 N 58). Störend wirkt sodann, dass der fiduziarische Treuhänder (durch das Grundverhältnis) weisungsgebunden ist, während der Erblasser dem Willensvollstrecker nach seinem Tod keine Weisungen mehr erteilen kann (BSK-Karrer, Vorbem. zu Art. 517–518 N 6). Diese Unterschiede bedeuten, dass die Regeln der Fiduzia nicht ohne weiteres auf den Willensvollstrecker angwendet werden können.

54 g) **Der Willensvollstrecker gleicht stärker dem deutsch-rechtlichen** Treuhänder (Schreiber, Rechtsstellung, 11: «germanisch-rechtlicher Treuhänder, der ein ihm eigenes Recht im eigenen Namen, wenn auch in fremdem Interesse ausübe»; Thévenoz, ZSR 114/1995 II S. 325; Wetzel, N 52; Hux, S. 19 ff.). Die Ermächtigungstreuhand passt allerdings nur auf Verfügungen des Willensvollstreckers und kann diese Figur somit nicht vollständig erfassen (Zäch, Vorbem. zu Art. 32–40 OR N 65: problematisch ist insbesondere die Verpflichtungsermächtigung [Ermächtigung zur Verpflichtung eines andern durch Handeln im eigenen Namen], welche das schweizerische Recht nicht kennt). Somit können auch die Normen über die deutsch-rechtliche Treuhand nicht ohne weiteres auf den Willensvollstrecker anwendet werden.

55 h) Druey (Grundriss, § 14 N 71) schlägt dagegen vor, den Willensvollstrecker mit dem angelsächsischen trustee zu vergleichen. Tatsächlich **gleicht der Willensvollstrecker am stärksten dem trustee:** «The point of greatest similarity in civil law to the trust concept seems to consist in the ‹testamentary execution›» (Nussbaum, 38 Colum.L.Rev. 416 [1938]). Die Verwandtschaft wird verstärkt, wenn man eine dauernde Willensvollstreckung einrichtet und diese mit einer Nacherbschaft kombiniert (Guisan, S. 104 ff.). Es ist allerdings nicht zu übersehen, dass auch bedeutende Unterschiede bestehen: (1) Während der trustee im anglo-amerikanischen Recht den **legal title** (das förmliche Eigentum) erhält, wird das Eigentum am Nachlass (formell) nicht auf den Willensvollstrecker, sondern auf die Erben übertragen (BGE 90 II 376 E. 2 S. 381 f. = JdT 113/1965 I S. 341 = Pra. 54/1965 Nr. 36 S. 120) und der Willensvollstrecker erhält nur eine gesetzliche Verfügungsmacht (Art. 517–518 N 198 ff.). Das Eigentum des trustee wird allerdings durch die Rechte der Begünstigten (equitable title) stark beschränkt und dies führt zu ähnlichen Ergebnissen wie die Beschränkung des Eigentums der Erben durch die Verfügungsmacht des Willensvollstreckers (Kötz, S. 98; Nussbaum, 38 Colum.L.Rev. 417 [1938]; in einigen Staaten der USA wird nicht der legal title, sondern nur eine power auf den executor

übertragen, was der schweizerischen Lösung weitgehend entspricht; der Unif.Prob.Code sieht zudem als Alternative die Universalsukzession, also eine völlig identische Lösung, vor). Das Bundesgericht betont, dass «keine dinglichen Rechte im Sinne des Sachenrechts (speziell Pfandrecht oder Nutzniessung)» vorliegen, es ist aber dennoch der Ansicht, dass die Verwaltungs- und Verfügungsrechte des Willensvollstreckers «in einem weiteren Sinne als dinglich bezeichnet werden» können (BGE 90 II 376 E. 2 S. 382 = JdT 113/1965 I S. 342 = Pra. 54/1965 Nr. 36 S. 120). M.E. werden dem Willensvollstrecker Fähigkeiten und keine dinglichen Rechte verliehen (Art. 517–518 N 194 ff.; HUBER, Sachenrecht, S. 69: «Es gibt Fälle, wo jemand über eine Sache ein Verfügungsrecht hat, das jedermann gegenüber wirksam ist, ohne dass ihm das Eigentum oder ein beschränktes dingliches Recht an der Sache zusteht ...»). Dingliche Rechte könnten sowieso nur an einzelnen Sachen und nicht am Nachlass als solchem begründet werden. An Forderungen, welche im Nachlass enthalten sind, können zum Beispiel keine dinglichen Rechte begründet werden (SCHREIBER, Rechtsstellung, S. 12). (2) Als Bedenken gegen eine Anwendung der Normen des trusts werden üblicherweise eine **Unvereinbarkeit mit dem numerus clausus** dinglicher Rechte und mit dem Publizitätsprinzip genannt. Die hinter diesen Prinzipien stehenden Werte müssen zwar beachtet werden, sie bilden aber keine absoluten Hindernisse. (3) Während der trust auf **längere Dauer** angelegt ist, hat die Willensvollstreckung eine vorübergehende Natur (THÉVENOZ, ZSR 114/1995 II S. 298). Die Tätigkeit des trustee setzt häufig erst ein, wenn der Willensvollstrecker seine Aufgabe erledigt, unter anderem den trust gegründet, hat (DREYER, N 137 f.). (4) Während beim trust eine **grosse Flexibilität** vorhanden ist (THÉVENOZ, ZSR 114/1995 II S. 259 und S. 299), muss sich der Willensvollstrecker an das Gesetz und das Testament halten. Ein gewisse Flexibilität wird erreicht, wenn die Erben von ihrer Freiheit in der Erbschaftsverwaltung (Art. 602 Abs. 2; ZK-ESCHER, Art. 602 N 12) und insbesondere von der Freiheit in der Erbteilung (Art. 607 Abs. 2; BGE 114 II 418 E. 2a S. 419 = JdT 137/1989 I S. 579 = Pra. 78/1989 Nr. 169 S. 575 = ZBGR 72/1991 Nr. 5 S. 29; BREITSCHMID, Stellung des Willensvollstreckers, S. 141 f.: «Die Erben bestimmen ... (1) ob, (2) wann, (3) wie, (4) zu welchem Anrechnungswert ... geteilt wird») Gebrauch machen. (5) Ein Erbe kann üblicherweise nicht in ähnlicher Weise vor Gläubigern geschützt werden wie der Begünstigte in einem **protective trust** (KÖTZ, S. 46 ff.: Das Recht des Begünstigten endet, wenn dieser einen Verfügungsversuch macht und es entsteht ein discretionary trust) **oder** in einem **spendthrift trust** (KÖTZ, S. 48 ff.: Besondere Art eines discretionary trust, bei welchem das equitable interest unveräusserlich und unverwertbar ist), weil die Dauer-Willensvollstreckung im schweizerischen Recht nur zulässig ist, wenn sie die Pflichtteile nicht verletzt (Art. 517–518 N 51). (6) Der Willensvollstrecker muss durch eine letztwillige Verfügung, der trustee kann daneben auch durch eine **Verfügung unter Lebenden** bestellt werden (KÖTZ, S. 112). (7) Der Schutz gegen treuwidrige Verfügungen des Willensvollstreckers wird durch eine analoge Anwendung der Regeln über den Missbrauch der Vertretungsmacht sichergestellt, während beim trustee ein **constructive trust** entsteht (KÖTZ, S. 99 ff.). (8) Wenn mit Nachlassmitteln Gegenstände erworben werden, gehören diese zum Nachlass (BK-TUOR/PICENONI, Art. 599 N 20 ff.; ZK-ESCHER, Art. 599 N 5 ff.), womit den beim trust geltenden Regeln über das **tracing** (Vorbem. zu Art. 517–518 N 51) weitgehend entsprochen wird. Die oben erwähnten Unterschiede zwischen dem trustee und dem Willensvollstrecker verunmöglichen eine direkte Anwendung der Normen über den trust und lassen auch eine analoge Anwendung nur in Einzelfällen nach sorgfältiger Prüfung zu.

E. Abgrenzungen

1. Erbschaftsverwalter (Art. 554)

56 Der Erbschaftsverwalter unterscheidet sich in der Bestellung vom Willensvollstrecker dadurch, dass er nicht vom Erblasser durch letztwillige Verfügung, sondern von der zuständigen kantonalen Behörde ernannt wird (BK-TUOR/PICENONI, Vorbem. zu Art. 551–559 N 6) und dies nicht auf Verlangen des Erblassers oder eines Erben, sondern von Amtes wegen in den vom Gesetz abschliessend (BGE 51 II 488 E. 2 S. 493) aufgezählten Fällen: Art. 554 Abs. 1 Ziff. 1 (dauernde Abwesenheit eines Erben – in diesem Fall genügt unter Umständen auch ein Beistand), Ziff. 2 (fehlender Nachweis des Anspruchs eines Erben), Ziff. 3 (Ungewissheit über Erben – Rep. 108/1975 E. 1 S. 93 [Civ.]; der Fall des nasciturus gehört nicht hierher) und Ziff. 4 (weitere Fälle: Art. 490 Abs. 3 [Fehlende Sicherstellung durch den Vorerben oder Gefährdung der Nacherbschaft], Art. 548 Abs. 1 [Verschollenheit eines Erben – in diesem Fall genügt unter Umständen auch ein Beistand], Art. 556 Abs. 3 [Einlieferung einer letztwilligen Verfügung – die Erbschaft kann auch den gesetzlichen Erben übergeben werden] und Art. 604 Abs. 3 [zahlungsunfähiger Erbe]). Wenn ein Willensvollstrecker vorhanden ist, muss dieser zum Erbschaftsverwalter ernannt werden, es sei denn, er sei dazu ungeeignet (Art. 517–518 N 117). Zur Aufgabe des Erbschaftsverwalters vgl. Vorbem. zu Art. 517–518 N 20 f.).

2. Erbschaftsliquidator (Art. 595)

57 Der Erbschaftsliquidator unterscheidet sich vom Willensvollstrecker in seiner Bestellung dadurch, dass er nicht vom Erblasser, sondern von der zuständigen Behörde ernannt wird (Art. 595 Abs. 1), und zwar auf Antrag eines Erben (Art. 593 – solange kein anderer Erbe die Annahme erklärt hat), eines Gläubigers des Erblassers (Art. 594 Abs. 1) oder auf Antrag eines Erbengläubigers (Art. 578 Abs. 2 – nach erfolgreicher Anfechtung einer Erbausschlagung verwaltet der Erbschaftsliquidator nur den Erbteil des ausschlagenden Erben). Im Kanton Zürich

beauftragt das Einzelgericht (der frühere Einzelrichter) den Notar oder eine andere geeignete Person (§ 138 Abs. 2 ZH-GOG). Zur Aufgabe des Erbschaftsliquidators vgl. Vorbem. zu Art. 517–518 N 22.

3. Erbenvertreter (Art. 602 Abs. 3)

Der Erbenvertreter (Art. 602 Abs. 3) unterscheidet sich vom Willensvollstrecker in seiner Bestellung dadurch, dass er nicht durch den Erblasser, sondern auf Antrag eines oder mehrerer Erben von der zuständigen Behörde ernannt wird, und zwar dann, wenn (1) *kein Willensvollstrecker, Erbschaftsverwalter oder Liquidator* vorhanden ist (BGer. 5P.466/2006 vom 13. März 2007: «une telle désignation ne doit intervenir qu'en l'absence d'exécuteur testamentaire ou administrateur officiel»; PKG 2007 Nr. 14 E. 2a S. 72 [PZ 06 225; KGP]; PKG 2005 Nr. 24 E. 2a S. 151 f. [PZ 05 121; KGP]; AR-GVP 1988 Nr. 1084 E. 1 S. 118 [RR]) (2) *Uneinigkeit unter den Erben* beseht (ZR 84/1985 Nr. 3 E. 3a S. 7 = ZBGR 70/1989 Nr. 1 S. 13 [OGer.]: «Nach konstanter zürcherischer Praxis ist als einzige materielle Voraussetzung ... die Uneinigkeit der Erben ... erforderlich»; ZR 67/1968 Nr. 123 E. 1 366 [OGer.]; ZR 54/1955 Nr. 34 S. 82 = ZBGR 38/1957 Nr. 39 S. 210 [OGer.]; ZR 42/1943 Nr. 106 S. 293 [OGer.]; ZR 32/1933 Nr. 126 S. 264 [OGer.]; ZR 19/1920 Nr. 59 E. 3 110 [OGer.]) oder (3) bei *Abwesenheit eines Erben* (ZBGR 67/1986 Nr. 1 E. 2 S. 27 [OGer. ZH]; ZR 67/1968 Nr. 123 E. 1 S. 366 [OGer.]) die Verwaltung der Erbschaft sicherzustellen (ZR 42/1943 Nr. 106 S. 293 [OGer.]: Eine Ernennung immer dann vorzunehmen ist, wenn sie nicht offenbar zwecklos ist). Der Willensvollstrecker einer Unter-Erbengemeinschaft kann sich am Verfahren zur Bestellung eines Erbenvertreters in der Ober-Erbengemeinschaft beteiligen (ZKG AA070147 E. 3b/aa). Zur Aufgabe des Erbenvertreters vgl. Vorbem. zu Art. 517–518 N 23.

58

4. Beistand eines Sterbenden

Zur Betreuung eines (urteilsunfähigen) sterbenden Menschen kann ein Beistand eingesetzt werden. Aufgaben dieses Beistands können in einem sog. Patiententestament (Vorbem. zu Art. 517–518 N 24) bestimmt werden (REUSSER, S. 10 ff.; die Revision des Vormundschaftsrechts sieht in Art. 370 ff. eine Patientenverfügung [Patiententestament] vor). Diese Phase geht der Willensvollstreckung unmittelbar voraus. Dieselbe Person kann mit beiden Aufgaben betraut werden, aber – wie beim Vormund des Erblassers (Vorbem. zu Art. 517–518 N 42) – handelt dieselbe Person in **zwei verschiedenen Funktionen.**

59

5. Vorerbe

60   Tuor (Vorbem. zu Art. 488–492 N 4) sieht im Vorerben, welcher das Empfangene sofort dem Nacherben auszuliefern hat, eine Art Willensvollstrecker. Im Unterschied zum (eigentlichen) Willensvollstrecker erlangt der Vorerbe eine volle **Erbenstellung,** welche das Eigentum am Nachlass und alle den Erben zustehenden materiellen Klagen umfasst. Der Willensvollstrecker ist dagegen materiell am Nachlass nicht beteiligt, sondern verwaltet und verteilt diesen lediglich (SPIRIG, ZBGR 58/1977 S. 198).

6. Trustee

61   Es wird immer wieder erwähnt, dass der trustee (insbesondere nach der Ratifizierung des Haager Trust-Übereinkommens [SR 0.221.371] durch die Schweiz) die Funktionen des Willensvollstreckes übernehmen könne (MAYER, AJP 13/2004 S. 160 f.). Dabei darf allerdings nicht vergessen gehen, dass die schon heute bestehenden Hindernisse (welche weitgehend auch für die Familien-Stiftung hinderlich sind), weiter ihre Gültigkeit haben. Zu denken ist an die zeitlichen Schranken (Art. 488), die inhaltlichen Schranken (Art. 335) und dass für Schweizer in der Schweiz die Errichtung eines (Binnen-)Trusts nach wie vor nicht gesichert ist (Prax-Komm-KÜNZLE, Einleitung N 51).

F. Willensvollstreckung als Institut eigner Art

62   a) Die Zuordnung des Willensvollstreckers zu einer bestimmten Theorie wird mit dem Ziel betrieben, daraus ergänzend anwendbare Normen abzuleiten. Auf diese Weise sollen die im ZGB fehlenden Regeln ergänzt werden. Die angebotenen Theorien (Vorbem. zu Art. 517–518 N 25 ff.) lassen aber keine eindeutige Zuordnung zu. Die heute anerkannte Lösung lautet deshalb, dass es sich beim Willensvollstrecker um ein **Institut eigener Art** handle (BSK-KARRER, Vorbem. zu Art. 517–518 N 7; ZK-ESCHER, Vorbem. zu Art. 517–518 N 5).

63 b) Bei verschiedenen Tätigkeiten (Verpflichtung, Verfügung, Prozessführung), in verschiedenen Phasen des Nachlasses (Inbesitznahme, Verwaltung, Teilung), aus verschiedener Sicht (Verhältnis zu den Erben, zu Vermächtnisnehmern oder zu Dritten) werden immer wieder andere Normen benötigt. Man darf den Willensvollstrecker deshalb nicht in ein bestimmtes Schema pressen, sondern muss gleichzeitig verschiedene Theorien beiziehen (TUOR/SCHNYDER/SCHMID/RUMO-JUNGO, § 71 N 34; ähnlich SEEGER, S. 40 f.). Im Vordergrund stehen für das Innenverhältnis die Mandatstheorie (Vorbem. zu Art. 517–518 N 26 f.), für das Aussenverhältnis die Theorie der gesetzlichen Vertretung (Vorbem. zu Art. 517–518 N 34 ff.) und für das

Verhältnis zu den neben den Erben ‹Begünstigten› die Treuhandtheorie (Vorbem. zu Art. 517–518 N 48 ff.) (ähnlich ZK-ESCHER, Vorbem. zu Art. 517–518 N 6 [Mandat, Erbschaftsverwalter, Treuhand]; WENGER, S. 55 [Auftrag, Treuhand]). Entsprechend kommen auf das Innenverhältnis hauptsächlich die Regeln über den **Auftrag** (Art. 394 ff. OR) zur Anwendung, für das Aussenverhältnis die (besonderen) Regeln über die **gesetzliche Vertretung** (insbesondere zur Verwaltung der Erbschaft: Art. 554 f., Art. 595 ff. und Art. 602 Abs. 3), sowie die (allgemeinen) Regeln über die **Stellvertretung** (Art. 32 ff. OR) (BECK, ZBJV 84/1948 S. 2). Wenn Dritte und ihre Interessen im Spiel sind, kommen die Regeln der **Treuhand** zum Tragen. Für den Testamentsvollstrecker dürften diese Aussagen ebenfalls zutreffen (STAUDINGER-REIMANN, Vorbem. zu §§ 2197–2228 Rn. 15 [gesetzlicher Vertreter] und Rn. 16 [Auftrag]; DAMRAU/BONEFELD, § 2197 BGB N 1 [Treuhänder, gesetzlicher Vertreter]; LANGE, Jus 10/1970 S. 108: «So dogmatisch bedenklich es in unserem romanistischen Erbrechtssystem ist, den Testamentsvollstrecker als Treuhänder zu konstruieren, so treffend ist diese Bezeichnung als Anruf an den Testamentsvollstrecker, den Willen des Erblassers zu wahren und dennoch die Interessen der Erbbeteiligten nicht ausser Acht zu lassen»).

III. Schweizerisches Kollisionsrecht

Das schweizerische Kollisionsrecht wird durch den **schweizerischen Richter** angewendet, um bei internationalen Erbfällen (der Erblasser hat den Wohnsitz im Ausland, der Erblasser hat eine ausländische Staatsangehörigkeit usw.) die Zuständigkeit und das anwendbare Recht zu bestimmen (CHK-SCHRAMM, Art. 1 IPRG N 2 f.). 64

A. Staatsverträge

a) Mit **Italien** gibt es einen Staatsvertrag, welcher die Anwendung des Heimatrechts für Italiener in der Schweiz (und umgekehrt) vorsieht: Niederlassungs- und Konsularvertrag vom 22. Juli 1868 zwischen der Schweiz und Italien (SR 0.142.114.541). Art. 17 Niederlassungs- und Konsularvertrag enthält Bestimmungen über den Testamentsvollstrecker: «Ist ein Italiener in der Schweiz gestorben, ohne bekannte Erben oder Testamentsvollstrecker zu hinterlassen, so werden die schweizerischen Behörden, denen nach den Gesetzen ihres Landes die Besorgung des Nachlasses obliegt, der italienischen Gesandtschaft oder dem italienischen Konsularbeamten, in dessen Bezirk der Tod stattgefunden hat, davon Anzeige machen, damit die Gesandtschaft oder das Konsulat den Beteiligten die nötigen Auskünfte erteilen kann. Die gleiche Anzeige wird von den kompetenten Behörden der schweizerischen Gesandtschaft oder den schweizerischen Konsular- 65 beamten gemacht werden, wenn ein Schweizer in Italien gestorben ist, ohne bekannte Erben oder Testamentsvollstrecker zu hinterlassen.» (Vgl. dazu Rep. 107/1974 S. 325 E. 1 [Civ.]: «Secondo la convenzione 22 luglio 1868 con l'Italia, le contestazioni relative alla successione di un cittadino italiano morto in Svizzero sono di esclusiva competenza del guidice italiano. La prassi ha stabilito che il diritto applicabile in tal caso è quello italiano»; Rep. 106/1973 S. 98 [Civ.]: Unzuständigkeit des schweizerischen Richters am Wohnort des Willensvollstreckers, im Nachlass eines in der Schweiz verstorbenen Italieners über eine vorsorgliche Massnahme zu befinden betreffend Zugehörigkeit von Gegenständen zum Nachlass.)

66   b) In Art. 10 Niederlassungs- und Rechtsschutzabkommen vom 1. Dezember 1927 zwischen der Schweiz und **Griechenland** (SR 0.142.113.721) heisst es: «Stirbt ein Staatsangehöriger des einen der vertragsschliessenden Teile im Gebiete des andern Teils, ohne bekannte Erben oder Testamentsvollstrecker zu hinterlassen, so sollen die Behörden des Sterbeorts davon den diplomatischen oder konsularischen Vertreter des Heimatlandes benachrichtigen, damit er den Beteiligten die nötigen Auschlüsse zugehen lassen kann.»

67   c) In Art. VIII Konsular-Übereinkunft vom 27. August 1883 zwischen der Schweiz und **Portugal** (SR 0.191.116.541) heisst es: «Stirbt ein Portugiese in der Schweiz, ohne bekannte Erben oder Testamentsvollstrecker zu hinterlassen, so werden die schweizerischen Behörden hievon dem portugiesischen Konsularbeamten, in dessen Bezirk der Tod eintrat, zuhanden der diesfalls näher zu informierenden Beteiligten Kenntnis geben. Eine gleiche Anzeige ist von den zuständigen portugiesischen Behörden an die schweizerischen Konsularbeamten zu richten, wenn ein Schweizer in Portugal stirbt, ohne bekannte Erben oder Testamentsvollstrecker zu hinterlassen.»

68   d) Daneben bestehen auf dem Gebiet des Erbrechts **weitere Staatsverträge** (BSK-KARRER, Vorbem. zu Art. 517–518 N 10), welche aber keine spezifischen Regeln betreffend den Vollstrecker enthalten:
   – Art. V und VI Vertrag vom 25. November 1850 zwischen der Schweizerischen Eidgenossenschaft und den Vereinigten Staaten von Nordamerika (SR 0.142.113.361)
   – Art. IV Freundschafts-, Handels- und Niederlassungsvertrag vom 6. September 1855 zwischen der Schweizerischen Eidgenossenschaft und Ihrer Majestät der Königin des Vereinigten Königreichs von Grossbritannien und Irland (SR 0.142.113.671)
   – Art. 8 Niederlassungsabkommen vom 25. April 1934 zwischen der Schweizerischen Eidgenossenschaft und dem Kaiserreich Persien (SR 0.142.114.362)
   – Art. 5 Niederlassungs- und Handelsvertrag vom 21. Juni 1911 zwischen der Schweiz und Japan (SR 0.142.114.631).

B. Internationales Privatrecht (IPR)

1. Formstatut

Die Form der Einsetzung eines Willensvollstreckers beurteilt sich nach dem Formstatut. Nach Art. 93 IPRG gilt das Haager Übereinkommen vom 5. Oktober 1961 über das auf die Form letztwilliger Verfügungen anwendbare Recht (SR 0.211.312.1), d.h., es ist unter anderem die Form am Errichtungsort massgebend. Da die Ernennung im Rahmen eines Erbvertrags (Art. 517–518 N 18) im internationalen Verhältnis Fragen aufwerfen kann, ist zu empfehlen, bei der Formulierung immer klar zum Ausdruck zu bringen, dass es sich um eine **einseitige Erklärung** handelt (vgl. etwa ZBGR 58/1977 S. 304 [Bemerkung der Redaktion]). Weiter ist im deutsch-schweizerischen Verhältnis die Gültigkeit der Ernennung zum Willensvollstrecker in einer öffentlich beurkundeten letztwilligen Verfügung schon bezweifelt worden, weil die Urkundsperson das Dokument dem Erblasser nicht vorgelesen, sondern (nur) zum Lesen gegeben hat. Aus diesem Grund ist zu empfehlen, bei der Beurkundungsformel wenn möglich auch die **Formvorschriften in einem möglichen Zielland einzubeziehen.**

2. Schweizerischer Erblasser

a) Wenn ein Schweizer **in der Schweiz verstirbt,** sind die schweizerischen Gerichte an seinem Wohnsitz zuständig (Art. 86 IPRG). Diese Zuständigkeit gilt auch dann, wenn «erbrechtliche Ansprüche» gegen ausländische Personen (z.B. eine liechtensteinische Anstalt) gerichtet sind (BGE 132 III 677 E. 3 und 4 S. 679 ff. = C.261/2005 und 5C.262/2005 = SJ 129/2007 I S. 228 = successio 2/2008 S. 50 [Anm. Paul Eitel]: Erbschaftsklage und damit verbundener Auskunftsanspruch).

b) Wenn ein Schweizer **im Ausland verstirbt,** sind schweizerische Gerichte zuständig, wenn der Erblasser seinen Nachlass der Heimatzuständigkeit unterstellt hat oder wenn das Ausland sich mit dem Nachlass nicht befasst (Art. 87 IPRG; das kommt etwa mit Bezug auf schweizerische Grundstücke zur Anwendung, vgl. dazu den unter früherem Recht geregelten Fall Rep. 73/1940 E. 1 462 ff. [Civ.]). In solchen Fällen ist regelmässig auch schweizerisches Recht anwendbar (Art. 91 Abs. 2 IPRG). Das schweizerische Recht kommt in solchen Nachlässen auch regelmässig auf den allenfalls eingesetzten Willensvollstrecker zur Anwendung.

c) Die Beurteilung des Willensvollstreckers im schweizerischen Internationalen Privatrecht ist noch nicht gefestigt. Nach HEINI ist für den Willensvollstrecker grundsätzlich nicht das (eine Rechtswahl in weitem Umfang erlaubende) Erbstatut (Art. 90 Abs. 2 IPRG; ZK-HEINI, Art. 90 IPRG N 5 ff.), sondern das (keine Rechtswahl vorsehende [ZK-HEINI, Art. 86 IPRG N 8]) **Eröffnungsstatut** massgebend (Art. 92 Abs. 2 IPRG; ZK-HEINI, Art. 92 IPRG N 21). Diese Ansicht stützt sich auf den Gesetzestext von Art. 92 Abs. 2 IPRG (ebenso BGer. 5A_758/2007 E. 2.1 = successio 2/2008 S. 309 [Anm. Martin Karrer]). Heini macht dennoch zwei Ausnahmen: Das Erbstatut ist erstens massgebend für die Frage, auf welche Art das Eigentum auf die Erben übergeht (ob direkt durch Universalsukzession oder indirekt über einen personal representative), weil dies eine Frage des Erbschaftserwerbs ist. Und zweitens kommt das Erbstatut zur Anwendung für die Frage, ob der Erblasser überhaupt befugt war, einen Willensvollstrecker einzusetzen (ZK-HEINI, Art. 92 IPRG N 10 und 22).

73 d) Die **herrschende Lehre** (BSK-SCHNYDER, Art. 92 IPRG N 5 und 8; BSK-KARRER, Vorbem. zu Art. 517–518 N 14; BUCHER, ZBGR 69/1988 S. 154) hat die Ausnahmen noch weiter entwickelt und beurteilt nur noch die (einzig am Rande interessierende) Durchführung von (Sicherungs-)Massnahmen, also verfahrensrechtliche Aspekte, nach dem Eröffnungsstatut (das wird auch in BGer. 5A_758/2007 vom 3. Juni 2008 E. 2.1 angedeutet: «les modalités d'exécution des institutions ou mesures successorales, en particulier les mesures conservatoires et la liquidation»), das (im Zentrum stehende) Verhältnis zu den Erben/Dritten sowie die Aufgaben des Willensvollstreckers (insbesondere die Verwaltung des Nachlasses und die Vorbereitung der Teilung), also die materiell-rechtlichen Aspekte, werden dagegen nach dem **Erbstatut** beurteilt.

74 e) Obwohl beide Lehrmeinungen sich hauptsächlich auf ein Statut stützen (Vorbem. zu Art. 517–518 N 72 und 73), kommen sie jeweils nicht um die Anwendung auch des andern Statuts herum. Die vom Gesetzestext ausgehende Entwicklung der Lehre sollte auf dem Weg, welchen die herrschende Lehre eingeschlagen hat, noch weitergeführt werden, indem die dem jeweiligen Institut unterstehenden Fragen genauer beschrieben werden. Dem auf den Nachlass anwendbaren Recht, dem sog. **Erbstatut (Art. 90 Abs. 1 IPRG),** unterstehen folgende Fragen im Zusammenhang mit der Willensvollstreckung: (1) Erbschaftserwerb (durch die Erben bzw. den Vollstrecker) inkl. Umfang des Nachlasses (DUTOIT, Art. 92 IPRG N 5; anders ABBET, S. 280): Eröffnungsstatut), (2) Zulässigkeit (Frage, ob ein Vollstrecker ernannt werden kann) (ebenso [für das deutsche Recht] STAUDINGER-DÖRNER, Art. 25 EGBGB N 290; SOERGEL-SCHURIG, Art. 25 EGBGB N 42; MünchKomm-BIRK, Art. 25 EGBGB N 113), (3) Person des Ernennenden (Erblasser/Dritter) (ebenso [für das deutsche Recht] MünchKomm-BIRK, Art. 25 EGBGB N 115 f.), (4) Person des Vollstreckers (ebenso [für das deutsche Recht] STAUDINGER-DÖRNER, Art. 25 EGBGB N 290: Erscheinungsformen; Münch-Komm-BIRK, Art. 25 EGBGB N 113), (5) Form der Ernennung (im Testament/Erbvertrag) (ebenso [für das deutsche Recht] MünchKomm-BIRK, Art. 25 EGBGB N 114), (6) Inhalt und Wirkung der Annahme (ähnlich ABBET, S. 281: Annahme), (7) Aufgabe des Willensvollstreckers (Rechte und Pflichten) inkl.

sachlicher Umfang der Befugnisse (gemäss Gesetz bzw. letztwilliger Verfügung) (ähnlich ABBET, S. 281: Umfang der Befugnisse; ebenso [für das deutsche Recht] STAUDINGER-DÖRNER, Art. 25 EGBGB N 290; SOERGEL-SCHURIG, Art. 25 EGBGB N 42; MünchKomm-BIRK, Art. 25 EGBGB N 119; anders DUTOIT, Art. 92 IPRG N 5), (8) Zulässige Dauer der Vollstreckung (ABBET, S. 281; ebenso [für das deutsche Recht] STAUDINGER-DÖRNER, Art. 25 EGBGB N 290), (9) Möglichkeit des Widerrufs/der Absetzung/des Ersatzes des Vollstreckers (ABBET, S. 281; ebenso [für das deutsche Recht] STAUDINGER-DÖRNER, Art. 25 EGBGB N 292, SOERGEL-SCHURIG, Art. 25 EGBGB N 42 und MünchKomm-BIRK, Art. 25 EGBGB N 118: Voraussetzungen der Entlassung), (10) Verhältnis zu den Erben («Auftrag») inkl. Verantwortlichkeit (ABBET, S. 282). Unwichtig ist, welche Nationalität der Willensvollstrecker besitzt (ebenso STAUDINGER-DÖRNER, Art. 25 EGBGB Rz. 290). Wenn es zu einer Nachlassspaltung (Anwendung mehrerer Erbrechte auf verschiedene Nachlassteile) kommt, richten sich die Befugnisse des für den ganzen Nachlass bestellten Willensvollstreckers nach der Rechtsordnung, welcher das jeweilige Nachlassgut unterstellt ist (ebenso [für das deutsche Recht] MünchKomm-BIRK, Art. 25 EGBGB N 124; WINKLER, Rz. 28).

f) M.E. unterstehen dem Recht am Ort der zuständigen Behörde, dem sog. **Eröffnungsstatut (Art. 92 Abs. 2 IPRG),** folgende Fragen im Zusammenhang mit der Willensvollstreckung: (1) Form und Frist der Annahme durch den Vollstrecker, (2) Ausstellung des Vollstreckerzeugnisses (ABBET, S. 281), (3) Aufsicht (Art. 518 i.V.m. Art. 554 und 595) inkl. Verfahren der Absetzung und des Ersatzes (ABBET, S. 280), (4) Örtlicher Umfang der Befugnisse (In- und Ausland) (anders [für das deutsche Recht] MünchKomm-BIRK, Art. 25 EGBGB N 117 und N 124: Erbstatut, allenfalls wegen Nachlassspaltung verschiedene Rechte), (5) Vorsorgliche Massnahmen.

3. Ausländischer Erblasser

Wenn ein **in der Schweiz** wohnender ausländischer Erblasser verstirbt, sind wegen des hier geltenden Wohnsitzprinzips grundsätzlich schweizerische Instanzen für das Nachlassverfahren zuständig (Art. 86 Abs. 1 IPRG; BGer. 5C.2/2003 vom 22. Juli 2003 E. 2: der Staatsvertrag zwischen der Schweiz und Italien [SR 0.142. 114.541] enthält entsprechenden Regeln) und das schweizerische Erbrecht kommt zur Anwendung (Art. 90 Abs. 1 IPRG). Auch der vom Erblasser ernannte Willensvollstrecker untersteht für die wesentlichen Fragen (Art. 517–518 N 74) dem schweizerischen Recht. Das beurteilt jedoch nicht jedes Heimatrecht des Erblassers ebenso (SCHÖMMER/BÜRGI, S. 792).

a. Heimatstaaten mit Wohnsitzprinzip

77   Wenn der in der Schweiz verstorbene Erblasser aus **Frankreich, England oder den USA** stammt, richtet sich seine Erbfolge auch aus der Sicht seines Heimatstaates nach seiner letzten lex domicilii, d.h., schweizerisches Erbrecht ist massgebend, und dieses gilt auch für die Willensvollstreckung. Es stellen sich keine weiteren Probleme als die üblichen, welche mit Mobilien und Immobilien im Ausland auftraten (Vorbem. zu Art. 517–518 N 85 ff.).

b. Heimatstaaten mit Staatsangehörigkeitsprinzip

78   **Deutschland** (Art. 25 Abs. 1 EGBGB), **Österreich** (§§ 28 Abs. 1, 9 Abs. 1 Satz 1 österr. IPR-Gesetz) **und Liechtenstein** (Art. 29 Abs. 1, 10 Abs. 1 Satz 1 liechtensteinisches IPR-Gesetz) unterstellen die Erbfolge dem letzten Heimatrecht (Staatsangehörigkeit) des Erblassers. Das führt im Verhältnis zur Schweiz zu **Konflikten** (Vorbem. zu Art. 517–518 N 79 ff.), auch in Bezug auf die Tätigkeit eines Willensvollstreckers.

aa. Heimatstaaten ohne Wahlmöglichkeit

79   a) Aus deutscher Sicht kann der Erblasser sein **schweizerisches Wohnsitzrecht nicht wählen,** weil das deutsche IPR nur die Wahl des deutschen Rechts für deutsche Grundstücke zulässt (Art. 25 Abs. 2 EGBGB). Der Konflikt kann vermieden werden, wenn der Erblasser nach Art. 90 Abs. 2 IPRG **deutsches Recht als Erbstatut wählt.**

80   b) Wenn keine ausdrückliche Rechtswahl erfolgt ist, kann eine unkoordinierte Erbfolge noch vermieden werden, wenn die Gerichte **bei der Annahme einer stillschweigenden Rechtswahl grosszügig** sind. Dies hat das Bundesgericht in BGE 125 III 35 = SJ 121/1999 S. 298 getan: Eine deutsche Erblasserin verstarb im Tessin und hat ihre Tochter enterbt, so dass diese nur den Pflichtteil erhielt. Da der Pflichtteil in Deutschland kleiner ist als in der Schweiz und das Testament von einem deutschen Notar errichtet wurde, legte das Gericht dies als stillschweigende Wahl des deutschen Rechts aus. Dass diese Auslegung Grenzen hat, zeigt BGer. 5C.299/2005 vom 6. Juli 2006 E. 3.1: Wenn der Erblasser Wohnsitz in Monaco hat und der Willensvollstrecker keinen Bezug zur Schweiz besitzt, genügt die (in der letztwilligen Verfügung nicht erwähnte) schweizerische Nationalität der Erblasserin nicht, um eine stillschweigende Rechtswahl zu konstruieren. Bemerkenswert ist immerhin, dass die Einsetzung des Willensvollstreckers als Element der Auslegung verwendet wurde. Die noch in BGE 109 II 403 vertretene Auffassung, dass für die Auslegung immer ein Anhaltspunkt im Testament vorhanden sein müsse, ist kaum mehr ein Hindernis, weil das Bundesgericht dieses Erforder-

nis in BGE 127 III 529 E. 3c S. 532 für den Ehevertrag als nicht notwendig angesehen und für das Testament offengelassen hat.

bb. Heimatstaaten mit Wahlmöglichkeit

a) Auch **Italien** wendet das Recht der Staatsangehörigkeit an (Art. 46 Abs. 1 ital. IPR-Gesetz). Der Staatsvertrag zwischen der Schweiz und Italien (Vorbem. zu Art. 517–518 N 65) sorgt aber dafür, dass beide Länder das Heimatrecht anwenden und somit gar kein Konflikt entsteht (vgl. dazu eingehend WÜSTEMANN/MARTINEZ, successio 5/2011 S. 66 ff.). Im Verhältnis zu anderen Staaten mit dem Wohnsitzprinzip kennt Italien aber Konflikte. Dieser kann vermieden werden, indem der Erblasser seinen Nachlass dem ausländischen Recht unterstellt: Nach Art. 46 Abs. 2 Satz 1 ital. IPR-Gesetz darf der Erblasser die Erbfolge dem Recht des Staates unterstellen, in dem er seinen letzten gewöhnlichen Aufenthalt hat. Der Konflikt kann auch vermieden werden, indem der Erblasser seinen Nachlass dem italienischen Heimatrecht unterstellt, sofern das Wohnsitzland dieses Recht zulässt (wie das etwa nach Art. 90 Abs. 2 IPRG der Fall ist). 81

b) Italien nimmt auch für im Ausland lebende Italiener eine Nachlasszuständigkeit in Anspruch (Art. 50 lit. a ital. IPR-Gesetz) und erhält diese gemäss Staatsvertrag (Vorbem. zu Art. 517–518 N 65) auch. Dem schweizerischen Willensvollstrecker ist deshalb zu empfehlen, sein Amt **als «esecutore testamentario»** anzutreten und in Italien nach italienischem Recht tätig zu werden. 82

c. Heimatstaaten mit Aufenthaltsprinzip

Hier ist die Nachbemerkung einzufügen, dass die Europäische Union die Einführung einer **Europäischen Erbrechtsverordnung** (EU-ErbVO – KOM [2009] 154 endg.) plant, in welcher für das Erbrecht hauptsächlich am gewöhnlichen Aufenthaltsort angeknüpft wird (Art. 16 Entwurf EU-ErbVO), welches nahe beim Wohnsitzrecht liegt. Dies wird einen Teil der vorgenannten Probleme (Vorbem. zu Art. 517–518 N 78 ff.) beseitigen. Allerdings bleibt das Recht der Staatsangehörigkeit frei wählbar (Art. 17 Entwurf EU-ErbVO), weshalb nicht alle Probleme verschwinden werden. Der Testamentsvollstrecker wird ebenfalls diesem Erbstatut unterstellt (Art. 19 Abs. 2 lit. g Entwurf EU-ErbVO). Diese Regelung wirft aber noch verschiedene Fragen auf (FRIMSTON, S. 75). 83

4. Willensvollstreckerausweis

Bezüglich der Anerkennung des Willensvollstreckerausweises ist weder das Übereinkommen vom 16. September 1988 über die gerichtliche Zuständigkeit und die Vollstreckung gerichtlicher Entscheidungen in Zivil- und 84

Handelssachen (Lugano Übereinkommen – LugÜ – SR 0.275) noch das Übereinkommen vom 27. September 1968 über die gerichtliche Zuständigkeit und die Vollstreckung gerichtlicher Entscheidungen in Zivil- und Handelssachen (Brüsseler Übereinkommen) oder ein Staatsvertrag anwendbar (BGer. 5C.2/2003 vom 22. Juli 2003 [Italien]). Nach **Art. 96 Abs. 1 lit. a IPRG** werden ausländische Nachlassurkunden in der Schweiz anerkannt, wenn sie im Staat des letzten Wohnsitzes des Erblassers ausgestellt oder anerkannt wurden oder im Staat, dessen Recht der Erblasser gewählt hat. Diese Bestimmung erfasst auch den Willensvollstreckerausweis (ZGGVP 2008 S. 230 E. 6 [ER KGer.]; ZGGVP 2007 S. 235 E. 4.1 = SJZ 105/2009 Nr. 6 S. 70 [ER KGer]; BSK-KARRER, Vorbem. zu Art. 517–518 N 15; BSK-SCHNYDER, Art. 96 IPRG N 4; HEINI, Art. 96 IPRG N 6). Wer die internationale Zuständigkeit bestreitet, hat dies bei der zuständigen Behörde vorzubringen und die daran anknüpfenden Rechtsmittel zu ergreifen (BGer. 5C.2/2003 vom 22. Juli 2003).

IV. Tätigkeit des Willensvollstreckers im Ausland[1]

A. Ausländische Mobilien

1. Deutschland

85   a) In Deutschland richtet sich die Testamentsvollstreckung nach dem Erbstatut, es ist das Recht des Staates anwendbar, welchem der Erblasser zuletzt angehört hat (Staatsangehörigkeit; Art. 25 Abs. 1 EGBGB; MÜNCHKOMM-BIRK, Art. 26 EGBGB Rz. 123). Auf den Willensvollstrecker im Nachlass eines in der Schweiz lebenden Schweizer Erblassers kommt somit (auch in Deutschland) **schweizerisches Recht zur Anwendung.** Der Willensvollstrecker kann die nach schweizerischem Recht vorgesehenen Aufgaben auch in Deutschland wahrnehmen, also insbesondere über Mobiliar und Guthaben verfügen und dieses auch in die Schweiz transferieren. Der Willensvollstrecker kann in Deutschland **ohne förmliche Anerkennung** im Sinne von § 16a FGG tätig werden (MünchKomm-BIRK, Art. 26 EGBGB Rz. 123), weil sein Amt auf keiner gerichtlichen Entscheidung beruht (bei der Willensvollstreckung handelt es sich um einen vom Erblasser erteilten Auftrag [Vorbem. Art. 517–518 N 26 ff.], für welchen eine kantonale Behörde einen Ausweis ausstellt [Vorbem. zu Art. 517–518 N 84]; anders bei den amerikanischen executors und administrators, vgl. GRUBER, Rpfleger 108/2000 S. 250 ff.).

---

[1]   Die Ausführungen in diesem Abschnitt basieren auf den Ausführungen von SIEHR, Internationale Nachlässe, S. 269 ff.

b) Ähnlich wie im schweizerischen Recht (Art. 517–518 N 34) gibt es in Deutschland keine gesetzliche Regelung für das Testamentsvollstreckerzeugnis, sondern § 2369 BGB (Fremdrechts-Erbschein) wird analog angewendet (STAUDINGER-SCHILKEN, § 2368 BGB Rz. 37 ff.). Dem Willensvollstrecker kann ein gegenständlich beschränktes **Fremdrechts-Testamentsvollstreckerzeugnis** ausgestellt werden, welches nur das in Deutschland belegene Nachlassvermögen erfasst und wie folgt lauten kann: «Rechtsanwalt Heinz Fehr aus Zürich ist nach schweizerischem Erbrecht der Willensvollstrecker des am 1. Januar 2010 in Zürich verstorbenen Richard Berger. Er steht einem deutschen Testamentsvollstrecker gleich. Seine Befugnisse sind auf das in Deutschland belegene Vermögen des Erblassers beschränkt.» Da der Testamentsvollstreckerausweis einen grossen Aufwand und erhebliche Kosten verursacht, wird in der Praxis gelegentlich auch nach «pragmatischen» Lösungen gesucht, etwa wenn in einem schweizerischen Nachlass ein Konto bei einer deutschen Bank vorhanden ist. So begnügen sich deutsche Banken zuweil damit, dass neben dem Erbteilungsvertrag und dem Willensvollstreckerausweis Vollmachten von allen Erben mit beglaubigten Unterschriften, beglaubigten Ausweiskopien und Unbedenklichkeitserklärungen eingereicht werden.

86

c) Wenn der Erblasser Deutscher mit Wohnsitz in der Schweiz war, können **Konflikte** entstehen: Auf den Willensvollstrecker kommt aus Schweizer Sicht wegen des Wohnsitzes das schweizerische Erbrecht zur Anwendung (Art. 90 Abs. 1 und 92 Abs. 2 IPRG; Vorbem. zu Art. 571–518 N 70 ff.), aus deutscher Sicht wegen der Staatsangehörigkeit aber das deutsche Erbrecht (Art. 25 Abs. 1 EGBGB; Vorbem. zu Art. 517–518 N 85).

87

2. Italien

a) In Italien richtet sich der esecutore testamentario (Art. 700–712 Codice civile) nach dem Erbstatut, d.h., es wird das letzte Heimatrecht des Erblassers angewendet (Art. 46 Abs. 1 ital. IPRG; zur deutschen Übersetzung vgl. SZIER 6/1996 S. 279; KRUIS, S. 149: «Die lex successionis entscheidet ... über die Frage, ... ob und gegebenenfalls mit welchem Inhalt eine Testamentsvollstreckung angeordnet werden kann»). Auf den Willensvollstrecker im Nachlass eines Schweizer Erblassers mit Wohnsitz in der Schweiz kommt in Italien **schweizerisches Recht zur Anwendung** (im Verhältnis Schweiz–Italien ist Art. 17 Abs. 3 Niederlassungs- und Konsularvertrag vom 22. Juli 1868 [SR 0.142.114.541] zu beachten, welcher die Anwendung des Heimatrechts vorsieht, vgl. WÜSTEMANN/MARTÍNEZ, successio 5/2011 S. 63 und 66). Der Willensvollstrecker kann die nach schweizerischem Recht vorgesehenen Aufgaben auch in Italien wahrnehmen, also insbesondere über Mobiliar und Guthaben verfügen und dieses auch in die Schweiz transferieren (ebenso [für den executor] BALLARINO/BONOMI, S. 543; Tribunale Casale Mon-

88

ferrato vom 13.4.1984, Riv. notar. 39/1985 S. 240: englischer executor-trustee). Der Willensvollstrecker kann in Italien **ohne förmliche Anerkennung** im Sinne von Art. 66 ital. IPRG tätig werden, weil sein Amt auf keiner gerichtlichen Entscheidung beruht (anders bei den amerikanischen executors und administrators, vgl. KRUIS, S. 149).

89 b) In Italien gibt es kein Testaments- oder Willensvollstreckerzeugnis, der esecutore testamentario muss sich durch Vorlage des Testaments und der gerichtlichen Bestätigung seiner Annahme ausweisen. Der Willensvollstrecker muss eine **beglaubigte Übersetzung seines ausländischen Ausweises** vorweisen. Falls Italien diesen Ausweis als «Massnahme» im Sinne des Art. 66 ital. IPRG ansieht, wäre diese «Massnahme» formlos anzuerkennen.

90 c) Wenn der Erblasser Italiener mit Wohnsitz in der Schweiz war, entstehen dank Art. 17 Abs. 3 Niederlassungs- und Konsularvertrags vom 22. Juli 1868 (SR 0.142.114.541) **keine Konflikte**, weil beide Länder in diesem Verhältnis das Heimatrecht anwenden (WÜSTEMANN/MARTÍNEZ, successio 5/2011 S. 66). Der Staatsvertrag ist nicht anwendbar auf Italiener zweiter Generation, welche (in der Schweiz leben und) nie Wohnsitz in Italien hatten, aber Art. 46 Abs. 1 ital. IPRG führt bei dieser Konstellation zum gleichen Ergebnis (WÜSTEMANN/MARTÍNEZ, successio 5/2011 S. 66), nämlich der Anwendung des italienischen Erbrechts.

3. Frankreich

91 a) In Frankreich richtet sich der exécuteur testamentaire (Art. 1025–1034 Code civil) nach dem Erbstatut (BATIFFOL/LAGARDE, S. 422 [no. 654]). Nach ständiger Rechtsprechung und unbestrittener Lehre (gesetzliche Regelungen gibt es nicht) wird auf die Erbfolge in bewegliches Vermögen das Recht des Staates angewendet, in welchem der Erblasser seinen letzten Wohnsitz hatte (Cour de cassation seit Cass. 19.6.1939 [Labedan c. Labedan], D.P. 1939, 1, 97; BATIFFOL/LAGARDE, S. 390 ff. [no. 637]). Auf den Willensvollstrecker im Nachlass eines in der Schweiz lebenden schweizerischen Erblassers kommt somit in Frankreich **schweizerisches Recht zur Anwendung.** Der Willensvollstrecker kann die nach schweizerischem Recht vorgesehenen **Aufgaben auch in Frankreich wahrnehmen,** also insbesondere über Mobiliar und Guthaben verfügen und dieses auch in die Schweiz transferieren (Cour d'appel de Paris 8.6.1978 [Plattner-Ruttimann et Huggler c. Fillaire] Clunet 106/1979 S. 846: Eine mit letztem Wohnsitz in der Schweiz verstorbene Erblasserin hatte die Zuger Rechtsanwältin Dr. Plattner zur Willensvollstreckerin eingesetzt; das Gericht entschied, dass die Willensvollstreckerin auch für den französischen Mobiliarnachlass zuständig sei und Frankreich deshalb keinen «administrateur judiciaire» einzusetzen dürfe). Der Willensvollstrecker kann in Frankreich **ohne förmliche Anerkennung** tätig wer-

den (ebenso [für den administrator] Cass. 6.6.1967 [Consorts Schapiro c. veuve Schapiro], Rev. crit. 58/1969 S. 75 = Clunet 94/1967 S. 890: die in New York am letzten Wohnsitz des Erblassers als administrator eingesetzte Witwe des Erblassers kann in Frankreich ohne vorherige förmliche Anerkennung als Vertreterin des Nachlasses und der Erben auftreten). Eine Besonderheit im Verhältnis zwischen der Schweiz und Frankreich lag bis 1991 darin, dass nach Art. 5 des Vertrags zwischen der Schweiz und Frankreich vom 15. Juni 1869 über den Gerichtsstand und die Vollziehung von Urteilen in Zivilsachen (Gerichtsstandsvertrag [GSV]; SR 0.276.193.491) der Nachlass immer am Gerichtsstand im Heimatland eröffnet und das Heimatrecht angewendet wurde, und zwar auch auf den Willensvollstrecker (BGE 119 II 281 E. 3b S. 286). Dieser Vertrag wurde aber per 1. Januar 1992 mit Inkrafttreten des Lugano-Übereinkommens (LugUe – SR 0.275.011) aufgehoben, weil er nur noch wenige Bereiche (wie das Erbrecht) abdeckte (vgl. das Rundschreiben des Bundesamtes für Justiz vom November 1991, VPB 55/1991 Nr. 58A). Somit gelten seit 1992 die allgemeinen Regeln des IPR.

b) Seit der Erbrechtsreform (Loi no. 2001–1135 du 3 décembre 2001, relative aux droits du conjoint survivant et des enfants adultérins et modernisant diverses dispositions de droit successoral, J.O. no. 281 du 3/4 décembre 2001, S. 19279) kann jeder Erbe beim Notar einen acte de notoriété bezüglich seiner Erbeneigenschaft verlangen (Art. 730-1 Code civil). Für den exécuteur testamentaire ist wohl keine entsprechende Regelung erlassen worden, weil dieser nur ein Jahr lang tätig sein darf (Art. 1026 Abs. 1 CC fr.). Der Willensvollstrecker muss eine **beglaubigte Übersetzung seines ausländischen Ausweises** vorweisen (vgl. Cass. 3.11.1983 [Societé des Editions Hermann c. Mac Henry et autres], Rev. crit. 73/1984 S. 336: die in New York ernannten executors and trustees einer dort verstorbenen Erblasserin können in Frankreich ohne vorheriges Exequatur als Vertreter des Nachlasses auftreten).

92

c) Wenn der Erblasser Schweizer mit Wohnsitz in Frankreich war, können **Konflikte** entstehen: Auf die Erbfolge und damit auch auf den Willensvollstrecker kann aus Schweizer Sicht wegen der (möglichen) Wahl des Heimatrechts das schweizerische Erbrecht zur Anwendung kommen (Art. 90 Abs. 1 und Art. 92 Abs. 2 IPRG), aus französischer Sicht wegen des Wohnsitzes (Vorbem. zu Art. 517–518 N 91) und der fehlenden Anerkennung der Rechtswahl aber auf das in Frankreich befindliche Vermögen das französische Erbrecht (VPB 55/1991 Nr. 58A: Die Rechtswahl ist aus französischer Sicht nur bezüglich des in der Schweiz gelegenen Vermögens zulässig).

93

4. Spanien

a) In Spanien richtet sich der albacea (Art. 892–911 Código civil) nach dem Erbstatut (CARAVACA/GONZALEZ, S. 343 [no. 52]), d.h., es wird das letzte Heimatrecht des Erblassers (Art. 9 [8] CC esp.) angewendet. Auf den Wil-

94

lensvollstrecker im Nachlass eines Schweizer Erblassers mit Wohnsitz in der Schweiz kommt somit in Spanien **schweizerisches Recht zur Anwendung.** Welche Befugnisse ausländische Vollstrecker in Spanien haben, scheint in der veröffentlichten Rechtsprechung noch nicht entschieden worden zu sein. Nach der Lehre kann der Willensvollstrecker seine **Aufgaben in Spanien ohne förmliche Anerkennung wahrnehmen,** soweit das aus spanischer Sicht massgebende ausländische Erbstatut einen Willensvollstrecker vorsieht und dieser von der zuständigen ausländischen Instanz eingesetzt worden ist (ebenso für den executor CARAVACA, Rev. Gen. Derecho 42/1986 S. 3124 f.). Der Willensvollstrecker kann somit über Mobiliar und Guthaben verfügen und dieses auch in die Schweiz transferieren.

95 b) Der CC esp. sieht kein Zeugnis für den albecea vor. In Spanien genügt es, wenn ein albacea sich durch das Testament und seinen Personalausweis legitimiert (LÓPEZ SUÁREZ, S. 226–231). Es ist davon auszugehen, dass der Willensvollstrecker eine **beglaubigte Übersetzung seines ausländischen Ausweises** vorweisen muss.

96 c) Wenn der Erblasser Spanier mit Wohnsitz in der Schweiz war, können **Konflikte** entstehen: Auf die Erbfolge und damit auch auf den Willensvollstrecker kommt aus Schweizer Sicht wegen des Wohnsitzes in der Schweiz das schweizerische Erbrecht zur Anwendung (Art. 90 Abs. 1 und Art. 92 Abs. 2 IPRG; Vorbem. zu Art. 517–518 N 70 ff.), aus spanischer Sicht wegen der Staatsangehörigkeit aber das spanische Erbrecht (Art. 9 [8] CC esp.; Vorbem. zu Art. 517–518 N 94).

5. England

97 a) Auf den Willensvollstrecker im Nachlass eines in der Schweiz lebenden Erblassers kommt in England **schweizerisches Recht zur Anwendung,** zumal England die lex domicilii des Erblassers anwendet (DICEY/MORRIS/COLLINS, S. 1026). Der Willensvollstrecker kann die nach schweizerischem Recht vorgesehenen Aufgaben dennoch **nicht im gewohnten Umfang in England ausüben,** weil nach materiellem englischem Erbrecht der Nachlass nicht unmittelbar auf die Erben übergeht, sondern vielmehr auf den testamentarisch bestimmten executor oder trustee oder – wenn ein solcher fehlt – auf einen gerichtlich eingesetzten administrator (WILLIAMS/MORTIMER/SUNNUCKS, S. 83 ff. und S. 233 ff.).

98 b) Der Willensvollstrecker kann in England einen «grant of probate» mit einer Bescheinigung über seine Verwaltereigenschaft **(letters of administration)** beantragen und erhalten (Rule 30 [1] [a] Non-Contentious Probate Rules 1987: «a) to the person entrusted with the administration of the estate by the court having jurisdiction at the place where the deceased died domiciled»). Dazu gibt es auch eine

reiche Gerichtspraxis (In the Goods of David Rogerson, [1840] 2 Curt. 656, 163 E.R. 540: Schotte verstirbt in Schottland und Bruder des Erblasser erhält letters of administration; In the Goods of Luis Bianchi, [1859] 1 Sw. & Tr. 511, 164 E.R. 837: Erblasser verstirbt mit letztem Wohnsitz in Brasilien und Bevollmächtigter des brasilianischen Nachlassverwalters erhielt letters of administration; In the Goods of Earl, [1867] L.R. 1 P. & D. 450: Erblasser verstirbt mit letztem Domizil in Australien und die vom dortigen executor bevollmächtigte Person erhält in England letters of administration with the will annexed; In the Goods of Van Linden, [1896] P. 148 [P.D.]: Erblasser verstirbt mit letztem Wohnsitz in Deutschland und Witwe als Testamentsvollstreckerin erhält grant of probate und eine Bestätigung als executrix). Es empfiehlt sich, einen englischen Anwalt zu ermächtigen, so dass ihm die letters of administration für den in England gelegenen Nachlass ausgestellt werden kann.

c) Wenn der Erblasser Schweizer mit Wohnsitz in England war, können **Konflikte** entstehen: Auf die Erbfolge und damit auch auf den Willensvollstrecker kann aus Schweizer Sicht wegen der Wahl des Heimatrechts das schweizerische Erbrecht zur Anwendung kommen (Art. 91 Abs. 2 IPRG), aus englischer Sicht wegen des Wohnsitzes und fehlender Anerkennung der Rechtswahl aber das englische Erbrecht (Vorbem. zu Art. 517–518 N 97). 99

6. USA

a. New York

a) Auf den Willensvollstrecker im Nachlass eines in der Schweiz lebenden schweizerischen Erblassers kommt **schweizerisches Recht zur Anwendung,** weil das Erbstatut massgebend ist und dieses auf das Domizil abstellt (ähnlich Art. 90 Abs. 1 und Art. 92 Abs. 2 IPRG). Der Willensvollstrecker kann die nach schweizerischem Recht vorgesehenen Aufgaben **in New York nicht im gewohnten Umfang ausüben,** weil nach materiellem Erbrecht New Yorks der Nachlass nicht unmittelbar auf die Erben übergeht, sondern vielmehr auf den testamentarisch bestimmten executor oder – wenn ein solcher fehlt – einen gerichtlich eingesetzten administrator (New York Jurisprudence 2d, Bd. 40, 2002 mit 2005 Suppl., §§ 1089 ff.). 100

b) Während personal representatives aus einem anderen Staat der USA ohne weiteres auf Grund ihrer dortigen letters of administration in New York tätig werden können (EPTL, § 13-3.5), muss der schweizerische Willensvollstrecker **ancillary letters of administration** beantragen, um in New York tätig werden zu können (SCPA §§ 1604 bzw. 1607). Der Beizug eines lokalen Anwalts als Vertreter des Willensvollstreckers empfiehlt sich. 101

b. Kalifornien

102 a) Nach dem Recht von Kalifornien ist der Richter am letzten Wohnort des Erblassers zuständig (Cal.Prob.Code § 7051–7052) und dieser wendet sein eigenes Recht an (REST 2d Confl § 316: «The duties of an executor or administrator with regard to the conduct of the administration are usually determined by the local law of the state of appointment»; IPUG 1992 Nr. 113 E. A.III.1.e) S. 36; CZIRNICH S. 8). Der Vertrag vom 25.11.1850 zwischen der Schweizerischen Eidgenossenschaft und den Vereinigten Staaten von Amerika (SR 0.142.113.361; Vorbem zu Art. 517–518 N 100) ändert nichts daran. Dies entspricht im Resultat der schweizerischen Auffassung, wonach auf den Willensvollstrecker im Nachlass eines in der Schweiz lebenden schweizerischen Erblassers grundsätzlich **schweizerisches Recht zur Anwendung** kommt (Art. 90 Abs. 1 und Art. 92 Abs. 2 IPRG; Vorbem. zu Art. 517–518 N 70 ff.). Für seine Tätigkeit in Kalifornien muss der Willensvollstrecker sich wegen des dort geltenden Territorialitätsprinzips (Winbigler v. Shattuck, 50 Cal.App. 562, 563, 195 P. 707, 708 [2nd Dist. 1920]: «It is fundamental law that ‹the authority of an executor ... does not extend beyond the jurisdiction of the state or government under which he is vested with his authority›») dem kalifornischen Recht anpassen. Der Willensvollstrecker kann die nach schweizerischem Recht vorgesehenen Aufgaben **in Kalifornien in ähnlichem Umfang ausüben,** weil nach materiellem Erbrecht Kaliforniens der Nachlass unmittelbar auf die Erben übergeht (Raczynski v. Judge, 186 Cal.App.3d 504, 511, 230 Cal.Rptr. 741, 745 [2d Dist. 1986]: «Under California law, title to the property of a decedent vests ... in his heirs or devisees and legatees immediately upon his death»). Zwar wird die Eigentümerstellung der Erben durch die zwingende Erbschaftsverwaltung (durch den executor oder einen administrator) stark eingeschränkt, aber der Übergang des Erbguts kommt dem schweizerischen Recht doch nahe.

103 b) Sowohl der personal representatives aus einem anderen Staat der USA als auch der schweizerische Willensvollstrecker müssen **ancillary letters of administration** (Cal.Prob.Code § 12501 und §§ 12510 ff.) beantragen, um in Kalifornien tätig werden zu können. Der Beizug eines lokalen Anwalts als Vertreter des Willensvollstreckers empfiehlt sich.

B. Ausländische Immobilien

104 a) Hinterlässt der schweizerische Erblasser Grundvermögen in Deutschland, Italien, Spanien oder einem anderen Land, das die **Grundstücke kollisionsrechtlich nicht besonders behandelt** (Staatsangehörigkeitsprinzip), ergibt sich für den schweizerischen Willensvollstrecker keine andere Rechtslage

als bei den Mobilien, weshalb auf die entsprechenden Ausführungen (vgl. dazu Vorbem. zu Art. 517–518 N 85 ff.) verwiesen werden kann.

b) **Kollisionsrechtliche Sonderbehandlung von Immobilien:** In Frankreich (ständige Rechtsprechung der Cour de cassation seit Cass. civ. 5.7.1933 [Nagalingampoullé c. Saminadapoullé], D.P. 1934, 1, 133; BATIFFOL/LAGARDE, S. 393 ff. [no. 638]), Belgien, Luxemburg, Österreich und Liechtenstein sowie in England (DICEY/MORRIS/COLLINS, S. 1027 und 1039 [rules 133 und 138 für immovables] m.w.N.) und den Vereinigten Staaten von Amerika (New York: In re Fischer's Estate, 66 N.Y.S.2d 69 [1946]) werden Grundstücke nach der **lex rei sitae** vererbt (Vorbem. zu Art. 517–518 N 117; SCHÖMMER/BÜRGI, N 806). Es ist in jedem Land zu prüfen, ob die Anwendung der lex rei sitae zwingend ist oder nicht. Nach Art. 86 Abs. 2 IPRG beansprucht die Schweiz jedenfalls keine Zuständigkeit für ausländische Grundstücke und verzichtet auch auf die Anwendung des schweizerischen Erbrechts (allerdings führt die blosse Belegenheit eines Nachlassgrundstücks nicht dazu, dass aus einem rein inländischen Erbfall ein internationaler Erbfall wird, dass dadurch etwa das schweizerische Pflichtteilsrecht ausgeschaltet werden kann, vgl. SIEHR, Schweiz, S. 164). In den erwähnten Ländern untersteht nicht nur die Erbfolge und Nachlassabwicklung der lex rei sitae, sondern grundsätzlich auch der Willensvollstrecker. Dieser ist für die Grundstücke nur dann verantwortlich, wenn die jeweilige lex rei sitae dem auch zustimmt. Der Willensvollstrecker hat sich also in diesen Staaten um seine Stellung als exécuteur testamentaire bzw. als executor zu bemühen und seine Ernennung zu beantragen. Deshalb empfiehlt es sich, für Grundstücke in Frankreich, England, den USA und anderen Ländern mit kollisionsrechtlicher Sonderbehandlung eigene Testamente gemäss dem jeweiligen Lagerecht zu errichten.

105

V. Tätigkeit ausländischer Vollstrecker in der Schweiz

A. Anwendbares Recht

a) Wenn ein Erblasser im Ausland verstirbt, bestimmt gewöhnlich das ausländische Kollisionsrecht, welches Recht auf den Vollstrecker der letztwilligen Verfügung anwendbar ist (Art. 91 Abs. 1 IPRG). Gewöhnlich wird eine Behörde im Ausland angegangen, welche ihr eigenes Kollisionsrecht anwendet (SCHWANDER, Einführung, N 35). Das (schweizerische) IPRG kommt nur ausnahmsweise zur Anwendung, nämlich wenn sich die ausländische Behörde mit dem Nachlass nicht befasst bzw. wenn der Erblasser eine Rechtswahl getroffen hat (Art. 87 f. IPRG). Daraus können sich allerdings Zuständigkeitskonflikte ergeben (ZK-HEINI, Art. 87 IPRG N 14). Der Vollstrecker **untersteht gewöhnlich dem aus-**

106

ländischen (materiellen) Recht (NECKER, S. 221), er erhält von ausländischen Behörden einen Ausweis (NECKER, ZBGR 52/1971 S. 162) und wird von den ausländischen Aufsichtsbehörden überwacht (BUCHER, ZBGR 69/1988 S. 154). Die Tatsache, dass Ausländer in der Schweiz (ohne Einschränkung) zum Willensvollstrecker ernannt werden können (Art. 517–518 N 4), führt dazu, dass auch bei der Tätigkeit von ausländischen Vollstreckern die Nationalität des Vollstreckers kein Hindernis sein kann.

107 b) Wenn der Vollstrecker ausländischen Rechts in der Schweiz tätig wird und seine Rechtsstellung von derjenigen des Willensvollstreckers stark abweicht, muss diese **den schweizerischen Verhältnissen angepasst** werden (DUTOIT, Art. 92 IPRG N 5; BUCHER, ZBGR 69/1988 S. 154 f.). Wichtigster Grund für eine Anpassung ist der Grundsatz der ausschliesslichen Geltung der lex rei sitae im Sachenrecht (FRAEFEL, S. 69 ff.). Zudem kann der executor des common law in der Schweiz sein Eigentum nicht ausüben, weil dieses nach schweizerischem Recht zwingend auf die Erben übergeht (ABBET, S. 293). In der Schweiz gilt die sog. **(kontrollierte oder modifizierte) Wirkungserstreckung,** d.h., die Wirkung kann nicht weiter gehen als im Ursprungsland und sie darf nicht andersartig sein als in der Schweiz und wird andernfalls modifiziert (BERTHER, S. 252). Schwierig zu handhaben sind vor allem (immanent) zeitliche, räumliche und sachliche Beschränkungen der Befugnisse der Vollstrecker (BERTHER, S. 256). Diese Reduzierung der Kompetenzen des ausländischen Vollstreckers (Anpassung) erfolgt von Gesetzes wegen.

108 c) Es ist nicht möglich, einen nach ausländischem Recht bestellten Vollstrecker für seine Tätigkeit in der Schweiz (in der letztwilligen Verfügung) dem schweizerischen Recht zu unterstellen, weil dies der einheitlichen Rechtsanwendung widerspricht. Dagegen ist es (aus schweizerischer Sicht) zulässig, einem ausländischen Vollstrecker für sein Handeln in der Schweiz **die Kompetenzen eines Willensvollstreckers zu erteilen.** Aus schweizerischer Sicht ist es also zum Beispiel möglich, einem französischen exécuteur testamentaire, welcher von Gesetzes wegen nur mit bescheidenen Kompetenzen ausgerüstet ist (Vorbem. zu Art. 517–518 N 130), im Nachlass eines französischen Erblassers, der im Wallis ein Ferienhaus besitzt, die Kompetenz zur Übertragung dieser Liegenschaft zu erteilen. Die Erweiterung der Kompetenzen muss durch den Erblasser in der letztwilligen Verfügung angeordnet werden. Wie weit eine solche Erweiterung der Kompetenzen des ausländischen Vollstreckers zu empfehlen ist, muss im Einzelfall abgeklärt werden, weil seine Tätigkeit in der Schweiz auch in seinem Ursprungsland beurteilt wird und dortige (abweichende) Rechtsauffassungen dazu führen können, dass seine Handlungen in der Schweiz zu zivil- oder steuerrechtlichen Konflikten führen.

B. Ausweis

a) Ein ausländischer Vollstrecker kann seinen **ausländischen Ausweis dann tel quel verwenden, wenn er an eine Behörde gelangt**, welche die Überprüfung selbst vornimmt (Rep. 111/1978 S. 85 [Civ.]: Das Grundbuchamt bzw. das Justizdepartement als dessen Aufsichtsbehörde überprüfen die Ausweise des amerikanischen Probate Court [Surogate's Court New York] selbst, dazu ist nicht der Pretore zuständig). Im Verkehr mit Privaten muss der Vollstrecker seinen Ausweis im sog. Exequaturverfahren für vollstreckbar erklären lassen (1.) oder – wenn er über keinen Ausweis verfügt – einen schweizerischen Ausweis ausstellen lassen (2.) (IPUK 1962 Nr. 79 E. A.II.3.C S. 16 [Köln]). Sowohl Private als auch Behörden und Gerichte haben nur wenig praktische Erfahrung im Umgang mit Ausweisen ausländischer Vollstrecker (BUSCHOR, S. 127; PKG 1990 Nr. 58 E. 2c S. 301 [PF 4/90; KGP]). Aus diesem Grund werden die Regeln, welche vom BUNDESAMT FÜR JUSTIZ, S. 1 ff., für die Verwendung von ausländischen Erbfolgezeugnissen für Eintragungen im schweizerischen Grundbuch erarbeitet wurden, sinngemäss auf den Willensvollstreckerausweis übertragen.

109

b) Eine Verbesserung würde das Haager Abkommen vom 2. Oktober 1973 über die internationale Abwicklung von Nachlässen (Convention Concerning the International Administration of the Estates of Deceased Persons – <http:www.hcch.net/index_en.php?act=conventions.pdf&cid=83> [besucht am 20.03.2011]) bringen, welches ein internationales Zeugnis für bewegliche Sachen vorsieht (BERTHER, S. 287 ff.). Die Schweiz hat dieses aber bisher nicht unterzeichnet (das Abkommen ist bisher einzig für Portugal, die Tschechische und die Slowakische Republik in Kraft getreten). Dennoch werden **Internationale Zertifikate** im Sinne dieses Abkommens im Rahmen von Art. 96 IPR anerkannt. Auf eine entsprechende Regelung wurde in der Schweiz bisher verzichtet, weil diese Frage in ein Gesetz über die freiwillige Gerichtsbarkeit gehört (BBl. 1983 I S. 393).

110

c) Mit dem Grünbuch Erb- und Testamentsrecht der Europäischen Gemeinschaften (KOM[2005] 65 endg.) und den darauf folgenden Empfehlungen des Europäischen Parlaments an die Kommission (<eur-lex.europa.eu/smartapi/cgi/sga_doc?Smartapi!celexplus!prod!DocNumber&lg=de&type_doc=COMfinal&an_doc=2005&nu_doc=65> [besucht am 20.10.2010]) werden Anstrengungen zur Harmonisierung des Erbrechts in Europa unternommen. Im Grünbuch wird auch die Stellung der Vollstrecker und deren Ausstattung mit Ausweisen in Europa behandelt (Fragen 27–28 und 29–32). Am 14. Oktober 2009 hat die EU den Entwurf für eine **Erbrechtsverordnung** (EU-ErbVO) vorgelegt (vorne, Art. 517–518 N 83). Art. 21 Ziff. 2 EU-ErbVO behält die Anwendung des Eröffnungsstatuts für bestimmte Fragen vor: «Das auf die Rechtsnachfolge von Todes wegen anzuwendende Recht steht der Anwendung des Rechts des Mitgliedstaats, in dem Nachlassgüter belegen sind, nicht entgegen, soweit dieses Recht (a) die Verwaltung und

111

Abwicklung des Nachlasses von der Bestellung eines Verwalters oder Testamentsvollstreckers durch eine Behörde dieses Mitgliedstaats abhängig macht; das auf die Rechtsnachfolge anzuwendende Recht bestimmt die Personen wie Erben, Vermächtnisnehmer, Testamentsvollstrecker oder Verwalter, die mit der Verwaltung und Abwicklung des Nachlasses betraut werden können.» Nach Art. 36 EU-ErbVO kann der Testamentsvollstrecker im **Europäischen Erbschein** eingebaut werden: «Mit dieser Verordnung wird ein Europäisches Nachlasszeugnis eingeführt, das als Nachweis der Stellung als Erbe oder Vermächtnisnehmer und der Befugnisse als Testamentsvollstrecker oder Fremdverwalter gilt. Das Europäische Nachlasszeugnis wird von der nach Maßgabe dieses Kapitels zuständigen Behörde im Einklang mit dem gemäß Kapitel III anzuwendenden Erbstatut erteilt.» Der Testamentsvollstrecker hat nach Art. 37 Ziff. 1 EU-ErbVO ein Antragsrecht auf Ausstellung dieses Erbscheins: «Das Europäische Nachlasszeugnis wird auf Antrag jeder Person erteilt, die verpflichtet ist, die Stellung als Erbe oder Vermächtnisnehmer und die Befugnisse als Testamentsvollstrecker oder Fremdverwalter nachzuweisen.»

1. Vollstreckbarerklärung eines ausländischen Vollstreckerausweises (Art. 28 IPRG)

112   a) In der Schweiz dient dem Willensvollstrecker als Ausweis entweder ein sog. Willensvollstreckerausweis (im ZGB nicht erwähnt; Art. 517–518 N 34 ff.) oder dann eine Erbbescheinigung (Art. 559), in welcher der Willensvollstrecker vermerkt ist (Art. 517–518 N 48). **Ausgangspunkt für ein Exequaturverfahren** im Sinne von Art. 28 IPRG kann dementsprechend entweder ein (ausländischer) **Vollstreckerausweis** sein oder ein (ausländischer) **Erbschein,** in welchem der Vollstrecker erwähnt wird. Ein Exequaturverfahren kann notwendig sein, um gegenüber einem Privaten (etwa einer Bank oder Versicherung) den Nachweis der Gültigkeit eines ausländischen Ausweises zu erbringen (BREITSCHMID/KÜNZLE, S. 78; ABBET, S. 284). Wenn der ausländische Vollstreckerausweis gegenüber einer Behörde oder einem Gericht verwendet wird, kann die Anerkennung vorfrageweise von der Behörde/vom Gericht selbst behandelt werden und ein Exequaturverfahren erübrigt sich somit (DALLAFIOR, S. 160).

113 b) Das Exequaturverfahren (Art. 335 Abs. 3 ZPO) kann in demjenigen Kanton durchgeführt werden, in welchem der ausländische Vollstrecker seinen Ausweis verwenden möchte. Die örtliche **Zuständigkeit** für die Durchführung des Exequaturverfahrens richtet sich nach Art. 339 ZPO, die sachliche Zuständigkeit wird von den Kantonen bestimmt (Art. 4 ZPO). Es sind nicht automatisch die gleichen Behörden zuständig, welche das Willensvollstreckerzeugnis (vgl. dazu Art. 517–518 N 35) ausstellen:

Kanton	Zuständige Behörde (Exequaturverfahren)	Rechtsgrundlage
AG	Bezirksgericht	Art. 5 Abs. 1 AG-EGZPO
AR	Einzelrichter des Kantonsgerichts	Art. 14 Abs. 1 lit. d AR-JG
AI	Bezirksgerichtspräsident	Art. 4 Abs. 1 Ziff. 1 AI-EGZPO
BL	Sicherheitsdirektion	§ 8 BL-EGZPO
BS	Einzelrichter des Zivilgerichts	§ 9 Abs. 2 lit. c BS-EGZPO
BE	Regionalgericht	Art. 8 Abs. 1 BE-EGZSJ
FR	Zivilgericht	Art. 50 Abs. 2 FR-JG
GE	Tribunal de première instance	Art. 86 GE-LOJ
GL	Kantonsgerichtspräsidium	Art. 14 Abs. 3 lit. d GL-GOG
GR	Bezirksgerichtspräsident	Art. 4 Abs. 1 lit. d GR-EGZPO
JU	Juge civile (Tribunal de première instance)	Art. 6 Abs. 1 JU-LIPC
LU	Bezirksgericht	§ 31 LU-GOG
NE	Tribunal civil	Art. 16 NE-LOJ
NW	Einzelgericht	Art. 12 Ziff. 4 NW-GerG
OW	Kantonsgerichtspräsidium	Art. 80 Abs. 1 OW-GOG
SG	Einzelrichter des Kreisgerichts	Art. 6 Abs. 1 lit. c SG-EGZPO
SH	Einzelrichter des Kantonsgerichts	Art. 29 Abs. 1 lit. e SH-JG
SZ	Einzelrichter des Bezirksgerichts	§ 102 Abs. 1 SZ-JV
SO	Amtsgerichtspräsident	§ 10 Abs. 2 lit. e SO-GOG
TI	Pretore	Art. 37 Abs. 3 TI-LOG
TG	Einzelrichter am Bezirksgericht	§ 20 TG-ZSRG
UR	Landgerichtspräsidium	Art. 19c UR-GOG
VD	Président du tribunal d'arrondissement	Art. 96e VD-LOJ
VS	Bezirksgericht	Art. 4 Abs. 1 lit. a VS-EGZPO
ZG	Einzelrichter am Kantonsgericht	§ 28 Abs. 2 lit. k ZG-GOG
ZH	Einzelgericht	§ 24 lit. e ZH-GOG

114 c) Die **inhaltlichen Voraussetzungen** für die Anerkennung eines ausländischen Vollstreckerausweises in der Schweiz bestimmen sich nach **Art. 96 IPRG.** Danach werden ausländische Entscheidungen (wie Erbschafts-, Teilungs-, Ungültigkeits-, Herabsetzungs- und ähnlichen Klagen), Massnahmen (wie die Inventaraufnahme, die amtliche Verwaltung und den vorläufigen Besitz) und Urkunden (wie die Testamentseröffnung, die Bestellung des Nachlassverwalters und die Anordnung der amtlichen Liquidation) (BBl. 1983 I S. 392; PKG 1990 Nr. 58 E. 3c S. 202 [PF 4/90; KGP]), welche den Nachlass betreffen, sowie Rechte aus einem im Ausland eröffneten Nachlass anerkannt, wenn sie aus dem Staat stammen oder von dem Staat anerkannt werden, in dem der Erblasser seinen letzten Wohnsitz hatte oder dessen Recht er wählte. Diese Bestimmung erfasst auch den ausländischen Vollstrecker und seinen Ausweis (BSK-KARRER, Vorbem. zu Art. 517–518 N 15; BSK-SCHNYDER, Art. 96 IPRG N 4). Sie führt bei Ländern, welche das Erbstatut an die Staatsangehörigkeit knüpfen, zu Problemen. Ergänzend sind die Art. 25–27 IPRG sowie Art. 31 IPRG zu beachten. An das ausländische Verfahren der Urkundenausstellung werden keine Mindestanforderungen gestellt, es können gerichtliche oder administrative Behörden beteiligt sein, insbesondere werden auch notarielle Urkunden anerkannt (BERTHER, S. 249). Da die Rechtskraft des Ausweises nur in wenigen Ländern verlangt werden kann (etwa in den Ländern des common law), wird in der Mehrzahl der Fälle nur das Fehlen eines Einziehungs- oder Korrekturverfahrens verlangt werden können (BUNDESAMT FÜR JUSTIZ, S. 7).

115 d) Zu den **formellen Voraussetzungen** für die Anerkennung eines ausländischen Vollstreckerausweises in der Schweiz gehört die **Übersetzung** und **Beglaubigung** (Legalisation) (BUNDESAMT FÜR JUSTIZ, S. 11). Im Verhältnis zu Deutschland, Österreich und der Slowakischen sowie Tschechischen Republik ist aufgrund von Staatsverträgen ausnahmsweise keine Beglaubigung notwendig (SR 0.172.031.36; SR 0.172.031.361; SR 0.172.036.90; SR 0.172.037.43; die letzten beiden mit Verweis auf SR 0.274.187.411). Bei den Vertragsstaaten des Haager Abkommens vom 5. Oktober 1961 zur Befreiung ausländischer öffentlicher Urkunden von der Beglaubigung (SR 0.172.030.4; zum aktuellen Stand vgl. <http://www.hcch.net//index_de.php?act=conventions.status&cid=41> [besucht am 20.03.2011]) bedeutet die Beglaubigung das Anbringen einer Apostille. Bei den restlichen Staaten kann (neben der Beglaubigung nach nationalem Recht) eine Überbeglaubigung durch die zuständige schweizerische Vertretung im Ausland verlangt werden (BUNDESAMT FÜR JUSTIZ, S. 11).

116 e) Wenn ausländisches Recht auf den Vollstrecker anwendbar ist, ist in der Vollstreckbarerklärung bzw. auf dem schweizerischen Ausweis ein entsprechender **Hinweis** anzubringen (BSK-KARRER, Art. 517 N 19; ebenso [für Deutschland] IPUG 1992 Nr. 113 E. C. S. 64 [Hamburg], wo für einen personal representative des Staates Arziona, welcher in Deutschland zu wirken hat, folgender Zusatz vorgeschlagen wird: «Die Befugnisse des Gesamttestamentsvollstreckers bestimmen sich

nach dem Recht des Staates Arizona der Vereinigten Staaten von Amerika»). Ein Vermerkt ist sodann anzubringen, wenn sich die Vollstreckung nur auf einen Teil des Nachlasses bezieht (ebenso [für Deutschland] SIEHR, Internationales Privatrecht, § 21 II. 2) oder wenn der Erblasser eine Abweichung vom gesetzlichen Umfang (des ausländischen Rechts) der Vertretungs- und Verfügungsbefugnis angeordnet hat (ebenso [für das deutsche Fremdrechtszeugnis für italienisches Recht] SCHÖMMER/REISS, N 474). Eine allfällige Anpassung (Einschränkung der Befugnisse gegenüber dem Ursprungsland) kann separat erwähnt werden, ergibt sich aber (implizit) schon aus dem Hinweis auf die Anwendung ausländischen Rechts (ebenso [für Deutschland] CZIRNICH, S. 245).

f) Für **Liegenschaften** gibt es Sonderregeln: Art. 86 Abs. 2 IPRG lässt Ländern wie Frankreich oder den Common-law-Ländern den Vortritt (lex rei sitae; ZK-HEINI, Art. 86 IPRG N 11; BSK-SCHNYDER, 86 N 15). Auf der anderen Seite beansprucht die Schweiz die Zuständigkeit am Ort der gelegenen Sache für **vorsorgliche Massnahmen,** wenn das Ausland sich mit dem Nachlass nicht befasst (Art. 89 IPRG). In diesem Rahmen können nicht nur Erben (vgl. dazu ZK-HEINI, Art. 89 IPRG N 5), sondern könnten auch ausländische Vollstrecker tätig werden.

117

g) Die Anerkennung eines ausländischen Ausweises ist auch dann noch möglich, wenn die Schweiz eine **konkurrierende Nachlasszuständigkeit** beansprucht und auch ein schweizerischer Willensvollstreckerausweis ausgestellt werden könnte (BERTHER, S. 256.). Die Wahl des Vorgehens sollte dem ausländischen Vollstrecker überlassen werden.

118

2. Ausstellung eines schweizerischen Vollstreckerausweises

a) Wenn der ausländische Vollstrecker keinen Vollstreckerausweis bzw. keinen Erbschein mit Vollstreckervermerk vorweisen kann, weil ein solcher Ausweis in seinem Ursprungsland nicht existiert, wird ein schweizerisches **Eröffnungsverfahren nachgeholt** (BUNDESAMT FÜR JUSTIZ, S. 12) und ein Willensvollstreckerausweis ausgestellt (weiter gehend wird in Deutschland in jedem Fall ein lokaler Ausweis ausgestellt, vgl. IPUG 1963 Nr. 100 E. D.III. S. 20 [Köln], für die Tätigkeit eines administrator [New York] in Deutschland: «Obwohl das Zeugnis [sc. letters of administration] ... nach amerikanischem Recht dieselbe Bedeutung wie ein deutsches Testamentsvollstreckerzeugnis hat, wird man jenem kaum die Eigenschaft öffentlichen Glaubens beimessen können wie diesem ... Daher gewährt die herrschende Meinung in Deutschland dem amerikanischen administrator zur Legitimation im deutschen Rechtsverkehr ein Nachlassverwaltungszeugnis analog § 2368 BGB, das blosse Ausweisfunktion hat»; IPUK 1962 Nr. 79 E. A.II.3.c S. 16 [Köln]: «Nach ständiger Rechtsprechung kann sich daher der

119

Testamentsvollstrecker [sc. executor nach dem Recht von New York] nur mit einem deutschen Testamentsvollstreckerzeugnis ausweisen»).

120   b) Der Willensvollstreckerausweis wird von der **zuständigen kantonalen Behörde** ausgestellt (vgl. dazu Art. 517–518 N 34 ff.). Das Eröffnungsverfahren kann in demjenigen Kanton durchgeführt werden, in welchem der Erblasser seinen Heimatort hat oder ein Grundstück liegt (Art. 87 f. IPRG; Art. 1 LugÜ erfasst erbrechtliche Angelegenheiten ausdrücklich nicht) oder in welchem der ausländische Vollstrecker seinen Ausweis verwenden möchte (z.B. gegenüber einer Bank).

121   c) Der Inhalt entspricht dem gewöhnlichen **Willensvollstreckerausweis.** Zusätzlich ist wie im Exequaturverfahren (Vorbem. zu Art. 517–518 N 112 ff.) eine allfällige Anpassung zu erwähnen.

122   d) Der Willensvollstrecker kann sich grundsätzlich auch mit dem (Original-) **Testament** oder einem beglaubigten Testamentsauszug (allenfalls zusammen mit dem Todesschein des Erblassers) ausweisen (BSK-KARRER, Art. 517 N 20; Art. 517–518 N 38). Gleiches wird man auch dem ausländischen Vollstrecker zugestehen müssen. Dabei kann man auch eine Übersetzung und Beglaubigung verlangen.

C. Länderübersicht

123   **Vorbemerkung:** Die nachfolgenden Hinweise können nur den Rahmen angeben, in welchem sich die Vollstrecker der letztwilligen Verfügungen in den verschiedenen Ländern bewegen. Da der Erblasser in der letztwilligen Verfügung die Aufgaben und Befugnisse individuell gestalten kann, muss der Vergleich mit dem schweizerischen Willensvollstrecker im Einzelfall durchgeführt werden.

1. Deutschland: Testamentsvollstrecker

124   a) Der deutsche **Testamentsvollstrecker** (§§ 2198–2228 BGB) entspricht **weitgehend dem** schweizerischen **Willensvollstrecker,** beide haben einen vergleichbaren Umfang der Befugnisse (§§ 2205 BGB; Art. 518). Es ist aber nicht zu übersehen, dass bei genauerer Betrachtung namhafte Unterschiede bestehen, von denen die wichtigsten hier erwähnt seien: (1) Der beurkundende Notar kann grundsätzlich Willensvollstrecker sein, während die deutsche Gesetzgebung ihn als Testamentsvollstrecker ausschliesst (Art. 517–518 N 6). (2) Der Alleinerbe kann Willensvollstrecker werden, im BGB wird dies enger gesehen (Art. 517–518 N 8). (3) Die Bestimmung des Willensvollstreckers durch den Erblasser wird im schweizerischen Recht in der Regel als Ernennung bezeichnet. Im deutschen Recht kennt man neben der Ernennung (des Testamentsvollstreckers) auch noch

die Anordnung (der Testamentsvollstreckung) (Art. 517–518 N 16). (4) Im schweizerischen Recht ist es nicht zulässig, dass sich der Erblasser bezüglich der Willensvollstreckung erbvertraglich binden lässt, während das deutsche Recht in diesem Punkt liberaler ist (Art. 517–518 N 18). (5) Die Kompetenz, einen Ersatz-Willensvollstrecker zu ernennen, kann vom Erblasser nicht auf den (ersten) Willensvollstrecker übertragen werden, während der Testamentsvollstrecker seinen Nachfolger nach § 2199 Abs. 2 BGB (selbst) bestimmen kann (Art. 517–518 N 20). (6) Der Ersatz-Willensvollstrecker kann auch nicht von einem Dritten bestimmt werden, während § 2198 BGB dies erlaubt und nur die Anordnung der Testamentsvollstreckung dem Erblasser vorbehält (Art. 517–518 N 20). (7) Der Ersatz-Willensvollstrecker kann auch nicht von der Aufsichtsbehörde bestimmt werden oder vom Zivilrichter, während das Nachlassgericht nach § 2200 BGB den Nachfolger bestimmen kann (Art. 517–518 N 20). (8) Die Dauervollstreckung ist in Deutschland für 30 Jahre möglich (§ 2210 BGB), während die Dauerwillensvollstreckung in der Schweiz auf die Lebzeit der unmittelbaren Erben bzw. Vermächtnisnehmer begrenzt ist (Art. 517–518 N 52). (9) Eine Erbteilung nach Ermessen des Testamentsvollstreckers ist ebenso möglich wie die Regelung gewisser Punkte bei Vermächtnissen und Auflagen, während der Willensvollstrecker nur bei der Verwaltung, nicht aber bei der Erbteilung einen Ermessensspielraum geniesst (Art. 517–518 N 94). (10) Der gute Glaube von Dritten wird geschützt, wenn schweizerische Erben ohne den Willensvollstrecker Geschäfte vornehmen, während der Schutz des guten Glaubens von Dritten stark eingeschränkt ist, wenn Erben ohne den Testamentsvollstrecker Geschäfte tätigen (Art. 517–518 N 348). (11) Der Willensvollstrecker ist an einen (partiellen oder vollständigen) Teilungsvertrag oder einen Nichtteilungsvertrag gebunden, während dies beim Testamentsvollstrecker nicht der Fall ist (Art. 517–518 N 94, 98 und 310). (12) Nach deutschem Recht darf der Testamentsvollstrecker einen für die Erben verbindlichen und endgültigen Teilungsplan aufstellen, was beim Willensvollstrecker nicht der Fall ist (Art. 517–518 N 319). (13) Während in der Schweiz das Honorar des Willensvollstreckers konsequent über den notwendigen Aufwand und angemessene Stundensätze bestimmt wird, sind in Deutschland für den Testamentsvollstrecker immer noch die verschiedenen Vergütungsrichtlinien in Gebrauch (Art. 517–518 N 389 f.). Diese Beispiele könnten beliebig fortgeführt werden. Trotz dieser (kleinen) Unterschiede kann ein deutscher Testamentsvollstrecker in der Schweiz aufgrund der grossen Ähnlichkeit in der Regel **ohne grössere Anpassung** tätig werden.

b) Der (deutsche) Testamentsvollstrecker kann im Erbschein erwähnt sein (DALLAFIOR, S. 46) und dieses Dokument somit als Ausweis verwenden. Das Nachlassgericht stellt dem Testamentsvollstrecker auf Antrag ein Zeugnis aus. Man unterscheidet zwischen dem Eigenrechts- und dem Fremdrechts-**Testamentsvollstreckerzeugnis**, je nachdem ob deutsches oder ausländisches Recht zur Anwendung

125

kommt. Das (deutsche) Eigenrechts-Testamentsvollstreckerzeugnis wird in der Schweiz anerkannt (vgl. etwa AGVE 1970 Nr. 9 S. 362 [DI], wo ein Testamentsvollstrecker gegen die Nichteintragung der Erben im Grundbuch Beschwerde geführt hat) und kann **vollstreckbar erklärt** werden (ebenso [für den Eigenrechtserbschein] BUNDESAMT FÜR JUSTIZ, S. 16; zum Exequaturverfahren vgl. Vorbem. zu Art. 517–518 N 112 ff.). Das Fremdrechts-Testamentsvollstreckerzeugnis wird dagegen nicht anerkannt (BERTHER, S. 262), weil es nur in Bezug auf Nachlassvermögen in Deutschland ausgestellt wird. Der Testamentsvollstrecker wird in der Regel den Weg des Exequaturverfahrens wählen und nicht einen neuen Ausweis ausstellen lassen.

2. Österreich und Liechtenstein: Testaments-Exekutor

126 a) Während der schweizerische Willensvollstrecker die Erbschaft verwaltet und zur Teilung führt, werden diese Aufgaben in Österreich (und ebenso in der parallelen Regelung von Liechtenstein, vgl. dazu SÜSS, N 5) weitgehend vom Verlassenschaftsgericht wahrgenommen, welches gegebenenfalls einen Prozesskurator einsetzt (FIRSCHING/WIRNER, N 119 und 139). Der österreichische/liechtensteinische Testamentsvollstrecker (Testaments-Executor – § 816 ABGB) übt in erster Linie eine Überwachungsfunktion aus, während die **Verwaltung des Nachlasses nicht zu seinen Aufgaben** gehört, es sei denn, dies sei ihm vom Erblasser besonders übertragen worden (§ 816 ABGB; SCHÖMMER/FASSOLD/BAUER, N 311 und 313; FIRSCHING/WIRNER, N 110). Im Gegensatz zum Willensvollstrecker kann er nach der Annahme nicht mehr von seinem Amt zurücktreten (SCHÖMMER/FASSOLD/BAUER, N 313). Wenn der österreichische/liechtensteinische Testamentsvollstrecker in der Schweiz tätig wird, kommt es wegen dieser Unterschiede regelmässig zu **erheblichen Anpassungen**.

127 b) Der österreichische/liechtensteinische Testamentsvollstrecker kennt **keinen** dem Willensvollstrecker vergleichbaren **Ausweis**. Da die Testamentsvollstreckung die Verfügungsbefugnis der Erben nicht einschränkt, ist sie auch in der Einantwortungsurkunde (dem mit dem Erbschein vergleichbaren Dokument) nicht erwähnt (DALLAFIOR, S. 68). Wenn der österreichische/liechtensteinische Testamentsvollstrecker in der Schweiz tätig werden will, kommt nur die Ausstellung eines **schweizerischen Willensvollstreckerausweises** in Frage (zum vergleichbaren Verfahren in Deutschland, vgl. SCHÖMMER/FASSOLD/BAUER, N 370 ff.), während für ein Exequaturverfahren die notwendigen Dokumente fehlen. Derartige Fälle werden eher selten vorkommen (FIRSCHING/WIRNER, N 56, nennen die Durchsetzung der Art der Bestattung als möglichen Inhalt der Aufgabe des Testamentsvollstreckers; gerade diese erweist sich aber als schwierig, vgl. Vorbem. zu Art. 517–518 N 15). Häufiger wird es vorkommen, dass die Erben eine Einantwortungsurkunde vorweisen. Diese wird in der Schweiz gestützt auf den Staats-

vertrag vom 16. Dezember 1960 über die Anerkennung und Vollstreckung gerichtlicher Entscheidungen (SR 0.276.191.632) anerkannt (BERTHER, S. 262).

3. Belgien: Exécuteur testamentaire

a) Der belgische Testamentsvollstrecker (Art. 1025–1034 CC bel.) ist zum Vollzug des letzten Willens des Erblassers beauftragt (Art. 1025 CC bel.). Seine **Befugnisse sind** regelmässig **viel enger** als diejenigen des Willensvollstreckers. Der Unterschied zeigt sich besonders deutlich bei der Verfügungsbefugnis: Der exécuteur testamentaire muss vor allem den Vollzug des Testaments überwachen (art. 1031 al. 4 CC bel.; HUSTEDT, N 162: Sicherungsmassnahmen, Inventar, Versiegelung, Bestellung eines Verwalters nach Art. 804 CC bel.). Er hat von Gesetzes wegen nur eine geringe Verfügungsbefugnis (HUSTEDT, N 160): Der Besitz (saisine) am beweglichen Nachlassvermögen kann ihm vom Erblasser übertragen werden, allerdings begrenzt auf 1 Jahr (art. 1026 al. 1 CC bel.). Die Verfügungsbefugnis kann zudem von den Erben verhindert werden, indem sie dem exécuteur testamentaire die notwendigen Mittel zur Auszahlung der Vermächtnisse zur Verfügung stellen (art. 1027 CC bel.). Selbst wenn der Erblasser dem Testamentsvollstrecker ein Besitz- und Verfügungsrecht einräumt, «werden hierdurch die Rechte der Erben und Vermächtnisnehmer nicht eingeschränkt» (HUSTEDT, N 161). 128

b) Wenn ein belgischer Testamentsvollstrecker in der Schweiz tätig werden will, ist die **Ausstellung eines schweizerischen Ausweises** zu empfehlen, weil die Offenkundigkeitsurkunde kein Testamentsvollstreckerausweis ist und weil sie sich für ein Exequaturverfahren aufgrund des fehlenden Schutzes des öffentlichen Glaubens (vgl. dazu DÖRNER/LAGARDE, S. 82) nicht eignet (CIESLAR, N 108). 129

4. Frankreich: Exécuteur testamentaire

a) Der französische Testamentsvollstrecker (Art. 1025–1034 CC fr.) war früher fast gleich geregelt wie der belgische Testamentsvollstrecker (Vorbem. zu Art. 517–518 N 128), hat sich in verschiedenen Gesetzesrevisionen nun aber von ihm etwas entfernt (sehr ähnlich ist sodann die Regelung des Code Civil von Monaco, vgl. Art. 880–889 CC mon., vgl. <http://www.legimonaco.mc/305//legismc.nsf> [besucht am 20.03.2011]). Die Zeit seiner Tätigkeit ist (ohne richterliche Verlängerung) auf 2 Jahre beschränkt (Art. 1032 CC fr.), was aber wegen der Verlängerungsmöglichkeit offenbar kein wesentliches Hindernis mehr ist (HAAS-LEIMBACHER, successio 1/2007 S. 71). Er hat von Gesetzes wegen nur eine geringe **Verfügungsbefugnis,** welche regelmässig **viel enger** ist **als diejenige des Willensvollstreckers** (HAAS-LEIMBACHER, successio 1/2007 S. 71): Seine Ermächtigung ist stark eingeschränkt auf Tätigkeiten wie die Überwachung oder 130

Sicherstellung (Art. 1029 CCF; FERID, N 196: Siegelung, Inventar, Durchführung des Verkaufs von Mobilien). Der exécuteur testamentaire ist nicht befugt, die Herausgabe eines Kontos zu verlangen (BGer. 4C.263/2005 vom 5. Oktober 2006 E. 2.2 [OGer. ZH]). Unter bestimmten Voraussetzungen kann der Erblasser dem Testamentsvollstrecker nach neuem Recht die Befugnis erteilen, über Mobilien (Art. 1030 CC fr.) zu verfügen (HAAS-LEIMBACHER, successio 1/2007 S. 68, spricht von «l'ecécution testamentaire revivifiée»). Seit dem 1. Januar 2007 (Loi No. 2006–728 du 23 juin 2006, JORF du 24 juin 2006) kann der Testamentsvollstrecker vom Erblasser auch zu Verfügungen über Grundstücke ermächtigt werden, allerdings nur dann, wenn keine Pflichtteilserben vorhanden sind (Art. 1030-1 CC: «à disposer en tout ou partie des immeubles de la succession, recevoir et placer les capitaux, payer les dettes et les charges et procéder à l'attribution ou au partage des biens subsistants entre les héritier et les légataires»; DEVISME, ZBGR 88/2007 S. 253 ff.). Zudem wurde ein «mandat à effet posthume» (Art. 812–814-1 CC fr.) geschaffen, welches bei der Unternehmensnachfolge sinnvoll eingesetzt werden kann. Es sieht einen längeren Tätigkeitszeitraum vor (5 Jahre mit Verlängerungsmöglichkeit; GUILLAUME, SJ 131/2009 II S. 50 f.). Ein solches Mandat kann allerdings nicht frei erteilt werden, sondern doit être «justifiée par un intérêt légitime et sérieux au regard de la personne de l'héritier ou du patrimoine successoral» (Art. 812-2 CC fr.). Eine Vergütung ist für den exécuteur testamentiare nicht vorgesehen, sondern muss ihm vom Erblasser allenfalls in Form eines Legats zugehalten werden (Art. 1033-1 CC fr.), was «un grad inconvénient» (HAAS-LEIMBACHER, successio 1/2007 S. 68) ist. Wenn ein exécuteur testamentaire in der Schweiz tätig wird, muss wegen der bestehenden Unterschiede eine **sorgfältige Anpassung** vorgenommen werden, wobei darauf zu achten ist, welche Befugnisse der Erblasser dem exécuteur testamentaire über den gesetzlichen Umfang hinaus im Einzelfall zugewiesen hat. Dies hat etwa zur Folge, dass unklar ist, ob ein Vermächtnis in einem Testament einer in Monaco lebenden Erblasserin vom in der Schweiz lebenden Adoptivsohn (Universalerben) oder vom exécuteur testamentaire in Monaco zu verlangen ist, weshalb das Testament nicht als definitiver Rechtsöffnungstitel verwendet werden kann (BGer. 5A_108/2009 vom 6. April 2009 = SJZ 106/2010 S. 96 ff. [Anm. Daniel Girsberger und Dorothe Schramm]).

131 b) In Frankreich gibt es weder einen Erbschein noch ein eigentliches Testamentsvollstreckerzeugnis (nach Art. 730-1 CC fr. können notarielle Urkunden ausgestellt werden; eine Ausnahme bildet das certificat d'héritier von Elsass-Lothringen [Bezirke Bas-Rhin, Haut-Rhin und Moselle], welches vom tribunal d'instance ausgestellt wird, vgl. BUNDESAMT FÜR JUSTIZ, 21). Der exécuteur testamentaire weist sich vielmehr mit einer Offenkundigkeitsurkunde eines Notars (**acte de notoriété**) aus sowie mit dem Testament (SCHÖMMER/STEINHAUER/HAYDU, N 323). Für den französischen Testamentsvollstrecker hat sich dies mit der Gesetzesrevision von Art. 703 CC fr. insofern geändert, als die dortige Urkunde des

Notars nun den Schutz des guten Glaubens geniesst (DÖRNER/LAGARDE, S. 82) und somit für ein **Exequaturverfahren** in Frage kommt. In jedem Fall wird die acte de notoriété im Grundbuchverkehr anerkannt (BUNDESAMT FÜR JUSTIZ, S. 21 f.).

5. Italien: Esecutore testamentario

a) Nach Art. 703 CC it. hat der italienische Testamentsvollstrecker (Art. 700-712 CC it.) die Aufgaben, den letzten Willen des Erblassers zu vollziehen, das Erbe zu verwalten und er darf den Nachlass in Besitz nehmen: «L'esecutore testamentario deve curare che siano esattamente eseguite le disposizioni di ultima volontà del defunto. A tal fine, salvo contraria volontà del testatore, egli deve amministrare la massa ereditaria, prendendo possesso dei beni che ne fanno parte.» Diese **Befugnisse** entsprechen teilweise denjenigen des schweizerischen Willensvollstreckers, sind aber **wesentlich geringer** (STADLER, N 173: «nur mehr eine Überwachungsfunktion»). So hat der esecutore testamentario das für seine Aufgabe nicht benötigte Nachlassvermögen herauszugeben (art. 707 CC it.) und nach Art. 703 Abs. 1 CC it. darf er den Nachlass nur 1 Jahr im Besitz haben (STADLER, N 173). Diese Frist kann nochmals um 1 Jahr verlängert werden, wenn eine Notwendigkeit dafür besteht. Danach kann der italienische Testamentsvollstrecker die Erbteilung aber nur noch überwachen (SCHÖMMER/REISS, N 322). Die Vertretungs- und Verfügungsbefugnisse des esecutore testamentario sind umfassend (alle zur Verwaltung notwendigen Geschäfte), die Veräusserung von Nachlassgegenständen ist allerdings nur mit Zustimmung des Nachlassgerichts zulässig (SCHÖMMER/REISS, N 323). Wenn ein esecutore testamentario in der Schweiz tätig werden will, kommt es wegen der bedeutenden Unterschiede zu einer **erheblichen Anpassung.**

132

b) Der italienische Testamentsvollstrecker kann sich mit der **gerichtlichen Bestätigung** seiner (im Erbschaftsregister eingetragenen) Annahmeerklärung ausweisen (art. 702 CC it.; Art. 53 CC it. DAT; SCHÖMMER/REISS, N 474). Einen eigentlichen Testamentsvollstreckerausweis gibt es nicht (in Italien fehlt auch der Erbschein, vgl. STADLER, N 273; eine Ausnahme bilden das Südtirol und Venezien, wo das zuständige Bezirksgericht ein certificato di eredità ausstellt, vgl. STADLER, N 19). Wie in der Schweiz (Art. 517-518 N 38) kann sich der Testamentsvollstrecker auch mit einer beglaubigten Kopie des Testaments ausweisen. Ähnlich wie in Frankreich gibt es daneben den **atto di notorietà,** die Verurkundung einer von zwei Personen unter Eid abgegebenen Erklärung durch einen Notar (DALLAFIOR, S. 132). Die Bestätigung des Gerichts über die Annahmeerklärung dürfte in der Regel für ein **Exequaturverfahren** genügen, nicht aber der atto di notorietà, weil diesem der Schutz des guten Glaubens fehlt (DALLAFIOR, S. 135 und 221). In einem solchen Fall muss ein **schweizerischer Willensvollstreckerausweis** ausge-

133

stellt werden (ebenso [im Verhältnis Italien/Deutschland] SCHÖMMER/REISS, N 475 ff. [Fremdrechts-Testamentsvollstreckerausweis]).

6. Spanien: Albacea

134 a) Der spanische Testamentsvollstrecker (albacea – Art. 892–911 CC esp.) kann ganz unterschiedliche Befugnisse haben, weil der Erblasser diese selber definieren kann (Art. 901 CC esp.): «Los albaceas tendrán todas las facultades que expresamente les haya conferido el testador, y no sean contrarias a las leyes.» Dispositiv sind die Befugnisse in Art. 902 CC esp. sehr eng umschrieben: «Die Durchführung des Begräbnisses des Erblassers sowie die Bestellung und die Bezahlung der Totenmesse; die Auszahlung der in Bargeld bestehenden Vermächtnisse; die Überwachung der Ausführung der übrigen letztwilligen Anordnungen, gegebenenfalls auch die Erhaltung der Wirksamkeit des Testaments im Rechtsweg» (LÖBER, 76 f.). Ohne besondere Anordnung des Erblassers hat der spanische Testamentsvollstrecker seine Aufgabe innert 1 Jahres zu beenden (Art. 904 CC esp.). Diese Frist kann allerdings vom Erblasser oder vom Nachlassgericht (Art. 905 CC esp.) bzw. von den Erben (Art. 906 CC esp.) verlängert werden. Der albacea kann **nicht über Nachlassgegenstände verfügen** (Art. 907 Abs. 3 CC esp.). und hat nicht die Aufgabe, den Nachlass zu teilen. Letzteres wird vom Nachlassteiler vorgenommen (cantador-partidor – Art. 1057 CC esp.). Der spanische Testamentsvollstrecker kann in der Schweiz grundsätzlich nicht in einer dem Willensvollstrecker vergleichbaren Weise handeln **(erhebliche Anpassung),** weil er wesentlich geringere Befugnisse hat, es sei denn, der Erblasser habe ihn mit erweiterten Befugnissen ausgestattet.

135 b) In Spanien gibt es noch lokale Sonderregeln zu beachten, die sog. **Foralrechte.** In Novarra kann der Erblasser dem Testamentsvollstrecker Vertretungs- und Verfügungsbefugnisse erteilen, welche so umfassend sind, wie dies beim schweizerischen Willensvollstrecker der Fall ist (vgl. SCHÖMMER/GEBEL, N 564).

136 c) Der albacea erhält **keinen eigentlichen Ausweis** (HIERNEIS/HELLWEGE, N 98 FN 157). Er weist sich in Spanien mit dem Testament, einem Personalausweis und der Sterbeurkunde aus (SELBHERR, MittBayNot 2002 S. 166). Wie in einigen anderen Ländern (Vorbem. zu Art. 517–518 N 131, 133 und 139: Frankreich, Italien und Niederlande) stellt der Notar auch in Spanien Dokumente aus (acta de notoriedad; SCHÖMMER/GEBEL, N 732; daneben gibt es auch gerichtliche Nachlasszeugnisse, welche allerdings mit mehr Aufwand verbunden sind, vgl. SCHÖMMER/GEBEL, N 729 ff.). Wenn der spanische Testamentsvollstrecker (ablacea) in der Schweiz tätig werden will, wird er sich einen **schweizerischen Willensvollstreckerausweis** beschaffen müssen. Die notariellen Urkunden eignen sich nicht für ein Exequaturverfahren, weil ihnen der Schutz des guten Glaubens

fehlt (DÖRNER/LAGARDE, S. 81). Neben dem anwendbaren Recht sind Abweichungen von den gesetzlichen Befugnissen (Art. 901 und 902 CC esp.) im Zeugnis besonders zu erwähnen (SCHÖMMER/GEBEL, N 742).

7. Niederlande: Executele

a) Das **alte niederländische Recht** (gültig bis 31.12.2002) regelte den Testamentsvollstrecker (**uitvoerder**), welcher nur auf Anordnung des Erblassers den Besitz am Nachlass erlangte (Art. 1054 BW aF) und zur Ausrichtung von Vermächtnissen (Art. 1055 BW aF) befugt war (IPG 1999 Nr. 36 S. 555: «Der uitvoerder ist hingegen nicht wie der bewindvoerder dauerhafter Verwalter des Nachlasses; sein Recht zur Inbesitznahme kann daher von den Erben nach Art. 1055 BW beendet werden, indem sie ihm die Mittel zur Durchführung der letztwilligen Verfügung, insbesondere der Erfüllung der Vermächtnisse, zur Verfügung stellen. Er hat ferner nicht die Befugnis, Nachlassverbindlichkeiten gegenüber Dritten zu erfüllen. Eine wichtige Beschränkung enthält ferner Art. 1061 BW, nach dem der uitvoerder nicht befugt ist, den Nachlass zu verkaufen, um ihn zu verteilen»; IPG 1998 Nr. 36 S. 555: «Hauptaufgabe des uitvoerder ist die Ausführung des Erblasserwillens. Dazu gehört zunächst die Aufstellung eines Nachlassverzeichnisses, Art. 1057 BW. Er hat, soweit er wie hier zur Inbesitznahme des Nachlasses befugt ist, die tatsächliche Sachgewalt über den Nachlass sowie nach Art. 1059 BW die Befugnis, Vermächtnisse zu erfüllen und zu diesem Zweck, sofern ihm die Erben keinen Vorschuss geben, Nachlassgegenstände zu verkaufen»). Daneben gab es den Nachlassverwalter (**bewindvoerder**), welcher zur länger dauernden Verwaltung des Nachlasses berechtigt war (IPG 1999 Nr. 36 S. 555), bei entsprechender Anordnung sogar auf Lebenszeit der Erben und der von Gesetzes wegen Besitz am Nachlass hatte (Art. 1066 BW aF; WEBER, N 14). Der Nachlassverwalter hat allerdings nicht die Aufgabe, das Testament zu vollziehen. Wenn der Testamentsvollstrecker (uitvoerder) in der Schweiz tätig wurde, kam es wegen seiner beschränkten Befugnisse zu einer **bedeutenden Anpassung** (ebenso IPG 1999 Nr. 36 S. 556: «Einschränkung der Verfügungsbefugnis über Nachlassgegenstände auf die zur Erfüllung von Vermächtnissen erforderlichen Verfügungen»). Der bewindvoerder entsprach bezüglich der Verwaltung weitgehend dem Willensvollstrecker (ähnlich WEBER, N 14: Der bewindvoerders ähnelt dem Verwaltungs-Testamentsvollstrecker), nicht aber was die übrigen Aufgaben und die Dauer der Vollstreckung betraf, weshalb es bei ihm zu einer (noch stärkeren) **erheblichen Anpassung** kam.

137

b) Im neuen, **am 1. Januar 2003 in Kraft getretenen Recht** werden der Testamentsvollstrecker (**executele** – Art. 4: 142–152 BW) und der testamentarische Nachlassverwalter (**testamentair bewind** – Art. 4: 153–181 BW) neu geregelt. Die Aufgaben und Befugnisse des Testamentsvollstreckers wurden gegenüber

138

dem alten Recht erheblich erweitert (WEBER, Vorbem. N 36): Neu erwirbt er von Gesetzes wegen den Besitz am Nachlass und gehören die Begleichung der Schulden (Art. 4: 144 BW) und der Vollzug der Erbteilung (WEBER, Vorbem. N 36) zu seinen Aufgaben. Er hat zudem umfassende (und exklusive) Vertretungs- und Verfügungsbefugnisse (Art. 3: 144, 145 Abs. 1 und 147 BW). Die Ernennung eines Testamentsvollstreckers kann nicht mehr in einem privatschriftlichen Testament (Art. 4: 97 BW) erfolgen, sondern muss in einer ordentlichen letztwilligen Verfügung im Sinne von Art. 4: 94 BW enthalten sein. Die Nachlassverwaltung entspricht weitgehend einer Dauertestamentsvollstreckung deutschen Rechts (WEBER, Vorbem. N 37). Zum Testamentsvollstrecker des heutigen Rechts (executele) sind nur noch wenig Unterschiede vorhanden, weshalb nur eine **geringe Anpassung** notwendig ist. Der heutige Nachlassverwalter (testamentair bewind) macht dagegen eine **erhebliche Anpassung** notwendig.

139 c) Niederländische Notare stellen für den executele Ausweise aus, entweder als Teil der Erbbescheinigung (Art. 4: 188 lit. e und 3 BW) oder als selbständige Ausweise **(verklaring van executele)**, welche gesetzlich bisher nicht geregelt sind (WEBER, N 44). Nähere Vorschriften, wie sie in Art. 4: 188 Abs. 2 BW angedeutet werden, sind bisher nicht erlassen worden. Wenn ein niederländischer Testamentsvollstrecker in der Schweiz tätig werden will, kann er seinen Ausweis benützen und **im Exequaturverfahren vollstreckbar erklären** lassen, weil er Gutglaubensschutz (WEBER, N 42) geniesst.

8. Schweden: Testamentsexekutor

140 a) Der schwedische Testamentsvollstrecker (testamentsexekutor – Kap. 19 § 1–21a ÄB) **entspricht weitgehend dem schweizerischen Willensvollstrecker** (ebenso [für den Testamentsvollstrecker] IPG 1999 Nr. 44 S. 399). Seine Befugnisse sind in Kap. 19 § 20 Abs. 1 ÄB beschrieben: «Eine Bestellung zum Testamentsvollstrecker ist, soweit sich aus dem Testament nichts anderes ergibt, als Ermächtigung zur Vornahme aller für die Nachlassabwicklung erforderlichen Massnahmen anzusehen.» Daneben gibt es in Schweden noch den Nachlassverwalter (boutredningsman), welcher den Nachlass vorübergehend betreut (z.B. der Ehegatte, aber auch der Vermieter – CARSTEN, N 53) und gemeinsam mit dem Testamentsvollstrecker im 19. Kapitel ÄB geregelt ist. Dies vereinfacht es nicht, die Regeln des Testamentsvollstreckers, welche hauptsächlich in der Praxis geschaffen wurden (IPG 1983 Nr. 37 S. 334 ff.), aus dem Gesetz zu lesen. Als Besonderheit zu erwähnen ist, dass die Erbengemeinschaft in Schweden eine juristische Person ist (CARSTEN, N 19). Wenn der Testamentsvollstrecker (testamentsexekutor) in der Schweiz tätig wird, kommt es nur zu einer **geringen bis mittleren Anpassung.** Wenn vom Erblasser im Testament die Verwaltung des Nachlasses angeordnet wird, ist davon auszugehen, dass damit ein

Testamentsvollstrecker und nicht ein Nachlassverwalter gemeint ist. Letztere werden vom Gericht auf Antrag eines Nachlassbeteiligten bestellt.

b) Der schwedische Testamentsvollstrecker erhält **keinen** besonderen **Ausweis,** er muss sich vielmehr mit Hilfe des Testaments ausweisen (die Erben erhalten ebenfalls keinen Ausweis, sie müssen sich mit Hilfe des Inventars ausweisen, vgl. Kap. 19 Art. 2–3 ÄB). Der Nachlassverwalter erhält dagegen vom Bezirksgericht, welches ihn bestellt hat, einen Ausweis. Wenn ein testamentsexekutor in der Schweiz tätig werden will, kann er kein Exequaturverfahren anwenden, sondern nur einen **schweizerischen Willensvollstreckerausweis** erstellen lassen. Es wird in der Regel genügen, wenn die Befugnisse im Ausweis nicht im Einzelnen erläutert werden, sondern lediglich der Hinweis gemacht wird, dass der Vollstrecker nach schwedischem Recht bestellt worden ist (IPG 1999 Nr. 44 S. 399). 141

9. Griechenland: Testamentsvollstrecker

a) Der griechische Testamentsvollstrecker (Art. 2017–2031 CC gr.) ist dem deutschen Testamentsvollstrecker nachgebildet (GEORGIADES, N 181). Abweichend vom deutschen Vorbild hat der Gesetzgeber die Verfügungsmacht des Testamentsvollstreckers stark eingeschränkt, denn dieser ist ohne besondere Ermächtigung durch den Erblasser in der letztwilligen Verfügung (Art. 2022 CC gr.) nur zu den notwendigen Handlungen ermächtigt (Art. 2020 Abs. 2 CC gr.: «L'exécuteur a le droit de procéder à tout acte, soit expressément permis par le testateur, soit indispensable à l'exécution des prescriptions de ce dernier ...» [französische Übersetzung von MAMOPOULOS/TSITSEKLIS-SOURIADAKIS, S. 404), und dies bei grösseren Geschäften auch erst nach Zustimmung durch das Gericht (Art. 2021 CC gr.). Dies führt dazu, dass je nach letztwilliger Verfügung eine **kleinere bis grössere Anpassung** notwendig ist, wenn der griechische Testamentsvollstrecker in der Schweiz tätig wird (vgl. auch AGALLOPOULOU, S. 494: «To be noted that, despite resemblance in terminology, there are fundamental differences between Greek and the Anglo-American office of the executor of the will»). 142

b) Der griechische Testamentsvollstrecker weist sich mit dem **Erbschein** aus, in welchem er aufgeführt wird (Art. 1961 Abs. 2 CC gr.: «An heirship certificate shall indicate ... any Executor of the will» [englische Übersetzung von TALIADOROS, S. 286]; AGALLOPOULOU, S. 519). Wenn ein griechischer Testamentsvollstrecker in der Schweiz tätig werden will, kann er seinen Ausweis benützen und **im Exequaturverfahren vollstreckbar erklären** lassen, weil er Gutglaubensschutz (Art. 1963 CC gr.) geniesst. 143

10. England: Executor

144   a) Der **executor** (nach englischem Recht) ist umfassend zur Nachlassverwaltung befugt und führt auch die Erbteilung durch (zu den Rechten und Pflichten vgl. Administration of Estates Act [AEA] 1925, s. 25 ff.). Seine Befugnisse decken sich weitgehend mit denjenigen des Willensvollstreckers (VPB 38/1974 Nr. 42 S. 28: «Il conviendra au surplus d'assimiler l'exécuteur testamentaire, quant à ses pouvoirs, à un exécuteur selon le droit suisse») und deshalb kann er auch in der Schweiz als Vollstrecker tätig werden, obwohl der dazu nicht verpflichtet ist (FRIMSTON, S. 73: «... the personal representative may if he wishes leave the matter on non UK assets to the relevant beneficiaries, so that they would have to be responsible for any non UK tax and collection consts»). Eine **Anpassung** ist notwendig wegen der mit der Universalsukzession (Art. 560) unvereinbaren Eigentümerstellung des executor (ZBGR 57/1976 Nr. 35 S. 153 [BGer.]: «Des raisons juridiques s'opposeraient en droit suisse à ce que l'exécuteur testamentaire d'une succession régie par le droit anglais soit considéré comme propriétaire fiduciaire»; VPB 38/1974 Nr. 6 S. 16 f.; BERTHER, S. 262 f.). Sie führt in der Regel zu folgenden Ergebnissen (FRAEFEL, S. 100 ff.; SUPINO, S. 94 ff.): (1) Ein Probate-Verfahren kann in der Schweiz nicht durchgeführt werden; (2) das sog. right to follow entspricht dem Abstellen auf die (weniger umfangreiche) Vertretungsbefugnis bei Bösgläubigkeit des Dritten; (3) der executor hat unter Umständen (z.B. bei einer power of appointment) die Erbensteuer zu bezahlen; (4) die amtliche Liquidation ist von Amtes wegen anzuordnen, um den Schutz der Gläubiger (wegen der fehlenden Erbenhaftung) sicherzustellen; (5) testamentary trusts sind als Nacherbschaften zu behandeln; (6) bei einer power of appointment ist der trustee als Erbe oder der Nachlass als Stiftung (charitable trust) zu behandeln; (7) anstelle des executor sind die Erben ins Grundbuch einzutragen, der executor allenfalls in einer Anmerkung zu erwähnen (VPB 37/1973 Nr. 57 S. 68).

145   b) Der executor erhält in England von der Probate Registry als Ausweis die sog. **grant of probate** (The Non-Contentious Probate Rules 1954 [S.I. 1954/796] mit den seitherigen Ergänzungen [S.I. 1987/2024]). Häufig wird auch (allgemeiner – den Ausweis des administrators mit umfassend) von grant of representation gesprochen. Wenn der (englische) executor in der Schweiz tätig werden will, kann er seinen Ausweis (grant of probate), welcher als Urkunde im Sinne von Art. 96 Abs. 1 IPRG anerkannt ist, verwenden und soweit erforderlich im Exequaturverfahren für **vollstreckbar erklären** lassen. In Grundbuchsachen wird darüber hinaus noch eine eidesstattliche Erklärung (affidavit) des executor betreffend der Erbfolge verlangt (BUNDESAMT FÜR JUSTIZ, S. 18).

11. USA: Executor

a) Der **executor** nach dem Recht eines Bundesstaates der USA entspricht in seinen Aufgaben und Befugnissen weitgehend dem schweizerischen Willensvollstrecker (zu einem ausführlichen Vergleich mit dem kalifornischen executor vgl. KÜNZLE, Willensvollstrecker, S. 241 ff.; ähnlich IPG 1976 Nr. 42 S. 486: «Der Executor ist befreiter Verwaltungsvollstrecker mit beschränktem Aufgabenkreis … der Trustee Dauervollstrecker …»). Zu beachten ist allerdings, dass der executor ausserhalb seines Gerichtskreises beschränkte Befugnisse haben kann (JOOS, S. 240). Ein in der Schweiz lebender US-Bürger kann durch die Wahl seines amerikanischen Heimatrechts (welches ihm trotz des Staatsvertrags [SR 0.142.113.361] offensteht – VPB 46/1982 Nr. 48 S. 264 [BJ]; VPB 47/1983 Nr. 9 S. 46 [BJ]) einen executor einsetzen. Wenn ein als executor bestellter Vollstrecker unbewegliches Vermögen in der Schweiz zu verteilen hat und das Kollisionsrecht eines US-Staates (zum Beispiel: Kaliforniens) anwendbar ist, gilt kraft teilweiser Rückverweisung das Recht am Ort der gelegenen Sache, also das schweizerische (materielle) Recht und der ‹executor› genannte Vollstrecker ist somit ein Willensvollstrecker (vgl. zu einer parallelen Konstellation IPG 1976 Nr. 42 E. I.1. und 2. S. 484 ff. [München]). Wenn ein US-executor in der Schweiz tätig wird, kommt es zu **geringen Anpassungen,** insbesondere weil der Willensvollstrecker Vertretungs- und Verfügungsbefugnisse betreffend des Nachlasses besitzt, während der executor aber (in vielen Staaten noch, nicht aber in Kalifornien) dessen legal owner ist (IPG 1965/66 S. 767 ff. E. II.). Das Territorialitätsprinzip kann zu einer versteckten Rückverweisung führen mit dem Ergebnis, dass das schweizerische Recht den Umfang der Vertretungs- und Verfügungsmacht des executor bestimmt (IPG 1978 Nr. 39 S. 435 [Conneticut]). Keine Anpassung verlangt dagegen eine abweichende Regel für das Handeln mehrerer executors (vgl. IPUK 1977 Nr. 32 E. A.II.1.c S. 16 [Köln]: Einem New York co-executor, der allein handeln darf, ist ein Ausweis als allein handlungsberechtigter Testamentsvollstrecker auszustellen.). Ein administrator with the will annexed ist als Willensvollstrecker umzudeuten (vgl. IPUL 1984 Nr. 72 E. C.I.5. S. 34 [Köln]: Umdeutung eines New Yorker administrator c.t.a. [sc. cum testamento annexo] in einen deutschen Testamentsvollstrecker). Ein trustee, welcher oft mit dem executor identisch ist, muss als Dauerwillensvollstrecker angesehen werden (SCHWANDER, Einführung, N 427 und N 429; ebenso [für Deutschland] IPG 1976 Nr. 42 E. II.2. S. 487 [München]; IPUK 1970 Nr. 41 E. E.II.2. S. 45 [Köln]; IPG 1967–68 Nr. 67 E. II.3.a S. 715 f. [Hamburg]: «Es ist … allgemein anerkannt, dass die Berufung zum ‹executor and trustee› im Sinne des englischen Rechts in Deutschland grundsätzlich nicht als Erbeinsetzung aufzufassen, sondern dahin auszulegen ist, dass der Erblasser dem Ernannten etwa die Rechtsstellung eines deutschen Dauertestamentsvollstreckers einräumen wollte»; IPG 1965–66 Nr. 66 E. II. S. 773 [Kiel]: Kalifornischer trustee; IPUG 1955 Nr. 129 E. IV.4. S. 8 [Hamburg]: Kalifornischer trustee), soweit dies nach schweizerischem Recht überhaupt zulässig ist (vgl. dazu Art. 517–518 N 51).

146

147 b) Der executor weist sich mit dem vom sog. Probate Court (in Kalifornien handelt es sich dabei zum Beispiel um den Superior County Court, vgl. KÜNZLE, Willensvollstrecker, S. 60) ausgestellten **letters testamentary** aus. Darin sind nach § 8405 Cal.Prob.Code folgende Informationen aufgeführt: «(a) The county from which the letters are issued. (b) The name of the person appointed as personal representative and whether the personal representative is an executor, administrator, administrator with the will annexed, or special administrator. (c) A notation whether the personal representative is authorized to act under the Independent Administration of Estates Act (Part 7 [commencing with Section 10400] of Division 7), and if so authorized whether the independent administration authority includes or excludes the power to do any of the following: (1) Sell real property. (2) Exchange real property. (3) Grant an option to purchase real property. (4) Borrow money with the loan secured by an encumbrance upon real property.» Wenn ein US-executor in der Schweiz tätig werden will, kann er ein **Exequaturverfahren durchführen** oder einen schweizerischen Willensvollstreckerausweis bestellen. Da die letters testamentary nach dem Recht eines Bundesstaates der USA in der Schweiz anerkannt werden, wird im Regelfall eine Vollstreckbarerklärung gewählt werden (ebenso [für den Testamentsvollstreckerausweis] SIEHR, Internationales Privatrecht, § 21 II 2; IPG 1997 S. 573).

12. Kanada: Executor

148 a) Der **executor** nach dem Recht der kanadischen Provinzen (für British Columbia vgl. Estate Administration Act, R.S.B.C. 1996, c. 122) ist von seinen Aufgaben und Befugnissen her mit dem Willensvollstrecker vergleichbar: «Dem testamentarisch bestellten Erbschaftsverwalter obliegt die Zahlung von Nachlassverbindlichkeiten sowie die Auseinandersetzung des Nachlasses unter Beachtung des im Testament niedergelegten Willens des Verstorbenen» (FLEISCHHAUER, N 50). Als Besonderheit zu erwähnen ist, dass eine Heirat des Erblassers nach Ernennung des executor in seinem Testament von Gesetzes wegen zum Widerruf dieser Ernennung führt. Während sich der Ernannte in diesem Fall noch beim Gericht um die Ernennung bemühen kann, ist dies dem ehemaligen Partner nach einer Trennung oder Scheidung vom Erblasser nicht mehr möglich (FLEISCHHAUER, N 51; HEWEL, N 51). Wenn ein (kanadischer) executor in der Schweiz tätig wird, ist eine **Anpassung** wegen seiner Eigentümerstellung notwendig.

149 b) Dem executor werden in den kanadischen Provinzen vom Probate Court (Supreme Court) **letters probate** (letters testamentary) ausgestellt (für British Columbia vgl. Estate Administration Act, s. 1.). Wenn ein (kanadischer) executor in der Schweiz tätig werden will, kann er seine letters probate verwenden, denn diese werden in der Schweiz anerkannt und gegebenenfalls durch ein **Exequaturverfahren** bestätigt (vgl. IPG 1996 Nr. 43 S. 575).

13. Australien: Executor

a) Wenn in einem Bundestaat von Australien ein **executor** eingesetzt wird (vgl. zum Beispiel die Regelung in New South Wales: Wills, Probate and Administration Act 1898 [WPAA] Nr. 13, s. 33 ff. [Probate – Administration]), steht dieser bei einem Einsatz in der Schweiz einem Willensvollstrecker nahe (vgl. IPG 2002 Nr. 26 S. 391: «Ob und in welchen Fällen ein im Testament eingesetzter ‹executor› im Sinne des Common Law auf der Grundlage des deutschen Rechts ... als Testamentsvollstrecker anzusehen ist, wird im Einzelnen nicht einheitlich beurteilt»). «Die Stellung des Nachlassverwalters entspricht nur bedingt dem Willensvollstrecker des schweizerischen Rechts. Der Nachlass geht nämlich grundsätzlich nicht unmittelbar an die Erben, sondern zuerst auf den Nachlassverwalter über; dieser hat ... den Nachlass zu inventarisieren, die Aktiven einzutreiben und die Schulden zu begleichen, um alsdann den Saldo den Erben zu übergeben» (VPB 47/1983 Nr. 31 E. 4 S. 151 [BJ]; FIRSCHING, N 129: «Aufgabe des executor, auf den das Eigentum und die Inhaberschaft am gesamten Nachlass mit der Erteilung des probate übergeht, ist es denselben zu sammeln, zu verwalten, die Erbfalls- und Nachlassschulden zu begleichen sowie die überbleibenden Nachlasswerte entsprechend dem Willen des Testators ... an die Erbberechtigten zu verteilen»). In Australien wird nur Nachlassvermögen behandelt, welches sich in der jeweiligen Jurisdiktion (hier: Bundesstaat) befindet (FIRSCHING, N 127). Wenn der (australische) executor in der Schweiz eingesetzt wird, kommt es zu **geringen Anpassungen.** Unüberbrückbar ist jedenfalls die Eigentümerstellung des executor.

150

b) Der executor weist sich mit dem vom Registrar of Probates and Administration oder vom Probate Court (Supreme Court – FIRSCHING, N 128) ausgestellten **grant of probate** aus. Dieser Ausweis ist ebenfalls durch das Recht der einzelnen Bundesstaaten geregelt (für New South Wales vgl. WPAA, s. 76). Wenn der (australische) executor in der Schweiz tätig werden will, kann er das **Exequaturverfahren** (mit den letters of administration) durchführen; es steht ihm aber auch frei, einen **schweizerischen Willensvollstreckerausweis** zu beantragen.

151

14. Südafrika: Executor

a) Der **executor** nach dem Recht Südafrikas entspricht in seinen Aufgaben und Befugnissen weitgehend dem schweizerischen Willensvollstrecker: Der executor kann den weltweiten Nachlass verwalten (Dannenberg, N 19). Wenn ein executor aus Südafrika in der Schweiz tätig wird, kommt es zu **geringen Anpassungen,** weil der executor wie der Willensvollstrecker nur Vertretungs- und Verfügungsbefugnisse betreffend des Nachlasses besitzt und nicht dessen legal owner ist (DANNENBERG, N 138).

152

153 b) Dem executor werden in Südafrika vom High Court **letters of executorship** ausgestellt (§ 14 AEA 1965). Wenn ein (südafrikanischer) executor in der Schweiz tätig werden will, kann er seine letters of executorship verwenden, denn diese werden in der Schweiz anerkannt (BUNDESAMT FÜR JUSTIZ, Südafrika 1/1) und sind gegebenenfalls durch ein **Exequaturverfahren** zu bestätigen.

15. Administrator

154 a) Grosse Schwierigkeiten bei grenzüberschreitenden Nachlässen bereitet der Erbschaftsverwalter des common law, der sog. **administrator**. Ein solcher wird eingesetzt, wenn der Erblasser keinen executor bestimmt hat, also insbesondere auch in denjenigen Fällen, in denen die gesetzliche Erbfolge zur Anwendung kommt. Für diese Funktion wird häufig ein naher Verwandter des Erblassers ausgewählt. Diese Figur ist schwierig einzuordnen, weil der administrator ganz unterschiedliche Aufgaben bzw. Befugnisse besitzt. Er muss im Einzelfall an die im schweizerischen Recht vorhandenen Figuren (insbesondere den Willensvollstrecker und den Erbschaftsverwalter [Art. 517–518 N 20 f. und 56]) angepasst werden. Grundsätzlich passt der administrator nicht ins schweizerische Recht, weil seine Aufgaben in der Schweiz von der Erbengemeinschaft wahrgenommen werden (die Erben verwalten den Nachlass gemeinsam), so dass er in der Schweiz an sich nicht tätig werden kann (ZR 90/1991 Nr. 89 S. 290 [OGer.]: «Dass nach englischem Recht die Erbschaft [anders als nach Art. 560 ZGB] nicht unmittelbar auf die Erben übergeht, sondern [auch] bei Intestaterbfolge durch das Gericht [immer] ein amtlicher ‹administrator› bestellt wird, rechtfertigt im vorliegenden Fall nicht die Anordnung einer Erbschaftsverwaltung in Anwendung von Art. 89 IPRG. Zum einen drängt sich solches Vorgehen jedenfalls bezüglich der im Vordergrund stehenden hiesigen Nachlasswerte nicht auf, während für in Grossbritannien gelegenes Vermögen die Anordnung durch die dortigen Behörden zu erfolgen hätte. Zum andern fehlt es nach schweizerischer Rechtslage unter den gegebenen Umständen an den Voraussetzungen zur Anordnung einer [amtlichen] Erbschaftsverwaltung [namentlich auch mit Rücksicht darauf, dass sämtliche urkundlich festgestellten Erben gemeinsam die Ausstellung von Erbscheinen beantragen], und es wäre sodann davon auszugehen, dass nach englischem Recht bei Fehlen eines Testamentsvollstreckers üblicherweise ein Erbe zum ‹administrator› bestimmt würde …, womit nichts entgegensteht, dass den Rekurrenten aufgrund der auszustellenden Erbscheine jedenfalls die hiesigen Nachlasswerte ausgehändigt werden»; ähnlich IPG 2002 Nr. 26 S. 390). Hinderlich ist sodann das Territorialitätsprinzip, das allerdings nicht überall strikte angewendet wird (BUNDESAMT FÜR JUSTIZ, S. 18: «Auch für den englischen … letters of administration lässt sich aufgrund der gesetzlichen Regelung eine territoriale Selbstbeschränkung nicht feststellen») und das immer mehr aufgeweicht wird, indem zunehmend die sog. acillary administration (z.B. in einem anderen Staat der USA) zugelassen wird

(WENGLER, S. 765 und S. 767 Nr. 108). Man darf den administrator jedenfalls dann nicht ausschliessen, wenn noch kein Erbschaftsverwalter bestellt worden ist. Besondere Regeln kommen auf den «administrator with the will annexed» zur Anwendung, welcher dem executor sehr nahesteht. Wenn ein administrator des common law in der Schweiz tätig werden will, kommt es wegen all dieser Unterschiede zu **erheblichen Anpassungen,** soweit dadurch der Unterschied überhaupt überbrückt werden kann. Wenn zum Beispiel ein in der Schweiz lebender Erblasser das Recht eines amerikanischen Staates (zum Beispiel: Kaliforniens) als Erbstatut gewählt und keinen executor eingesetzt hat, ist (in der Schweiz) ein administrator einzusetzen (FRAEFEL, S. 111; ebenso [für Deutschland] IPUK 1970 Nr. 99 E. III. S. 12 ff. [Köln]: Einsetzung eines administrator nach dem Recht von Ohio in Deutschland; IPUK 1963 Nr. 106 E. D. S. 18 ff. [Köln]: für die internationale Zuständigkeit genügt die Belegenheitszuständigkeit und es ist die Verträglichkeit mit dem ausländischen materiellen Recht und ein Fürsorgebedürfnis zu beachten; anders allerdings [für eine ancillary administration in Deutschland] IPG 1965–66 Nr. 61 E. V. S. 708 [Hamburg]: «Deutsche Gerichte sind nicht international zuständig, bei amerikanischem Erbstatut einen administrator für das deutsche Nachlassvermögen einzusetzen»; die Begründung, dass das deutsche Recht keine hilfsweise Anerkennung ausländischer Vollstrecker [ancillary administration] kenne, ist zwar richtig, löst das Problem aber nicht). Dieser administrator ist (analog) nach den (ergänzten) Regeln des Erbschaftsliquidators (Art. 595 f.) zu behandeln (ZK-HEINI, Art. 92 IPRG N 17).

b) Die aministrator weisen sich mit den **letters of administration** aus. Dieser wird als solcher in der Schweiz kaum verwendbar sein. Wenn ein administrator in der Schweiz tätig werden will, kann er grundsätzlich das Exequaturverfahren in Anspruch nehmen, dürfte in der Regel aber keinen positiven Entscheid erhalten, weil die Erben seine Funktion ausüben und gewöhnlich der **Erbschein** an die Stelle des letters of administration tritt (ZR 90/1991 Nr. 89 S. 290 f. [OGer.]). Wenn die Voraussetzungen gegeben sind, kann der administrator einen Ausweis als Erbschaftsverwalter (Erbenvertreter nach Art. 602 oder Erbschaftsliquidator nach Art. 595) beantragen (vgl. IPUG 1963 Nr. 100 E. D.III. S. 20 [Köln], für die Tätigkeit eines administrator [New York] in Deutschland: «Obwohl das Zeugnis [sc. letters of administration] ... nach amerikanischem Recht dieselbe Bedeutung wie ein deutsches Testamentsvollstreckerzeugnis hat, wird man jenem kaum die Eigenschaft öffentlichen Glaubens beimessen können wie diesem ... Daher gewährt die herrschende Meinung in Deutschland dem amerikanischen administrator zur Legitimation im deutschen Rechtsverkehr ein Nachlassverwaltungszeugnis analog § 2368 BGB, das blosse Ausweisfunktion hat»).

155

VI. Intertemporales Recht

156   Das seit dem 1. Januar 1912 geltende Recht kommt auf den Willensvollstrecker zur Anwendung, wenn der Erblasser nach diesem Zeitpunkt gestorben ist, und zwar auch dann, wenn das Testament, mit dem er eingesetzt wurde, vor diesem Zeitpunkt entstanden ist (ebenso für das BGB STAUDINGER-REIMANN, Vorbem. zu §§ 2197–2228 BGB Rn. 109).

Fünfter Abschnitt: Der Willensvollstrecker

Art. 517

A. Erteilung
des Auftrags

¹ Der Erblasser kann in einer letztwilligen Verfügung eine oder mehrere handlungsfähige Personen mit der Vollstreckung seines Willens beauftragen.

² Dieser Auftrag ist ihnen von Amtes wegen mitzuteilen, und sie haben sich binnen 14 Tagen, von dieser Mitteilung an gerechnet, über die Annahme des Auftrages zu erklären, wobei ihr Stillschweigen als Annahme gilt.

³ Sie haben Anspruch auf angemessene Vergütung für ihre Tätigkeit.

A. Désignation

¹ Le testateur peut, par une disposition testamentaire, charger de l'exécution de ses dernières volontés une ou plusieurs personnes capables d'exercer les droits civils.

² Les exécuteurs testamentaires sont avisés d'office du mandat qui leur a été conféré et ils ont quatorze jours pour déclares s'ils entendent l'accepter; leur silence équivaut à une acceptation.

³ Ils ont droit à une indemnité équitable.

A. Nomina

¹ Il testatore può, mediante disposizione testamentaria, incaricare dell'esecuzione della sua ultima volontà una o più persone aventi l'esercizio dei diritti civili.

² L'incarico dev'esser loro comunicato d'officio ed esse devono pronunciarsi sulla accettazione entro quattordici giorni. Il silenzio vale accettazione.

³ Esse hanno diritto ad un equo compenso per le loro prestazioni.

A. Mandate

¹ In his last will the descedent can appoint one or more persons capable of acting to execute his will.

² The appointment shall be notified to such persons ex officio and they must state within 14 days of such notification whether they accept it, silence shall be deemed acceptance.

³ They are entitled to adequate compensation for their activities.

Art. 518

B. Inhalt
des Auftrags

¹ Die Willensvollstrecker stehen, soweit der Erblasser nichts anderes verfügt, in den Rechten und Pflichten des amtlichen Erbschaftsverwalters.

² Sie haben den Willen des Erblassers zu vertreten und gelten insbesondere als beauftragt, die Erbschaft zu verwalten, die Schulden des Erblassers zu bezahlen, die Vermächtnisse auszurichten und die Teilung nach den vom Erblasser getroffenen Anordnungen oder nach Vorschrift des Gesetzes auszuführen.

³ Sind mehrere Willensvollstrecker bestellt, so stehen ihnen diese Befugnisse unter Vorbehalt einer anderen Anordnung des Erblassers gemeinsam zu.

B. Entendue des pouvoirs	¹ Si le disposant n'en a ordonné autrement, les exécuteurs testamentaires ont les droits et les devoirs de l'administrateur officiel d'une succession.

² Ils sont chargés de faire respecter la volonté du défunt, notamment de gérer la succession, de payer les dettes, d'acquitter les legs et de procéder au partage conformément aux ordres du disposant ou suivant la loi.

³ Lorsque plusieurs exécuteurs testamentaires ont été désignés, il son réputés avoir reçu un mandat collectif. |
| B. Poteri dell'esecutore | ¹ Salvo contrario disposizione de testatore, gli esecutori testamentari hanno gli stessi diritti e doveri dell'amministratore ufficiale di una successione.

² Essi devono far rispettare la volontà del defunto e sono particolarmente incaricati di amministrare la successione, di pagarne i debiti, di soddisfare i legati e di procedere alla divisione conformemente alle disposizioni del testatore o a tenor di legge.

³ Se sono nominati più esecutori testamentari, essi esercitano il loro ufficio in comune, salvo contraria disposizione del testatore. |
| B. Extent of the mandate | ¹ Unless otherwise provided by the descedent, the executors have the same rights and duties as an official estate administrator.

² They have to represent the testator's wishes and are regarded as authorized, in particular, to administer the estate, to settle the deceaced's debts, to distribute legacies and to divide the estate in accordance with the instructions of the deceaced or as required by law.

³ Where more than one executor has been appointed, these powers are exercised jointly unless the testator has provided otherwise. |

				Note	Seite
Übersicht	Materialien				84
	Schweizerische Literatur				84
	Ausländische Literatur				90
	Rechtsvergleichung				87
	I.	Inbesitznahme der Erbschaft			90
		A. Beginn der Willensvollstreckung			90
		1. Wer kann Willensvollstrecker werden?			90
			a. Einzelner Willensvollstrecker	1	90
			b. Mehrere Willensvollstrecker	11	98
		2. Ernennung des Willensvollstreckers		16	100
		3. Übernahme des Amtes			
			a. Einreichung des Testaments	23	106
			b. Tätigwerden der zuständigen Behörde	25	108
			c. Annahme durch den Willensvollstrecker	29	111
			d. Willensvollstreckerausweis	34	114
			e. Testamentseröffnung	46	122
			f. Erbbescheinigung	48	122
		4. Dauer des Amtes		51	124
		5. Wann ist es ratsam, einen Willensvollstrecker einzusetzen?		57	127

			Note	Seite
B.	Grundverhältnis			127
	1.	Grundsatz	58	127
	2.	Einzelheiten	59	128
	3.	Ergänzung/Berufsrecht	72	131
C.	Eigentum am Nachlass		73	131
D.	Besitz an den Nachlassgegenständen		79	134
E.	Grundbuch		87	137

II. Verwaltung der Erbschaft 140
A.	Grundlagen		92	141
B.	Aufnahme des Inventars		102	149
	1.	Sicherungsinventar	103	149
	2.	Öffentliches Inventar	105	152
	3.	Inventar des Willensvollstreckers	107	155
C.	Forderungen und Schulden		112	159
D.	Verwaltung der Nachlassgegenstände			161
	1.	Abgrenzungen	116	161
		a. Erbschaftsverwalter (Art. 554)	117	162
		b. Erbschaftsliquidator (Art. 595)	122	164
		c. Erbenvertreter (Art. 602 Abs. 3)	124	166
	2.	Allgemeines	125	166
	3.	Verwaltung von Bankvermögen	131	168
		a. Überblick verschaffen	132	168
		b. Anlagestrategie formulieren	133	169
		c. Modelle für eine Anlagestrategie	142	172
		aa. Anlage von Mündelvermögen (Vormund)	143	172
		bb. Anlage von Kindesvermögen (Dritter)	147	173
		cc. Anlage von Vermögen der zweiten Säule (Pensionskasse)	149	174
		dd. Standard-Strategien (Private Banking)	152	175
		ee. Prudent Investor Rule (Trustee)	155	176
		ff. Prudent Man Rule (Executor)	159	177
		d. Anlagestrategie des Abwicklungs-Willensvollstreckers	165	179
		e. Anlagestrategie des Dauer-Willensvollstreckers	176	184
	4.	Verwaltung von Liegenschaften	178	184
	5.	Weiterführung von Unternehmen		186
		a. Juristische Person	184	186
		b. Personengesellschaft	188	188
		c. Einzelfirma	191	189
E.	Fähigkeiten des Willensvollstreckers			190
	1.	Grundlagen	194	190
	2.	Verfügungsmacht	198	191
	3.	Vertretungsmacht	207	196

				Note	Seite
F.	Auskunft				199
	1.	Auskunftsrechte und -pflichten der Erben		215	199
	2.	Auskunftspflicht des Willensvollstreckers			200
		a.	Grundlage	217	200
		b.	Gegenstand der Auskunftspflicht	219	202
		c.	Form der Auskunft	220	202
		d.	Verfahren	221	203
		e.	Auskunftspflicht gegenüber Dritten	222	203
	3.	Mitteilungspflicht des Willensvollstreckers		223	204
	4.	Auskunfts- und Mitteilungspflicht von Dritten			205
		a.	Allgemeines	226	205
		b.	Berufsgeheimnis der Ärzte, Anwälte, Notare und Revisoren	227	206
		c.	Bankgeheimnis	228	207
		d.	Postgeheimnis	234	209
G.	Mitwirkung im Steuerverfahren				210
	1.	Steuerinventar		236	212
		a.	Verfahren	238	213
		b.	Verzicht auf Inventaraufnahme	240	213
	2.	Direkte Steuern		242	216
		a.	Stellung der Erben	244	217
		b.	Stellung des Willensvollstreckers	246	217
	3.	Nachsteuern		250	222
		a.	Verfahren	253	223
		b.	Haftung	255	224
	4.	Erbschaftssteuer		257	225
		a.	Verfahren	260	226
		b.	Haftung	263	227
	5.	Steuerstrafrecht		266	231
	6.	Weitere Steuern und Sozialversicherungen		275	235
III.	Vorbereitung der Erbteilung				236
A.	Güterrechtliche Auseinandersetzung			282	236
B.	Ausrichtung der Vermächtnisse			287	241
C.	Erarbeitung des Teilungsplans				244
	1.	Allgemeines		294	244
	2.	Vermittlung zwischen den Erben		302	250
	3.	Teilungsvertrag		307	252
	4.	Realteilung		314	258
	5.	Teilungsklage durch einen Erben		315	258
	6.	Vollzug des Teilungsplans?		319	260
	7.	Teilungsklage durch den Willensvollstrecker?		322	261
	8.	Willensvollstrecker als Schiedsrichter?		325	262
	9.	Vorbereitung der Unternehmensnachfolge		332	265
	10.	Auflösung eines Unternehmens		339	269

		Note	Seite
IV. Durchführung der Erbteilung			270
A. Allgemeines		342	270
B. Grundbuch		349	273
C. Gründung von juristischen Personen und Handelsgesellschaften		354	276
D. Handelsregister		357	277
E. Familienrechtliche Aspekte		360	278
F. Partieller und fehlerhafter Vollzug		364	279
G. Vollzug ohne den Willensvollstrecker		374	283
H. Beendigung der Willensvollstreckung			284
1. Gesetzliche Beendigungsgründe		376	284
2. Gewillkürte Beendigungsgründe		379	285
3. Fortdauernde Pflichten		386	288
V. Honorar			289
A. Umfang		388	289
1. Stundentarif		392	292
2. Zeitaufwand		396	294
3. Weitere Gesichtspunkte		400	295
B. Abrechnungspflicht		407	297
C. Retentionsrecht		420	301
VI. Verantwortlichkeit			301
A. Haftung des Willensvollstreckers			301
1. Vertragsähnliche Haftung		421	301
2. Culpa in contrahendo		436	308
3. Vertrauenshaftung		437	308
4. Deliktshaftung		438	308
B. Strategien zur Vermeidung der Haftung des Willensvollstreckers		439	309
1. Schaden verhindern		440	309
2. Schaden vermindern		441	309
3. Schaden selbst tragen		447	311
4. Schäden überwälzen: Versicherung		448	311
C. Haftung der Erben		449	312
D. Haftung der Aufsichtsbehörde		450	312
VII. Zuständigkeiten und Verfahren			313
A. Zivilrechtliche Streitigkeiten im ordentlichen Verfahren			313
1. Betroffene Verfahren		451	313
2. Örtliche Zuständigkeit		455	315
3. Prozessführung			316
a. Erbengemeinschaft als Streigenossenschaft		459	316
b. Prozessführung durch einzelne Erben		462	317
c. Prozessführung durch den Willensvollstrecker		464	317

	4.	Umfang der Prozessführungsbefugnis	468	319
		a. Regelmässige Prozessführungsbefugnis	469	320
		b. Ausnahmsweise Prozessführungsbefugnis	481	325
		c. Keine Prozessführungsbefugnis	489	327
	5.	Prozesswirkungen	497	329
	6.	Einbezug des Willensvollstreckers/der Erben	500	330
	7.	Rechtsmittel	503	331
	8.	Parteientschädigung	504	331
B.	Zwangsvollstreckungsverfahren		505	332
C.	Aufsicht			333
	1.	Zuständige Behörde	515	333
	2.	Legitimation	519	338
	3.	Gegenstand der Beschwerde	522	339
	4.	Inhalt der Beschwerde	523	339
	5.	Kasuistik zur Pflichtverletzung	533	342
	6.	Massnahmen	535	342
		a. Sachbezogene Massnahmen	536	343
		b. Disziplinarische Massnahmen	542	345
	7.	Verfahren	554	347
	8.	Rechtsmittel	561	350
D.	Strafrecht		567	355

Materialien: TE Art. 470–471; VE Art. 539–540; Erl 1 410 f. E Art. 522–523.

Schweizerische Literatur: ABRECHT BERNARD, Problèmes liés à la désignation d'un exécuteur testamentaire de substitution, successio 2/2008 S. 182–187; ABT DANIEL, Vormundschaftliche Liquidationspflichten versus erbrechtliche Grundprinzipien – Banken zwischen Scylla und Charybdis – Überlegungen zum Spannungsverhältnis zwischen Banken, Erben und Behörden, successio 2/2008 S. 257–263; DERS., Ungültigkeit einer Verfügung von Todes wegen: Einsetzung eines Anwalts als Alleinerben und Willensvollstrecker (Art. 519 ZGB), AJP 11/2002 S. 718–719; AEBI-MÜLLER REGINA/TANNER DEBORA, Das behinderte Kind im Zivilrecht, in: Das behinderte Kind im schweizerischen Recht, hrsg. v. Franziska Sprecher und Patrick Sutter, Zürich 2006, S. 81–113; AUBERT MAURICE/HAISSLY BERNARD/TERRACINA JEANNE, Responsabilité des banques suisses à l'égard des héritiers, SJZ 92/1996 S. 137–149; AUBERT MAURICE/BÉGUIN PIERRE ANDRÉ/BERNASCONI PAOLO/GRAZIANO-VON BURG JOHANNA/SCHWOB RENATE/TREUILLAUD RAPHAËL, Le secret bancaire suisse, Bern 1994; BEHNISCH URS R./RICHNER FELIX, Steuerstrafrecht, ASA 61/1992–93 S. 457–473; BERLA ANGELO, Das Verfügungsrecht des Willensvollstreckers, Bern 1953 (Diss. Bern 1951); BERNHARD ROBERTO, Bankauskunft bei Erbschaftsinventarisation, NZZ vom 6. April 1993, S. 22 (Lexis-Nexis); BESSON C., 50 ans de registre foncier fédéral, ZBGR 42/1961 S. 334–348; BIBER RENÉ, Der Umgang des Willensvollstreckers mit Grundstücken im Nachlass, in: Willensvollstreckung – Aktuelle Rechtsprobleme, hrsg. v. Hans Rainer Künzle, Zürich 2004, S. 51–73 (= ZBGR 86/2005 S. 1–18); BILL MARKUS, Die Auskunftspflicht Dritter im Steuerveranlagungs- und Einspracheverfahren, Bern/Stuttgart 1991 (Diss. St. Gallen; Finanzwirtschaft und Finanzrecht Band 58); BISCHOF MARKUS, Die Stellung des Willensvollstreckers im Steuerrecht, STH 72/1998 S. 1147–1152; BLOCH KONRAD,

Zur Frage der Zuständigkeit der ordentlichen Gerichte oder der Aufsichtsbehörden zur Entscheidung über die Entschädigungsansprüche eines Willensvollstreckers und eines amtlichen Erbschaftsverwalters, SJZ 57/1961 S. 245–246; BÖCKLI ALFRED, Der Einfluss der Testamentsanfechtung auf die Stellung des Willensvollstreckers, SJZ 18/1921–22 S. 381–383; BOSON ISABELLE, Les mesures de sûreté en droit successoral, RVJ 2010 S. 102–127; BREITSCHMID PETER, Standtort und Zukunft des Erbrechts, successio 3/2009 S. 276–317; DERS., Kommentar zu Art. 467–469 und Art. 563–565 ZGB, in: Kommentar zum Schweizerischen Privatrecht, Schweizerisches Zivilgesetzbuch II (Art. 457–977 ZGB, Art. 1–61 SchlT), hrsg. v. Heinrich Honsell, Nedim Peter Vogt und Thomas Geiser, 3. A., Basel/Genf/München 2007 (zit. BSK-BREITSCHMID); DERS., Willensvollstreckung und Nacherbschaft, in: Willensvollstreckung – Aktuelle Rechtsprobleme (2), hrsg. v. Hans Rainer Künzle, Zürich 2006, S. 61–86 (zit. Nacherbschaft); DERS., Entwicklungen im Erbrecht, SJZ 102/2006 S. 103–106; DERS., Vom Umgang des Willensvollstreckers mit den Nachlassbeteiligten und Behörden sowie vom Umgang der Behörden mit dem Willensvollstrecker, in: Willensvollstreckung – Aktuelle Rechtsprobleme, hrsg. v. Hans Rainer Künzle, Zürich 2004, S. 159–178 (zit. Umgang); DERS., Das Prinzip materieller Höchstpersönlichkeit letztwilliger Anordnungen – ein Diskussionsbeitrag, in: Festschrift für Heinz Hausheer, hrsg. v. Thomas Geiser u.a., Bern 2002, S. 477–492 (zit. Höchstpersönlichkeit); DERS., Behördliche Aufsicht über den Willensvollstrecker, in: Willensvollstreckung, hrsg. v. Jean Nicolas Druey und Peter Breitschmid, Bern/Stuttgart/Wien 2001, S. 149–183 (zit. Aufsicht); DERS., Willensvollstrecker: Disziplinarische Absetzung eines Rechtsanwaltes als Willensvollstrecker, der das Mandat zwar nicht niedergelegt, aber wechselnden Büromitarbeitern bzw. partnern in eigener Verantwortung substituiert hatte (Entscheid-Besprechung), AJP 5/1996 S. 82–92; BRÜCKNER CHRISTIAN, Sorgfaltspflichten der Urkundsperson und Prüfungsbereich des Grundbuchführers bei Abfassung und Prüfung des Rechtsgrundausweises, ZBGR 64/1983 S. 65–84; BUCHER ANDREAS, Les successions en droit international privé Suisse, SJ 111/1989 S. 457–477; BÜRGI ARTHUR/BRÄUTIGAM DIETER/GANZ JEANNETTE/HASLER URS, Die Lösung der Nachfolge in Klein- und Mittelbetrieben, Bern 1993; CARRARD JEAN, La désignation des exécuteurs testamentaires, JdT 75/1927 S. 386–423; DERS., Les pouvoirs de l'exécuteur testamentaire, Yverdon 1923 (Thèse Lausanne 1923); CORTIULA DANIELE, Unternehmensnachfolge: Der Unternehmer und das Erbrecht, TREX 3/1996 S. 149–151; DE CAPITANI WERNER, Die Auskunftpflicht der Bank gegenüber den Erben, SJZ 62/1966 S. 69–73; DE PORET OMBLINE, L'animal en droit des successions, successio 2/2008 S. 118–143; DERKSEN HANS PETER, Pflichten und Aufgaben eines Willensvollstreckers, TREX 15/2008 S. 41–45; DERS., Obligations et tâches de l'exécuteur testamentaire, TREX 15/2008 S. 46–49; DRUEY JEAN NICOLAS, Die Aufgaben des Willensvollstreckers, in: Willensvollstreckung, hrsg. v. Jean Nicolas Druey und Peter Breitschmid, Bern/Stuttgart/Wien 2001, S. 1–19 (zit. Aufgaben); DERS., Information als Gegenstand des Rechts, Zürich/Baden-Baden 1995 (zit. Information); DERS., Der Anspruch der Erben auf Information, BJM 1988 S. 113–132; DERS., Unternehmer, Unternehmen und Erbrecht, SJZ 74/1978 S. 337–343; EGGEN GERHARD, Aus der Praxis familien- und erbrechtlicher Beziehungen zu Grund und Boden, ZBGR 31/1950 S. 249–261; EITEL PAUL, Prozessführung durch den Willensvollstrecker, in: Willensvollstreckung – Aktuelle Rechtsprobleme (2), hrsg. v. Hans Rainer Künzle, Zürich 2006, S. 125–176; ESCHER ARNOLD, Fragen der Formulierung von Ehe- und Erbverträgen und Testamenten, ZBGR 56/1975 S. 1–9; DERS., Miszellen aus Theorie und Praxis des schweizerischen Erbrechtes, SJZ 29/1932–33 S. 241–248; FEDERER SIMON, Nachfolgeprobleme erkennen und lösen für Klein- und Mittelunternehmen, TREX 1/1994 S. 197–202; FLÜCKIGER ANDREAS, Das Honorar des Willensvollstreckers, in: Willensvollstreckung – Aktuelle Rechtsprobleme (2), hrsg. v. Hans Rainer Künzle, Zürich 2006, S. 201–267 (zit. Honorar); DERS., Der Umgang des Willensvollstreckers mit anfechtbaren, nichtigen und unklaren Verfügungen von Todes wegen, in: Willensvollstreckung – Aktuelle Rechtsprobleme, Zürich 2004, S. 75–106 (zit. Umgang); FLÜGEL WALTER, Zu einigen Fragen aus dem ehelichen Güterrecht und dem Erbrecht, BJM 1965 S. 110–124; FORNI ROLANDO/PIATTI GIORGIO, Kommentar zu Art. 519–521 ZGB, in: Kommentar zum Schweizerischen Privatrecht, Schweizerisches Zivilgesetzbuch II (Art. 457–977, Art. 1–61 SchlT), hrsg. v. Heinrich Honsell, Peter Nedim Vogt und Thomas Geiser, 3. Aufl., Basel 2007 (zit. BSK-FORNI-PIATTI); FRANK RICHARD/STRÄULI HANS/MESSMER GEORG, Kommentar zur Zürcherischen Zivilprozessordnung, 3. Aufl., Zürich 1997–2000; FUHRER STEPHAN, Die Haftung des Willensvollstreckers und ihre Versicherung, in: Willensvollstreckung – Aktuelle Rechtsprobleme, hrsg. v. Hans Rainer Künzle, Zürich 2004, S. 107–157; GAUTSCHI GEORG, Die Auskunftspflicht der Bank gegenüber Erben, SJZ 62/1966 S. 119–121; GENNA GIAN SANDRO, Die Bank als Willensvollstreckerin, Jusletter vom 16. Januar 2006; GIGER HANS, Der Willensvollstrecker im Spannungsfeld von Erblasser und Erbe, in: Festschrift für Anton Heini, hrsg. v. Isaak Meier und Kurt Siehr, Zürich 1995, S. 123–145 (zit. Willensvollstrecker); GRÜNINGER HAROLD, Urteil des Bundesgerichts 5A.185/2008 vom 3. November 2008, successio 4 (2010) 46–49; GUILLAUME FLORENCE, La responsabilité de l'exécuteur testamentaire, in: Quelques actions en responsabilité, hrsg. v. François Bohnet, Neuchâtel 2008, S. 1–38; GUINAND JEAN, L'exécution testamentaire, in: Les dispositions pour cause de mort, éd. par Paul-Henri Steinauer, Jean Guinand et Jean Nicolas Druey, Fribourg 1985, S. 1–11; DERS., Le pouvoir de disposition de l'exécuteur testamentaire et sa responsabilité, ZBGR 57/1976 S. 321–332; GUINAND JEAN/STETTLER MARTIN, Droit Civil II: Successions (art. 457–640 CC), 3. Aufl. Freiburg i.Ue. 1996; GUTZWILLER PETER MAX, Über die Substanz der Urteilsfähigkeit, AJP 17/2008 S. 1223–1232; HAAB ROBERT/SIMONIUS AUGUST/SCHERRER WERNER/ZOBL DIETER, Kommentar zum Schweizerischen Zivilgesetzbuch, Band 4: Sachenrecht, 1. Abteilung: Das Eigentum (Art. 641–729 ZGB), Zürich 1977 (zit. ZK-HAAB/SIMONIUS/SCHERRER/ZOBL); HANDSCHIN LUKAS/VONZUN RETO, Kommentar zum Schweizerischen Zivilgesetzbuch, Band 5: Obligationenrecht, Teil 4a: Die Einfache Gesellschafte (Art. 530–551 OR), 4. Aufl., Zürich 2009 (zit. ZK-HANDSCHIN/VONZUN); HASENBÖHLER FRANZ, Sittenwidrige Verfügungen von Todes wegen, BJM 1980 S. 1–21; HAUSHEER HEINZ, Gesellschaftsvertrag und Erbrecht, ZBJV 105/1969 S. 129–150; HAUSHEER HEINZ/PFÄFFLI ROLAND, Zur Bedeutung des Anwachsungsprinzips bei der einfachen Gesellschaft und bei der Gütergemeinschaft im Todesfall, ZBJV 130/1994 S. 38–43; HAUSHEER HEINZ/REUSSER RUTH/GEISER THOMAS, Kommentar zum Schweizerischen Privatrecht, Band II: Das Familienrecht, 1. Abteilung: Das Eherecht, 3. Teilband: Das Güterrecht der Ehegatten, 1. Unterteilband: Allgemeine Vorschriften (Art. 181–195a ZGB), Der ordentliche Güterstand der Errungenschaftsbeteiligung (Art. 196–220 ZGB), Bern 1992; 2. Unterteilband: Die Gütergemeinschaft (Art. 221–246 ZGB), Die Gütertrennung (Art. 247–251 ZGB),

Bern 1996 (zit. BK-HAUSHEER/REUSSER/GEISER); HEINI ANTON, Aus der Werkstatt des Internationalen Erbrechts, LJZ 6/1985 S. 97–102; HERZER PETER, Die Eröffnung der Verfügungen von Todes wegen in der Praxis der Kantone, Kilchberg 1976 (Diss. Zürich 1976); HERZOG NICOLAS, Zur erbrechtlichen Informationspflicht an der Schnittstelle von Güter- und Erbrecht, ZBJV 137/2001 S. 679–684; HINDERLING HANS, Der Besitz, in: Schweizerisches Privatrecht, Band V/1: Sachenrecht, hrsg. v. Arthur Meier-Hayoz, Basel/Stuttgart 1977, S. 403 ff. (zit. SPR V/1); HOMBERGER ARTHUR, Kommentar zum Schweizerischen Zivilgesetzbuch, IV. Band: Das Sachenrecht, 3. Abteilung: Besitz und Grundbuch, Art. 919–977 ZGB, 2. Aufl., Zürich 1938 (zit. ZK-HOMBERGER); HRUBESCH-MILLAUER STEPHANIE, Kommentar zu Art. 522–533 ZGB, in: Praxiskommentar Erbrecht, hrsg. v. Daniel Abt und Thomas Weibel, Basel 2007 (zit. PraxKomm-HRUBESCH-MILLAUER); DIES., Probleme mit der Vergütung des Willensvollstreckers, AJP 14/2005 S. 1209–1220; JERMANN ANDREAS, Honorar und Rechenschaftspflicht des Willensvollstreckers, TREX 16/2009 S. 164–167; DERS., Honoraires et obligation de l'exécuteur testamentaire de rendre compte , TREX 16/2009 S. 168–171; JOST ARTHUR, Der Erbteilungsprozess im schweizerischen Recht, Bern 1960 (zit. Erbteilungsprozess); JUCHLER RENÉ, Anfang und Ende der Willensvollstreckung, Zürich 1998 (Diss. Zürich); KIRCHHOFER HERMANN, Erbschaftserwerb, Verwaltung und Sicherung des Nachlasses vor der Erbannahme, Basel/Stuttgart 1968 (Basler Studien zur Rechtswissenschaft Heft 81); KISTLER HANSJÖRG, Schiedsabreden in Testamenten und Erbverträgen, Zürich 1999; KLEINER BEAT/SCHWOB RENATE/ WINZELER CHRISTOPH, Kommentar zu Art. 47 BankG, in: Kommentar zum Bundesgesetz über die Banken und Sparkassen vom 8. November 1934, hrsg. v. Dieter Zobl et al., Zürich 1976 ff.; KNECHT MAX/KOCH JULES, Handelsregisterliche Eintragungen, 2. Aufl., Zürich 2008; KRAMER MARTHA, Die Auseinandersetzung der Gesamthandgemeinschaften im schweizerischen Recht, Lachen 1943 (Diss. Zürich 1943) (zit. Auseinandersetzung); KUMMER MAX, Die Eignung der Aktiengesellschaft für die Erhaltung der Familienunternehmung, in: Die Erhaltung der Unternehmung im Erbgang, Bern 1972, S. 109–139; KUNZ ROMANO, Über die Rechtsnatur der Gemeinschaft zur gesamten Hand, Bern 1963 (Diss. Zürich 1963); LEIMGRUBER THOMAS, Die Befugnisse des einzelnen Miterben beim Erbgang und bei der Nachlassverwaltung, Basel/Stuttgart 1978 (Basler Studien zur Rechtswissenschaft Heft 14); MABILLARD RAMON, Kommentar zu Art. 634–640 ZGB, in: Praxiskommentar Erbrecht, hrsg. v. Daniel Abt und Thomas Weibel, Basel 2007 (zit. PraxKomm-MABILLARD); MAUERHOFER MARC ANDRÉ, Schiedsgerichtliche Zuständigkeit in Erbstreitigkeiten aufgrund Privatvereinbarung und erblasserischer Anordnung , ZBJV 142/2006 S. 375–403; MERZ HANS, Die Übertragung des Grundeigentums gestützt auf gesetzliche Erbfolge, Testament, Erbvertrag oder Auflösung des Güterstandes infolge Todes eines Ehegatten, ZBGR 36/1955 S. 121–140; MEYER CAROLINE, Die Rechtsstellung des teilweise oder ganz übergangenen Pflichtteilserben, BJM 20008 S. 177–211; MEYER MAX, Der Aktionärbindungsvertrag als Instrument der juristischen Praxis, ZBJV 136/2000 S. 421–426; MOSER MICHEL, Droit notarial vs droit successloral, successio 4/2010 S. 12–22; NEUMAYER KARL H., Eigenartiges und Altertümliches aus dem vergleichenden Erbrecht, in: Mélanges Paul Piotet, éd. par Fritz Sturm, Berne 1990, S. 485–499 (zit. Eigenartiges); PERRIN JULIEN, De l'arbitrage des litiges successoraux, ASA Bull. 2006 S. 417–432; PFÄFFLI ROLAND, Erbrechtliche Auswirkungen auf das Immobiliarsachenrecht, successio 3/2009 S. 32–50; DERS.,

Änderungen bei Personengesellschaften aus der Sicht der praktischen Grundbuchführung, ZBGR 72/1991 S. 321–332; DERS., Das Antragsprinzip im Grundbuchrecht unter besonderer Berücksichtigung des Erbgangs, BN 46/1985 S. 63–77; PICENONI VITO, Probleme aus der Willensvollstreckung, ZBGR 50/1969 S. 161–172; DERS., Das Ineinandergreifen güterrechtlicher und erbrechtlicher Vorschriften, ZBGR 46/1965 S. 193–205; PIOTET PAUL, Partage judiciaire et constitution de propriétés par étages, ZSR 113/1994 I S. 207–222; DERS., Clause d'un pacte successoral prévoyant la constitution d'une fondation et sa dotation, JdT 128/1980 I S. 315–318; RAUCH MEN, Generationenwechsel und Nachfolgeplanung im Unternehmen, CH-D Wirtschaft 49/2000 Nr. 6, S. 10; REY HEINZ, Die Grundlagen des Sachenrechts und das Eigentum, in: Grundriss des schweizerischen Sachenrechts, Band 1, 3. A., Bern 2007; RIEDO CHRISTOF, «Eine Urkunde, über die er allein nicht verfügen darf» – Bemerkungen zur Urkundenunterdrückung nach Art. 254 StGB, AJP 12/2003 S. 917–934; RIEMER HANS MICHAEL, Willensvertretung bei Betagten, recht 16/1998 S. 21–24; DERS., Schiedsfähigkeit von Klagen des ZGB, in: Festschrift für Hans Ulrich Walder, hrsg. v. Isaak Meier, Hans Michael Riemer und Peter Weimar, Zürich 1994, S. 371–383 (zit. Schiedsfähigkeit); DERS., Kommentar zum Schweizerischen Privatrecht, Band I: Einleitung und Personenrecht, 3. Abteilung: Die juristischen Personen, 3. Teilband: Die Stiftungen (Systematischer Teil und Art. 80–89bis ZGB), 3. Aufl., Bern 1981 (zit. BK-RIEMER); RIGGENBACH BERNHARD, Die Eröffnung und Mitteilung letztwilliger Verfügungen, ZSR 65/1946 S. 11–40; SCHÄRER JÜRG CHRISTIAN, Der Grundsatz der materiellen Höchstpersönlichkeit der letztwilligen Verfügung, Zürich 1973 (Diss. Bern 1973); SCHAUFELBERGER PETER C./KELLER KATRIN, Kommentar zu Art. 602–619 und Art. 634–640 ZGB, in: Kommentar zum Schweizerischen Privatrecht, Schweizerisches Zivilgesetzbuch II (Art. 457–977 ZGB, Art. 1–61 SchlT), hrsg. v. Heinrich Honsell, Nedim Peter Vogt und Thomas Geiser, 3. Aufl., Basel/Genf/München 2007 (zit. BSK-SCHAUFELBERGER/KELLER); SCHNYDER ANTON K., Kommentar zu Art. 41–59 OR, in: Kommentar zum Schweizerischen Privatrecht, Obligationenrecht I (Art. 1–529 OR), hrsg. v. Heinrich Honsell, Nedim Peter Vogt und Wolfgang Wiegand, 4. Aufl., Basel 2007 (zit. BSK-SCHNYDER); SCHNYDER BERNHARD, Die Eröffnung von Testament und Erbvertrag, in: Testament und Erbvertrag, hrsg. v. Peter Breitschmid, Bern/Stuttgart 1991, S. 101–124 (zit. Eröffnung); SCHRÖDER ANDREAS, Informationspflichten im Erbrecht, Diss. Basel 2000; SCHULER-BUCHE CAROLINE, l'exécuteur testamentaire, l'administrateur officiel et le liquidateur officiel, Zürich/Basel/Genf 2003 (Diss. Lausanne 2002) (Recherches juridiques lausannoises 11); SCHWANDER IVO, Kommentar zu Art. 537–550 und Art. 560–561 ZGB, in: Kommentar zum Schweizerischen Privatrecht, Schweizerisches Zivilgesetzbuch II (Art. 457–977 ZGB, Art. 1–61 SchlT), hrsg. v. Heinrich Honsell, Nedim Peter Vogt und Thomas Geiser, 3. Aufl., Basel/Genf/München 2007 (zit. BSK-SCHWANDER); SCHWEIZER SILVIA, Anhang GestG, in: Praxiskommentar Erbrecht, hrsg. v. Daniel Abt und Thomas Weibel, Basel 2007 (zit. PraxKomm-SCHWEIZER); SOMM PATRICK, Die Erbschaftsklage des Schweizerischen Zivilgesetzbuches (Art. 598–600 ZGB), Bern 1995 (Diss. Basel 1993); SPIRO KARL, Allgemeines Zivilrecht, Obligationenrecht und Internationales Privatrecht – Certum debet esse consilium testantis?, in: Festschrift für Jean Nicoals Druey, hrsg. v. Rainer J. Schweizer, Herbert Burkert und Urs Gasser, Zürich 2002, S. 259–264; STAEHELIN DANIEL, Kommentar zu Art. 545–551 OR und Art. 574–593 OR, in: Kommentar zum Schweizerischen Privatrecht, Obligationenrecht II: Art. 530–1186 OR, hrsg. von Heinrich Honsell, Peter Nedim Vogt und Wolfgang Wiegand, 3. Aufl., Basel/Genf/München 2008 (zit. BSK-STAEHELIN); STAEHELIN THOMAS, Nachfolge im Familienunternehmen, insbesondere gesellschafts- und steuerrechtliche Aspekte, in: Güter- und erbrechtliche Planung, hrsg. v. Jean Nicolas Druey und Peter Breitschmid, Bern/Stuttgart/Wien 1999, S.115–146; STARK EMIL W./ERNST WOLFGANG, Kommentar zu Art. 919–941 ZGB, in: Kommentar zum Schweizerischen Privatrecht, Schweizerisches Zivilgesetzbuch II (Art. 457–977 ZGB, Art. 1–61 SchlT), hrsg. v. Heinrich Honsell, Nedim Peter Vogt und Thomas Geiser, 3. Aufl., Basel/Genf/München 2007 (zit. BSK-STARK/ERNST); STEIN-WIGGER MATTHIAS, Verbindlichkeit und Durchsetzbarkeit erblasserischer Teilungsvorschriften, AJP 10/2001 S. 1135–1147; STEINER ANDREA, Der Umgang des Willensvollstreckers mit Bankkonten und -depots im Nachlass, in: Willensvollstreckung – Aktuelle Rechtsprobleme, hrsg. v. Hans Rainer Künzle, Zürich 2004, S. 37–50; STUDER BENNO, Testament, Erbschaft, 14. Aufl., Zürich 2008 (zit. Testament); DERS., Beginn, Abwicklung und Beendigung des Willensvollstreckeramtes, in: Willensvollstreckung, hrsg. v. Jean Nicolas Druey und Peter Breitschmid, Bern/Stuttgart/Wien 2001, S. 71–133 (zit. Beginn); STURM FRITZ, Verkommt der Testamentsvollstrecker in der Schweiz zu einem zahnlosen Mediator?, in: Festschrift für Eugen Bucher, hrsg. v. Wolfgang Wiegand, Thomas Koller und Hans Peter Walter, Bern 2009, S. 743–760; SUTER-SOMM THOMAS/CHEVALIER MARCO, Die prozessualen Befugnisse des Willensvollstreckers, successio 1/2007 S. 20–40; SUTTER-SOMM THOMAS/MOSHR AMIR, Die Erbschaftsklage des ZGB (Art. 598–600 ZGB), successio 2/2008 S. 268–298; TARNUTZER-MÜNCH ANDREA/ABT DANIEL, Kommentar zu Art. 519–521 ZGB, in: Praxiskommentar Erbrecht, hrsg. v. Daniel Abt und Thomas Weibel, Basel 2007 (zit. PraxKomm-TARNUTZER-MÜNCH/ABT); TORRICELLI GIUSEPPE, L'esecutore testamentario in diritto svizzero, Bellinzona 1953 (Tesi Berna 1951); V. GREYERZ CHRISTOPH, Die Unternehmensnachfolge in den Personengesellschaften, in: Die Erhaltung der Unternehmung im Erbgang, Bern 1972, 69–108; V. TUHR ANDREAS/PETER HANS, Allgemeiner Teil des Schweizerischen Obligationenrechts, Band I, 3. Aufl., Zürich 1979; WALTER MAX, Willensvollstreckung und Grundeigentum, in: Willensvollstreckung, hrsg. v. Jean Nicolas Druey und Peter Breitschmid, Bern/Stuttgart/Wien 2001, S. 185–223; WEBER ROGER, Gerichtliche Vorkehren bei der Nachlassabwicklung, AJP 6/1997 S. 554; WEIBEL THOMAS, Komentar zu Art. 602–618 (ohne 613a) ZGB, in: Praxiskommentar Erbrecht, hrsg. v. Daniel Abt und Thomas Weibel, Basel 2007 (zit. PraxKomm-WEIBEL); WEIMAR PETER, Die Erbschaftsteilung als Erfüllungs- und Verfügungsgeschäft, in: Mélanges Pierre Engel, éd. par François Dessemontet et Paul Piotet, Lausanne 1989, S. 443–458; WENNINGER SCHMID RENATE, Testamentarische Schiedsklauseln – nationale und internationale Aspekte, in: Festschrift für Peter Forstmoser, hrsg. v. Walter R. Schluep und Peter R. Isler, Zürich 1993, S. 351–361; WILLENEGGER FRITZ, La nature juridique de l'exécution testamentaire d'après le Code Civil Suisse, Laupen 1928 (Thèse Fribourg); WILSON DAVID WALLACE/WYNNE JULIE, In re Robert Palmer's Estate – The first trust decision rendered after Switzerland's ratification of the Hague Trust Convention, Trust & Trustees 15/2009, 731–734; WOLF STEPHAN, Die Teilung der Erbschaft duch den Willensvollstrecker, in: Willensvollstreckung – Aktuelle Rechtsprobleme (2), hrsg. v. Hans Rainer Künzle, Zürich 2006, S. 107–124 (zit. Teilung); DERS., Willensvollstreckung und Notariat – insbesondere Ausstandsfragen, in: Willensvollstreckung – Aktu-

	elle Rechtsprobleme (2), hrsg. v. Hans Rainer Künzle, Zürich 2006, S. 87–106 (zit. Willensvollstreckung); WOLF STEPHAN (Hrsg.), Kommentar zum Notariatsrecht des Kantons Bern, Bern 2009; WÜRMLIN DANIEL, Praxisfragen in Erbenvertretung und Willensvollstreckung, TREX 16/2009 S. 222–224; DERS., Questions pratiques en relation avec la représentation d'héritiers et l'exécution testamentaire, TREX 16/2009 S. 226–228; WÜST HANS, Erbrecht und Waffengesetzrevision – was muss ein Erbrechtspraktiker wissen?, successio 3/2009 S. 137–138; ZOBL DIETER, Probleme im Spannungsfeld von Bank-, Erb- und Schuldrecht, AJP 10/2001 S. 1007–1020; DERS., Änderungen im Personenbestand von Gesamthandschaften, Zürich 1973 (Diss. Zürich 1973) (zit. Änderungen); ZWICKER STEFAN/KÜNZLE HANS RAINER, Abspaltung von Unternehmensteilen bei der AG – Rechtliche Aspekte, STH 71/1997 S. 993–1002.
Ausländische Literatur:	ESCH GÜNTER/SCHULZE ZUR WIESCHE/BAUMANN WOLFGANG, Handbuch der Vermögensnachfolge, 6. Aufl., Berlin 2001; FUHRMANN LAMBERTUS, Modelle lebzeitiger Unternehmensübertragung, Konstanz 1990 (Diss. Konstanz 1990); GRUNEWALD BARBARA, Rechtliche Befugnisse und Werbemöglichkeiten von Testamentsvollstreckern, ZEV 17/2010 S. 69–72; HAEGELE KARL, Recht des Testamentsvollstreckers zu unentgeltlichen Verfügungen und zur Erbteilung bei Dauervollstreckung, BWNotZ 35/1969 S. 260 ff.; DERS., Familienrechtliche Fragen um den Testamentsvollstrecker, Rpfleger 71/1963 S. 330 ff.; HARDER FLORIAN, Das Schiedsverfahren im Erbrecht, Berlin 2007; KRUG WALTER/RUDOLF MICHAEL/KROIß LUDWIG, AnwaltFormulare Erbrecht, 4. Aufl., Bonn 2010; LIEB ANDREAS, Die Vergütung des Testamentsvollstreckers, Angelbachtal 2004; MUSCHELER KARLHEINZ, Entlassung des Testamentsvollstreckers und letztwillige Schiedsklausel, ZEV 16/2009 S. 317–320; PICKEL MICHAEL, Die Haftung des Testamentsvollstreckers und seine Versicherung, o.O. o.J. (Diss. Köln 1986); REIMANN WOLFGANG, Muss der Testamentsvollstrecker die Erträge des Nachlasses an die Erben ausschütten?, ZEV 17/2010, S. 8–13; DERS., Ende der Testamentsvollstreckung durch Umwandlung, ZEV 7/2000 S. 381–385; WEIDLICH DIETMAR, Kommentar zu § 2219 BGB, in: Anwaltskommentar zum BGB, Band 5: Erbrecht, Bonn 2004; ZEISING PATRICK, Pflichten und Haftung des Testamentsvollstreckers bei der Verwaltung von Grossvermögen, Angelbachtal 2004 (Diss. Hamburg).

I. Inbesitznahme der Erbschaft

A. Beginn der Willensvollstreckung

1. Wer kann Willensvollstrecker werden?

a. Einzelner Willensvollstrecker

1 a) Der Erblasser kann **eine bestimmte oder bestimmbare natürliche oder juristische Person oder Personengesellschaft als Willensvollstrecker ernennen** (RVJ 2005 S. 241 E. 1a [Cass.]: «une personne physique ou morale»; BSK-KARRER, Art. 517 N 5). Bestimmte Personen werden üblicherweise mit dem

Namen und Vornamen angegeben (CARRARD, JdT 75/1927 S. 389). Bestimmbar ist zum Beispiel der Ehegatte (BGE 91 II 177 E. 3 S. 182: «meine Ehefrau»), der Amtsinhaber einer bestimmten Behörde (BGE 91 II 177 E. 3 S. 182: «unser seit 20 Jahren im Amte stehender Gemeindepräsident»; BGE 69 II 33 E. 3 S. 36 [«der jeweilige Amtsinhaber»] = JdT 91/1943 I S. 375 [«le chef actuel de l'autorité»]; PKG 1976 Nr. 2 Pt. A S. 20 [ZF 5/76; KGer.]: «den zu gegebener Zeit amtierenden Notar des Kreises X.»; PICENONI, ZBGR 50/1969 S. 165: der Notar von Zürich-Hottingen) oder der Rechtsnachfolger eines Rechtsanwalts/Notars (in BGE 91 II 177 E. 3 S. 182 offengelassen: «sein Stellvertreter oder Nachfolger») oder einer juristischen Person (z.B. Treuhandgesellschaft). Nicht mehr zu tolerieren (zu wenig bestimmt) ist die Ernennung ‹eines Bürokollegen› einer bestimmten Anwaltsgemeinschaft (GUINAND, S. 2 f.; anders FLÜGEL, BJM 1965 S. 119: Gemeint ist der jeweils älteste Kollege) oder ‹die Aufsichtsbehörde› (anders WILLENEGGER, S. 84 f.). Wenn ein Amtsinhaber als Willensvollstrecker ernannt wird, ist es im Zweifel derjenige, welcher im Zeitpunkt des Ablebens des Erblassers das Amt innehat (CARRARD, JdT 75/1927 S. 389). Als Willensvollstrecker werden häufig Fachleute (Rechtsanwälte, Steuerexperten, Wirtschaftsprüfer und Treuhänder), aber auch Verwandte eingesetzt (vgl. etwa die Sachverhalte in BGE 117 II 382 [Rechtsanwalt], BGE 102 III 1 S. 2 = JdT 125/1975 II S. 110 = Pra. 65/1976 Nr. 67 S. 153 [2 Schwestern der Erblasserin], BGE 101 II 47 S. 47 f. [expert-comptable] und BGE 86 II 340 S. 341 [Sohn der Tochter]). Die Tätigkeit eines Rechtsanwalts als Willensvollstrecker fällt grundsätzlich nicht in den Monopolbereich (berufsmässige Vertretung einer Partei vor Gericht), der Rechtsanwalt muss aber dennoch die allgemeinen Berufs- und Standespflichten einhalten (BGer. 2C_889/2008 E. 2.1; ZR 103/2004 Nr. 11 E. 1b S. 32), insbesondere hat er das Berufsgeheimnis zu wahren (WENGER, S. 58 ff.; vgl. dazu Art. 517–518 N 218). Ähnliches gilt für Treuhänder (vgl. dazu DERKSEN, TREX 15/2008 S. 41 ff. und 46 ff.). Zu Beispielen für eine juristische Person vgl. BGE 115 II 323 S. 324 (Zürcher Kantonalbank), BGE 115 II 344 S. 345 = Pra. 79/1990 Nr. 139 S. 477 = ZBGR 72/1991 Nr. 47 S. 228 (Société fiduciaire V.), BGE 105 II 253 (Kantonalbank von Bern), BGE 90 II 365 S. 367 (Fides Treuhand-Vereinigung), BGE 59 III 121 S. 122 = Pra. 22/1933 Nr. 94 S. 238 = JdT 82/1934 II 7 (Bank A.-G. Leu & Cie.) und BK-RIEMER, Art. 81 N 38 (Stiftung). Als weiteres Beispiel für die juristische Person zu nennen ist die Anwalts-AG, welche nun in verschiedenen Kantonen zulässig ist (die Öffnung wurde durch einen Entscheid der Zürcher Aufsichtskommission über die Anwältinnen und Anwälte vom 5. Oktober 2006 eingeleitet, vgl. BRIGITTE HÜRLIMANN, Die Anwalts-AG breitet sich stetig aus, NZZ vom 9. August 2008). Als Beispiel für eine Personengesellschaft vgl. ZR 89/1990 Nr. 74 S. 161 = BN 52/1991 Nr. 15 S. 276 = SJZ 86/1990 Nr. 77 S. 377 (OGer. – Kommanditgesellschaft). Nicht ernennbar sind einfache Gesellschaften, zu denen insbesondere die (früher üblichen) Anwaltsgemeinschaften gehören; diese sind kein eigenes Rechtssubjekt und es ist unklar, wer von mehreren Anwälten gemeint ist

(GUINAND/STETTLER, N 430). Nicht ernennbar sind sodann Behörden, weil sie keine juristische Person sind (ernennbar sind aber – wie am Anfang dieser Note erwähnt – einzelne Behördemitglieder – BSK-KARRER, Art. 517 N 9).

2 b) **Der Willensvollstrecker muss handlungsfähig sein** (Art. 517 Abs. 1; AGVE 1949 Nr. 25 S. 246 = ZBGR 31/1950 Nr. 60 S. 143 [JD]; ZBGR 16/1935 Nr. 2 S. 150 [KGer. VD]; ZBJV 55/1919 Nr. 9 S. 77 = ZBGR 16/1935 Nr. 102 S. 266 [AppH BE]; ebenso art. 1028 CC fr.: «Celui qui ne peut s'obliger, ne peut pas être exécuteur testamentaire»; CARRARD, JdT 75/1927 S. 391 f.; a.M. ROSSEL/ MENTHA, 101: Minderjährige können Willensvollstrecker sein). Die Handlungsfähigkeit muss spätestens beim Eintreffen der Annahme bei der zuständigen Behörde vorliegen (BK-TUOR/PICENONI, Art. 517 N 4; dieser Zeitpunkt ist massgebend, weil die Ernennung in diesem Zeitpunkt wirksam wird, vgl. Art. 517–518 N 33; anders BSK-KARRER, Art. 517 N 7: Die Handlungsfähigkeit des Willensvollstreckers muss bei der Mitteilung durch die Behörde vorliegen; entgegen BSK-KARRER, Art. 517 N 7 ist auch ein früherer Beginn der effektiven Tätigkeit nicht massgebend, weil mit der Wirksamkeit der Ernennung die früheren Handlungen rückwirkend genehmigt werden, vgl. Art. 517–518 N 33).

3 c) **Die Ernennung darf nicht unsittlich sein** (Art. 519 Abs. 1 Ziff. 3). So wird die Geliebte nicht als Willensvollstreckerin über die Ehefrau und Kinder zugelassen (HASENBÖHLER, BJM 1980 S. 11 mit Verweis auf FamRZ 1/1954 S. 198 [BGH]). Zuwendungen vor dem Ableben des Erblassers oder juristische Beratung des Erblassers zum Nachteil der Erben begründen dagegen keine Ungültigkeit im Sinne von Art. 519 Abs. 1 Ziff. 3 (BGer. 5C.81/2003 vom 21. Januar 2004 E. 2.4). Der Fall von BGE 132 III 305 E. 6.5 S. 315 = 5C.121/2005 = JdT 154/2006 I S. 279 f. = SJZ 102/2006 Nr. 15 S. 211 = ZBGR 88/2007 Nr. 14 S. 115 f. = AJP 15/2006 S. 1143 (Anm. Daniel Abt: Verletzung der Aufklärungspflicht) und ebenso BGE 132 III 315 E. 2.3 S. 320 = 5C.120/2005 = JdT 155/2007 I S. 22 = SJ 128/2006 I S. 347 f. = ZBGR 88/2007 Nr. 15 S. 120, wo ein erbunwürdiger Alleinerbe als unfähig angesehen wurde, das Willensvollstreckeramt auszuüben, dürfte ein Einzelfall bleiben (vgl. die kritsche Anm. Peter Breitschmid, successio 1/2007 S. 55).

4 d) **Weitere Voraussetzungen nennt das Gesetz nicht,** diese sind in der Praxis aber erforderlich (ABSH 1997 S. 145 E. 1b [OGer.]: «Im weitern sind an eine fachlich wie sachlich gehörige Mandatsführung hohe Anforderungen zu stellen»). Es wird weder ein Wohnsitz in der Schweiz (BSK-KARRER, Art. 517 N 8: «Personen mit Wohn- bzw. Geschäftssitz im Ausland»; implizit auch ZR 39/1940 Nr. 162 S. 357: Ein in Berlin wohnhafter und drei in den USA wohnhafte Testamentsvollstrecker) noch die schweizerische Nationalität verlangt (ZBJV 27/1891 Nr. 1 S. 267 [AppH BE]: «Drei in Bern wohnhafte Bürger französischer Nationalität») und auch keine besondere Befähigung (WENGER, S. 53). Wenn in ZR 91–92/1992–93 Nr. 46 E. 1b S. 175 (OGer.) ausgeführt wird, es werde regelmässig vorausgesetzt, dass der

Willensvollstrecker «die im konkreten Fall notwendigen Fähigkeiten» aufweise, bedeutet dies in erster Linie, dass er im Falle seiner Unfähigkeit wieder abgesetzt werden kann (Art. 517–518 N 524 und N 548). Besonders häufig als Willensvollstrecker werden Rechtsanwälte (insbesondere Fachanwälte im Erbrecht), Steuerexperten, Wirtschaftsprüfer, Treuhänder, Anwalts-, Steuerberatungs-, Wirtschaftsprüfungs- und Treuhandgesellschaften sowie Banken bzw. deren Angestellte eingesetzt (überholt ist eine Unterstellung der Tätigkeit des Willensvollstreckers unter das Anwaltsmonopol, wie dies früher die st. gallische Zivilprozessordnung vorsah, vgl. BGE 100 Ia 163 Pt. A. S. 165 = JdT 123/1975 I 214 = Pra. 63/1974 Nr. 170 S. 487). Neben den fachlichen Aspekten spielen auch emotionale eine nicht unbedeutende Rolle für den Erfolg dieses Instituts, welche BREITSCHMID, successio 3/2009 S. 112, treffend umschreibt: «Der ehemalige Scheidungsanwalt als Willensvollstrecker könnte lebzeitig-biografische Altlasten erneut zum Problem werden lassen …; auch der mediationsgeschulte Willensvollstrecker hat gegen Miterben mit einem fundamentaldestruktiven Ansatz nur beschränkt komplikationsarme Möglichkeiten.»

e) **Als Willensvollstrecker können somit grundsätzlich auch Vorbestrafte, Konkursite und fruchtlos Betriebene eingesetzt werden** (PIOTET, SPR IV/1, § 24 II B; JOST, Willensvollstrecker, N 13; die früher verhängte Einstellung in der bürgerlichen Ehrenfähigkeit [vgl. den 1971 aufgehobenen Art. 52 StGB], war ebenfalls kein Hindernis für die Ernennung als Willensvollstrecker, vgl. ZBGR 16/1935 Nr. 2 S. 150 [KGer. VD]). Der Konkurs und die fruchtlose Pfändung können Einschränkungen bei der Ausübung patentierter Berufsarten (wie dem Beruf des Rechtsanwalts) mit sich bringen (Art. 26 Abs. 1 SchKG), hindern aber grundsätzlich nicht an der Tätigkeit als Willensvollstrecker. Wenn der Erblasser (bewusst) einen Konkursiten eingesetzt hat, ist dies vom Fall zu unterscheiden, dass eine als Willensvollstrecker bestimmte Person nachträglich in Konkurs gefallen ist. Wenn der Willensvollstrecker nach seiner Einsetzung in Konkurs gerät, kann zweifelhaft sein, ob er noch fähig sei, seiner Aufgabe nachzukommen und die Erben werden deshalb versuchen, ihn von der Aufsichtsbehörde absetzen zu lassen (Art. 517–518 N 522 und 548; vgl. BGE 47 II 38 = Pra. 10/1921 Nr. 86 S. 183 = ZBGR 27/1946 Nr. 94 S. 281, wo ein Erbschaftsverwalter eingesetzt wurde, welcher sich später als zahlungsunfähig herausstellte).

5

f) **Nicht zum Willensvollstrecker bestellt** werden können (1) **der Eröffnungsrichter** (SJZ 20/1923–24 Nr. 3 S. 11 [TC VD]: «le Juge ne pouvait accepter ce mandat sans se récuser comme magistrat chargé d'ouvrir la succession, puisqu'il ne pouvait être à la fois juge et partie») **und andere Behördenmitglieder,** welche in ihrer amtlichen Stellung mit der Erbschaft zu tun haben, wie der Zivilrichter oder Mitglieder der Erbschaftsbehörde (WETZEL, N 235). (2) Der **Notar** ist – im Gegensatz zu Deutschland (STAUDINGER-REIMANN, § 2197 BGB Rn. 60 mit Verweis auf § 27 und § 7 BeurkG) – grundsätzlich nicht ausgeschlossen (vgl. den Sachverhalt in Rep. 102/1969 S. 7 Pt. A [Civ.]), es bestehen nur einzelne Ausstandspflichten (WOLF,

6

Willensvollstreckung, S. 93 ff.: Nach Art. 503 wird der Notar, welcher die letztwillige Verfügung beurkundet, nicht als Willensvollstrecker ausgeschlossen, er darf – wie die übrigen Beteiligten – lediglich in der letztwilligen Verfügung nicht bedacht sein; er darf sich zudem nicht aktiv als Willensvollstrecker anbieten; MOSER, successio 4/2010 S. 22, weist darauf hin, dass der Notar in einigen Kantonen ausdrücklich als Willensvollstrecker tätig werden darf: Art. 9 Abs. 2 GE-LN; Art. 36 Abs. 1 lit. a VS-NG; Art. 88bis SG-EGZGB regelt die Willensvollstreckung durch Mitarbeiter des Amtsnotariats beispielsweise wie folgt: «Werden Mitarbeiter nicht als Amtsperson, sondern persönlich als Willensvollstrecker eingesetzt, bedarf es dazu der Bewilligung des zuständigen Departementes. Die Bewilligung wird erteilt, wenn zwischen dem Erblasser und dem Willensvollstrecker ein besonderes Vertrauensverhältnis besteht oder bestand». Der Notar ist sodann gehindert, Verträge (wie den Verkauf eines Grundstücks), welche er als Willensvollstrecker für den Nachlass abschliesst, gleichzeitig auch zu beurkunden (ZBGR 22/1941 Nr. 3 S. 253 [JD AG]; ZBGR 22/1940 Nr. 8 S. 50 f. [NK AG]). Beamte und Angestellte des Staates können an einer Tätitkeit als Willensvollstrecker insofern gehindert sein, als sie zu (entgeltlichen, zeitraubenden) Nebenbeschäftigungen eine Bewilligung benötigen und diese nicht ohne weiteres erhalten (ZBl. 49/1948 S. 219 f. [BGer.]: Konkursbeamter; ZVG VB 2009.00353, Sachverhalt B: «Die Verwaltungskommission des Obergerichts untersagte A mit Beschluss 24. Februar 1999, ‹von Kunden des Notariates X irgendwelche private Aufträge anzunehmen› ... Die Häufigkeit, mit der A als Willensvollstrecker eingesetzt werde, sowie der Umstand, dass er von Kunden des Notariats X gegen Entgelt private Aufträge entgegennehme, ohne die notwendige Bewilligung einzuholen, mache deshalb ein Eingreifen der Aufsichtsbehörde erforderlich»). Der Notar, der als Willensvollstrecker eingesetzt ist, darf die Erbbescheinigung ausstellen und das Nachlassinventar errichten, ist es ihm (wegen Interessenkollision) aber nicht erlaubt, sich selbst einen Willensvollstreckerausweis auszustellen (WOLF, Art. 32 BE-NG N 32).

7 **g) Der Willensvollstrecker darf sich nicht in einem Interessenkonflikt befinden,** ansonsten gegen seine Ernennung beim Richter geklagt werden kann (BGE 98 II 272 S. 275 f. = JdT 121/1973 I E. 1 S. 249 = Pra. 62/1973 Nr. 34 S. 109 = ZBGR 55/1974 Nr. 17 S. 80; weiter vgl. Art. 517–518 N 454; überholt PKG 1964 Nr. 55 S. 142 [Pr 6/63; KGP]: Aufsichtsbehörde; ZBJV 80/1944 S. 42 f. [RR BE]: Aufsichtsbehörde), und zwar aufgrund eines neben Art. 519 bestehenden, selbständigen Ungültigkeits- oder Anfechtungsgrundes (BGE 90 II 376 E. 3 384 f. = JdT 113/1965 I S. 345 = Pra. 54/1954 Nr. 36 S. 122; RVJ 2005 S. 242 E. 1a [Cass.]; ZR 93/1994 Nr. 15 S. 72 f. [KassGer.]; RBOG 1989 Nr. 4 S. 68). Der Richter ist auch bei einem nachträglich auftretenden Interessenkonflikt zuständig (a.M. DRUEY, Grundriss, § 14 N 73: Aufsichtsbehörde; da sich Interessenkonflikte oft nicht nur durch bestimmte Konstellationen ergeben, sondern auch vom Verhalten des Willensvollstreckers abhängen [Art. 517–518 N 454], ist die Unterscheidung in ur-

sprünglich/nachträglich oft schwierig zu treffen und darf nicht massgebend sein für die Wahl des Rechtsweges).

h) **Praxis zum Interessenkonflikt:** In einem Interessenkonflikt befindet sich der Willensvollstrecker, (1) der als *Anwalt gleichzeitig Erben vertritt* (WETZEL, N 236; nach ZR 70/1971 Nr. 72 S. 221 [AK] kann der Anwalt eines Miterben das Amt gültig antreten, er hat sich aber aller Handlungen zu enthalten, welche den Erbteil seines Klienten betreffen; in casu wurde das Problem so gelöst, dass auf eine weitere Anwaltstätigkeit für den Erben verzichtet wurde; nach BGer. 2C_517/2019 vom 9. Februar 2010 E. 4.2 hätte sich der Notar des aufgehobenen Testaments und frühere Anwalt der Erblasserin den Erben nur als Zeuge – und nicht als Anwalt – zur Verfügung stellen dürfen, um das spätere Testament, in welchem er als Willensvollstrecker abgesetzt wurde, zu bekämpfen). Solche Intressenkonflikte können für den Anwalt zur Verletzung von Standespflichten führen (vgl. BGer. 2C_518/2009 vom 9. Februar 2010 Erw. 4.2; weiter vgl. hinten, Art. 517–518 N 516). (2) *Urkundspersonen* (ZBGR 24/1943 S. 317 [JD AG]; zu den Ausstandspflichten des Notars vgl. vorne, Art. 517–518 N 6) und (3) *Testamentszeugen* (ZR 13/1914 Nr. 91 S. 200 = ZBGR 22/1941 Nr. 110 S. 261 [RK]) befinden sich nicht per se in einem Interessenkonflikt (SJZ 11/1914–15 Nr. 220 S. 275 [JD AG]: Das Willensvollstreckermandat stellt kein Vermächtnis dar; ZBJV 43/1907 Nr. 29 S. 326 [AppH BE]; BK-TUOR, Art. 503 N 11; PIOTET, SPR IV/1, § 24 II B: Das Willensvollstreckermandat stellt keine Zuwendung im Sinne von Art. 503 Abs. 2 dar; BSK-KARRER, Art. 517 N 8; anders die deutsche Gesetzgebung in §§ 7 und 27 BeurkG, welche den Notar als Testamentsvollstrecker ausschliesst, weil es das Honorar als [zu vermeidenden] Vorteil ansieht). Wenn der Notar für seine Dienstleistung marktgerecht (at arms length) entschädigt wird, liegt kein Interessenkonflikt vor, aber es stellt sich die Frage, ob es erstrebenswert sei, dass ein staatlicher Funktionsträger im Nebenberuf die private Funktion eines Vollstreckers des letzten Willens übernimmt (WOLF, Willensvollstreckung, S. 90: «Handelt der Notar als Willensvollstrecker, so ist er nebenberuflich tätig und unterliegt für sein Wirken grundsätzlich dem Privatrecht»). Dies ist vom jeweiligen Notariatsrecht zu beantworten und dürfte von der (unterschiedlichen) Organisation abhängen (vgl. etwa Art. 88bis SG-EGZGB: «Mit der Willensvollstreckung können die Mitarbeiter des Amtsnotariates betraut werden. Werden Mitarbeiter nicht als Amtsperson, sondern persönlich als Willensvollstrecker eingesetzt, bedarf es dazu der Bewilligung des zuständigen Departementes. Die Bewilligung wird erteilt, wenn zwischen dem Erblasser und dem Willensvollstrecker ein besonderes Vertrauensverhältnis besteht oder bestand»; zum Einschreiten der Aufsichtsbehörde wegen zu häufiger [unbewilligter] Willensvollstreckermandate eines Notars vgl. ZVG VB.2009.00353 Sachverhalt B.). Auch im Rahmen der Erbteilung ist eine Mitwirkung eines Notars als Willensvollstrecker nicht ausgeschlossen (Rep. 119/1985 S. 176: «Di regola, per quanto attiene alla divisione ereditaria, i ruoli di notaio ed esecutore testamentario sono compatibili, dato che l'esecutore testamentario non è parte né rappresentante delle parti al contratto di divisione». (4) *Personen, welche bei der Nachlassplanung mitgewirkt* haben, befinden sich ebenfalls nicht per se in einem Interessenkonflikt (vgl. etwa den Sachverhalt in BGE 102 Ia 418 E. 3b S. 422 = StR 33/1978 S. 84; AR-GVP 1994 Nr. 591 S. 74 f. [SRK]). Eine Interessenkollision kann sich aber durch eine Planung ergeben, welche sich im Grenzbereich des Zulässigen bewegt (ZR 91/1992–93 Nr. 46 S. 183). (5) Der *frühere Anwalt des Erblassers* hat zu beachten, dass die Erben bezüglich Tatsachen, welche ihm vom Erblasser anvertraut wurden, nicht die neuen Geheimnisherren werden (BJM 2002 S. 279 E. 3a; teilweise anders SCHRÖDER, S. 156 ff.). Soweit nicht davon ausgegangen werden kann, dass der Erblasser mit der Ernennung zum Willensvollstrecker auch seine stillschweigende Zustimmung zur Offenbarung von Informationen gegeben hat, welche für die Vollstreckung der letztwilligen Verfügung relevant sind (BJM 2002 S. 280 E. 3b), muss der Rechtsanwalt durch die Aufsichtsbehörde von seiner Geheimhaltungspflicht befreit werden (ZR 82/1983 Nr. 15 E. 3 S. 36). Die Befreiung wird gewährt, wenn dadurch die «gerechte und korrekte Verteilung der Erbschaft» gefördert werden kann (ZR 82/1983 Nr. 15 E. 4 S. 36). (6) Der Willensvollstrecker kann grundsätzlich als *Sicherungsinventar-Notar* eingesetzt werden (zu Einzelheiten vgl. Art. 517–518 N 104). (7) Ein Interessenkonflikt kann bei *Erben* bestehen (EGVSZ 1979 S. 76 [RK]; nach ZR 70/1971 Nr. 72 S. 221 [AK] können Erben grundsätzlich als Willensvollstrecker ernannt werden; nach WETZEL, N 287 ff., können Vor- und Nacherben grundsätzlich als Willensvollstrecker ernannt werden; nach Art. 701 Abs. 2 CC it. können Erben ausdrücklich als Testamentsvollstrecker ernannt werden) und bei ihren (gesetzlichen oder gewillkürten) Vertretern (vgl. den Sachverhalt in BGE 85 III 73 = JdT 107/159 III S. 102 [Beistand eines minderjährigen Erben als Willensvollstrecker], wo diese Frage allerdings nicht aufgeworfen wurde). (8) «In der Praxis wird sehr häufig, wenn nicht sogar standardmässig und vielfach unüberlegt der *überlebende Ehegatte* als Willensvollstrecker eingesetzt» (BIBER, ZBGR 86/2005 S. 18 FN 55). Beim überlebenden Ehegatten ist der Interessenkonflikt noch akzentuierter als beim Erben: Er befindet sich nicht nur bezüglich des Erbes, sondern auch bezüglich der güterrechtlichen Auseinandersetzung regelmässig in einem Interessenkonflikt mit den übrigen Erben. (9) Auch ein *Alleinerbe* ist nicht von vornherein als Willensvollstrecker ausgeschlossen (in BGE 96 II 79 Pt. C S. 82 = SJIR 27/1971 224 wurde eine Alleinerbin als Willensvollstreckerin ernannt, die Frage der Interessenkollision aber nicht aufgeworfen; PVG 2008 Nr. 3 S. 16 [ZF08 21/25; KGer.]; PICENONI, ZBGR 50/1969 S. 164), weil er wesentlich schneller über den Nachlass verfügen kann als die Erben (BSK-KARRER, Art. 517 N 8: «Dies kann bei unklaren oder bestrittenen Situationen durchaus sinnvoll sein, denn als Willensvollstrecker kann die fragliche Person den Nachlass i.d.R. schneller in Besitz nehmen und verwalten als in der Stellung als Erbe»). Dies wird im BGB enger gesehen mit der Begründung, der Alleinerbe könne durch die Ernennung zum Testamentsvollstrecker nicht mehr

Rechte erlangen, als er schon habe (RGZ 163 S. 57) bzw. die Testamentsvollstreckung müsse zu einer Beschränkung des Erben führen (SOERGEL-DAMRAU, § 2197 BGB Rz. 10). Es kann sodann eine Unvereinbarkeit mit § 2306 BGB (Beschränkungen) und § 2376 BGB bestehen (STAUDINGER-REIMANN, § 2197 BGB Rn. 53). In beiden Rechtsordnungen ist wenigstens anerkannt, dass der Alleinerbe einer von mehreren Vollstreckern sein kann (RGZ 163 S. 58 f.; STAUDINGER-REIMANN, § 2197 BGB Rn. 53; SCHULER-BUCHE, S. 4) und dass er mit dem Vollzug von Vermächtnissen beauftragt werden kann (BGH ZEV 12/2005 S. 204 = ZErb 7/2005 S. 160; SOERGEL-DAMRAU, § 2197 BGB Rz. 10; BENGEL/REIMANN, Rz. 2 183; SCHULER-BUCHE, S. 4: «comme exécuteur testamentaire il a aussi l'obligation d'exiger l'exécution d'une charge due par un légataire, alors que, comme héritier, il en a simplement le droit»). Obwohl zuzugeben ist, dass die Einsetzung eines Willensvollstreckers neben einem Alleinerben in vielen Fällen wenig Sinn ergibt, sollte grundsätzlich nicht ausgeschlossen werden, dem Alleinerben einen allfälligen Vorteil durch eine zusätzliche Stellung als Willensvollstrecker zu gewähren. (10) Beim *Vermächtnisnehmer* hängt das Konfliktpotential sehr von der Art und Grösse des Vermächtnisses ab (WETZEL, N 94; nach art. 701 Abs. 2 CC it. können Vermächtnisnehmer ausdrücklich als Testamentsvollstrecker ernannt werden). Wer ein grosses Quotenvermächtnis erhält, befindet sich eher in einem Interessenkonflikt (eine Pflichtteilverletzung ist möglich und der genaue Betrag kann strittig sein) als derjenige, der ein kleines, summenmässig festgelegtes Vermächtnis erhält. (11) Weiter sind Interessenkonflikte denkbar beim *Stiftungsrat einer vom Erblasser errichteten Stiftung* (BGer. 5A_111/2008 vom 9. Dezember 2008 E. 3.2: Die Stellung als executor und trustee ist vergleichbar mit derjenigen als Willensvollstrecker und Stiftungsrat; diese Doppelstellung ist nicht per se unzulässig [zustimmend WILSON/WYNNE, Trusts & Trustees 15/2009 S. 731 ff.; BGE 90 II 376 E. 5 S. 386 ff. = JdT 113/1965 I S. 345 ff. = Pra. 54/1965 Nr. 36 S. 123 ff., wo die Interessenkollision – im Gegensatz zur Vorinstanz [PKG 1964 Nr. 55 S. 142 – Pr 6/63 – KGP] – verneint wurde). (12) Interessenkonflikte kommen auch bei *Gläubigern* vor (BJM 1990 S. 82 E. 2b = ZBGR 73/1992 Nr. 1 S. 25 [AB BS]). Das Ausmass dürfte von der Solvenz und Liquidität des Nachlasses abhängen. (13) Leicht denkbar sind Interessenkonflikte bei *Banken* (vgl. etwa RBOG 1981 Nr. 10 S. 58: Die Bank überträgt kurz vor dem Tod des Erblassers ein Konto auf dessen Freundin und verschweigt den Erben diese Tatsache). (14) Allein die Tatsache, dass der Willensvollstrecker früher *Vormund oder Beistand* des Erblassers war, verhindert seine Bestellung nicht (ebenso wie diese Stellungen per se kein Grund für eine Absetzung sind, vgl. PKG 1965 Nr. 59 S. 126; Art. 517–518 N 454). (15) Zum Interessenkonflikt des Willensvollstreckers, der gleichzeitig *Aktionär, Verwaltungsrat oder Unternehmensleiter* ist, vgl. Art. 517–518 N 184-183. (16) Unlösbar ist der Interessenkonflikt beim *einzigen Mitgesellschafter* einer Personengesellschaft, vgl. Art. 517–518 N 340.

9 i) Wichtig ist, dass **Interessenkonflikte** immer **im Einzelfall geprüft** werden müssen (BGer. 5P.341/2000 E. 4b: Es ist nicht einzusehen, worin der behauptete Schaden liegen soll, wenn der Willensvollstrecker einen Erben beim Verfassen einer Stellungnahme an die Amtsschreiberei unterstützt, weil keine erbrechtlichen Dispositionen betroffen waren; zu Einzelheiten vgl. Art. 517–518 N 454). *Der vom Erblasser bewusst geschaffene Interessenkonflikt ist so lange hinzunehmen, als der Willensvollstrecker seine Stellung (Fähigkeiten) nicht missbraucht* (BREITSCHMID, AJP 5/1996 S. 91: Das OGer. ZH tolerierte in einem Fall, dass der Willensvollstrecker zugleich Verwaltungsratspräsident einer [zum Nachlass gehörenden] Firmengruppe war, bis über den Eintritt der Söhne in die Firma entschieden wurde). Ähnlich wie bei der Absetzung wegen Pflichtverletzung eine schwere Pflichtverletzung verlangt wird (Art. 517–518 N 548), genügt in der Praxis nicht jede Art von Interessenkollision, sondern es wird eine **schwere bzw. nicht behebbare (strukturelle) Interessenkollision** verlangt.

10 j) Wie kann der Willensvollstrecker **Interessengegensätze bewältigen?** Einerseits kann er den Vorwurf des Missbrauchs durch eine umfassende Information der Erben bis zu einem gewissen Grade abwenden (BREITSCHMID, Stellung des Willensvollstreckers, S. 155). Zum andern kann er dafür sorgen, dass eine Interessenkollision ausgeschlossen wird («Ausschluss») oder dass der Missbrauch durch eine Trennung von Aufgabenbereichen verhindert wird («Abschottung») oder dass ein zweiter (Mit-)Willensvollstrecker oder die Erben ihn ermächtigen bzw. seine Handlungen genehmigen («Bewilligung»). Diese Regeln lehnen an die Normen an, welche beim Selbstkontrahieren und bei der Doppelvertretung entwickelt wurden. Dort sind Geschäfte zulässig, wenn die Gefahr einer Benachteiligung des Vertretenen nach der Natur des Geschäftes ausgeschlossen ist oder der Vertretene den Vertreter zum Vertragsabschluss mit sich selbst besonders ermächtigt oder das Geschäft nachträglich genehmigt hat (BGE 127 III 332 E. 2a S. 333; ZÄCH, Art. 33 N 80 ff.). Wenn der Willensvollstrecker zum Beispiel eine Bank ist, müssen die Tätigkeiten der Willensvollstreckung und der Vermögensverwaltung (Kontoführung, Kreditgewährung, Anlageberatung, Vorsorgeberatung etc.) getrennt werden (Stichwort: Chinese Walls) (GENNA, S. 8)

b. Mehrere Willensvollstrecker

11 a) **Der Erblasser kann mehrere Willensvollstrecker ernennen.** In der Lehre und Gerichtspraxis gibt es zu dieser Konstellation nur wenige Hinweise (BGE 110 II 183 S. 184 = Pra. 73/1984 Nr. 178 S. 490: 3 Willensvollstrecker: 2 Banken und ein Anwalt; BGE 89 II 278 S. 279: quattro esecutori testamentari; BGE 78 II 123: 3 Willensvollstrecker: Schwager, Bankdirektor und Rechtsanwalt; PKG 1996 Nr. 43 E. 7c S. 183 [PF 7/96; KGer.]: 5 Willensvollstrecker; Extraits 1962 S. 25 = ZBGR 48/1967 Nr. 7 S. 13 [une ou plusieurs personnes»];

SO-BOG 1944 Nr. 2a S. 102 = ZBGR 27/1946 Nr. 90 S. 277 [2 Willensvollstrecker]). Der Einsatz von mehreren Willensvollstreckern rechtfertigt sich etwa bei grösseren Nachlässen bzw. wenn verschiedene Jurisdiktionen betroffen sind. In der Praxis werden häufig aus einem gewissen Misstrauen heraus mehrere Willensvollstrecker eingesetzt, etwa in Testamenten, in welchen überwiegend Vermächtnisnehmer (häufig gemeinnützige Organisationen) eingesetzt werden. In diesen Fällen sollte – wenn möglich – mindestens eine (natürliche) Person als Erbe eingesetzt werden, welche auch als Entscheidungsträger wirken kann. Die gegenseitige Kontrolle zwischen Erbe und Willensvollstrecker ist weit wirksamer als die gegenseitige Kontrolle mehrerer Willensvollstrecker (welche zusammenspannen können). Der Verkehr der Erben mit mehreren Willensvollstreckern ist kompliziert und oft wenig förderlich für eine zügige Abwicklung der Erbteilung. Zudem verteuert sich die Abwicklung wegen des zusätzlichen Koordinationsbedarfs.

b) **Der Erblasser kann in der letztwilligen Verfügung bestimmen, wie die mehreren Willensvollstrecker zusammenzuwirken haben** (BGE 89 II 437 Pt. A S. 438: «Messieurs Wavre, notaires à Neuchâtel, ensemble ou séparément»; BGE 78 II 123 E. 3 S. 128). Er kann eine Geschäftsordnung aufstellen oder aber nur das Mehrheitsprinzip festhalten (BSK-KARRER, Art. 518 N 91; PICENONI, ZBGR 50/1969 S. 166; weiter vgl. § 2224 Abs. 1 BGB). Eher selten handeln mehrere Willensvollstrecker (selbständig) nebeneinander. Das ist etwa dann der Fall, wenn der Erblasser in mehreren (sich nicht ausschliessenden/unterschiedliche Vermögen betreffenden) Verfügungen verschiedene Willensvollstrecker ernennt (NUSSBAUM, ZBGR 4/1923 S. 64) oder wenn einzelne Vermögenswerte (etwa ein Unternehmen) separat zu betreuen sind. Stattdessen kann der Erblasser auch eine hierarchische Lösung wählen und eine Art Prinzipal einsetzen. Damit ist die Koordination gewährleistet (etwa bezüglich der Liquidität und der Berechnung der Pflichtteile), aber es stellen sich für den Prinzipal (wegen der Solidarität) unangenehme Haftungsfragen (vgl. dazu Art. 517–518 N 429).

12

c) **Wenn der Erblasser für das Zusammenwirken von mehreren Willensvollstreckern keine Vorgaben macht, kommen folgende Grundsätze zur Anwendung:** (1) Mehrere Willensvollstrecker bilden eine Gemeinschaft ohne eigene Rechtspersönlichkeit (ZR 38/1939 Nr. 85 E. 1 S. 191 f.: sie können nicht als «Kuratorium der Testamentsvollstrecker» eingeklagt werden). (2) Sie haben grundlegende Entscheide gemeinsam zu treffen (Art. 518 Abs. 3; PIOTET, SPR IV/1, § 24 II A; BSK-KARRER, Art. 518 N 92: Einstimmige Beschlüsse; PICENONI, ZBGR 50/1969 S. 165: Prinzip der Einstimmigkeit). (3) Mehrere Willensvollstrecker haben ihre Ausführungshandlungen, welche sie grundsätzlich alleine vornehmen, zu koordinieren. Wenn Willensvollstrecker mit unterschiedlichen Berufen ernannt werden (Rechtsanwalt, Steuerberater, Treuhänder, Bankier etc.), wird vermutet, dass jeder seinen angestammten Bereich betreuen soll. (4) Die mehreren Willens-

13

vollstrecker können – unabhängig von den obigen Regeln – eine interne Absprache treffen (BSK-KARRER, Art. 518 N 92). (5) Steitfälle werden durch die Aufsichtsbehörde entschieden, leider nicht auch blosse Fragen bei Unklarheiten (vgl. zuletzt PKG 2003 Nr. 35 S. 183 [PZ 02 127; KGP]). Die Aufsichtsbehörde kann zudem nur festlegen, in welcher Weise die mehreren Willensvollstrecker handeln sollen, sie ist aber nicht in der Lage, materielle Fragen zu entscheiden. (6) In dringenden Fällen kann einer von mehreren Willensvollstreckern alleine (ohne Rücksprache mit den übrigen) handeln (dies ist in § 2224 Abs. 2 BGB und Art. 700 Abs. 2 CC it. ausdrücklich vorgesehen), ähnlich wie ein einzelner Erbe dies tun kann (vgl. dazu LEIMGRUBER, S. 50 ff.; Art. 517–518 N 467). (7) Zum Honorar von mehreren Willensvollstreckern vgl. Art. 517–518 N 404.

14 d) **Wenn einer von mehreren Willensvollstreckern** (durch Tod, Verzicht usw.) **ausscheidet, werden die Geschäfte von den übrigen weitergeführt** (BSK-KARRER, Art. 518 N 96; ebenso § 2224 Abs. 1 BGB). Die Willensvollstrecker dürfen keine davon abweichende Geschäftsordnung aufstellen (JOST, Fragen, N 26). Damit wird die Kontinuität für die Erben sichergestellt. Hier zeigt sich ein Vorteil gegenüber einem einzelnen Willensvollstrecker, weil die Regelung des ZGB bei der Regelung des Willensvollstrecker-Ersatzes einen Schwachpunkt aufweist (Art. 517–518 N 20).

15 e) Andere «Beteiligungs»-Modelle, wie sie etwa im BGB als Kontrollmechnismus diskutiert werden (Erben-Beteiligungs-Modell, Dritt-Beteiligungs-Modell, vgl. STAUDINGER-REIMANN, Vorbem. zu §§ 2197–2228 BGB Rn. 44 ff.) sind grundsätzlich auch im schweizerischen Recht denkbar. Ihre Zulässigkeit ist im Einzelfall zu überprüfen und dürfte allenfalls an der zwingenden staatlichen Aufsicht (Art. 517–518 N 515 ff.) scheitern (AJP 5/1996 S. 90 E. 2bγ [OGer. ZH]; BSK-KARRER, Art. 518 N 11 und 97; parallel kann der Willensvollstrecker der Aufsicht seiner Berufsorganisation unterstehen, vgl. BSK-KARRER, Art. 595 N 20).

2. Ernennung des Willensvollstreckers

16 a) Die Bestimmung des Willensvollstreckers durch den Erblasser wird im schweizerischen Recht **meist als Ernennung bezeichnet** (BK-TUOR, Art. 517 N 4; ZK-ESCHER, Art. 517 N 1; anders PraxKomm-CHRIST, Art. 517 N 9: Anordnung). Im deutschen Recht kennt man neben der Ernennung (des Testamentsvollstreckers) noch die Anordnung (der Testamentsvollstreckung) (STAUDINGER-REIMANN, § 2197 BGB Rn. 1, 10 und 45; SOERGEL-DAMRAU, § 2197 BGB Rz. 1). Diese Unterscheidung entfällt im schweizerischen Recht, weil der Willensvollstrecker nur vom Erblasser und weder von einer Nachlassbehörde (§ 2200 BGB: Nachlassgericht) noch von einem Dritten (§ 2198 BGB; Art. 517–

518 N 17) bestimmt werden kann. Weil der Willensvollstrecker sein Amt frei annehmen oder ablehnen darf, wird **vereinzelt auch von Berufung gesprochen** (PIOTET, SPR IV/2, § 24 I). Da diese Bezeichnung aber nicht üblich ist, wird im folgenden nur noch der Begriff Ernennung verwendet. Der Erblasser muss weder den Ausdruck «Willensvollstrecker» noch eine Übersetzung davon benützen, wenn er den Willensvollstrecker ernennen (bestimmen) will (BVR 1/1976 S. 265 und S. 272 E. 8 = BN 38/1977 S. 190 und 197 [RR]: «notaire liquidateur de ma succession»; ebenso [für das BGB] BayObLGZ 35/1982 Nr. 10 S. 59 = BayJMBl. 1982 S. 66 = FamRZ 29/1982 Nr. 687 S. 1138 = Rpfleger 90/1982 S. 226: «Vollmacht die Verwaltung meines Hausanteils X-Strasse ... zu verwalten»).

b) **Der Erblasser ernennt den Willensvollstrecker durch eine (einseitige) letztwillige Verfügung,** welche völlig unabhängig von den weiteren Verfügungen von Todes wegen des Erblassers ist (BSK-KARRER, Art. 517 N 4: «Es ist nicht erforderlich, dass die Ernennung in der gleichen letztwilligen Verfügung und zur gleichen Zeit vorgenommen wird wie die Verfügung, um deren Vollstreckung es sich handelt»; CARRARD, JdT 75/1927 S. 387). Es können alle Formen der einseitigen letztwilligen Verfügung benützt werden (NUSSBAUM, ZBGR 4/1923 S. 59: «Ein Willensvollstrecker kann in einer letztwilligen Verfügung [öffentliche, eigenhändige, mündliche] bestellt werden»). In der Mustersammlung «Ehegüter- und Erbrecht» des Notariatsinspektorats des Kantons Zürich lautet die Formulierung: «Mit der Willensvollstreckung beauftrage ich ...» (weiter vgl. Rep. 104/1971 S. 200 [Civ.]: «Nomino executore testamentario ...»). An sich ist es nicht notwendig, dass der Erblasser das Wort «Willensvollstreckung» verwendet, sein Wille kann auch auf andere Weise ausgedrückt werden (CARRARD, JdT 75/1927 S. 389), die Verwendung des Begriffs «Willensvollstrecker» bzw. der Hinweis auf Art. 517 f. ZGB helfen aber natürlich, keine Zweifel aufkommen zu lassen. Die Ernennung kann befristet erfolgen (vgl. dazu Art. 517–518 N 379) oder bedingt (zum Beispiel unter der Bedingung, dass sich die Erben nicht einigen, vgl. ZR 66/1967 Nr. 100 E. 2 189 [OGer.]; BSK-KARRER, Art. 517 N 4). Solche Einschränkungen können zum Ziel haben, unnötige Kosten zu vermeiden, den Erben im Falle der Uneinigkeit aber rasch einen ‹Erbschaftsverwalter› zu bestellen. Die Ernennung kann vom Erblasser jederzeit widerrufen werden (BJM 1972 S. 80 E. 4 [OGer. BL]; PIOTET, SPR IV/1, § 24 I; anders BSK-KARRER, Art. 517 N 4: Bindung soll durch Erbvertrag möglich sein; diese Ansicht ist von der Rechtslage zum Testamentsvollstrecker geprägt, vgl. etwa KG 8U 144/09 Zerb 2010 S. 59: Wechsel des Testamentsvollstreckers beeinträchtigt den Vertragserben). Liegen zwei (vollständige) letztwillige Verfügungen vor und wurde der Willensvollstrecker nur in der ersten ernannt, in der zweiten aber nicht erwähnt, oder wurde ein anderer Willensvollstrecker ernannt, so ist zu vermuten, dass die Ernennung des (ersten) Willensvollstreckers widerrufen wurde (Art. 511 Abs. 1; ZR 84/1985 Nr. 12 E. 4 S. 43 [OGer.]; RBOG 1981 Nr. 6 S. 53 = SJZ 78/1982 Nr. 63 S. 379 [3]; CARRARD, N 90: «l'exécuteur nommé par

17

le premier testament est remplacé par celui désigné par le second»). Allerdings steht der Beweis des Gegenteils offen (GUINAND, S. 5), wobei das Verhältnis der Verfügungen anhand ihres Wortlauts und in zweiter Linie anhand des Sachzusammenhangs zu prüfen ist (ZR 84/1985 Nr. 12 E. 3 und 4 S. 42 f. [OGer.]: Zu berücksichtigende Umstände können (vorhandene/fehlende) persönliche Beziehungen, Äusserungen oder Handlungen des Erblassers, (vorkommende/fehlende) Widersprüche in den Anordnungen des Erblassers oder der (gemeinsame/getrennte) Aufbewahrungsort der letztwilligen Verfügung sein; SGVP 3/1928–43 Nr. 528 S. 361 = ZBGR 28/1947 Nr. 100 S. 259 [RR]).

18 c) **Die Ernennung des Willensvollstreckers kann nicht in einem (zweiseitigen) Erbvertrag vorgenommen werden** (DRUEY, Grundriss, § 14 N 65; RIEMER, recht 16/1998 S. 23; ESCHER, ZBGR 56/1975 S. 7: «Zu beanstanden ist ... die Formulierung in einem Erbvertrag: ‹Als Willensvollstrecker ernannt wird ...›»; diese Frage wurde bereits 1902 in der Expertenkommission so entschieden, vgl. CARRAD, JdT 75/1927 S. 387). Wenn die Ernennung des Willensvollstreckers dennoch im Rahmen eines Erbvertrags erfolgt, sollte dies in einem besonderen, von den übrigen Bestimmungen getrennten Abschnitt erfolgen (II. Letztwillige Verfügungen; ZGBR 58/1977 S. 304), sie ist aber jedenfalls als einseitige und damit widerrufliche letztwillige Verfügung auszulegen (ZBJV 80/1944 S. 39 [RR BE]: «Ist die Einsetzung eines Willensvollstreckers in einem Erbvertrag enthalten, so hat sie doch die Bedeutung einer [widerruflichen] letztwilligen Verfügung»; PIOTET, SPR IV/1, § 24 II A: «die vertragliche Bezeichnung ... ist ungültig, kann aber in eine einseitige umgewandelt werden»; PICENONI, ZBGR 50/1969 S. 162 f.: «Damit ist aber nicht ausgeschlossen, dass ein Vollstrecker auch in einem Erbvertrag ernannt werden kann, allerdings handelt es sich dabei um eine einseitige, letztwillige Verfügung (eine testamentarische Anordnung in einem Erbvertrag) ...»; JOST, Willensvollstrecker, N 9). *Ausgeschlossen ist die Ernennung des Willensvollstreckers auch in einem Vertrag unter Lebenden* (BSK-KARRER, Art. 517 N 3; wenn allerdings die Form eines Erbvertrags eingehalten ist, muss im Einzelfall abgeklärt werden, ob die Erklärung des Erblassers nicht als einseitige letztwillige Verfügung ausgelegt oder allenfalls zu einer solchen konvertiert werden kann). *Ausgeschlossen ist schliesslich die Ernennung durch eine andere Person als den Erblasser*: Nach ROSSEL/MENTHA (101) soll – wie nach § 2198 ff. BGB – auch ein Dritter einen Willensvollstrecker ernennen können. Das wird von der herrschenden Meinung aber abgelehnt (BSK-KARRER, Art. 517 N 5; PIOTET, SPR IV/1, § 24 II A und § 43 II; WETZEL, N 41 ff.: Die Ernennung des Willensvollstreckers kann auch keiner Behörde [etwa der Aufsichtsbehörde] überlassen werden; solche Formulierungen findet man dennoch hin und wieder in Testamenten, vgl. etwa den Sachverhalt in GR1 ERZ 09 81). Eine Bestimmung des Willensvollstreckers durch einen Dritten widerspricht der materiellen Höchstpersönlichkeit der letztwilligen Verfügung (vgl. dazu DRUEY, Grundriss, § 8 N 23 ff.; BK-TUOR, Vorbem. zu Art. 467–469 N 5 f.;

ZK-ESCHER, Vorbem. zu Art. 467–469 N 4). *Der Erblasser kann sich erbvertraglich nicht binden, weder bei der Wahl des Willensvollstreckers* (indem der Erblasser z.B. nur eine bestimmte Person, nur eine Person aus einem bestimmten Personenkreis oder nicht mehr als eine einzige Personen als Willensvollstrecker ernennt) *noch bei der Frage, ob überhaupt eine Willensvollstreckung angeordnet wird* (PraxKomm-CHRIST, Art. 517 N 9; vgl. auch Art. 517–518 N 17: Widerruf). Das deutsche Recht ist in diesem Punkt liberaler und erlaubt die vorgenannten Bindungen des Erblassers (STAUDINGER-REIMANN, § 2197 BGB Rn. 20). Im schweizerischen Recht entspricht die Freiheit des Erblassers, den Willensvollstrecker jederzeit ändern zu können, einem breiten Bedürfnis, weshalb sich keine Änderungen aufdrängen (anders BREITSCHMID, SJZ 102/2006 S. 103).

d) **Der Erblasser muss testierfähig sein,** er muss also zumindest urteilsfähig sein und das 18. Altersjahr zurückgelegt haben (Art. 467 ZGB). Dabei ist zu beachten, dass die Einsetzung eines Willensvollstreckers an die Urteilsfähigkeit des Erblassers nicht allzu hohe Anforderungen stellt (GUTZWILLER, AJP 17/2008 S. 1227: «Der Erblasser könnte u.U. tatsächlich nicht mehr über genügende Urteilsfähigkeit verfügen, seine gesamte Nachlassregelung neu oder anders als bisher zu gestalten; aber es kann ihm durchaus die Fähigkeit … verblieben sein, … eine dem Erblasser wohl vertraute Person als Willensvollstrecker einzusetzen»). Der Erblasser kann den Willensvollstrecker auch dann selbständig ernennen, wenn er unter Vormundschaft steht (BSK-BREITSCHMID, Art 467/468 N 4; anders JOST, Willensvollstrecker, N 8: «Stand aber der Erblasser noch im Zeitpunkt des Todes unter Vormundschaft, so bedarf der Vollstrecker auch eines formellen Ernennungsdekretes seitens der zuständigen kantonalen Behörde [ZGB 554 II]»; dieser Ansicht kann nicht gefolgt werden, weil die Vormundschaft des Erblassers keine Voraussetzung für die Einsetzung eines Erbschaftsverwalters nach Art. 554 ist, vgl. dazu Art. 517–518 N 117).

19

e) **Ein Ersatz für den Willensvollstrecker kann** (ebenfalls) **nur vom Erblasser ernannt werden** (DRUEY, Grundriss, § 14 N 72; PIOTET, SPR IV/1, § 24 II A), und zwar nur durch (einseitige) letztwillige Verfügung (Extraits 1962 S. 25 = ZBGR 48/1967 Nr. 7 S. 13 [TC]; ASA 41/1972–73 Nr. 35 S. 343 [BGer.]: «Rechtsanwalt K. … als Ersatzwillensvollstrecker»). Häufig wird *formuliert,* dass der Ersatzwillensvollstrecker nur dann zum Zug kommt, wenn der Hauptwillensvollstrecker «das Mandat nicht angenommen oder niedergelegt hat» (vgl. den Sachverhalt in BGE 102 II 313 Pt. A S. 315 = ZBGR 58/1977 Nr. 29 S. 239 [«… und falls dieser das Mandat nicht annehmen kann oder will, das Bezirksamt St. Gallen»] = JdT 125/1977 I S. 132 [«… au cas où il ne pourrait ou ne voudrait pas accepter ce mandat, l'office de district de St-Gall»]). Die Gründe, weshalb ein Ersatz-Willensvollstrecker eingesetzt wird, sind nicht beschränkt (ABRECHT, successio 2/2008 S. 182 f.: «Il n'existe effectivement aucune raison de ne pas permettre au disposant … de désigner un exécuteur testamentaire de remplacement …»). Der

20

Ersatz muss – wie der Willensvollstrecker (Art. 517–518 N 1) – *bestimmt oder zumindest bestimmbar* sein (BSK-KARRER, Art. 517 N 5; GIGER, Willensvollstrecker, S. 141). Das Bundesgericht (BGer. 5P.529/1994 AJP 5/1996 Nr. 3 E. 7 S. 85) und das Züricher Obergericht (AJP 5/1996 S. 87 f. E. 2 [OGer. ZH]) haben sich zu den sog. Büronachfolgeklauseln kritisch geäussert. M.E. ist der Nachfolger zu wenig genau bestimmbar und eine Klausel damit ungültig, wenn sie derart allgemein gehalten ist wie: «subsidiär die übrigen Mitarbeiter des Büros ...». Genügend bestimmbar ist der Nachfolger zum Beispiel, wenn man im grösseren Anwaltsbüro den jeweils ältesten Partner vorsieht, beim einzelnen Anwalt «seinen Büronachfolger» (AGVE 2001 Nr. 2 E. 1a S. 30 [OGer.]; ABRECHT, successio 2/2008 S. 184: «Me X., notaire soussigné, ou à son défaut son successeur») oder den «nächstjüngeren Notar» (BGer. 5P.485/1994 vom 20. März 1995 Pt. A). An die Bestimmtheit bzw. Bestimmbarkeit dürfen gewisse Anforderungen gestellt werden, weil der Willensvollstrecker die Möglichkeit hat, sich durch Substituten zu entlasten. Der Erblasser kann die Kompetenz, einen Ersatzwillensvollstrecker zu ernennen, *nicht auf den ersten Willensvollstrecker übertragen* (BGer 5P.529/1994 AJP 5/1996 Nr. 3 E. 6 S. 84 f.; BSK-KARRER, Art. 518 N 15; anders § 2199 Abs. 2 BGB: Der Testamentsvollstrecker kann seinen Nachfolger [selbst] bestimmen, vgl. WINKLER, Rz. 49; ebenso Art. 700 Abs. 3 CC it.: «Il testatore puó autorizzare l'esecutore testamentario a sostituire altri a se stesso, qualora egli non possa continuare nell'ufficio») und auch *nicht auf den Vorerben* (vgl. dazu den Sachverhalt in ZGGVP 2000 S. 213 Pt. A [RR]). *Noch weniger ist es möglich, den Ersatz-Willensvollstrecker von einem Dritten bestimmen zu lassen* (AGVE 2001 Nr. 2 E. 1a S. 30 [OGer.]; AJP 5/1996 S. 87 E. 2bχ [3] [OGer. ZH]; ZR 91–92/1992–93 Nr. 64 E. III.2bα S. 237 [OGer.]; BSK-KARRER, Art. 518 N 15). Wiederum weicht § 2198 BGB ab: Dritte können die Person des Testamentsvollstreckers bestimmen, allerdings bleibt die Anordnung der Testamentsvollstreckung (Art. 517–518 N 16) dem Erblasser vorbehalten (WINKLER, Rz. 45). Auch bei dieser Regelung des ZGB steht (wie bei der Ernennung – Art. 517–518 N 18) die materielle Höchstpersönlichkeit der letztwilligen Verfügung im Wege (vgl. dazu DRUEY, Grundriss, § 8 N 23 ff.; BK-TUOR, Vorbem. zu Art. 467–469 N 5 f.; ZK-ESCHER, Vorbem. zu Art. 467–469 N 4). *Der Ersatzwillensvollstrecker kann auch nicht von der Aufsichtsbehörde bestimmt werden* (auch dann nicht, wenn sie zuvor einen Willensvollstrecker entlassen hat, vgl. SOG 1994 Nr. 10 S. 34) *oder vom Zivilrichter* (BREITSCHMID, AJP 5/1996 S. 87). Nach § 2200 BGB kann das Nachlassgericht den Nachfolger bestimmen (SOERGEL-DAMRAU, § 2200 BGB Rz. 1: Diese Bestimmung wurde erlassen, um Unsicherheiten bei der Bestimmung des Ersatzes abzudecken). Die Regelung des ZGB weist hier einen Schwachpunkt auf: Weil der Ersatz (Nachfolger) nur vom Erblasser selbst bestimmt werden kann, reizt dies die Erben nicht selten dazu, einen Versuch zur Absetzung des Willensvollstreckers zu unternehmen, insbesondere wenn der Erblasser keinen Ersatz-Willensvollstrecker bestimmt hat (zum Vorschlag de lege ferenda vgl. hinten,

Art. 517–518 N 22; noch weiter geht der Vorschlag von ABRECHT, successio 2/2008 S. 183, welcher den Ersatz-Willensvollstrecker durch jeden Dritten bestimmen lassen möchte). Es ist zulässig, mehrere Ersatz-Willensvollstrecker hintereiander zu bestellen (so hat das Bundesgericht die Einsetzung des «nächstjüngeren Notars» bei Verhinderung oder Amtsniederlegung ausgelegt, vgl. BGer. 5P.485/1994 vom 20. März 1995 E. 2).

f) Als Ersatz anzusehen sind an sich auch die **Rechtsnachfolger von juristischen Personen,** welche etwa durch Fusionen, Spaltungen oder Umwandlungen entstehen (kein Ersatz liegt dagegen bei einem Wechsel des Eigentümers einer juristischen Person [z.B. Verkauf der Aktien oder Management buyout] oder bei einer Namensänderung vor; diese Vorgänge haben keinen Einfluss auf die Ernennung der juristischen Person als Willensvollstreckerin). Bei den grösseren Banken, Treuhand- und Wirtschaftsprüfungsgesellschaften wird das Rechtskleid recht häufig geändert, neuerdings auch bei den Anwaltsbüros (AG). Damit diese Änderungen des Rechtskleids nicht dazu führen, dass die Ernennung als Willensvollstrecker endet, sollte vorsichtshalber immer formuliert werden «… oder eine allfällige Rechtsnachfolgerin». Auch wenn die letztwillige Verfügung die Rechtsnachfolgerin nicht eigens erwähnt, ist im Zweifel davon auszugehen, dass diese üblicherweise eingeschlossen ist, die Ernennung also auch für Rechtsnachfolgerin gilt.

21

g) Die Regelung des schweizerischen Rechts, dass nur der Erblasser den Willensvollstrecker ernennen darf (Art. 517–518 N 18), ist recht eng und führt allzu häufig dazu, dass die Ernennung nicht zustandekommt. Eine Öffnung im Sinne von §§ 2198 ff. BGB (Art. 517–518 N 16, 18 und 20) wäre durchaus wünschbar. M.E. würde es genügen, wenn zusätzlich die Aufsichtsbehörde die Person des Willensvollstreckers bestimmen könnte, eine Bestimmung durch Dritte erachte ich nicht als notwendig. Darüber hinaus sollte in Art. 517 Abs. 1 **de lege ferenda** auch vorgesehen werden, dass der erste Willensvollstrecker selbst einen Ersatz bestimmen kann (Art. 517–518 N 20). Der Gesetzestext könnte etwa wie folgt lauten: «Der Erblasser kann in einer letztwilligen Verfügung die Willensvollstreckung anordnen und eine oder mehrere handlungsfähige Personen mit der Vollstreckung seines letzten Willens beauftragen. *Er kann die Bestimmung der Person des Willensvollstreckers der Aufsichtsbehörde und die Bestimmung des Ersatzes auch dem ersten Willensvollstrecker überlassen.*» (Änderungen in Schrägschrift). Dies ritzt die Höchstpersönlichkeit der letztwilligen Verfügung zwar etwas, lässt sie im Kernbereich aber bestehen (in diesem Sinne auch SPIRO, S. 263: «Endlich sollte es auch möglich sein, dem Testamentsvollstrecker die Einsetzung eines Ersatzmannes oder Nachfolgers zu erlauben; auch dort, wo Banken und Treuhandgesellschaften eingesetzt werden, kennt der Testator die Personen nicht, jedenfalls nicht sicher, die als Organe oder Angestellte handeln werden. Es ist in diesem Bereich schon heute mit der Höchstpersönlichkeit gar nicht so weit her»).

22

3. Übernahme des Amtes

a. Einreichung des Testaments

23 a) Nach dem Tod des Erblassers ist die letztwillige Verfügung vom jeweiligen Besitzer **am letzten Wohnsitz des Erblassers** (Art. 538; VPB 43/1979 Nr. 12 E. 1 S. 53; BSK-KARRER, Art. 517 N 11; vom zivilrechtlichen Wohnsitz ist das polizeiliche Domizil zu unterscheiden, welches den Willensvollstrecker nicht betrifft ZVG VB 2003.00478 E. 2.2; die Einsetzung eines ausländischen Willensvollstreckers [Kalifornien] ist kein schlüssiges Indiz für einen ausländischen Wohnsitz, vgl. BGer. 5P.37/2005 vom 9. Mai 2005 E. 2.3; zur Zuständigkeit im internationalen Verhältnis vgl. Vorbem. zu Art. 517–518 N 70 und N 76) der zuständigen kantonalen Behörde (Art. 517–518 N 24) zur Eröffnung einzureichen (Art. 556). Wenn die letztwillige Verfügung beim künftigen Willensvollstrecker hinterlegt wurde, hat sie dieser der zuständigen Behörde einzuliefern (BGE 90 II 376 E. 6a S. 390 = JdT 113/1965 I S. 348 f.; ZR 90/1991 Nr. 79 E. 3b S. 253 [OGer.]; SCHNYDER, Eröffnung, 108). Nach Beginn seiner Tätigkeit ist es die Pflicht des Willensvollstreckers, die Einlieferung von letztwilligen Verfügungen, welche sich im Besitz von Dritten befinden, zu erzwingen (BSK-KARRER, Art. 518 N 16).

24 b) Die **Zuständigkeit der kantonalen Behörden** ist meist nicht ausdrücklich geregelt, was aber nichts schadet (BGE 91 II 177 E. 2 S. 181 = JdT 114/1966 I S. 153 = Pra. 54/1965 Nr. 159 S. 474 = ZBGR 47/1966 Nr. 39 S. 178: «Welche Behörde oder Amtsstelle zuständig sei, ... ist im ZGB nicht bestimmt, steht also der kantonalen Rechtsordnung anheim. Es ist nichts dagegen einzuwenden, dass dies [nach ausdrücklicher Gesetzesnorm oder auch beim Fehlen einer solchen] als Aufgabe des Erbschaftsamtes betrachtet wird»). Für die Einlieferung der letztwilligen Verfügungen (und Erbverträge) sind folgende Behörden zuständig:

Kanton	Zuständige Behörde (zur Einreichung der letztwilligen Verfügungen)	Rechtsgrundlage
AG	Bezirksgerichtspräsident	§ 77 Abs. 1 AG-EGZGB
AR	Gemeinderat bzw. Gemeindehauptmann + Gemeindeschreiber	Art. 3 Ziff. 11 und Art. 78 AR-EGZGB
AI	Erbschaftsbehörde (Erbschaftsamt)	Art. 71 AI-EGZGB
BL	Bezirksschreiberei (Erbschaftsamt)	§ 105 lit. g BL-EGZGB
BS	Vorsteher des Erbschaftsamts	§ 140 Abs. 2 BS-EGZGB
BE	Einwohnergemeinderat/Conseil municipal und Notar/Notaire	Art. 6 Abs. 1 und 3 BE-EGZGB/BE-LICC

Kanton	Zuständige Behörde (zur Einreichung der letztwilligen Verfügungen)	Rechtsgrundlage
FR	Friedensrichter + Notar bzw. Bezirksgerichtspräsident (mündliches Testament)/Juge de paix + notaire resp. président du tribunal d'arrondissement	Art. 168 ff. FR-EGZGB/ FR-LACC
GE	Juge de paix	Art. 2 lit. f GE-LACC
GL	Vormundschaftsbehörde	Art. 9a Abs. 2 Ziff. 5 und Art. 110 Abs. 1 GL-EGZGB
GR	Bezirksgerichtspräsident/Presidente de tribunale distrettuale/President da la dretgira districtuala	Art. 72 Abs. 1 GR-EGZGB/GR-LICC
JU	Recette et Administration de district + notaire	Art. 9a und Art. 55c Abs. 1 JU-LICC
LU	Teilungsbehörde	§ 9 Abs. 2 lit. e LU-EGZGB
NE	Notaire	Art. 9 Abs. 1 lit. b NE-LICC
NW	Kommunale Teilungsbehörde	Art. 8 Ziff. 1 NW-EGZGB
OW	Einwohnergemeinderat	Art. 85 OW-EGZGB
SG	Amtsnotariat	Art. 7 SG-EGZGB
SH	Erbschaftsbehörde	Art. 14 Ziff. 9 und Art. 77 SH-EGZGB
SO	Amtschreiber	§ 196 f. SO-EGZGB
SZ	Vormundschaftsbehörde	§ 41 Abs. 1 SZ-EGZGB
TI	Pretore + notaio	Art. 81 f. TI-LACC
TG	Notariat	§ 8 Ziff. 11 TG-EGZGB
UR	Gemeinderat	Art. 64 Abs. 1 UR-EGZGB
VD	Juge de paix	Art. 5 Abs. 1 Ziff. 11 VD-CDPJ
VS	Gemeinderichter/Juge de commune	Art. 90 Abs. 1 Ziff. 6 VS-EGZGB/VS-LACC
ZG	Erbschaftsbehörde	§ 10 Ziff. 7 ZG-EGZGB
ZH	Einzelgericht	§ 137 lit. c ZH-GOG

Vor jedem Anwendungsfall ist eine Überprüfung in den kantonalen Gesetzessammlungen zu empfehlen, welche alle über das Internet zugänglich sind; Links dazu sind in meiner Linksammlung unter <http://www.kendris.com/publications-links/links/?struktur1=(07) Laws (Revised Edition)> [besucht am 20.03.2011]) zu finden.

b. Tätigwerden der zuständigen Behörde

25   a) Folgende **Behörden** sind für die Mitteilung an die Willensvollstrecker (Art. 517–518 N 26) **zuständig**:

Kanton	Zuständige Behörde (Mitteilung an den Willensvollstrecker)	Rechtsgrundlage
AG	Bezirksgerichtspräsident	§ 72 AG-EGZGB
AR	Gemeinderat bzw. Gemeindehauptmann + Gemeindeschreiber	Art. 3 Ziff. 11 AR-EGZGB
AI	Erbschaftsbehörde (Erbschaftsamt)	Art. 71 AI-EGZGB
BL	Bezirksschreiberei (Erbschaftsamt)	§ 105 lit. c BL-EGZGB
BS	Vorsteher des Erbschaftsamts	§ 140 Abs. 2 BS-EGZGB
BE	Einwohnergemeinderat/Conseil municipal und Notar/Notaire	Art. 6 Abs. 1 und 3 BE-EGZGB/BE-LICC
FR	Notar bzw. Bezirksgerichtspräsident (mündliches Testament)/notaire resp. président du tribunal d'arrondissement	Art. 154 FR-EGZGB/ FR-LACC
GE	Juge de paix	Art. 2 lit. d GE-LACC
GL	Vormundschaftsbehörde	Art. 9a Abs. 2 Ziff. 5 und Art. 110 Abs. 2 GL-EGZGB
GR	Bezirksgerichtspräsident/Presidente de tribunale distrettuale/President da la dretgira districtuala	Art. 72 GR-EGZGB/ GR-LICC
JU	Notaire	Art. 55c Abs. 2 JU-LICC
LU	Teilungsbehörde	§ 9 Abs. 2 lit. c LU-EGZGB
NE	Notaire	Art. 9 Abs. 1 lit. b NE-LICC
NW	Kommunale Teilungsbehörde	Art. 8 Ziff. 1 NW-EGZGB
OW	Einwohnergemeinderat	Art. 78 OW-EGZGB
SG	Amtsnotariat	Art. 7 SG-EGZGB

Kanton	Zuständige Behörde (Mitteilung an den Willensvollstrecker)	Rechtsgrundlage
SH	Erbschaftsbehörde	Art. 14 Ziff. 9 und Art. 77 SH-EGZGB
SO	Amtschreiber	§ 196 Abs. 2 SO-EGZGB
SZ	Vormundschaftsbehörde	§ 41 Abs. 2 SZ-EGZGB
TI	Pretore + notaio	Art. 81 f. TI-LACC
TG	Notariat	§ 8 Ziff. 7 TG-EGZGB
UR	Gemeinderat	Art. 3 Abs. 2 Ziff. 5 UR-EGZGB
VD	Juge de paix	Art. 5 Abs. 1 Ziff. 3 und Art. 33 VD-CDPJ
VS	Gemeinderichter/Juge de commune	Art. 90 Abs. 1 Ziff. 6 VS-EGZGB/VS-LACC
ZG	Erbschaftsbehörde	§ 10 Ziff. 3 ZG-EGZGB
ZH	Einzelgericht	§ 137 lit. c ZH-GOG

Es sind die gleichen Behörden, bei welchen die letztwilligen Verfügungen (und Erbverträge) eingereicht werden (Art. 517–518 N 24), teilweise werden aber andere Bestimmungen angewendet.

b) Die zuständige kantonale Behörde (Art. 517–518 N 25) **teilt dem Willensvollstrecker von Amtes wegen mit,** dass er vom Erblasser als solcher ernannt worden ist (Art. 517 Abs. 2; SJZ 13/1916–17 Nr. 71 S. 93; TUOR/SCHNYDER/SCHMID/RUMO-JUNGO, § 71 N 33; SCHULER-BUCHE, S. 16). Die Mitteilung dient der Information des Ernannten und hat keinen Einfluss auf das Bestehen/die Gültigkeit seiner Ernennung (BSK-KARRER, Art. 517 N 14), sie kann somit unterbleiben, wenn der Willensvollstrecker selbst die letztwillige Verfügung eingereicht hat. Die Mitteilung kann formfrei (schriftlich oder mündlich) erfolgen. Der Inhalt der Mitteilung richtet sich nach kantonalem Recht (BSK-KARRER, Art. 517 N 12). Soweit die Ernennung eines Willensvollstreckers bekannt ist (offene Verfügung), sollte die Mitteilung umgehend (also schon vor der Eröffnung der letztwilligen Verfügung) erfolgen (WEBER, AJP 6/1997 S. 554: In Zürich wird «der Willensvollstrecker unmittelbar nach Einreichung eines offenen Testamentes im Sinne von Art. 517 Abs. 2 ZGB benachrichtigt»; ZR 73/1974 Nr. 3 E. 1 S. 7 [OGer.]). Liegt keine offene Verfügung vor, ist dem Willensvollstrecker sofort nach der Eröffnung der letztwilligen Verfügung von seiner Ernennung Kenntnis zu geben (AGVE 1949 Nr. 30 S. 104 = ZBGR 31/1950 S. 173: Kreisschreiben der Inspektionskommission des Obergerichts an die Bezirksgerichte vom 14. Februar 1949 betreffend Mitteilung des Auftrages an die Willensvollstrecker, Punkt b.), selbst wenn Erben oder Vermächtnisnehmer noch nicht bekannt sind bzw. benachrichtigt werden können (VJS 16/1916 Nr. 61 S. 160 = SJZ 13/1916–17 Nr. 71 S. 93 = VJS 35/1935 Nr. 71 S. 65: Kreisschreiben der Inspektionskommission vom 29. April 1916). Wenn (in einem oder mehreren Testamenten) mehrere Willensvollstrecker ernannt worden sind, ist ihnen allen die Mitteilung zu machen (PKG 2001 Nr. 35 E. 2d S. 151 [PZ 00 128; KGP] = ZBGR 84/2003 Nr. 43 S. 352; AGVE 2002 Nr. 4 E. 3a S. 34), auch wenn absehbar ist, dass die spätere Ernennung die frühere verdängt. Die Mitteilung hat auch dann zu erfolgen, «wenn die letztwillige Verfügung ungültig oder anfechtbar erscheint» (PKG 2001 Nr. 35 E. 2d S. 151 [PZ 00 128; KGP] = ZBGR 84/2003 Nr. 43 S. 352; weiter GR PZ 05 49 vom 10. Mai 2005 E. 2d [KGer.]). Bei einer bedingten Ernennung ist die Mitteilung erst nach dem Eintritt der Bedingung vorzunehmen (ZR 66/1967 Nr. 100 E. 3 S. 190; BSK-KARRER, Art. 517 N 13).

27 c) Die zuständige kantonale Behörde (Art. 517–518 N 25) **setzt dem Willensvollstrecker** gemäss Art. 517 Abs. 2 **eine Frist von 14 Tagen an,** innert welcher er seine Ernennung annehmen oder ablehnen kann (RIGGENBACH, ZSR 65/1946 S. 13). Die Fristansetzung erfolgt häufig zusammen mit der Mitteilung über die Ernennung (Art. 517–518 N 26). Wenn die Ernennung des Willensvollstreckers resolutiv bedingt oder auf einen späteren Zeitpunkt angesetzt ist (Art. 517–518 N 17), muss mit der Fristansetzung noch so lange zugewartet werden (ebenso für das BGB STAUDINGER-REIMANN, § 2202 BGB Rn. 14). Kein Grund für ein Zuwarten ist dagegen die Tatsache, dass ein Alleinerbe eingesetzt wurde (GR PZ 05 49 vom 10. Mai 2005 E. 3b [KGer.]). Zur Wahrung klarer Verhältnisse sollte diese Frist auch angesetzt werden, wenn der Ernannte die letztwillige Verfügung selbst eingereicht, sich zur Annahme/Ablehnung aber nicht geäussert hat. Die Frist läuft ab dem Eintreffen der Fristansetzung beim Ernannten und ihr Ende wird nach Art. 76 ff. OR berechnet (ZK-ESCHER, Art. 517 N 8).

28 d) Die zuständige kantonale Behörde (Art. 517–518 N 25) gibt dem Willensvollstrecker vor seinem Entscheid über die Annahme oder Ablehnung seines Amtes **Einsicht in die letztwilligen Verfügungen** (AGVE 1949 Nr. 30 S. 104 = ZBGR 31/1950 S. 173: Kreisschreiben der Inspektionskommission des Obergerichts an die Bezirksgerichte vom 14. Februar 1949 betreffend Mitteilung des Auftrages an die Willensvollstrecker, Punkt c), denn er sollte wissen, worauf er sich einlässt. Wenn offene letztwillige Verfügungen vorliegen, wird dem Willensvollstrecker in der Praxis gewöhnlich zusammen mit der Mitteilung über seine Ernennung (also vor der Eröffnung) eine Kopie der letztwilligen Verfügungen zugestellt (HERZER, S. 118), andernfalls sofort nach der Eröffnung. Da der Originaltext mit allen Schreib- und Orthographiefehlern, Streichungen, Einschiebungen, Anmerkungen, Fussnoten usw. mitzuteilen ist, wird zweckmässigerweise eine Fotokopie der letztwilligen Verfügung zugestellt, welche auch Rückschlüsse auf die Testierfähigkeit und die Echtheit der Urkunde zulässt (LGVE 2006 III Nr. 11 S. 421 [RS]).

Wenn der Willensvollstrecker einen beschränkten Auftrag hat, wird möglicherweise nur die Kopie eines Auszugs aus der letztwilligen Verfügung abgegeben (SCHULER-BUCHE, S. 16), ansonsten ist ihm aber der ganze Inahlt der letztwilligen Verfügung im dafür vorgesehenen Verfahren (Art. 557 f.) bekannt zu geben (LGVE 2006 III Nr. 11 S. 421 [RS]: Das schliesst bedingte Erbeinsetzungen und Vermächtnisse ein; die Behörde hat keine Kognitionsbefugnis bei der Mitteilung, es ist alles mitzuteilen, was eröffnet wurde). Wenn mehrere letztwillige Verfügungen vorhanden sind, müssen alle dem Willensvollstrecker eröffnet werden (ZR 54/1955 Nr. 172 E. 4 S. 342: «Art. 558 ZGB schreibt vor, dass alle an der Erbschaft Beteiligten eine Abschrift der eröffneten letztwilligen Verfügung erhalten sollen. Das sind nicht nur Erben und Vermächtnisnehmer, sondern auch der Willensvollstrecker ...»; JdT 78/1930 III S. 112 [TC]; BK-TUOR/PICENONI, Art. 558 N 1; RIGGENBACH, ZSR 65/1946 S. 33 f.: Dass dem Willensvollstrecker «sämtliche Verfügungen mit ihrem ganzen Inhalt mitzuteilen sind, bestimmt das Gesetz zwar nicht ausdrücklich, folgt aber aus den in Art. 518 geregelten Rechten und Pflichten der Willensvollstrecker»). Damit wird sichergestellt, dass auch nachträglich eingereichte letztwillige Verfügungen dem Willensvollstrecker zur Kenntnis gegeben werden und dass der Willensvollstrecker gegebenenfalls Rechtsmittel gegen die Eröffnungsverfügung ergreifen kann.

c. Annahme durch den Willensvollstrecker

a) Die **Annahme** (oder der Verzicht) durch den Willensvollstrecker **erfolgt an die zuständige kantonale Behörde** (Art. 517–518 N 25; Prax-Komm-CHRIST, Art. 517 N 15). In Deutschland kann diese Erklärung bei jedem Amtsgericht abgegeben werden und sie wird dann dem zuständigen Nachlassgericht zugestellt (§ 25 FamRG; STAUDINGER-REIMANN, § 2202 BGB Rn. 6). Angesichts der uneinheitlichen Regelungen in den Kantonen (Art. 517–518 N 25) wäre eine vergleichbare Lösung (Abgabe bei irgendeiner Erbschaftsbehörde und Weiterleitung an die zuständige Erbschaftsbehörde) zu begrüssen, in der Regel ergeben sich daraus aber keine Probleme. In einem internationalen Fall sollte diese Erklärung grundsätzlich an alle möglicherweise zuständigen Behörden ergehen (vgl. den Fall Rep. 121/1988 E. 5 S. 349 [Civ.], wo der Verzicht nur dem Pretore in der Schweiz, nicht aber der zuständigen italienischen Behörde mitgeteilt wurde, was aber nicht als schädlich angesehen wurde). 29

b) **Die Annahme** des Willensvollstreckers **ist formfrei** gültig: Eine mündliche oder schriftliche Erklärung genügt (ROSSEL/MENTHA, S. 101; SCHULER-BUCHE, S. 16; anders BSK-KARRER, Art. 517 N 17: die Form wird vom kantonalen Recht bestimmt; da Art. 517 Abs. 2 die Formlosigkeit vorsieht, besteht dafür m.E. kein Raum, denn das Bundesrecht regelt die Willensvollstreckung abschliessend, vgl. BGE 130 III 97 E. 2.1 S. 99 = 5P.302/2003 = JdT 152/2004 I S. 122 f. = 30

SJ 126/2004 I S. 350 = ZBGR 85/2004 Nr. 39 S. 353: das Bundesrecht regelt den Erbschaftsliquidator abschliessend; VPB 61/1999 Nr. 3 E. 4.1 S. 41 [BJ]). Stillschweigen wird nach Art. 517 Abs. 2 als Annahme gewertet, Tätigwerden als Willensvollstrecker in Kenntnis der Ernennung ist als faktische Annahme anzusehen (BSK-KARRER, Art. 517 N 21). Der Willensvollstrecker hat in diesem Fall (analog zur Annahme der Erbschaft durch die Erben nach Art. 571 Abs. 2) sein Amt angenommen und muss es wieder kündigen (Art. 517–518 N 382), wenn er es nicht weiter ausüben möchte. Beim Testamentsvollstrecker genügt die mündliche Erklärung als solche nicht, weil § 2228 BGB (Akteneinsicht) voraussetzt, dass die Erklärung in den Akten des Nachlassgerichts festgehalten ist (STAUDINGER-REIMANN, § 2202 BGB Rn. 8). Auch schlüssige Handlungen reichen nicht aus (STAUDINGER-REIMANN, § 2202 BGB Rn. 7: Als Begründung wird angegeben, dass es in diesen Fällen an der erforderlichen Klarheit fehle, mit Verweis auf RGZ 81 S. 171). Die liberale Form beim Willensvollstrecker kann man damit erklären, dass häufig Nichtjuristen dieses Amt ausüben und dass nur der Erblasser einen Ersatz bestimmen kann (Art. 517–518 N 20). Diese hat sich in der Praxis bewährt.

31 c) **Die Annahme kann** schon **vor der Testamentseröffnung erklärt** werden (WEBER, AJP 6/1997 S. 554; a.M. PIOTET, SPR IV/1, § 24 II C.; BSK-KARRER, Art. 517 N 15: «Eine Annahmeerklärung vor Entgegennahme der amtlichen Mitteilung ... ist rechtlich unwirksam und kann nicht bewirken, dass die Behörde auf die Vornahme der amtlichen Mitteilung verzichten dürfte»), weil der Willensvollstrecker (unter anderem) gerade dazu ernannt wird, um die Handlungsfähigkeit der Erbengemeinschaft zu verbessern (Vorbem. zu Art. 517–518 N 3). Die Annahme kann nicht vor dem Ableben des Erblassers ausgesprochen werden (ebenso für das BGB STAUDINGER-REIMANN, § 2202 BGB Rn. 13). Die Annahme erfolgt in der Praxis häufig zusammen mit der Einreichung des Testament an die Eröffnungsbehörde (WEBER, AJP 6/1997 S. 554). Es empfiehlt sich deshalb, das Original der letztwilligen Verfügung beim Willensvollstrecker offen zu hinterlegen, weil damit nicht nur eine sichere Aufbewahrung gewährleistet ist, sondern dieser sein Amt auch unmittelbar nach dem Ableben des Erblassers antreten kann.

32 d) **Niemand ist verpflichtet, das Amt eines Willensvollstreckers zu übernehmen** (SCHULER-BUCHE, S. 17). Auch ein Versprechen gegenüber dem Erblasser führt nicht zu einer bindenden Verpflichtung (ROSSEL/MENTHA, S. 101: «une acceptation préalable, avant le décès, ne constituerait qu'un engagement moral»; ebenso § 2202 Abs. 2 Satz 2 BGB). Die Annahme kann nicht für einen Teil der Aufgabe ausgesprochen werden (BSK-KARRER, Art. 517 N 17 und Art. 518 N 7; die Teilannahme ist eine Gegenofferte, welche vom Erblasser nicht [mehr] angenommen werden kann). Die Annahme ist bedingungsfeindlich (PIOTET, SPR IV/1, § 24 II C.; ROSSEL/MENTHA, S. 101), eine bedingte Annahme ist somit als Ablehnung auszulegen (JOST, Willensvollstrecker, N 16; WETZEL, N 47). Die Nichtannahme muss nicht begründet werden (WENGER, S. 54). Dies ist insbesondere dann von Bedeu-

tung, wenn der Willensvollstrecker sein Amt nicht antreten will, weil ihm bekannt ist, dass sich im Nachlass unversteuertes Vermögen (Schwarzgeld) befindet. In diesem Fall besteht kein moralischer Zwang zur Amtsniederlegung (JUCHLER, S. 122; anders WETZEL, N 198). Der Tod des Erblassers ist im Gegenteil ein günstiger Zeitpunkt, um eine Deklaration nachzuholen, zumal die Erben seit den Entscheiden des Europäischen Gerichtshofs für Menschenrechte vom 29. August 1997 keine Strafsteuern mehr zu bezahlen haben (BGE 124 II 480) und die Nachsteuer im Erbfall seit dem 1.1.2010 besonders attraktiv ist (Bundesgesetz über die Vereinfachung der Nachbesteuerung in Erbfällen und die Einführung der straflosen Selbstanzeige vom 20. März 2008 [AS 2008 S. 4453]). Eine fehlende behördliche Bewilligung hindert die Wirksamkeit der Annahme nicht (ebenso für das BGB STAUDINGER-REIMANN, § 2202 BGB Rn. 19).

e) Die Ernennung des Willensvollstreckers wird **im Zeitpunkt des Eintreffens der Annahmeerklärung bei der zuständigen kantonalen Behörde** (Art. 517–518 N 25) **wirksam** (ROSSEL/MENTHA, S. 101). Die Annahme durch den (deutschen) Testamentsvollstrecker wird wirksam, wenn die Annahme beim zuständigen Nachlassgericht zugegangen ist (BENGEL/REIMANN, Rz. 2 235). Die erweiterte Zustellmöglichkeit (bei jedem Amtsgericht – Art. 517–518 N 29) führt somit nicht zu einer schnelleren Wirksamkeit. Die Wirksamkeit der Annahme durch den Willensvollstrecker wird durch eine Ungültigkeitsklage nicht beeinträchtigt (BGE 74 I 423 S. 425 = JdT 97/1949 I S. 359 = Pra. 38/1949 Nr. 19 S. 59 f. = ZBGR 30/1949 Nr. 20 S. 55; ZR 76/1977 Nr. 66 E. 2 S. 168 = SJZ 74/1978 Nr. 17 S. 58; BS-AGE IV/1921–1925 Nr. 16 S. 204 = SJZ 23/1926–27 Nr. 181 S. 233). Die Ungültigkeitsklage ist beim Richter und nicht bei der Aufsichtsbehörde einzureichen (BJM 1955 S. 113 [AB BS]). In diesem Fall hat sich der Willensvollstrecker allerdings zurückzuhalten und nur die notwendigsten Verwaltungshandlungen vorzunehmen, zumal die Ungültigkeitsklage mit rückwirkender Kraft (vgl. dazu BK-TUOR, Art. 519 N 16) ausgestattet ist (BGE 91 II 177 E. 3 S. 181 f. = JdT 114/1966 I S. 153 f. = Pra. 54/1965 Nr. 159 S. 475 = ZBGR 47/1966 Nr. 39 S. 178; BGE 74 I 423 S. 425: «Freilich hat er sich in diesem Falle auf sichernde und sonstige zur ordentlichen Verwaltung gehörende Massnahmen zu beschränken und Veräusserungen nur vorzunehmen, soweit dazu, z.B. wegen des Drängens von Gläubigern, eine hinreichende Veranlassung besteht»; BSK-KARRER, Art. 518 N 20; FLÜCKIGER, Umgang, S. 97 ff.). Der Erbe ist deswegen nicht schutzlos, (1) weil der Willensvollstrecker für seine Handlungen verantwortlich ist (vgl. dazu Art. 517–518 N 421), (2) weil den Erben das Beschwerderecht an die Aufsichtsbehörde zusteht (BGE 74 I 423 S. 425) und (3) weil der Richter, bei welchem die Ungültigkeitsklage eingereicht wurde, vorsorgliche Massnahmen anordnen kann (BGE 74 I 423 S. 425 f.; BJM 1965 S. 81 E. 2 [RR BS]; BS-AGE IV/1921–25 Nr. 16 S. 204 = SJZ 23/1926–27 Nr. 181 S. 233; EGGEN, ZBGR 31/1950 S. 254). Vor der Annahme getätigte Handlungen werden mit der Annahmeerklärung (nachträglich) genehmigt (PIOTET, SPR IV/1, § 24 II C.).

d. Willensvollstreckerausweis

34 a) Das Willensvollstreckerzeugnis wird vom **Gesetz** (ZGB) nicht behandelt, weshalb auf die Rechtsprechung zurückgegriffen werden muss (BGE 91 II 177: «Die Ausstellung eines ‹Willensvollstrecker-Zeugnisses› ist eine ... Zivilsache» und E. 1 S. 180: «Es handelt sich ... um eine Angelegenheit der freiwilligen Gerichtsbarkeit ... Nicht Gegenteiliges folgt daraus, dass das ZGB die Ausstellung eines Ernennungsauweises für den Willensvollstrecker nicht ausdrücklich vorschreibt ...», sowie den erstinstanzlichen Entscheid BLVGE 1965 S. 25; JdT 127/1979 III 87 = RDAF 35/1979 S. 37 [TC]) und auf die Lehre (BSK-KARRER, Art. 517 N 18; PIOTET, SPR IV/2, § 91 IV; JOST, Willensvollstrecker, N 18). Die Erbschaftsbehörden haben den Anspruch teilweise mit Weisungen und Kreisschreiben geregelt (AGVE 1949 Nr. 30 S. 104 = ZBGR 30/1950 S. 173: Kreisschreiben der Inspektionskommission des Obergerichts an die Bezirksgerichte vom 14. Februar 1949 betreffend Mitteilung des Auftrages an die Willensvollstrecker – Punkt d; ZBGR 9/1928 S. 271 ff.: Weisungen des Kantonsgerichtes und des Finanzdepartementes des Kantons Waadt an die Präsidenten und Gerichtsschreiber der Bezirksgerichte, an die Richter und Schreiber der Friedensrichterämter und an die Grundbuchführer betreffend die Erbbescheinigung und verschiedene Formalitäten in Erbschaftsangelegenheiten vom 12. Juni 1928 – Art. 3 Ziff. 3 und Art. 12–14).

35 b) Die für die Ausstellung des Willensvollstreckerausweises **zuständige kantonale Behörde** ist nur in 4 Kantonen ausdrücklich bestimmt:

Kanton	Zuständige Behörde (Willensvollstreckerausweis)	Rechtsgrundlage
AR	Gemeinderat	Art. 3 Ziff. 11 AR-EGZGB («Bescheinigung über die Einsetzung eines Willensvollstreckers»)
JU	Notaire	Art. 56a JU-LICC («certificat d'exécuteur testamentaire»)
TG	Notariat	§ 8 Ziff. 7 TG-EGZGB + § 79 RRV vom 3. Dezember 1991 über das Grundbuch- und Notariatswesen (TG-RB 211.431) («dem Willensvollstrecker ... ein Zeugnis auszustellen»)
ZG	Erbschaftsbehörde	§ 10 Ziff. 3 ZG-EGZGB («Ausstellung des Willensvollstreckerzeugnisses»)

In 13 Kantonen wird die Zuständigkeit aus der Mitteilung der Einsetzung resp. Art. 517 abgeleitet:

Kanton	Zuständige Behörde (Willensvollstreckerausweis)	Rechtsgrundlage
BL	Bezirksschreiberei (Erbschaftsamt)	§ 105 lit. c BL-EGZGB
BE	Einwohnergemeinderat/ Conseil municipal	Art. 6 Abs. 1 BE-EGZGB/ BE-LICC
GE	Juge de paix	Art. 2 lit. d GE-LACC
GL	Vormundschaftsbehörde	Art. 9a Abs. 2 Ziff. 5 und Art. 110 Abs. 2 GL-EGZGB
GR	Bezirksgerichtspräsident/Presidente de tribunale distrettuale/President da la dretgira districtuala	Art. 72 GR-EGZGB/GR-LICC
LU	Teilungsbehörde	§ 9 Abs. 2 lit. c LU-EGZGB
NW	Kommunale Teilungsbehörde	Art. 8 Ziff. 1 NW-EGZGB
OW	Einwohnergemeinderat	Art. 78 OW-EGZGB
SG	Amtsnotariat	Art. 7 SG-EGZGB
SZ	Vormundschaftsbehörde	§ 41 Abs. 2 SZ-EGZGB
SO	Amtschreiber	§ 196 Abs. 2 SO-EGZGB
UR	Gemeinderat	Art. 3 Abs. 2 Ziff. 5 UR-EGZGB
ZH	Einzelgericht	§ 137 lit. c ZH-GOG

In 7 Kantonen wird die Zuständigkeit von der Ausstellung der Erbbescheinigung abgeleitet:

Kanton	Zuständige Behörde (Willensvollstreckerausweis)	Rechtsgrundlage
AG	Bezirksgerichtspräsident	§ 77 Abs. 1 AG-EGZGB
FR	Friedensrichter + Notar bzw. Bezirksgerichtspräsident (mündliches Testament)/Juge de paix + notaire resp. président du tribunal d'arrondissement	Art. 168 ff. FR-EGZGB/FR-LACC
NE	Notaire	Art. 9 Abs. 1 lit. d NE-LICC
SH	Erbschaftsbehörde	Art. 14 Ziff. 9 und Art. 78 SH-EGZGB

Kanton	Zuständige Behörde (Willensvollstreckerausweis)	Rechtsgrundlage
TI	Pretore	Art. 86a Abs. 1 lit. c TI-LACC
VD	Juge de paix	Art. 5 Abs. 1 Ziff. 12 und Art. 133 Abs. 3 VD-CDPJ
VS	Gemeinderichter/Juge de commune	Art. 90 Abs. 1 Ziff. 6 VS-EGZGB/ VS-LACC

In einem Kanton wird die Zuständigkeit von der Eröffnung der letztwilligen Verfügung abgeleitet:

Kanton	Zuständige Behörde (Willensvollstreckerausweis)	Rechtsgrundlage
BS	Vorsteher des Erbschaftsamts	§ 140 Abs. 2 BS-EGZGB

In einem Kanton wird die Zuständigkeit aus einer allgemeinen erbrechtlichen Zuständigkeit abgeleitet:

Kanton	Zuständige Behörde (Willensvollstreckerausweis)	Rechtsgrundlage
AI	Erbschaftsbehörde (Erbschaftsamt)	Art. 71 AI-EGZGB

Bei allen Kantonen, welche die Zuständigkeit nicht ausdrücklich geregelt haben, wäre eine Klärung der Zuständigkeit, wie sie vom Kanton Jura vorgenommen wurde (Art. 56a JU-LICC wurde mit Gesetz vom 22. September 2004 [in Kraft seit 1.1.2005] eingefügt), sehr zu begrüssen.

36 c) Für das **Verfahren** ist grundsätzlich von Art. 559 (Erbbescheinigung) auszugehen (BRACHER, S. 36; vgl. auch BGE 91 II 177 E. 1 S. 180). Der Bezug ist naheliegend, weil der Willensvollstrecker auch auf der Erbbescheinigung genannt sein kann und weil er seine Legitimation in vielen Fällen auf die Erbbescheinigung stützt (Art. 517–518 N 48). Das Einspracheverfahren zur Erlangung einer Erbbescheinigung darf allerdings nicht unbesehen auf das Verfahren zur Ausstellung eines Willensvollstreckerzeugnisses übertragen werden, weil die Erbbescheinigung eine ganz andere Aufgabe erfüllt (Legitimation der materiell Berechtigten) als das Willensvollstreckerzeugnis (Legitimation des formell Berechtigten). Es gelten folgende Regeln: (1) Ein Willensvollstreckerzeugnis wird (wie eine Erbbescheinigung – BSK-KARRER, Art. 559 N 33; BK-TUOR/PICENONI, Art. 559 N 3) in der Regel *nur auf Antrag* ausgestellt (in BGE 91 II 177 E. 1 S. 180 erwähnt das Bundesgericht allerdings, dass es auch möglich ist, das Zeugnis von Amtes wegen auszustellen: «... gleichgültig ob sie von Amtes wegen erfolgt oder von einem Beteiligten, insbesondere vom [wirklichen oder vermeintlichen] Willensvollstre-

cker selbst, verlangt wird»). (2) Während die Erbbescheinigung erst ausgestellt wird, nachdem die Einsprachefrist von einem Monat gegen die Testamentseröffnung verstrichen ist (Art. 559 Abs. 1), kann das Willensvollstreckerzeugnis *schon vor der Eröffnung der letztwilligen Verfügung ausgestellt* werden (WEBER, AJP 6/1997 S. 554; anders aber offenbar die Praxis in der Stadt Bern, vgl. <http://www.bern.ch/leben_in_bern/persoenliches/sterben/testament> [besucht am 20.10.2010]: Abwarten einer 30-tägigen Einsprachefrist). Dieses zügige Vorgehen ist für das Institut der Willensvollstreckung von vitaler Bedeutung, ist es doch gerade der Vorzug des Willensvollstreckers, dass er nach dem Tod des Erblassers ohne Verzug zu seinem Ausweis kommt. (3) Das Willensvollstreckerzeugnis kann *solange noch ausgestellt* werden, *als es überhaupt (noch) eingesetzt werden kann*, insbesondere solange die Erbteilung nicht schon erledigt ist (Rep. 123/1990 S. 188 [Civ.]: «Il rilascio del certificato di esecutore testamentario presuppone non solo che il richiedente sia validamente designato quale esecutore e non abbia rinunciato alla carica, ma anche che l'opera dell'esecutore sia ancore oggettivamente necessaria»), während sich diese Frage bei der Erbbescheinigung kaum stellt. (4) Beim Ausstellen des Willensvollstreckerzeugnisses handelt es sich um ein Verfahren der freiwilligen Gerichtsbarkeit (BGE 91 II 177 E. 1 S. 180) und damit (wie bei der Erbbescheinigung, vgl. ZR 87/1988 Nr. 28 und 83/1984 Nr. 17) um ein *summarisches Verfahren*. Nach KARRER steht der zuständigen Behörde im Rahmen der Ausstellung der Erbbescheinigung «eine gewisse Kognitionsbefugnis zu» (BSK-KARRER, Art. 559 N 32), während dies bei der Ausstellung des Willensvollstreckerzeugnisses nicht der Fall sein soll (BSK-KARRER, Art. 517 N 11; ebenso [mit Referenz auf KARRER] AGVE 2002 Nr. 4 E. 3a S. 34). Diese Ungleichbehandlung ist m.E. nicht gerechtfertigt, weil die Möglichkeit des Zivilrichters zum Eingreifen (vorsorgliche Massnahmen) eine summarische Prüfung durch die zuständige Behörde nicht ausschliesst und auch bei der Erbbescheinigung vorhanden ist. (5) Das Bundesgericht gesteht der zuständigen Behörde in BGE 91 II 177 E. 3 S. 183 ausdrücklich *eine gewisse Kognition* zu, indem diese im Bestreitungsfall einen Vermerk anzubringen hat, und drückt dies wie folgt aus: «Unter diesen Umständen kann nicht davon die Rede sein, dass die durch den angefochtenen Entscheid getroffene Anordnung in den Zuständigkeitsbereich des Richters eingreife.»

d) **Voraussetzungen** für die Ausstellung eines Willensvollstreckerzeugnisses sind (1) das Vorliegen einer gültigen letztwilligen Verfügung (Art. 517 Abs. 1), (2) die Annahme des Amtes durch die ernannte Person (Art. 517 Abs. 2) und (3) die Fähigkeit des Willensvollstreckers, dieses Amt anzutreten, was im Wesentlichen seine Handlungsfähigkeit voraussetzt (Art. 517–518 N 2 f.). 37

e) Der **Inhalt** des Willensvollstreckerzeugnisses wird vom kantonalen Recht bestimmt und deshalb sehen die Ausweise sehr unterschiedlich aus (WETZEL, N 122). Die zuständige Behörde kann (1) das Willensvollstreckerzeugnis *vorbehaltlos* ausstellen, (2) das Willensvollstreckerzeugnis ausstellen und einen *Hin-* 38 *weis/Vermerk* (etwa die Anhängigkeit einer Ungültigkeitsklage – BGE 91 II 177 E. 3 S. 182) anbringen, (3) die Ausstellung des Willensvollstreckerzeugnisses *verweigern* oder (4) das Willensvollstreckerzeugnis wieder *zurückrufen*. Die Fälle 1–3 werden vom Bundesgericht in BGE 91 II 177 E. 3 S. 182 angedeutet mit den Worten: «Wird ihm (sc. dem Willensvollstrecker) ausser der Testamentsabschrift ein besonderer Ausweis über seine Ernennung ausgestellt, so ist es angezeigt, darin die Bestreitung der Gültigkeit des Testamentes und gegebenenfalls im besondern der darin vorgesehenen Willensvollstreckung zu vermerken.» Eine Nichtausstellung des Ausweises kam in JdT 127/1979 III S. 87 = RDAF 35 (1979) 37 (TC VD) vor. In der Regel wird der Rückruf des Willensvollstreckerzeugnisses vom Zivilrichter angeordnet, seltener von der zuständigen Behörde. (5) Der Zivilrichter kann die Kompetenz des Willensvollstreckers in dessen Ausweis beschränken (Art. 517–518 N 451 ff.), die zuständige Behörde (Art. 517–518 N 451) dagegen nicht.

39 f) Wenn **Gültigkeit der Willensvollstreckung streitig** ist, hat die zuständige Behörde (Art. 517–518 N 25) wie folgt vorzugehen: Ein Willensvollstreckerzeugnis ist grundsätzlich auch dann auszustellen, wenn (1) eine *Einsprache* nach Art. 559 erfolgt ist (Rep. 132/1999 E. 3 S. 166 [Civ.]; Rep. 131/1998 E. 1 S. 194 [Civ.]; Rep. 130/1997 E. 1 S. 136 [Civ.]; BSK-KARRER, Art. 517 N 19), (2) wenn ein *Auslegungsstreit* besteht, (3) wenn eine *Ungültigkeitsklage* hängig ist (SCHULER-BUCHE, S. 18), (4) wenn *Gegenstandslosigkeit* (Erledigung – Art. 517–518 N 381) oder (5) ein *Absetzungsgrund* (Art. 517–518 N 547 ff.) geltend gemacht wird (ebenso OLG München Zerb 12/2010 S. 210 = ErbR 5/2010 S. 357). Diese Regeln stehen vor dem Hintergrund, dass die Erben, welche den Willensvollstrecker nicht abwählen oder widerrufen können (Art. 517–518 N 383) und am Anfang einer Willensvollstreckung auch nur selten einen Grund für eine Absetzung finden (Art. 517–518 N 454), nicht durch beliebige Rechtsstreitigkeiten bewirken können sollen, dass dem Willensvollstrecker sein Zeugnis verweigert wird und ihn damit faktisch lahmlegt (anders BJM 1965 S. 83 [RR BS]; dieser Entscheid wurde aber vom Verwaltungsgericht korrigiert und Letzteres von BGE 91 II 177 E. 3 S. 181 ff. = JdT 114/1966 I S. 153 ff. = Pra. 54/1965 Nr. 159 S. 474 ff. = ZBJV 102/1966 S. 491 f. = ZBGR 47/1966 Nr. 39 S. 178 f. bestätigt).

40 g) Im Einzelfall kann die **zuständige Behörde** (Art. 517–518 N 25) jedoch zu einem anderen Ergebnis kommen. Sie **prüft** (1) die Gültigkeit der Einsetzung des Willensvollstreckers in der letztwilligen Verfügung, (2) die Annahme des Amtes durch den Willensvollstrecker sowie vorfrageweise (3) die Auswirkungen von Auseinandersetzungen unter den Erben auf das Willensvollstreckerzeugnis. Diese Prüfung erfolgt **in provisorischer Weise** (BSK-KARRER, Art. 559 N 32; BK-TUOR/PICENONI, Art. 559 N 3; anders AGVE 2002 Nr. 4 E. 3a S. 34: keine Kognition), d.h., sie hat nur Bedeutung für die Ausstellung des Willensvollstreckerzeug-

nisses, nicht aber für die Gültigkeit der Willensvollstreckung, somit also keine materielle Bedeutung. Eine solche provisorische Prüfung erfolgt etwa in selbstverständlicher Weise, wenn zwei verschiedene Willensvollstreckereinsetzungen vorhanden sind und das Gericht die zeitlich letzte als die massgebende bestimmt (PKG 2004 Nr. 23 S. 165 [PZ 04 93; KGP]: zwei verschiedene Testamente und Entscheid über die Erbberechtigung; anders AGVE 2002 Nr. 4 E. 3c S. 34: beide Willensvollstrecker erhalten einen Ausweis). Die Betroffenen haben (jederzeit) die Möglichkeit, sich an die zuständige Behörde zu wenden und ihr Tatsachen **mitzuteilen,** welche die Ausstellung des Willensvollstreckerzeugnisses verhindern. Zu den Betroffenen gehören wie in Art. 559 die gesetzlichen Erben (BK-TUOR/PICENONI, Art. 559 N 4) und die in früheren letztwilligen Verfügungen eingesetzten Willensvollstrecker (vgl. BK-TUOR/PICENONI, Art. 559 N 4: die früher Bedachten), darüber hinaus aber auch die eingesetzten Erben und sogar Vermächtnisnehmer, weil diese den Ansprechpartner für ihre Forderung kennen müssen. Es können sich mit anderen Worten also nicht nur diejenigen Personen an die zuständige Behörde wenden, welche den Nachlass verwalten würden, wenn die Willensvollstreckung ungültig verfügt worden wäre. Es ist auf der anderen Seite nicht notwendig, dass die Erben (oder andere Betroffene) Widerspruch erheben, damit die Ausstellung des Willensvollstreckerzeugnisses verweigert werden darf, denn die zuständige Behörde darf auch von sich aus **(von Amtes wegen)** einen Ausweis verweigern, wenn sie aufgrund von ihr bekannten Tatsachen zum Schluss kommt, dass die Voraussetzungen nicht erfüllt sind. Bei diesem Entscheid sollte sie sich allerdings äusserste Zurückhaltung auferlegen, weil dafür klare Verhältnisse notwendig sind. Unklare Verhältnisse werden vom Zivilrichter entschieden und in diesen Fällen ist von der zuständigen Behörde ein Willensvollstreckerzeugnis auszustellen. Wenn die Gründe, welche gegen die Ausstellung eines Willensvollstreckerzeugnisses vorgebracht werden, nicht genügen, um dieses zu verhindern, kann die zuständige Behörde einen **Vermerk** anbringen (BGE 91 II 177 E. 3 S. 182; AGVE 2002 Nr. 4 E. 3b S. 34).

h) Die zuständige Behörde (Art. 517–518 N 25) darf die Ausstellung des Willensvollstreckerzeugnisses **nicht verweigern, wenn sie zum Schluss kommt,** dass die letztwillige Verfügung bzw. die Einsetzung *möglicherweise* **ungültig oder anfechtbar** ist (ZK-ESCHER, Art. 559 N 9a). Beispiele: (1) Wenn **zwei verschiedene Auslegungen des Testaments denkbar** sind, wie bei sprachlich mangelhaften oder unklaren Schreibweisen, falsch geschriebenem Namen des Willensvollstreckers, einer blossen Kopie der letztwilligen Verfügung (BGer. 5C.133/2002 vom 31. März 2003) oder einer unklaren Büronachfolgeklausel (Art. 517–518 N 20), ist diese Frage vom Richter zu entscheiden, der auch über das vorsorgliche Einziehen eines Willensvollstreckerzeugnisses entscheiden kann (auch der Eröffnungsrichter ist nicht zur Prüfung berechtigt, ob die Einsetzung eines Willensvollstreckers durch ein späteres Testament widerrufen worden sei, vgl. ZR 71/1972 Nr. 90 E. 4

41

S. 281). (2) Wenn beim Willensvollstrecker **Interessenkonflikte** zu erwarten sind, muss der Richter über die Absetzung befinden (Art. 517–518 N 454). Mögliche Interessenkonflikte liegen etwa dann vor, wenn sich die als Willensvollstrecker vorgesehene Person schon vor Antritt ihres Amtes gegenüber den (späteren) Erben nicht neutral verhalten hat. Da für die Beurteilung des Willensvollstreckers aber nur auf Handlungen nach dem Tod des Erblassers abzustellen ist (Interessenkonflikte, welche vom Erblasser bewusst in Kauf genommen werden, führen so lange nicht zur Absetzung des Willensvollstreckers, als keine konkreten Verfehlungen vorliegen, Art. 517–518 N 454), liegt (da das Willensvollstreckerzeugnis meist ganz zu Beginn der Tätigkeit verlangt wird) in vielen Fällen noch kein Verhalten vor, welches die Unparteilichkeit verletzen würde. Die **mangelnde Akzeptierung** eines Willensvollstreckers durch (einige oder alle) Erben stellt keine Anfechtung im obigen Sinne dar, weil der Erblasser den Willensvollstrecker nur selbst bestimmen kann und muss (Art. 517–518 N 17) und die Erben den Willensvollstrecker nicht von sich aus beseitigen können (Art. 517–518 N 383).

42 i) Wenn die **Gültigkeit der Einsetzung** des Willensvollstreckers nicht nur mit einer gewissen Wahrscheinlichkeit, sondern *in klarer Weise nicht gegeben* ist, **darf kein Willensvollstreckerzeugnis ausgestellt werden.** Beispiele für eine klare Ungültigkeit sind: (1) Die letztwillige Verfügung, in welcher der Willensvollstrecker eingesetzt wurde, ist **offenbar formungültig** (Schreibmaschinenschrift ohne Unterschrift). (2) Die **Testierfähigkeit** des Erblassers hat **in klarer Weise gefehlt.** Der Beweis für die Testierunfähigkeit ist mit medizinischen Gutachten zu erbringen (BSK-BREITSCHMID, Art 467/468 N 17.). Dabei ist der Frage besondere Aufmerksamkeit zu schenken, ob der grundsätzlich demente Erblasser einen «lichten Moment» gehabt haben könnte (BSK-BREITSCHMID, Art. 467/468 N 12). Zu beachten ist weiter die sog. abgestufte Testierfähigkeit (Fähigkeit, einfache Verfügungen zu beurteilen) (BSK-BREITSCHMID, Art 467/468 N 13). (3) Der Willensvollstrecker ist **unbestritten nicht handlungsfähig** (er steht zum Beispiel unter Vormundschaft – BGE 113 II 121 E. 2a S. 125 = SJ 110/1988 S. 261 = ZBGR 70/1989 Nr. 54 S. 366: tutuelle volontaire). (4) Der Willensvollstrecker hat die **Annahme** in einem Schreiben an die zuständige Behörde **eindeutig abgelehnt** oder seine Tätigkeit bereits beendet. (5) Es ist kein Nachlass vorhanden (BGer. 5P.372/2005 vom 19. Januar 2006: Gesamtzuweisung [Art. 241 Abs. 2]; eine Gesamtzuweisung verhindert die Entstehung eines Nachlasses allerdings nicht in jedem Fall, weil persönliche Gegenstände vorhanden sein können ebenso wie Ersatzforderungen oder Herabsetzungs- und Ausgleichungsansprüche). Entscheidend ist mit anderen Worten weniger die Art und Weise des Mangels als die Frage, ob die zuständige Behörde auch mit ihrer beschränkten Kognition (summarischen Prüfung) im Einzelfall zum Schluss kommt, dass eine Voraussetzung für die Ausstellung des Willensvollstreckerzeugnisses in klarer Weise fehlt.

j) Eine **Sistierung** des bereits ausgestellten Willensvollstreckerzeugnisses muss beim Zivilrichter beantragt und von ihm ausgesprochen werden (BJM 1965 S. 81 [RR BS]). Die Tatsache, dass eine Ungültigkeitsklage anhängig gemacht wurde, ist per se nicht ein Grund, die Ausstellung eines Willensvollstreckerzeugnisses zu verweigern, denn der Richter kann eine Korrektur vornehmen, zum Beispiel die Kompetenzen des Willensvollstreckers einschränken oder das Willensvollstreckerzeugnis später wieder einziehen. Es kann aber sein, dass die zuständige Behörde zum Schluss kommt, dass die Tatsache, welche Grundlage der Ungültigkeitsklage bildet, so klar vorliegt und so schwerwiegend ist, dass sie auch der Ausstellung eines Willensvollstreckerzeugnisses entgegensteht.

43

k) Welches sind die **Auswirkungen der Anordnung einer Erbschaftsverwaltung oder einer Erbschaftsliquidation** auf die Ausstellung eines Willensvollstreckerzeugnisses? In AGVE 2000 Nr. 1 S. 21 führte die Einsprache (Zweifel an der Gültigkeit der letztwilligen Verfügung) dazu, dass die Erbbescheinigung nicht ausgestellt und dem Willensvollstrecker, der bereits ein Willensvollstreckerzeugnis besass, neu die Erbschaftsverwaltung übertragen wurde (wozu wohl ein neuer Ausweis ausgestellt wurde). Wenn die zuständige Behörde die Kompetenzen des Willensvollstreckers einschränken will, kann sie diesem (bei Vorliegen der Voraussetzungen) die Erbschaftsverwaltung übertragen, nicht aber seine Kompetenzen im Zeugnis einschränken (Art. 517–518 N 38). Weil das Amt des Willensvollstreckers während einer Erbschaftsverwaltung ruht (Art. 517–518 N 117), kommt die Ausstellung eines Willensvollstreckerzeugnisses in dieser Zeit nicht in Frage, weil ja dem Erbschaftsverwalter ein eigener Ausweis ausgestellt wird. Ob ein bereits ausgestelltes Willensvollstreckerzeugnis von der zuständigen Behörde wieder eingezogen werden muss, ist im Einzelfall zu entscheiden. Wenn keine Anhaltspunkte für einen Missbrauch bestehen, wird in der Praxis darauf verzichtet. Weiter ist zu erwähnen, dass Interessenkonflikte im Zusammenhang mit einer Erbschaftsverwaltung eine grössere Bedeutung haben als beim Willensvollstrecker, sie können die Einsetzung als Erbschaftsverwalter verhindern (BSK-KARRER, Art. 554 N 25 m.w.N.; SCHULER-BUCHE, S. 36; PKG 1989 Nr. 61 E. 2 S. 213 [PF 8+9/89; KGP]). Beim Erbschaftsliquidator liegen die Verhältnisse ähnlich: Während der Dauer der Erbschaftsliquidation ruht die Willensvollstreckung (Art. 517–518 N 123) und in dieser Zeit wird kaum ein Willensvollstreckerzeugnis ausgestellt werden, wohl aber, um nach Abschluss der Erbschaftsliquidation einen Aktivenüberschuss zu verteilen (Rep. 127/1994 S. 312: «Donde l'impossibilità di ottenere il certificato di esecutore testamentario, la quale viene meno soltanto ove la liquidazione dovesse concludersi con un saldo attivo»).

44

l) Kann im Geschäftsverkehr nur das **Original** des Willensvollstreckerausweises verwendet werden oder auch eine **Kopie**? Die Praxis der Banken ist offenbar sehr unterschiedlich (STEINER, S. 39), weshalb man zur Sicherheit nachfragen (oder

45

jedenfalls ein Original senden) muss. In der Praxis benötigt der Willensvollstrecker regelmässig mehrere Exemplare. In diesem Zusammenhang ist zu bemerken, dass die Praxis des Erbschaftsamtes Basel, welches dem Willensvollstrecker nur 1 Original zustellt, dessen Bedürfnisse nicht abdeckt. In beschränktem Umfang können auch das Original bzw. beglaubigte Kopien von letztwilligen Verfügungen (Art. 517–518 N 351) als Ausweis benützt werden (nach STEINER, S. 39, genügt dies den Banken in der Regel aber nicht).

e. Testamentseröffnung

46 a) Bei offenen Verfügungen wird der **Willensvollstrecker zur Eröffnung (Art. 557) eingeladen** (vgl. den Sachverhalt von BGE 85 II 86 Pt. B S. 88 = JdT 107/1959 I S. 536), weil er Beteiligter dieses Verfahrens ist (PKG 1979 Nr. 47 S. 127 [PF 1/79; KGP]). Die Praxis der Kantone ist diesbezüglich allerings uneinheitlich (HERZER, S. 119; RBUR 1976/77 Nr. 40 E. 2 S. 40 f. = SJZ 72/1976 Nr. 20 S. 78: «So ist es denn auch ... zur Vorlesung der beiden letztwilligen Verfügungen durch den Willensvollstrecker gekommen»). Wenn der Willensvollstrecker nur eine beschränkte Aufgabe hat (Art. 517–518 N 94), wird ihm nur derjenige Teil des Testaments eröffnet, welcher ihn betrifft (Rep. 112/1979 E. 2 S. 73 [Civ.]: «... all'esecutore testamentario con missione limitata è comunicata unicamente la parte che li riguarda e, in definitiva, che gli interessa»).

47 b) Es ist nicht die Aufgabe des Eröffnungsrichters, in Zweifelsfällen in der Eröffnungsverfügung festzustellen, **ob und wer als Willensvollstrecker eingesetzt** worden sei, weil die Entscheidung dieser Frage dem ordentlichen Richter vorbehalten bleibt (ZR 66/1967 Nr. 101 S. 190). Zur Legitimation des Willensvollstreckers, Einsprache gegen die Eröffnungsverfügung zu erheben, vgl. Art. 517–518 N 486).

f. Erbbescheinigung

48 a) Anstelle des Willensvollstreckerzeugnisses (Art. 517–518 N 31 ff.) kann sich der Willensvollstrecker auch mit einer Erbbescheinigung ausweisen, **in welcher er erwähnt ist** (Rep. 73/1940 E. 2 S. 465 [Civ.]; Art. 517–518 N 36). Der Willensvollstrecker ist berechtigt, die Ausstellung einer Erbbescheinigung bei der zuständigen Behörde (Art. 517–518 N 49) zu beantragen (WEBER, AJP 6/1997 S. 557; ebenso für das BGB STAUDINGER-REIMANN, § 2203 BGB Rn. 18). Dabei bedeutet der Antrag des Willensvollstreckers (und gleichzeitigen Erben) keine Einmischung in die Erbschaft, welche eine Ausschlagung (Art. 571 Abs. 2) verunmöglichen würde (BGE 133 III 1 E. 3.3.2 S. 4 f. = 5C.126/2006 = JdT 155/2007 I S. 350 = ZBGR 89/2008 Nr. 43 S. 344 f. = successio 1/2007 S. 131 [Anm. Tamara Völk]), weil der Willensvollstrecker die Erbbescheinigung

zur Übertragung von Grundstücken benötigt (zum Verfahren vgl. Art. 517–518 N 87). Der Willensvollstrecker kann gegen die (ihn betreffende) Erbbescheinigung Rechtsmittel ergreifen (JdT 130/1982 III S. 66 [TC]).

b) Für die Ausstellung der Erbbescheinigung sind folgende **Behörden zuständig:** 49

Kanton	Zuständige Behörde (Erbbescheinigung)	Rechtsgrundlage
AG	Bezirksgerichtspräsident	§ 72 AG-EGZGB
AR	Gemeinderat	Art. 3 Ziff. 11 AR-EGZGB
AI	Erbschaftsbehörde (Erbschaftsamt)	Art. 71 Abs. 3 AI-EGZGB
BL	Bezirksschreiberei (Erbschaftsamt)	§ 105 lit. h BL-EGZGB
BS	Vorsteher des Erbschaftsamts	§ 140 Abs. 2 BS-EGZGB
BE	Einwohnergemeinderat/Conseil municipal und Notar/Notaire	Art. 6 Abs. 1 BE-EGZGB/ BE-LICC
FR	Friedensrichter + Notar/ Juge de paix + notaire	Art. 177bis FR-EGZGB/ FR-LACC
GE	Juge de paix	Art. 2 lit. f GE-LACC
GL	Vormundschaftsbehörde	Art. 9a Abs. 2 Ziff. 5 und Art. 110 Abs. 1 GL-EGZGB
GR	Bezirksgerichtspräsident/ Presidente de tribunale distrettuale/ President da la dretgira districtuala	Art. 72 GR-EGZGB/GR-LICC
JU	Notaire	Art. 56a JU-LICC
LU	Teilungsbehörde	§ 9 Abs. 2 lit. e LU-EGZGB
NE	Notaire	Art. 9 Abs. 1 lit. d NE-LICC
NW	Kommunale Teilungsbehörde	Art. 8 Ziff. 1 NW-EGZGB
OW	Gemeindeschreiber/ Einwohnergemeindepräsident	Art. 86 OW-EGZGB
SG	Amtsnotariat	Art. 7 SG-EGZGB
SH	Erbschaftsbehörde	Art. 14 Ziff. 9 und Art. 78 SH-EGZGB
SO	Amtschreiber	§ 198 SO-EGZGB
SZ	Vormundschaftsbehörde	§ 38 Abs. 1 SZ-EGZGB

Kanton	Zuständige Behörde (Erbbescheinigung)	Rechtsgrundlage
TI	Pretore	Art. 86a Abs. 1 lit. c TI-LACC
TG	Notariat	§ 8 Ziff. 12 TG-EGZGB
UR	Gemeinderat	Art. 60 Abs. 1 UR-EGZGB
VD	Juge de paix	Art. 5 Abs. 1 Ziff. 12 VD-CDPJ
VS	Gemeinderichter/ Juge de commune	Art. 90 Abs. 1 Ziff. 6 VS-EGZGB/VS-LACC
ZG	Erbschaftsbehörde	§ 10 Ziff. 7 ZG-EGZGB
ZH	Einzelgericht	§ 137 lit. c ZH-GOG

50 c) Wie beim Willensvollstreckerausweis (Art. 517–518 N 38) können bei der Erbbescheinigung **Hinweise** angebracht werden (unter anderem auf den Willensvollstrecker, auf die Anwendbarkeit ausländischen Rechts oder auf die bestrittene Gültigkeit eines Testaments) und die Erbbescheinigung kann eingezogen und neu ausgestellt werden, wenn sich neue Erkenntnisse ergeben (BGer. 5P.17/2005 vom 7. März 2005 E. 3 = successio 2/2008 S. 149 [Anm. Paul Eitel]). Wenn ein Willensvollstrecker vorhanden ist, darf bei abwesenden oder unbekannten Erben eine Erbbescheinigung die Erben unter einem Sammelnamen (Erben des XY) erfassen (ZR 70/1971 Nr. 4 S. 16 [VK]).

4. Dauer des Amtes

51 a) Während in § 2209 BGB eine besondere Regelung für die Dauer-Testamentsvollstreckung besteht, welche auch Verwaltungsvollstreckung genannt wird, sehen Art. 517 f. diese Form der Willensvollstreckung nicht ausdrücklich vor, sie wird in der Lehre und Praxis aber grundsätzlich für **zulässig** gehalten (BGE 51 II 49 E. 4 S. 55 = JdT 73/1925 I S. 348 = Pra. 14/1925 Nr. 43 S. 117: Aus der Tatsache, dass mit der Nacherbeinsetzung ohne Sicherstellung [Art. 490 Abs. 3] eine lebenslängliche Erbschaftsverwaltung verbunden ist, schliesst das Bundesgericht auf die grundsätzliche Zulässigkeit der Dauer-Willensvollstreckung; PIOTET, SPR IV/1, § 70 VI).

52 b) Für die Dauer-Willensvollstreckung gibt es **keine vom Gesetz festgelegte Höchstdauer.** In Analogie zu Art. 488 Abs. 2 wird sie von der Lehre auf die Lebzeit der unmittelbaren Erben bzw. Vermächtnisnehmer begrenzt (BK-TUOR, Art. 518 N 40; ZK-ESCHER, Art. 518 N 22; BSK-KARRER, Art. 518 N 9). In Deutschland wird die Dauer-Testamentsvollstreckung vom Gesetz (§ 2210 BGB) auf 30 Jahre beschränkt. Die Anordnung der Testamentsvollstreckung für die

Lebensdauer eines Erben wird von der Praxis als nicht sittenwidrig angesehen (Rpfleger 90/1982 S. 106 [OLG Zweibrücken]). Die Praxis legt die Frist von 30 Jahren allerdings so grosszügig aus, dass eine Dauer-Testamentsvollstreckung auch nach 58 Jahren Dauer nicht an der Fortsetzung gehindert werden kann (BGH MDR 2008 S. 323: «Sind seit dem Erbfall 30 Jahre verstrichen und soll die Verwaltung des Nachlasses nach dem Willen des Erblassers über 30 Jahre hinaus bis zum Tode des Testamentsvollstreckers fortdauern, verliert die Anordnung der Dauer-Testamentsvollstreckung ihre Wirksamkeit mit dem Tode des letzten Testamentsvollstreckers, der innerhalb von 30 Jahren seit dem Erbfall zum Testamentsvollstrecker ernannt wurde»; diese Entscheidung wurde vom Bundesverfassungsgericht [BvR 909/08] am 25. März 2009 bestätigt, vgl. jurisPR-FamR 17/2009 Anm. 3: Es liegt kein Verstoss gegen die Erbrechtsgarantie im Sinne von Art. 14 Abs. 1 GG vor). Dieses Beispiel zeigt, dass eine gesetzlich festgelegte zeitliche Grenze für das schweizerische Recht nur dann Sinn ergibt, wenn sie so formuliert wird, dass die Dauer der Willensvollstreckung tatsächlich und vorhersehbar begrenzt wird.

c) Die Dauer-Willensvollstreckung ist nur bezüglich der frei verfügbaren Quote zulässig, sie **darf die Pflichtteile nicht verletzen** (BGer. C.171/67 vom 8. Februar 1968 [unveröffentlicht], S. 12: Eine 10-jährige Sperre für die Veräusserung von Nachlasswerten führt zu einer Dauer-Willensvollstreckung; BGE 87 II 355 E. 2b S. 363 = JdT 110/1962 I S. 358 = Pra. 51/1962 Nr. 72 S. 230; BGE 51 II 49 E. 5 55 f. = JdT 73/1925 I S. 348 f. = Pra. 14/1925 Nr. 43 E. 4 S. 117: Wie die Nacherbeinsetzung im Umfang des Pflichtteils ungültig ist [Art. 531], so auch die Dauer-Willensvollstreckung; BGE 43 II 1 E. 1 S. 4 = Pra. 6/1918 Nr. 58 S. 146 = SJ 39/1917 S. 292; ZBl. 48/1947 S. 47 = ZBGR 29/1948 Nr. 34 S. 77; ZR 33/1934 Nr. 142 E. II S. 310 f.; BSK-KARRER, Art. 518 N 9). Das am 1.1.2013 in Kraft tretende Erwachsenenschutzrecht schafft neu die Möglichkeit, dass bei urteilsunfähigen Erben, die keine pflichtteilsgeschützten Erben hinterlassen, eine Nacherbeinsetzung auf den Überrest zulässig wird (Art. 492a Abs. 1 und Art. 531), was neue Einsatzmöglichkeiten für Dauervollstrecker schafft (BREITSCHMID, Nacherbeinsetzung, S. 71; im Falle von pflichtteilsgeschützten Erben schlagen AEBI-MÜLLER/TANNER, S. 102, vor, die an sich unzulässige Dauervollstreckung mit einer privatorischen Klausel – bei Anfechtung wird die verfügbare Quote weggenommen – abzusichern). Die Ungültigkeit muss geltend gemacht werden (Art. 519), ansonsten sie verwirkt (BSK-FORNI/PIATTI, Art. 521 N 1). Die bloss teilweise Geltendmachung kann dazu führen, dass die Verwaltung des Nachlasses von einem Pflichtteilerben und vom Willensvollstrecker (für die übrigen Berechtigten) gemeinsam wahrgenommen wird (ebenso für das BGB STAUDINGER-REIMANN, § 2197 BGB Rn. 26). Nach der (bisher massgebenden) Quotentheorie konnte sich der Erbe in Deutschland nur zur Wehr setzen, wenn er die ihm zustehende Quote nicht erhielt, was eine Dauer-Testamentsvollstreckung auf der gesamten Erbschaft ohne weiteres zuliess (alter § 2306 BGB; nach der [daneben entwickelten] Werttheorie konnte der Erbe sich schon dann auf den Pflichtteil berufen, wenn sein Erbe wegen des Minderwerts, welcher durch die Belastung mit der Testamentsvollstreckung entstand, unter den Wert des Pflichtteils fiel; die Berechnung dieses Minderwerts ist allerdings problematisch, vgl. zum Ganzen FUHRMANN, S. 65 ff.). Mit der Reform des deutschen Erbrechts (in Kraft seit dem 1.1.2010) kann der Erbe u.a. bei einer Dauer-Testamentsvollstreckung das Erbe ausschlagen und den unbelasteten Pflichtteil (ohne Testamentsvollstreckung) verlangen (revidierter § 2306 BGB). Damit sind die Nachteile der Quotentheorie beseitigt (WAGNER, NotBZ 2009 S. 46 f.) und es hat eine Annäherung an das schweizerische Recht stattgefunden.

54 d) Zulässig ist die Dauer-Willensvollstreckung sodann, wenn der betroffene **Erbe** (in einem Erbvertrag) **zugestimmt** hat (vgl. den Sachverhalt von Pra. 92/2003 Nr. 87 S. 475 = BGE 129 III 113 = 5A.9/2002 = JdT 151/2003 S. 212 = SJ 125/2003 I S. 205 = ZBGR 84/2003 Nr. 45 S. 358 = BR 2003 S. 171: «Nach der letztwilligen Verfügung sollte das der Nacherbeinsetzung unterworfene Vermögen gemeinsam mit dem Willensvollstrecker verwaltet werden. Bis zum 20. Geburtstag des jüngsten Nacherben, mindestens jedoch während fünf Jahren durfte über das Vermögen nur mit Zustimmung des Willensvollstreckers verfügt werden»).

55 e) Eine Dauer-Willensvollstreckung muss vom Erblasser **klar und eindeutig angeordnet** werden, sie darf nicht leichthin aus mehrdeutigen Formulierungen abgeleitet werden (ZBl. 48/1947 S. 46 = ZBGR 29/1948 Nr. 34 S. 76 [RR SZ]: Der Ausdruck «die Teilung zu regeln und das Vermögen, soweit nötig, zu verwalten» genügt für eine Dauer-Willensvollstreckung auch dann nicht, wenn die Erben unter Vormundschaft stehen). Wenn Minderjährigen die Verwaltung des Vermögens entzogen werden soll, empfiehlt sich eher die Errichtung einer Beistandschaft (Art. 325). Diese Beistandschaft kann an sich von der gleichen Person geführt werden wie die Willensvollstreckung, es dürften sich in der Praxis aber Abgrenzungsschwierigkeiten und Interessenkonflikte ergeben, wenn man diese beiden Funktionen personell nicht trennt.

56 f) Der Erblasser kann den Willensvollstrecker für die **Vor- und Nacherbschaft** einsetzen (vgl. BGE 131 III 106 E. 3.2.2 S. 111 f. = 5C.49/2004 = JdT 153/2005 I S. 341 = ZBGR 87/2006 Nr. 3 S. 103, wo zwar von der Vorerbschaft die Rede war, eine Ernennung für die Nacherbschaft aber fehlte), in Anlehnung an § 2222 BGB auch für die Zwischenphase (BREITSCHMID, Nacherbeinsetzung, S. 68), soweit eine solche Dauervollstreckung überhaupt zulässig ist (Art. 517–518 N 51–55). Ohne besondere Anordnung wird davon ausgegangen, dass die Willensvollstreckung mit der Vorerbschaft abgeschlossen ist, etwas anderes müsste explizit angeordnet werden (BREITSCHMID, Nacherbeinsetzung, S. 68). Solche Anordnungen können dazu führen, dass mehrere Willensvollstrecker nebeneinander tätig werden, was zu Konflikten führen kann (BREITSCHMID, Nacherbeinsetzung, S. 69).

5. Wann ist es ratsam, einen Willensvollstrecker einzusetzen?

Ob es sinnvoll ist, einen Willensvollstrecker einzusetzen, kann nur im Einzelfall beurteilt werden. Es gibt einige Indizien, welche es in der Regel als ratsam erscheinen lassen, einen Willensvollstrecker zu bestellen, nämlich (1) wenn Erben geschäftsunerfahren sind, (2) wenn Erben keinen näheren Kontakt zum Erblasser pflegen und/oder keine nähere Kenntnisse über seinen Nachlass besitzen, (3) wenn komplizierte tatsächliche oder rechtliche Verhältnisse vorliegen, etwa wenn (a) zu erwarten ist, dass sich die Erben ohne Unterstützung nicht einigen werden, (b) sich Nachlassvermögen im Ausland befindet, oder (c) grössere Nachlassvermögen zu teilen sind. Das Vorhandensein von Liegenschaften und (noch stärker) von Unternehmen rechtfertigen den Einsatz eines Willensvollstreckers regelmässig.

B. *Grundverhältnis*

1. Grundsatz

Das Grundverhältnis des Willensvollstreckers wird vom Gesetz selbst als Auftrag bezeichnet. Das Bundesgericht hat offengelassen, ob es sich um einen Auftrag (Art. 394 ff. OR) mit gewissen Besonderheiten oder – was zutreffender ist – ein Rechtsverhältnis besonderer Art handle (SCHREIBER, JdT 88/1940 I S. 4: «contrat sui generis»), auf welches das Auftragsrecht anwendbar sei (BGE 90 II 376 E. 2 S. 380 = JdT 113/1965 I S. 340 = Pra. 54/1965 Nr. 36 S. 119; BGE 78 II 123 E. 1a S. 125 = JdT 101/1953 I S. 11 = Pra. 41/1952 Nr. 120 S. 317; weiter vgl. LGVE 1978 III Nr. 11 S. 34 [RR]; SO-BOG 1939, 160 Nr. 5 = ZBGR 27/1946 Nr. 123 S. 317 [OGer. SO]: das Auftragsrecht ist jedenfalls für die zivilrechtliche Verantwortlichkeit massgebend; BK-FELLMANN, Art. 394–606 OR N 21). **Das Auftragsrecht ist** jedenfalls (nur) **analog anwendbar** (BGer. 5P.529/1994 AJP 5/1996 Nr. 3 E. 6 S. 84: Ständige Rechtsprechung des Bundesgerichts; SJZ 37/1940–41 Nr. 26 S. 43 [OGer. ZH]; RIEMER, recht 16/1998 S. 23). Das Rechtsverhältnis des Willensvollstreckers zu den Erben weicht zu stark vom gesetzlichen Modell ab (vgl. HUX, S. 65 ff.), als dass noch von einem gewöhnlichen Auftrag gesprochen werden könnte: (1) Die Erben sind nicht Auftraggeber. (2) Nach dem Tod des Erblassers kann mit diesem kein Vertrag mehr abgeschlossen werden. (3) Im Gegensatz zum Beauftragten darf der Willensvollstrecker nie eigene Interessen verfolgen. (4) Der Willensvollstrecker steht zu den Erben in keinem Vertrauensverhältnis). Das Auftragsrecht wird dann ausnahmsweise direkt angewendet, wenn die Erben jemanden einsetzen, um für sie die Erbteilung durchzuführen (vgl. den Sachverhalt in ZBGR 50/1969 Nr. 26 Pt. 1 S. 225 [OGer. ZH]).

2. Einzelheiten

59 a) Die (bloss) analoge Anwendung des Auftragsrechts weist folgende Besonderheiten auf: Das Grundverhältnis entsteht nicht – wie beim Auftrag üblich – durch Annahme eines Antrags **(Art. 394 f. OR)**, sondern aufgrund einer Ernennung durch den Erblasser in besonderer Form (Art. 517 Abs. 1; HUX, S. 70 ff.; Art. 517–518 N 16 ff.) und Annahme durch den Willensvollstrecker gegenüber der zuständigen Behörde (Art. 517 Abs. 2; Art. 517–518 N 29 ff.). Ein Honorar ist nicht nur geschuldet, wenn es vereinbart oder üblich ist (Art. 394 Abs. 3 OR), sondern in jedem Fall (Art. 517 Abs. 3), wobei der Erblasser die Höhe (letztwillig) festlegen kann (Art. 517–518 N 388).

60 b) **Art. 396** Abs. 1 und 2 **OR** sind in dem Sinne anwendbar, als das Gesetz (Art. 518 Abs. 2) die Natur des Geschäfts und damit den subsidiären Umfang des Auftrags (Generalexekution – BSK-KARRER, Art. 518 N 8) bestimmt, sowie eine entsprechende Ermächtigung enthält (zu den Hauptpflichten vgl. Art. 517–518 N 92 ff.; zu den Fähigkeiten vgl. Art. 517–518 N 199 [Verfügungsmacht], N 208 [Vertretungsmacht] und N 459 [Prozessführungsbefugnis]). Nicht anwendbar ist dagegen Art. 396 Abs. 3 OR, umfasst doch die Generalexekution auch die in diesem Absatz genannten Geschäfte ohne ausdrückliche Ermächtigung (HUX, S. 75).

61 c) Das Weisungsrecht **(Art. 397 OR)** gilt nur für den Erblasser, nicht aber für die Erben (HUX, S. 76 f.; die Erben können die vom Erblasser angeordneten Weisungen allerdings einstimmig beseitigen, soweit Fragen der Erbteilung betroffen sind, vgl. Art. 517–518 N 310).

62 d) Die **Sorgfaltspflicht** des Willensvollstreckers ist (analog) nach **Art. 398 OR** zu bemessen (BGer. 5C.119/2004 vom 23. Dezember 2004 E. 2.2 = ZBJV 142 [2006] S. 321 f. [Anm. Regina Aebi-Müller] = successio 3/2008 S. 149 [Anm. Paul Eitel]; PKG 1964 Nr. 55 E. 7 S. 140 f. [Pr 6/63; KGP]; RIEMER, recht 16/1998 S. 23; zu Einzelheiten vgl. Art. 517–518 N 427). Das Bundesgericht hat im Urteil 5A_485/2007 vom 19. Dezember 2007 (= successio 4/2010 S. 118 [Anm. Paul Eitel]) einige Richtlinien für diese Sorgfalt aufgestellt: (1) Der Willensvollstrecker hat *Fragen der Erben* innert 2–3 Tagen schriftlich (per Brief, Fax oder Mail) zu beantworten bzw. er soll innert dieser Frist angeben, weshalb für eine Antwort mehr Zeit benötigt. (2) Für die Lieferung von *Steuer- und Liegenschaftsunterlagen* werden 10 Tage als angemessen angesehen. (3) Über die *Berichterstattung* besteht noch eine gewisse Unsicherheit. Das Bundesgericht beanstandete die Regel des Obergerichts nicht, dass über wichtige Ereignisse und die angeordneten sowie beabsichtigte wichtige Massnahmen (Nachlasswerte von über CHF 10 000.– und Kosten von über CHF 1000.–) zu berichten ist. Diese Zahlen sind nicht allgemein gültig, denn die Wichtigkeit der Massnahmen hängt von der Grösse des Nachlasses ab. Es stellt sich zudem die Frage, ob die Berichterstattung nicht in regelmässiger Folge (periodisch) erfolgen sollte. Das

Bezirksgericht hatte in diesem Fall einen monatlichen Bericht vorgesehen. Das ist bei kleineren Nachlässen sicher eine zu kurze Frist, weil dies zu unverhältnismässigen Kosten führt. Die Erben sind besser bedient, wenn sie eine Kopie der laufenden Korrespondenz sowie der monatlichen Bankauszüge erhalten, aus welchen alle Vorgänge abzulesen sind. Die Verletzung von Sorgfaltspflichten kann eine Verletzung von Standespflichten sein, wenn es sich um grobe Fehler oder häufige Fehler handelt und ein Zusammenhang mit den Schutzzwecken der Standesregeln besteht (DERKSEN, TREX 15/2008 S. 43 [SK STV/USF]). Die Standeskommission STV/USF (DERKSEN, TREX 15/2008 S. 44 f. und 47 ff.) hat folgende Regeln aufgestellt: Man kann einem Willensvollstrecker, der seinen Vorgehensplan nicht umsetzen kann, keinen Vorwurf machen, wenn ein Erbe den Fahrplan zu diktieren beginnt. Eine Dauer der Willensvollstreckung von 8 Monaten ist nicht unüblich, dauert eine Willensvollstreckung doch meistens 1 Jahr oder länger (E. 3.2). Kleinere Fehler des Willensvollstreckers (wie ein falsches Datum, eine falsche Bezeichnung von Erben, Berechnung von Legaten, AHV-Abzug) stellen kein standeswidriges Verhalten dar (E. 3.3). Der Willensvollstrecker hat seine Tätigkeit auch dann fortzusetzen, wenn das Vertrauensverhältnis zu den Erben nicht mehr vorhanden ist (E. 3.4). Der besprochene Fall zeigt, dass unter Umständen auch ein Willensvollstrecker vor einem Erben geschützt werden muss (E. 3.5).

e) Der Willensvollstrecker muss seine Tätigkeit nicht alleine durchführen, sondern er kann sowohl **Fachleute** (Anwalt, Steuerberater, Treuhänder, Vermögensverwalter, Liegenschaftsverwalter, Kunstsachverständiger, Auktionator, Schätzer usw.) als auch **Hilfspersonen** (Buchhalter, Sekretärin, Assistentin) einsetzen (AGVE 2001 Nr. 2 S. 31 E. 1b [OGer.]; BSK-KARRER, Art. 518 N 15: Fachleute [Anwälte, Ingenieure, Vermögensverwalter], Dritte [Sekretärin, Buchhalter]) und haftet für diese nach Art. 101 OR (HUX, S. 91 ff.). Der Willensvollstrecker kann (weiter gehend) die Geschäftsbesorgung im Rahmen von **Art. 398 Abs. 3 OR (Substitution)** Dritten überlassen (AGVE 2001 Nr. 2 E. 1b S. 31 [OGer.]: die Subsitution ist nur zulässig, wenn der Willensvollstrecker ‹‹durch die Umständige genötigt› ist, z.B. wegen allgemein ungenügender Fachkenntnis, Krankheit oder Arbeitsüberlastung»; nach BGer. 5P.529/1994 AJP 5/1996 Nr. 3 E. 6 S. 84, ist «die Übertragung einzelner Geschäfte an Dritte [Substituten] zulässig», nicht aber eine vollständige Substitution; ähnlich AJP 5/1996 S. 89 E. 2bγ[2] [OGer. ZH]: Der Willensvollstrecker ist «zum Beizug von Hilfspersonen nur insoweit ermächtigt ..., als er Teilbereiche entweder selbst nicht fachkundig zu betreuen vermag ... oder Routinearbeiten zweckmässigerweise Hilfspersonen übertragen werden ...», und E. 2bβ[5] S. 88: «fraglos nicht erfasst ist durch eine Substitutionsklausel ... eine ‹mehrspurige› Mandatsführung ...»; weiter vgl. BGE 91 II 177 E. 3 S. 182 = JdT 114/1966 I S. 154 = Pra. 54/1955 Nr. 159 S. 475 = ZBGR 47/1966 Nr. 39 S. 179; AGVE 1971 Nr. 9 S. 39 [IK]: eine vollständige Substitution ist unzulässig; BSK-KARRER, Art. 518 N 15; zu weit geht PraxKomm-CHRIST, Art. 518 N 15, der Substituierung in einem umfassenden Sinne erlauben will, insbesondere auch dann, wenn der Erblasser wusste, dass der Willensvollstrecker wegen fehlender Fachkenntnisse, vorgerückten Alters oder Ortsabwesenheit nicht in der Lage sein werde, sein Amt persönlich auszuüben; abweichend GIGER, Willensvollstrecker, S. 135 ff.: der Willensvollstrecker kann als formaler Status «mit einer Restverantwortung» wirken; eine derartige Substitution ist mit einem Vertrauensverhältnis nicht mehr vereinbar und wird von der herrschenden Lehre abgelehnt; restriktiver als das schweizerische Recht ist art. 908 CC esp.: «El albacea no podrá delegar el cargo si no tuviese expresa autorización del testador»). Der Willensvollstrecker muss sich die Berater auch nicht vom Erblasser aufdrängen lassen (vgl. GR1 ZF 08 2: Vertrag mit einem Verein zur Beratung der Erben und des Willensvollstreckers wird aufgelöst [Abweisung der Berufung in BGer. 4A_213/2008 vom 29. Juli 2008]). Die vollständige Substitution ist nicht zulässig, weil dies der Ernennung eines Mitvollstreckers nahekommt und dies dem Erblasser vorbehalten ist (AGVE 2001 Nr. 2 E. 1b S. 32 [OGer.]; Art. 517–518 N 17). Ausgeschlossen ist eine Substitution sodann nach dem Ableben des Willensvollstreckers (ZR 101/2002 Nr. 93 S. 285 = SJZ 99/2003 Nr. 38 S. 635), weil das der Ernennung eines Nachfolgers durch den Willensvollstrecker nahe kommt und dies dem Erblasser vorbehalten ist (Art. 517–518 N 20).

64 f) Der Willensvollstrecker haftet für die Auswahl und Instruktion dieser Substituten (analog) nach **Art. 399** Abs. 2 **OR** (ZR 91–92/1992–93 Nr. 64 E. III.2.aγ S. 238 [OGer.]; HUX, S. 93 f.). Die Haftungsregeln des Auftragsrechts werden durch den erbrechtlichen Realerfüllungsanspruch ergänzt (zu Einzelheiten vgl. Art. 517–518 N 298).

65 g) Die Auskunftspflicht nach **Art. 400 OR** wird von den erbrechtlichen Bestimmungen ergänzt und verschärft (das Erbrecht gewährt auch anderen Personen als den Erben ein Auskunftsrecht; die Erben haben einen weiter gehenden Anspruch als gewöhnliche Auftraggeber, zu Einzelheiten vgl. Art. 517–518 N 222 ff.). Die Ablieferungs- und Verzinsungspflicht (Art. 400 OR) gelten auch für den Willensvollstrecker (HUX, S. 99 f.; ebenso § 2218 BGB i.V.m. § 668 BGB [Verzinsungspflicht]).

66 h) Eine Legalzession (**Art. 401 OR**) ist zwar möglich, dürfte aber nur selten zur Anwendung kommen, weil der Willensvollstrecker Vertretungsgeschäfte üblicherweise im Namen der Erben abschliesst (a.M. HUX, S. 100 ff., welcher nur die [im eigenen Namen vorgenommenen] Verfügungen betrachtet und deshalb zu einem andern Ergebnis gelangt; der primäre Anwendungsbereich von Art. 401 Abs. 1 OR sind aber Verpflichtungsgeschäfte).

67 i) Der Willensvollstrecker hat (wie der Beauftragte) Anspruch auf Ersatz der Auslagen (**Art. 402 OR**) und darf diese (als Besonderheit) aus Mitteln der Erbschaft bestreiten (HUX, S. 103 f.; JOST, Willensvollstrecker, N 19). HUX (S. 106 f.) schlägt

vor, die Erben auch ohne Verschulden für Schaden haften zu lassen, welcher beim Willensvollstrecker trotz pflichtgemässer Erfüllung seiner Aufgabe entstanden ist, den Willensvollstrecker also (trotz seines Honoraranspruchs) wie einen unentgeltlich arbeitenden Beauftragten zu behandeln, sofern dieser die Aufgabe aus moralischer Verpflichtung übernommen hat. M.E. sollte immer darauf abgestellt werden, ob der Willensvollstrecker im konkreten Fall für seine Tätigkeit tatsächlich honoriert wurde oder ob er auf ein Honorar verzichtet hat.

j) Die Solidarität der Erbenhaftung ergibt sich nicht aus **Art. 403** Abs. 1 **OR,** sondern aus Art. 603 Abs. 1 (Hux, S. 109 f.). Die Gemeinsamkeit des Handelns mehrerer Willensvollstrecker ergibt sich nicht aus Art. 403 Abs. 2 OR, sondern aus Art. 518 Abs. 3 (Hux, S. 110 ff.; zu Einzelheiten vgl. Art. 517–518 N 11 ff.). 68

k) **Art. 404 OR** wird weitgehend durch das Erbrecht verdrängt, weil ein Widerruf nicht möglich ist (Hux, S. 113 f.). Diese Bestimmung ist aber immerhin (analog) auf die Niederlegung des Amtes anzuwenden (JdT 68/1920 III 71; Wenger, S. 55). 69

l) Der in Art. **405 OR** genannte Beendigungsgrund Tod und die Handlungsunfähigkeit gelten nur für die Seite des Willensvollstreckers (Art. 517–518 N 377). 70

m) Der Konkurs führt nicht automatisch zum Erlöschen des Amts, er stellt ebenfalls nicht in jedem Fall einen Absetzungsgrund dar (Hux, S. 116 f.; Art. 517–518 N 377). Dies verhindert eine Anwendung von Art. 405 Abs. 2 und **Art. 406 OR** (Hux, S. 118 ff.). 71

3. Ergänzung: Berufsrecht

Neben dem Auftragsrecht (Art. 517–518 N 58 ff.) kann auf den Willensvollstrecker sein Berufsrecht zur Anwendung kommen, etwa als **Rechtsanwalt oder Notar.** In diesem Zusammenhang kann sich etwa die Frage stellen inwieweit dem Willensvollstrecker (aufgrund des Berufsrechts) Werbung gestattet sei. In Deutschland gibt es zudem eine Diskussion über die Zulässigkeit der Erwähnung von Zertifizierungen (Grunewald, ZEV 17/2010 69 ff.), welche in der Schweiz (noch) nicht vorhanden ist. 72

C. Eigentum am Nachlass

a) **Das Eigentum am ganzen Nachlass geht** mit dem Tod des Erblassers **von Gesetzes wegen** und **gesamthaft** (direkt) **auf die Erben über** (Art. 560 Abs. 1; BGE 66 II 148 E. 2 S. 151 = JdT 89/1941 I S. 12 = Pra. 30/1941 Nr. 14 S. 35 = ZBGR 30/1949 Nr. 18 S. 49). Universalsukzession (Gesamtnachfolge) bedeutet, «dass die der Vererbung unterliegenden vermögensrechtlichen Beziehungen des Erblassers als Einheit auf den Erben übergehen …» (ZK-Escher, Vor- 73 bem. zu Art. 560–579 N 2). Art. 560 Abs. 2 präzisiert: «Mit Vorbehalt der gesetzlichen Ausnahmen gehen die Forderungen, das Eigentum, die beschränkten dinglichen Rechte und der Besitz des Erblassers ohne weiteres auf sie über, und die Schulden des Erblassers werden zu persönlichen Schulden der Erben.» Ausnahmen bilden Art. 493, Art. 539 Abs. 2, Art. 544 und Art. 545, in welchen die Erben zuerst bestimmt werden müssen und der Erwerb auf den Zeitpunkt der Eröffnung zurückbezogen und das Eigentum «gegebenenfalls durch den vom Erblasser ernennten Willensvollstrecker vermittelt» wird (Pra. 63/1974 Nr. 236 E. 2c S. 24 = BGE 100 II 98 S. 101 = SJ 97/1975 S. 173 f.). Die Universalsukzession verdrängt weitgehend die staatliche Mitwirkung bei der Erbteilung, wie sie im früheren kantonalen Recht noch vorkam (NEUMAYER, Eigenartiges, S. 487). Von der Universalsukzession zu unterscheiden ist der Grundsatz des eo-ipso-Erwerbs (BK-TUOR/PICENONI, Vorbem. zu Art. 560–579 N 3 ff.; ZK-ESCHER, Vorbem. zu Art. 560–579 N 6 ff.). Die Übertragung des Eigentums erfolgt von Gesetzes wegen («automatisch») und ist nicht von einer Annahme oder vom Wissen um den Tod des Erblassers abhängig (BK-TUOR, Art. 560 N 3 f.), was bei unbekannten oder ausschlagenden Erben bedeutungsvoll sein kann (KIRCHHOFER, S. 8 ff.). Diese Eigentumsübertragung auf die Erben erfolgt in gleicher Weise, wenn der Erblasser einen Willensvollstrecker bestellt hat (JdT 84/1936 I S. 203 E. 2 = ZBGR 17/1936 Nr. 64 S. 149 [BGer.]; anders ZBGR 1/1920 Nr. 54 S. 156 [RR AG]: kein Eigentums-Erwerb der Erben).

74 b) **Die** (gesetzlichen und eingesetzten) **Erben erwerben das Eigentum** am Nachlass **zu gesamter Hand** (als Erbengemeinschaft) (BK-TUOR/PICENONI, Vorbem. zu Art. 602–606 N 7; ZK-ESCHER, Art. 602 N 2). Die Regeln der Gesamthandsgemeinschaft ergeben sich teilweise aus dem Erbrecht (Art. 602 Abs. 2) und stammen daneben aus dem Sachenrecht (Art. 652–654). Die wichtigsten Regeln lauten: (1) Der einzelne Erbe hat «keine individuellen Titel an der Erbschaft» (DRUEY, Grundriss, § 4 N 9). (2) Die Erben können nur gemeinsam über die Erbschaft verfügen (Art. 602 Abs. 2; PKG 1983 Nr. 11 S. 64 [ZF 38/83; KGer.]: Teilnahme aller Erben an der Vermittlungsverhandlung). (3) Der Erblasser kann auch durch eine Verfügung von Todes wegen das Eigentum an einer Sache nicht direkt auf einen einzelnen Erben übertragen (BGE 70 II 267 S. 269 = JdT 26/1945 I S. 132 E. 1 = Pra. 34/1945 Nr. 3 S. 7 = ZBGR 30/1949 Nr. 55 S. 113). (4) Jeder Erbe haftet solidarisch und persönlich mit seinem ganzen Vermögen (Art. 603).

75 c) **Der Vermächtnisnehmer erwirbt kein Eigentum am Nachlass,** er erwirbt nur einen Anspruch gegen die Beschwerten, welche häufig sämtliche Erben umfassen (Art. 562 Abs. 1; BK-TUOR, Art. 562 N 1). Beschwert ist insbesondere nicht der Willensvollstrecker (ZK-ESCHER, Art. 562 N 2).

76 c) **Der Willensvollstrecker erwirbt kein Eigentum am Nachlass** (BGE 84 II 324 S. 327 = JdT 107/1959 I S. 114 = Pra. 47/1958 Nr. 126 S. 394 = ZBGR 41/1960 Nr. 8 S. 47 f.: «... die dem Willensvollstrecker vom Erblasser übertrage-

nen Befugnisse in Verbindung mit seiner gesetzlich umschriebenen Stellung [mit Einschluss der Regel des Art. 554 Abs. 2 ZGB] verschaffen ihm keine materiellrechtliche Beteiligung am Nachlass, wie sie den Erben und sonstigen erbrechtlich Bedachten zusteht»). Er erlangt aber eine besondere Stellung, welche ihn berechtigt, den Besitz (vgl. dazu Art. 517–518 N 80), die Verwaltung (vgl. dazu Art. 517–518 N 92 ff.) und die Nutzung am Nachlass auszuüben (der Nutzen gehört [als Ausfluss des Gesamthandprinzips] der Erbengemeinschaft, vgl. ZK-ESCHER, Art. 602 N 30; der Willensvollstrecker verwaltet den Nutzen, d.h., er sammelt die Erträge [zum Beispiel: Mietzinse], um sie für die laufende Verwaltung des Nachlasses [zum Beispiel: Unterhalt einer Liegenschaft] einzusetzen bzw. bei der Erbteilung zu verteilen). Diese Stellung des Willensvollstreckers wird gelegentlich als eigenes Recht bezeichnet (KRAMER, Auseinandersetzung, 65: «eigenes, selbständiges Recht auf Verwaltung und Verfügung»), «das sich bis zu einem dinglichen Recht an den Nachlaßsachen steigert» (ZR 33/1934 Nr. 142 S. 311 [OGer.]). Der Willensvollstrecker hat aber kein dingliches Recht am Nachlass (HAUSHEER, Erbrechtliche Probleme, 75). Der Besitz stellt kein dingliches Recht dar (REY, N 224 f.; ZK-HOMBERGER, Art. 919 N 10; HOLENSTEIN, S. 107). Daneben enthält die Verwaltung des Willensvollstreckers, welche Verpflichtungen, Verfügungen und Prozesshandlungen umfasst, keine Rechte am Nachlass, sondern nur diesbezügliche Fähigkeiten (vgl. Art. 517–518 N 199 [Verfügungsmacht], N 208 [Vertretungsmacht] und N 459 [Prozessführungsbefugnis]).

d) Das **Vorhandensein eines Willensvollstreckers schränkt die Erben erheblich in der Ausübung ihres Eigentums ein,** weil sein Besitz (Art. 517–518 N 80) und seine Verwaltung (Art. 517–518 N 199, N 208 und N 467) ausschliesslicher Natur sind (ZR 33/1934 Nr. 142 S. 311 [OGer.]: «der Erblasser hat mit der Anordnung der Willensvollstreckung den Erben zwar nicht das Recht auf die Substanz des Nachlasses, wohl aber das ihnen nach der gewöhnlichen Gestaltung zukommende Recht auf Verwaltung und Verfügung für die Dauer der Willensvollstreckung entzogen»). Das hat zum Beispiel zur Folge, dass der Willensvollstrecker gegen die Pfändung eines Erbteils Widerspruch erheben kann (ZR 19/1920 Nr. 114 E. 3 S. 223 [OGer.]), oder dass ein Erbteil, welcher einer Dauervollstreckung unterstellt ist, nicht zur Konkursmasse des Erben gehört (BGE 86 III 26 E. 2 S. 30 = Pra. 49/1960 Nr. 116 S. 328 = JdT 108/1960 II S. 79 f.). 77

e) Die testamentarisch verfügte Errichtung einer **Stiftung** (Art. 517–518 N 354) untersteht den Regeln über letztwillige Verfügungen. Das gilt sowohl für die Form der Errichtung (Art. 493 Abs. 2; BK-TUOR, Art. 493 N 17: Einhaltung der Formvorschriften für letztwillige Verfügungen [Art. 498 ff.]; ZK-ESCHER, Art. 493 N 2 ff.), als auch für die Herabsetzung der Zuwendung (Art. 493 Abs. 1: Widmung des verfügbaren Teils). Die Zuwendung kann der Stiftung als Erbe, Vermächtnis oder Auflage zukommen (BK-TUOR, Art. 493 N 5 ff.; ZK-ESCHER, Art. 493 N 8). Der Willensvollstrecker kann die Aufgabe haben, eine Stiftung zu 78 gründen (Art. 517–518 N 354), den ersten Stiftungsrat zu bestellen (vgl. den Sachverhalt in BVR 1995 S. 483 Teil 1 [SRK]), die Organisation einer vom Erblasser gegründeten Stiftung zu vervollständigen (BGer. 5A.29/2005 vom 16. Dezember 2005 E. 3 und 4: Es ist die Aufgabe des Willensvollstreckers und nicht des ersten Stiftungsrats, die fehlenden Statuten und Reglemente zu erstellen), ihr ein Vermächtnis zukommen zu lassen (Art. 517–518 N 293) oder für die Einhaltung einer Auflage zu sorgen (Vorbem. zu Art. 517–518 N 12).

D. *Besitz an den Nachlassgegenständen*

79 a) Zu den **Nachlassgegenständen** gehört auch die Privatkorrespondenz (BJM 1963 S. 202 [AB BS]), nicht aber die Vermögenswerte, welche dem überlebenden Ehegatten qua Güterrecht zustehen (Max. IX/1941–50 Nr. 246 S. 215 = SJZ 43/1947 Nr. 49 S. 111 = ZBGR 27/1946 Nr. 116 S. 313 [OGer.]).

80 b) Der Willensvollstrecker erwirbt (von Gesetzes wegen) den **Anspruch auf den Besitz** an den Nachlassgegenständen (Max. IX/1941–50 Nr. 246 S. 215 = SJZ 43/1947 Nr. 49 S. 111 = ZBGR 27/1946 Nr. 116 S. 313 [OGer.]; SJZ 38/1941–42 Nr. 2 S. 13 [OGer. TG]; ZR 2/1903 Nr. 9 S. 9 [AppK]; DRUEY, Grundriss, § 14 N 38; BSK-KARRER, Art. 518 N 22). Dieser Anspruch wird im Gesetz nicht ausdrücklich erwähnt, er ergibt sich aber aus der in Art. 518 Abs. 2 erwähnten Aufgabe, die Erbschaft zu verwalten (Vetterli, S. 52; ebenso § 2205 BGB: «Der Testamentsvollstrecker hat den Nachlass zu verwalten. Er ist insbesondere berechtigt, den Nachlass in Besitz zu nehmen ...»; Art. 703 Abs. 2 CC it.). Der Willensvollstrecker erwirbt nicht den Besitz selbst, sondern nur den Anspruch darauf, denn der Besitz geht im Zeitpunkt des Todes vorerst an die Erben und der Willensvollstrecker muss sich den Besitz zuerst verschaffen (VETTERLI, S. 53). Der Anspruch auf Besitzerwerb kann wegen einer Erbschaftsverwaltung im Sinne von Art. 556 Abs. 3 (Art. 517–518 N 121) bis 30 Tage nach der Eröffnung aufgeschoben werden (PIOTET, SPR IV/1, § 24 III B 1). Abgrenzungsprobleme ergeben sich gelegentlich, wenn der Erblasser einen Beistand oder Vormund hatte und dieser Amtsinhaber das Erbgut nur zögerlich herausgibt (ABT, successio 2/2008 S. 262).

81 c) Beim Besitz des Willensvollstreckers handelt es sich um **unselbständigen Besitz** (Art. 920 Abs. 2; BGE 86 II 355 E. 3 S. 359 = JdT 42/1961 I S. 305 = Pra. 50/1961 Nr. 31 S. 86; BSK-KARRER, Art. 518 N 22), während die Erben (aufgrund von Art. 560) selbständigen Besitz erwerben (ZR 15/1916 Nr. 122 S. 227 = ZBGR 27/1946 Nr. 81 S. 264 [RK]; BSK-Schwander Art. 560 N 8). Soweit notwendig, kann der Willensvollstrecker auch den **unmittelbaren Besitz** beanspruchen, während der mittelbare Besitz bei den Erben verbleibt (HINDERLING, SPR V/1, § 69 III; anders VPB 41/1977 Nr. 121 S. 150: «nicht einmal der Willensvollstrecker hat gegenüber den rechtmässigen Erben einen Anspruch auf Besitz der Erbschaft»).

d) Der Willensvollstrecker darf sich den Besitz nicht eigenmächtig verschaffen (ZBGR 21/1940 Nr. 146 S. 277 [OGer. TG]), sondern muss das Erbgut, welches sich im Besitz von Erben, Vermächtnisnehmern (Rep. 72/1939 S. 325 [Civ.]: «Il legatario in possesso ... della cosa legata, è tenuto a farne consegna all'amministratore della successione ...») oder anderen Dritten befindet, **herausverlangen** bzw. hat diesen anzuzeigen, dass sie nur an ihn herausgeben dürfen (STRAEHL, S. 83, mit Verweis auf Art. 924). Die herauszugebenden Sachen sind genau zu spezifizieren (Max. IX/1941–50 Nr. 272 S. 242 = ZBGR 27/1946 Nr. 117 S. 314 [OGer.]: Es genügt nicht, alle im «unmittelbaren Besitz befindlichen Erbschaftsakten und Erbschaftswerte» herauszuverlangen). 82

e) Wenn die Herausgabe verweigert wird, kann der Willensvollstrecker wie folgt vorgehen: (1) Wenn Erben (oder andere Personen) eigenmächtig in den Besitz von Nachlassgegenständen gelangt sind, kann der Willensvollstrecker den **Besitzesschutz** geltend machen (Art. 926 ff.; BGE 86 II 355 E. 3 S. 359 = JdT 42/1961 I S. 305 = Pra. 50/1961 Nr. 31 S. 86; BGE 77 II 122 E. 6 S. 126 = JdT 100/1952 I S. 170; PIOTET, SPR IV/1, § 24 III B 1; BSK-KARRER, Art. 518 N 24). (2) Sind Dritte im Besitz von Nachlassgegenständen, kann der Willensvollstrecker die **Erbschaftsklage** anbringen (Art. 598; SJ 103/1981 S. 63 E. 2 [Civ.]; BK-TUOR, Art. 598 N 14; ZK-ESCHER, Art. 598 N 4a; BSK-KARRER, Art. 518 N 24 und 83; die in BGE 41 II 21 E. 1 S. 26 f. = JdT 63/1915 I S. 402 = Pra. 4/1915 Nr. 69 S. 164 formulierte weitere Voraussetzung, dass die Zugehörigkeit zum Erbgut unstreitig sein müsse, wurde vom Bundesgericht in BGE 91 II 327 E. 6 S. 336 f. = JdT 114/1966 I S. 239 f. = Pra. 55/1966 Nr. 64 S. 240 f. wieder beseitigt) und damit auch von der (dinglichen) Surrogation (Art. 599 Abs. 1) profitieren (FRAEFEL, S. 113). Gegenüber Erben kann die Erbschaftsklage nur eingesetzt werden, wenn diese (bezüglich der herauszugebenden Sache) keine Erbberechtigung haben (Art. 517–518 N 475). (3) Im Weiteren kann der Willensvollstrecker gegenüber den Erben und gegenüber Dritten, welche den Besitz für die Erben ausüben, zur Erlangung des Besitzes eine **Klage** führen (SJZ 38/1941–42 Nr. 2 S. 13 [OGer. TG]; denkbar ist auch ein [summarisches] Befehlsverfahren, sofern klare Verhältnisse gegeben sind, was in BGE 43 I 77 = JdT 65/1917 I S. 502 = Pra. 6/1917 Nr. 66 S. 171 aber nicht der Fall war [Begehren eines amerikanischen administrator]), **welche sich auf Art. 518 Abs. 2 (Verwaltung der Erbschaft) stützt** (BGE 86 II 355 E. 3 S. 359 = JdT 42/1961 I S. 305 = Pra. 50/1961 Nr. 31 S. 86; BGE 77 II 122 E. 6 S. 125 f. = JdT 100/1952 I S. 170; SCHREIBER, Rechtsstellung, 73: «auf die Willensvollstreckung gegründetes Besitzrecht»). Sie ist gegen die Erben zu richten (ZR 15/1916 Nr. 122 S. 227 = ZBGR 27/1946 Nr. 81 S. 265 [RK]; BSK-STARK/ERNST, Art. 919 N 140). Man spricht in diesem Zusammenhang vom ‹Verwaltungsrecht› des Willensvollstreckers (BGE 66 II 148 E. 2 S. 150 = JdT 22/1941 I S. 12 = Pra. 30/1941 Nr. 14 S. 35 = ZBGR 30/1949 Nr. 18 S. 49). Dieses sollte (analog nach Art. 596 Abs. 3) nicht weiter gehend beansprucht werden, als dies zur Erfüllung seiner Aufgabe notwendig ist 83

(BGE 77 II 122 E. 6 S. 126 = JdT 100/1952 I S. 170: Es ist nicht einzusehen, «wieso der Willensvollstrecker, um den ihm erteilten Auftrag ausführen zu können, die ganze Erbschaft in seine Verfügungsgewalt bekommen muss ...»; weiter vgl. ZR 15/1916 Nr. 122 S. 227 = ZBGR 27/1946 Nr. 81 S. 265 [RK]; BSK-KARRER, Art. 518 N 23; BREITSCHMID, Stellung des Willensvollstreckers, S. 116; CARRARD, N 99: «la saisine de l'exécuteur ne porte que sur les biens de la succession qui lui sont nécessaires»). Das Verwaltungsrecht kann auch gegenüber den Vermächtnisnehmern geltend gemacht werden (Rep. 72/1939 S. 326 [Civ.]: «Per il solo titolo del legato, non ci si può validamente opporre a domande come quelle avanzate dall'amministratore. Sarebbe però da chiedersi se questo principio sia veramente cosi assoluto da non poter soffrire per equità o buon senso deroga alcuna ...»; PIOTET, SPR IV/1, § 24 III B 1.).

84 f) Seit dem 1. Januar 2008 benötigen Erben einen Waffenerwerbsschein, wenn sie **Waffen** erben (Art. 8 Abs. 2bis Waffengesetz) und der Willensvollstrecker muss dafür sorgen, dass kein Erbe Besitz an Waffen erlangt, der dazu nicht die notwendige Berechtigung hat (WÜST, successio 3/2009 S. 137 f.).

85 g) Wenn der Erblasser **Treugut** verwaltet hat, fällt dieses in den Nachlass und dem Willensvollstrecker steht der Besitz daran zu, sofern kein Mit- oder Ersatztreuhänder vorhanden ist (BGE 78 II 445 E. 3 S. 451 ff.; ZK-ESCHER, Vorbem. zu Art. 560 ff. N 4). Ähnlich wie der Willensvollstrecker bei der güterrechtlichen Auseinandersetzung mitwirkt, um den Nachlass vom Vermögen des überlebenden Ehegatten abzugrenzen (Art. 517–518 N 281 ff.), hat er mitzuwirken, damit das Treugut vom Nachlass geschieden und einem Mit- oder Ersatztreuhänder übergeben werden kann. Die gleiche Person, welche schon zum Willensvollstrecker ernannt wurde, kann in der Treuhand-Vereinbarung als Ersatztreuhänder bestimmt sein. Wenn das Treugut in den Nachlass fällt, hat der Willensvollstrecker dafür zu sorgen, dass das Treugut ausgeliefert wird. Der Empfänger bestimmt sich in erster Linie nach der Treuhand-Vereinbarung. Fehlt eine entsprechende Bestimmung, sollte der Willensvollstrecker versuchen, mit den Begünstigten eine Vereinbarung zu treffen. Kommt eine solche Vereinbarung nicht zustande, hat er das Treugut erst aufgrund eines gerichtlichen Urteils auszuliefern. Das Treugut muss in der Zwischenzeit nur erhalten, nicht aber eigentlich (aktiv) bewirtschaftet werden, es sei denn, die Übergabe verzögere sich, etwa weil der Empfänger nicht sofort festgestellt werden kann.

86 h) Wenn keine Erben vorhanden oder bekannt sind, ist ein **Erbschaftsverwalter** einzusetzen (Art. 554), welcher ebenfalls Anspruch auf Besitz an den Nachlassgegenständen hat (wie beim Willensvollstrecker [Art. 517–518 N 80] folgt der Besitzanspruch aus der Aufgabe zur Verwaltung des Nachlasses). Üblicherweise wird der Willensvollstrecker als Erbschaftsverwalter eingesetzt (Art. 517–518 N 117).

E. Grundbuch

a) Mit dem Tod des Erblassers geht das Eigentum an Grund und Boden auf die Erben über (BGE 70 II 267 S. 269 = JdT 26/1945 I S. 132 E. 1 = Pra. 34/1945 Nr. 3 S. 7 = ZBGR 30/1949 Nr. 55 S. 113). Aus dem Grundbuch ist diese Rechtsstellung aber erst ersichtlich, wenn die **Erben als Eigentümer eingetragen** sind. Wenn kein Willensvollstrecker vorhanden ist, nehmen die Erben die Anmeldung gemeinsam vor (Art. 665 Abs. 2; ZBGR 50/1969 Nr. 46 E. 2 S. 378 [RR BE]), als Ausweis dient eine **Erbbescheinigung** (Art. 517–518 N 48 ff.). Der Willensvollstrecker hat das Recht, nicht aber die Pflicht, die Eintragung der Erben anzumelden (PFÄFFLI, successio 3/2009 S. 37; BSK-KARRER, Art. 518 N 25: Es besteht keine Pflicht, weil auch die Erben selbst zur Eintragung berechtigt sind). Stirbt ein Veräusserer vor dem Vollzug der Anmeldung, sind zuerst die Erben (aufgrund einer Anmeldung durch sie oder den Willensvollstrecker) im Grundbuch einzutragen und diese sind berechtigt, die Anmeldung zu widerrufen (ZBGR 53/1972 Nr. 19 S. 227 [ASRF FR]). Stirbt ein Erbe vor der Erbteilung, ist dessen Willensvollstrecker berechtigt, die ‹Verschachtelung› von Erbengemeinschaften anzumelden (RPR XII/1985/86 Nr. 12 E. 2b S. 51 = BN 49/1988 Nr. 48 S. 271 [RR]). Die Eintragung der Erben ist für nachfolgende Verfügungen der Erben notwendig (BGE 56 I 480 = ZBGR 14/1933 Nr. 14 S. 34; ZBGR 3/1922 Nr. 14 S. 62).

87

b) Das Bundesgericht hat offengelassen, ob für Verfügungen des Willensvollstreckers die **Eintragung der Erben im Grundbuch** notwendig sei (JdT 84/1936 I S. 203 E. 2 = ZBGR 17/1936 Nr. 64 S. 150 [BGer.]). Gegen die Notwendigkeit des Eintrags kann jedenfalls nicht vorgebracht werden, der Eintrag sei unmöglich, weil nicht alle Erben ermittelt werden könnten, denn als Eintrag genügt eine Bezeichnung wie ‹Erbengemeinschaft des X.› (SGVP 3/1928–43 Nr. 434 S. 281 f. [BGer.]). In der Praxis wird ein Eintrag der Erben mehrheitlich für notwendig gehalten (JdT 84/1936 I S. 203 E. 2 [EJPD]; VPB 10/1936 Nr. 69 S. 79 = ZBGR 22/1941 Nr. 17 S. 32 f. [EGA]; SJZ 23/1926–27 Nr. 4 E. 1 S. 29 = JdT 74/1926 I S. 107 = MBVR 24/1926 Nr. 38 S. 84 = ZBGR 7/1926 Nr. 8 S. 45 [EJPD]; ZBGR 15/1934 Nr. 69 S. 180 [JD TI]; ZBGR 2/1920 Nr. 54 S. 155 [RR AG]; ZBGR 3/1922 S. 62). Das Bezirksgericht Meilen hält die Eintragung der Erben (implizit) für notwendig und verlangt zur Legitimation einen *Willensvollstreckerausweis* (SJZ 80/1984 Nr. 53 S. 304 = ZBGR 67/1986 Nr. 28 S. 209). In einer Urteilsanmerkung hält auch Huber den Eintrag für notwendig, aber er verlangt als Ausweis (weiter gehend) eine Erbbescheinigung mit der Begründung, dass diese auch vor dem Feststellen aller Erben ausgestellt werden könne (HUBER, ZBGR 67/1986 S. 210). Das Eidgenössische Grundbuchamt nimmt eine vermittelnde Stellung ein, indem es die *Erbbescheinigung* zwar nicht für notwendig hält, deren Beibringen aber im Sinne einer Ordnungsvorschrift verlangt (VPB 24/1960 Nr. 70 S. 163 = ZBGR 39/1958 Nr. 54 S. 278 [EGA]: «... la production de ce certificat par l'exécuteur testamen-

88

II. Verwaltung der Erbschaft

Schweizerische Literatur:

AMMANN DOMINIQUE, Konsequenzen der Revision der BVV2 für die Praxis Sicherheit neu definiert – erweiterte Anlagemöglichkeiten, STH 74/2000 S. 522–527; ARTER OLIVER, Aspekte der Vermögensverwaltung für Trustvermögen, STH 79/2005 S. 592–597; ARTER OLIVER/JÖRG FLORIAN S., Haftung des unabhängigen Vermögensverwalters, STH 78/2004 S. 861–866; AUCKENTHALER CHRISTOPH, Trust Banking, Bern/Stuttgart 1991; BALLEYGUIER DINA, Unterstellungskommentar Kst, Jusletter vom 11. April 2005; BREITSCHMID PETER, Das Bankkonto im Erbgang, successio 1/2007 S. 240–247; BRÜHWILER BARBARA/HEIM KATHRIN, Vereinbarung über die Standesregeln zur Sorgfaltspflicht der Banken (VPB 08) zwischen der schweizerischen Bankiervereinigung («SBVg») einerseits und den unterzeichnenden Banken («Banken») andererseits, 2. Aufl., Zürich 2008; EMCH URS/RENZ HUGO/ARPAGAUS RETO, Das Schweizerische Bankgeschäft, 6. Aufl., Zürich 2004; GEISER THOMAS, Sorgfalt in der Vermögensverwaltung durch den Willensvollstrecker, successio 1/2007 S. 178–184; DERS., Haftung für Schäden der Pensionskassen, in: Mélanges Jean-Louis Duc, hrsg. v. Bettina Kahl-Wolff, Pierre-Yves Greber und Mirela Caçi, Lausanne 2001, S. 67–96; GROSS THOMAS, Fehlerhafte Vermögensverwaltung, AJP 15/2006 S. 161–168; GULER ALBERT, Kommentar zu Art. 398–404 ZGB, in: Kommentar zum Schweizerischen Privatrecht (Basler Kommentar), Zivilgesetzbuch I, hrsg. v. Heinrich Honsell, Nedim Peter Vogt und Thomas Geiser, 4. Aufl., Basel/Genf/München 2010 (zit. BSK-GULER); GUTZWILLER P. CHRISOTPH, Rechtsfragen der Vermögensverwaltung, Zürich 2008 (zit. Vermögensverwaltung); DERS., Schadensstiftung und Schadensberechnung bei pflichtwidriger Vermögensverwaltung und Anlageberatung, SJZ 101/2005 S. 357–364; DERS., Der Vermögensverwaltungsvertrag, Zürich 1989 (zit. Vermögensverwaltungsvertrag); HÄFELI CHRISTOPH, Die Vermögensanlage im Rahmen vormundschaftlicher Mandate aus rechtlicher und sozialarbeiterischer Sicht, ZVW 56/2001 S. 309–321; HAMM MICHAEL/TÖNDURY GIAN ANDRY, Auskunftsrechte von Erben gegenüber Schweizer Banken, STH 83/2009 S. 659–662; JACQUEMOUD ROSSARI LAURA, Reddition de comptes et droit aux renseignements, SJ 128/2006 II S. 23–90; KOHLI DIDIER, L'exécuteur testamentaire, STH 82/2008 S. 1057–1059; KOHLIK KAREL/RUFFNER MARKUS, Financial Planning, AJP 16/2007 S. 869–884; LANGENEGGER ERNST, Kommentar zu Art. 360–372 ZGB, in: Kommentar zum Schweizerischen Privatrecht (Basler Kommentar), Zivilgesetzbuch I, hrsg. v. Heinrich Honsell, Nedim Peter Vogt und Thomas Geiser, 4. Aufl., Basel/Genf/München 2010 (zit. BSK-LANGENEGGER); PÜMPIN CUNO/PEDERGNANA MAURICE, Strategisches Investment Management, Bern/Stuttgart/Wien 2008; RIEMER HANS MICHAEL, Verwaltung von Kindesvermögen durch Dritte gemäss Art. 321 Abs. 2, 322 Abs. 2 ZGB und Beistandschaft gemäss Art. 325 ZGB, insbesondere in Gestalt der «mehrfachen Vermögensverwaltung» und der «mehrfachen Beistandschaft», ZVW 56/2001 S. 84–89; SCHAUB RUDOLF P., Die Nachfolgeklausel im Personengesellschaftsvertrag, SAG 56/1984 S. 17–29; SCHIBLI ERICH, Geldwäschereigesetz, TREX 12/2005 S. 132–134; SCHRÖDER ANDREAS, BGE 133 III 664. Urteil des Bundesgerichts 5C.8/2007 vom 10. September 2007, successio 2/2008 S. 225–230; SEEBERGER LIONEL HARALD, Die richterliche Erbteilung, 2. Aufl., Freiburg i.Ue. 1993 (Diss. Freiburg i.Ue. 1992);SIBBERN ERIC/VON DER CRONE HANS CASPAR, Informationspflichten im Anlagegeschäft: Entscheid des Schweizerischen Bundesgerichts 4C.270/2006 (BGE 133 III 97) vom 4. Januar 2007 i.S. X. (Kläger und Berufungskläger) gegen Y. AG (Beklagte und Berufungsbeklagte), SZW 79/2007 S. 173–183; SPILLMANN TILL, Institutionelle Investoren im Recht der (echten) Publikumsgesellschaften, Zürich/Genf 2003.

Ausländische Literatur: American Law Institute (HRSG.), Restatement (Third) of Trusts, Prudent Investor Rule, St. Paul 1992; BENICKE CHRISTOPH, Wertpapiervermögensverwaltung, Tübingen 2006; FUHRMANN LAMBERTUS, Modelle lebzeitiger Unternehmensübertragung, Konstanz 1990 (Diss. Konstanz 1990); GILGENBERG BERNHARD/WEISS JOCHEN, Was ist denn eigentlich noch sicher?, VW 97/2008 S. 1811–1812; HALBACH EDWARD C., JR., Symposium on law in the twentieth century: Uniform Acts, Restatements, and Trends in American Trust Law at Century's End, 88 Calif.L.Rev. 1877 (2000); MARKOWITZ HARRY M., Portfolio Selection, 7 Journal of Finance 77–91 (1952); DERS., Portfolio Selection: Efficient Diversification of Investments, New York 1959; MÜLLER THORSTEN/TOLKSDORF GEORG, Banken und Vermögensverwalter als Testamentsvollstrecker, ErbStB 2006 S. 284–290; SCHMITZ ALEXANDER, Testamentsvollstreckung und Kapitalanlagen, ZErb 5/2003 S. 3–9; DERS., Kapitalanlageentscheidungen des Testamentsvollstreckers, Angelbachtal 2002 (Diss. Freiburg i.Br.); TOLKSDORF GEORG, Vermögensverwaltung durch den Testamentsvollstrecker in der Praxis – Massstäbe – Gesetzgebung, Rechtsprechung und Literatur (Teil 1), ErbStB 2008 S. 54–60; DERS., Vermögensverwaltung durch den Testamentsvollstrecker in der Praxis – Handlungsstrategien für eine ordnungsgemässe Vermögensverwaltung (Teil 2), ErbStB 2008 S. 86–92; DERS., Vermögensverwaltung durch den Testamentsvollstrecker in der Praxis – Hinweise und Empfehlungen zur praktischen Handhabung in der Testamentsvollstreckung (Teil 4), ErbStB 2008 S. 144–151.

A. Grundlagen

a) **Ausgangspunkt** für die Tätigkeit des Willensvollstreckers ist das tatsächlich **vom Erblasser hinterlassene Vermögen.** Dieses weist eine bestimmte Struktur (Zusammensetzung) auf und ist immer häufiger das Ergebnis einer schon vom Erblasser vorgenommenen, bewussten Planung (Anlage-Strategie), welche auf die Risikofähigkeit und -bereitschaft des Erblassers ausgerichtet ist. Die Struktur des Nachlassvermögens ist für den Willensvollstrecker eine «verbindliche Vorgabe», eine unabänderliche Tatsache. 92

b) Die Aufgabe und damit die Rechte und Pflichten des Willensvollstreckers ergeben sich primär aus der **letztwilligen Verfügung** (SG-KGE 1938 Nr. 2 S. 11 = SJZ 36/1939–40 Nr. 90 S. 126 = ZBGR 26/1945 Nr. 71 S. 258; BK-TUOR, Art. 518 N 1; ZK-ESCHER, Art. 518 N 1; BSK-KARRER, Art. 518 N 8; CARRARD, N 10: «Le C.C.S. accorde au testateur la faculté de définir lui-même les droits et devoirs de son exécuteur»). Er kann dem Willensvollstrecker etwa Vorgaben für 93 die Verwaltung des Nachlassvermögens machen (ebenso für das BGB BENICKE, S. 251). Weisungen des Erblassers müssen formgerecht erfolgen (der Form einer letztwilligen Verfügung genügen) und sind ansonsten vom Willensvollstrecker nicht zu beachten, wie etwa mündliche Anordnungen (BJM 1990 S. 86 E. 2a = ZBGR 73/1992 Nr. 1 S. 25 [AB BS]; Ausnahmen bestehen bei Anordnungen, welche dem Erblasser um seiner Persönlichkeit willen zustehen, vgl. dazu Vorbem. zu Art. 517–518 N 13) oder Weisungen in einem Testamentsanhang (vgl. den Sachverhalt von SJZ 18/1921–22 Nr. 209 S: 272: «Annexe à mon testament»), es sei dieser erfülle selbständig die Formvorschriften. Weisungen des Erblassers müssen zudem rechtmässig sein: So kann eine Auslieferung von Pflichtteilen an die Erben weit nach deren Mündigkeit nicht gültig angeordnet werden und der Willensvollstrecker hat Schwarzgeld unabhängig von Weisungen des Erblassers dem Steueramt zu melden (Art. 517–518 N 254). Sofern die Erben vom Inhalt der letztwilligen Verfügung noch keine Kenntnis haben, kann es zur Aufgabe des Willensvollstreckers gehören, diesen den Inhalt der letztwilligen Verfügung mitzuteilen (diese sog. Privateröffnung setzt auch den Fristenlauf in Gang, vgl. successio 4/2010 S. 147 ff. [BezGer. Zürich] mit Anmerkungen von René Strazzer).

94 c) Die letztwillige Verfügung kann die Aufgabe des Willensvollstreckers gegenüber dem gesetzlichen Umfang (vgl. dazu Art. 517–518 N 99) einschränken (**Spezialexekution**) (BGer. 4A_55/2010 vom 15. April 2010 Sachverhalt B.: «mission de ‹faire évacuer madame C. et lui réclamer tous les dommages-intérêts possibles›, et vendre les immeubles de ....»; PKG 1994 Nr. 3 E. 2b S. 15 [ZF 74/93; KGer.]: «Das Testament, welches allenfalls eine Einschränkung des Geschäftskreises des Willensvollstreckers enthalten könnte»; BSK-KARRER, Art. 518 N 8). Die Pflichten des Willensvollstreckers können allerdings nicht beliebig eingeschränkt werden, wie ein Blick auf § 2220 BGB zeigt, wonach der Testamentsvollstrecker von der Aufnahme des Inventars (§ 2215 BGB), von der ordnungsgemässen Verwaltung (§ 2216 BGB), von der Auskunft und Rechnungslegung (§ 2218 BGB) sowie von der Haftung (§ 2219 BGB) nicht befreit werden kann. Entsprechendes gilt auch für das schweizerische Recht (Art. 517–518 N 107, 441, 217 ff., 407 ff. und 426). Denkbar sind etwa folgende Beschränkungen: (1) Die Willensvollstreckung kann auf die Verwaltung eines einzelnen Vermächtnisses oder eines Erbteils beschränkt werden (BGE 51 II 49 Pt. A.VI. S. 51 = JdT 73/1925 I S. 345: «Spezialtestamentsvollstreckerin zur Verwaltung des Erbteils der Klägerin»; ZR 33/1934 Nr. 142 E. II S. 311 [OGer.]: Der Willensvollstrecker verwaltet einen Erbteil; BSK-KARRER, Art. 518 N 10: Verwaltung eines nutzniessungsbelasteten Erbteils). (2) Die Beschränkung kann sich sodann auf einen einzelnen Nachlassgegenstand oder ein einzelnes Geschäft beziehen (SO-BOG 1945 S. 60 = ZBGR 28/1947 Nr. 31 S. 91: Mehrere Personen werden «nur in bezug auf die Liegenschaften der Erblasserin als Willensvollstrecker bestellt, welche verbindlich darüber zu entscheiden haben, ob, wann und zu welchen Preisen

die Liegenschaften verkauft werden sollen»; BSK-KARRER, Art. 518 N 10: Führung/Veräusserung/Liquidation eines Geschäfts, Verwaltung einer Liegenschaft; WETZEL, N 124: Überwachungsfunktion, keine Teilungsbefugnis, beschränkte Dauer; VETTERLI, S. 19: Errichten einer Stiftung). Für den Testamentsvollstrecker sind ähnliche Spezialaufgaben denkbar (BGHZ 13 S. 203 = DNotZ 5/1954 Nr. 2 S. 399 = JZ 9/1954 S. 447 = LM § 2203 BGB Nr. 1 = NJW 7/1954 S. 1036 Nr. 6: Testamentsvollstreckung für ein Vermächtnis), ihm können weiter gehend auch Entscheide überlassen werden (etwa welcher Sohn die Leitung des Unternehmens übernehmen soll), welche dem Willensvollstrecker wegen der Höchstpersönlichkeit der letztwilligen Verfügung (vgl. dazu DRUEY, Grundriss, § 8 N 23 ff.; BK-TUOR, Vorbem. zu Art. 467–469 N 5 f.; ZK-ESCHER, Vorbem. zu Art. 467–469 N 4) verwehrt sind. In diesem Punkt sehe ich keinen Handlungsbedarf für das schweizerische Recht, wenngleich im Laufe der Zeit eine gewisse Annäherung an das deutsche Recht zu erwarten ist: Die Delegation vom Erblasser an den Willensvollstrecker dürfte künftig in zunehmendem Masse zugelassen werden (eine Erweiterung der Delegation verlangt vor allem BREITSCHMID, successio 3/2009 S. 308: «Sinnvolle Delegation statt hyperkleinlicher Höchstpersönlichkeit würde ganz entschieden Förderung verdienen»), dies kann aber durch die Lehre und Praxis erfolgen, ohne dass der Gesetzgeber eingreifen müsste. Ansatzpunkte wären etwa die Einsetzung des Willensvollstreckers (1) zur authentischen Interpretation des Testaments im Bereich der verfügbaren Quote (so schon WETZEL, S. 134), (2) als Schiedsrichter zur Entscheidung von Streitfragen unter den Erben im Bereich der verfügbaren Quote (so schon DRUEY, Aufgaben, S. 4). Die Teilung nach Ermessen des Willensvollstreckers und die Bestimmung von Vermächtnisnehmern durch den Willensvollstrecker dürften aber nach wie vor zu weit gehen (vgl. dazu BGE 81 II 22 E. 6 S. 28; zu weit geht auch die Formulierung im Sachverhalt von BGer. 5C.289/2006 vom 7. Juni 2007: «Selon les instructions de la défunte, l'exécuteur testamentaire B., devait préalablement séparer de ces biens ceux qu'il considérait comme des pièces antiques de valeur, propres à un musée, et les attribuer à la Fondation X.»).

d) Die **Aufgabe des Willensvollstreckers** kann aber auch **weiter gehen** als der gesetzlich vorgesehene Umfang (Art. 517–518 N 99), etwa indem der Erblasser den Erben die Verwaltung des Nachlassvermögens dauernd entzieht. Einer solchen Ausdehnung sind allerdings durch zwingendes Recht enge Grenzen gesetzt (DRUEY, Aufgaben, S. 3; WETZEL, N 125 ff.; BRACHER, S. 43): (1) Pflichtteilsrechte (Art. 471) dürfen nicht verletzt werden, den Erben dürfen (2) das Auskunftsrecht (Art. 517–518 N 221) und (3) das Beschwerderecht (Art. 517–518 N 519) sowie (4) der Anspruch auf Rechenschaft (Art. 517–518 N 407 ff.) und (5) auf Schadenersatz (Art. 517–518 N 426) nicht entzogen werden, (6) die Höchstpersönlichkeit der letztwilligen Verfügung (DRUEY, Grundriss, § 8 N 23 ff.; BK-TUOR, Vorbem. zu Art. 467–469 N 5 f.; ZK-ESCHER, Vorbem. zu Art. 467–469 N 4) und (7) die Freiheit der Erbteilung (Art. 607 Abs. 2; BGE 114 II 418 E. 2a

95

S. 419 = JdT 137/1989 I S. 579 = Pra. 78/1989 Nr. 169 S. 575 = ZBGR 72/1991 Nr. 5 S. 29; BREITSCHMID, Stellung des Willensvollstreckers, S. 141 f.) sind zu beachten. Im BGB ist die Position des Testamentsvollstreckers wesentlich stärker: Nach § 2204 i.V.m. § 2048 S. 2 BGB ist eine Teilung nach Ermessen des Testamentsvollstreckers durchaus möglich und der Erblasser kann den Testamentsvollstrecker bei Vermächtnissen und Auflagen gewisse Punkte regeln lassen (§§ 2048, 2151, 2153–56, 2192–93; STAUDINGER-REIMANN, Vorbem. zu §§ 2197–2228 BGB Rn. 12). Zudem kann der Erblasser dem Testamentsvollstrecker (postmortale) Vollmachten erteilen (STAUDINGER-REIMANN, Vorbem. zu §§ 2197–2228 BGB Rn. 53 ff.). Die Bedeutung dieser Vollmachten ist in Deutschland wegen der längeren Dauer bis zur Ausstellung des Testamentsvollstreckerausweises (Vorbem. zu Art. 517–518 N 86 ff.; WINKLER, Rz. 6) deutlich grösser als in der Schweiz (postmortale Vollmachten werden nur über den Tod hinaus, nicht aber auf den Todesfall akzeptiert, vgl. ZÄCH, Art. 33 OR N 57 und 70; diese Vollmachten verlieren regelmässig ihre Bedeutung, wenn die Bank vom Tod des Erblassers erfährt, vgl. ZOBL, AJP 10/2001 S. 1008 f.), wo man zudem die mit einer Auflage (Verbot des Widerrufs) abgesicherte Vollmacht (STAUDINGER-REIMANN, Vorbem. zu §§ 2197–2228 BGB Rn. 77) nicht kennt. Eine analoge Vorschrift zu § 2216 BGB, wonach Anordnungen des Erblassers vom Nachlassgericht ausser Kraft gesetzt werden können, wenn deren Befolgung den Nachlass erheblich gefähren würde, gibt es im schweizerischen Recht nicht. Die Doktrin fordert, den Ermessensspielraum des Willensvollstreckers zu vergrössern (Art. 517–518 N 94). Bereits heute wird dem Willensvollstrecker ein grosser Ermessensspielraum in der Vermögensverwaltung zugestanden, wenn er weder vom Erblasser noch (gemeinsam) von den Erben Vorgaben für die Verwaltung des Nachlasses erhält (Art. 517–518 N 98; BREITSCHMID, successio 1/2007 S. 233: «Da indes jegliche [auch die eigene Vermögensverwaltung] sich idealerweise als Überschuss der richtigen über die falschen Entscheide bemisst, wird jedem Mandatsträger ein Spielraum für anlagepolitische Fehlentscheide zuzugestehen sein, wenn er den Nachweis sorgfältiger Evaluation, ggf. auch der Information der Beteiligten und ihrer mehrheitlichen Billigung [nicht aber blosser unkritischer Akklamation] führen kann»; PraxKomm-CHRIST, Art. 518 N 49). Es ist zu erwarten, dass die Praxis auch den Ermessensspielraum im Bereich der Erbteilung im Laufe der Zeit – mit Vorsicht – vergrössern (Art. 517–518 N 345) und die Höchstpersönlichkeit der letztwilligen Verfügung nur noch im Kernbereich und nicht mehr in allen Einzelheiten bewahren wird (vgl. auch Art. 517–518 N 22).

96 e) Es fragt sich, wie weit der Erblasser die Aufgabe des Willensvollstreckers bestimmen kann (Art. 517–518 N 96) und wie die Erben darauf Einfluss nehmen können (Art. 517–518 N 97) bzw. wie weit der Willensvollstrecker seine Aufgabe selbst gestalten kann (Art. 517–518 N 98). Die Durchsetzung des letzten Willens ist dann gefragt, wenn **Anordnungen des Erblassers durchzusetzen** sind (wie

die Ausrichtung von Vermächtnissen oder die Durchsetzung von Auflagen), welche der Verfügungsgewalt der Erben entzogen sind (BREITSCHMID, Stellung des Willensvollstreckers, S. 146, nennt folgende Beispiele: Eine Stiftung alimentieren, einen Grabunterhaltsvertrag abschliessen; DE PORET, successio 2/2008 S. 121, weist darauf hin, dass Tierschutzorganisationen als Willensvollstrecker eingesetzt werden können, um letztwillige Verfügungen zugunsten von Tieren durchzusetzen).

f) Der Willensvollstrecker ist für die Erbteilung an den gemeinsamen Willen der Erben gebunden, und zwar an den einstimmigen und nicht an den mehrheitlichen Willen der Erben: Ein Erbteilungsvertrag, sei dieser mit oder ohne Mitwirkung des Willensvollstreckers zustande gekommen, oder ein Nichtteilungsvertrag ist für den Willensvollstrecker verbindlich, auch wenn die Einigung von den Anordnungen des Erblassers abweicht, es sei denn, eine solche Einigung sei widerrechtlich oder unsittlich (Art. 517–518 N 310). Nach der Lehre (BSK-KARRER, Art. 518 N 13 f.; PraxKomm-CHRIST, Art. 518 N 49) und Rechtsprechung (BGer. 5P.440/2002 vom 23. Dezember 2002 E. 2.2 = Pra. 92/2003 Nr. 88 S. 482) muss der Willensvollstrecker für die Verwaltung des Nachlassvermögens keine Anweisungen der Erben entgegennehmen (ebenso für das BGB BENICKE, S. 251). In dieser strikten Formulierung trifft dies m.E. nicht zu, denn der Willensvollstrecker hat die Interessen der Beteiligten jederzeit zu beachten. Wenn man den Erben die freie Erbteilung zugesteht, muss man Ihnen auch ein gewisses **Mitwirken bei der Verwaltung des Nachlassvermögens** einräumen, immer vorausgesetzt, dass sie sich einig sind (ähnlich BREITSCHMID, successio 1/2007 S. 233: Erben sollen «in geeigneter Weise in die Verantwortung eingebunden» werden; noch anders die Betonung beim Bundesgericht in BGer. 5C.277/2000 vom 22. Juni 2001 E. 4b: «… durante tutta la fase che precede la divisione dell'eredità, l'esecutore testamentario non è di principio tenuto ad avere riguardo della volontà degli eredi»). Der Willensvollstrecker sollte die Erben wenn immer möglich in die Verwaltung des Nachlassvermögens einbeziehen (ZR 94/1995 Nr. 51 E. 4.3 S. 156 [KR Zürich]). Zum einen wird er ihnen Vorschläge für die Art der Vermögensanlage bzw. (bei grösseren Vermögen) für die Wahl der Anlagestrategie machen. Der Willensvollstrecker wird versuchen, mit den Erben für die Zeit der Erbteilung eine neue Anlagestrategie zu erarbeiten, welche er bei einstimmiger Verabschiedung als verbindliche Richtschnur verwenden kann (ebenso für das BGB BGH NJW 40/1987 S. 1071: «Im übrigen ist es nicht richtig, das angebliche allgemeine Einverständnis der Erben mit Aktiengeschäften für völlig unerheblich zu erklären. Wenn ein solches Einverständnis gegeben war, brauchte der Testamentsvollstrecker nicht auch noch die Zustimmung zu den von ihm abgeschlossenen konkreten Ankäufen»). Dabei ist zu berücksichtigen, dass die Erben in der Regel einen anderen Anlagehorizont haben als der Erblasser (GEISER, successio 1/2007 S. 181) und sie den Nachlass in natura übernehmen wollen (DRUEY, Grundriss, § 16 N 50 ff.).

Wenn der Willensvollstrecker zum Beispiel ein relativ risikoreiches Portefeuille vorfindet (60% investiert in Aktien) und weiss, dass die Erben die Anlagen tendenziell verflüssigen werden, wird er ihnen den Abbau des Aktienanteils vorschlagen (in diesem Sinne ZR 72/1973 Nr. 53 S 148: Ein Verwaltungsrat handelt unsorgfältig, wenn er 80% des Gesellschaftsvermögens in eine hochspekulative ausländische Aktie investiert). Je nach Lagerung des Falles (wenn sich z.B. ein Banker oder Vermögensverwalter unter den Erben befindet und der Willensvollstrecker selbst kein Vermögensverwaltungsfachmann ist) wird der Willensvollstrecker sogar einzelne Erben in die Verwaltung des Vermögens einbinden. Dies sollte er wiederum nur dann tun, wenn die Erben einen entsprechenden Beschluss einstimmig fassen (BGer. 5P.440/2002 vom 23. Dezember 2002 E. 2.3 = Pra. 92/2003 Nr. 88 S. 482 f.). In vielen Konstellationen ist dies nicht möglich, weil einzelne Erben unbekannt, abwesend, nicht (voll) handlungsfähig, nicht urteilsfähig etc. sind oder die Erben somit keine gemeinsame Haltung zum Ausdruck bringen können. Nicht selten sind sodann die Fälle, in denen sich die Erben nicht auf eine gemeinsame Haltung einigen wollen. Die Zustimmung der Erben befreit den Willensvollstrecker von der Haftung (Art. 517–518 N 442).

98 g) Wenn der Willensvollstrecker vom Erblasser keine Vorgabe (Art. 517–518 N 96) bekommt und die Erben ihm auch keine (einstimmige) Vorgabe (Art. 517–518 N 97) machen, er also **selbst entscheiden muss** (BREITSCHMID, successio 1/2007 S. 233: «primär hier ist autoritatives Handeln des Mandatsträgers geboten»), wie er das Vermögen verwalten will, fragt es sich, an welchen Regeln er sich orientieren soll und muss. (1) Dem Willensvollstrecker steht ein **grosser Ermessensspielraum** zu (BREITSCHMID, successio 1/2007 S. 233: «Da indes jegliche [auch die eigene Vermögensverwaltung] sich idealerweise als Überschuss der richtigen über die falschen Entscheide bemisst, wird jedem Mandatsträger ein Spielraum für anlagepolitische Fehlentscheide zuzugestehen sein, wenn er den Nachweis sorgfältiger Evaluation, ggf. auch der Information der Beteiligten und ihrer mehrheitlichen Billigung [nicht aber blosser unkritischer Akklamation] führen kann»; PraxKomm-CHRIST, Art. 518 N 49; ebenso für das BGB BGH NJW 40/1987 S. 1071; BGH NJW-RR 10/1995 S. 577 = FamRZ 42/1995 S. 478 = WM 49/1995 S. 1465 = ZEV 2/1995 110 E. 2a). (2) Aber er muss seine **Entscheide nach sachlich vertretbaren Gesichtspunkten** (Kriterien) treffen (PraxKomm-CHRIST, Art. 518 N 49; ebenso BGH NJW 40/1987 S. 1070: «Ihm sind deshalb nur solche Anlagen verwehrt, die nach Lage des Falles ‹den Grundsätzen einer wirtschaftlichen Vermögensverwaltung zuwiderlaufen›»; BGH ZEV 2/1995 S. 110 E. 2a). (3) Er hat **Rücksicht auf die schützenswerten Interessen aller Beteiligten** zu nehmen (BGer. 5P.440/2002 vom 23. Dezember 2002 E. 2.2 = Pra. 92/2003 Nr. 88 S. 482; dazu gehören auch die Erbschaftsgläubiger, vgl. Art. 517–518 N 290). Dies bedeutet bei grösseren Vermögen nicht anderes, als dass der Willensvollstrecker sich an einer bestimmten Anlagestrategie orientieren

muss (ebenso BREITSCHMID, successio 1/2007 S. 234: «Immerhin ist dort, wo im eigentlichen Sinne von Vermögensanlage gesprochen werden kann [mithin andere Anlageformen als Sparkonti indiziert sind], zu fordern, dass diese Anlage insofern professionell zu erfolgen habe, als nicht blosse Auf-Bewahrung, sondern Vermögensmehrung [bzw. Anlehnung an einen benchmark gleich oder ähnlich strukturierter Vermögen] eigentliches Ziel sein müsste»; BSK-KARRER, Art. 518 N 29a; zu Einzelheiten vgl. dazu Art. 517–518 N 133 ff.). (4) Der Willensvollstrecker wird bei grösseren Vermögen regelmässig **Fachleute beiziehen,** kann seine Verantwortung als solche aber nicht delegieren (ebenso wie der executor, vgl. Art. 517–518 N 161). Mit dem Beizug eines Fachmanns kann der Willensvollstrecker seine Haftung (vgl. dazu Art. 517–518 N 421 ff.) zwar nicht ausschliessen, aber sie wird auf die Sorgfalt in der Auswahl und Instruktion des Fachmanns reduziert (BK-FELLMANN, Art. 399 OR N 56 ff.). Durch die Wahl eines oder mehrerer erstklassiger Vermögensverwalter und eine gute Dokumentation kann das Haftungsrisiko somit stark eingegrenzt werden.

h) Soweit nichts Besonderes erwähnt wird, gehen die nachfolgenden Ausführungen über die Verwaltung der Erbschaft davon aus, dass der Erblasser keine besonderen letztwilligen Anordnungen getroffen hat und die Aufgaben des Willensvollstreckers sich somit nach dem (dispositiven) **gesetzlichen Umfang** richten **(Generalexekution)** (SG-KGE 1938 Nr. 2 S. 11 = SJZ 36/1939–40 Nr. 90 S. 126 = ZBGR 26/1945 Nr. 71 S. 258: «Mangels einer Regelung durch den Erblasser spricht nach Art. 518 Abs. 2 ZGB eine Vermutung für die Generalexekution»; BSK-KARRER, Art. 518 N 8). Im Extremfall ist es denkbar, dass in der letztwilligen Verfügung nichts anderes geregelt wird als die Einsetzung eines Willensvollstreckers und dieser den Nachlass nach dem Gesetz zu teilen hat (so schon Expertenkommission S. 163 f.). Der Willensvollstrecker hat in diesem Fall den gesamten Nachlass zu betreuen, und zwar im In- und Ausland (BSK-KARRER, Art. 518 N 14). Nach Art. 518 Abs. 1 steht der Willensvollstrecker in den Rechten und Pflichten eines amtlichen Erbschaftsverwalters. Das hilft kaum weiter, weil «diese im Gesetz nicht im einzelnen festgelegt sind» (ZR 84/1985 Nr. 140 E. 3 S. 313 [OGer.]; der Verweis bezieht sich weniger auf Art. 554, als vielmehr auf Art. 596, vgl. Vorbem. zu Art. 517–518 N 21). In Art. 518 Abs. 2 werden einige Aufgaben besonders erwähnt: «die Erbschaft zu verwalten» (Art. 517–518 N 92 ff.), «die Schulden des Erblassers zu bezahlen» (Art. 517–518 N 107 ff.), «die Vermächtnisse auszurichten» (Art. 517–518 N 287 ff.) und «die Teilung ... auszuführen» (Art. 517–518 N 342 ff.). Einschränkungen ergeben sich von Gesetzes wegen aus der Anordnung von sichernden Massnahmen, wie der Aufnahme eines amtlichen (Art. 490 Abs. 1 und Art. 553) oder öffentlichen Inventars (Art. 580) (PIOTET, SPR IV/2, § 101 IV; nach BSK-KARRER, Art. 518 N 21, wird der Willensvollstrecker im Amt sistiert, was mit Art. 585 Abs. 1 nicht vereinbar ist) und aus der Einsetzung eines Erbschaftsverwalters (Art. 554; PKG 1989 Nr. 61 S. 215 [PF 8+9/89; KGP]: Die Willensvollstreckung ruht «während der Dauer der amtlichen Erbschaftsverwaltung»; ZR 54/1955 Nr. 30 S. 78 = ZBGR 38/1957 Nr. 39 S. 208 [OGer.]: «Solange die gesetzlichen Erben nicht bekannt sind und Gelegenheit erhalten haben, ihre Rechte selbst zu wahren, wird sich daher auch der mit der Erbschaftsverwaltung beauftragte Willensvollstrecker der Ausführung der letztwilligen Verfügung zu enthalten haben») oder Erbschaftsliquidators (Art. 595; der Willensvollstrecker wird für die Dauer der Erbschaftsliquidation in seinem Amt suspendiert, vgl. Art. 517–518 N 123).

100 i) **Dem kantonalen Recht (EGZGB) steht es dagegen nicht zu, die Tätigkeit des Willensvollstreckers zu beschränken,** etwa durch eine notwendige Mitwirkung von Teilungsbehörden (BGE 114 II 418 E. 2b S. 420 = JdT 137/1989 I S. 579 = Pra. 78/1989 Nr. 169 S. 576 = ZBGR 72/1991 Nr. 5 S. 30: Kantonales Recht darf nicht verlangen, dass die Teilungsvereinbarung von der Teilungsbehörde genehmigt werde; BGE 42 I 385 = Pra. 6/1917 Nr. 11 S. 27: Neben der Willensvollstreckung hat keine amtliche Teilung nach Art. 609 Platz; SGGVP 2001 Nr. 99 E. 2a S. 245 [JPD]; SJZ 92/1996 Nr. 3 S. 242 [TC VD]: «L'exécuteur testamentaire remplace ... l'autorité contentieuse en matière de partage»; ZBl. 44/1943 S. 313 f. [RR LU]: Die amtliche Teilung hat neben einem Willensvollstrecker keinen Platz; SJZ 23/1926–27 Nr. 23 S. 26 [RR LU]; ZR 14/1915 Nr. 83 E. 3 S. 203 = ZBGR 27/1946 Nr. 61 S. 200 = SJZ 11/1914–15 Nr. 36 E. 4 S. 157 [RK]; anders [überholt] SO-BOG 1949 Nr. 1 S. 51 = ZBGR 32/1951 Nr. 4 S. 59 [OGer.]: Der Willensvollstrecker darf die Teilung der Erbschaft nur unter amtlicher Mitwirkung vornehmen; ZBGR 27/1946 Nr. 1 E. 4 S. 290 [OGer. SO]: Die Aufgabe des Willensvollstreckers beschränkt sich «auf eine den Amtschreiber unterstützende Tätigkeit»; SO-BOG 1944 S. 102 Nr. 2a = ZBGR 27/1946 Nr. 90 S. 277 f.: Durch die Obligatorien der amtlichen Teilung und Inventaraufnahme wird «der Amtsbereich des Willensvollstreckers sachlich eingeschränkt»; SO-BOG 1913 Nr. 5 S. 124 = ZBGR 27/1946 Nr. 7 S. 10: «Die aus öffentlichrechtlichen [Fiskal-] Gründen vorgeschriebene amtliche Inventarisation kann nicht durch private Willenserklärung beseitigt resp. umgangen werden»).

101 k) Schliesslich sei festgehalten, dass der Willensvollstrecker bei der Verwaltung des Nachlasses **nicht dem Geldwäschereigesetz unterstellt** ist (BSK-KARRER, Art. 518 N 12a; SCHIBLI, TREX 12/2005 S. 134; BALLEYGUIER, Jusletter vom 11. April 2005, S. 23; BRÜHWILER/HEIM, S. 171: «Die Banken können auf die Feststellung des wirtschaftlich Berechtigten bei Konten oder Depots, die im Namen von in der Schweiz zugelassenen Rechtsanwälten oder Notaren für Rechnung deren Klienten geführt weden, sodern diese gemäss einer schriftlichen Erklärung des Rechtsanwalts oder Notars ausschliesslich einem der folgenden Zwecke dienen ... Anlage von Vermögenswerten aus einer hängigen Erbteilung oder Willensvollstreckung»; a.M. GENNA, Jusletter vom 16. Januar 2006, N 38 ff., bezüglich Banken).

B. Aufnahme des Inventars

Am Anfang seiner Tätigkeit hat der Willensvollstrecker allenfalls notwendige **Sicherungsmassnahmen** zu beantragen (SCHREIBER, Rechtsstellung, S. 33). Dabei ist aber zu beachten, dass beim Vorhandensein eines Willensvollstreckers sich Sicherungsmassnahmen weitgehend erübrigen, weil die Erben nicht über den Nachlass verfügen können (BGer. 5D_100/2010 vom 1. September 2010 Sachverhalt B: Argumentation des Zürcher Obergerichts im vorinstazlichen Entscheid; PKG 1979 Nr. 47 S. 127). Das Kantonsgericht Graubünden hat im (unpublizierten) Urteil ERZ 10 51 vom 3. Mai 2010 entschieden, dass der Willensvollstrecker nicht legitimiert sei, einen Erbenruf zu beantragen (Erw. 2c/cc) bzw. eine Erbbescheinigung anzufechten, wenn er in der Erbbescheinigung zwar aufgeführt, aber seine eigene Stellung nicht betroffen ist (Erw. 2c/aa). Als Sicherungsmassnahme kommen etwa die **Siegelung** (Art. 552) und das **Sicherungsinventar** (Art. 553; Art. 517–518 N 103 f.) in Frage; das sind Massnahmen, welche im italienischen Recht vom Testamentsvollstrecker selbst durchgeführt werden (Art. 705 CC it). Mangels Betroffenheit ist der Willensvollstrecker regelmässig auch nicht berechtigt, Rechtsmittel gegen Sicherungsmassnahmen einzulegen (BOSON, RVJ 2010 S. 107). Daneben kann ein öffentliches Inventar in Frage stehen (Art. 580 ff.; Art.517–518 N 105 f.), das allerdings von den Erben in Gang gesetzt wird, wenn sie das Erbe nicht unbesehen annehmen und ihre Haftung somit beschränken wollen. Schliesslich gehört es zu den Pflichten des Willensvollstreckers, den Ausgangspunkt seiner Tätigkeit sauber zu erfassen und zu diesem Zweck (selber) ein Inventar zu erstellen (Art. 517–518 N 107 ff.).

1. Sicherungsinventar

a) Wenn ein **Sicherungsinventar** (amtliches Inventar – Art. 490 Abs. 1 und Art. 553) aufzunehmen ist, wird dieses **von der zuständigen Behörde durchgeführt,** welche nach kantonalem Recht zu bestimmen ist (ZK-ESCHER, Art. 553 N 5). Für das Sicherungsinventar sind folgende Behörden zuständig (STUDER, Testament, S. 257; JOST, Erbteilungsprozess, S. 172 f.):

Kanton	Zuständige Behörde (Sicherungsinventar)	Rechtsgrundlage
AG	Bezirksgerichtspräsident bzw. Gemeinderat	§ 75 und § 77 Abs. 2 AG-EGZGB
AR	Gemeindehauptmann und Gemeindeschreiber	Art. 3 Ziff. 10 und Art. 76 AR-EGZGB

Kanton	Zuständige Behörde (Sicherungsinventar)	Rechtsgrundlage
AI	Präsident der Erbschaftsbehörde	Art. 78 AI-EGZGB
BE	Einwohnergemeinderat	Art. 6 Abs. 1 BE-EGZGB[1]
BL	Bezirksschreiberei[2] (Erbschaftsamt)	§§ 105 lit. a und e BL-EGZGB
BS	Vorsteher des Erbschaftsamts bzw. Inventurbeamter des Erbschaftsamts bzw. Notar	§ 126, § 134 Abs. 1 und § 136 BS-EGZGB
FR	Friedensrichter	Art. 165 Abs. 1 FR-EGZGB
GE	Juge de paix bzw. Notaire	Art. 2 lit. a und f sowie Art. 70 Abs. 1 GE-LACC
GL	Vormundschaftsbehörde	Art. 9a Abs. 2 Ziff. 1d und 4 GL-EGZGB
GR	Bezirksgerichtspräsident oder Notar/Presidente de tribunale distrettuale o notaio/President da la dretgira districtuala u notar	Art. 75 Abs. 1 GR-EGZGB/ GR-LICC
JU	Recette et Administration de district bzw. Notaire	Art. 9a JU-LICC bzw. Art. 5 D. du 6 décembre 1978 sur l'établissement d'inventaires (RSJU 214.431)
LU	Teilungsbehörde	§ 9 Abs. 2 lit. a und e LU-EGZGB
NE	Tribunal civil (Tribunal d'instance)	Art. 1 Abs. 2 NE-LICC
NW	Justiz- und Sicherheitsdirektion/ Kommunale Teilungsbehörde	Art. 13 Ziff. 2 und Art. 8 Ziff. 4 sowie Art. 70 NW-EGZGB
OW	Einwohnergemeinderat bzw. Einwohnergemeindepräsident	Art. 75 und Art. 80 OW-EGZGB

---

[1] Vgl. BVR 1/1976 S. 269 E. 5 = BN 28/1977 S. 194 (RR): «Einwohnergemeinderat oder die von der Gemeinde hierfür bezeichnete Amtsstelle», in casu die Vormundschaftsbehörde der Gemeinde B.

[2] Vgl. BLVGE 1981 Nr. 16.2 E. 1a S. 99 (nach dem früher geltenden Art. 14 BL-EGZGB).

Kanton	Zuständige Behörde (Sicherungsinventar)	Rechtsgrundlage
SG	Amtsnotariat	Art. 7 Abs. 1 SG-EGZGB
SH	Erbschaftsbehörde	Art. 14 Ziff. 6 und 8 und Art. 73 Abs. 1 SH-EGZGB
SO	Amtsgerichtspräsident/Einwohnergemeindepräsident bzw. Inventurbeamter	§ 164 und § 172 SO-EGZGB bzw. § 4 V vom 18. August 1959 über die Inventaraufnahme und Schätzung im Erbgang (SO-BGS 212.331)
SZ	Vormundschaftsbehörde	§ 38 Abs. 1 SZ-EGZGB
TG	Notariat	§ 8 Ziff. 5 und 10 TG-EGZGB
TI	Pretore und notaio	Art. 86a Abs. 1 lit. a und b sowie Art. 88a Abs. 1 TI-LACC
UR	Gemeinderat	Art. 3 Abs. 2 Ziff. 4 und Art. 62 Abs. 1 UR-EGZGB
VD	Juge de paix	Art. 5 Abs. 1 Ziff. 1 und Ziff. 8 VD-CDPJ
VS	Gemeinderichter bzw. Notar/Juge de commune resp. notaire	Art. 90 Abs. 1 Ziff. 1 und 4 sowie Art. 100 Abs. 4 VS-EGZGB/VS-LACC
ZG	Erbschaftsbehörde	§ 10 Ziff. 1 und 5 ZG-EGZGB
ZH	Einzelgericht bzw. Vormundschaftsbehörde	§ 137 lit. a bzw. b ZH-GOG

b) **Das Sicherungsinventar wird auch dann von der zuständigen kantonalen Behörde aufgenommen, wenn ein Willensvollstrecker vorhanden ist** (BGE 60 II 24 [= JdT 82/1934 I 562 = Pra. 23/1934 Nr. 56 S. 148]: «insbesondere besteht keine bundesrechtliche Vorschrift, dass der vom Erblasser eingesetzte Willensvollstrecker mit der Aufnahme zu betrauen sei»; SGVP 3/1928–43 Nr. 339 S. 208 [RR]; BVR 1/1976 Nr. 4817 E. 8 S. 272 = BN 38/1977 S. 196 [RR]; ZR 17/1918 Nr. 69 S. 136 [RK]; ZK-ESCHER, Art. 490 N 4; BSK-KARRER, Art. 518 N 19). Es wäre aber sinnvoll, den Willensvollstrecker in dieses Verfahren einzubeziehen (im Kanton Solothurn wird dies ausdrücklich verlangt, vgl. Art. 186 SO-EGZGB: «Der Amtschreiber lädt ... einen allfälligen Willensvollstrecker innert nützlicher Frist zur Inventarsverhandlung ein»). Wenn die Person, welche als Willensvollstrecker tätig ist, die vom kantonalen Recht gestellten Anforderungen für die Aufnahme des Sicherungsinventars

104

erfüllt (zum Beispiel: Notar – Art. 5 Dekret über die Errichtung des Inventars [SO-BGS 214.431]), kann auch sie mit der Aufnahme des Sicherungsinventars beauftragt werden und es steht dem – entgegen einer früheren Berner Praxis (BVR 1/1976 Nr. 4817 E. 10 S. 274 = BN 38/1977 S. 198 [RR]) – keine Interessenkollision entgegen (BN 52/1991 Nr. 4 S. 271 [JD BE]; BN 51/1990 S. 171 f. [JD BE]). Wenn der Willensvollstrecker allerdings beschuldigt wird, sich Nachlasswerte angeeignet zu haben, ergibt das blosse Abstellen auf seine Angaben wenig Sinn (ZR 69/1970 Nr. 6 E. 2 S. 18). Obwohl unter Umständen gewisse Doppelspurigkeiten entstehen, können der Willensvollstrecker bzw. die (Vor- und Nach-)Erben nicht auf die Aufnahme des Sicherungsinventars verzichten, weil seine Aufnahme vom Gesetz zwingend vorgesehen ist (ZR 86/1987 Nr. 33 S. 75 [OGer.]). Die Einsetzung eines Willensvollstreckers schliesst ein Sicherungsinventar nicht aus: Die Erben haben zum Beispiel Grund, ein Sicherungsinventar zu beantragen, wenn der Willensvollstrecker als Verwaltungsrat einer in Konkurs geratenen Bank in ein Strafverfahren verwickelt ist (ZR 83/1984 Nr. 15 E. III.1.a S. 37 [OGer.]) oder wenn der Erblasser Verwaltungsrat einer in Konkurs geratenen Aktiengesellschaft war (vgl. dazu den Sachverhalt in BGE 123 III 89). Der Willensvollstrecker kann gegen die Anordnung des Sicherungsinventars Beschwerde erheben (vgl. den Sachverhalt in BGE 94 II 55 Pt. C S. 57 = Pra. 57/1968 Nr. 96 S. 346).

2. Öffentliches Inventar

a) Wenn ein **öffentliches Inventar** aufgenommen wird, erfolgt dies **durch die zuständige Behörde**, welche vom kantonalen Recht bestimmt wird (Art. 581 Abs. 1; STUDER, Testament, S. 257; JOST, Erbteilungsprozess, S. 173 f.):

Kanton	Zuständige Behörde (Öffentliches Inventar)	Rechtsgrundlage
AG	Bezirksgerichtspräsident bzw. Gemeinderat	§ 75 AG-EGZGB
AI	Standeskommission bzw. Erbschaftsbehörde (Erbschaftsamt)	Art. 7 und Art. 80 AI-EGZGB
AR	Gemeinderat bzw. Erbteilungskommission	Art. 3 Ziff. 13 bzw. Art. 80 Abs. 1 AR-EGZGB
BE	Regierungsstatthalter bzw. Massaverwalter und Notar	Art. 7 bzw. Art. 65 Abs. 1 BE-EGZGB

Kanton	Zuständige Behörde (Öffentliches Inventar)	Rechtsgrundlage
BL	Bezirksschreiberei[3] (Erbschaftsamt)	§ 105 lit. j BL-EGZGB
BS	Erbschaftsamt	§ 143 Abs. 1 BS-EGZGB
FR	Bezirksgerichtspräsident bzw. Bezirksgerichtsschreiber bzw. Notar	Art. 181 Abs. 1 bzw. Art. 183 FR-EGZGB
GE	Juge de paix bzw. Curateur	Art. 2 lit. h bzw. Art. 125 Abs. 2 GE-LACC
GL	Kantonsgerichtspräsident bzw. Vormundschaftsbehörde bzw. Sachwalter	Art. 113 bzw. Art. 114 Abs. 1 GL-EGZGB
GR	Bezirksgerichtspräsident oder Notar/ Presidente de tribunale distrettuale o notaio/President da la dretgira districtuala u notar	Art. 77 Abs. 1 GR-EGZGB/ GR-LICC
JU	Juge administratif	Art. 10 JU-LICC
LU	Teilungsbehörde bzw. Erbschaftsverwalter	§ 9 Abs. 2 lit. g und § 74 Abs. 1 und 2 LU-EGZGB
NE	Notaire	Art. 9 Abs. 2 lit. c NE-LICC
NW	Justiz- und Sicherheitsdirektion bzw. Abteilung für öffentliche Inventarisationen	Art. 10 Abs. 1 Ziff. 5, Art. 13 Ziff. 3 bzw. Art. 74 Abs. 1 NW-EGZGB
OW	Obergerichtspräsidium bzw. Konkursamt	Art. 89 OW-EGZGB
SG	Amtsnotariat	Art. 7 Abs. 1 SG-EGZGB
SH	Erbschaftsbehörde	Art. 14 Ziff. 11 und Art. 80 Abs. 1 SH-EGZGB
SO	Amtschreiber	§ 205 SO-EGZGB

---

[3] Vgl. BLVGE 1981 Nr. 16.2 E. 1a S. 100 (nach dem früher geltenden Art. 14 BL-EGZGB).

Kanton	Zuständige Behörde (Öffentliches Inventar)	Rechtsgrundlage
SZ	Bezirksgerichtspräsident bzw. Notar	§ 1 Abs. 1 lit. c. Ziff. 3 bzw. § 42 SZ-EGZGB
TG	Notariat	§ 8 Ziff. 13 TG-EGZGB
TI	Pretore bzw. Consiglio di Stato	Art. 86a Abs. 1 lit. e bzw. Art. 92 Abs. 1 TI-LACC
UR	Gemeinderat	Art. 66 UR-EGZGB
VD	Juge de paix bzw. notaire[4]	Art. 5 Abs. 1 Ziff. 15 bzw. Art. 145 Abs. 2 VD-CDPJ
VS	Bezirksrichter bzw. Notar/ Juge de district resp. notaire	Art. 105 bzw. Art. 97 Abs. 1 VS-EGZGB/VS-LACC
ZG	Kantonsgerichtspräsident bzw. Erbschaftsbehörde	§ 75 ZG-EGZGB bzw. § 10 Ziff. 8 ZG-EGZGB
ZH	Einzelgericht bzw. Notar[5]	§ 137 lit. f bzw. § 138 ZH-GOG

106 **b) Das kantonale Recht** muss sich weder nach den Anordnungen des Erblassers noch nach den Wünschen der Erben richten (ZK-ESCHER, Art. 580 N 10). Der Willensvollstrecker ist nicht berechtigt, ein öffentliches Inventar zu verlangen (OW-OW-AbR 1998–1999 Nr. 8 S. 53 [OGK]). Die Behörde kann (ZBJV 87/1951 S. 255 [RR]), **muss aber den Willensvollstrecker bei der Aufnahme des öffentlichen Inventars nicht berücksichtigen** (PraxKomm-ENGLER, Art. 585 N 23; BK-TUOR/PICENONI, Art. 585 N 5 und 14a; offengelassen in ZBGR 29/1948 Nr. 147 S. 311 [RR LU]). Wenn die Behörde allerdings jemanden beauftragt, den Nachlass zu verwalten, bietet es sich an, diese Aufgabe einem vorhandenen Willensvollstrecker zu übertragen (§ 78 ZG-EGZGB: Wenn kein Willensvollstrecker bestimmt wurde, hat die Erbteilungskommission selbst oder ein Erbschaftsverwalter die Verwaltung der Erbschaft zu übernehmen; MBVR 49/1951 Nr. 173 E. 2 S. 455 = ZBJV 87/1951 S. 257 [RR]: «Sofern nicht besonders wichtige Gründe dagegen sprechen, ist somit der Willensvollstrecker mit dem Amt des Massaverwalters zu betrauen»; BK-TUOR/PICENONI, Art. 580 N 8; weiter vgl. Art. 517–518 N 118). Wenn ein

---

[4] Vgl. JdT 140/1992 III S. 8 E. 1 (TC) (nach dem früher geltenden Art. 549 VD-CPC).
[5] Vgl. SJZ 70/1974 Nr. 40 E. 1 S. 209 f. (OGer.) (Einzelrichter unter dem alten § 215 Ziff. 22 ZH-ZPO).

öffentliches Inventar aufgenommen wird, entscheidet die Behörde über die Weiterführung eines Betriebs, und zwar auch dann, wenn ein Willensvollstrecker vorhanden ist (ZR 54/1955 Nr. 32 S. 80 = ZBGR 38/1957 Nr. 40 S. 208; Art. 585). Es gehört nicht zu den Aufgaben des Willensvollstreckers, Forderungen von Gläubigern anzumelden (BGE 110 II 228 E. 2 S. 230 = JdT 133/1985 I S. 628 = Pra. 73/1984 Nr. 252 S. 690). Der Willensvollstrecker kann gegen die Anordnung eines öffentlichen Inventars Beschwerde erheben (vgl. den Sachverhalt in BGE 94 II 55 Pt. C S. 57 = Pra. 57/1968 Nr. 96 S. 346).

3. Inventar des Willensvollstreckers

a) Der Willensvollstrecker muss ein Inventar (Status) aufnehmen (ZR 66/1967 Nr. 103 E. 8 S. 197 [OGer.]; PKG 1951 Nr. 62 E. 1 S. 142 [KGP]; BSK-KARRER, Art. 518 N 11; JERMANN, TREX 16/2009 S. 165). Diese Pflicht wird im Gesetz nicht ausdrücklich erwähnt (in Art. 494 Abs. 4 vorläufiger Entwurf für die engere Kommission [1894] war die Inventarpflicht noch ausdrücklich erwähnt; sie ist in art. 1031 al. 2 CC fr. und § 2215 BGB enthalten), sie wird aber in Art. 595 Abs. 2 für den Erbschaftsliquidator aufgestellt, auf welchen Art. 518 Abs. 1 verweist, und ist für den Willensvollstrecker in der Praxis und Doktrin anerkannt (BVR 1/1976 Nr. 4817 E. 9 S. 272 = BN 38/1977 S. 197 [RR]; SGVP 3/1928–43 Nr. 510 S. 343 [RR]; BREITSCHMID, Stellung des Willensvollstreckers, S. 114 f.). Mit dem Inventar ist eine Vermögensaufstellung (Übersicht) gemeint, in welcher die Aktiven und Passiven des Nachlasses aufgeführt und bewertet werden. Das Zürcher Obergericht hat 15 Bundesordner voller Belege nicht als Status anerkannt (BREITSCHMID, Stellung des Willensvollstreckers, S. 115). Soweit der Willensvollstrecker überhaupt eine «Begehung» macht, um das Inventar aufzunehmen (und nicht auf das Steuerinventar [Art. 517–518 N 236 ff.] sowie die aktuellen Auszüge von Banken, Versicherungen, Grundbuchämtern etc. abstellt), haben die Erben Anspruch, der Inventarisation beizuwohnen (SCHREIBER, Rechtsstellung, S. 32). Die Erben haben jedenfalls das Recht, Zugang zur Wohnung (zu den Wohnungen) des Erblassers zu erhalten, um sich ein eigenes Bild über den Umfang des Nachlasses machen zu können. Der Erblasser kann den Willensvollstrecker nicht von der Pflicht befreien, ein Inventar zu erstellen (anders WETZEL, N 127; CARRARD, N 64: soweit keine Pflichtteile betroffen sind; nach § 2220 BGB kann der Erblasser den Testamentsvollstrecker ausdrücklich nicht von dieser Pflicht befreien), wohl aber alle Erben gemeinsam (CARRARD, N 26). 107

b) **Wenn** (von den zuständigen kantonalen Behörden) ein Sicherungsinventar (Art. 490 Abs. 1 und Art. 553; Art. 517–518 N 103 f.), ein öffentliches Inventar (Art. 580 ff.; Art. 517–518 N 105 f.) oder **ein Steuer-Inventar** (Art. 517–518 N 236 ff.) **aufgenommen wurde, kann sich der Willensvollstrecker auf diese(s) stützen** (ZR 84/1985 Nr. 140 E. 3b S. 315 [OGer.]; BVR 1/1976 Nr. 4817 E. 9 108

S. 272 = BN 38/1977 S. 197 [RR]; BSK-KARRER, Art. 518 N 16). Er hat allerdings nicht nur die vorhandenen Vermögenswerte aufzuzeichnen, sondern diese darüber hinaus zu bewerten. Zudem muss er abklären, ob «Vorbezüge einzelner Erben vorlagen, die bei der Teilung auszugleichen, oder nach den Vorschriften über den Pflichtteil zu berücksichtigen» (PKG 1962 Nr. 5 E. 1 S. 29 = ZBGR 45/1964 Nr. 5 S. 45 [ZF 6/62; KGer.]) sind (PKG 1964 Nr. 55 S. 139 [Pr 6/63; KGP]; BSK-KARRER, Art. 518 N 16: Der Willensvollstrecker hat die Pflicht, «den gesamten Nachlass zu ermitteln und nicht nur einfach das zu verwalten, was offensichtlich vorhanden ist»). Dasselbe gilt grundsätzlich auch für unentgeltliche Zuwendungen an Dritte, welche allerdings schwieriger zu eruieren sind. In der praktischen Anwendung bedeutet dies, dass der Willensvollstrecker die Erben bitten wird, ihm grössere unentgeltliche Zuwendungen (ohne Gelegenheitsgeschenke) bekannt zu geben, welche der Erblasser zu seinen Lebzeiten an sie, an andere Erben, an Vermächtnisnehmer oder Dritte gemacht habe.

109 c) **Der Willensvollstrecker kann einen Rechnungsruf durchführen** (BSK-KARRER, Art. 518 N 16), **ist dazu aber nicht verpflichtet** (CARRARD, N 29 f.). Da der Rechnungsruf keine Ausschlusswirkung hat (JOST, Fragen, N 32) und dem Ruf des Erblassers schadet, wird üblicherweise davon abgesehen.

110 d) Das vom Willensvollstrecker zu verwaltende **Nachlassvermögen umfasst** alle im Inventar enthaltenen Vermögenswerte (inklusive später hinzukommende Erträge und Ersatzwerte – BGE 116 II 259 E. 4a S. 262: «Die Erbschaft umfasst neben den eigentlich hinterlassenen Werten ... auch den Zuwachs [Zinsen, Früchte usw.] und die Ersatzwerte, die an die Stelle der ursprünglich hinterlassenen Vermögensstücke getreten sind»). Dies bedeutet positiv, dass sämtliche Teile des Nachlassvermögens der Verwaltung des Willensvollstreckers unterstehen (BSK-KARRER, Art. 518 N 16), und negativ, dass die nicht zum Nachlass gehörenden Vermögenswerte (wie zum Beispiel die dem überlebenden Ehegatten zustehenden güterrechtlichen Ansprüche – Art. 517–518 N 281 ff.) davon ausgeschlossen sind.

111 e) Beispiel eines **Willensvollstrecker-Inventars** in Kurzform, welches in einer ersten Fassung zu Steuerwerten erfasst wird (zu einem weiteren Beispiel vgl. STUDER, Beginn, S. 109):

Willensvollstrecker-Inventar
über den Nachlass von

Hans Muster

geboren am 11.11.1911
verstorben am 10.10.2010

von Ebnat-Kappel, Kappel SG
wohnhaft Bahnhofstrasse 1, 8000 Zürich
per Todestag

A. Erben und Vermächtnisnehmer
Erben sind aufgrund der Verfügung des Bezirksgerichts Zürich vom 09.12.2010
zu gleichen Teilen seine drei Nachkommen A…, B… und C…
Vermächtnisnehmer sind gemäss Testament vom 04.04.2004 die 7 Enkel
des Erblassers, welche die verfügbare Quote erhalten.

B. Eheliches Vermögen
1. Aktiven
1.1 Grundstücke
1.1.1 Zürich, A-Strasse xxx
Grundbuch Zürich-Altstadt, Blatt xxxx, Plan xx, Kataster Nr. xxx
Eigentümer: Erblasser
Fläche: xxx m^2
Steuerwert: CHF 12 000 000.–
Verkehrswert: CHF *

1.1.2 Zürich, B-Strasse xxx
Grundbuch Zürich-Fluntern, Blatt xxxx, Plan xx, Kataster Nr. xxx
Eigentümer: Ehegatte des Erblassers
Fläche: xxx m^2
Steuerwert: CHF 3 000 000.–
Verkehrswert: *

1.2 Kapitalvermögen

1.2.1 Bank A
Depot/Konto Nr. xxx:
Lautend auf den Erblasser
Wert per Todestag: CHF 1 997 300.–
Marchzinsen: CHF 2700.–
Gesamtwert: CHF 2 000 000.–

1.2.2 Bank B
Depot/Konto Nr. xxx:
Lautend auf den Ehegatten des Erblassers
Wert per Todestag: CHF 999 200.–
Marchzinsen: CHF 800.–
Gesamtwert: CHF 1 000 000.–

1.2.3 Muster-AG
100% der Aktien der Muster-AG zum Steuerwert von CHF 4 000 000.–
Verkehrswert von: CHF *

1.2.4 Tresor
Pro memoria

1.2.5 Bargeld
Pro memoria

1.2.6 Hausrat
Pro memoria

1.2.7 Motorfahrzeuge
Keine

1.2.8 Kunstgegenstände
Pro memoria

2. Passiven
2.1 Hypotheken
2.1.1 Bank A: CHF 4 300 000.–
Lautend auf den Erblasser

2.2 Laufende Schulden
Laufende Hypothekarzinsen: CHF 60 000.–
Todesfallkosten: CHF 140 000.–
Total: CHF 200 000.–

3. Übersicht (Eheliches Vermögen)

Vermögenswerte:		Steuerwert		Verkehrswert
Liegenschaft 1		CHF 12 000 000.–	CHF	*
Liegenschaft 2		CHF 3 000 000.–	CHF	*
Bank A		CHF 2 000 000.–	CHF	2 000 000.–
Bank B		CHF 1 000 000.–	CHF	1 000 000.–
Muster-AG		CHF 4 000 000.–	CHF	*
Hypotheken	./.	CHF 4 300 000.–	CHF	4 300 000.–
Laufende Schulden	./.	CHF 200 000.–	CHF	200 000.–
Total eheliches Vermögen		**CHF 17 500 000.–**	**CHF**	*****

C. *Forderungen und Schulden*

a) Der Willensvollstrecker hat das Nachlassvermögen einzuziehen. Er hat insbesondere **Forderungen** gegenüber Dritten und gegenüber den Erben **geltend zu machen** (EGVSZ 1971 S. 73 E. 3 [JK]; BGE 105 II 104 = JdT 60/1979 I 489 = Pra. 68/1979 315 Nr. 124: Rückforderung einer Anweisung von CHF 100 000.– kurz vor dem Tod, welcher kein gültiges Schenkungsversprechen zugrunde lag). Hierher gehören unter anderem auch Forderungen aus dem Arbeitsverhältnis des Erblassers, seine ausstehenden Ansprüche gegenüber Privatversicherungen (vgl. den Sachverhalt in BGE 43 II 257 Pt. A S. 257 = JdT 65/1917 I S. 536: «La polizza dispone che in caso di morte questa somma deve venir versata agli ‹esecutiri o amministratori›») und Sozialversicherungen (vgl. den Sachverhalt in EGVE 1963, 24 Pt. B S. 25) sowie gegenüber Pensionskassen. Eine Rückzahlung an einzelne Erben bringt eine Forderung des Erblassers nicht zum Erlöschen (BGE 41 II 202 E. 3 208 ff. = Pra. 4/1915 Nr. 122 S. 283 f.). Neben dem Einzug kommt auch eine Abtretung oder Verrechnung in Frage (diese Aufgabe wird in Art. 596 Abs. 1 ausdrücklich für den Erbschaftsverwalter genannt, auf welchen Art. 518 Abs. 1 verweist, vgl. CARRARD, N 22). Der Willensvollstrecker hat auch allfällige Schadenersatzansprüche gegen den Vormund oder Beistand des Erblassers geltend zu machen (anders ZR 45/1946 Nr. 32 S. 64 = ZVW 2/1947 Nr. 69 S. 149 [OGer.]: Geltendmachung durch einzelnen Erben). Dies wird er allerdings kaum ohne Absprache mit den Erben tun; aus eigenem Antrieb und ohne Absprache mit den Erben wird er höchstens verjährungsunterbrechende Handlungen vornehmen. Er hat die Interessen der Erben im Konkurs- oder Nachlassverfahren eines Erbschaftsschuldners zu wahren und stimmt z.B. einem Nachlassvertrag zu (BERLA, S. 43 ff.). Der Willensvollstrecker kann eine Grundpfandverschreibung löschen lassen, wenn die dazugehörende Schuld bezahlt wurde (vgl. den Sachverhalt in BGE 85 II 22 Pt. A. S. 23 = JdT 107/1959 I S. 531).

113 b) Der Willensvollstrecker hat sodann die **Schulden zu bezahlen** (Art. 518 Abs. 2; ebenso § 2205 BGB; im französischen und italienischen Recht wird die Bezahlung der Schulden dagegen nicht als Aufgabe des Vollstreckers angesehen). Zu den Schulden, welche zu bezahlen sind, gehören zunächst die Schulden des Erblassers (Art. 610 Abs. 3; BSK-KARRER, Art. 518 N 36), wie ausstehende Sozialversicherungsbeiträge (vgl. den Sachverhalt in EVGE 1963 S. 24 f.) oder zu viel bezogene Sozialversicherungs- oder Pensionskassenleistungen (vgl. den Sachverhalt in Rep. 109/1976 S. 44 Pt. B [Civ.]; der Willensvollstrecker hat dafür zu sorgen, dass eine gegenstandslos gewordene Rente nicht mehr ausbezahlt wird, vgl. den Sachverhalt in BGE 85 II 49 Pt. A. S. 50 = JdT 107/1959 I S. 606 = Pra. 48/1959 Nr. 120 S. 344). Sodann gehören die Erbgangsschulden dazu (BREITSCHMID, Stellung des Willensvollstreckers, S. 128; BSK-KARRER, Art. 518 N 36), wie Unterhaltsansprüche (die Mutter eines noch ungeborenen Erben hat Anspruch auf Unterhalt bis zur Geburt des Kindes [Art. 605 Abs. 2], die Hausgenossen des Erblassers haben Anspruch auf Unterhalt während eines Monats [Art. 606]; bei diesen Ansprüchen handelt es sich um Schulden der Erbschaft und nicht um Vermächtnisse, vgl. BK-TUOR/PICENONI, Art. 605 N 11 und Art. 606 N 8; ZK-ESCHER, Art. 605 N 8 und Art. 606 N 7), Kosten für das Begräbnis (anders SO-BOG 1944 Nr. 1 S. 64: Tragung durch den überlebenden Ehegatten), das amtliche Inventar (BJM 1990 S. 329 [App.Ger. BS]), die Eröffnung der letztwilligen Verfügung (vgl. den Sachverhalt in BGE 84 I 114 S. 115 = Pra. 47/1958 Nr. 133 S. 427) und das Willensvollstreckerhonorar (PVG 1977 Nr. 76 S. 131). Wenn der Willensvollstrecker Zahlungen an sich bei Banken veranlasst oder sich aus dem Depot Titel ausliefern lässt, holen Bank möglicherweise die Zustimmung der Erben ein, weil ein Interessenkonflikt (Art. 517–518 N 7 ff.) vorliegen könnte (STEINER, S. 45). Dagegen darf der Willensvollstrecker sittliche Pflichten ebenso nicht bezahlen (BGE 48 II 308 E. 2 S. 312 = JdT 71/1923 I S. 293 f. = Pra. 11/1922 Nr. 166 S. 413 = ZBGR 27/1946 Nr. 80 S. 235: Formungültige Schenkung des Bildes ‹Heinrich VIII und Anna Boleyn› an die Stadt Görlitz) wie bestrittene oder noch nicht fällige Schulden (BSK-KARRER, Art. 518 N 36). Bei einer Annahme der Erbschaft unter Inventar (Art. 589) dürfen nur die im Inventar aufgeführten Schulden bezahlt werden. Der Willensvollstrecker kann gegebenenfalls versuchen, einen Nachlassvertrag zustande zu bringen (BERLA, S. 41 f.). Zu den Steuerschulden vgl. Art. 517–518 N 242 ff.

114 c) Etwas allgemeiner kann man formulieren: Der Willensvollstrecker hat die **Verpflichtungen des Erblassers zu erfüllen.** Dazu gehört etwa, dass der Willensvollstrecker einen vom Erblasser abgeschlossenen Kaufvertrag über ein Grundstück zur Eintragung im Grundbuch anmeldet (BIBER, S. 63 = ZBGR 86/2005 S. 10) oder dass er treuhänderisch verwaltetes Vermögen zurückgibt (anders MBVR 15 [1917] 393 Nr. 118 = SJZ 14/1917–18 Nr. 170 S. 209 = ZBGR 7/1926 Nr. 16 S. 69 f. [JD BE]: Der Willensvollstrecker wird nicht als berechtigt angesehen, die Liegenschaft im Grundbuch übertragen zu lassen, weil kein letztwillig verfügter Anspruch [wie die

Ausrichtung eines Vermächtnisses] zu erfüllen sei; zwar wird im Entscheid richtig ausgeführt, dass dem Treugeber nur ein obligatorischer Anspruch zustehe, aber übersehen, dass es auch zu den Aufgaben des Willensvollstreckers gehört, «die Schulden des Erblassers zu bezahlen» [Art. 518 Abs. 2], wozu auch die Rückübertragung einer Liegenschaft gehört).

d) Der Willensvollstrecker muss die Schulden **nur so weit bezahlen und sonstige Ansprüche nur so weit erfüllen, als dies notwendig ist.** Es ist immer zu prüfen, ob Schulden nicht (zusammen mit Vermögenswerten) auf einen Erben übertragen werden können (BREITSCHMID, Stellung des Willensvollstreckers, S. 129). Der Willensvollstrecker hat zu beachten, dass gegenüber der Erbschaft während 2 Wochen Rechtsstillstand gewährt wird (Art. 59 Abs. 1 SchKG; JOST, Willensvollstrecker, N 42). Gegenüber den Erben wird zudem während der 3-monatigen Überlegungsfrist (Art. 567 Abs. 1) Rechtsstillstand gewährt (Art. 59 Abs. 1 SchKG). Wenn gleichzeitig ein öffentliches Inventar (Art. 517–518 N 105 f.) aufgenommen wird, darf der Willensvollstrecker während dieser Zeit Schulden nur bezahlen, soweit dies notwendig ist (ZR 14/1915 Nr. 83 E. 2 S. 203 = ZBGR 27/1946 Nr. 61 E. 2 S. 200 = SJZ 11/1914–15 Nr. 36 E. 3 S. 157 [RK]). Wenn sonstige Ansprüche von den Erben nicht anerkannt werden, hat der Willensvollstrecker gegebenenfalls einen Prozess zu führen, etwa über Verantwortlichkeitsansprüche aus der Tätigkeit des Erblassers (vgl. den Sachverhalt in BGE 99 II 176 Pt. A S. 177 f. = JdT 122/1974 I S. 72 f.). 115

D. Verwaltung der Nachlassgegenstände

1. Abgrenzungen

Im Rahmen des **Eröffnungsverfahrens** (Art. 556 ff.) hat der Willensvollstrecker (wie jeder andere Aufbewahrer) das Testament abzuliefern (Art. 556 Abs. 1 und 2; ZK-ESCHER, Art. 556 N 6; BSK-KARRER, Art. 556 N 17; Art. 517–518 N 23 f.) und bei der Ermittlung der Erben mitzuwirken (ZR 89/1990 Nr. 4 E. 6 S. 10 [OGer.]: «Im Eröffnungsverfahren können die Willensvollstrecker zur Mitwirkung bei der Erbenermittlung verhalten werden»; BREITSCHMID, successio 3/2009 S. 109; SPIRIG, S. 9: «Seine Verpflichtung zur Mitwirkung ist aus der Rechtsstellung als Generalexecutor abzuleiten»; WEBER, AJP 6/1997 S. 554). Der Willensvollstrecker nimmt an der Eröffnung teil (Art. 557 erwähnt dies nicht; Art. 517–518 N 26) und er erhält eine Abschrift der letztwilligen Verfügung (Art. 558; ZK-ESCHER, Art. 558 N 1; BSK-KARRER, Art. 558 N 3; Art. 517–518 N 28). 116

a. Erbschaftsverwalter (Art. 554)

117   a) Die **zuständige kantonale Behörde** für die Anordnung bzw. Durchführung der Erbschaftsverwaltung ist die gleiche Behörde, welche das Sicherungsinventar anordnet (vgl. dazu Art. 517–518 N 103; BK-TUOR/PICENONI, Art. 551 N 8).

118   b) Wenn die zuständige kantonale Behörde (Art. 517–518 N 117) **eine amtliche Erbschaftsverwaltung** (Art. 554 Abs. 2; vgl. dazu Vorbem. zu Art. 517–518 N 56) anordnet, ist diese **grundsätzlich dem Willensvollstrecker zu übertragen** (AGVE 2000 Nr. 2 E. 2b S. 26; BOSON, RVJ 2010 S. 118) und das Amt des Willensvollstreckers ruht so lange (PIOTET, SPR IV/1, § 24 II C, und SPR IV/2, § 88 V B; WETZEL, N 136). Der Willensvollstrecker ist als (amtlicher) Erbschaftsverwalter einzusetzen, wenn ein solcher notwendig ist (PKG 1958 Nr. 69 S. 155 [Pr 4/58; KGP]: Ein Erbschaftsverwalter darf nicht eingesetzt werden, nur weil der Willensvollstrecker nicht ortsansässig ist, wohl aber wenn er sich «in Übersee befindet oder krankheitshalber völlig ausserstande ist, seine Obliegenheiten zu erfüllen»; ZR 90/1991 Nr. 89 E. c.cc S. 290 [OGer.]: die Abwicklung einer Erbschaft nach englischem Recht ist kein Grund, [entsprechend dem administrator] einen Erbschaftsverwalter einzusetzen; BK-TUOR/PICENONI, Art. 554 N 12). Der Willensvollstrecker ist nicht per se Erbschaftsverwalter, sondern muss als solcher von der zuständigen Behörde eingesetzt werden (ZBGR 27/1946 S. 291 [Kreisschreiben OGer. SO]). Die Einsetzung eines Erbschaftsverwalters gehört zur nichtstreitigen Gerichtsbarkeit (BGE 98 II 272 S. 275; 90 II 376 E. 1 379; 84 II 324 S. 326 f.; 76 II 333 E. 1 S. 335 f. = JdT 99/1951 I S. 572 = Pra. 40/1951 Nr. 15 S. 39 f.). Dies gilt selbst dann, wenn der Willensvollstrecker wegen einer Interessenkollision nicht berücksichtigt wird (BGE 98 II 272 S. 275 f.; 84 II 324 S. 326 f.), denn es geht nicht um seine Absetzung (WETZEL, N 322; welche nach BGE 90 II 376 E. 3 S. 383 ff. ein Zivilstreit ist), sondern um die Übertragung einer besonderen Aufgabe. Aus mehreren Willensvollstreckern darf ein Einzelner zum Erbschaftsverwalter ernannt werden (BK-TUOR/PICENONI, Art. 554 N 12). Dem Willensvollstrecker wird die Erbschaftsverwaltung nur dann übertragen, wenn er dem auch zustimmt (PKG 2000 Nr. 40 E. 1 S. 167 [PZ 00 58 und 59]). Der Willensvollstrecker kommt auch dann zum Zug, wenn eine bevormundete Person stirbt, denn er ist dem Vormund, welcher nach Art. 554 Abs. 3 zum Erbschaftsverwalter zu ernennen ist, vorzuziehen (BK-TUOR/PICENONI, Art. 554 N 14).

119   c) Der **Willensvollstrecker muss (ausnahmsweise) nicht als Erbschaftsverwalter eingesetzt werden,** (1) wenn er ein *Spezialexecutor* (Art. 517–518 N 94) ist (BK-TUOR/PICENONI, Art. 554 N 12; STIERLIN, S. 96; anders DRUEY, Grundriss, § 14 N 39), (2) wenn ihm die *notwendigen Fähigkeiten fehlen* (so das Argument in BGer. 5A_111/2008 vom 9. Dezember 2008 E. 3.2, welches aus prozessualen Gründen nicht mehr berücksichtigt werden konnte), (3) wenn er *im Ausland wohnt* (so das

Argument in BGer. 5A_111/2008 vom 9. Dezember 2008 E. 3.2; ZR 39/1940 Nr. 162 S. 358 [OGer.]; SJZ 20/1923–24 Nr. 3 S. 11 [TC VD]; ZK-ESCHER, Art. 554 N 9) oder wenn er sich (4) in einer *Interessenkollision befindet* (so das Argument in BGer. 5A_111/2008 vom 9. Dezember 2008 E. 3.2; BGer. 5P.322/2004 E. 3.1 = successio 2/2008 S. 149 [Anm. Paul Eitel]; ZR 89/1990 Nr. 104 S. 268 = ZBGR 75/1994 Nr. 11 S. 141 [KassGer.]: Der Willensvollstrecker ist gleichzeitig Verwaltungsrat eines Unternehmens, mit welcher der Erblasser [als Direktor] vermögensrechtliche Auseinandersetzungen hatte; PKG 1989 S. 213 E. 2: frühere Vertretung der Ehefrau in Sachen Auskunft im Sinne von Art. 170 ZGB; ZR 62/1963 Nr. 29 S. 65 [OGer.]: Der Willensvollstrecker ist Erbe über den ganzen Nachlass; ZR 57/1958 Nr. 112 S. 268 [OGer.]: Der Willensvollstrecker ist eingesetzter Erbe über den ganzen Nachlass; SJZ 34/1937–38 Nr. 147 S. 201 [TC VD]: Ehemann der eingesetzten Erbin; in ZR 47/1948 Nr. 55 S. 124 [OGer.], wo der Sohn einer eingesetzten Erbin zum Willensvollstrecker ernannt wurde, hat das Gericht einen Interessenkonflikt verneint; BK-TUOR/PICENONI, Art. 554 N 12). (5) Eine *ablehnende Haltung der Erben* verhindert seine Bestellung dagegen nicht (BGE 98 II 276 E. 4 S. 279 = JdT 121/1973 I S. 249 f. E. 3 = Pra. 62/1973 Nr. 41 S. 130 f. = ZBGR 55/1974 Nr. 18 S. 83; ZR 89/1990 Nr. 104 E. 6c S. 270 = ZBGR 75/1994 Nr. 11 S. 143 [KassGer.]; PKG 1989 Nr. 61 S. 213 [PF 8+9/89; KGP]: Wenn der Willensvollstrecker aber Partikularinteressen von Erben vertritt, liegt ein Interessenkonflikt vor). Die Erben müssen von der einsetzenden Behörde nicht angehört werden, wohl aber von der Aufsichtsbehörde (BGer. 5P.322/2004 vom 6. April 2005 E. 3.2 = SJ 128/2006 I S. 11 = successio 2/2008 S. 194 [Anm. Paul Eitel]).

d) **Ob der Willensvollstrecker seine Einsetzung als Erbschaftsverwalter auch verlangen kann, wenn die ihn ernennende letztwillige Verfügung angefochten wird** (Ungültigkeitsklage), hat das Bundesgericht offengelassen (BGE 42 II 339 E. 3 S. 342 = JdT 75/1917 I S. 1120 = Pra. 5/1916 Nr. 143 E. 2 S. 354 = SJ 39/1917 S. 180 = ZBGR 27/1946 Nr. 37 S. 91) und wird von kantonalen Gerichten unterschiedlich beantwortet (nach ZR 47/1948 Nr. 55 S. 124 [OGer.] ist die Anfechtung kein Grund für die Ablehnung des Willensvollstreckers; ebenso BS-AGE IV/1921–25 Nr. 16 S. 204 = SJZ 23/1926–27 Nr. 181 S. 233; anders SJZ 34/1937–38 Nr. 147 S. 201 [TC VD]: Interessenkonflikt). Die Antwort kann wohl nur im Einzelfall gegeben werden und hängt von der Art des Mangels ab, welcher geltend gemacht wird (so kann zum Beispiel die Testierfähigkeit bezüglich der Einsetzung eines Willensvollstreckers noch gegeben sein, obwohl sie für komplexe letztwillige Verfügungen fehlte, vgl. dazu Gutzwiller, AJP 17/2008 S. 1227). Als Regel gilt, dass der Willensvollstrecker auch in diesen Fällen grundsätzlich eingesetzt werden kann (ZK-ESCHER, Art. 554 N 9; WETZEL, N 175 ff., mit der Begründung, der Wille des Erblassers sei zu befolgen), weil das Testament (und damit die Ernennung zum Willensvollstrecker) so lange gültig bleibt, bis es erfolgreich angefochten wurde.

120

Problematisch ist allerdings, dass der Sicherungszweck gefährdet sein kann, wenn die spätere Absetzung des Willensvollstreckers als Erbschaftsverwalter zu Friktionen führt. Deshalb wird sich die zuständige Behörde eine gewisse Zurückhaltung auferlegen.

121 e) Soweit notwendig ist **dem Willensvollstrecker** auch die **Erbschaftsverwaltung im Sinne von Art. 556 Abs. 3,** welche als Anwendungsfall von Art. 554 Abs. 1 Ziff. 4 gilt, **zu übertragen** (BK-TUOR/PICENONI, Art. 556 N 10; ZK-ESCHER, Art. 556 N 14; BSK-KARRER, Art. 556 N 28: «Ist ein Willensvollstrecker eingesetzt, der das Amt angenommen hat, so erübrigt sich i.d.R. die Anordnung der Erbschaftsverwaltung nach Art. 556 Abs. 3»). Wenn der Nachlass schon an den Willensvollstrecker ausgeliefert wurde, kommt eine Erbschaftsverwaltung nach Art. 556 Abs. 3 nicht mehr in Frage, und zwar auch dann, wenn der Willensvollstrecker sein Amt später wieder niederlegt (GR-KGE PZ 06 83 vom 3. Juli 2006 E. 1c).

b. Erbschaftsliquidator (Art. 595)

122 a) Für die Erbschaftsliquidation sind folgede Behörden zuständig:

Kanton	Zuständige Behörde (Erbschaftsliquidator)	Rechtsgrundlage
AG	Bezirksgerichtspräsident bzw. Gemeinderat	§ 72 bzw. § 75 AG-EGZGB
AI	Erbschaftsbehörde (Erbschaftsamt)	Art. 82 AI-EGZGB
AR	Gemeinderat	Art. 3 Ziff. 15 AR-EGZGB
BE	Regierungsstatthalter	§ 7 BE-EGZGB
BL	Bezirksschreiberei (Erbschaftsamt)	§ 105 lit. l BL-EGZGB
BS	Vorsteher des Erbschaftsamts bzw. Notare	§ 147 Abs. 1 BS-EGZGB
FR	Bezirksgerichtspräsident	Art. 193 FR-EGZGB
GE	Juge de paix	Art. 2 lit. i GE-LACC
GL	Vormundschaftsbehörde	§ 104 GL-EGZGB
GR	Bezirksgerichtspräsident/Presidente de tribunale distrettuale/President da la dretgira districtuala	Analog nach Art. 83 GR-EGZGB/LICC
JU	Juge administratif	Art. 10 JU-LICC
LU	Teilungsbehörde	§ 9 Abs. 2 lit. i LU-EGZGB

Kanton	Zuständige Behörde (Erbschaftsliquidator)	Rechtsgrundlage
NE	Tribunal civil (Tribunal d'instance)	Art. 1 Abs. 2 NE-LICC
NW	Abteilung für öffentliche Inventarisationen	Art. 10 Abs. 1 Ziff. 9 NW-EGZGG
OW	Kantonsgerichtspräsidium	Art. 90 OW-EGZGB
SG	Amtsnotariat	Art. 7 SG-EGZGB
SH	Erbschaftsbehörde	Art. 14 Ziff. 12 SH-EGZGB
SO	Amtsschreiber bzw. Notar	§ 212 Abs. 1 SO-EGZGB
SZ	Bezirksgerichtspräsident	§ 1 Abs. 1 lit. c Ziff. 6 SZ-EGZGB
TG	Notariat	§ 8 Ziff. 14 TG-EGZGB
TI	Pretore	Art. 86a Abs. 1 lit. g TI-LACC
UR	Gemeinderat	Art. 3 Ziff. 10 UR-EGZGB
VD	Juge de paix	Art. 5 Abs. 1 Ziff. 16 VD-CDPJ
VS	Bezirksrichter/Juge de district	Art. 110 Abs. 2 VS-EGZGB/VS-LACC
ZG	Erbschaftsbehörde	§ 10 Ziff. 9 ZG-EGZGB
ZH	Einzelgericht	§ 137 lit. g ZH-GOG

b) Wenn die zuständige Behörde eine **Erbschaftsliquidation** (Art. 595; Vorbem. zu Art. 517–518 N 57) anordnet, kann sie die Ausführung dieser Aufgabe **dem Willensvollstrecker übertragen** (BK-TUOR/PICENONI, Art. 595 N 4; ZK-ESCHER, Art. 595 N 14; BSK-KARRER, Art. 595 N 9), dieser hat aber keinen Anspruch darauf (PIOTET, SPR IV/2, § 102 III). Eine Einsetzung kommt nur in Frage, soweit der Willensvollstrecker die vom kantonalen Recht vorgesehenen Anforderungen erfüllt. Sein Amt ist während einer Erbschaftsliquidation suspendiert (Rep. 127/1994 S. 312 [Civ.]: «Durante la procedura di liquidazione le funzioni dell'esecutore testamentario sono sospese e riprendono unicamente qualora rimanga un saldo attivo dopo il pagamento dei debiti»; BK-TUOR/PICENONI, Art. 595 N 4). Zur Legitimation des Willensvollstreckers, eine Aufsichtsbeschwerde gegen den Erbschaftsliquidator zu führen vgl. Art. 517–518 N 488.

123

c. Erbvenvertreter (Art. 602 Abs. 3)

124 Wenn ein Willensvollstrecker vorhanden ist, bleibt für einen **Erbenvertreter** (Art. 602; vgl. dazu Vorbem. zu Art. 517–518 N 23 und 58) kein Platz (BVR 27/2002 S. 307 E. 3 = ZBGR 84/2003 Nr. 20 S. 145; SJZ 95/1999 Nr. 29 E. 2 S. 446 [TC JU]; ZK-ESCHER, Art. 602 N 77; STIERLIN, S. 100 ff.). Der Willensvollstrecker kann somit nicht zum Erbenvertreter bestellt werden.

2. Allgemeines

125 a) Der Willensvollstrecker hat das Nachlassvermögen grundsätzlich zu bewahren, es in **natura zu erhalten** (BREITSCHMID, Stellung des Willensvollstreckers, S. 125), denn die Erben haben Anspruch auf naturale Zuweisung (BREITSCHMID, successio 3/2009 S. 108; Art. 517–518 N 298). Als Erstes hat der Willensvollstrecker dringend notwendige sichernde Massnahmen zur Erhaltung des Nachlasses zu ergreifen (BSK-KARRER, Art. 518 N 28: «Sicherstellung gefährdeter Ansprüche, Unterbrechung der Verjährung, Erhebung von Mängelrügen, vorsorgliche Kündigung von Verträgen, Erwirkung einstweiliger Verfügungen oder Einleitung von Prozessen»). Der Willensvollstrecker geniesst bei der Verwaltung des Nachlassvermögens – im Gegensatz zur späteren Erbteilung (Art. 517–518 N 345) – einen grossen Ermessensspielraum (Art. 517–518 N 98 und 168; BREITSCHMID, Stellung des Willensvollstreckers, S. 124), welcher nur durch die Haftung (Art. 517–518 N 421 ff.) und Aufsicht (Art. 517–518 N 515 ff.) begrenzt wird (GUINAND, ZBGR 57/1976 S. 328). Schwankungen in den Vermögenswerten haben die Erben grundsätzlich hinzunehmen (BREITSCHMID, Stellung des Willensvollstreckers, S. 133; Art. 517–518 N 165).

126 b) Zur Verwaltung des Nachlasses können **einzelne Liquidationshandlungen** des Willensvollstreckers gehören. Diese sind auf das notwendige Mass zu beschränken. In der Regel werden bewegliche Sachen zuerst versilbert, bevor unbewegliche Sachen liquidiert werden (diese Reihenfolge wird in Art. 903 CC esp. ausdrücklich vorgeschrieben). Zulässig ist etwa der Verkauf verderblicher Ware (BREITSCHMID, Stellung des Willensvollstreckers, S. 125). Der Willensvollstrecker ist sodann berechtigt, eine Liegenschaft freihändig zu verkaufen (Art. 596 Abs. 2 kommt in diesem Fall nicht zur Anwendung, vgl. GUINAND, ZBGR 57/1976 S. 327), wenn der Erlös benötigt wird, um Erbschaftsschulden zu bezahlen (BGE 101 II 47 E. 2b S. 55 = JdT 124 (1976) I 158 = ZBGR 57/1976 Nr. 73 S. 376 = SJ 98/1976 S. 201 f.: Steuern der Erben, welche vom Willensvollstrecker zu bezahlen sind; ZBGR 28/1947 Nr. 29 S. 87 [KGer. SZ]; SGVP 3/1928–43 S. 362 f. Nr. 529 = ZBGR 28/1947 Nr. 130 S. 318 [RR]; BSK-KARRER, Art. 518 N 40) oder Vermächtnisse auszurichten (BGE 97 II 11 E. 4 S. 19 = JdT 121/1973 I S. 43 = Pra. 60/1971 Nr. 169 S. 535 = ZBGR 53/1972 Nr. 11 S. 117; ZBGR 28/1947 Nr. 29 S. 87

[KGer. SZ]; weiter vgl. den Sachverhalt in BGE 118 II 489 Pt. A. S. 490 = Pra. 83/1994 Nr. 9 S. 36: Kündigung eines Mietverhältnisses und Verkauf einer Villa; StE 6/1989 B 42.31 Nr. 2 E. 7: Testamentarische Anordnung zum Verkauf einer Liegenschaft und zur Verteilung des Erlöses; BSK-KARRER, Art. 518 N 40). Im Übrigen, insbesondere auch beim Verkauf im Hinblick auf die Erbteilung, sollten die Modalitäten und der Zeitpunkt möglichst mit den Erben abgesprochen werden (BSK-KARRER, Art. 518 N 41; BREITSCHMID, Stellung des Willensvollstreckers, S. 125). Zu weit geht der Willensvollstrecker, wenn er ohne zwingenden Grund kurz nach dem Tod des Erblassers alle Wertschriften verkauft (a.M. BJM 1963 S. 203 [AB BS]). Denkbar ist sodann die Verwertung von einzelnen Urheberrechten (vgl. den Sachverhalt von BGE 121 III 118 S. 119 = JdT 143/1995 I S. 275: «Nach einem Zusatzvertrag ..., den Dürrenmatts Willensvollstrecker mit dem Verlag abschloss, wurde diesem auch das Recht zur Vervielfältigung und Verbreitung von Dürrenmatts Werk ‹Midas› übertragen»).

c) Zur Verwaltung des Nachlasses kann auch gehören, dass der Willensvollstrecker **einzelne Schulden begründet,** etwa wenn dies zur Erhaltung des Nachlasses notwendig ist (BREITSCHMID, Stellung des Willensvollstreckers, S. 126; BSK-KARRER, Art. 518 N 16, welcher die Pflicht zur Zurückhaltung betont; weiter vgl. § 2206 BGB).

127

d) Zur Verwaltung des Nachlasses gehört auch die **Beendigung von laufenden Geschäften** (CARRARD, N 22: diese Aufgabe wird in Art. 596 Abs. 1 ausdrücklich für den Erbschaftsliquidator genannt, auf welchen Art. 518 Abs. 1 verweist) insbesondere von hängigen Prozessen (vgl. zum Beispiel die Sachverhalte in BGE 95 II 320 Pt. C S. 322 [aktienrechtliche Verantwortlichkeitsklage] und BGE 93 II 204 Pt. A S. 205 = JdT 49/1968 I S. 67 = Pra. 56/1967 Nr. 122 S. 396 = ZBGR 50/1969 Nr. 33 S. 272 [Geltendmachung eines Vorkaufsrechts, als Beklagte]; Rep. 116/1983 E. 1 S. 103 [For.]).

128

e) Der Willensvollstrecker hat die notwendige **Infrastruktur** aufzubauen, damit er den Nachlass fachgerecht verwalten kann. In vielen Fällen wird eine Aktenablage genügen und keine eigentliche Nachlassbuchhaltung notwendig sein (BSK-KARRER, Art. 518 N 16).

129

f) Die Verwaltung des Nachlasses umfasst auch Handlungen im Bereich des **öffentlichen Rechts** (WALTER, S. 201 ff.) Dazu gehören etwa: (1) *Geltendmachen von Bauvorschriften gegenüber Nachbarn* (vgl. den Sachverhalt in SGK BZ 2009 2 und ZR 72/1973 Nr. 45 S. 103 [OGer.]), (2) *Beschwerdeführung gegen eine abgelehnte Einzonung* (BGE 102 Ia 430 E. 3 S. 432 = JdT 126/1978 I S. 25: Staatsrechtliche Beschwerde gegen die Verweigerung der Genehmigung eines Zonenplanes durch den RR), (3) *Gesuch um Normenkontrolle betreffend eine Zonenplanänderung* (AGVE 1994 Nr. 1 E. 2c S. 173 [VGer.]), (4) *Beschwerde gegen Unterschutz-*

130

stellung (Denkmalschutz) einer Nachlassliegenschaft (ZVG VB.2007.00366), (5) *Geltendmachen einer Enteignungsentschädigung* (BGE 124 II 543 E. 4b S. 550: Unterbrechung der Verjährung; weiter vgl. den Sachverhalt in AGVE 1978 Nr. 2 S. 81 [VGer.] und VPB 48/1984 Nr. 41 S. 279 [EVED]), (6) *Beantragen einer Konzessionsverlängerung* (vgl. den Sachverhalt in AGVE 1990 Nr. 7 S. 427 [DI]), (7) die *Rückerstattung von Sanierungskosten nach USG* einer Nachlassliegenschaft (vgl. den Sachverhalt in URP 2000 S. 386) und unter Umständen (8) *das Einreichen eines Baugesuchs* (LGVE 1979 III Nr. 21 E. 3 und 4 S. 39 f. [RR]: Baugesuch des Willensvollstreckers zum Wiederaufbau einer abgebrannten Scheune des Erblassers innerhalb der von der Gebäudeversicherung angesetzten Baufrist, damit keine Versicherungsleistungen verloren gehen). Die Ermächtigung des Willensvollstreckers zu diesen Handlungen ergibt sich aus dem Privatrecht (ZÄCH, Art. 33 OR N 4 und Vorbem. zu Art. 32–40 N 33; zu den einzelnen Fähigkeiten vgl. Art. 517–518 N 198 ff., N 207 ff. und N 459 ff.), handelt er doch nicht hoheitlich, sondern als privatrechtliches Amt.

3. Verwaltung von Bankvermögen

131   Das Gesetz regelt die Verwaltung des Nachlassvermögens nicht näher (GEISER, successio 1/2007 S. 179). In den Kommentaren ist etwa zu lesen von «Neuanlagen» (ZK-ESCHER, Art. 518 N 7) oder dass der Willensvollstrecker «die Anlage einlaufender Gelder und zurückbezahlter Guthaben» (BK-TUOR, Art. 518 N 11) vorzunehmen habe. Die Aufgabe ist aber weit komplexer.

a. Überblick verschaffen

132   Nach der Amtsübernahme muss sich der Willensvollstrecker einen **Überblick über die Bankdepots und allfällige Vermögensverwaltungsaufträge** verschaffen. Er steht insbesondere dann vor einer nicht leichten Aufgabe, wenn das Depot des Erblassers in der Zeit vor dem Tod längere Zeit nicht mehr aktiv betreut wurde (was häufig vorkommt) oder wenn es sonstige Besonderheiten (wie Klumpenrisiken oder zu starke Risikoneigung) aufweist. Wenn ein blosser Depotvertrag mit einer Bank vorliegt, muss sich der Willensvollstrecker selbst umgehend um die Verwaltung des Vermögens kümmern. Die Bank ist in diesem Fall weder zur Anlageberatung noch zur Vermögensverwaltung verpflichtet und muss die Kunden (die Erben bzw. den Willensvollstreckcker) zum Beispiel nicht über sinkende Kurse der im Depot enthaltenen Titel informieren (SJ 96/1974 S. 423 [CJ GE]).

b. Anlagestrategie formulieren

a) Wenn grössere (Geld/Kapital-)Vermögen vorhanden sind, ist es notwendig, eine Anlagestrategie zu formulieren (BSK-KARRER, Art. 518 N 29a; nach GUTZWILLER, Vermögensverwaltung, S. 18, beträgt der Mindestdepotumfang für eine individuelle Vermögensverwaltung allgemein CHF 500 000.–, bei einzelnen Banken liegt er höher; nach der Verwaltungskommission des Zürcher Obergerichts [ZVW 55/2000 S. 65] können für Vermögen ab ca. CHF 0,5–1,0 Mio. die BVV2 analog angewendet werden; zur konkreten Umsetzung vgl. Art. 517–518 N 165 ff.). Der Erblasser hat eine bestimmte Anlagestrategie verfolgt, allenfalls auch eine, welche nicht nach fachmännischen Kriterien bestimmt wurde. Die Erben werden nach der Erbteilung (jeder für sich, in unterschiedlicher Weise) eine eigene Anlagestrategie verfolgen, auch hier kann es sich um eine fachmännisch bestimmte oder eine eher pragmatisch gewählte Lösung handeln. Der Willensvollstrecker muss für die Zeit seines Wirkens eine **eigene Anlagestrategie entwickeln und umzusetzen.** Dabei durchläuft er den nachfolgend beschriebenen Prozess.

133

b) Nach der modernen, von Markowitz begründeten Portfolio-Theorie (Markowitz, 7 Journal of Finance 77 [1952]; Markowitz, Portfolio Selection: Efficient Diversification of Investments) soll durch **Diversifikation** eine Optimierung des Risiko-Rendite-Verhältnisses erreicht werden. Ziel der Anlagestrategie ist eine Streuung des Risikos oder negativ ausgedrückt die Vermeidung von Klumpenrisiken (GROSS, AJP 15/2006 S. 163).

134

c) Im Prozess des Erarbeitens einer Anlagestrategie, auch Asset-Allocation-Prozess genannt (AUCKENTHALER, S. 285 ff.), wird als Erstes die Risikobereitschaft und -fähigkeit des Kunden bestimmt (GUTZWILLER, Vermögensverwaltung, S. 111 ff., spricht von «know your customer»). «Als **Risikofähigkeit** bezeichnet man die Fähigkeit eines Anlegers, den Verlust aus einer Anlagestrategie (oder eines einzelnen Investments) aufgrund seiner finanziellen Situation (Einkommen, Vermögen, Liquiditätserfordernisse, Verpflichtungen usw.) verkraften zu können» (EMCH/RENZ/ARPAGAUS, Rz. 1411). Die Risikofähigkeit des Willensvollstreckers ist in der Regel gering und kann meist durch die Deckungssumme seiner Haftpflichtversicherung ausgedrückt werden. Der Willensvollstrecker wird daneben die Risikofähigkeit des Erblassers und diejenige der Erben betrachten. In der Regel ist die Risikofähigkeit der Erben geringer als diejenige des Erblassers, weil der Nachlass unter die Erben aufgeteilt wird und die zu verwaltende Vermögensmasse der Erben regelmässig geringer ist als diejenige des Erblassers. Die Grösse des Nachlasses hat einen wesentlichen Einfluss auf die Gestaltung der Anlagestrategie (BENICKE, S. 252).

135

wickelte Ansatz des **Strategischen Investment Management,** welcher eine aktivere Betreuung der Investitionen anstrebt (PÜMPIN/PEDERGNANA, S. 205). Er kann auf den Willensvollstrecker (ausser bei Dauer-Willensvollstreckungen in Grossmandaten) nicht angewendet werden, weil er auf institutionelle Investoren zugeschnitten ist und es dem Willensvollstrecker in der Regel an der notwendigen Infrastruktur fehlt.

c. Modelle für eine Anlagestrategie

142   Es wurde bereits festgehalten, dass der Willensvollstrecker eine eigene Anlagestrategie entwickeln muss (Art. 517–518 N 133) und dass sich diese an **sachlich vertretbaren Kriterien** (Art. 517–518 N 98) orientieren soll. Nun fragt es sich: Soll der Willensvollstrecker die Anlagestrategie des Erblassers weiterführen, selbst wenn diese überholt erscheint? Oder soll er die Anlagestrategie der Erben übernehmen, selbst wenn diese (gemäss den Vorgaben – Art. 517–518 N 98) nur unvollständig oder uneinheitlich vorhanden ist? Oder soll der Willensvollstrecker eine eigenständige Anlagestrategie entwickeln, welche (zum eignen Schutz) möglichst konservativ ist? Um diese Frage zu beantworten, sucht der Willensvollstrecker nach einem **Modell, an welchem er sich orientieren (anlehnen) kann.** Nachfolgend werden einige derartige Modelle näher untersucht.

aa. Anlage von Mündelvermögen (Vormund)

143   a) Nach **Art. 401** ist Bargeld zinsbringend anzulegen und nach **Art. 402** sind Kapitalanlagen ohne genügende Sicherheit (soweit sinnvoll möglich) in sicherere Kapitalanlagen umzulegen. Diese Regeln gelten für den Vormund (Art. 401 f.) sowie (analog) auch für den Beirat und Beistand (Art. 367 Abs. 3) (BSK-LANGENEGGER, Art. 367 N 5). Im Mittelpunkt steht der Begriff der «**mündelsicheren Kapitalanlage**» (ZGGVP 1981–1982 S. 175 [RR]: «Die Anlage von Mündelgeldern bei den zugerischen Raiffeisenkassen in Form von Spar- und Anlageheften, Kontoeinlagen und Kassenobligationen wird als mündelsicher anerkannt»; HÄFELI, ZVW 56/2001 S. 316 f.: Jene Anlage ist mündelsicher, die «im Zeitpunkt des Erwerbs nach menschlicher Voraussicht, bei besonnener, umsichtiger Würdigung der Verhältnisse Verluste als ausgeschlossen erscheinen lässt, der somit die grösstmögliche Solidität und Zuverlässigkeit zugeschrieben werden kann»).

144   b) Weder das Gesetz noch die Lehre oder Praxis definieren den Begriff der mündelsicheren Kapitalanalge umfassend (BSK-GULER, Art. 401 N 1). Deshalb hat die **Verwaltungskommission des Zürcher Obergerichts** in ihrer Stellungnahme vom 7. Januar 1999 (ZVW 55/2000 S. 64 ff.) die Ansicht vertreten, dass bei grösseren Mündelvermögen (ab ca. 0,5–1,0 Mio. CHF) die Bestimmungen von

Art. 49 ff. BVV2 analog angewendet werden können. In den Richtlinien der Kantonalen Vormundschaftsbehörden (VBK) wird unter anderem ausgeführt, dass eine analoge Anwendung der BVV2 bedeutende Anpassungen verlange, weil die Anlage von Mündelvermögen in der Regel weniger professionell erfolge als bei Pensionskassen, weil meist tiefere Summen zur Verfügung stünden, der Liquiditätsbedarf weniger genau berechenbar sei, die Anlage in gewisse Instrumente (wie Derivate) nicht geeignet sei, es sich meist um kürzerfristige Anlagen handle und weil nicht immer ein vollständiger Schweiz-Bezug (Leitwährung) vorliege. Diese Kritik ist an sich berechtigt (kritisch auch BSK-GULER, Art. 401 N 10) und gibt **Anlass,** im Einzelfall Anpassungen vorzunehmen. Sie vermag den grundsätzlich richtigen Gedanken aber nicht zu beseitigen, dass für die längerfristigen Anlagen von grösseren Vermögen Art. 49 ff. BVV2 als einzig verlässlicher Anhaltspunkt verbleibt.

c) In den **Richtlinien der Kantonalen Vormundschaftsbehörden** (VBK) werden eigene Regeln aufgestellt. Diese finden etwa in § 23–25 Vormundschaftsverordnung des Kantons Luzern (SRL 206) ihren Ausdruck. Eine Handhabung dieser Regeln erweist sich in der Praxis aber als nicht einfach (BSK-GULER, Art. 401 N 10).

145

d) Die vorstehend beschriebenen Regeln für die Anlage des Mündelvermögens (Art. 517–518 N 143–145) **sind für den Willensvollstrecker zu eng** (PKG 2003 Nr. 35 E. 3a S. 183 [PZ 02 127; KGP]: «Es besteht ... keine Notwendigkeit, ein Aktienportefeuille in mündelsichere Wertpapiere umzulagern; BSK-KARRER, Art. 518 N 29a; ebenso für das BGB BGH NJW 40/1987 S. 1071; MÜLLER/ TOLKSDORF, ErbStB 2006 S. 290). Sie sind nicht als Modell für den Willensvollstrecker geeignet, weil sie sich strikt an einer konservativen Vermögensanlage orientieren und auf längere Dauer ausgerichtet sind, zwei Voraussetzungen, welche für den (Abwicklungs-)Willensvollstrecker so nicht gegeben sind. Für den Dauer-Willensvollstrecker ist eine analoge Anwendung der BVV2 näher zu prüfen (vgl. dazu Art. 517–518 N 149 ff.), wobei allerdings andere Anpassungen notwendig sind als beim Vormund.

146

bb. Anlage von Kindesvermögen (Dritter)

a) Nach **Art. 321 f.** kann Kindesvermögen der Verwaltung durch die Eltern entzogen und Dritten übertragen werden. Wenn mehrere Personen diese Verwaltung übernehmen, stellt das Vormundschaftsrecht keine Regeln zur Verfügung und deshalb sind die im Gesellschafts- und Körperschaftsrecht entwickelten Regeln anzuwenden (RIEMER, ZVW 56/2001 S. 84 ff.). Art. 321 f. enthalten keine näheren Angaben über die Art und Weise der Verwaltung. Gemäss einem (unpublizierten) Gutachten von GEISER (ein Ausfluss dieses Gutachtens ist sein Aufsatz in successio 1/2007 S. 178 ff.) sind **alle bankfähigen Anlageformen**

147

zulässig, welche sich im Rahmen der anerkannten Regeln des bewährten Portfolio-Managements bewegen. Nach ROHDE, S. 178 ff., sind die Dritten (wie die Eltern) von Art. 401 f. befreit, was sich mit den obigen Ausführungen von Geiser im Wesentlichen deckt. Nach ihm ist der Erwerb von nicht frei handelbaren Aktien eingeschränkt und ist Spekulation nicht erlaubt (mit Hinweis auf BGE 52 II 321). Der Anlagehorizont ist die verbleibende Dauer bis zur Volljährigkeit. Für das Risikoverhalten ist dasjenige des Kindes und nicht dasjenige des Erblassers massgebend.

148   b) Art. 321 f. **eignen sich** wegen der längeren Dauer des Anlagehorizonts und wegen der anderen Ausrichtung des Risikoverhaltens (Kind statt Erblasser/uneinige Erben) **nicht als Muster** für den (Abwicklungs-)Willensvollstrecker, für den Dauer-Willensvollstrecker können diese Regeln aber durchaus vergleichsweise herangezogen werden. Es handelt sich allerdings (wie beim Mündel – Art. 517–518 N 144 ff.) nur um angepasste BVV2-Regeln.

cc. Anlage von Vermögen der zweiten Säule (Pensionskasse)

149   a) Nach Art. 71 Abs. 1 BVG verwalten die Vorsorgeeinrichtungen «ihr Vermögen so, dass Sicherheit und genügender Ertrag der Anlagen, eine angemessene Verteilung der Risiken sowie die Deckung des voraussehbaren Bedarfes an flüssigen Mitteln gewährleistet sind». Die zentralen Regeln für die Diversifikation des Vermögens der zweiten Säule (Art. 49 ff. BVV2 – SR 831.331.1) wurden für die Pensionskassen (Vorsorgeeinrichtungen) geschaffen. Daneben werden sie analog auch auf (gewöhnliche) Stiftungen angewendet (BGE 124 III 97 E. 2 S. 99 = Pra. 87/1998 Nr. 102 S. 585 = SJ 120/1998 S. 399) sowie teilweise auch auf Mündelvermögen (Art. 517–518 N 144 ff.). BREITSCHMID (successio 1/2007 S. 236 FN 84) erwägt, diese Regeln analog auch auf den Willensvollstrecker anzuwenden. Kernstück von Art. 49 ff. BVV2 ist **Art. 54 BVV2,** wonach nur 10% des Gesamtvermögens bei einem einzelnen Schuldner angelegt werden dürfen (Abs. 1). Davon gibt es Ausnahmen gegenüber der Eidgenossenschaft, Pfandbriefinstituten, Kollektivversicherungsverträgen, Kantonen und Gemeinden (Abs. 2).

150   b) In **Art. 55 BVV2** werden ergänzend gewisse Gesamtlimiten formuliert:

    a. 50 Prozent: für Grundpfandtitel auf Immobilien nach Artikel 53 Buchstabe c; diese dürfen höchstens zu 80 Prozent des Verkehrswertes belehnt sein; Schweizer Pfandbriefe werden wie Grundpfandtitel behandelt;

    b. 50 Prozent: für Anlagen in Aktien;

    c. 30 Prozent: für Anlagen in Immobilien, wovon maximal ein Drittel im Ausland;

d. 15 Prozent: für alternative Anlagen;

e. 30 Prozent: für Fremdwährungen ohne Währungssicherung.

c) Die primäre Aufgabe des (Abwicklungs-)Willensvollstreckers ist weder das Investieren des Nachlassvermögens noch dessen Liquidation, sondern die Verteilung in natura an die Erben (Art. 517–518 N 298). Deshalb **passen** die Regeln der BVV2, welche auf eine (sichere und ertragreiche) Investition sowie eine im Voraus zeitlich bestimmbare Liquidation des Vermögens ausgerichtet sind (SPILLMANN, S. 63 ff.), **nur sehr beschränkt** auf seine Tätigkeit (ähnlich LG München WM 60/2006 S. 1073: Für den Pflichtumfang kann nicht «auf die Verordnung über die Anlage gebundenen Vermögens von Versicherungsunternehmen zurückgegriffen werden»). Es besteht ein vergleichbares Bedürfnis nach Sicherheit, aber beim Willensvollstrecker spielt der Ertrag eine untergeordnete Rolle, während dies bei Pensionskassen, die einen Mindestzinssatz erwirtschaften müssen (Art. 23 BVV2), eine wichtige Grösse ist. Zudem ist der Zeitpunkt der Liquidation in der beruflichen Vorsorge besser berechenbar und einigermassen stabil sowie in der Regel weit entfernt, während der Zeitpunkt der Verteilung des Nachlasses beim Willensvollstrecker oft schwer vorhersehbar ist, aber dennoch in der Nähe liegt. Für die Dauer-Willensvollstreckung bilden die Regeln der BVV2 einen wertvollen Anhaltspunkt, auf welchen sich der Willensvollstrecker zubewegen kann (Näheres dazu Art. 517–518 N 176).

dd. Standard-Strategien (Private Banking)

a) Die Banken offerieren ihren Private-Banking-Kunden im Rahmen des Financial Planning (KOHLIK/RUFFNER, AJP 16/2007 S. 870) die Erstellung einer strategischen Asset Allocation, also die Aufteilung des Vermögens in verschiedene Anlagekategorien (Assetklassen) (zu Einzelheiten vgl. EMCH/RENZ/ARPAGAUS, Rz. 1780 ff.). Um das Geschäft zu vereinfachen, offerieren die Banken in der Regel **5 Standard-Strategien,** welche für die Basis-Währungen CHF, EUR und USD erstellt werden (EMCH/RENZ/ARPAGAUS, Rz. 1519 ff.): (1) Strategie Einkommen (0% Aktien, 100% Obligationen, Fremdwährungen unter 50%); (2) Strategie Einkommen und reale Kapitalerhaltung (15–35% Aktien, 65–85% Obligationen, Fremdwährungen unter 50%); (3) Strategie Ausgewogen (50% Aktien, 50% Obligationen, Fremdwährung über 50%); (4) Strategie Wachstum (Aktien 75%, Obligationen 25%, Fremdwährungen über 50%); (5) Strategie Aktien (75–100% Aktien, 0–25% Cash, Fremdwährungen über 50%).

b) An **weiteren Rahmenbedingungen** sind etwa zu nennen (ARTER/JÖRG, STH 78/2004 S. 863): Ein Private-Banking-Kunde darf davon ausgehen, dass ohne besondere Absprache keine bankunüblichen Anlagen getätigt (Art. 8 und 12 der Richtlinie für Vermögensverwaltungsaufträge der Schweizerischen Bankierverenigung [RLVV]; ZR 91-92/1992-1993 Nr. 84 S. 300 [Aktienindexfuturesgeschäfte]) und dass keine Klumpenrisiken eingegangen werden (Art. 9 RLVV). Ohne seine Zustimmung dürfen keine Kredite aufgenommen werden (ZR 91-92/1992-1993 Nr. 84E. 3 S. 301 f.).

154 c) Das Portfolio des Erblassers ist Ausgangspunkt für den Willensvollstrecker (Art. 517-518 N 92). **Keine der Standard-Strategien ist in jedem Fall die «nächstliegende»**, auf welche sich der Willensvollstrecker zubewegen müsste (ähnlich LG München WM 60/2006 S. 1073: Für den Pflichtenumfang kann nicht «auf die allgemeinen von der Rechtsprechung aufgestellten Grundsätze zu einer Vermögensverwaltung ... zurückgegriffen werden»). Selbst extreme Verhältnisse (z.B. 100% des Portfolio-Vermögens sind in Cash, in Obligationen oder in Nestlé-Aktien investiert) geben nur Anlass zur Information an die Erben, nicht aber zur selbständigen Korrektur durch den Willensvollstrecker, weil die Erben diese Strategie möglicherweise fortführen wollen. Bei den notwendigen Bewegungen (reinvestieren/liquidieren) wird sich der Willensvollstrecker tendenziell in Richtung Strategie «Einkommen und reale Kapitalerhaltung» bewegen, also einen konservativen Kurs einschlagen.

ee. Prudent Investor Rule (Trustee)

155 a) Die Prudent Investor Rule gibt dem Trustee Anhaltspunkte für seine Vermögensverwaltung: Sie wurde von Edward C. Halbach, Jr., als Reporter des **Restatement 3rd of Trusts** formuliert und 1992 vom American Law Institute herausgegeben. Sie besteht im Wesentlichen aus 5 Grundsätzen (Restatement [Third] of Trusts, Prefatory Note; ARTER, ST 79/2005 S. 594): Risikoverteilung (Diversifikation), Risikoanalyse, Kostenminimierung, Verhältnis zwischen Ertrag und Kapitalgewinn und Delegation an Dritte. Es gibt nur eine Betrachtung des gesamten Portfolios und keine Betrachtung der Einzeltitel, aber auch keine Limiten nach Anlagekategorien (wie im BVV2 – Art. 517-518 N 149 ff.), einzig eine Begrenzung der Anlagen bei der Arbeitgeberfirma (AMMANN, STH 74/2000 S. 523 f.).

156 b) Diese Regeln wurden 1994 im **Uniform Prudent Investor Act** (UPIA) neu gefasst (<http://www.law.upenn.edu/bll/archives/ulc/fnact99/1990s/upia94.pdf> [besucht am 20.03.2011]). Danach wird das Portfolio als Ganzes behandelt (sec. 2b), das Verhältnis Risiko – Ertrag betrachtet (sec. 2b), keine Begrenzung nach Anlagekategorien vorgenommen (sec. 2e), Diversifikation vorgeschrieben (sec. 3) und die Delegation zugelassen (sec. 9) (ARTER, STH 79/2005 S. 594). Dieses Modellgesetz, welches sich im Kern nicht vom Restatement 3rd of Trusts unterscheidet, wurde in den meisten (43) Staaten der USA in die Gesetzgebung aufgenommen (<http://www.nccusl.org/LegislativeFactSheet.aspx?title=Prudent Investor Act> [The National Conference of Commissioners on Uniform State Laws]

[besucht am 20.03.2011]). Soweit Ausnahmen gemacht wurden, betreffen sie meist die Zulässigkeit der Delegation (die Delegation wurde mit der Prudent Investor Rule neu eingeführt, vgl. HALBACH, 88 Calif.L.Rev. 1877, 1909–1911 [2000]).

c) Zentraler Grundsatz der Prudent Investor Rule ist die **Diversifikation,** welche auf zwei Stufen erfolgt, zum einen durch verschiedene Anlageklassen und zum andern durch Aufteilung auf verschiedene Titel innerhalb der Anlageklasse (Benicke, S. 773), und in den staatlichen Gesetzen jeweils konkretisiert wird: «To comply with the standard of the prudent investor laid down by Cal. Civ. Code § 2261, a trustee is ordinarily required to diversify the trust investments» (Estate of Beach, 15 Cal. 3d 623, 635; 542 P.2d 994, 1001; 125 Cal.Rptr. 570, 577 [1975]). Vor Verlusten schützt dies selbstverständlich nicht: «It is a matter of common knowledge that unnumbered prudent investors lost money on first mortgage loans made during the period of inflated values, and measured by their experience Koteen came out rather well» (Koteen v. Bickers, 163 Va. 676, 691, 174 S.E. 904, 910 [1934]).

157

d) Die Prudent Investor Rule **eignet sich nicht für eine Anwendung auf den (Abwicklungs-)Willensvollstrecker,** weil sie das ganze Portfolio betrachtet und es dem Willensvollstrecker nur zumutbar ist, einzelne Vermögensteile, welche nicht benötigt werden, neu anzulegen, nicht aber eine neue Strategie festzulegen (vgl. dazu auch vorne, Art. 517–518 N 154). Soweit ausnahmsweise eine Dauer-Willensvollstreckung vorliegt, können diese Regeln durchaus beigezogen werden, sie bieten aber weniger präzise Leitlinien als die BVV2-Regeln.

158

ff. Prudent Man Rule (Executor)

a) Die Prudent Man Rule gilt (unter anderem) für den Executor: «The care and diligence required of any executor is that which an ordinarily prudent man is accustomed to use in the conduct of his own affairs» (Estate of Rees, 87 N.E.2d 397, 408 [1947]). Die Anforderungen an natürliche und juristische Personen sind grundsätzlich identisch (Estate of John Pirie v. Northern Trust Co., 141 Ill. App.3d 750, 759; 492 N.E.2d 884, 890 [1986]: «A corporate executor is held to no higher standard of care than is an individual executor»). Der Inhalt der prudent man rule wird in Harvard College v. Armory (26 Mass. [9 Pick.] 446, 461 [1830]) wie folgt beschrieben: «he is to observe how man of prudence, discretion and intelligence manage their own affairs, not in regard to speculation, but in regard to the permanent disposition of their funds, considering the probable income, as well as the probable safety of the capital to be invested». **Jede einzelne Anlage muss den «Prudent Man Test» bestehen** (nicht das Portfolio als Ganzes wie bei der Prudent Investor Rule – Art. 517–518 N 155): Gerichtsentscheide und Gesetze der US-Staaten (Probate Codes/Acts) erklären einzelne Anlagekategorien

159

zen Anlagehorizont (Art. 517–518 N 138) orientieren und hohe Kosten verursachen (ebenso BREITSCHMID, successio 1/2007 S. 236 FN 84: Das bedeutet [auch unter Kostengesichtspunkten] einerseits auch eine gewisse Zurückhaltung statt hektischer «Aktionitis»). Die Erben wären in vielen Fällen gezwungen, nach der Erbteilung eine zweite Umschichtung vorzunehmen mit nochmals hohen Kosten, um die für sie passende Anlagestrategie umzusetzen. Da Umstrukturierungen vor allem in Zeiten sinkender Börsenkurse verlangt werden, besteht darüber hinaus die Gefahr, dass in grossem Umfang potentielle Verluste realisiert werden, was wiederum nicht im Interesse der beteiligten Erben liegen kann (das Verfolgen des «sichersten Weges» wird für das BGB auch vom BGH in seiner Entscheidung IVa ZR 90/85 NJW 40/1987 S. 1071 abgelehnt). Auch ein «Umparkieren» auf eine bekannte und solide Bank (BJM 1963 S. 202 [AB BS]) ist unnötig und mit hohen Kosten verbunden. Die Erben haben mit anderen Worten Schwankungen in den Vermögenswerten grundsätzlich hinzunehmen (ebenso BREITSCHMID, Stellung des Willensvollstreckers, S. 133; anders verhält es sich ausnahmsweise, wenn der Willensvollstrecker sich mit der Erfüllung in Verzug befindet, dann haftet er auch für den Zufall, vgl. BGer. 5C.119/2004 vom 23. Dezember 2004, E. 2.3 = successio 2/2008 S. 149 [Anm. Paul Eitel]). In der Literatur zum BGB wird (anders als hier vorgetragen) teilweise betont, dass Diversifikation zur ordnungsgemässen Anlagepolitik gehöre (BENICKE, S. 252; BENGEL/REIMANN, Rz. 436 ff.; TOLKSDORF, ErbStB 2008 S. 92; SCHMITZ, ZErb 5/2003 S. 5). Solche Aussagen dürften darauf zurückzuführen sein, dass im BGB die Verwaltungs- oder Dauer-Testamentsvollstreckung (§§ 2209–2210) eine wichtige Rolle spielt (vgl. etwa SCHMITZ, S. 9 ff., der sich nur mit der Verwaltungstestamentsvollstreckung befasst, was aber im Titel seiner Arbeit nicht zum Ausdruck kommt) und dort die Diversifikation der wichtigste Grundsatz ist (Art. 517–518 N 176).

167 c) Mit der bisherigen Anlagestrategie darf der Willensvollstrecker grundsätzlich auch die **Leitwährung übernehmen** (ebenso GEISER, successio 1/2007 S. 181). Eine Veränderung der Leitwährung muss der (Abwicklungs-)Willensvollstrecker ebenso wenig selbst vornehmen wie eine Umstrukturierung des Portfolios (anders wohl BSK-KARRER, Art. 518 N 29a: «Auch hat er eine Leitwährung festzulegen, die je nach Wohnort der Erben nicht notwendigerweise der CHF sein muss»). Es ist denkbar, dass sich die Erben nicht über viel einig sind, wohl aber über eine neue Leitwährung. Wenn dies der Fall sein sollte, muss auch der Willensvollstrecker der Bank bzw. dem Vermögensverwalter eine neue Vorgabe machen. Der Willensvollstrecker muss somit auch Teil-Einigungen der Erben umsetzen.

168 d) Die Anlagestrategie hat als neue Rahmenbedingung eine **veränderte Liquiditätsplanung** einzubauen (ebenso GEISER, successio 1/2007 S. 181), welche berücksichtigt, dass der Willensvollstrecker die Schulden (inkl. Erbschaftssteuer) zu bezahlen und die Vermächtnisse auszurichten hat, sowie dass im Zeitpunkt der Teilung flüssige Mittel verfügbar sind. In diesem Zusammenhang kann es zu ein-

zelnen Liquidationshandlungen kommen, bei welchen dem Willensvollstrecker ein grosser Ermessensspielraum zu gewähren ist (ebenso LG München WM 60/2006 S. 1073: «Der Testamentsvollstrecker bewegt sich im Rahmen des ihm eingeräumten Ermessens, wenn er entscheidet, einen vererbten Aktienbestand [trotz Kursverlusten] weitestgehend zu behalten und nicht nach (teilweisem) Verkauf Rücklagen in Sparbüchern oder Festgeldern für die zu erwartende Erbschaftsteuer zu bilden»). Der Willensvollstrecker hat daneben die nicht benötigte Liquidität (etwa auslaufende Obligationen) wieder anzulegen. Dabei wird er sich an den Regeln orientieren, welche die Kantone für mündelsichere Vermögen aufgestellt haben bzw. an der (einzel-titel-bezogenen) Prudent Man Rule.

e) Der **veränderte Zeithorizont (Erbteilung) reduziert die Risikofähigkeit** in der Regel erheblich (ebenso GEISER, successio 1/2007 S. 181). Der Willensvollstrecker darf seine reduzierte Risikofähigkeit so weit umsetzen, als er sie bei allenfalls neu anzulegenden Mitteln (z.B. nach Rückzahlung von Obligationen) berücksichtigt und konservative Anlagen wählt (wie Festgeld oder Money-Market-Anlagen) (ebenso ZR 91–92/1992–93 Nr. 64 E. IV.6 S. 248: Ein Einlageheft mit Kontokorrentcharakter bei einer Kleinkreditbank ist nicht zu beanstanden; EGVSZ 1995 Nr. 29 S. 80: Verbot an den Willensvollstrecker, mit dem Nachlassvermögen Börsengeschäfte zu tätigen; PraxKomm-CHRIST, Art. 518 N 51; BSK-KARRER, Art. 518 N 29a: Es kommen «wohl nur kurzfristig handelbare Wertschriften, Fondsanteile und Edelmetalle sowie Festgelder in Frage …»). Dabei dürfen keine überzogenen Anforderungen an die Erzielung eines Ertrags gestellt werden (ebenso BGH ZEV 2/1995 S. 110 E. 2b: «Wenn ein Testamentsvollstrecker Mittel, auf die er möglicherweise kurzfristig zur Tilgung von Nachlassverbindlichkeiten angewiesen ist, bis zu deren Erledigung vorübergehend bei der Bank, über die er auch andere Nachlassangelegenheiten abwickelt, zu den günstigsten, dort gebotenen Konditionen anlegt, handelt er nicht ermessensfehlerhaft, sofern er nicht aufgrund besonderen Insiderwissens oder geschäftlicher Erfahrungen bessere Anlagemöglichkeiten kennt oder darauf von den Erben ausdrücklich aufmerksam gemacht wird»). 169

f) Der Willensvollstrecker sollte die **Risikobereitschaft der Erben ermitteln.** Auch wenn diese weder einheitlich noch vollständig ist, kann ihm diese Information dennoch Anhaltspunkte für allenfalls vorzunehmende Liquidationshandlungen geben, denn er hat die Interessen der Erben zu berücksichtigen (Art. 517–518 N 98). 170

g) Der Willensvollstrecker hat darüber hinaus dafür zu sorgen, dass der **Nachlass teilbar bleibt bzw. gemacht** wird. Bei den «bankable assets» stellt sich diese Frage kaum, weil Wertpapiere meist in beliebigen Stückelungen auf die Erben übertragen werden können. Probleme entstehen eher mit grossen Anteilen an Kunstgegenständen, Liegenschaften oder Unternehmen (BREITSCHMID, successio 171

1/2007 S. 233: «Der Rahmen unaufschiebbarer und unausweichlicher Entscheide dürfte tendenziell bei unternehmerischen Nachlässen weit grösser sein als im Wertschriften- und Eigenheim-Nachlass»). Eine Zuteilung an mehrere Erben kann die Schaffung von Gemeinschafts- oder Stockwerkeigentum, die Parzellierung von Liegenschaften, das Schnüren von Aktienpaketen und das Aufstellen von Aktionärbindungsverträgen notwendig machen. Derartige Fragestellungen werden hier bewusst ausgeklammert.

172 h) Der Willensvollstrecker muss dafür sorgen, dass das Risikoprofil eingehalten wird (**Monitoring**) (vgl. dazu allgemein GROSS, AJP 15/2006 S. 163; ähnlich Art. 49a BVV2 für den Stiftungsrat einer Pensionskasse). Er muss insbesondere überprüfen, ob die von ihm bestimmte Anlagestrategie (Art. 517–518 N 166) eingehalten wird. Dies bedeutet, dass er die von der Bank zugesendeten Unterlagen verstehen und beurteilen können muss und ansonsten aufgrund eines Übernahmeverschuldens haftet (ebenso [für den Stiftungsrat einer Pensionskasse] GEISER, S. 93). Angesichts der Tatsache, dass Bankunterlagen oft nicht sehr verständlich sind, empfiehlt es sich bei grösseren Vermögen, auch für die Wahrnehmung der Überwachung (Monitoring), fachmännischen Rat beizuziehen, um das Haftungsrisiko einzugrenzen. Die Depotbank, eine andere Bank oder ein externer Berater kann die Funktion des Global Custodian wahrnehmen.

173 i) Wenn der Erblasser selbst die Anlagen ausgewählt hat (stock picking), darf der Willensvollstrecker dies nicht fortführen, weil dafür ein Fachmann notwendig ist. Zur **taktischen Asset-Allokation** gehört sodann das Bestimmen und Gewichten von Marktsektoren (Branchen, Gruppen von Aktien- bzw. Obligationentypen) (AUCKENTHALER, S. 288). Der Willensvollstrecker sollte eine Bank oder einen Vermögensverwalter damit beauftragen. Wenn der Willensvollstrecker ausnahmsweise eine Bank bzw. ein Vermögensverwalter ist, sollten die Tätigkeiten Willensvollstreckung und Taktik personell getrennt werden, um nicht in einen Interessenkonflikt zu geraten. Der Willensvollstrecker sollte (ganz allgemein) jede Art von Interessenkonflikt meiden (Art. 517–518 N 7 ff. und N 454).

174 j) Der Willensvollstrecker muss die Erben über die Struktur des Vermögens orientieren, Ihnen darüber **Auskunft** geben (ebenso BREITSCHMID, successio 1/2007 S. 233: «prompte Information über die Nachlassstruktur»). Wie weit seine Pflicht geht, auch über die Gefahr der Volatilität des Nachlassvermögens hinzuweisen, hängt von seiner beruflichen Stellung ab. Von einem Rechtsanwalt, Steuerberater oder Treuhänder kann nicht erwartet werden, dass sie über das Wissen eines Bankfachmanns verfügen (die Vermögensverwalter unterstehen besonderen Normen wie Art. 11 BEHG und Standesregeln, wie sie von der Schweizerischen Bankiervereinigung [<http://www.swissbanking.org/home/richtlinienundempfehlungen.htm>, besucht am 20.03.2011] oder vom Verband Schweizerischer Vermögensverwalter [<http://www.vsv-asg.ch>, besucht am 20.03.2011] erlassen wurden; selbst bei

den Banken werden Unterschiede gemacht, je nach dem, welche Erwartungen beim Kunden geweckt werden, vgl. GUTZWILLER, SJZ 101/2005 S. 358 [sog. Übernahmeverschulden]). Der Willensvollstrecker sollte (soweit notwendig) fachlichen Rat beiziehen bzw. die Erben bitten, diese Fragen mit ihrem eigenen Banker oder Vermögensverwalter zu besprechen. Der Willensvollstrecker sollte die Erben auf ersichtliche, besondere Risiken der Anlagen aufmerksam machen. Dabei dürfen keine überzogenen Anforderungen gestellt werden. Spontane Informationspflichten, welche schon beim Fachmann sehr restriktiv gehandhabt werden (SIBBERN/VON DER CRONE, SZW 79/2007 S. 183), sind beim Willensvollstrecker kaum denkbar. Wie schwierig diese Thematik selbst für Fachleute zu handhaben ist, haben die Lehman-Brothers-Anlagen gezeigt, welche risikoscheuen Kunden als besonders sichere Anlagen empfohlen wurden, schliesslich aber Totalverlust droht (GILGENBERG/WEISS, VW 97/2008 S. 1811).

k) Wenn der Willensvollstrecker seine Pflichten nicht sorgfältig erfüllt, kann er **schadenersatzpflichtig** werden. Das ist etwa dann der Fall, wenn er sein Ermessen überschreitet (nach BGH NJW 40/1987 S. 1071 bildet § 2205 Satz 3 BGB eine äusserste Grenze des Ermessens des Testamentsvollstreckers, der ihm unentgeltliche und nicht voll entgeltliche Verfügungen grundsätzlich verbietet), wenn er sich nicht von sachlichen Kriterien leiten lässt (BGer. 4C.4/2007 vom 15. November 2007: Der Kauf von Aktien von Gesellschaften, welche der Willensvollstrecker beherrscht, und die Gewährung von Darlehen an Gesellschaften, welche der Willensvollstrecker beherrscht, sind pflichtwidrig; nach BGH NJW 40/1987 S. 1071 «sind nur solche Anlagen verwehrt, die nach Lage des Falles, den Grundsätzen einer wirtschaftlichen Vermögensverwaltung zuwiderlaufen») oder wenn er die Interessen der Beteiligten ganz ausser Acht lässt (nach BGH NJW 40/1987 S. 1071 sind nur rein spekulative Anlagen ausgeschlossen: «Rein spekulative Anlagen, mit denen bei grossem Risiko eine hohe Wertsteigerung oder eine besonders hohe Rendite erstrebt wird, sind aber jedenfalls dann ausgeschlossen, wenn sie den gesamten Nachlass oder einen sehr hohen Teil davon erfassen ... Dem Testamentsvollstrecker engere Grenzen zu setzen, besteht derzeit kein Anlass»). Wenn der Willensvollstrecker während Jahren Börsengeschäfte (u.a. Optionsgeschäfte) tätigt, statt den Nachlass zu verteilen, überschreitet er sein Ermessen und es fehlt auch an der notwendigen Rücksicht auf die Beteiligten (EGVSZ 1995 Nr. 29 S. 80). Wenn er Fachleute einsetzt, haftet er für deren Auswahl, Instruktion und Überwachung (Art. 399 Abs. 2 OR; STEINER, S. 44). Die Berechnung des Schadens ist dabei oft nur schwer zu ermitteln, weil mit einem hypothetischen Vermögensstand verglichen werden muss (GROSS, AJP 15/2006 S. 165 f.). Es ist nicht zulässig, den Schaden bezüglich einzelner Vermögenswerte geltend zu machen, sondern es ist eine Gesamtbetrachtung notwendig (ebenso BGH NJW 40/1981 S. 1071: «Keinesfalls dürfen sich die Kläger zwei Wertpapierposten heraussuchen und deren Kursverlust als Schadensersatz beanspruchen ... Vielmehr wäre das Anlageverhalten des Testamentsvollstreckers insgesamt zu beurteilen und zu bewerten»; TOLKSDORF, ErbStB 2008 S. 58).

e. Anlagestrategie des Dauer-Willensvollstreckers

176   a) Im selten vorkommenden Fall der Dauer-Willensvollstreckung, wenn vorhersehbar ist, dass die Erbteilung nicht im üblichen Rahmen von 1–3 Jahren (Art. 517–518 N 138) vollzogen werden kann, oder wenn der Willensvollstrecker nach der Erbteilung von den Erben mit der weiteren Vermögensverwaltung beauftragt wird (vgl. BGer. 4C.4/2007 vom 15. November 2007), hat sich auch der Willensvollstrecker **an BVV2 zu orientieren** (Art. 517–518 N 149 ff.), also den Vorschriften, welche auf den Vormund (Art. 517–518 N 144 ff.), den Dritt-Vermögensverwalter (Art. 517–518 N 147 f.) und die Stiftungen (Art. 517–518 N 149) analog angewendet werden. Pflichtwidrig sind etwa die Investition in Aktien von Gesellschaften des Willensvollstreckers oder die Gewährung von Darlehen an von ihm beherrschte Gesellschaften (BGer. 4C.4/2007 vom 15. November 2007).

177   b) Die Kunst wird darin bestehen, die **im konkreten Fall bestehenden** Abweichungen **vom Muster der Vorsorgewerke** zu bestimmen und daraus die richtigen Schlüsse zu ziehen sowie die Umstrukturierung auf möglichst schonende Weise zu vollziehen. Mögliche Überlegungen sind etwa: Die Risikofähigkeit (der Erben) ist in der Regel umso grösser, je grösser der Erbanteil nach der Erbteilung ist (GEISER, successio 1/2007 S. 181). Sie ist dennoch in der Regel tiefer als bei den Pensionskassen, zumal in der Regel auch der Zeithorizont kleiner ist. Wenn die Anlage weniger professionell erfolgt als bei einem Vorsorgewerk (was in der Regel der Fall sein dürfte), stehen komplexe Instrumente nicht zur Verfügung. Weil der Liquiditätsbedarf weniger genau berechenbar ist, müssen Liquiditätsreserven gebildet werden. Wenn kein vollständiger Schweizbezug vorliegt, ist dies allenfalls bei der Leitwährung zu berücksichtigen.

4. Verwaltung von Liegenschaften

178   a) Bei der Verwaltung von Liegenschaften nimmt der Willensvollstrecker die **Stellung des Vermieters** ein (WALTER, S. 198 ff.; vgl. den Sachverhalt in ZKG AA050050 vom 17. Mai 2005; OGer. ZH vom 28. Februar 1994, abgedruckt bei BREITSCHMID, Stellung des Willensvollstreckers, S. 174 f.). Zu seinen Aufgaben gehören der Abschluss von Mietverträgen (BSK-KARRER, Art. 518 N 30) und deren Kündigung (Rep. 106/1973 S. 96 [Civ.]: «La disdetta ad un locatario è un tipico atto di amministrazione della successione e competente, di conseguenza, all'esecutore testamentario»), das Festsetzen des Mietzinses (BGE 96 I 496 E. 4 S. 499: Der Willensvollstrecker entscheidet «mit gleicher Kompetenz wie ein Ver-

mieter über die Leistungen der Mieter ...») und dessen Einzug (BSK-KARRER, Art. 518 N 30), die Ausweisung (RBOG 1998 Nr. 3 E. 2b S. 85; vgl. weiter den Sachverhalt in ZR 89/1990 Nr. 98 S. 258 = SJZ 87/1991 Nr. 4 S. 24 [OGer.]: Ausweisung des enterbten überlebenden Ehegatten aus der ehelichen Wohnung) und das Geltendmachen einer Grunddienstbarkeit (vgl. den Sachverhalt in ZR 72/1973 Nr. 45 S. 103 [OGer.]). Soweit die Erben eine Ferienwohnung des Erblassers gemeinsam benützen, sollte der Willensvollstrecker Regeln aufstellen, um Auseinandersetzungen unter den Erben (vgl. dazu etwa BGer. 6S.354/2001 vom 24. August 2001) zu vermeiden. Der Willensvollstrecker kann diese Aufgabe – wie die Verwaltung des Geldvermögens (Art. 517–518 N 97) – einem oder mehreren Erben überlassen (WALTER, S. 204).

b) Weiter gehören zu seinen Aufgaben die Vergabe von **Unterhaltsarbeiten** (Reparaturen) (EGVSZ 1979 S. 76 E. 6 [RK]; WÜRMLIN, TREX 16/2009 S. 222). Wenn sich im Nachlass eine «vernachlässigte» Immobilie befindet, fragt es sich, ob der Willensvollstrecker den versäumten Unterhalt nachholen, Mieter suchen, einen Verwalter bestellen, nicht vorhandene Versicherungen abschliessen (WÜRMLIN, TREX 16/2009 S. 223) und Ähnliches vorkehren muss. Derartige Aufgaben fallen ihm nur dann zu, wenn absehbar ist, dass er die Liegenschaft während einer längeren Zeit verwalten wird, er also als Dauer-Willensvollstrecker (Art. 517–518 N 176 f.) tätig ist (vgl. den Fall PKG 2008 Nr. 3 E. 4 S. 24 ff. [ZF 08 21/25; KGer.]: Die Überprüfung der Versicherungsdeckung [Gebäudehaftpflicht] gehört nicht zu den Aufgaben des Abwicklungs-Willensvollstreckers). 179

c) Grundsätzlich nicht zu den Aufgaben des Willensvollstreckers gehören in der Regel **Neu-, Um- und Anbauten** (EGVSZ 1979 S. 76 E. 6 [RK]: Kanalisationsanschluss; SGVP 3/1928–43 Nr. 333 S. 203 = ZBGR 15/1934 Nr. 65 S. 176 f. = ZBl. 35/1934 S. 384 [RR]: Renovation und Umbau einer Liegenschaft; BREITSCHMID, Stellung des Willensvollstreckers, S. 125), diese erfordern in der Regel die Zustimmung aller Erben (WALTER, S. 203), es sei denn, es liege ausnahmsweise eine Dringlichkeit vor (LGVE 1979 III Nr 21 E. 6 S. 10: Baugesuch für den Wiederaufbau eines abgebrannten Gebäudes) oder ein im Bau befindliches Haus müsse fertiggestellt werden (WALTER, S. 203). Wenn sich ein unüberbautes Grundstück im Nachlass befindet, ist es grundsätzlich nicht die Aufgabe des Willensvollstreckers, dieses zur Baureife zu bringen (und damit aufwerten), es sei denn, er ist langfristig (als Dauer-Willensvollstrecker – Art. 517–518 N 176 f.) tätig. Wenn nur einzelne Erben das Grundstück nach der Erbteilung überbauen, muss der dabei erzielte Gewinn nicht unter den Erben aufgeteilt werden, sondern fällt denjenigen Erben zu, welche das Risiko der Überbauung auf sich nehmen. 180

d) Zur Beteiligung an **Verwaltungsverfahren** (wie Zonenplanänderung) vgl. Art. 517–518 N 130. 181

182 e) Zur Verwaltung von Liegenschaften gehören auch alle Geschäfte im Zusammenhang mit **Pachtverträgen** inkl. deren Kündigung (BGE 125 III 219 E. 1d S. 222 = JdT 148/2000 I S. 261 = SJ 121/1999 I S. 411 = SJZ 95/1999 Nr. 28 S. 384 = DDB 2000 S. 43).

183 f) Wenn sich im Nachlass eine Wohnung im **Stockwerkeigentum** befindet, gehört es zu den Aufgaben des Willensvollstreckers, an den Versammlungen der Eigentümer teilzunehmen (WALTER, S. 205).

5. Weiterführung von Unternehmen

a. Juristische Person

184 a) Der Bestand einer juristischen Person wird durch den Tod des Erblassers nicht beeinträchtigt, ob dieser nun deren (teilweiser oder vollständiger) Eigentümer oder Organ ist (MEIER-HAYOZ/FORSTMOSER, § 2 N 8). Die Erben erlangen das Eigentum an den **Anteilen des Erblassers** (Art. 517–518 N 73) und der Willensvollstrecker hat Anspruch auf deren Besitz (Art. 517–518 N 80 ff.). Bei Inhaberaktien ergibt sich die Stimmberechtigung des Willensvollstreckers aus dem Besitz, bei Namenaktien aus seiner exklusiven (Art. 517–518 N 200 und N 209) Vertretungs- und Verfügungsmacht (WETZEL, FN 585), wobei anstelle des Erblassers die Erben als Eigentümer ins Aktienregister einzutragen sind (BRACHER, S. 80 f.). Wenn der Willensvollstrecker selbst auch Aktionär ist, kann dies ebenso zu einer Interessenkollision führen (WETZEL, N 381), wie wenn er gleichzeitig Verwaltungsrat der juristischen Person ist (BREITSCHMID, AJP 5/1996 S. 91: Das OGer. ZH tolerierte in einem Fall, dass der Willensvollstrecker zugleich Verwaltungsratspräsident einer [zum Nachlass gehörenden] Firmengruppe war, bis über den Eintritt der Söhne in die Firma entschieden wurde; weiter vgl. allgemein Art. 517–518 N 7 ff.).

185 b) Der **Willensvollstrecker** beteiligt sich an der Willensbildung der juristischen Person, er **übt** insbesondere **die Stimmrechte der Erben aus** (BGer. C 171/1967 vom 8. Februar 1968 [unveröffentlicht], S. 11 E. 4; Rep. 109/1976 S. 229 [Civ.]; BSK-KARRER, Art. 518 N 32) und nimmt in diesem Rahmen auch die Kontrollrechte wahr (ebenso [für das BGB] BB 14/1959 S. 911 = DB 12/1959 S. 911 = GmbH-Rdsch. 50/1959 S. 256 = MDR 13/1959 S. 921 Nr. 25 = NJW 12/1959 S. 1820 Nr. 3 = VersR 10/1959 S. 720 [BGH]: Kontrolle der Verwaltung einer GmbH durch den Testamentsvollstrecker). Bei der Entlastung des Erblassers als Verwaltungsrat darf der Willensvollstrecker (wie die Erben allgemein, vgl. BGE 118 II 496) ebenso nicht stimmen wie bei der Entlastung eines Erben (für die Erben allgemein vgl. BGE 118 II 496) (BERLA, S. 34 f.). Bei einer beherrschenden Beteiligung kann der Willensvollstrecker mit Hilfe seines Stimmrechts die Verwaltung und damit auch die

Geschäftsführung bestimmen (DRUEY, SJZ 74/1978 S. 343: «eine geeignete Persönlichkeit in den Verwaltungsrat ... berufen»; BSK-KARRER, Art. 518 N 32). Der Willensvollstrecker hat gemäss den letztwilligen Anordnungen des Erblassers zu stimmen. Dabei handelt es sich nicht um eine an den Willensvollstrecker gerichtete Auflage, weil dieser «keine eigenen Vermögensrechte am Nachlass» (BGE 81 II 22 E. 7 S. 31 = JdT 103/1955 I S. 590) hat, sondern um eine Weisung (Art. 517–518 N 93). Wenn allerdings ein öffentliches Inventar aufgenommen wird, entscheidet die zuständige Behörde (und nicht der Willensvollstrecker) über die Weiterführung des Betriebs (ZR 54/1955 Nr. 32 S. 80 = ZBGR 28/1957 Nr. 40 S. 208; Art. 585). Soweit Anweisungen des Erblassers fehlen, hat sich der Willensvollstrecker bei der Ausübung des Stimmrechts nach den Interessen der Erben zu richten.

c) Der Pflichtteil (Art. 471) hindert den Erblasser nicht daran, dem Willensvollstrecker die Weisung zu erteilen, mit Hilfe seines Stimmrechts **die Unternehmensleitung** (Verwaltung und/oder Geschäftsführung) einem einzelnen Erben **zu übertragen,** während andere Erben übergangen werden, weil es sich nicht um eine vermögensrechtliche Anordnung handelt (DRUEY, SJZ 74/1978 S. 341: «Denn der Erbe soll nur Vermögensanteil, nicht aber Leitungsmacht beanspruchen können»; HERZOG, S. 193 weist darauf hin, dass Stimmrechtsaktien einen höheren Wert haben als Stammaktien [Paketzuschlag]). Wenn der Erblasser den Nachfolger nur durch Eigenschaften und nicht namentlich bestimmt, ist dies nur zulässig, wenn der Nachfolger im Einzelfall objektiv bestimmt werden kann (DRUEY, SJZ 74/1978 S. 343: Es ist zulässig, die Unternehmensleitung «dem ausbildungsmässig und charakterlich geeignetsten Sohn» zu überlassen; PIOTET, SPR IV/1, § 16 II 2; PICENONI, ZBGR 50/1969 S. 167), denn der Grundsatz der materiellen Höchstpersönlichkeit letztwilliger Verfügungen (vgl. dazu DRUEY, Grundriss, § 8 N 23 ff.; BK-TUOR, Vorbem. zu Art. 467–469 N 5 f.; ZK-ESCHER, Vorbem. zu Art. 467–469 N 4) muss gewahrt bleiben. Der Erblasser kann grundsätzlich auch den Willensvollstrecker für die Unternehmensleitung vorsehen, aber dadurch können Interessenkonflikte entstehen, welche zur Absetzung des Willensvollstreckers führen, wenn sie sich materialisieren (Art. 517–518 N 7 ff. und N 454). Ohne Weisung des Erblassers ist eine Übernahme der Unternehmensleitung durch den Willensvollstrecker noch problematischer, weil eine mögliche Interessenkollision nun von ihm herbeigeführt wurde (vgl. dazu allgemein Art. 517–518 N 454; nach BGHZ 51 S. 209 = DNotZ 20/1969 Nr. 4 S. 381 = MDR 23/1969 Nr. 8 S. 373 = NJW 22/1969 Nr. 6 S. 841 kann die Wahl des Testamentsvollstreckers wegen Selbstkontrahierens unzulässig sein, wenn weder ein Auftrag des Erblassers noch eine Ermächtigung der Erben vorliegt). Soweit eine konkrete Nachfolgeplanung fehlt, hat sich der Willensvollstrecker nach den Interessen der Erben zu richten. Die Bestimmung der Verwaltung und Geschäftsführung durch den Willensvollstrecker wird in der Regel nicht auf längere Dauer vorgenommen, sondern ist vorübergehender Natur, weil eine Dauervollstreckung voraussetzt, dass (1) keine Pflichtteile verletzt sind, (2) der Willensvollstrecker auf Dauer bestellt wird und (3) der Willensvollstrecker Bestand hat, zum Beispiel selbst eine juristische Person ist (die früher andere Rechtslage gemäss § 2306 BGB [FUHRMANN, S. 65 ff.] wurde per 1.1.2010 dem schweizerischen Recht angeglichen).

187 d) Der Willensvollstrecker hat für die Erben(gemeinschaft) **Prozesse** über Verantwortlichkeitsansprüche **fortzuführen,** welche auf die Tätigkeit des Erblassers für eine juristische Person zurückgehen (vgl. den Sachverhalt von BGE 99 II 176). Wenn die Klage erst nach dem Ableben des Erblassers eingereicht wird, haben Gläubiger die Möglichkeit, die Erben auch einzeln zu belangen (BGE 123 III 89 E. 3e S. 94 f.), denn diese haften persönlich und solidarisch für Erbschaftsschulden (Art. 603 Abs. 1; BGE 131 III 49 E. 2.2 S. 52: «Schulden des Erblassers werden zu persönlichen Schulden der Erben»).

b. Personengesellschaft

188 a) Eine Personengesellschaft wird weitergeführt, wenn die Fortsetzung im Gesellschaftsvertrag vorgesehen ist (Art. 545 Abs. 1 Ziff. 2, Art. 574 Abs. 1 und Art. 619 Abs. 1 OR), und zwar durch eine Eintrittsklausel, eine Nachfolgeklausel oder eine Konversionsklausel (HAUSHEER, Erbrechtliche Probleme, S. 104 ff.). Eine **einfache Nachfolgeklausel** sieht vor, dass die (alle) Erben an die Stelle des Erblassers treten. In diesem Fall übt der Willensvollstrecker die gesellschaftlichen Mitwirkungsrechte für die Erben aus (BREITSCHMID, Stellung des Willensvollstreckers, S. 136), bis diese im Rahmen der Erbteilung auf die Erben übertragen werden. Da die Erben für die Handlungen des Willensvollstreckers – anders als im deutschen Recht (§ 2206 BGB; STAUDINGER-REIMANN, § 2206 BGB Rn. 17) – (voll) haften (Art. 517–518 N 449), führt die Fortsetzung einer Kollektivgesellschaft nicht zu einer Kommanditgesellschaft (HAUSHEER, Erbrechtliche Probleme, S. 144 f.).

189 b) Bei einer **qualifizierten Nachfolgeklausel** treten einzelne Erben die Nachfolge des Erblassers an (BSK-STAEHELIN, Art. 545/546 OR N 10). Dieser Übergang ist umstritten: Nach der herrschenden Ansicht kann man bei der Vererbung einer Gesellschafterstellung die Erbengemeinschaft nicht umgehen (ZBJV 76/1940 S. 146 ff. [AppH BE]; MEIER-HAYOZ/FORSTMOSER, § 1 N 16 und § 3 N 32; ZOBL, Änderungen, S. 199: Die qualifizierte Nachfolgeklausel ist «wegen ihres rechtlich unmöglichen Inhaltes nach Art. 20 OR nichtig»). Wenn man dieser Ansicht folgt, übt der Willensvollstrecker die gleichen gesellschaftsrechtlichen Mitwirkungsrechte aus wie bei der einfachen Nachfolgeklausel (Art. 517–518 N 188). Nach anderer Meinung findet aber eine Singularsukzession ausserhalb des Erbrechts statt (SCHAUB, SAG 56/1984 S. 27: Rechtsgeschäft unter Lebenden; PFÄFFLI, ZBGR 72/1991 S. 327: «nicht ein erbrechtlicher, sondern ein gesellschaftsrechtlicher Vorgang») mit der Folge, dass dieser Übergang ohne Mitwirkung des Willensvollstreckers durchgeführt wird.

c) Die **Weiterführung der Personengesellschaft** kann auch **nachträglich** (mit den übrigen Gesellschaftern) **vereinbart** werden (BSK-STAEHELIN, Art. 545/546 OR N 11 und Art. 576 OR N 3). Der Willensvollstrecker hat sich (im Rahmen der Vorbereitung der Erbteilung – Art. 517–518 N 281 ff.) um eine solche Fortführungsvereinbarung (mit einem, mehreren oder allen Erben) zu bemühen, wenn die Erben dies wünschen. Wenn keine Nachfolgeklausel oder Zustimmung der Gesellschafter vorliegt, bildet Art. 584 OR i.V.m. Art. 518 die Grundlage für den Willensvollstrecker, um **gesellschaftsrechtliche Handlungen** vorzunehmen; diese Bestimmung ist nach Art. 619 Abs. 1 OR auch für die Kommanditgesellschaft anwendbar (WETZEL, N 372 f.).

190

c. Einzelfirma

a) Der **Willensvollstrecker hat die Einzelfirma des Erblassers vorläufig fortzuführen** (HAUSHEER, Erbrechtliche Probleme, S. 78 f.: «In der Literatur wird es offenbar als selbstverständlich angesehen, dass sich die Erbschaftsverwaltung durch den Willensvollstrecker insbesondere auch auf die Fortführung der Unternehmung bezieht. Dies trifft zweifellos und ohne weitere Bedenken dort zu, wo der Willensvollstrecker innert tunlicher Frist die Erbschaftsteilung durchzuführen hat und wo die sofortige Liquidation einer Nachlassunternehmung eine wesentliche Werteinbusse der Erbschaft verursachen würde»; BERLA, S. 35 f.: «Beispielsweise wird er für ein Geschäft den Einkauf und den Verkauf besorgen, Mietverträge abschliessen oder auslösen; er wird Angestellte einstellen oder Dienstverhältnisse kündigen, wenn dies für den Geschäftsbetrieb sich als notwendig erweist»). Der Willensvollstrecker soll den Wert des Geschäfts erhalten, bis über dessen weiteres Schicksal entschieden ist, weil dies zur Verwaltung der Erbschaft (Art. 517–518 N 92 ff.) gehört. Dies gilt, obwohl die Fortführung problematisch ist, denn sie kann mit relativ weitreichenden Geschäften verbunden sein (ZBGR 69/1988 Nr. 1 S. 16 [OGer. ZH], wo allerdings ein Erbenvertreter handelte: Beschaffung eines Tankwagens für eine Brennstoffhandlung) und die Erben dafür persönlich und unbeschränkt (ZK-ESCHER, Art. 518 N 13 [wo allerdings von Erbschafts- statt von Erbgangsschulden gesprochen wird]) und solidarisch haften (ZK-ESCHER, Art. 603 N 2 ff.; WETZEL, N 375). Der Willensvollstrecker sollte im Gespräch mit den Erben möglichst bald abklären, ob diese (im Rahmen der Erbteilung) die Weiterführung planen oder das Geschäft liquidieren wollen. Wenn die Einzelfirma über längere Zeit fortgeführt wird, entsteht daraus eine Kollektivgesellschaft (HAUSHEER, Erbrechtliche Probleme, S. 26).

191

b) Anders ist die Rechtslage im BGB, wo die Handlungen des Testamentsvollstreckers nur Nachlassschulden begründen (§ 2206 BGB) und insbesondere die Haftung für Erbgangsschulden beschränkt werden kann (Art. 517–518 N 188). Weil das Gesetz die Einzelfirma mit beschränkter Haftung nicht vorsieht, darf der Testaments-

192

vollstrecker Einzelfirmen nicht weiterführen (RGZ 132, 138 S. 144; STAUDINGER-REIMANN, § 2205 BGB Rn. 91 m.w.N). Die Erben können ihre Haftung auch im schweizerischen Recht begrenzen, indem sie die **Aufnahme eines Inventars** (Art. 580 Abs. 1) verlangen (MUSCHELER, S. 75 f.). Dadurch wird die **Weiterführung der Einzelfirma durch den Willensvollstrecker eingeschränkt.** Die Annahme unter Inventar (Art. 588 Abs. 1) beschränkt die Haftung auf die vom Erblasser begründeten und die noch während der Inventaraufnahme angefallenen Schulden (HAUSHEER, Erbrechtliche Probleme, S. 76 f.), für die Erbgangsschulden, welche hier in Frage stehen, kann die Haftung aber nicht eingeschränkt werden (Art. 517–518 N 502). Während der Inventaraufnahme bedarf die Fortführung des Geschäfts einer behördlichen Bewilligung, diese steht also nicht in der Kompetenz des Willensvollstreckers (ZK-ESCHER, Art. 585 N 7; HAUSHEER, Erbrechtliche Probleme, S. 77). Wenn die Monatsfrist, innert welcher die Inventaraufnahme verlangt werden kann (Art. 580 Abs. 2), verpasst wird, können die Erben die Weiterführung der Einzefirma nur noch verhindern, indem sie dem Willensvollstrecker (einstimmig) die Weiterführung untersagen (das ergibt sich aus der Regel, dass der Willensvollstrecker an Teilungsvereinbarungen der Erben gebunden ist [vgl. dazu Art. 517–518 N 310) oder (einzeln) indem sie die Aufsichtsbehörde anrufen (vgl. dazu Art. 517–518 N 515 ff.).

193   c) Die Erben können ihre Haftung für Erbschafts- und Erbgangsschulden ausschliessen, indem sie eine **amtliche Liquidation** verlangen (Art. 593 Abs. 2). Die Durchführung einer amtlichen Liquidation **verhindert eine Weiterführung der Einzelfirma durch den Willensvollstrecker,** seine gesamte Tätigkeit wird bis zum Abschluss der amtlichen Liquidation suspendiert (HUX, S. 158).

E. Fähigkeiten des Willensvollstreckers

1. Grundlagen

194   a) Ähnlich wie bei den Organen von juristischen Personen Statuten und Gesetz zusammenwirken, ergeben sich die materiellen Fähigkeiten des Willensvollstreckers aus der **letztwilligen Verfügung** und aus dem **Gesetz** (Art. 518; BGE 90 II 376 E. 2 S. 381 = JdT 113/1965 I S. 340 = Pra. 54/1965 Nr. 36 S. 119: «Auch BGE 66 II 150 geht übrigens davon aus, dass der Willensvollstrecker seine Befugnisse aus dem letzten Willen des Erblassers ableitet»; SJ 61/1939 S. 461 [Civ.]: «c'est le de cujus qui fixe l'étendue des pouvoirs de l'exécuteur testamentaire»; SGVP 3/1928–43 Nr. 333 S. 203 = ZBGR 15/1934 Nr. 65 S. 176 = ZBl. 35/1934 S. 383 [RR]: «Die Befugnisse des Willensvollstreckers ergeben sich primär aus dem Willen des Erblassers, sekundär aus den gesetzlichen Vorschriften»; GUINAND, ZBGR 57/1976 S. 322 f.; ZK-ESCHER, Vorbem. zu Art. 517–518 N 6).

b) Wenn der Erblasser den Wirkungskreis des Willensvollstreckers in der letztwilligen Verfügung nicht beschränkt hat, ist er **Generalexekutor** (LGVE 1988 I Nr. 6 E. 4b S. 9 [JK]; PKG 1969 Nr. 3 S. 20 [ZF 13/68; KGer.]: Wenn der Erblasser keine Einschränkungen macht, darf eine Generalvollmacht vermutet werden; weiter vgl. Art. 517–518 N 60 und N 99). Die Fähigkeiten des Willensvollstreckers bestehen (zeitlich), bis die Teilung abgeschlossen ist (BN 51/1990 Nr. 15 S. 116 [DI AG]) bzw. sein Auftrag endet (Art. 517–518 N 376 ff.). 195

c) Wenn der Erblasser dem Willensvollstrecker in der letztwilligen Verfügung einzelne Aufgaben zuweist, ist dieser ein **Spezialexekutor** (vgl. dazu Art. 517–518 N 94). Denkbar sind Einschränkungen nach Objekt (Beispiele: Verwaltung des Vermögens, das sich in der Schweiz befindet, Vollstreckung eines Vermächtnisses oder einer Auflage, Bezahlung bestimmter Schulden usw.), nach dem Inhalt (Beispiele: Nur Verwaltung, nur Teilung, nur Beratung usw.) oder nach der Dauer (Beispiele: nur 1 Jahr, Verlängerung mit Bewilligung des Gerichts) (PIOTET, SPR IV/1, § 24 IV A 1 und 2; PICENONI, ZBGR 50/1969 S. 166). 196

d) Die Fähigkeiten des Willensvollstreckers **erstrecken sich** grundsätzlich **auch auf Vermögen im Ausland** (ZR 78/1979 Nr. 4 E. 2 S. 6 f. [VK]: Erbschaftsverwalter). Ein Tätigwerden des Willensvollstreckers im Ausland ist allerdings häufig mit Einschränkungen verbunden, weil das lokale Recht dem Willensvollstrecker geringere Fähigkeiten einräumt (VPB 45/1981 Nr. 55 E. 5 S. 318 = ZBGR 65/1984 Nr. 51 S. 303 [BJ]: «... les pouvoirs de l'exécuteur testamentaire ne pourront pas avoir une durée supérieure à celle qu'indique, avec les prorogations possibles, le Code civil espagnol»; ZR 78/1979 Nr. 4 E. 2 S. 6 [VK]: «Die Durchsetzung dieser Ordnung findet selbstverständlich ihre Grenzen an der Regelung eines ausländischen Staates, der für das auf seinem Gebiet befindliche Nachlassvermögen eine der schweizerischen Regelung entgegenstehende Ordnung (sc. des Internationalen Privatrechts) vorsieht»; zu Einzelheiten vgl. Vorbem. zu Art. 517–518 N 85 ff.). Ähnlich ist die Tätigkeit ausländischer Willensvollstrecker in der Schweiz (BUCHER, SJ 111/1989 S. 469: Der ausländische Willensvollstrecker untersteht grundsätzlich dem [ausländischen] Recht, seine Stellung muss aber bei einem Tätigwerden in der Schweiz allenfalls der schweizerischen Rechtsordnung angepasst werden; zu Einzelheiten vgl. Vorbem. zu Art. 517–518 N 106 ff.). 197

2. Verfügungsmacht

a) **Vorbemerkung:** Damit Verfügungsgeschäfte des Willensvollstreckers für die Erben wirken, muss der Willensvollstrecker Verfügungsmacht haben (BGE 61 I 382 S. 383 = JdT 84/1936 I S. 202 E. 1 [«pouvoir de disposer»] und S. 518 [«pouvoir d'effectuer des ventes»] = Pra. 25/1936 Nr. 6 S. 19 = SJ 58/1936 S. 543 = ZBGR 17/1936 Nr. 64 S. 149; RIEMER, recht 16/1998 S. 24: «Verfü- 198 gungsmacht»; Art. 517–518 N 199–204) und er kann im eigenen Namen handeln (Art. 517–518 N 206). Diese Regeln ergeben sich aus der analogen Anwendung des Stellvertretungsrechts (Art. 32–40 OR) (ZÄCH, Vorbem. zu Art. 32–40 OR N 51 und 110; vgl. dazu Vorbem. zu Art. 517–518 N 63).

199 b) In der Literatur wird häufig nur von der Vertretungsmacht des Willensvollstreckers gesprochen und die Verfügungsmacht gar nicht erwähnt (ZBGR 25/1944 Nr. 61 S. 210 [JD AG]). Zudem ist die Rede davon, dass der Willensvollstrecker ein Recht auf Verfügung habe (ZK-ESCHER, Vorbem. zu Art. 517–518 N 6; JOST, Fragen, N 6: «dingliches ... Verfügungsrecht des Vollstreckers»), ein dingliches Recht sui generis (LGVE 1979 III Nr. 21 E. 6 S. 41 [RR]: eigene dingliche Rechte; ZBGR 27/1946 Nr. 19 S. 30 f. [JD AG]) oder ein eigenständiges Recht (PIOTET, SPR IV/1, § 24 I.) besitze. Die Verfügungsmacht ist aber kein Recht, sondern die **Fähigkeit**, zu verfügen (vgl. dazu allgemein KUNZ, S. 13: Verfügungsmacht ist «ein konkretes rechtliches Können»; das Bundesgericht führt in BGE 93 I 194 E. 2 S. 197 im Zusammenhang mit der Umsatzsteuer aus: Verfügungsmacht liegt vor, wenn jemand «in den Stand gesetzt wird, im eigenen Namen über eine Ware zu verfügen»). Die Verfügungsmacht des Willensvollstreckers ist **gesetzlicher Natur.** Selbst der Erblasser kann sie nicht vollständig ausschliessen (BGer. 5P.166/2004 vom 24. Juni 2004 E. 4.1 = SJ 127/2005 I S. 60: Der Erblasser kann keinen Mietvertrag über ein Schrankfach bei der Bank abschliessen, in welchem er die Erben und den Willensvollstrecker vollständig ausschliesst).

200 c) Die **Verfügungsmacht des Willensvollstreckers** ist in dem Sinne **exklusiv**, als sie die Fähigkeit der Erben, über den Nachlass zu verfügen, einschränkt (BGE 118 Ia 41 E. 5 S. 44 = ASA 61/1992–93 Nr. 15 S. 615 = StR 47/1992 S. 322; ZBGR 27/1946 S. 289 E. 2: Kreisschreiben OGer. SO; PIOTET, SPR IV/1, § 24 I; BSK-KARRER, Art. 518 N 6; ABT, successio 2/2008 S. 259: «schliesst in wesentlichen Bereichen ein eigenes Handeln der Erben aus»; GUINAND, ZBGR 57/1976 S. 323: «droit exclusif»). Von der Exklusivität nicht tangiert sind etwa folgende Rechte der Erben: (1) Beantragung von Sicherungsmassregeln (Art 551 ff.; ZR 57/1958 Nr. 112 S. 268; dazu ist der Willensvollstrecker nur berechtigt, wenn er selbst betroffen ist, vgl. BGer. 5A_309/2009 vom 8. Juni 2010 E. 1.2.2: «à la condition qu'ils concernent sa désignation, sa position ou ses fonctions»); (2) Annahme/Ausschlagung der Erbschaft (ZR 83/1984 Nr. 15 Erw. 1b S. 47 f.); (3) Erhebung von Ungültigkeits- und Herabsetzungsklagen (RBOG 1939 Nr. 48 = SJZ 37/1940–41 Nr. 64 S. 333: «so muss die Herabsetzungseinrede auch dem Willensvollstrecker entgegengehalten werden können»); (4) freie Verfügung über den Erbteil (vgl. auch BGE 97 I 221 = JdT 121/1972 I S. 106: Verfügung über den Leichnam und Bestattungsfeier). Häufig überlässt der Willensvollstrecker den Erben gewisse Nachlassteile freiwillig (z.B. Mobilien).

d) Die **Verfügungsmacht** des Willensvollstreckers umfasst alle **Verfügungen, welche seine Aufgabe mit sich bringen kann** (BSK-KARRER, Art. 518 N 49: «Die externen Befugnisse des Willensvollstreckers sind ... grundsätzlich unbeschränkt»; GUINAND, ZBGR 57/1976 S. 332: «d'un point de vue externe, l'exécuteur testamentaire jouit en principe d'un pouvoir illimité de disposition»). In der Literatur ist umstritten, ob eine wirkliche Verfügungsmacht des Willensvollstreckers oder nur ein Rechtsschein vorhanden sei (zur Unterscheidung vgl. ZÄCH, Art. 33 OR N 128 ff.). PIOTET, SPR IV/1, § 24 III A, geht von einer Verfügungsmacht aus, wenn er schreibt, dass «die externen Befugnisse des Willensvollstreckers ... grundsätzlich unbeschränkt» sind. WEIMAR, S. 457, geht von einem Rechtsschein aus, wenn er ausführt, dass der Willensvollstrecker nicht mehr kann «als er darf». Für eine Verfügungsmacht (und gegen einen Rechtsschein) spricht die Tatsache, dass neben den gutgläubigen Dritten auch der Grundbuchverwalter sich nicht darum kümmern muss, ob der Willensvollstrecker innerhalb seiner Pflichten gehandelt hat (Art. 517–518 N 351). Das Bundesgericht hat sich in einem unveröffentlichten Entscheid (C 149/83 vom 20. Oktober 1983, S. 13 E. 4b [unveröffentlicht]) für die Verfügungsmacht ausgesprochen, wenn es ausführt: «Darauf, dass der Willensvollstrecker in Überschreitung der ihm testamentarisch eingeräumten Befugnisse und gegen den Willen einzelner Erben gehandelt hat, kann es ... im Verhältnis zu gutgläubigen Dritten aus Gründen der Rechtssicherheit und infolge der besonderen Stellung des Willensvollstreckers, die ihm auch dingliche Verfügungsmacht zuerkennt ... nicht ankommen» (weiter vgl. SGVP 3/1928–43 Nr. 434 S. 281 [BGer.]: «Ob er im einzelnen Falle pflichtgemäss handelt, ist eine andere Frage. Davon hängt jedoch die Verfügungsmacht nicht ab»; ZR 87/1988 Nr. 129 S. 308 [OGer.]: «umfassende Verfügungskompetenz»; LGVE 1988 I Nr. 6 E. 4a S. 9 [JK]: «Er weist diese Handlungsmacht mit seiner Eigenschaft als Willensvollstrecker nach, ungeachtet der Pflichtgemässheit seiner Verfügungen im Innenverhältnis zu den Erben»; ZGGVP 1983–84 S. 94 E. 2 [VGer.]: «Im externen Verhältnis sind die Befugnisse des Willensvollstreckers grundsätzlich unbeschränkt»).

201

e) Die (externe) **Verfügungsmacht des Willensvollstreckers umfasst insbesondere** folgende Geschäfte: (1) *Abtretung von Forderungen* (ZR 87/1988 Nr. 129 S. 308 [OGer.]; BERLA, S. 20, welcher daneben die Novation und Verrechnung nennt), (2) *Veräusserung von Grundstücken und Belastung von Grundstücken mit Hypotheken* (BGE 74 I 423 S. 424 = JdT 97/1949 I S. 359 = Pra. 38/1949 Nr. 19 S. 59 = ZBGR 30/1949 Nr. 20 S. 54; ZGGVP 1983–84 S. 94 [VGer.]; SGVP 3/1928–43 Nr. 434 S. 281 [BGer.]: «Die Handlungsmacht für Verfügungen über Gegenstände der Erbschaft ist dem Willensvollstrecker allgemein zuzuerkennen ... Gerade auch im grundbuchlichen Verkehr muss die Stellung des Willensvollstreckers ... genügen»; weiter vgl. den Sachverhalt in BGE 50 II 232 = ZR 24/1925 Nr. 1 S. 1 = ZBGR 6/1925 Nr. 25 S. 58 = ZBGR 6/1925 Nr. 10 S. 37 [OGer. ZH]: Löschung des Eigentums; BVR 9/1984 S. 238 E. 8 = BN 45/1984 Nr. 14 S. 416 [RS Bern]:

202

«Im Rahmen seines Auftrags ist der Willensvollstrecker ... befugt, über ein Grundstück zu verfügen»; Rep. 81/1948 S. 417 E. 1 = SJZ 45/1949 Nr. 145 S. 326 [Civ.]; BSK-KARRER, Art. 518 N 38; REY, recht 2/1984 S. 92). (3) *Grund- und Personaldienstbarkeiten von geringer Bedeutung* (wie Durchleitungsrechte) sowie Vormerkung von Mietverträgen, nicht aber andere dingliche Rechte (BIBER, S. 70 = ZBGR 86/2005 S. 16: Für «Belastungen von grösserer Auswirkung, wie dienstbarkeitsrechtliche Baubeschränkungen, Näherbaurechte und Nutzniessungsrechte oder die Vereinbarung und Vormerkung von Kaufsrechten und limitierten Vorkaufsrechten» ist die Mitwirkung der Erben erforderlich). (4) Ob der Willensvollstrecker (alleine) *Stockwerkeigentum* begründen kann, ist umstritten (verneinend: BGE 94 II 231 E. 4 f. S. 234 ff.; PIOTET, ZSR 113/1994 S. 208; bejahend: BREITSCHMID, Stellung des Willensvollstreckers, S. 153 f.). BIBER (S. 71 = ZBGR 86/2005 S. 16 f.) präzisiert, dass der Willensvollstrecker das Stockwerk jedenfalls dann allein begründen kann, wenn der Erblasser durch Teilungsvorschriften und die Bestimmung von Anrechnungswerten alle notwendigen Elemente selber bestimmt hat.

203 f) **Einschränkungen für die Verfügungsmacht des Willensvollstreckers** ergeben sich (1) aus der Praxis, dass *unentgeltliche Zuwendungen anfechtbar* sind (ZR 22/1923 Nr. 55 S. 104 [OGer.] und S. 105 [BGer.]; ZR 87/1988 Nr. 129 S. 308 [OGer.]). Kleine Beträge (wie übliche Trinkgelder) fallen nicht unter diese Regel (BSK-KARRER, Art. 518 N 47). Weitere Einschränkungen ergeben sich (2) aus Art. 596 Abs. 2 i.V.m. Art. 612 Abs. 3, wonach die Veräusserung von Grundstücken im Rahmen der Erbteilung auf dem Weg der öffentlichen Versteigerung zu erfolgen hat bzw. *der freihändige Verkauf der Zustimmung der Erben bedarf* (ZBGR 28/1947 Nr. 29 E. 2 S. 88 [KGer. SZ]; SJZ 33/1936–37 Nr. 82 S. 121 = ZBGR 17/1936 Nr. 58 S. 136 [JD SG]; ZBGR 16/1935 Nr. 16 S. 30 = VEB 4/1930 Nr. 50 S. 78 [JD]; ZR 16/1917 Nr. 88 S. 148 [RK]; nach ZBGR 29/1948 Nr. 2 S. 156 genügt es, wenn er Notar das Vorhandensein der Zustimmungen durch öffentliche Urkunde bestätigt). Wenn der Erlös einer veräusserten Liegenschaft allerdings zur Deckung von Schulden oder zur Ausrichtung von Vermächtnissen benötigt wird, kann der Willensvollstrecker frei über die Art und Weise der Veräusserung entscheiden (BGE 74 I 423 S. 424 = JdT 97/1949 I S. 359 = Pra. 38/1949 Nr. 19 S. 59 = ZBGR 30/1949 Nr. 20 S. 54: Die Veräusserung durch den Willensvollstrecker ist «seinem Gutfinden anheimgegeben» und nicht von Art. 596 Abs. 2 [Zustimmung aller Erben] beherrscht). Einschränkungen ergeben sich (3) aus den Bestimmungen über das *bäuerliche Bodenrecht* (die früher geltenden Art. 619 ff. wurden ersetzt durch BG vom 4. Oktober 1991 über das bäuerliche Bodenrecht [BGBB – SR 211.412.11 – AS 1993, 1410]), insbesondere Art. 11 ff. (4) Eine allgemeine Schranke bildet das *Beschwerderecht der Erben* bei der Aufsichtsbehörde (Art. 518 Abs. 1 i.V.m. Art. 595; AUBERT/HAISSLY/TERRACINA, SJZ 92/1996 S. 143; Art. 517–518 N 519), welche eine vom Willensvollstrecker beabsichtigte

Verfügung damit verhindern können (Rep. 100/1967 S. 173 E. 4a [DG]; Rep. 81/1948 S. 418 E. 2 [Civ.]). Einschränkungen ergeben sich (5) aus der Anordnung einer *Erbschaftsverwaltung* (Art. 554) oder einer *amtlichen Liquidation* (Art. 595; WILLENEGGER, S. 55): Seine Verfügungsmacht ruht bis zum Abschluss dieser Massnahmen (BSK-KARRER, Art. 554 N 24 f.; HUX, S. 158; Art. 517–518 N 118 und N 123). Keine Beschränkung geht dagegen vom Vormund eines Erben (SJZ 24/1927–28 Nr. 19 S. 22 = ZBGR 13/1932 Nr. 14 S. 72 [JD ZH]) oder von den Erbschaftsbehörden aus (SGVP 3/1928–43 Nr. 701 S. 505 [RR]: Das Bezirksamt kann die Veräusserung von Nachlassgegenständen nicht von seiner Mitwirkung abhängig machen).

g) **Können und Dürfen müssen** – wie bei der Verpflichtung (Art. 517–518 N 212 f.) – nicht übereinstimmen (BGE 61 I 382 S. 383 = JdT 84/1936 I S. 202 E. 1 = Pra. 25/1936 Nr. 6 S. 19 = ZBGR 17/1936 Nr. 64 S. 147; BSK-KARRER, Art. 518 N 49: Interne und externe Befugnisse). Das Dürfen wird in der (internen) **Verfügungsbefugnis** umschrieben, welche häufig einen geringeren Umfang aufweist als die Verfügungsmacht (Art. 517–518 N 199–203): (1) Beschränkungen der Verfügungsbefugnis sind häufig auf *testamentarische Anordnungen* zurückzuführen (Rep. 106/1973 S. 97 [Civ.]; BSK-KARRER, Art. 518 N 47; PICENONI, ZBGR 50/1969 S. 167). (2) Die Verfügungsbefugnis wird sodann durch *gesetzliche Pflichten des Willensvollstreckers* eingeschränkt, *welche nur im Einzelfall bestimmt werden können*, den Dritten also nicht im Einzelnen bekannt sein müssen. Der Willensvollstrecker darf zum Beispiel nicht einfach alle Aktiven liquidieren, sondern nur so viele, als er zur Verwaltung und Vorbereitung der Teilung benötigt (Art. 610 Abs. 1 [Naturalteilung] und Art. 613 [Familienschriften und Erinnerungsstücke]; ZR 16/1917 Nr. 88 S. 148 [RK]: «Wenn z.B. ein Erbe ein Aktivum als solches zu übernehmen wünschte, so geht es, auch wenn die andern Erben sich mit ihm über den Preis nicht einigen können oder das Aktivum für sich beanspruchen, gewiss nicht an, dass der Testamentsvollstrecker dasselbe aus freier Hand an einen Dritten verkauft»). Dazu gehört aber auch das Prinzip der schonenden Rechtsausübung (BGE 108 II 535). (3) Die Verfügungsbefugnis wird weiter durch die – von den Erben verlangte – *Aufnahme eines öffentlichen Inventars* (Art. 580 ff.), durch eine *Ungültigkeits-* (Art. 519 ff.) oder *Herabsetzungsklage* (Art. 522 ff.) eingeschränkt: Während dieser Zeit darf der Willensvollstrecker nur die notwendigen Verwaltungshandlungen vornehmen (BGE 91 II 177 E. 3 S. 181 f. = JdT 114/1966 I S. 153 f. = Pra. 54/1955 Nr. 159 S. 475 = ZBGR 47/1966 Nr. 39 S. 178: Der Willensvollstrecker soll bei einer hängigen Ungültigkeitsklage «nur sichernde und sonstige zur ordentlichen Verwaltung gehörende Massnahmen treffen und Veräusserungen nur dann vornehmen, wenn dazu eine dringende Veranlassung besteht ...»).

h) **Gutgläubige Dritte** müssen sich Einschränkungen der Verfügungsbefugnis (Art. 517–518 N 204) – ähnlich wie bei der Vertretungsbefugnis (Art. 517–518

204

205

N 213) – nicht entgegenhalten lassen: «Verso l'esterno ... i poteri dell'esecutore testamentario sono invece ampi, tant'è vero che ogni atto da lui compiuto è, di principio, valido» (Rep. 116/1983 S. 54 E. 1 [Civ.]: Verfügungsmacht zum Verkauf eines Hauses gemäss den Anordnungen des Erblassers; für Mobilien vgl. Art. 714 Abs. 2; für Immobilien vgl. Art. 965 und BGE 61 I 382 = JdT 84/1936 I S. 200 = Pra. 25/1936 Nr. 6 S. 18 = ZBGR 17/1936 Nr. 20 S. 147). Ein Überschreiten der Verfügungsbefugnis führt zur Haftung des Willensvollstreckers (BGE 61 I 382 S. 383 = JdT 84/1936 I S. 202 E. 1 = Pra. 25/1936 Nr. 6 S. 19 = ZBGR 17/1936 Nr. 64 S. 149: «Der Willensvollstrecker handelt auf eigene Verantwortung»; zu Einzelheiten der Haftung vgl. Art. 517–518 N 421 ff.).

206 i) Soweit der Willensvollstrecker Verfügungen vornimmt und also seine Verfügungsmacht (Art. 517–518 N 199–203) – und nicht seine Vertretungsmacht – benützt, kann er **im eigenen Namen handeln** und dennoch Wirkungen für die Erben(gemeinschaft) herbeiführen (KÜNZLE, Anwendungsbereich, S. 165). In der Lehre wird häufig nur erwähnt, dass der Willensvollstrecker im eigenen Namen handeln könne, ohne aber auf die Verfügungen Bezug zu nehmen (etwa BK-TUOR, Vorbem. zu Art. 517–518 N 7), was unpräzis ist, weil der Willensvollstrecker Verpflichtungen in fremdem Namen vornimmt (Art. 517–518 N 214).

3. Vertretungsmacht

207 a) **Vorbemerkung:** Damit Verpflichtungsgeschäfte für die Erben wirken, muss der Willensvollstrecker Vertretungsmacht haben (Art. 517–518 N 208–210) und in fremdem Namen handeln (Art. 517–518 N 214). Die vom Willensvollstrecker abgeschlossenen Geschäfte wirken in erster Linie für das Nachlassvermögen (und nicht das Privatvermögen der Erben). Die Erben sind aber insofern direkt betroffen, als sie für Schulden des Nachlasses perönlich, unbeschränkt und solidarisch haften (die Haftung umfasst – entgegen dem zu engen deutschen Text von Art. 603 Abs. 1 [«Schulden des Erblassers»] und entsprechend dem italienischen Text [«debiti della successione»] – sowohl die Erbschaftsschulden als auch die Erbgangsschulden, vgl. BK-TUOR/PICENONI, Art. 603 N 7 f.; BSK-SCHAUFELBERGER/KELLER, Art. 603 N 7 f.; Art. 517–518 N 449). Diese Regeln ergeben sich aus analoger Anwendung des Stellvertretungsrechts (Art. 32–40 OR; ZÄCH, Vorbem. zu Art. 32–40 OR N 50 und 52; Vorbem. zu Art. 517–518 N 83).

208 b) Die Vertretungsmacht des Willensvollstreckers ist (wie die Verfügungsmacht – Art. 517–518 N 199) eine **Fähigkeit** und kein Recht (ZÄCH, Art. 33 OR N 29). Sie ist **gesetzlicher Natur,** kann aber vom Erblasser (in einer letztwilligen Verfügung) verkleinert oder vergrössert werden (DERRER, S. 10). Eine *Vergrösserung der Vertretungsmacht* wird höchst selten vorkommen, weil der Willensvollstrecker eine umfangreiche Vertretungsmacht besitzt (Art. 517–518 N 210). Denkbar ist zum

Beispiel, dass der Erblasser den Willensvollstrecker ermächtigt, ohne Mitwirkung der Erben (Art. 596 Abs. 2) ein Grundstück an einen Dritten zu verkaufen.

c) Die Vertretungsmacht ist in dem Sinne **exklusiv,** als sie die Erben, welche ohnehin nur gemeinsam (Art. 602 Abs. 2) oder durch einen gemeinsamen Vertreter (z.B. Art. 602 Abs. 3) handeln können, von denjenigen Geschäften ausschliesst, welche dem Willensvollstrecker zustehen (PKG 1962 Nr. 5 E. 1 S. 29 = ZBGR 45/1964 Nr. 5 S. 45 [ZF 6/62; KGer.]: «die Erben ausschliessende Vertretungsmacht»; ZBGR 19/1938 Nr. 36 S. 136 [JD AG]; SJZ 33/1936–37 Nr. 82 S. 121 = ZBGR 17/1936 Nr. 58 S. 136 [JD SG]: «seine Vertretungsmacht ist exklusiv»; BSK-KARRER, Art. 518 N 6). Es steht dem Willensvollstrecker dennoch frei, zu seiner eigenen Absicherung, die von ihm abgeschlossenen Verträge auch durch die Erben unterzeichnen zu lassen (vgl. dazu den Sachverhalt in Rep. 107/1974 S. 137 [Cass.]) und insofern *auf seine Exklusivität im Einzelfall zu verzichten.* Dies ist kein Grund, den Umfang der Vertretungsmacht des Willensvollstreckers einschränkend auszulegen (ZBGR 19/1938 Nr. 36 S. 137 [JD AG]). Vielmehr hat die Auslegung darauf zu achten, dass die Vertretungsmacht des Willensvollstreckers ein sinnvolles Ganzes bildet. *Von der Exklusivität* sind auch für kleinere, zur ordentlichen Verwaltung gehörende Geschäfte nicht *ausgenommen,* können also von einem einzelnen Erben nicht vorgenommen werden (LEIMGRUBER, S. 49 f.), wohl aber (1) Geschäfte im Zusammenhang mit dem Begräbnis (BGE 54 II 90 = JdT 76/1928 I S. 354 = Pra. 17/1928 Nr. 115 S. 345 = ZBGR 24/1943 Nr. 29 S. 105: «Auslagen für Leichenmahl und Grabstein»; BGE 54 II 90 E. 1 S. 92: «Wer eine Person, für die er unterstützungspflichtig war, bestatten lässt, handelt somit als Vertreter ihrer Erbschaft und kann sich aus dem Nachlass bezahlt machen») und (2) (sonstige) dringende Geschäfte (LEIMGRUBER, S. 50 ff.). (3) Vom Erblasser eingesetzte (gewillkürte) Vertreter haben nur noch eine Vollmacht, wenn diese über den Tod hinaus erteilt wurde (Art. 35 OR; zur postmortalen Vollmacht vgl. ZÄCH, Art. 35 OR N 46 ff.) und der Willensvollstrecker diese nicht widerrufen hat (Art. 34 OR; ZÄCH, Art. 35 OR N 72). Ihre Vollmacht wird zudem durch das Erbrecht beschränkt, weil gewisse Geschäfte dem Willensvollstrecker vorbehalten bleiben (BJM 1971 S. 182 [OGer. BL]: Der Vertreter kann die Erbteilung nicht durchführen; Zäch, Art. 35 OR N 57). An die Sorgfalt der Bank werden zudem hohe Anforderungen gestellt (BGer. 4C.234/1999 vom 12. Januar 2000 = SJ 122/2000 I 421 = Pra. 91/2002 Nr. 73 S. 420: Die Bank hat «die Interessen der Erben, die von einer Vollmacht an einen Dritten über den Tod hinaus keine Kenntnis haben, nach dem Vertrauensprinzip zu beurteilen ... Der gute Glaube einer Bank ist zu verneinen ..., wenn sie trotz verdächtiger, durch den Bevollmächtigten veranlasster Überweisungen des grössten Teils des Nachlasses keine Nachforschungen nach Erben tätigt»).

d) Die **Vertretungsmacht** des Willensvollstreckers umfasst (ähnlich wie diejenige von Organen) **alle Rechtshandlungen, welche diese Aufgabe mit sich bringen kann** (ZR 87/1988 Nr. 129 S. 308 [OGer.]: Umfassende Verwaltungskompetenz;

BSK-KARRER, Art. 518 N 34: «Verpflichtungsgeschäfte sind zulässig, wenn sie vom Erblasser angeordnet wurden oder zur Erfüllung der Aufgabe des Willensvollstreckers erforderlich sind», und Art. 518 N 49: «Die externen Befugnisse des Willensvollstreckers sind ... grundsätzlich unbeschränkt»). Wie bei der Verfügungsbefugnis (Art. 517–518 N 201) handelt es sich um eine gesetzliche Ermächtigung.

211 e) **Einschränkungen für die Vertretungsmacht des Willensvollstreckers** ergeben sich nicht durch die Art des Geschäfts, sondern durch die Aufgabe des Willensvollstreckers (gemeint ist die allgemeine [abstrakte] Aufgabe des Willensvollstreckers [Vorbem. zu Art. 517–518 N 1 ff.] und nicht die besondere [konkrete] im Einzelfall [Art. 517–518 N 93 ff.]).

212 f) Die **Vertretungsmacht des Willensvollstreckers,** sein Können, umfasst neben den aktiven Handlungen (Der Willensvollstrecker kann insbesondere Verträge abschliessen, vgl. dazu den Sachverhalt von BGE 121 III 118 = JdT 143/1995 I S. 274: Vertrag zur Übertragung des Rechts zur Vervielfältigung und Verbreitung von Dürrenmatts Werk ‹Midas›) auch passive, etwa die Entgegennahme von Bank-Korrespondenz (StE 2/1985 B.23.1 Nr. 3 [VGer. ZH]). Der Willensvollstrecker kann Vertreter bestellen. Die Vertretungsmacht wird beschränkt durch die (auch für den Willensvollstrecker geltenden) Missbrauchsregeln über das Selbstkontrahieren (PIOTET, SPR IV/1, § 24 III A; zulässige Geschäfte sind etwa: Kauf zu Markt- oder Börsenpreisen, Erwerb bei einer Versteigerung, Bezahlung einer Schuld, aber auch die Begleichung der Honorarforderung des Willensvollstreckers, sofern die Erben die Höhe der Schuld anerkannt haben; bei der analogen Anwendung von § 181 BGB zeigt sich, dass das Selbstkontrahierungsverbot stark gelockert werden muss, vgl. HAEGELE, Rpfleger 66/1958 S. 371 ff.) und die Doppelvertretung (ZR 91–92/1992–93 Nr. 64 E. IV.4.bβ S. 244 = ZBGR 76/1995 Nr. 33 S. 239 [OGer.]). Der Willensvollstrecker kann sich absichern, indem er bei kritischen Geschäften Konkurrenzofferten oder die Zustimmung aller Erben einholt (ZR 91–92/1992–93 Nr. 64 E. IV.4.bδ S. 244 = ZBGR 76/1995 Nr. 33 S. 239 [OGer.]). Von der Vertretungsmacht nicht gedeckt sind unerlaubte Handlungen, für welche der Willensvollstrecker – wie der Vertreter – persönlich einzustehen hat (JOST, Willensvollstrecker, N 93).

213 g) Die (interne) **Vertretungsbefugnis** des Willensvollstreckers, sein Dürfen, ist (eng) auf die letztwillig angeordneten oder im konkreten Fall notwendigen Geschäfte beschränkt. Weitere Beschränkungen ergeben sich – wie bei den Verfügungen (Art. 517–518 N 203) – aus der Aufnahme eines öffentlichen Inventars (Art. 580 ff.) und durch Ungültigkeits- (Art. 519 ff.) bzw. Herabsetzungsklagen (Art. 522 ff.). Überschreitet der Willensvollstrecker die Vertretungsbefugnis (Art. 33 OR wird [wegen der gesetzlichen Natur der Ermächtigung des Willensvollstreckers] analog angewendet, vgl. ZÄCH, Vorbem. zu Art. 32–40 OR N 44 und 50) oder miss-

braucht er die Vertretungsmacht (Art. 38 OR wird [wegen der gesetzlichen Natur der Ermächtigung des Willensvollstreckers] analog angewendet, vgl. ZÄCH, Vorbem. zu Art. 32–40 OR N 44 und 50), so kann dies gutgläubigen Dritten (ähnlich wie nach Art. 33 Abs. 3 bzw. Art. 34 Abs. 3 OR, vgl. ZÄCH, Art. 33 OR N 8 f.) nicht entgegengehalten werden (JOST, Fragen, N 51), aber er wird gegenüber den Erben schadenersatzpflichtig (Art. 517–518 N 421 ff.). Solche Handlungen können von den Erben bzw. vom Gericht genehmigt werden, und zwar mit rückwirkender Kraft (BGer. 2P.39/2007 vom 6. Juli 2007 E. 3: Wenn der Willensvollstrecker eine Liegenschaft 1994 gestützt auf eine alleine vom ihm unterzeichnete Teilungsrechnung [acte de partage] übertragen lässt und der Zivilrichter diese Übertragung 2004 bestätigt, wird der Grundstückgewinn nach dem Recht von 1994 bestimmt).

h) Wenn der Willensvollstrecker Verpflichtungen für die Erben begründen will, muss er **in fremdem Namen** (HOLENSTEIN, S. 111), also im Namen der Erben handeln (STRAEHL, S. 91). In der Praxis ist ein Handeln ‹als Willensvollstrecker im Nachlass X.› üblich (BGE 53 II 202 E. 4 S. 208 = JdT 75/1927 I S. 502 = Pra. 16/1927 Nr. 106 S. 307 = ZBGR 26/1945 Nr. 42 S. 152: «Erbschaft der Frl. Magdalena Müller, vertreten durch H. Ruef, Notar, Interlaken» [sc. den Erbschaftsverwalter]; HOLENSTEIN, S. 117: Handeln im Namen des Nachlasses ist Sammelname für die Erben). Dabei handelt es sich allerdings nur dann um ein Fremdhandeln, wenn die vertretenen Erben einzeln aufgeführt werden oder wenn sie wenigstens bestimmbar sind (ZÄCH, Art. 32 OR N 51: Stillschweigende Bestimmung des Vertretenen). Ansonsten liegt, trotz eines gewissen Fremdbezugs ein Handeln im eigenen Namen vor (Art. 517–518 N 206 und N 464). 214

F. Auskunft

1. Auskunftsrechte und -pflichten der Erben

a) Die **Erben** haben **gegenseitig** Auskunft zu erteilen über ihr Verhältnis zum Erblasser (Art. 610 Abs. 2). Von dieser Regel erfasst werden etwa Erbschaftssachen und Schulden gegenüber dem Erblasser (Art. 607 Abs. 3), aber auch güterrechtliche Ansprüche (BGE 127 III 396 E. 3 S. 402 = JdT 150/2002 I 305 = ZBGR 83/2002 Nr. 17 S. 175 und die Anmerkungen von HERZOG, ZBJV 137/2001 S. 679 f.). Ein Erbe darf nicht an die Bank verwiesen werden (BGE 127 III 396 E. 3 S. 402). 215

b) Diese Bestimmungen (Art. 517–518 N 215) führen in Verbindung mit Art. 518 auch zu einer Auskunftspflicht der Erben **gegenüber dem Willensvollstrecker** (BGE 90 II 365 E. 3b S. 372 f. = JdT 46/1965 I S. 330 = Pra. 54/1965 Nr. 19 S. 64; BGer. 5C.157/1993 vom 20. April 1994, abgedruckt bei BREITSCHMID, Stellung des Willensvollstreckers, S. 164 ff.; ZR 91–92/1992–93 Nr. 64 E. IV.3.f. 216

S. 242 [OGer.]; PKG 1962 Nr. 5 E. 1 S. 29 = ZBGR 45/1964 Nr. 5 S. 45 [ZF 6/62; KGer.]: Auskunft über Vorbezüge; ZR 66/1967 Nr. 92 E. 7 S. 177 [AK]; DRUEY, Information, S. 336 FN 57; DRUEY, BJM 1988 S. 120 f.; BSK-KARRER, Art. 518 N 18; BRÜCKNER/WEIBEL, S. 20). Die Erben haben auch über lebzeitige Vorgänge Auskunft zu erteilen (BGer. 5C. 157/1993 vom 20. April 1994 E. 2c, abgedruckt bei BREITSCHMID, Stellung des Willensvollstreckers, S. 166 f.: Auskunft über die Verwendung von 4,7 Mio. CHF, welche im Zeitraum von knapp 7 Jahren auf ein ‹Haushaltskonto› überwiesen wurden). Der Willensvollstrecker ist grundsätzlich auch dann auskunftsberechtigt, wenn seine Stellung bestritten ist (BRÜCKNER/ WEIBEL, S. 27).

2. Auskunftspflicht des Willensvollstreckers

a. Grundlage

217   a) Der Willensvollstrecker hat gegenüber den Erben eine Auskunftspflicht (BGE 90 II 365 E. 3b S. 373 = JdT 113/1965 I S. 330 f. = Pra. 54/1965 Nr. 19 S. 64; ABSH 1997 S. 146 f. E. 6 a) aa) [OGer.]: Versteigerung einer Liegenschaft; ZR 84/1985 Nr. 140 E. 3 S. 313 = BN 47/1986 Nr. 14 S. 332 [OGer.]; VJS 41/1941 Nr. 41 E. 2a S. 117 f. = ZBGR 26/1945 Nr. 9 S. 29 [OGer.]; DRUEY, BJM 1988 S. 120 f.). Die Auskunftspflicht des Willensvollstreckers stützt sich auf die gleichen Bestimmungen wie die Auskunftspflicht der Erben, nämlich **Art. 518 i.V.m. Art. 607 Abs. 3 und Art. 610 Abs. 2** (BGE 90 II 365 E. 1 S. 369 = JdT 113/1965 I S. 327 = Pra. 54/1965 Nr. 19 S. 62, wo allerdings auch Art. 517 einbezogen wird; BGer. 5C.276/2005 vom 14. Februar 2006 E. 2.5.2: Das eherechtliche Auskunftsrecht nach Art. 170 wird nach dem Tod eines Ehegatten durch das erbrechtliche Auskunftsrecht nach Art. 607 und Art. 610 ersetzt; DRUEY, BJM 1988 S. 132: «Die Grundlage ... liegt ... im Willensvollstreckeramt ...»; BSK-KARRER, Art. 518 N 17) sowie auf **Art. 400 OR** (Art. 400 OR kommt nur zur Anwendung, soweit die eigentliche Tätigkeit des Willensvollstreckers betroffen ist, vgl. ZR 55/1956 Nr. 12 S. 26 [OGer.]; HUX, S. 96 ff.). Jeder einzelne Erbe kann (einzeln) Auskunft verlangen (BK-FELLMANN, Art. 400 OR N 103; KLEINER/SCHWOB/WINZELER, Art. 47 BankG N 46). Auch provisorische Erben (welche über die Ausschlagung noch nicht entschieden haben), enterbte und testamentarisch ausgeschlossene gesetzliche Erben geniessen ein Auskunftsrecht (ZR 91–92/1992–93 Nr. 64 E. IV.3.a S. 239 [OGer.]), solange deren Status nicht endgültig geklärt ist (BREITSCHMID, Aufsicht, S. 174). Die Tatsache, dass die Erben zerstritten sind, befreit den Willensvollstrecker nicht von der Auskunftspflicht (BJM 2006 S. 309 E. 4.3 [AppGer. BS]). Die Auskunftspflicht ist verletzt, wenn der Willensvollstrecker eine Auskunft verweigert und einen Erben statt dessen an das Erbschaftsamt (BJM 1990 S. 86 E. 2a = ZBGR 73/1992 Nr. 1 S. 24 [AB BS]), an die übrigen Erben oder eine Bank verweist (BJM 2006, 309 E. 4.3

[AppGer. BS]). Grundsätzlich ist das Auskunftsrecht umfassend (BGE 82 II 555 E. 7 S. 567 = JdT 107/1959 I S. 137 = Pra. 46/1957 Nr. 4 S. 14). Mangelnde oder mangelhafte Auskünfte des Willensvollstreckers stellen eine Pflichtverletzung dar und können zu Schadenersatzansprüchen führen (DRUEY, BJM 1988 S. 119; Art. 517–518 N 421 ff.).

b) Wenn der Willensvollstrecker aber einem **Berufsgeheimnis** (etwa dem Anwalts-, Arzt-, Bank-, Notaren- oder Revisionsgeheimnis) untersteht, ist eine wichtige Unterscheidung vorzunehmen: Der Willensvollstrecker kann sich für Tatsachen, die ihm als Willensvollstrecker bekannt geworden sind, nicht auf das Berufsgeheimnis stützen, weil diese Tätigkeit nicht der Geheimhaltungspflicht untersteht (RJN 2005 S. 299 [AK]; ZR 66/1967 Nr. 92 E. 7 S. 177 [AK]; BISCHOF, STH 72/1998 S. 1148: Anwaltsgeheimnis). Wenn dem Willensvollstrecker dagegen Tatsachen aufgrund seiner früheren Tätigkeit als Anwalt des Erblassers bekannt sind, muss er diese grundsätzlich nicht offenbaren, weil der Erblasser sich auf die Vertraulichkeit verlassen können muss (RJN 2005 S. 299 [AK]) und die Erben (obwohl Rechtsnachfolger) nicht die neuen Geheimnisherren sind, welche den Rechtsanwalt von seinem Berufsgeheimnis befreien könnten (BGE 135 II 597 E. 3.3 S. 601 = 4A_15/2009; kritisch dazu die Anmerkungen von Iole Fargnoli in AJP 19/2010 S. 384 und Andrea Dorjee-Good in successio 4/2010 S. 305 f.; WITZIG, S. 65; Art. 517–518 N 9). Der Anwalt darf solche Informationen nur dann preisgeben, wenn ein höheres Interesse die Offenbarung verlangt. Ein solches liegt nach der Rechtsprechung vor, wenn es um die Aufklärung eines Tötungsdelikts am Erblasser geht (ZR 81/1982 Nr. 38 E. 2 S. 99 [AK]) oder wenn die gerechte Verteilung der Erbschaft in Frage steht (ZR 71/1972 Nr. 101 E. 2 S. 311 [AK]: Auskunftspflicht nach Art. 607 Abs. 3 und Art. 610 Abs. 2; weiter vgl. BSK-KARRER, Art. 518 N 17). Verneint wurde in der Vergangenheit ein höheres Interesse bei der Auskunft gegenüber der Steuerbehörde (ZR 71/1972 Nr. 101 E. 2 S. 311 [AK]). Es wird sich zeigen, ob die aktuelle Diskussion über Steuerfragen dazu führen wird, dass dieses Interesse künftig höher gewichtet wird. Wie bei den Banken (BGE 135 III 597 E. 3.1 S. 599 = 4A_15/2009 = successio 4/2010 S. 300 [Anm. Andrea Dorjee-Good] = AJP 19/2010 S. 380 [Anm. Iole Fargnoli]; Art. 517–518 N 226) gehören Vermögensdispositionen an sich zu denjenigen Informationen, welche den Erben gegenüber offenzulegen sind, während die hinter den Verfügungen (unter Lebenden oder von Todes wegen) stehenden Motive geheim gehalten werden müssen (RJN 2005 S. 299 [AK]: Das Geheimhaltungsinteresse der Erblasserin ist höher zu bewerten als das Interesse des überlebenden Ehemannes, der vom Rechtsanwalt und späteren Willensvollstrecker wissen möchte, weshalb es nicht zur Errichtung eines – zu seinen Gunsten lautenden – Testaments gekommen sei, obwohl die Erblasserin sich entsprechend beraten liess). Es sind zudem Fälle denkbar, in welchen das Auskunftsrecht eines einzelnen Erben eingeschränkt sein kann, etwa wenn eine Interessenkollision besteht (wenn der Erblasser z.B. mit einem seiner späteren Erben im Streit lag, etwa wegen einer früheren Erbschaft in der Familie). Nach BJM 2002 S. 281 (AK BS) ist die stillschweigende Einwilligung des Erblassers (zur Offenlegung der Informationen) zu vermuten, wenn der Erblasser seinen Anwalt zum Willensvollstrecker bestimmt (ebenso WITZIG, S. 66). Dies muss m.E. wie folgt differenziert werden: Die Erben haben ein Anrecht auf Offenlegung aller (früheren und heutigen) Vermögensverhältnisse, während persönliche Angaben weiter dem Berufsgeheimnis unterstehen und es auch bleiben, wenn ein Anwalt als Willensvollstrecker bestellt wird. Im Kanton Zürich wird es nicht als notwendig erachtet, dass die Aufsichtsbehörde den Anwalt im Falle der gerechten Erbteilung von der Schweigepflicht befreit (ZR 66/1967 Nr. 92 E. 8 S. 178 [AK]), die Entscheide in den Kantonen BS (BJM 2002 S. 278 [AK]) und NE (RJN 2005 S. 284 [AK]) zeigen aber, dass dies dennoch der übliche Weg ist.

b. Gegenstand der Auskunftspflicht

219   Gegenstand der Auskunftspflicht ist in erster Linie die **laufende Erbteilung** (vor allem Stand des Nachlasses, bisherige Tätigkeit des Willensvollstreckers) (SJ 104/1982 S. 382 [BGer.]: Auskunft über das Eigentum an Aktien, welche sich im Bankdepot der Erblasserin befinden; der Erbe kann zum Beispiel einen detaillierten Status sowie eine Abrechnung über die Aufwendungen und Erträge [insbesondere Zinsen] verlangen; bei länger dauernder Willensvollstreckung darf er eine jährliche Abrechnung erwarten, vgl. Art. 517–518 N 409; BSK-KARRER, Art. 518 N 17). Der Willensvollstrecker hat daneben aber auch (soweit möglich) Auskunft über Vorgänge vor dem Tod des Erblassers zu geben (BJM 2006 S. 308 E. 4.2 [AppGer. BS]). Die Auskunftspflicht erstreckt sich dagegen nicht auf den Inhalt des Testaments (MBVR 20/1922 Nr. 116 S. 301 = SJZ 19/1922–23 Nr. 93 S. 118 = ZBGR 22/1941 Nr. 6 S. 12 [RR]: «Das Testament wird vom Gemeinderat eröffnet und alle an der Erbschaft Beteiligten erhalten auf Kosten der Erbschaft eine Abschrift der eröffneten Verfügung, soweit diese sie angeht [Art. 558 ZGB]»). Der Inhalt des Testaments kann aber zu Mitteilungspflichten führen (BREITSCHMID, Stellung des Willensvollstreckers, S. 122: Der Willensvollstrecker hat die Erben «im Rahmen laufender Mandatsbetreuung [d.h.: solange die Klagefrist noch läuft!]» auf problematische Aspekte des Testaments hinzuweisen; vgl. dazu Art. 517–518 N 223 ff.).

c. Form der Auskunft

220   Der Willensvollstrecker hat die Auskunft zunächst **mündlich** zu erteilen (ZR 91–92/1992–93 Nr. 64 E. IV.3.d S. 241 [OGer.]). Soweit notwendig kann der Erbe auch weiter gehende Leistungen wie etwa die **Einsicht** verlangen (BGE 90 II 365 E. 3a S. 372 = JdT 113/1965 I S. 330 = Pra. 54/1965 Nr. 19 S. 64: «... die Vorlegung von Aktenstücken ist nichts anderes als eine besondere Art der

Auskunftserteilung»; ZR 84/1985 Nr. 140 E. 3 S. 313 [OGer.]; SJZ 61/1965 Nr. 140 S. 312 [RR LU]; ZR 55/1956 Nr. 12 S. 26 [OGer.]; WENGER, S. 67), um sich zum Beispiel ein Bild über den Wert von Nachlassgegenständen zu machen (SGVP 3/1928–43 Nr. 127 S. 83 [RR]: Krankenjournale und Kontobücher eines Arztes; WENGER, S. 67, weist darauf hin, dass geheim zu haltende Teile einer Urkunde abzudecken sind). Noch weiter gehend kann der Erbe die (entgeltliche) Abgabe von **Kopien** beanspruchen, um etwa in einem Konfliktfall dokumentiert zu sein (ZR 91–92/1992–93 Nr. 64 E. IV.3.d S. 241 [OGer.]; DRUEY, BJM 1988 S. 118; BSK-KARRER, Art. 518 N 17).

d. Verfahren

Der Anspruch der Erben auf Auskunft ist zivilrechtlicher Natur (BGE 82 II 555 E. 5 S. 565 = JdT 105/1957 I S. 135; ZR 91–92/1992–93 Nr. 46 E. 4a S. 179 [OGer.]) und **selbständig**, d.h., er kann «ohne Rücksicht auf eine allfällige künftige Prozessführung» (82 II 555 E. 4 S. 564 = JdT 107/1959 I S. 135 = Pra. 46/1957 Nr. 4 S. 13 f.) geltend gemacht werden. Der Auskunftsanspruch kann (neben dem ordentlichen Verfahren [Art. 517–518 N 452]) gegebenenfalls auch im Rahmen eines Befehlsverfahrens unter Androhung einer Ungehorsamsstrafe (Art. 292 StGB) durchgesetzt werden (DRUEY, BJM 1988 S. 118 f.). Der Erblasser kann den Willensvollstrecker nicht von der Auskunftspflicht befreien, weil sie notwendig ist, um das Beschwerderecht wirksam auszuüben und Verantwortlichkeitsansprüche gegen den Willensvollstrecker geltend zu machen (BGE 82 II 555 S. 559 [KassGer. ZH]: «Die Gewährung solcher Einsichtnahme ist unerlässlich, weil der Erbe sonst das ihm gegen den Willensvollstrecker zustehende Beschwerderecht und allfällige Verantwortlichkeitsansprüche nicht wirksam geltend machen kann»; BSK-KARRER, Art. 518 N 11). 221

e. Auskunftspflicht gegenüber Dritten

Der Willensvollstrecker hat in beschränktem Umfang auch **Auskunftspflichten gegenüber Dritten** (PIOTET, SPR VI/2, § 105 II). So muss er etwa gegenüber einzelnen Vermächtnisnehmern Auskünfte erteilen (DB 17/1964 S. 1370 = WM 18/1964 S. 953 = VersR 15/1964 S. 1102 [BGH]: bei Vermächtnisnehmern kann eine Auskunft zum Beispiel notwendig sein, wenn der «Gegenstand oder Umfang des Vermächtnisses nur aufgrund einer derartigen Auskunft bestimmt werden kann), was – wie bei den Erben (Art. 517–518 N 225) – aus dem Treuhandgedanken hervorgeht. Auf andere Grundlage stützt sich die Auskunftspflicht gegenüber der Teilungsbehörde (der Teilungsbehörde stehen gestützt auf Art. 609 Abs. 1 die gleichen Rechte wie einem Erben zu, vgl. ZK-ESCHER, Art. 609 N 12), dem Richter (die Zeugnispflicht ergibt sich aus dem Prozessrecht, vgl. etwa FRANK/STRÄULI/MESSMER, § 157 N 8 i.V.m. § 27/28 N 69 f.) oder (im 222

Zusammenhang mit der Inventarisierung) gegenüber den Steuerbehörden (die Auskunftspflicht gegenüber den Steuerbehörden ergibt sich aus den Steuergesetzen, vgl. etwa § 132 ZH-StG: «Die Erben, der Willensvollstrecker und die gesetzlichen Vertreter von Erben sind verpflichtet, über alle für die Inventaraufnahme erheblichen Tatsachen wahrheitsgetreu Auskunft zu erteilen ...»; weiter vgl. BILL, S. 64 f. und S. 428). Wenn der Willensvollstrecker aufgrund des Steuerrechts verpflichtet ist, Auskünfte zu erteilen, beschränkt sich dies auf Tatsachen, welche ihm in dieser Eigenschaft zugekommen sind, nicht aber auf solche, welche er als (früherer) Anwalt des Erblassers erfahren hat (ZR 71/1972 Nr. 101 E. 2 S. 311 [AK]).

3. Mitteilungspflicht des Willensvollstreckers

223   a) Neben der Auskunftspflicht (Art. 517–518 N 217 ff.) hat der Willensvollstrecker **gegenüber den Erben eine Mitteilungspflicht** (Informationspflicht), d.h., er muss gegebenenfalls Informationen auch ohne entsprechende Aufforderung weitergeben (ABSH 1997 S. 146 f. [OGer]; DRUEY, BJM 1988 S. 132: Die Aufklärungspflicht des Willensvollstreckers geht weiter als diejenige der Erben). Eine solche Mitteilungspflicht ergibt sich zum Beispiel im Falle RBOG 1981 Nr. 12 S. 58, wo die Bank Willensvollstreckerin war und deshalb wusste, dass der Erblasser kurz vor dem Tod ein Bankkonto auf eine Freundin übertragen hat, und zwar (wegen des Vorbehalts der Rückübertragung) in der Form einer Schenkung auf den Todesfall, welche aber die notwendige Form nicht erfüllte.

224   b) Gegenstand der Mitteilungspflicht sind zunächst beabsichtigte oder vorgenommene **Handlungen des Willensvollstreckers** (ZR 84/1985 Nr. 140 S. 313 [OGer.]), etwa der beabsichtigte Verkauf einer Erbschaftssache (BGE 108 II 535: Der Willensvollstrecker muss von den Erben ihr Einverständnis zum Preis einholen und ihnen die Möglichkeit einräumen, dass einer von ihnen die Erbschaftssache übernehme; ABSH 1997 S. 147 [OGer.]: Bekanntgabe eines Zwangsversteigerungsverfahrens). Es geht häufig um die Wahrung des Beschwerderechts der Erben (Art. 517–518 N 519). Diese Mitteilungspflicht stützt sich wie die Auskunftspflicht (Art. 517–518 N 217) auf Art. 518 i.V.m. Art. 607 Abs. 3 und Art. 610 Abs. 2 und zusätzlich auf Art. 398 OR (Treuepflicht).

225   c) Mitteilungen sind weiter notwendig, wenn der Erbanspruch oder andere **Rechte der Erben betroffen** sind, welche nur von diesen, nicht aber vom Willensvollstrecker geltend gemacht werden können (zur beschränkten Legitimation des Willensvollstreckers vgl. Art. 517–518 N 459 ff.). Der Willensvollstrecker ist verpflichtet, «die Erben über die für die Bestimmung ihrer Erbansprüche wesentlichen Tatsachen, soweit er dazu in der Lage ist, aufzuklären und sie auf die ihnen gegebenen Klagemöglichkeiten hinzuweisen» (BGE 90 II 365 E. 3b S. 373 = JdT 113/1965 I S. 330 = Pra. 54/1965 Nr. 19 S. 64; DRUEY, BJM 1988 S. 121; PICENONI, ZBGR

50/1969 S. 170 f.). Diese Informationspflicht ist keine Beratungspflicht: Der Willensvollstrecker hat die Erben auf naheliegende Klagemöglichkeiten hinzuweisen, er muss aber weder die Erfolgsaussichten abschätzen noch den Erben die «Knochenarbeit» des Prozessierens abnehmen (anders wohl PraxKomm-CHRIST, Art. 518 N 34: «Wenn der Willensvollstrecker, ... allen Personen, die als potentielle Kläger für Erbschafts-, Herabsetzungs- und Ausgleichsansprüche in Frage kämen, über ihre Klagemöglichkeiten, die für die Wahrnehmung ihrer Rechte erforderlichen tatbestandlichen und rechtlichen Hinweise von sich aus und ungefragt zu geben, würde das Institut der Willensvollstreckung in eine Richtung verschoben, die es letztlich unbrauchbar machen würde»). Im Vordergrund stehen die Herabsetzung (Art. 522 ff.) und Ausgleichung (Art. 626 ff.) (BGE 90 II 365 E. 3b und 3c S. 372 ff. = JdT 113/1965 I S. 330 f. = Pra. 54/1965 Nr. 19 S. 64 f.). Abzugrenzen ist allerdings, dass der Richter das Testament eröffnen und die Erben ermitteln muss und es nicht die Aufgabe des Willensvollstreckers ist, am Erbschaftsverfahren nicht beteiligte Verwandte auf potentielle Klagemöglichkeiten hinzuweisen (ZGRG 2010 S. 102 E. 2c/cc [ER KGer.]). Diese Mitteilungspflicht stützt sich ebenfalls auf Art. 607 Abs. 3 und Art. 610 Abs. 2 sowie Art. 398 OR (Art. 517–518 N 224), aber nicht in Verbindung mit Art. 518, sondern mit den Grundsätzen der Treuhand (Vorbem. zu Art. 517–518 N 63). Während der (positive) Aufgabenkatalog von Art. 518 die Mitteilungspflicht bei Handlungen des Willensvollstreckers begründet, muss für ausserhalb der Aufgaben des Willensvollstreckers liegende Handlungen auf die Treuhand ausgewichen werden. Von der Informationspflicht nicht erfasst ist der Hinweis an eine Vorerbin, dass sie über die Vorerbschaft letztwillig nicht verfügen könne (aus prozessualen Gründen offengelassen in BGer. 5C.95/2006 vom 26. September 2006).

4. Auskunfts- und Mitteilungspflicht von Dritten

a. Allgemeines

Banken, Vermögensverwalter, Rechtsanwälte (vgl. den Sachverhalt in ZR 94/1995 Nr. 32 S. 104 [AK]), gesetzliche Vertreter des Erblassers und andere **Dritte** (WENGER, S. 68), gegenüber denen schon der Erblasser ein Auskunftsrecht besass, sind auch gegenüber den Erben **zur Auskunft verpflichtet** und gegenüber dem Willensvollstrecker (DRUEY, BJM 1988 S. 122 m.w.N.; BREITSCHMID, Stellung des Willensvollstreckers, S. 120; diese Auskunft ist auf diejenigen Tatsachen und Vorgänge beschränkt, welche für die Teilung des Nachlasses von Bedeutung sind, vgl. WENGER, S. 67; ebenso für das liechtensteinische Recht Jus & News 1997 S. 58 [FL OGH]: Vorbehalt der Geheimhaltung höchstpersönlicher Tatsachen). Dasselbe gilt gegenüber einem das Inventar aufnehmenden Notar (ZBGR 75/1994 Nr. 19 S. 172 [BGer.]). Diese Pflicht stützt sich auf die ursprüngliche Auskunftspflicht gegenüber dem Erblasser (z.B. Art. 400 OR) i.V.m. Art. 560

226

(Erben) (ZBGR 75/1994 Nr. 19 E. 4 S. 173 [BGer.]: «Die Befugnis ... Auskunft zu verlangen, leitet sich direkt aus dem Erbrecht ab») bzw. Art. 518 (Willensvollstrecker) (JACQUEMOUD ROSSARI, SJ 128/2006 II S. 29): Notamment l'exécuteur testamentaire est ...ainsi en droit de recevoir, dans le cadre de la reddition de comptes découlant du mandat, des informations concernant cette relation contractuelle»). Die Pflicht bezieht sich nicht nur auf die Vermögensverhältnisse im Zeitpunkt des Todes des Erblassers, sondern auf alle Vorgänge, welche für die Teilung des Nachlasses von Bedeutung sind (WENGER, S. 67), insbesondere auch auf frühere Vorgänge (ZBGR 75/1994 Nr. 19 S. 172 [BGer.] = BERNHARD, NZZ vom 6. April 1993, S. 22 [Lexis-Nexis]: Die Erblasserin hat vor ihrem Tod 9,7 Mio. CHF auf ein Konto einbezahlt; fünf Tage später hob sie 9,3 Mio. CHF in bar ab, ohne dass das Geld anderswo wieder auftauchte; BSK-KARRER, Art. 518 N 18 m.w.N.). Für die Banken ist dies seit dem Zirkular Nr. 7195 der Schweizerischen Bankiervereinigung vom 10.09.2002 geklärt (STEINER, S. 39). Die Erben dürfen nicht an den Willensvollstrecker verwiesen werden (ZR 64/1965 Nr. 136 S. 187 = SJZ 61/1965 Nr. 182 S. 354 [OGer.]) und der Willensvollstrecker nicht an seine allfälligen Vorgänger (ZR 109/2010 Nr. 37 E. 2.5 S. 147 [HGer.]: Erbschaftsverwalter). Die Erben können das Auskunftsrecht einzeln ausüben (AUBERT/BÉGUIN/BERNASCONI/GRAZIANO-VON BURG/SCHWOB/TREUILLAUD, S. 227; KLEINER/SCHWOB/WINZELER, Art. 47 BankG N 46) und müssen sich frühere Auskunftserteilungen nicht entgegenhalten lassen (ZR 109/2010 Nr. 37 E. 2.6 S. 147 f. [HGer.]; KLEINER/SCHWOB/WINZELER, Art. 47 BankG N 46). Bevor die Erbbescheinigung ausgestellt ist, erhalten Pflichtteilserben allenfalls unter Vorlage des Familienbüchliens Auskunft (STEINER, S. 40). Eine Vorauszahlungspflicht besteht nicht (ZR 109/2010 Nr. 37 E. 2.8 S. 148 [HGer.]).

b. Berufsgeheimnis der Ärzte, Anwälte, Notare und Revisoren

227   Wie schon beim Willensvollstrecker (Art. 517–518 N 218) hat eine allfällige Geheimhaltungspflicht des Dritten (eines Arztes, Anwalts, Notars oder Revisoren) vor dem **höheren «Interesse der Erben an einer gleichmässigen und gerechten Verteilung der Erbschaft»** (ZR 53/1954 Nr. 180 S. 376 [AK]) zurückzutreten (ZBGR 75/1994 Nr. 19 S. 172 [BGer.]: Es ist allgemein anerkannt, dass das Berufsgeheimnis «nicht schwerer wiegt als die Pflicht zur Auskunftserteilung»). Rechtsanwälte können in Zweifelsfällen die Aufsichtsbehörde für die Rechtsanwälte anrufen (nach § 14 G vom 3. Juli 1938 über den Rechtsanwaltsberuf [Anwaltsgesetz – ZH-LS 215.1] wird es allerdings dem Anwalt im Einzelfall überlassen, ob er mit Rücksicht auf ein höheres Interesse Auskunft geben wolle, vgl. WENGER, S. 71). Weiter vgl. vorne, Art. 517–518 N 218.

c. Bankgeheimnis

a) **Das Bankgeheimnis verhindert eine Auskunft der Bank an die Erben nicht,** weil das Bankgeheimnis gegenüber dem Erblasser nicht bestand und die Erben nun in dessen Rechtsstellung eingetreten sind (BGE 89 II 87 E. 6 S. 93: «La banque dépositaire de biens du défunt ne saurait ignorer les héritiers en invoquant le devoir de discrétion qui la liait à son mandant. Le droit au secret bancaire passe en effet aux héritiers»; ZR 109/2010 Nr. 37 E. 2.4 S. 147 [HGer.]; GENNA, Jusletter vom 26. Januar 2006, S. 8; GAUTSCHI, SJZ 62/1966 S. 119 ff.; anders DE CAPITANI, SJZ 62/1966 S. 69 ff.). Das Bankgeheimnis basiert auf dem Bankvertrag, dem Persönlichkeitsschutz nach Art. 28 und dem strafrechtlichen Schutz von Art. 47 BankG (ZOBL, AJP 10/2001 S. 1017; KLEINER/ SCHWOB/WINZELER, Art. 47 BankG N 4–6). Die Schweigepflicht der Bank besteht nicht gegenüber dem Geheimnisherrn und seinen Rechtsnachfolgern, sondern nur gegenüber unbeteiligten Dritten (GAUTSCHI, SJZ 62/1966 S. 120). Der Erblasser kann die Bank auch nicht durch privatrechtliche Gestaltung von der Informationspflicht entbinden (ZOBL, AJP 10/2001 S. 1018), weil damit die materiellen Rechte der Erben unterlaufen würden (etwas anders wird das beispielsweise in Liechtenstein gehandhabt, vgl. FL OGH 1 Cg 2/2000-58 vom 7. März 2002, LES 2002 S. 318: «Eine Bank kann sich unter Umständen auch gegenüber den Erben ihres Kunden auf das Bankgeheimnis berufen, wenn sie der Erblasser zur Geheimhaltung solcher Tatsachen auch den Erben gegenüber verpflichtet hat»).

228

b) Die **Vererblichkeit der Stellung des Erblassers** stützt sich auf Art. 405 OR. Zur Rechenschaftsablegung der Bank gehört neben der Ablieferung der Vermögenswerte und der Abrechnung auch die Auskunftserteilung, erfolge diese nun mündlich oder schriftlich (Art. 400 OR). Wenn die Erben ihren Pflichtteil (Art. 527) oder die Ausgleichung (Art. 626) geltend machen wollen, wenn sie den Auftrag ändern oder widerrufen (Art. 404 OR) oder wenn sie Schadenersatz gegenüber der Bank geltend machen wollen (Art. 398 OR), müssen sie die Möglichkeit haben, die dafür notwendigen Informationen zu sammeln. Kritisch ist die Frage, ob die Universalsukzession (Art. 560) auch den Informationsanspruch des Auftraggebers sowie das Recht, die Bank von der Schweigepflicht zu entbinden, umfasst. Dies ist der Fall, weil diese Prozessrechte untrennbar mit den materiellen Ansprüchen zusammenhängen (ZOBL, AJP 10/2001 S. 1017). Der Anspruch auf Auskunft kann übertragen werden, weil er vertraglicher und nicht höchstpersönlicher Natur ist. Es mag zutreffen, dass einzelne Hintergrundinformationen zu gewissen Transaktionen einer Bank höchstpersönlicher Natur sind (zum Beispiel die Beweggründe für eine Schenkung) und deshalb der Auskunftspflicht nicht unterliegen, aber die eigentlichen Banktransaktionen (Zahlungen, Depotbewegungen) sind nicht höchstpersönlicher Natur (ZOBL, AJP 10/2001 S. 1017). Diese Quali-

229

fizierung ist aufgrund objektiver Kriterien vorzunehmen (KLEINER/SCHWOB/ WINZELER, Art. 47 BankG N 42).

230 c) Besonders kritisch ist die Frage der Auskunftspflicht der Bank beim **Comptejoint mit Erbenausschlussklausel**. Auch in diesem Fall haben die Erben einen Auskunftsanspruch, weil sie in der Lage sein müssen, den Umfang des Nachlasses festzustellen und über die Annahme oder Ausschlagung der Erbschaft zu entscheiden (ZOBL, AJP 10/2001 S. 1018; ZR 109/2010 Nr. 37 E. 2.2 S. 145; BJM 2006 S. 100 [AppGer. BS]; ZR 101/2002 Nr. 26 S. 97 [OGer.]). In ähnlicher Weise kann ein Ausschluss des Willensvollstreckers dessen Ermächtigung (power; Art. 517–518 N 199) nicht einschränken.

231 d) Eine **Grenze** für die Auskunftspflicht bildet die 10-jährige Aufbewahrungspflicht (Art. 962 Abs. 1 OR). Die Auskunftspflicht der Bank stösst zudem an Grenzen, wenn die Beziehung der Bank zum Erblasser augrund einer Struktur (z.B. einer Stiftung oder eines trusts) keine gegenseitige (vertragliche) war (der Erblasser war nur der wirtschaftlich Berechtigte) und mit dem Tod des Erblassers abbrach (GAUTSCHI, SJZ 62/1966 S. 120). Aber auch hier hat das Bundesgericht den Auskunftsanspruch sehr weit gefasst (BGE 133 III 664 = 5C.8/2007 = SZW 2010 S. 323 f. [Anm. Luc Thévenoz]; kritisch dazu SCHRÖDER, successio 2/2008 S. 225 ff.; etwas anders die Rechtslage in Liechtenstein, vgl. FL OGH 2 C 133/95-70 vom 8. Januar 1998, LES 1998, 111: «Ein Erbe oder Testamentsvollstrecker hat als Gesamtrechtsnachfolger des Erblassers gegenüber einer Bank das gleiche Auskunftsrecht wie der Erblasser in seiner Eigenschaft als seinerzeitiger Bankkunde ... Eine Ausnahme bestünde ua dann, wenn der Erblasser die Bank zur Geheimhaltung verpflichtete und durch die begehrte Auskunft in das Bankgeheimnis gegenüber Dritten zB einer Stiftung eingegriffen würde»). Wenn die Bank keine Auskunft gibt im Einzelfall, es ihr aber mit verhältnismässigem Aufwand möglich ist, sollte sie die Erben eines wirtschaftlich Berechtigten wenigstens darauf hinweisen, an wen sie sich wenden können (Urteil vom 27.09.2002, SZW 2004 S. 333 f. [TA TI]; KLEINER/SCHWOB/WINZELER, Art. 47 BankG N 40).

232 e) Während früher gestützt auf die Empfehlungen der Schweizerischen Bankiervereinigung nur den pflichtteilsgeschützten Erben umfassend Auskunft erteilt wurde, ist in der Zwischenzeit anerkannt, dass **alle Erben** einen umfassenden Auskunftsanspruch haben (ZOBL, AJP 10/2001 S. 1017 f.; ZR 109/2010 Nr. 37 E. 2.5 S. 147 [HGer.]). Diese Grundsätze gelten auch für den Willensvollstrecker und Erbschaftsverwalter (HAMM/TÖNDURY, STH 83/2009 S. 660).

233 f) Bedeutend ist, dass die Auskunftspflicht der Bank **voraussetzungslos** geschuldet ist (ZR 109/2010 Nr. 37 E. 2.2 S. 145 [HGer.]), d.h., die Erben müssen keine Anhaltspunkte liefern, weshalb gerade auf der angefragten Bank sich ein Konto/Depot befinden soll. Zwar erlaubt dies (von den Banken nicht geschätzte) fi-

shing expeditions, eine andere Rechtslage führt aber leicht zur Vereitelung des Auskunftsanspruchs (vgl. zur anderen Rechtslage in Österreich etwa OGH 7 Ob 100/03 vom 6. Juni 2003: «Es besteht im vorliegenden Fall keine Verpflichtung der Bank auf Auskunftserteilung, weil die Kundeneigenschaft des Betroffenen im Hinblick auf die beiden Sparbücher, die er in seinem Testament vor rund sechs Jahren erwähnt hatte, nicht ausreichend bewiesen ist»).

d. *Postgeheimnis*

Das Postgeheimnis verhindert eine Auskunft der Post an die Erben nicht, weil der Postverkehr seit 1997 dem Privatrecht unterstellt ist (Art. 17 Postgesetz [PG – SR 783.0]) und deshalb die gleichen Regeln gelten wie für die Banken (Art. 517–518 N 228 ff.). Der früher angewendete, unveröffentlichte Entscheid des Bundesgerichts (A 20/70 vom 25. September 1970, abgedruckt bei STUDER, Beginn, S. 101 ff.) ist seither überholt. In diesem Entscheid hatte das Bundesgericht den Sachverhalt zu beurteilen, dass ein Willensvollstrecker nach dem Tod des Erblassers von der Post wissen wollte, ob vier Belastungen Barbezüge oder Überweisungen waren und (gegebenenfalls) wer die Adressaten dieser Überweisungen waren. Der Willensvollstrecker verlangte Auskunftserteilung an ihn und an die Erben und stützte sich auf die bei den Banken geltenden Regeln. Die Post machte das Postgeheimnis geltend und war nicht bereit, Auskünfte zu erteilen. Das Bundesgericht stellte fest, dass Art. 5 Postverkehrsgesetz (PVG – SR 783.0]) den gesamten Postverkehr dem Postgeheimnis unterstelle, auch den Postcheckverkehr (E. 3a). Bei den Erben und dem Willensvollstrecker handle es sich um Dritte im Sinne von Art. 5 PVG, denen man keine Auskunft geben dürfe (E. 2b). Die Ersetzung des PVG durch das PG gibt Anlass, den Entscheid des Bundesgerichts neu zu interpretieren. Das Bundesgericht hat in seinem Entscheid zudem argumentiert, dass die aus dem Postgeheimnis hervorgehenden Rechte nicht auf die Erben bzw. den Willensvollstrecker übertragen werden könnten, weil es sich um ein Grundrecht handle, welches höchstpersönlicher Natur sei: «Die Übertragung des Grundrechtes selbst auf den Willensvollstrecker oder seine Vererbung ist jedoch begrifflich ausgeschlossen» (E. 2b). Völlig höchstpersönlich mag etwa der Briefverkehr sein, nicht aber der Zahlungsverkehr. Wie bei den Banken (Art. 517–518 N 229) ist festzustellen, dass mit Geldtransaktionen zwar höchstpersönliche Informationen verbunden sein mögen, dass aber die reinen Transaktionen keine höchstpersönliche Natur aufweisen.

234

G. Mitwirkung im Steuerverfahren

Schweizerische Literatur:

BAUR JÜRG/IMTHURN DANIEL/URSPRUNG URS, Kommentar zu §§ 142–151 und 210–216 StG, in: Kommentar zum Aargauer Steuergesetz, hrsg. v. Marianne Klöti-Weber, Dave Siegrist und Dieter Weber, 3. Aufl., Muri-Bern 2009; BUGNON MARC, Kommentar zu Art. 154–159 LIFD, in: Commentaire romand: Impôt fédéral direct, hrsg. v. Danielle Yersin und Yves Noël, Basel 2008; BUR BÜRGIN FRANZISKA/FILLI ALEXANDER/MÜLLER YOLANDA, Anhang Steuern, in: Praxiskommentar Erbrecht, hrsg. v. Daniel Abt und Thomas Weibel, Basel 2007 (zit. PraxKomm-BUR BÜRGIN/FILLI/MÜLLER); CASANOVA HUGO, Die steuerrechtliche Rechtsprechung des Bundesgerichts im Jahre 2000 – Kantonale Abgaben (inkl. Steuerharmonisierung), ASA 71/2002 S. 7–30; DONATSCH ANDREAS, Kommentar zu Art. 186–195 DBG, in: Kommentar zum Schweizerischen Steuerrecht, Bd. I/2a: Bundesgesetz zur direkten Bundessteuer (DBG), hrsg. v. Martin Zweifel und Peter Athanas, 2. Aufl., Basel/Genf/München 2008; EGLOFF DIETER, Kommentar zu §§ 235–241 StG, in: Kommentar zum Aargauer Steuergesetz, hrsg. v. Marianne Klöti-Weber, Dave Siegrist und Dieter Weber, 3. Aufl., Muri-Bern 2009; FELLMANN WALTER, Leitsätze zum Luzerner Steuergesetz, Bern/Stuttgart 1988; FILLI ALEXANDER/PFENNINGER-HIRSCHI KARIN, Kommentar zu §§ 148–166 StG, in: Kommentar zum Steuergesetz des Kantons Basel-Landschaft, hrsg. v. Peter B. Nefzger, Madeleine Simonek und Thomas P. Wenk, Basel/Genf/München 2004; GREMINGER BERNHARD J., Kommentar zu Art. 9–13 DBG, in: Kommentar zum Schweizerischen Steuerrecht, Bd. I/2a, hrsg. v. Martin Zweifel und Peter Athanas, 2. Aufl., Basel/Genf/München 2008; GREMINGER BERNHARD J./BÄRTSCH BETTINA, Kommentar zu Art. 9–13 DBG, in: Kommentar zum Schweizerischen Steuerrecht, Band I/2a: Bundesgesetz übe die direkte Bundessteuer (DBG), hrsg. v. Martin Zweifel und Peter Athanas, 2. Aufl., Basel 2008; GRÜNINGER EMANUEL/STUDER WALTER, Kommentar zum Basler Steuergesetz, Basel 1970; GRÜNINGER HAROLD/OESTERHELT STEFAN, Steuerrechtliche Entwicklungen (insbesondere im Jahre 2008), SZW 81/2009 S. 51–78; JAQUES CHRISTINE, Kommentar zu Art. 13 LIFD, in: Commentaire romand: Impôt fédéral direct, hrsg. v. Danielle Yersin und Yves Noël, Basel 2008; JAUSSI THOMAS, Kommentar zu Art. 10 Abs. 1 VStG, in: Kommentar zum Schweizerischen Steuerrecht, Bd. II/2: Bundesgesetz über die Verrechnungssteuer (VStG), hrsg. v. Martin Zweifel, Peter Athanas und Maja Bauer-Balmelli, Basel/Genf/München 2005; KARRER MARTIN, Steuerrechtliche Pflichten und Verantwortlichkeit des Willensvollstreckers, in: Willensvollstreckung, hrsg. v. Jean Nicolas Druey und Peter Breitschmid, Bern/Stuttgart/Wien 2001, S. 135–147; KNEUBÜHLER LORENZ, Die Vergehen nach bernischem Steuergesetz, BVR 24/1999 S. 241–257; KÜHNI MARKUS, Kommentar zu § 206–209 StG, in: Kommentar zum Aargauer Steuergesetz, hrsg. v. Marianne Klöti-Weber, Dave Siegrist und Dieter Weber, 3. Aufl., Muri-Bern 2009; KÜNZLE HANS RAINER/KLÖTI ALBERT/LYK CHRISTIAN/ROTH RUDOLF, KENDRIS Jahrbuch 2010/2011, Zürich 2010; LEUCH CHRISTOPH/KÄSTLI PETER, Praxis-Kommentar zum Berner Steuergesetz, Muri-Bern 2006; LOCHER PETER, Kommentar zum DBG, 1. Teil: Art. 1–48 DBG, Therwil/Basel 2001; MÄUSLI PETER, Erbschafts- und Schenkungssteuern in der Schweiz – ein Überblick, Teil 1: Schweizerische Erbschafts- und Schenkungssteuern, successio 4/2010 S. 179–192; MASMEJAN-FEY LYDIA/

MASMEJAN LUCIEN, Commentaire de la loi vaudoise sur les impôts directs cantonaux (LIVD), 4. Aufl., Bern 2005; MEISTER THOMAS, Kommentar zu Art. 15 VStG, in: Kommentar zum Schweizerischen Steuerrecht, Bd. II/2: Bundesgesetz über die Verrechnungssteuer (VStG), hrsg. v. Martin Zweifel, Peter Athanas und Maja Bauer-Balmelli, Basel/Genf/München 2005; PRIMI VITTORIO, Le imposte di successione e di donazione ticinesi, Agno 1995; RAMSEIER THOMAS, Die basellandschaftliche Erbschafts- und Schenkungssteuer, Liestal 1989 (Diss. Basel 1988); REICH MARKUS, Kommentar zu Art. 1–2 StHG, in: Kommentar zum Schweizerischen Steuerrecht, Band I/1: Bundesgesetz über die Harmonisierung der direkten Steuern der Kantone und Gemeinden (StHG), hrsg. v. Martin Zweifel und Peter Athanas, 2. Aufl., Basel/Genf/München 2002; REIMANN AUGUST/ZUPPINGER FERDINAND/ SCHÄRER ERWIN, Kommentar zum Zürcher Steuergesetz, Band 3 und 4, Bern 1969 und 1966; RICHNER FELIX/FREI WALTER, Kommentar zum Zürcher Erbschafts- und Schenkungssteuergesetz, Zürich 1996; RICHNER FELIX/FREI WALTER/KAUFMANN STEFAN/MEUTER HANS ULRICH, Handkommentar zum DBG, 2. Aufl., Zürich 2009; RICHNER FELIX/FREI WALTER/KAUFMANN STEFAN/MEUTER HANS ULRICH, Kommentar zum harmonisierten Zürcher Steuergesetz, 2. A., Zürich 2006; SALOMÉ HUGUES, Kommentar zu Art. 12 LIFD, in: Commentaire romand: Impôt fédéral direct, hrsg. v. Danielle Yersin und Yves Noël, Basel 2008; SCHORNO ANDREAS/ URSPRUNG URS, Kommentar zu § 7–11 StG, in: Kommentar zum Aargauer Steuergesetz, hrsg. v. Marianne Klöti-Weber, Dave Siegrist und Dieter Weber, 3. Aufl., Muri-Bern 2009; SIEBER ROMAN, Kommentar zu Art. 14 und 56 StHB, in: Kommentar zum Schweizerischen Steuerrecht, Band I/1: Bundesgesetz über die Harmonisierung der direkten Steuern der Kantone und Gemeinden (StHG), hrsg. v. Martin Zweifel und Peter Athanas, 2. Aufl., Basel/Genf/München 2002; SIEBER ROMAN, Kommentar zu Art. 174–185 DBG, Kommentar zum Schweizerischen Steuerrecht Band I/2b: Bundesgesetz über die direkte Bundessteuer, hrsg. v. Martin Zweifel und Peter Athanas, 2. Aufl., Basel/Genf/München 2008; SIMONEK MADELEINE, Kommentar zu §§ 1–18 StG, in: Kommentar zum Steuergesetz des Kantons Basel-Landschaft, hrsg. v. Peter B. Nefzger, Madeleine Simonek und Thomas P. Wenk, Basel/Genf/München 2004; STADELMANN THOMAS, Leitsätze zum Steuergesetz des Kantons Obwalden, Bern/Stuttgart/Wien 1993; STREULI MARCO/GROSSMANN VRENI, Vereinfachte Nachbesteuerung in Erbfällen und straflose Selbstanzeige, STH 82/2008 S. 711–715; THORENS JUSTIN/ JEANDIN ETIENNE, Droit fiscal cantonal et droit civil fédéral des successions, in: Mélanges offert à la Société suisse des juristes, éd. par la Faculté de Droit de Genève, Basel/Frankfurt am Main 1991, S. 235–256; VALLENDER KLAUS, Kommentar zu Art. 147–153 DBG, in: Kommentar zum Schweizerischen Steuerrecht Band I/2b: Bundesgesetz über die direkte Bundessteuer, hrsg. v. Martin Zweifel und Peter Athanas, 2. Aufl., Basel/Genf/München 2008; WALTHER CONRAD, Kommentar zu §§ 161–176 StG, in: Kommentar zum Aargauer Steuergesetz, hrsg. v. Marianne Klöti-Weber, Dave Siegrist und Dieter Weber, 3. Aufl., Muri-Bern 2009; WENK THOMAS P., mwst.com, in: Kommentar zum Bundesgesetz über die Mehrwertsteuer, hrsg. v. Kompetenzzentrum MWST der Treuhand-Kammer, Basel/Genf/München 2000; WEIDMANN HEINZ/GROSSMANN BENNO/ZIGERLIG RAINER, Wegweiser durch das st. gallische Steuerrecht, 6. Aufl., Muri-Bern 1999; WETZEL CLAUDE, Kommentar zu Art. 54 StHG, in: Kommentar zum Schweizerischen Steuerrecht, Band I/1: Bundesgesetz über die Harmonisierung der direkten Steuern der Kantone und Gemeinden (StHG), hrsg. v. Martin Zweifel und Peter Athanas, 2. Aufl., Basel/Genf/München 2002; DERS., Kommentar zu Art. 154–159 DBG, in: Kommentar zum Schweizerischen Steuerrecht Band I/2b: Bundesgesetz über die direkte Bundessteuer, hrsg. v. Martin Zweifel und Peter Athanas, 2. Aufl., Basel/Genf/München 2008; ZWEIFEL MARTIN, Die steuerrechtliche Stellung des Willensvollstreckers, in: Willensvollstreckung – Aktuelle Rechtsprobleme (2), hrsg. v. Hans Rainer Künzle, Zürich 2004, S. 177–199 (zit. Stellung des Willensvollstreckers); DERS., Kommentar zu Art. 39–46 StHG, in: Kommentar zum Schweizerischen Steuerrecht, Band I/1: Bundesgesetz über die Harmonisierung der direkten Steuern der Kantone und Gemeinden (StHG), hrsg. v. Martin Zweifel und Peter Athanas, 2. Aufl., Basel/Genf/München 2002; DERS., Die verfahrens- und steuerstrafrechtliche Stellung der Erben bei den Einkommens- und Vermögenssteuern, ASA 64/1995–96 S. 337–376; ZWEIFEL MARTIN/CASANOVA HUGO, Schweizerisches Steuerverfahrensrecht. Direkte Steuern, Zürich 2008.

Ausländische Literatur: SIEBERT HOLGER, Der Testamentsvollstrecker und das Steuerrecht, ZEV 17/2010 S. 121–125.

235 Zur Stellung des Willensvollstreckers im Steuerverfahren gibt es einige Literaturhinweise: ZWEIFEL, Stellung des Willensvollstreckers, S. 177–199; BISCHOF, STH 72/1998 S. 1147–1152; PraxKomm-BUR BÜRGIN/FILLI/MÜLLER, Anhang Steuern, N 192. Diese Literatur beschäftigt sich vor allem mit grundsätzlichen Fragen und beschreibt vorhandene Konzepte. Nachfolgend werden die **konkreten Lösungen in den einzelnen Kantonen** für die wichtigsten Steuerarten dargestellt (nur generell erfasst werden die Grundstücksgewinn- und Handänderungssteuer sowie die Verrechnungs- und Mehrwertsteuer [Art. 517–518 N 275 ff.] und daneben die Schenkungssteuer, welche parallel zur Erbschaftssteuer [Art. 517–518 N 257 ff.] verläuft).

1. Steuerinventar

236 a) Das Steuerinventar dient einerseits als **Grundlage für die Veranlagung der Erbschaftssteuer.** Die weitgehende Abschaffung der Erbschaftssteuern für die Ehegatten und Nachkommen (vgl. dazu KÜNZLE/KLÖTI/LYK/ROTH, S. 131–136) hat zur Folge, dass das Interesse der Steuerbehörden am Steuerinventar stark nachgelassen hat. Das Steuerinventar dient dem Willensvollstrecker häufig als Grundlage für sein eigenes Inventar (vgl. dazu Art. 517–518 N 107). Das Steuerinventar eignet sich nicht, um anderen Kantonen (in welchen Erben wohnen), Meldungen über Vermögenszugänge zu machen, denn es ist absehbar, dass die tatsächlich empfangenen Vermögenswerte von den im Steuerinventar aufgezeichneten Beträgen abweichen. Eine entsprechende Praxis von Steuerämtern sollte deshalb beendet werden. Vor der Inventarisierung dürfen die Erben bzw. der Willensvollstrecker nur mit Zustimmung der Steuerbehörden über den Nachlass verfügen (MÄUSLI, successio 4/2010 S. 190).

b) Das Steuerinventar dient zudem als **Kontrollinstrument für die Einkommens- und Vermögenssteuern** (zu den direkten Steuern vgl. Art. 517–518 N 242 ff.): «Die amtliche Inventarisation des Nachlassvermögens eines Verstorbenen ... dient primär als steuerliches Kontrollmittel, mit dem überprüft werden kann, ob den Steuerpflichten nachgekommen wurde» (BGer. 2A.276/1998 vom 10. Februar 1999 E. 3 = StR 54/1999 S. 632). 237

a. Verfahren

a) Die **Erben** müssen sich am Steuerinventar beteiligen (Art. 157 DBG; Art. 10 InvV). Weil das Steuerharmonisierungsgesetz (StHG) das Verfahren den Kantonen überlässt (WETZEL, Art. 54 StHG N 43), wirkt das Gesetz über die direkte Bundessteuer (DBG) in diesem Bereich bis zu einem gewissen Grad harmonisierend. 238

b) Daneben ist auch der **Willensvollstrecker** zur Mitwirkung verpflichtet (RJN 6/1967 III E. 1 S. 162 = StR 36/1981 S. 277 [CE]; JdT 83/1935 III 3: Anfechtung des Steuerinventars durch den Willensvollstrecker im Namen der Erben und Vermächtnisnehmer; MÄUSLI, successio 4/2010 S. 190). Er untersteht einer umfassenden Auskunfts- und Informationspflicht, welche in Art. 157 lit. a–c DBG näher beschrieben wird. Der Willensvollstrecker wird unter dem Begriff «gesetzliche Vertreter von Erben» (Art. 157 Abs. 2 DBG) subsumiert (ZWEIFEL, Stellung des Willensvollstreckers, S. 185; BSK-KARRER, Art. 518 N 33a). Der Willensvollstrecker kann das Steuerinventar anstelle der Erben erstellen (StR 32/1977 S. 203 [TA GE]). Wenn ein Rechtsanwalt Willensvollstrecker ist, hindert ihn sein Berufsgeheimnis nicht daran, die Mitwirkungspflicht bei der Inventaraufnahme zu erfüllen, weil es sich bei der Willensvollstreckung nicht um eine berufsspezifische Tätigkeit handelt, sondern um eine Tätigkeit, welche auch von einem Treuhänder oder Bankier erfüllt werden könnte (SJ 118/1996 S. 456 E. 2b [BGer.]; BSK-KARRER, Art. 518 N 33a). Weiter muss der Willensvollstrecker der Inventarbehörde Vermögenswerte innert 10 Tagen bekannt geben, welche er nach der Aufnahme des Inventars entdeckt hat (Art. 157 Abs. 3 DBG; Kreisschreiben der Eidgenössischen Steuerverwaltung Nr. 19 vom 7. März 1995 [Auskunfts-, Bescheinigungs- und Meldepflicht im DBG]; BSK-KARRER, Art. 518 N 33a). Die Vereinheitlichung der Strafbestimmungen (Art. 56 Abs. 2 StHG; vgl. dazu Art. 517–518 N 266 ff.) hat dazu geführt, dass auch die Mitwirkungspflichten des Willensvollstreckers praktisch in allen Steuergesetzen ausdrücklich erwähnt werden. 239

b. Verzicht auf Inventaraufnahme

a) Die Inventaraufnahme kann **unterbleiben,** wenn anzunehmen ist, dass kein Vermögen vorhanden ist (Art. 154 Abs. 2 DBG, Art. 54 Abs. 1 240

Satz 2 StHG). Für die direkte Bundessteuer wird kein Inventar aufgenommen, wenn (binnen der gesetzlichen Inventarisationsfrist) ein umfassendes amtliches Steuerinventar nach den kantonalen Vorschriften aufgenommen wird (Art. 1 Abs. 2 lit. a InvV). Gewisse Kantone nehmen kleinere Nachlässe nicht mehr oder nur noch in vereinfachter Form auf. Die entsprechenden Vorschriften sind in Reglementen oder Kreisschreiben enthalten.

241 b) **Im Einzelnen** gilt für die Aufnahme des Steuerinventars:

Steuerinventar				
	Verfahrensbeteiligung		Verzicht auf Inventaraufnahme	
Hoheit	WV	Rechtsgrundlage	Vermögen/CHF	Rechtsgrundlage
Bund	ja[6]	Art. 157 DBG	vermögenslos[7]	Art. 154 II DBG/ Art. 1 II InV
Kantone	(ja)[8]	(Art. 54 StHG)	0	Art. 54 I StHG
AG	ja[9]	§ 213 StG[10]	Todesfallkosten[11]	Art. 210 StG
AI	ja	Art. 141 StG[12]	0/unbedeutendes	Art. 156 II StG
AR	ja	Art. 200 StG	0	Art. 197 I StG
BE	ja	Art. 212 StG	100 000.–	Art. 2 BE-InvV[13]

---

[6] Vgl. WETZEL, Art. 157 DBG N 4 ff.; RICHNER/FREI/KAUFMANN, Art. 157 DBG N 1; BUGNON, Art. 157 LIFD N 1.

[7] Vgl. WETZEL, Art. 154 DBG N 21: Vermögenslos ist, wer seit Jahren Unterstützung von öffentlichen oder privaten Mitteln erhält oder wer nur Personalsteuern entrichtet und darüber hinaus darf kein Verdacht der Steuerhinterziehung bestehen.

[8] Vgl. WETZEL, Art. 54 StHG N 53; das Steuerharmonisierungsgesetz überlässt die Regelung des Inventarisationsverfahrens den Kantonen, WETZEL, Art. 54 StHG N 43.

[9] Vgl. BAUR/IMTHURN/URSPRUNG, § 213 StG N 2: «Die Inventarbehörde kann sich jedoch darauf beschränken, nur einzelne Erben oder andere mitwirkungspflichtige Personen einzubeziehen.»

[10] Vgl. §§ 1–10 Verordnung vom 22. November 2000 über das Nachlassinventar (SAR 651.271); nach § 6 Abs. 1 lit. c wird das Steuerinventar dem Willensvollstrecker zugestellt.

[11] Vgl. BAUR/IMTHURN/URSPRUNG, § 210 StG N 10: «wenn mit den vorhandenen Aktiven gerade die Erbgangskosten beglichen werden können (Richtlinien KStA ‹Nachlassinventare und Erbschafts- und Schenkungssteuern›)».

[12] Weiter vgl. Art. 51 StV; Art. 27 Standeskommissionsbeschluss zum Steuergesetz und zur Steuerverordnung (AI-GS 640.011).

[13] Verordnung vom 18. Oktober 2000 über die Errichtung des Inventars (Inventarverordnung – BSG 214.431.1).

		Steuerinventar		
		Verfahrensbeteiligung	Verzicht auf Inventaraufnahme	
Hoheit	*WV*	*Rechtsgrundlage*	*Vermögen/CHF*	*Rechtsgrundlage*
BL	ja	§ 110 VII EG ZGB	0/10 000/75 000/ 150 000	§ 110 I, II und VI EG ZGB[14]
BS	ja	§ 184, 187 StG	0	§ 180 II StG
FR	ja	Art. 198 DStG	vermögenslos[15]	Art. 195 I DStG
GE	ja	Art. 64 LPFisc	0	Art. 62 II LPFisc
GL	ja	Art. 164 II StG	0/unbedeutendes	Art. 177 II StG
GR	ja	Art. 149 I StG	geringes	Art. 148 I StG
JU	ja	Art. 195 LI	0	Art. 192 II LI
LU	ja	§ 186 StG[16]	0	§ 182 II StG
NE	ja	Art. 29 I Lsucc	0	Art. 32 V Lsucc
NW	ja	Art. 231 StG	0/unbedeutendes	Art. 229 II StG
OW	ja	Art. 236 StG	0/unbedeutendes	Art. 233 II StG
SG	ja[17]	Art. 206 StG[18]	0/unbedeutendes[19]	Art. 204 II StG
SH	ja	Art. 73 I EG ZGB	nie	Art. 73 I EG ZGB
SO	ja	§ 176 StG	0	§ 173 II StG
SZ	ja	§ 181 StG	0	§ 178 II StG
TG	ja	§ 23 EschG und § 184 StG	0	§ 23 III EschG und § 180 II StG
TI	ja	Art. 222 LT	0	Art. 170 IV LT
UR	ja	Art. 192 StG	0	Art. 189 II StG

---

[14] Art. 110 Abs. 1 BL-EGZGB: «Die Inventaraufnahme kann unterbleiben, wenn anzunehmen ist, dass kein Vermögen vorhanden ist»; Art. 110 Abs. 2 BL-EGZGB: «Bei geringfügigem Nachlass wird ein Inventarbericht erstellt»; Art. 110 Abs. 6 BL-EGZGB: «Fällt keine Erbschaftssteuer an, wird ein vereinfachtes Inventar erstellt»; die Betragsgrenzen liegen in diesem Fall für Ehepaare bei CHF 150 000 und sonst bei CHF 75 000.

[15] Art. 1 Beschluss des Staatsrates vom 20. März 2001 über das Steuerinventar im Todesfall.

[16] Vgl. LU StB Bd. 2a Weisung StG § 186 Nr. 1 Mitwirkungspflichten.

[17] Vgl. WEIDMANN/GROSSMANN/ZIGERLIG, S. 371.

[18] Vgl. auch StB 193 Nr. 1 (2.).

[19] Vgl. WETZEL, Art. 154 DBG N 20: Ersatz durch ein Inventar der Erben bei unbedeutendem Vermögen.

Steuerinventar				
	Verfahrensbeteiligung		Verzicht auf Inventaraufnahme	
Hoheit	*WV*	*Rechtsgrundlage*	*Vermögen/CHF*	*Rechtsgrundlage*
VD	ja	Art. 213 LI/ Art. 43 LMSD	0	Art. 210 II LI
VS	ja	Art. 160 StG	Verdacht[20]	Art. 160 I StG
ZG	ja	§ 150 StG	0	§ 147 II StG
ZH	ja[21]	§ 166 StG	0/200 000/500 000[22]	§ 163 II StG

2. Direkte Steuern

242   a) **Nach dem Tod des Erblassers** wird das Einkommen und Vermögen des Nachlasses (anteilmässig) den einzelnen Erben zugerechnet. Der Willensvollstrecker hat damit nichts mehr zu tun. Soweit dies allerdings (wegen Unklarheiten in der Erbfolge) nicht möglich ist, sehen einige kantonale Steuergesetze vor, dass der Nachlass als Ganzes besteuert werden kann (§ 10 Abs. 2 AG-StG; Art. 14 Abs. 2 AI-StG; § 12 Abs. 2 ZH-StG). In diesem Fall vertritt der Willensvollstrecker üblicherweise die Erben vor den Steuerbehörden: Bei Ungewissheit der Erbfolge wird meist eine amtliche Erbschaftsverwaltung angeordnet und diese steht dem Willensvollstrecker zu (Art. 554).

---

[20] Ein amtliches Inventar wird nur aufgenommen, wenn ein Verdacht auf Steuerhinterziehung besteht.

[21] Vgl. RICHNER/FREI/KAUFMANN/MEUTER, § 166 N 2 und § 168 StG N 5; die Inventarbehörde kann sich darauf beschränken, nur einzelne Personen einzubeziehen; der Willensvollstrecker kann sich nicht auf seine Geheimhaltungspflicht als Bank oder Rechtsanwalt berufen, vgl. REIMANN/ZUPPINGER/SCHÄRER, § 132 StG N 7 und § 185 StG N 21.

[22] Vgl. WETZEL, Art. 154 DBG N 20: «Im Kanton ZH kann anstelle eines Inventars ein Inventarbericht erstellt werden, in dem der Vermögensstand per Todestag gemäss Steuererklärung für das Todesjahr übernommen wird, sofern die Aktiven einschliesslich allfälligen Liegenschaften den Betrag von CHF 500 000.– nicht übersteigen, zudem keine Anhaltspunkte über unversteuertes Einkommen oder Vermögen vorliegen und der Erblasser keine erbschaftssteuerpflichtigen Erben bzw. als Erben nur Nachkommen hinterlässt (KS ZH, Rz. 38a und 45 ...). Ergibt sich aufgrund des Aktenbeizugs, dass die Aktiven den Betrag von CHF 200 000.– nicht übersteigen und auch keine Liegenschaften vorhanden sind, ist das schriftliche Verfahren möglich (KS ZH Rz 65 f. ...)».

b) Die Gemeinschaft der Erben (Art. 602) muss das Einkommen und Vermögen des Erblassers **bis zu seinem Ableben** versteuern. Um diese Besteuerung geht es nachfolgend. Ergänzend sei erwähnt, dass der Willensvollstrecker bei gewissen Konstellationen gelegentlich die Erben auch in der Phase nach der Übernahme des Erbes vertritt, etwa wenn die Übernahme komplex ist und/oder die Art und Weise der Übernahme unklar ist (vgl. dazu etwa AGVE 1991 Nr. 4 E. 5 S. 407 [SRG]). 243

a. Stellung der Erben

a) Die (gesetzlichen und eingesetzten) Erben (ZWEIFEL, Stellung des Willensvollstreckers, S. 178; genauer müsste man eigentlich von der «Gemeinschaft der Erben» [Art. 602] sprechen) treten an die Stellung des Erblassers (Universalsukzession – Art. 560) und übernehmen auch seine bestehenden Steuerschulden (**Steuersukzession**) (ZWEIFEL, Stellung des Willensvollstreckers, S. 178: «... und zwar unabhängig davon, ob sie ihrerseits der schweizerischen Steuerhoheit unterliegen oder im Ausland wohnen»; nicht übernommen werden Steuerbussen [179]). «Nach ständiger Rechtsprechung des Bundesgerichts ... geht doppelbesteuerungsrechtlich die Verpflichtung zur Bezahlung der Steuern für Erträge und Vermögen des Nachlasses mit dem Tod des Erblassers auf die Erben über» (StR 47/1992 S. 320 E. 3 S. 321 [BGer.]), allerdings entsteht die Steuerpflicht der Erben nur nach Massgabe der Erbquoten (StR 47/1992 S. 320 E. 3 S. 321 f. [BGer.]: «Die Bestimmung eines kantonalen Steuergesetzes, wonach eine Erbmasse als solche der Steuerpflicht unterliegt, bis das Vermögen unter die Erben verteilt ist, ist ... im interkantonalen Verhältnis nicht anwendbar»). Aus zivilrechtlicher Sicht haften die Erben (alleine) für Nachlassschulden. 244

b) Aus der Universalsukzession folgt auch, dass die Erben in ein hängiges Steuerverfahren des Erblassers (Steuererklärungs-, Veranlagungs-, Rechtsmittel-, Revisions-, Nachsteuer- oder Bezugsverfahren) eintreten (**Verfahrenssukzession**) (ZWEIFEL, ASA 64/1995–96 S. 339 f.). Wegen der Solidarhaftung (Art. 603 Abs. 1) können die Erben auch dann Akteneinsicht verlangen (bzw. deren Verweigerung mit einem Rechtsmittel anfechten), wenn ein Willensvollstrecker vorhanden ist (ZVG SB.2005.00021 = RB 2005 Nr. 90 E. 4.3 = ZStP 2005 S. 246 = StE 23/2006 B 92.7 Nr. 7 = TREX 13/2006 S. 173). 245

b. Stellung des Willensvollstreckers

a) Aus zivilrechtlicher Sicht haftet der Willensvollstrecker grundsätzlich nicht für die Schulden des Erblassers (Art. 517–518 N 421 ff.). Angeregt durch das Bundesrecht (Art. 13 Abs. 4 DBG) machen immer mehr 246 kantonale Steuergesetze den Willensvollstrecker aber **für die direkten Steuern des Erblassers haftbar** (BSK-KARRER, Art. 518 N 33c; ebenso das deutsche Recht, vgl. STAUDINGER-REIMANN, § 2203 BGB Rn. 20 mit Verweis auf § 69 AO). Dies kann sowohl bereits veranlagte Steuern als auch noch nicht veranlagte Steuern betreffen (KARRER, S. 137; ZWEIFEL, Stellung des Willensvollstreckers, S. 177 f.: «Da die Steuerschulden zwar von Gesetzes wegen entstehen ... kann der Nachlass sowohl nicht veranlagte als auch rechtskräftig veranlagte, jedoch noch nicht bezahlte Steuerschulden enthalten»; GREMINGER, Art. 12 DBG N 3). Die Haftung ist auf den Betrag der geschuldeten Steuern beschränkt (vgl. etwa Art. 13 Abs. 4 DBG: «bis zum Betrage, der nach dem Stand des Nachlassvermögens im Zeitpunkt des Todes auf die Steuer entfällt»; KARRER, S. 137). Der Willensvollstrecker kann sich von der Haftung befreien, wenn er nachweist, dass er alle nach den Umständen gebotene Sorgfalt angewendet hat (vgl. etwa Art. 13 Abs. 4 DBG; ZWEIFEL, Stellung des Willensvollstreckers, S. 183: «Da sich die gesetzlichen Regelungen offenkundig an Art. 55 OR orientieren und nicht an den strengeren Entlastungsbeweisen im Verrechnungs- und Mehrwertsteuerrecht, wo verlangt wird, dass der Mithaftende alles Zumutbare getan hat, dürfen an den Entlastungsbeweis keine allzu strengen Anforderungen gestellt werden»). Dieser Nachweis dürfte dem Willensvollstrecker misslingen, wenn er den Nachlass vor Abschluss aller Steuerverfahren bereits zu verteilen beginnt (ZWEIFEL, Stellung des Willensvollstreckers, S. 183: «Eine Verletzung der Sorgfaltspflicht kann indessen z.B. in der übermässigen Gewährung von Vorschusszahlungen aus dem Nachlassvermögen an die Erben erblickt werden»; KARRER, S. 137: Der Willensvollstrecker sollte «Abschlagszahlugen an die Erben erst dann vornehmen, wenn alle offenen Steuerpflichten des Erblassers geregelt oder durch Nachlassaktiven gedeckt sind»).

247 b) Daneben gibt es **Sonderfälle der Mithaftung des Willensvollstreckers** aus bestimmten Geschäften: Wenn der Willensvollstrecker den Geschäftsbetrieb des Erblassers in der Schweiz liquidiert und die Erben keinen Wohnsitz in der Schweiz haben (Art. 13 Abs. 3 lit. d DBG; GREMINGER, Art. 13 DBG N 15) oder wenn der Willensvollstrecker in der Schweiz gelegene Nachlassgrundstücke an einen Liegenschaftshändler ohne schweizerischen (steuerrechtlichen) Wohnsitz veräussert (Art. 13 Abs. 3 lit. c DBG; GREMINGER, Art. 13 DBG N 14).

248 c) Der Willensvollstrecker verwaltet den Nachlass exklusiv (Art. 517–518 N 200 und N 209) und ist somit aus zivilrechtlicher Sicht berechtigt, für den Nachlass (anstelle der Erben) tätig zu werden (vgl. den Sachverhalt in ASA 65/1996–97 S. 662 Pt. C = RDAF 53/1997 II 601 [BGer.]). Dabei handelt er «als Willensvollstrecker im Nachlass X.» (anders ZWEIFEL, Stellung des Willensvollstreckers, S. 184: «im eigenen Namen»). Wenn Vermögenserträgnisse dem

Willensvollstrecker zugehen, ist dieses Einkommen den Erben zugeflossen (RB 1981 Nr. 51 S. 61). Aus den zivilrechtlichen Regeln könnte man ableiten, dass es zu den Aufgaben des Willensvollstreckers gehört, **die Erben im Steuerverfahren (kraft seines Amtes) zu vertreten,** etwa die noch nicht vorgenommenen Steuererklärungen des Erblassers einzureichen oder Rechtsmittel gegen Veranlagungen zu ergreifen (ZWEIFEL, Stellung des Willensvollstreckers, S. 184; BISCHOF, STH 72/1998 S. 1149; BSK-KARRER, Art. 518 N 33; weiter vgl. den Sachverhalt in RDAF 31/1975 S. 104 = ASA 42/1973–74 Nr. 16 S. 326 = StR 29/1974 S. 347 [BGer.]: Zustellung an den Willensvollstrecker), und zwar mit der Folge, dass der Willensvollstrecker die Erben zurückdrängen würde. In der Literatur ist aber umstritten, wie weit dies tatsächlich der Fall ist (zu Einzelheiten vgl. ZWEIFEL, Stellung des Willensvollstreckers, S. 184 ff., mit Verweis auf BILL, S. 65, welcher die Erben völlig zurückbinden will, und LOCHER, Art. 13 DBG N 40, welcher die Erben überhaupt nicht einschränken möchte). Ohne diese Kontroverse hier abschliessend behandeln zu wollen, kann jedenfalls gesagt werden, dass (1) jedem Erben selbständig ein Auskunftsrecht zusteht (Art. 114 DBG, Art. 41 Abs. 1 StHG; ZStP 2005 S. 246 = StE 23/2006 ZH B 92.7 Nr. 7 = ZVG SB.2005.00021 [VGer.]; ZWEIFEL, Stellung des Willensvollstreckers, S. 185; anders Bericht des Kantonalen Steueramts des Kantons Aargau vom 7. April 2004 zur Akteneinsicht von Erbberechtigten, Punkt 3) und dass (2) dem Willensvollstrecker die Prozessführungsbefugnis allein zusteht (BGE 116 II 131 E. 2 und 3a S. 132 ff.; BJM 1968 S. 193 E. 1; ZWEIFEL/CASANOVA, S. 45). Beim Willensvollstrecker werden auch die Kosten erhoben (ZVG SB.2006.00026 E. 4.1 = StR 62/2007 S. 440), welche dieser dem Nachlass belasten kann, sofern er sich nicht vorwerfen lassen muss, ein aussichtsloses Verfahren geführt zu haben. Es kann sein, dass neben dem Willensvollstrecker auch noch ein überlebender Ehegatte am Verfahren beteiligt ist (ZWEIFEL, ASA 64/1995–96 S. 350 f.; ZWEIFEL, Stellung des Willensvollstreckers, S. 186: «Es besteht eine widerlegbare Vertretungsvermutung des handelnden für den nichthandelnden Beteiligten»), der sich gegebenenfalls auch an den Kosten beteiligen muss (ZVG SB.2006.00026 E. 4.1: Hälftige Kostentragung durch überlebenden Ehegatten). Die Steuerharmonisierung hat die Verfahrensbeteiligung des Willensvollstreckers (WV) vollständig und die Haftung des Willensvollstreckers weitgehend vereinheitlicht. Ein kursiver Druck in den nachfolgenden Tabellen bedeutet, dass die Gesetze/Rechtsprechung ausdrücklich auf den Willensvollstrecker Bezug nehmen.

d) Die Verfahrensbeteiligung und Haftung des Willensvollstreckers bei den direkten Steuern ist **im Einzelnen** wie folgt geregelt:

Direkte Steuern (Einkommens- und Vermögenssteuer)				
	Verfahrensbeteiligung		Haftung	
Hoheit	WV	Rechtsgrundlage	WV	Rechtsgrundlage
Bund	ja[23]	Art. 12/117 DBG	ja[24]	*Art. 13 IV DBG*
Kantone	ja[25]	Art. 41/42 StHG	–	–[26]
AG	ja[27]	Art. 8I/176 StG	ja[28]	*§ 8 IV StG*
AI	ja	Art. 15 I StG	ja	*Art. 16 III StG*
AR	ja	Art. 14 I StG	ja	*Art. 15 III StG*
BE	ja[29]	Art. 14 I StG	ja[30]	*Art. 14 III StG*
BL	ja[31]	§ 12 StG	ja[32]	*§ 14 II g StG*

---

[23] Vgl. GREMINGER/BÄRTSCH, Art. 12 DBG N 14; RICHNER/FREI/KAUFMANN/MEUTER, Art. 12 DBG N 10: Der Willensvollstrecker ist für die Veranlagung «verantwortlich»; Vorbem. zu Art. 102–146 DBG N 13: «Wie beim vertraglichen Vertreter tritt das Vertretungsverhältnis aber erst bei entsprechender Kundgebung (und nicht wie beim gesetzlichen Vertreter von Amtes wegen) ein»; Art. 126 DBG N 9: Die Mitwirkungspflicht von Art. 126 DBG trifft auch den Willensvollstrecker; Art. 132 DBG N 26: Der Willensvollstrecker kann Einsprache erheben; SALOMÉ, Art. 12 LIFD N 6: «En matière de procédure, les droits et obligations du défunt ne passent pas aux héritiers lorsque la succession est administrée d'office ... il va en principe de même lorsque le défunt désigne un exécuteur testamentaire».

[24] Vgl. GREMINGER/BÄRTSCH, Art. 13 DBG N 16; RICHNER/FREI/KAUFMANN/MEUTER, Art. 13 DBG N 28 ff.; JAQUES, Art. 13 LIFD N 36–38.

[25] Vgl. ZWEIFEL, Art. 41 StHG N 3a und Art. 42 StHG N 15.

[26] Das Fehlen einer solchen Bestimmung bedeutet, dass die Kantone frei sind, diese Frage zu regeln.

[27] Vgl. EGLOFF, § 176 StG N 18: Der Willensvollstrecker ist zu beachten ab dem Zeitpunkt, in dem seine Bestellung erkennbar ist. «Nachher dürfen Verfügungen und Entscheide nicht mehr den Erben direkt ... zugestellt werden»; zurückhaltender SCHORNO/URSPRUNG, § 8 StG N 22: «keine Parteistellung», nur «gewisse Mitwirkungsrechte».

[28] SCHORNO/URSPRUNG, § 8 StG N 19: Die Haftung besteht erst seit der Revision des Steuergesetzes (1. Januar 2001).

[29] Daneben ist auch jeder einzelne Erbe legitimiert, vgl. LEUCH/KÄSTLI, § 14 StG N 4; RKE vom 26.4.2005 4494 ES.

[30] Vgl. LEUCH/KÄSTLI, § 14 StG N 6.

[31] Vgl. SIMONEK, § 12 StG N 8.

[32] Vgl. SIMONEK, § 14 StG N 26: «... und der Willensvollstrecker sind keine Steuersubstituten; die Erben sind weiterhin steuerpflichtig ...»; die fehlende Beschränkung der Haftung (N 27) und der fehlende Entlastungsbeweis (N 28) sind inzwischen behoben; Ramseier, S. 151 f.

Direkte Steuern (Einkommens- und Vermögenssteuer)				
	Verfahrensbeteiligung		*Haftung*	
Hoheit	*WV*	*Rechtsgrundlage*	*WV*	*Rechtsgrundlage*
BS	ja[33]	§ 11 I StG	nein[34]	*§ 11 IV/13 StG*
FR	ja	Art. 149/194 DStG	*ja*	*Art. 13 IV/194 DStG*
GE	ja	Art. 11 I LIPP	*ja*	*Art. 12 IV LIPP*
GL	ja	Art. 11 I StG	*ja*	*Art. 12 IV StG*
GR	ja	Art. 12 I StG	*ja*	*Art. 13 III e StG*
JU	ja	Art. 52 I LI	*ja*	*Art. 53 IVe LI*
LU	ja	Art. 19 I StG[35]	*ja*[36]	*§ 20 V StG*
NE	ja	Art. 14 I LCdir	*ja*	*Art. 15 III LCdir*
NW	ja	Art. 14 I StG	*ja*	*Art. 15 III StG*
OW	ja[37]	Art. 14 I StG	*ja*	*Art. 16 Ib StG*
SG	ja	Art. 193 StG[38]	*ja*[39]	*Art. 25 III StG*[40]
SH	ja	Art. 13 I StG	*ja*	*Art. 14 III StG*
SO	ja	§ 18 I StG	*ja*	*§ 19 III StG*
SZ	ja[41]	§ 13 I/136 StG	nein	*§ 13 I/14 StG*

---

[33] Vgl. GRÜNINGER/STUDER, S. 50.
[34] Vgl. GRÜNINGER/STUDER, S. 50.
[35] Siehe auch LU StB Bd. 2 Weisungen StG § 139 Nr. 1 (3.2 Akteneinsicht der Erbinnen und Erben).
[36] Vgl. FELLMANN, S. 48.
[37] Anders noch unter dem alten Steuergesetz 1979 Verwaltungsgericht vom 18.7.1991 i.S. C.M., in: STADELMANN, S. 213 (Zustellung) und S. 233 (Einsprache).
[38] Der Willensvollstrecker hat ein Akteneinsichtsrecht, vgl. StB 162 Nr. 2 (2.1); der Willensvollstrecker vertritt die Erben im Veranlagungsverfahren und er kann insbesondere auch Rechtsmittel ergreifen, vgl. StB 193 Nr. 1 (3.1).
[39] Vgl. WEIDMANN/GROSSMANN/ZIGERLIG, S. 359.
[40] Vgl. StB 193 Nr. 1 (3.2).
[41] Vgl. EGVSZ 2006 S. 132 E. 3 [VGer.]: Dieses Urteil korrigiert eine missglückte Gesetzesredaktion von § 136 Abs. 3 StG dahingehend, dass (neben Steuerveranlagungen) auch *Steuererklärungen und Steuerrechnungen* einem vertraglich bestellten Vertreter bzw. dem gesetzlichen Vertreter *zugestellt* werden dürfen. Dies schliesst auch den Willensvollstrecker (als einen gesetzlichen Vertreter im weiteren Sinne) ein; Weisung vom 18. Dezember 2006 zur Gewährung der Akteneinsicht sowie zur Erteilung von Auskünften aus Steuerakten, Rz. 13.

	Direkte Steuern (Einkommens- und Vermögenssteuer)			
	Verfahrensbeteiligung		Haftung	
Hoheit	WV	Rechtsgrundlage	WV	Rechtsgrundlage
TG	ja	§ 15 I StG	ja	*§ 17 III StG*[42]
TI	ja	Art. 11 I LT	ja	*Art. 12 IV LT*
UR	ja	Art. 16 I StG	ja	*Art. 17 IV StG*
VD	ja	Art. 13 I LI	ja	*Art. 14 V LI*
VS	ja	Art. 9 I StG	ja	*Art. 10 IV StG*
ZG	ja	§ 12 I StG	ja	*§ 13 IV StG*
ZH	ja[43]	§ 11 I/127 StG	*ja*[44]	*§ 12 III StG*

3. Nachsteuern

250 a) Das Nachsteuerverfahren betrifft die **Einkommens- und Vermögenssteuern**. Deshalb gelten grundsätzlich die vorne (Art. 517–518 N 242 ff.) erwähnten Regeln entsprechend (ZWEIFEL, Stellung des Willensvollstreckers, S. 179 f. und 183: «Dieselbe Mithaftung muss sich auch auf allfällige Nachsteuern aus ungenügenden Veranlagungen des Erblassers erstrecken, weil die Nachsteuer bloss eine Nachforderung der ursprünglichen vom Erblasser geschuldeten Steuer ist»; VALLENDER, Art. 151 DBG N 2; BISCHOF, STH 72/1998 S. 1149).

251 b) Wichtig in diesem Zusammenhang ist sicherlich, dass **seit 2005 die Strafsteuer nicht mehr besteht** (§ 179 DBG und Art. 57 Abs. 3 StHG wurden per 1. März 2005 aufgehoben [AS 2005 S. 1051]; diese Gesetzgebung wurde aufgrund von zwei Entscheiden des Europäischen Gerichtshofs für Menschenrechte vom 29. August 1997 [A.P., M.P. und T.P. vs. Schweiz, 71/1996/690/882; E. L., R. L.

---

[42] Seit dem 1. Januar 2005.
[43] Vgl. RB 1997 Nr. 40 S. 89 = ZStP 1998 S. 204: «Steuerverfügungen betreffend Einschätzungen des Erblassers sind dem Willensvollstrecker und nicht den Erben zuzustellen»; RICHNER/FREI/KAUFMANN/MEUTER, § 140 StG N 29 (Einsprache durch den Willensvollstrecker); ZR 71/1972 Nr. 101 S. 310: «Als Willensvollstrecker untersteht der Anwalt der Steuerbehörde gegenüber der Auskunftspflicht gemäss § 132 StG. In Bezug auf Tatsachen, die ihm in seiner Eigenschaft als Anwalt des Erblassers anvertraut wurden, ist die Offenbarung des Berufsgeheimnisses hingegen nur bei Vorliegen höherer Interessen nach Prüfung durch die Aufsichtskommission gestattet».
[44] Vgl. RICHNER/FREI/KAUFMANN/MEUTER, § 12 StG N 31 ff.: Die Haftung entspricht im Umfang derjenigen der Erben (N 32); es besteht die Möglichkeit des Entlastungsbeweises (N 33).

und J. O.-L. vs. Schweiz, 75/1996/694/886] erlassen). Der zu entrichtende Betrag hat sich somit in der Regel halbiert.

c) **Seit dem 1. Januar 2010** gelten neue Regeln für eine **vereinfachte Nachbesteuerung** in Erbfällen (Bundesgesetz vom 20. März 2008 über die Vereinfachung der Nachbesteuerung in Erbfällen und die Einführung der straflosen Selbstanzeige – AS 2008 S. 4453). Diese Regeln gelten sowohl für die direkte Bundessteuer (Einkommenssteuer des Bundes; neuer Art. 153a DBG) als auch für die Einkommens- und Vermögenssteuern der Kantone und Gemeinden (neuer Art. 53a StHG). Sie sehen vor, dass die Nachsteuer nur noch von 3 statt 10 Steuerjahren vor dem Tod des Erblassers geschuldet ist und es kommt ein tieferer Verzugszins zur Anwendung. Der zu entrichtende Betrag reduziert sich somit nochmals massiv.

a. Verfahren

a) Wie bei den direkten Steuern (Art. 517–518 N 248) beteiligt sich der Willensvollstrecker in der Regel am **Veranlagungs- und Rechtsmittelverfahren** und tut dies in Absprache mit den Erben (ZR 66/1967 Nr. 7 S. 17 = ZBl. 68/1967 S. 276 [VGer.]: Rekurs des Willensvollstreckers gegen Nachsteuer; ZR 53/1954 Nr. 86 S. 199 [ORK]: Veranlagung von Nach- und Strafsteuern). Wenn der Willensvollstrecker allerdings zunächst nur als Vertreter der Erben am Verfahren beteiligt ist, kann er im laufenden Verfahren keinen Parteiwechsel vornehmen und «als Willensvollstrecker» (kraft seines Amtes) in das Verfahren eintreten (BGer. 2A.29/2007 vom 29. März 2007).

b) Wenn die Erben bevorzugen, vom Erblasser nicht deklarierte Vermögenswerte den Steuerbehörden weiterhin nicht offenzulegen, kann es zu einem **Interessenkonflikt** kommen, weil der Willensvollstrecker aufgrund seiner Auskunfts- und Informationspflicht im Rahmen der Inventarisation (Art. 517–518 N 239) zu einer Offenlegung verpflichtet ist (BISCHOF, STH 72/1998 S. 1149). Die häufig ausgesprochene Empfehlung, ein Willensvollstrecker-Mandat abzulehnen oder niederzulegen, wenn sich die Erben gegen eine Offenlegung aussprechen (vgl. etwa BISCHOF, STH 72/1998 S. 1150), wird von der herrschenden Meinung nicht geteilt (BREITSCHMID, Aufsicht, S. 164; BSK-KARRER, Art. 518 N 33b), weil das Ableben des Erblassers der beste Zeitpunkt für eine Offenlegung ist. Die Erfahrung zeigt zudem, dass die Erben nach durchgeführter Offenlegung durchwegs positiv gestimmt sind. Ab dem 1. Januar 2010 wird dieser Interessenkonflikt insofern entschärft, als der Willensvollstrecker neu selbst ein vereinfachtes Nachsteuerverfahren verlangen kann (Art. 153a Abs. 4 DBG und Art. 53 Abs. 4 StHG; MÄUSLI, successio 4/2020 S. 190; GRÜNINGER/OESTERHELT, SZW 81/2009 S. 71; STREULI/ GROSSMANN, STH 82/2008 S. 712).

b. Haftung

255 a) Wie bei den direkten Steuern (Art. 517–518 N 246) haften grundsätzlich die Erben und der **Willensvollstrecker** unterliegt in den meisten Kantonen einer Mit-Haftung, welche wiederum von der Regelung des DBG inspiriert ist.

256 b) Die Verfahrensbeteiligung und Haftung des Willensvollstreckers bei den Nachsteuern ist **im Einzelnen** wie folgt geregelt:

	Nachsteuern			
	Verfahrensbeteiligung		Haftung	
Hoheit	WV	Rechtsgrundlage	WV	Rechtsgrundlage
Bund	ja	Art. 12, 117 und 153 III DBG	ja	*Art. 13 IV und 153 III DBG*
Kantone	ja	Art. 41, 42 und 53 StHG	–	–
AG	ja[45]	§ 208 StG	ja	*§ 8 IV StG*
AI	ja	Art. 155 II StG	ja	*Art. 16 III StG*
AR	ja	Art. 194 I StG	ja	*Art. 15 III StG*
BE	ja	Art. 14 I StG	ja	*Art. 14 III StG*
BL	ja	§ 12 StG	ja	*§ 14 II g StG*
BS	ja	§ 11 I StG	nein	*§ 11 IV/13 StG*
FR	ja	Art. 149 DStG	ja	*Art. 13 IV DStG*
GE	ja	Art. 11 I LIPP	ja	*Art. 12 IV LIPP*
GL	ja	(§ 176a IV StG)[46]	ja	*Art. 12 IV StG*
GR	ja	Art. 12 I StG	ja	*Art. 13 III e StG*
JU	ja	Art. 52 LI	ja	*Art. 53e LI*
LU	ja	Art. 19 I StG	ja	*§ 20 V StG*
NE	ja	Art. 14 I Lcdir	ja	*Art. 15 III Lcdir*
NW	ja	Art. 14 I StG	ja	*Art. 15 III StG[47]*
OW	ja	Art. 164 StG	ja	*Art. 16 Ib StG*

---

[45] Vgl. KÜHNI, § 208 StG N 8.
[46] Diese Bestimmung gilt erst ab 1. Januar 2010.
[47] Bei Mitwirkung an einer Steuerhinterziehung ist auch Art. 228 III StG zu beachten.

Nachsteuern				
	Verfahrensbeteiligung		Haftung	
Hoheit	*WV*	*Rechtsgrundlage*	*WV*	*Rechtsgrundlage*
SG	ja	Art. 193 StG[48]	*ja*	*Art. 25 III StG*[49]
SH	ja	Art. 13 I StG	*ja*	*Art. 14 III StG*
SO	ja	§ 18 I StG	*ja*	*§ 19 III StG*
SZ	ja	§ 13 I/136 StG[50]	nein	§ 13 I/14 StG
TG	ja	§ 15 I StG	*ja*	*§ 17 III StG*[51]
TI	ja	Art. 11 I LT	*ja*	*Art. 12 IV LT*
UR	ja	Art. 16 I StG	*ja*	*Art. 17 IV StG*
VD	ja	Art. 13 I LI	*ja*[52]	*Art. 14 V LI*
VS	ja	Art. 9 I StG[53]	*ja*	*Art. 10 IV StG*
ZG	ja	§ 12 I StG	*ja*	*§ 13 IV StG*
ZH	ja[54]	§ 127 StG	*ja*	*§ 12 III StG*

4. Erbschaftssteuer

a) In den meisten Kantonen werden die Erben bzw. Vermächtnisnehmer für denjenigen Anteil besteuert, welchen sie aus dem Nachlass erhalten (**Erbanfallsteuer**). In den Kantonen Freiburg (Art. 2 Abs. 1 FR-ESchG), Graubünden (Art. 2 Abs. 2 lit. a GR-GKStG), Waadt (Art. 25 VD-LICom) und Luzern (Art. 33 f. LU-NEStG) gibt es daneben noch eine (zusätzliche) Gemeindesteuer (KÜNZLE/KLÖTI/LYK/ROTH, S. 137 ff.).

257

---

[48] Der Willensvollstrecker hat ein Akteneinsichtsrecht, vgl. StB 162 Nr. 2 (2.1); der Willensvollstrecker vertritt die Erben im Veranlagungsverfahren und er kann insbesondere auch Rechtsmittel ergreifen, vgl. StB 193 Nr. 1 (3.1).
[49] Vgl. StB 193 Nr. 1 (3.2).
[50] Ab 1. Januar 2010: Art. 177a StG.
[51] Gültig seit 1. Januar 2005.
[52] Vgl. MASMEJAN-FEY/MASMEJAN, Art. 14 LIVD N 37.
[53] Ab 1. Januar 2010: § 159a StG.
[54] Vgl. ZR 66/1967 Nr. 7 S. 17 = ZBl. 1967 S. 276 [VGer.]: Rekurs des Willensvollstreckers; Kreisschreiben der Finanzdirektion vom 24. Oktober 2008 an die Inventarisationsbehörden über die Inventarisation in Todesfällen (ZStB 32/003): Seit dem 1. Januar 2009 wird in der Regel ein schriftliches Verfahren durchgeführt.

265 c) Die Verfahrensbeteiligung und Haftung des Willensvollstreckers bei den Erbschaftssteuern ist **im Einzelnen** wie folgt geregelt:

	Erbschaftssteuer (Erbanfall- und Nachlassteuer)			
	Verfahrensbeteiligung		*Haftung*	
Hoheit	WV	Rechtsgrundlage	WV	Rechtsgrundlage
Bund	–	–	–	–
Kantone	–	–	–	–
AG	nein[55]	§ 150 StG	*ja*[56]	§ 8 IV StG[57]
AI	*ja*	Art. 141 II StG	*ja*	Art. 102 I StG
AR	*ja*	Art. 186 I und 207 II StG	*ja*	Art. 148 III StG
BE	nein[58]	Art. 24 EschG iVm Art. 14 I StG	*ja*	Art. 24 EschG iVm Art. 14 IV StG
BL	nein	§ 18 EschG	nein[59]	§ 10 EschG

---

[55] Vgl. BGE vom 23. Januar 1980 i.S. W. (unpubliziert), zit. von BAUR/IMTHURN/URSPRUNG, § 150 StG N 8; AGVE 1998 Nr. 12 E. 4c S. 484: Die Anfrage an den Willensvollstrecker zur Einsendung von Unterlagen stellt keine die Verjährung unterbrechende Einleitungshandlung gegenüber den Erben dar; AGVE 1981 Nr. 1 E. 2 S. 292 (SRK): Eröffnung der Erbschaftssteuerverfügung wurde später ein zweites Mal eröffnet; AGVE 1976 Nr. 11 S. 187 (VGer.); nicht thematisiert wurde diese Frage in AGVE 1965 Nr. 20, wo im Sachverhalt aufgeführt ist, dass die Einsprache und Beschwerde durch den Willensvollstrecker für die Erben erhoben wurde, allerdings nicht klar ist, ob dies unter Verwendung einer Vollmacht erfolgte.

[56] Vgl. SCHORNO/URSPRUNG, § 8 StG N 19.

[57] Der Willensvollstrecker haftet, wenn er Vermächtnisse ausrichtet oder die Teilung durchführt, bevor die Erbschaftssteuer bezahlt ist, vgl. § 8 Abs. 4 AG-StG.

[58] Vgl. BGer. 2P.261/1999 vom 13. April 2000 E. 3a = StR 55/2000 S. 678 B = NStP 54/2000 S. 66: «Daraus, dass der inventarisierende und die Erbschaftssteuerpflicht anzeigende Notar offenbar als befugt erachtet wird, die Veranlagungsverfügungen für die Erben entgegenzunehmen, folgt nicht, dass der gleiche Notar oder der eingesetzte Willensvollstrecker auch die Befugnis hat, nachträglich ohne besondere Vollmacht für einzelne Erben eine Revision der Veranlagungen zu verlangen»; kritisch dazu CASANOVA, ASA 71/2002 S. 28 f.

[59] Vgl. RAMSEIER, S. 149–151.

Erbschaftssteuer (Erbanfall- und Nachlasssteuer)				
	Verfahrensbeteiligung		Haftung	
Hoheit	WV	Rechtsgrundlage	WV	Rechtsgrundlage
BS	*ja*[60]	§ *117 StG*	nein	§ 119 II StG
FR	ja	Art. 34 I ESchG	nein	Art. 52 I ESchG
GE	*ja*[61]	*Art. 31 I LDS*	ja	*Art. 64 III LDS*[62]
GL	ja	Art. 165/180 StG	nein	Art. 128 I StG
GR	*ja*[63]	*Art. 123c StG*	ja	*Art. 115 II und 13 StG*
JU	*nein*	Art. 27 LISD	nein	Art. 33 LISD
LU	nein[64]	§ 15 EschG	nein	§ 6 EschG
NE	*ja*[65]	*Art. 29 LSucc*	nein	Art. 42 LSucc
NW	ja	Art. 215 II StG	ja	*Art. 167 I StG*[66]

---

[60] Vgl. BJM 1990 S. 152 E. 1: «Der Willensvollstrecker kann Steuerverfügungen, die den Nachlass betreffen, in eigenem Namen anfechten.»

[61] Vgl. RDAF 57/2001 II S. 524 E. 1a (BGer.): «Dans la mesure où l'exécuteur testamentaire est tenu de payer les droits de succession sur les biens de celle-ci au regard du droit cantonal, il doit pouvoir défendre la succession contre une double imposition intercantonale injustifiée»; RDAF 57/2001 II S. 588 E. h (CR).

[62] Weiter vgl. Art. 53 Abs. 2 GE-LDS: «Les exécuteurs testamentaires ... sont tenus d'acquitter sur les biens de la succession les droit de succession, intérêts, amendes, frais et émoluments»; BGer. 2P.276/2003 vom 19. Juli 2004 E. 1.2; BGE 101 II 47 E. 2a S. 54 = ZBGR 57/1976 Nr. 73 S. 375 = SJ 98/1976 S. 201 und StR 32/1977 S. 203 f. [TA GE]; RDAF 32/1976 S. 282 [CR]; GUINAND, ZBGR 57/1976 S. 326.

[63] PVG 2005 Nr. 16 S. 63: «Ist der Veranlagungsbehörde bekannt, dass ein Willensvollstrecker eingesetzt wurde, darf sie die Veranlagungsverfügung mit Wirkung für alle Erben an diesen eröffnen.»

[64] Vgl. LU StB Bd. 3 Weisungen EStG § 15 Nr. 1 Veranlagungsverfahren: Der Willensvollstrecker ist nicht zur Erhebung von Rechtsmitteln befugt, mit Verweis auf RB 1990 S. 102 Nr. 57 (SR 89.00068).

[65] Vgl. den Sachverhalt in RJN 2000 S. 268 (TA), RJN 1991 S. 138 f. (TA) und RDAF 43/1987 S. 68 (TA).

[66] Der Willensvollstrecker muss die Steuerbeträge «von den Zuwendungen vor deren Ausrichtung abziehen» (Art. 236 Abs. 4 StG).

Erbschaftssteuer (Erbanfall- und Nachlassteuer)					
	Verfahrensbeteiligung		Haftung	
Hoheit	WV	Rechtsgrundlage	WV	Rechtsgrundlage
OW	nein[67]	Art. 132 StG	nein[68]	Art. 141 StG
SG	ja[69]/nein[70]	§ 192 StG	*ja*	*Art. 157 III StG*[71]
SH	nein	Art. 2 EschG	nein	Art. 23 ESchG
SO	ja/nein[72]	§ 217/224 StG	nein	Art. 218/224 StG
SZ	–[73]	–	–	–
TG	ja[74]	§ 32 II ESchG	nein	§ 33 ESchG
TI	ja	Art. 151 LT	ja[75]	Art. 152 II LT
UR	nein	Art. 8 ESchG	nein	Art. 9 ESchG
VD	nein	Art. 49 ff. LSMD	nein	Art. 18 LMSD
VS	nein	Art. 118 StG	nein	Art. 118 I StG
ZG	nein	§ 176 StG	nein	§ 185 StG

---

[67] Vgl. OWVVGE X/1991/92 Nr. 54 S. 188: «Der Willensvollstrecker ist hinsichtlich der von den Zuwendungsempfängern geschuldeten Steuer nicht einsprachelegitimiert, obwohl er mit den Steuerpflichtigen solidarisch haftet (E. 1) ... Die Steuerveranlagung ist jedem Zuwendungsempfänger zu eröffnen. Die Eröffnung an den nicht bevollmächtigten Willensvollstrecker ist nichtig (E. 2b und 3).»

[68] Die Erbschaftssteuer wird von der Erbmasse bezogen, nicht von den einzelnen Erben.

[69] Vgl. StR 40/1985 S. 176 (BGer.): Einsprache durch den Willensvollstrecker; seine Vertretungsbefugnis wird vermutet, vgl. WEIDMANN/GROSSMANN/ZIGERLIG, S. 371.

[70] SGE 1995 Nr. 10: Der Willensvollstrecker ist nicht Vertreter der Erben; StB 193 Nr. 1 (4.).

[71] Der Willensvollstrecker muss «Steuerbeträge von den Zuwendungen vor deren Ausrichtung abziehen» (Art. 213 Abs. 2 StG); vgl. dazu StB 193 Nr. 1 (4.).

[72] Bei der Nachlasstaxe ist der Willensvollstrecker am Verfahren beteiligt, bei der Erbschaftssteuer nicht.

[73] Der Kanton Schwyz kennt keine Erbschaftssteuer.

[74] Die Erbschaftssteuer wird gesamthaft von der Erbmasse bezogen.

[75] Vgl. PRIMI, S. 47: «Giusta la vechia normativa l'esecutore testamentario rispondeva solidamente con gli eredi e i legatari per le imposte di successione solo sino a concorrenza dell'attivo netto disponibile della successione.»

Erbschaftssteuer (Erbanfall- und Nachlassteuer)				
	Verfahrensbeteiligung		Haftung	
Hoheit	WV	Rechtsgrundlage	WV	Rechtsgrundlage
ZH	ja/nein[76]	Art. 31 und 32 II ESchG	nein[77]	§ 8/9 EschG

5. Steuerstrafrecht

a) Wenn der Willensvollstrecker seine vorgenannten Pflichten nicht erfüllt, wird er in gewissen Fällen bestraft. Das Steuerharmonisierungsgesetz regelt diesen Bereich umfassend, weshalb die **kantonalen Regelungen** praktisch **identisch** sind. Deshalb wird nachfolgend verzichtet, alle kantonalen Bestimmungen aufzulisten, es werden nur einzelne Beispiele angeführt.

266

b) Wenn der Willensvollstrecker seine **Verfahrenspflichten verletzt,** wird er mit einer Busse bis zu CHF 1000.–, in schweren Fällen bis zu CHF 10 000.– bestraft (Art. 174 Abs. 2 DBG). Das trifft etwa zu bei Nichteinreichung der Steuererklärung oder von Geschäftsaufzeichnungen (Art. 174 Abs. 1 lit. a und b DBG) oder bei Verweigerung der Auskunftserteilung über den Nachlass beim Steuerinventar (Art. 174 Abs. 1 lit. c DBG).

267

---

[76] Vgl. BGer. 2A.420/2004 vom 17. September 2004 E. 1: «Eine ausdrückliche Vorschrift zur Stellvertretung enthält das Erbschafts- und Schenkungssteuergesetz vom 28. September 1986 (ESchG) zwar nicht, doch geht auch dieses von der Zulässigkeit der Stellvertretung aus, wie aus § 32 Abs. 2 Satz 1 ESchG geschlossen werden muss. Gemäss dieser Vorschrift genügt bei einer Mehrheit von Steuerpflichtigen die Zustellung der Verfügung an den Willensvollstrecker oder an die von den Steuerpflichtigen als Vertreter bezeichnete Person. Eine bestimmte Form schreibt das Gesetz für die Vollmacht nicht vor. Diese kann nach der Praxis der Zürcher Steuerbehörden nicht nur schriftlich, sondern auch stillschweigend erteilt werden. Eine stillschweigende Erteilung kann sich aus den vom Vertretenen geschaffenen und gebilligten Umständen ergeben, so etwa, wenn der Steuerpflichtige wissentlich duldet, dass ein anderer im Verfahren als sein Vertreter auftritt»; RICHNER/FREI, § 32 EschG N 14; der Willensvollstrecker ist jedenfalls zur Entgegennahme der Verfügung ermächtigt, vgl. Bundesgericht vom 23. Dezember 1970, ASA 41/1972 S. 345 E. 1.
Strenger die frühere Rechtsprechung des Verwaltungsgerichts, nach welcher der Willensvollstrecker nicht Vertreter der Erben bzw. zur Einsprache nur berechtigt ist, wenn Rechte des Nachlasses betroffen sind, vgl. RB 1990 Nr. 57 (SR 89/00068); 1982 Nr. 124 (SR 65/1982); ZR 46/1947 Nr. 116 E. 1 S. 201 = RB 1947 Nr. 68 S. 48 f. = ZBl. 49/1948 S. 373 = ZBGR 29/1948 Nr. 138 S. 298 (ORK); RB 1940 Nr. 55 S. 37 = ZBGR 24/1943 Nr. 99 S. 284; RICHNER/FREI, § 41 EschG N 18.

[77] Vgl. RICHNER/FREI, § 56 EschG N 2.

268 c) Wenn der Willensvollstrecker Nachlasswerte verheimlicht oder beiseite schafft, um sie der **Inventaraufnahme** (Art. 517–518 N 236) zu entziehen, oder wenn er Erben dazu anstiftet oder ihnen Beihilfe leistet, wird er mit einer Busse bestraft bis zu CHF 10 000.–, in schweren Fällen bis zu CHF 50 000.– (Art. 178 DBG und Art. 56 Abs. 3 StHG; MÄUSLI, successio 4/2010 S. 191; BEHNISCH/RICHNER, ASA 61/1992–93 S. 461). Diese Tat ist nur bei vorsätzlicher Begehung strafbar (LGVE 2002 II Nr. 20 E. 2a S. 225: wenn Nachlasswerte beiseite geschafft oder der Inventarbehörde verheimlicht werden) und auch der Versuch setzt Vorsatz voraus. Die Teilnahme setzt eine vorsätzliche Haupttat voraus, weshalb die Teilnahme an einer fahrlässig verübten Tat straffrei bleibt.

269 d) **Steuerhinterziehung** begeht, wer als Steuerpflichtiger vorsätzlich oder fahrlässig bewirkt, dass eine Veranlagung zu Unrecht unterbleibt oder dass eine rechtskräftige Veranlagung unvollständig ist (Art. 175 Abs. 1 DBG und Art. 56 Abs. 1 StHG). Da die Steuerhinterziehung einen Sonderdeliktscharakter hat, kann der Willensvollstrecker nicht wegen vorsätzlicher oder fahrlässiger Verkürzung der Einkommens- oder Vermögensfaktoren des Erblassers bestraft werden (ZWEIFEL, ASA 64/1994–95 S. 371). Wenn der Willensvollstrecker (er wird unter den Begriff «Vertreter des Steuerpflichtigen» subsumiert, vgl. BISCHOF, STH 72/1998 S. 1150) allerdings (Erben oder Vermächtnisnehmer) zur Steuerhinterziehung anstiftet, ihnen dabei Hilfe leistet oder an einer solchen mitwirkt, kann auch er mit einer Busse bis zu CHF 10 000.–, in schweren Fällen bis zu CHF 50 000.–, betraft werden (Art. 177 DBG und Art. 56 Abs. 3 StHG). Zudem haftet er solidarisch für die hinterzogene Steuer.

270 e) Da die **Erbschaftssteuer** (Erbanfall- und Nachlasssteuern) Sonderdeliktscharakter hat, kann der Willensvollstrecker grundsätzlich nicht wegen vorsätzlicher oder fahrlässiger Verkürzung der Zuwendungsfaktoren der Erben bzw. Vermächtnisnehmer bestraft werden, es sei denn das kantonale Recht sehe dies ausnahmsweise vor (vgl. etwa § 68 Abs. 2 ZH ESchG, § 176 GR StG). Wenn der Willensvollstrecker (Erben oder Vermächtnisnehmer) zur Steuerhinterziehung anstiftet oder ihnen dabei Hilfe leistet, kann er bestraft werden. Das kantonale Recht kann zudem auch die Mitwirkung unter Strafe stellen (vgl. etwa § 68 Abs. 2 ZH ESchG, § 176 GR StG).

271 f) Der Willensvollstrecker wird wegen **Steuerbetrugs** bestraft, wenn er zum Zwecke der Steuerhinterziehung gefälschte, verfälschte oder inhaltlich unwahre Urkunden (wie Geschäftsbücher, Bilanzen, Erfolgsrechnungen, Lohnausweise und andere Bescheinigungen, nicht jedoch die Steuererklärung [inkl. der Anhänge wie Wertschriften- und Schuldenverzeichnis], vgl. DONATSCH, Art. 186 DBG N 13) zur Täuschung der Steuerbehörden verwendet (dies kann sowohl die Einkommens-/Vermögenssteuern als auch die Erbschaftssteuern betreffen, vgl. beispiels-

weise § 74 ZH ESchG, § 182a GR StG), und zwar mit Gefängnis bis zu 3 Jahren oder Busse bis zu CHF 30 000.–. (Art. 186 Abs. 1 DBG, Art. 59 Abs. 1 StHG). Zur Tatbegehung genügt die blosse Absicht, es ist nicht notwendig, dass eine Steuerverkürzung eintritt. Der Steuerbetrug ist vollendet, wenn die falschen Urkunden mit Täuschungs- und Hinterziehungsabsicht den Steuerbehörden eingereicht worden sind (DONATSCH, Art. 186 DBG N 8).

g) Einer **Steuergefährdung** (Art. 62 VStG, Art. 86 MWSTG) macht sich schuldig, wer die gesetzmässige Erhebung der Steuer gefährdet, indem er vorsätzlich oder fahrlässig bestimmte Verfahrenspflichten nicht oder nicht gehörig erfüllt. Die Strafe ist Busse und beträgt bei der Verrechnungssteuer bis CHF 20 000.– und bei der Mehrwertsteuer bis CHF 10 000.–, in schweren Fällen bis CHF 30 000.–, und kann bis zum Einfachen der gefährdeten Steuer erhöht werden (Art. 86 Abs. 2 MWSTG). Die mit Strafe bedrohten Gefährdungstatbestände können zum Teil nur von den Erben erfüllt werden, wie etwa die unterlassene Pflicht, sich als Steuerpflichtiger anzumelden (Art. 62 Abs. 1 lit. a VStG, Art. 86 Abs. 1 lit. a MWSTG). Die meisten Tatbestände können allerdings auch vom Willensvollstrecker erfüllt werden, weil nicht verlangt wird, dass der Täter Steuerpflichtiger sein muss. 272

h) Die Verletzung der Verfahrenspflichten und die Delikte im Zusammenhang mit dem Steuerinventar sind bezüglich des Willensvollstreckers **im Einzelnen** wie folgt geregelt: 273

	Steuerstrafrecht			
	(1) Verfahrenspflichten verletzen (alle Steuern)		(2) Steuerinventar (Verheimlichung und Beiseiteschaffung von Vermögen)	
Hoheit	WV	Rechtsgrundlage	WV	Rechtsgrundlage
Bund	ja[78]	Art. 174 DBG	ja[79]	Art. 178 DBG
Kantone	ja	Art. 55 StHG	ja[80]	Art. 56 IV StHG
AG	ja	§ 235 StG	ja[81]	§ 239 StG
BE	ja	Art. 216 StG	ja[82]	Art. 220 I StG

---

[78] Vgl. RICHNER/FREI/KAUFMANN/MEUER, Art. 174 DBG N 20.
[79] Vgl. SIEBER, Art. 178 DBG N 7; RICHNER/FREI/KAUFMANN/MEUTER, Art. 178 DBG N 4.
[80] Vgl. SIEBER, Art. 14 StHG N 14.
[81] Vgl. EGLOFF, § 239 StG N 15.
[82] Vgl. KNEUBÜHLER, BVR 1999 S. 247.

	Steuerstrafrecht			
	(1) Verfahrenspflichten verletzen (alle Steuern)		(2) Steuerinventar (Verheimlichung und Beiseiteschaffung von Vermögen)	
Hoheit	WV	Rechtsgrundlage	WV	Rechtsgrundlage
BL	ja	§ 154 StG	ja[83]	§ 158 StG
ZH	ja[84]	§ 234 StG	ja[85]	§ 238 StG

274 i) Steuerhinterziehung und Steuerbetrug sind mit Bezug auf den Willensvollstrecker **im Einzelnen** wie folgt geregelt:

	Steuerstrafrecht			
	(3) Steuerhinterziehung (Einkommens- und Vermögenssteuer)		(4) Steuerbetrug (Einkommens- und Vermögenssteuer)	
Hoheit	WV	Rechtsgrundlage	WV	Rechtsgrundlage
Bund	teilweise*[86]	Art. 177 DBG	ja	Art. 186 DBG
Kantone	teilweise*[87]	Art. 56 III StHG	ja	Art. 59 StHG
AG	teilweise*[88]	§ 238 StG	ja	§ 255 StG
BL	teilweise*[89]	§ 153 StG	ja	§ 148 StG
LU	teilweise*	§ 213 StG[90]	ja[91]	§ 225 StG
SG	teilweise*	Art. 250 StG[92]	ja	Art. 272 StG[93]

* = Anstiftung/Gehilfenschaft/Mitwirkung

---

[83] Vgl. FILLI/PFENNINGER-HIRSCHI, § 158 StG N 1 ff.
[84] Vgl. RICHNER/FREI/KAUFMANN/MEUTER, § 234 StG N 14; ebenso schon REIMANN/ZUPPINGER/SCHÄRER, § 132 StG N 12.
[85] Vgl. RICHNER/FREI/KAUFMANN/MEUTER, § 238 StG N 4; ebenso schon REIMANN/ZUPPINGER/SCHÄRER, § 132 StG N 11.
[86] Vgl. SIEBER, Art. 177 DBG N 14; RICHNER/FREI/KAUFMANN/MEUTER, Art. 177 DBG N 12.
[87] Vgl. SIEBER, Art. 56 StHG N 32.
[88] Vgl. EGLOFF, § 238 StG N 16.
[89] Vgl. FILLI/PFENNINGER-HIRSCHI, § 153 StG N 10.
[90] Vgl. LU StB Bd 2a Weisungen StG § 213 Nr. 1 (3. Mitwirkung).
[91] Vgl. BISCHOF, STH 72/1998 S. 1151.
[92] Vgl. StB 193 Nr. 1 (5.2)
[93] Vgl. StB 193 Nr. 1 (5.3).

6. Weitere Steuern und Sozialversicherungen

a) Nach dem Ableben des Erblassers kann jeder **Erbe** (einzeln) die noch ausstehende **Mehrwert- oder Verrechnungssteuer** ermitteln und sie der Eidgenössischen Steuerverwaltung abliefern. Der Willensvollstrecker ist zur Beschwerde gegen einen Mehrwertsteuerentscheid im Zusammenhang mit einer Nachlassliegenschaft legitimiert: «l'exécuteur testamentaire a qualité pour le conduire en son propre nom et en tant que partie à la place de celui qui est, quand au fond, le sujet actif ou passif du droit contesté ...» (BGer. 1C_290/2007 vom 28. Januar 2008 E. 1; BVG A-1571-2006 E. 1.2). In ein allfälliges Berichtigungs- oder Nachforderungsverfahren sind alle Erben einzubeziehen, weil einheitlich über die Steuerschuld der Erben entschieden werden muss (JAUSSI, Art. 10 VStG N 3). 275

b) Bei der **Verrechnungssteuer** kann der **Willensvollstrecker** die Rückerstattung für den Nachlass beantragen (zu einem Beispiel vgl. STUDER, Beginn, S. 111) und auch entsprechende Rechtsmittel ergreifen (BGer. 2A.300/2004 vom 13. Dezember 2004 E. 1.1 und BGer. 2A.299/2004 E. 1.1 = StR 60/2005 S. 510 = ASA 75/2007 S. 419 = RDAF 61/2005 II S. 308). Eine Mithaftung des Willensvollstreckers ist für die Steuerschulden der Erben bei der Liquidation einer Handelsgesellschaft ohne Rechtspersönlichkeit (Kollektiv- oder Kommanditgesellschaft) denkbar, an welcher der Erblasser beteiligt gewesen ist (Art. 15 Abs. 1 lit. a VStG; MEISTER, Art. 15 VStG N 9 ff.). 276

c) Bei der Mehrwertsteuer haftet der **Willensvollstrecker** für die Steuerschuld des Erblassers (Art. 32 Abs. 1 lit. c MWSTG). Darüber hinaus haftet er für die Mehrwertsteuer der Erben mit, wenn er eine freiwillige Versteigerung von Nachlassgegenständen durchführt oder durchführen lässt (Art. 32 Abs. 1 lit. b MWSTG; WENK, Art. 32 MWST N 11 ff.). 277

d) Bei der **Grundstückgewinn- und Handänderungssteuer** im Rahmen der Erbteilung sind die Erben Steuerschuldner (wenn der Willensvollstrecker ein Grundstück aus dem ungeteilten Nachlass verkauft, kommt es gar nicht zu einer Handänderungssteuer, vgl. LGVE 1999 II Nr. 35 S. 289 [VGer.]). Die Erben sind gemeinsam in ein Steuerverfahren einzubeziehen (StE 11/1994 B 43.1 Nr. 1 [VGer. ZH]; RICHNER/FREI/KAUFMANN/MEUTER, § 217 StG N 17 ff.) und der Willensvollstrecker ist deshalb nicht zum Rekurs berechtigt (ZR 53/1954 Nr. 86 S. 199 [ORK]; ZR 22/1923 Nr. 13 S. 29 [ORK]; anders allerdings StR 62/2007 S. 531 E. 1a = RDAF 64/2008 II S. 189 [TA VD]; StR 55/2000 E. 1baa S. 429 = RDAF 56/2000 II S. 288 [TA VD], wo die Verfügung dem Willensvollstrecker zugestellt und diese Zustellung für den Zeitpunkt der Verjährung als massgebend angesehen wurde; in LGVE 1979 I Nr. 472 S. 529 wurde die Frage der Legitimation des Willensvollstreckers nicht geprüft). Der Willensvollstrecker ist dann ausnahmsweise zu Rechtsmitteln legitimiert, wenn die Grundstückgewinnsteuer 278

Art. 613–615, Art. 617–619 und Art. 634 (BK-HAUSHEER/REUSSER/GEISER, Art. 246 N 20 ff.). Weil das Verfahren bei der Errungenschaftsgemeinschaft im Gesetz nicht näher geregelt ist, werden die Regeln des Erbrechts sinngemäss auch auf den ordentlichen Güterstand angewendet (BK-HAUSHEER/REUSSER/GEISER, Art. 215 N 21). Übernommen wird etwa aus Art. 634, dass zwei Teilungsarten zulässig sind, nämlich die Realteilung (Art. 517–518 N 314) und der schriftliche Teilungsvertrag (Art. 517–518 N 307 ff.). Anwendbar sind zudem die Regeln über die gegenseitige Auskunftspflicht (BREITSCHMID, Stellung des Willensvollstreckers, S. 120; Art. 517–518 N 215 ff.). Dies ist ein besonders wichtiger Aspekt, weil der Stand der Informationen in vielen Fällen entscheidend ist (BGE 133 III 638 E. 2 S. 639 f. = 5A_433/2007 = JdT 157/2009 I S. 151 ff. = RDAF 64/2008 I S. 521 f. = SJZ 103/2007 Nr. 33 S. 581 f. = successio 4/2010 S. 31 [Anm. Paul Eitel]: Vorsorgliche Beweisaufnahme, nachdem der Erblasser vom Mai 2004 bis Juni 2005 CHF 900 000.– abgehoben hat und es bestand die Vermutung, dass ein Grossteil dieser Beträge an die Ehefrau ging). Der Verweis des Güterrechts auf das Erbrecht zielt auf formale Aspekte und möchte dem Willensvollstrecker keine besondere Stellung in der güterrechtlichen Auseinandersetzung einräumen (BSK-KARRER, Art. 518 N 5).

286 e) Beispiel einer güterrechtlichen Auseinandersetzung:

Nachlass Hans Muster 1: Eheliches Vermögen per Todestag

	Wert Todestag	**Ehemann**	**Ehefrau**
Liegenschaft			
Verkehrswert	CHF 650 000.–		
Hypothek	CHF –330 000.–		
Nettowert	CHF 320 000.–		CHF 320 000.–
Bank/Post			
Wertschr. 1	CHF 1 800 000.–	CHF 1 800 000.–	
Wertschr. 2	CHF 100 000.–		CHF 100 000.–
Konto 1	CHF 450 000.–	CHF 450 000.–	
Konto 2	CHF 65 000.–		CHF 65 000.–
Konto 3	CHF 50 000.–	CHF 50 000.–	
Konto 4	CHF 5 000.–		CHF 5 000.–
Konto 5	CHF 30 000.–	CHF 30 000.–	
Konto 6	CHF 350 000.–		CHF 350 000.–
Konto 7	CHF 130 000.–	CHF 130 000.–	

	Wert Todestag	Ehemann	Ehefrau
Tresor	CHF 5 000.–	CHF 5 000.–	
PC-Konto 1	CHF 125 000.–	CHF 125 000.–	
Barvermögen	CHF 0.–	CHF 0.–	
Depot Krankenheim	CHF 5 000.–	CHF 5 000.–	
Diverse Guthaben	CHF 10 000.–	CHF 10 000.–	
Versicherung X: RKW	CHF 800 000.–	CHF 800 000.–	
Versicherung Y: RKW	CHF 0.–	CHF 0.–	
Versicherung Z: RKW	CHF 350 000.–	CHF 350 000.–	
Überschussbetteiligung	CHF 15 000.–	CHF 15 000.–	
Hausrat (p.m.)	CHF 0.–		CHF 0.–
Auto 1 (p.m.)	CHF 0.–	CHF 0.–	
Auto 2 (Euro-Tax)	CHF 10 000.–		CHF 10 000.–
Laufende Schulden	CHF –60 000.–	CHF –60 000.–	CHF 0.–
Total	**CHF 4 560 000.–**	**CHF 3 710 000.–**	**CHF 850 000.–**

2: Eingebrachtes Vermögen Ehefrau

		Ehemann	Ehefrau
Liegenschaft 1	Verkehrswert		CHF 450 000.–
	Hypothek		CHF –320 000.–
	Nettowert		CHF 130 000.–
Bank A	Konto 8		CHF 10 000.–
Bank B	Konto 9		CHF 5 000.–
Bank C	Festgeld		CHF 150 000.–
	Obligation		CHF 5 000.–
Total			**CHF 430 000.–**

3: Eingebrachtes Vermögen Ehemann

			Ehemann	Ehefrau
Liegenschaft 2	Verkehrswert	CHF	800 000.–	
	Hypothek	CHF	–600 000.–	
	Nettowert	CHF	200 000.–	
Bank A	Wertschriften	CHF	100 000.–	
	Festgeld	CHF	220 000.–	
Bank B	Konto 10	CHF	20 000.–	
	Festgeld	CHF	470 000.–	
Post	Postcheckkonto 2	CHF	5 000.–	
Auto		CHF	25 000.–	
Total		**CHF**	**1 040 000.–**	

4: Güterrechtliche Auseinandersetzung

	Ehemann	Ehefrau
Total Vermögen EM/EF	CHF 3 710 000.–	CHF 850 000.–
Total eingebrachtes Vermögen EM/EF	CHF 1 040 000.–	CHF 430 000.–
Differenz	CHF 2 670 000.–	CHF 420 000.–
./. Kapitalgewinn auf eingebrachten Aktien EM	CHF –1 200 000.–	
./. Wertsteigerung der eingebrachten Liegenschaft 1		CHF –150 000.–
Vorschlag EM/EF	CHF 1 470 000.–	CHF 270 000.–
½ Vorschlag geht an den andern Ehegatten	CHF 735 000.–	CHF 135 000.–
Differenzzahlung EM/EF aus Güterrecht	**CHF –600 000.–**	**CHF 600 000.–**

5: Nachlass Ehemann

	Ehemann	
Total Vermögen Ehemann	CHF 3 710 000.–	
Ausgleichszahlung aus Güterrecht	CHF –600 000.–	
Nachlass Ehemann	**CHF 3 110 000.–**	

B. Ausrichtung der Vermächtnisse

a) Der Willensvollstrecker hat die Pflicht, die **Vermächtnisse** auszurichten (BSK-KARRER, Art. 518 N 50: «Der Willensvollstrecker benötigt für die Ausrichtung der vom Erblasser verfügten Vermächtnisse keine Zustimmung der Erben, auch nicht für die Übertragung von Liegenschaften»; ebenso ZBGR 23/1942 Nr. 137 S. 276 f. [KGer. SZ]; Rep. 73/1940 E. 2 S. 465 [Civ.]; weiter vgl. den Sachverhalt in BGE 111 II 421 Pt. B S. 423 = JdT 134/1986 I S. 622 und AGVE 1973 Nr. 13 Pt. 5 S. 513 f.). Er darf dies aber erst tun, wenn diese **fällig** sind, was gewöhnlich nach Annahme der Erbschaft der Fall ist (Art. 562 Abs. 2). Anders verhält es sich, wenn der Erblasser eine frühere Ausrichtung angeordnet hat (JOST, Willensvollstrecker, N 55 f.). Problematisch ist es für den Willensvollstrecker, wenn das Vermächtnis zwar fällig ist, er aber wegen möglicher Anfechtungsklagen (Art. 517–518 N 292) die Jahresfrist (vgl. etwa Art. 533 Abs. 1 ZGB) abwarten muss. Wenn ein Vermächtnisnehmer in einem solchen Fall Schadenersatz wegen verspäteter Auslieferung verlangt, darf der Willensvollstrecker diesen auf die beschwerten Erben überwälzen.

287

b) Der Willensvollstrecker darf die Vermächtnisse zudem nur auszahlen, wenn sie den **Pflichtteil** des (oder der) Beschwerten **nicht verletzen** (vgl. den Sachverhalt in SJ 49/1927 S. 184 = SJZ 23/1926–27 Nr. 256 S. 329 [Civ.]; BSK-KARRER, Art. 518 N 51). Wenn Pflichtteile (möglicherweise) verletzt sind, hat der Willensvollstrecker die Beschwerten auf diese Rechtslage hinzuweisen (Art. 517–518 N 225) und ihnen Gelegenheit zu geben, gegen die Vermächtnisnehmer eine Herabsetzungsklage zu führen. Wenn die Herabsetzung eines Vermächtnisses darauf zurückzuführen ist, dass ein zu hohes Honorar des Willensvollstreckers das Reinvermögen der Erbschaft vermindert und dadurch die Herabsetzung herbeigeführt hat, können die Vermächtnisnehmer gegen ihn klagen (SJ 49/1927 S. 184 = SJZ 23/1926–27 Nr. 256 S. 329 [Civ.]).

288

c) Der Willensvollstrecker darf die Vermächtnisse nur ausrichten, wenn daneben genügend Mittel zur **Deckung der Erbschaftsschulden** vorhanden sind (Art. 564 Abs. 1; BSK-KARRER, Art. 518 N 51; BSK-BREITSCHMID, Art 564 N 2; zur Herabsetzung des Vermächtnisses im Sinne von Art. 486 vgl. Art. 517–518 N 473). Wenn zur Ausrichtung der Vermächtnisse nicht genügend flüssige Mittel vorhanden sind, kann der Willensvollstrecker Nachlassgegenstände (auch Grundstücke) verwerten (Art. 517–518 N 126: Einzelne Liquidationshandlungen).

289

d) Der Willensvollstrecker hat die **Vermächtnisse auszurichten, bevor die Erbschaft verteilt** wird (Art. 518 Abs. 2; BREITSCHMID, Stellung des Willensvollstreckers, S. 129, welcher auf Art. 562 verweist). Dies scheint mit Art. 564 Abs. 2 zu kollidieren, wonach die Erbengläubiger den Erbschaftsgläubigern gleichgestellt sind. Wenn man bedenkt, dass Letztere mit ihren Ansprüchen den Vermächtnisnehmern

290

vorgehen (Art. 564 Abs. 1), könnte man zum Schluss kommen, dass dies auch für die Erbengläubiger (anders als für die Erben selbst) gelten würde. Dies widerspricht aber offenbar dem Aufgabenkatalog von Art. 518 Abs. 2 (ZK-ESCHER, Art. 564 N 7) und wird deshalb in der Lehre so aufgefasst, dass mit Art. 564 Abs. 2 nichts zum Verhältnis Vermächtnisnehmer – Erbengläubiger ausgesagt wird (BSK-BREITSCHMID, Art. 564 N 8).

291 e) Der Willensvollstrecker **kann die Begünstigten nicht bestimmen** (BGE 89 II 278 E. 4 S. 282 = JdT 112/1964 I S. 325 f. = Pra. 53/1964 Nr. 3 S. 9; BGE 81 II 22 E. 6 S. 28 = JdT 103/1955 I S. 588: Es gilt der «Grundsatz, dass der Erblasser die mit einem Vermächtnis bedachten Personen selbst zu bezeichnen hat und deren Individualisierung keinem Dritten überlassen kann». Dagegen verstösst der vorliegende Fall, «wo der Erblasser es grundsätzlich dem Belieben des Willensvollstreckers anheimgestellt hat, welchem Priesteramtskandidaten er Leistungen aus dem Nachlass zukommen lassen will»). Der Willensvollstrecker kann auch **den Inhalt des Vermächtnisses nicht ergänzen** (BGE 49 II 12 E. 2 S. 15 ff. = JdT 72/1924 I S. 5 ff. = Pra. 12/1923 Nr. 84 S. 210 ff. = ZR 22/1923 Nr. 167 S. 338 ff.: Die Willensvollstrecker wollen ein Vermächtnis über 50 000 Mark wegen starken Kaufkraftverlusts anpassen; BGE 48 II 308 E. 2 S. 313= JdT 71/1923 I S. 294 = Pra. 11/1922 Nr. 166 S. 414 = ZBGR 27/1946 Nr. 80 S. 235 = ZR 22/1923 Nr. 55 S. 105, wo es allerdings um ein Erbe ging) oder auch nur den massgebenden Sinn durch **Auslegung** festlegen (BSK-KARRER, Art. 518 N 11: «Der Erblasser kann nicht testamentarisch anordnen, dass der Willensvollstrecker die materiellen Bestimmungen des Testamentes authentisch interpretieren kann»; ZGRG 2010 S. 101 E. 2c/bb [ER KGer.]; ebenso für das BGB STAUDINGER-REIMANN, § 2203 BGB Rn. 15; anders BVR 21/1996 S. 501 [RR]).

292 f) Bei **Auslegungsproblemen** kann der Willensvollstrecker deshalb auf die Mitwirkung der Beschwerten und Begünstigten angewiesen sein, um das Vermächtnis ausrichten zu können. Wenn der Willensvollstrecker die Ausrichtung der Vermächtnisse beschleunigen, gleichzeitig aber eine Haftung vermeiden will, muss er wie folgt vorgehen: (1) Zunächst fordert der Willensvollstrecker den Vermächtnisnehmer auf, sich mit den Beschwerten (meist: den Erben) zu einigen oder gegen sie zu klagen (Art. 562; der Willensvollstrecker kann den Vermächtnisnehmer aber nicht zur Klage zwingen, weil darin eine unzulässige Klageprovokation liegen würde, vgl. ZR 34/1935 Nr. 182 S. 370 [OGer.]). (2) Unterlässt der Vermächtnisnehmer dies, macht der Willensvollstrecker den (belasteten) Erben eine Anzeige über die beabsichtigte Ausrichtung des Vermächtnisses und sucht um ihre Zustimmung nach (SJZ 21/1924–25 Nr. 2 E. 3 S. 12 [BezGer. Zürich]) bzw. fordert sie zur Klage auf (offengelassen in ZR 34/1935 Nr. 182 S. 370 [OGer.]). (3) Unterbleibt eine Klage der Erben, kann der Willensvollstrecker zur Ausrichtung des Vermächtnisses schreiten, ohne eine Haftung befürchten zu müssen (für eine Haftung fehlt [angesichts der Untätigkeit der Erben] der adäquate Kausalzusammenhang, vgl. Art. 517–518

N 426). Der Willensvollstrecker schafft damit keine endgültigen Verhältnisse. De lege ferenda sollte man dem Willensvollstrecker die Möglichkeit geben, den Umfang des Vermächtnisses vom Richter feststellen zu lassen (Art. 562). Wenn unklar ist, ob die Anordnung des Erblassers eine *Teilungsvorschrift oder ein Vermächtnis* darstellt, ist das beschriebene Vorgehen nicht zu wählen, weil im Zweifel eine Teilungsvorschrift zu vermuten ist (BGE 115 II 323 E. 1b S. 326 = JdT 139/1991 I S. 145 = Pra. 79/1990 Nr. 90 S. 316 = ZBGR 73/1992 Nr. 33 S. 193). Wenn das *Vermächtnis an eine nicht zustande gekommene Institution* ausgerichtet werden soll, darf der Willensvollstrecker das Geld an eine Institution mit möglichst gleichartigem Zweck übergeben (BK-Tuor/Picenoni, Art. 539 N 8; BSK-Schwander Art. 539 N 16). Wenn die Erben damit nicht einverstanden sind, können sie eine Aufsichtsbeschwerde einreichen (VPB 6/1932 Nr. 54 S. 78 = ZBGR 22/1941 Nr. 76 S. 195 [JA]: Vermächtnis für die vom Volk abgelehnte Alters-, Invaliden und Hinterlassenenversicherung wird an die Stiftung für das Alter ausgerichtet; ähnlich LGVE 1976 II Nr. 27 E. 1b S. 84 [VGer.]: Vermächtnis an zu errichtende Stiftung wird einem Hilfswerk ausgerichtet).

g) Die vom Willensvollstrecker vorzunehmenden **Erfüllungshandlungen** sind vielfältig (von der Übergabe eines Geldbetrags über die Gründung einer Stiftung bis zur Übertragung einer Liegenschaft) und entsprechen weitgehend denjenigen bei der Erbteilung, weshalb auf die entsprechenden Ausführungen verwiesen werden kann (Art. 517–518 N 342 ff.). Nachfolgend seien noch zwei Besonderheiten erwähnt: (1) Wenn jemand ein **Vermächtnis an eine zu errichtende Stiftung auszurichten** hat, liegt ein Nachvermächtnis, eine Auflage oder die Beauftragung eines Willensvollstreckers vor (BGE 105 II 253 E. 2 S. 258 ff. = BN 42/1981 S. 206 ff. = JdT 128/1980 I S. 310 ff. = Pra. 69/1980 Nr. 108 S. 289 ff. = ZBGR 64/1983 Nr. 13 S. 44 ff.). Letzteres wurde von Piotet kritisiert, weil die Pflicht zur Übertragung schon anderweitig (ohne Willensvollstreckung) bestehe (Piotet, JdT 128/1980 I S. 316). Im konkreten Fall lag tatsächlich keine Willensvollstreckung vor, weil die Person, welche das Geld auf die Stiftung zu übertragen hatte, im Erbvertrag ganz klar als Vermächtnisnehmer bezeichnet wurde. Den Ausführungen des Bundesgerichts ist aber insofern zuzustimmen (und etwas anderes wollte das Bundesgericht auch nicht aussagen), als grundsätzlich ein Willensvollstrecker eingesetzt werden kann, um (nicht nur die Stiftung zu gründen, sondern auch) das Vermächtnis auf die Stiftung zu übertragen. (2) Beim Vermächtnis eines **Lebensversicherungsanspruchs** stellt sich die Frage, ob die Gläubigeransprüche vorgehen (Art. 564), obwohl der Bedachte seinen Anspruch direkt gegen die Versicherung geltend machen kann (Art. 563 Abs. 2), und wie dieser Vorrang allenfalls durchgesetzt wird. Der Willensvollstrecker kann die Auszahlung nicht verhindern, diese wäre nur durch vorsorgliche Massnahmen im Rahmen der Anfechtungsklage der Gläubiger oder der Herabsetzungsklage der Erben zu erreichen (Piotet, SPR IV/1, § 22 IV C; anders ZK-Escher, Art. 563

C. Erarbeitung des Teilungsplans

1. Allgemeines

294 a) Bei grösseren Nachlässen und wenn bis zur Teilung längere Zeit verstreicht, hat der Willensvollstrecker zur Vorbereitung der Teilung die im Inventar (Art. 517–518 N 107: Status) aufgezeichneten **Nachlassgegenstände zu schätzen** (ZR 66/1967 Nr. 103 E. 8 S. 197 [OGer.]; JOST, Fragen, N 31: massgebend ist der Fortführungswert) und ein besonderes **Teilungsinventar aufzustellen,** sofern die Erben nicht vereinbaren, dass sie darauf verzichten (BK-TUOR/PICENONI, Vorbem. zu Art. 607–625bis N 8; ZK-ESCHER, Vorbem. zu Art. 607–625bis N 9). Ein Teilungsplan ist auch dann auszuarbeiten, wenn dem überlebenden Ehegatten die Nutzniessung am ganzen Nachlass zusteht, weil zumindest die «Bücher» in Ordnung gebracht werden müssen, wie die Nachführung des Grundbuchs und die Richtigstellung des Bannkoto-Inhabers (BJM 2006 S. 311 E. 5.2 [AppGer. BS]). Zu einem anschaulichen Beispiel für den Ablauf vgl. STUDER, Beginn, S. 78. Der Willensvollstrecker ist zwar «grundsätzlich befugt, von sich aus Schätzungen zu veranlassen» (PraxKomm-CHRIST, Art. 518 N 70). Da solche Schätzungen aber im Hinblick auf die Erbteilung nur dann verwendbar sind, wenn die Erben einbezogen werden, empfiehlt es sich, (wenn immer möglich) von allen Erben die Zustimmung zu folgendem Vorgehen einzuholen: (1) Bestimmung der Anzahl Schätzungen (zum Besipiel 2 Liegenschaftsschätzungen), (2) Bestimmung der (beiden) Schätzer, (3) Möglichkeit der Teilnahme der Erben an der Besichtigung durch die Schätzer, (4) Vereinbarung, dass die Schätzungen jedenfalls unter den Erben verbindlich sind. Mehrere Schätzungen werden unter anderem eingeholt, weil die Schätzungen von Bank-Schätzern, Hauseigentümer-Schätzungen, amtlichen Schätzern etc. aus Erfahrung unterschiedliche Werte hervorbringen und auf diese Weise ein gewisser Ausgleich geschaffen werden soll.

295 b) Der Willensvollstrecker hat sich bei den Erben nach **Erbvorbezügen** und sonstigen (für die Erbteilung allenfalls relevanten) **Schenkungen** zu erkundigen (Art. 517–518 N 225) und diese in seinen Teilungsplan (Art. 517–518 N 301) einzubauen. Schliesslich hat er auch die ihm bekannten Schenkungen an Dritte aufzuführen, welche für die Erbteilung relevant sein könnten. Wie weit eine Herabsetzung (Art. 527) bzw. Ausgleichung (Art. 626) tatsächlich durchgeführt wird, haben letztlich die Erben zu entscheiden (Art. 517–518 N 481). Der Willensvollstrecker hat die Erben auch auf Verjährungs- und Verwirkungsfristen (Art. 521 und Art. 533) hinzuweisen.

c) Der Willensvollstrecker muss die notwendigen Unterlagen beschaffen und einen **Teilungsplan ausarbeiten** (zu einem Beispiel siehe Art. 517–518 N 301). Er hat den Erben auf diese Weise **Vorschläge für die Teilung** des Nachlasses zu unterbreiten (Bildung von Losen vgl. Art. 611 und Art. 634; ZVW 5/1950 Nr. 49 S. 99 [JD ZH]; BREITSCHMID, Stellung des Willensvollstreckers, S. 137 f.; weiter vgl. den Sachverhalt in BGE 94 II 88 Pt. B S. 89 = JdT 117/1969 I S. 180 = Pra. 58/1969 Nr. 6 S. 14: Besprechung des Willensvollstreckers mit den Erben). Der richtige *Zeitpunkt* dafür bestimmt sich nach den Umständen des Falles. Er hängt unter anderem davon ab, ob ein Erbe die Teilung verlangt (Art. 604 Abs. 1), ob auf Wertschwankungen Rücksicht zu nehmen ist (Art. 604 Abs. 2), ob der Ablauf von Klagefristen (Art. 521 und Art. 533) abzuwarten ist und ob Fristen für Zuweisungen (Art. 612a, Art. 11 f. BGBB) abgewartet werden müssen (BSK-KARRER, Art. 518 N 54).

296

d) Bei der Ausarbeitung des Teilungsplans wird sich der Willensvollstrecker zu Beginn am Testament (insbesondere an den darin festgehaltenen *Teilungsvorschriften*) und an den gesetzlichen *Teilungsregeln* (Art. 610 ff.) orientieren (BGE 97 II 11 E. 3 S. 16 = JdT 122/1973 I S. 39 = Pra. 60/1971 Nr. 169 S. 532 = ZBGR 53/1972 Nr. 11 S. 113). Daneben hat er die *Pflichtteile* zu beachten (EGVSZ 1985 S. 115 = SJZ 83/1987 Nr. 29 S. 187 [KGer.]: wegen einer ungültigen Rechtswahl hat der Willensvollstrecker die schweizerischen und nicht die vom Erblasser gewählten deutschen Pflichtteile zu beachten). Wenn das Testament möglicherweise ungültig ist (z.B. nur eine Kopie vorliegt), hat er den Prozess über die Ungültigkeit abzuwarten (BGer. 5C.133/2002 vom 31. März 2002: Wenn eine sehbehinderte Erblasserin, welche das [ungewollte] Verschwinden des Testaments-Originals kennt, auf einer Testaments-Kopie Erben streicht, ist die Kopie als gültige letztwillige Verfügung anzusehen). Sodann wird er die **Wünsche der Erben** einholen (BGE 115 II 323 E. 2b S. 329 = JdT 139/1991 I S. 149 = Pra. 79/1990 Nr. 90 S. 319 = ZBGR 73/1992 Nr. 33 S. 196: «Es ist von Lehre und Rechtsprechung anerkannt, dass der Willensvollstrecker verpflichtet ist, sich nach den Wünschen der Erben zu erkundigen und ihnen bei seinem Vorgehen im Blick auf die Teilung grundsätzlich Rechnung zu tragen [BGE 108 II 538 E. 2c]»; BREITSCHMID, Stellung des Willensvollstreckers, S. 147; ebenso ausdrücklich Art. 706 Abs. 2 CC it.: «Prima di procedere alla divisione l'esecutore testamentario deve sentire gli eredi»). Dabei hat er strikte auf Unparteilichkeit (BGE 85 II 597 E. 3 S. 602) und Gleichbehandlung der Erben (Art. 607 Abs. 1) zu achten.

297

e) Zur Verbesserung der Teilbarkeit des Nachlasses kann es unter Umständen notwendig sein, dass das **Vermögen umstrukturiert** wird. Dabei sind dem Willensvollstrecker jedoch enge Grenzen gesetzt, denn die Erben haben grundsätzlich Anspruch auf naturale Zuweisung (DRUEY, Grundriss, § 16 N 50 ff.). Zur Vorbereitung der Teilung darf der Willensvollstrecker nur dann einzelne **Liquidationshandlungen** durchführen (zur Phase der Verwaltung vgl. Art. 517–518 N 126), (1) wenn der Erb-

298

lasser sie angeordnet hat (SG-VP 2/1920–27 Nr. 183 S. 126; vgl. den Sachverhalt in AGVE 1990 Nr. 20 S. 203 = StE 8/1991 B42.31 Nr. 4 [VGer.]: Anordnung, eine Eigentumswohnung zu verkaufen und den [eingesetzten] Erben den Erlös zu überlassen), (2) wenn alle Erben damit einverstanden sind (vgl. den Sachverhalt in BGE 110 II 209 Pt. A S. 209 = Pra. 73/1984 Nr. 242 S. 659 = ZBGR 68/1987 Nr. 8 S. 102) oder (3) wenn sonst ein zwingender Grund dafür besteht. Zu erwähnen ist insbesondere, dass die Tilgung sämtlicher Schulden keine notwendige Voraussetzung für die Erbteilung ist, denn Schulden können von einzelnen Erben übernommen werden, zumal die Erben den Gläubigern gemeinsam (Art. 639 f.) haften (TUOR/PICENONI, Art. 610 N 6). Zur Auflösung eines Unternehmens vgl. Art. 517–518 N 339 ff. Zum Verkauf einer verleasten Yacht vgl. BGer. 4A_251/2010 vom 12. August 2010.

299 **f) Besondere Probleme bieten Liegenschaften:** (1) Eingesetzte ausländische Erben haben *keine Erwerbsbewilligung* (vgl. den Sachverhalt in 101 Ib 379 Pt. B S. 380 = Pra. 65/1976 328 Nr. 138 = SJ 99/1977 S. 258 f. = ZBGR 57/1976 Nr. 19 S. 99). (2) Grosse Liegenschaften müssen *unter mehrere Erben verteilt* werden: Als Erstes ist zu prüfen, ob die Liegenschaften nicht parzelliert und die einzelnen Teile (durch Los) den Erben zugewiesen werden können, was aber nur sinnvoll ist, wenn damit kein starker Wertverlust verbunden ist (BGE 97 II 11 E. 3 S. 16 = JdT 120/1972 I S. 39 = Pra. 60/1971 Nr. 169 S. 532 f. = ZBGR 53/1972 Nr. 11 S. 114). Sonst ist die Liegenschaft von mehreren Erben zu übernehmen oder zu veräussern. Der Willensvollstrecker darf die Liegenschaft nur dann freihändig verkaufen, wenn kein Erbe die Versteigerung verlangt (Art. 612 Abs. 3; BGE 97 II 11 E. 4 S. 20 = JdT 120/1972 I S. 43 = Pra. 60/1971 Nr. 169 S. 535 = ZBGR 53/1972 Nr. 11 S. 117; GUINAND, ZBGR 57/1976 S. 329). Kommt es zu einer Versteigerung, entscheidet der Willensvollstrecker, ob diese unter den Erben oder öffentlich stattfinden soll, sofern die Erben sich über diesen Punkt nicht einigen (BGE 97 II 11 E. 4 S. 20 = JdT 120/1972 I S. 43 = Pra. 60/1971 Nr. 169 S. 535 = ZBGR 53/1972 Nr. 11 S. 117; GUINAND, ZBGR 57/1976 S. 329). (3) Die Verwaltung von Liegenschaften (Vermietung oder Verpachtung) durch den Willensvollstrecker kann zu *(objektiven oder subjektiven) Wert-Schwankungen* führen (WALTER, S. 198 ff.): Wenn es um die Erstreckung von Mietverhältnissen oder die Neuvermietung von Leerständen geht, können Entscheidungen des Willensvollstreckers mit Interessen der Erben an einer Eigennutzung kollidieren.

300 **g)** Wenn die Vorbereitung der Teilung länger dauert, kann der Willensvollstrecker den Erben **Vorschüsse** verteilen (BJM 1963 S. 202 [AB BS]: Der Erbe, welcher zwei Drittel des Erbes erhält, darf bei einem Nachlass von CHF 80 000.– mehr als CHF 10 000.– Vorschuss erhalten; Rep. 80/1947 S. 536 [Civ.]). Der Willensvollstrecker hat auf die *Gleichbehandlung* der Erben zu achten (BSK-KARRER, Art. 518 N 46: «Im Sinne der Gleichbehandlung sind sie [sc. die Vorschüsse] an alle Erben gleichzeitig und im Verhältnis zu ihren Erbteilen zu machen») sowie

darauf, dass die *Erbfolge dadurch nicht präjudiziert* wird (PKG 2003 Nr. 35 E. 3b S. 185 [PZ 02 127; KGP]; OW-OW-AbR 2002–2003 Nr. 5 E. 5a). Unter Umständen besteht sogar eine Pflicht zur Auszahlung von Vorschüssen (ZR 91–92/1992–93 Nr. 46 E. 4.c.bb S. 181: Bezahlung der Erbschaftssteuern; anders lag der Fall, welcher im Sachverhalt von BGer. 4A_186/2008 vom 18. August 2008 geschildert wird: Der Willensvollstrecker lehnte Abschlagszahlungen ab und eine dagegen erhobene Beschwerde wurde durch die Regierungsstatthalterin abgewiesen). Der Willensvollstrecker sollte Vorschüsse nur auszahlen, wenn sich die Erben vertraglich zur Rückzahlung verpflichten für den Fall, dass sich nachträglich herausstellen sollte, dass sie (im Vergleich zu ihrem Erbanspruch) zu viel erhalten haben (zum Rückforderungsanspruch vgl. Art. 517–518 N 367). Als Alternative kann der Willensvollstrecker den Erben ein verzinsliches Darlehen gewähren (PKG 2003 Nr. 35 E. 3b S. 185 [PZ 02 127; KGP]; BREITSCHMID, Stellung des Willensvollstreckers, S. 163 f.). Ob es sich beim zu bezahlenden Vorschuss um das Kapital oder Erträge des Nachlasses handelt, spielt keine entscheidende Rolle (ähnlich REIMANN, ZEV 17/2010 S. 8 ff.).

h) **Beispiel** eines Teilungsplans in Kurzform: 301

Nachlass Hans Muster 1: Teilungsplan

Erben: Kein überlebender Ehegatte, 4 Kinder
Vermächtnisse: 7 Grosskinder erhalten die verfügbare Quote (¼)

1. Aktiven	Steuerwert		Verkehrswert	
Grundstück 1	CHF	12 000 000.–	CHF	20 000 000.–
Grundstück 2	CHF	3 000 000.–	CHF	5 000 000.–
Muster-AG	CHF	4 000 000.–	CHF	4 000 000.–
Kapitalvermögen	CHF	3 000 000.–	CHF	3 000 000.–
Total Aktiven	CHF	22 000 000.–	**CHF**	**32 000 000.–**

2. Passiven				
Hypotheken			CHF	3 300 000.–
Laufende Schulden			CHF	200 000.–
Total Passiven			**CHF**	**3 500 000.–**

3. Vorbezüge			
Kind A		CHF	3 500 000.–
Kind B		CHF	2 500 000.–
Kind C		CHF	1 500 000.–
Total Vorbezüge		**CHF**	**7 500 000.–**

Total Nachlass		**CHF**	**36 000 000.–**

4. Vermächtnisse			
7 Grosskinder (verfügbare Quote von ¼)		CHF	9 000 000.–

Zuweisung: Das Grundstück 2 und die Muster-AG werden verkauft und der Erlös an die 7 Vermächtnisnehmer verteilt.

5. Erbteile			
Je Kind (4 Kinder)		CHF	6 750 000.–

Kind A	Erbanspruch	CHF	6 750 000.–
	Vorbezug	CHF	3 500 000.–
	Restanspruch	**CHF**	**3 250 000.–**

Kind B	Erbanspruch	CHF	6 750 000.–
	Vorbezug	CHF	2 500 000.–
	Restanspruch	**CHF**	**4 250 000.–**

Kind C	Erbanspruch	CHF	6 750 000.–
	Vorbezug	CHF	1 500 000.–
	Restanspruch	**CHF**	**5 250 000.–**

Kind D	Erbanspruch	CHF	6 750 000.–
	Vorbezug	CHF	0.–
	Restanspruch	**CHF**	**6 750 000.–**

6. Zuweisung

Kind A	Grundstück	CHF	0.–
	Hypothek	CHF	0.–
	Anteil laufende Schulden	CHF	0.–
	Anteil Kapitalvermögen	CHF	3 250 000.–
	Total Zuweisung	**CHF**	**3 250 000.–**

Kind B	Grundstück 1 (⅓)	CHF	6 666 666.–
	Hypotheken	CHF	–2 000 000.–
	Anteil laufende Schulden	CHF	–200 000.–
	Ausgleichszahlung	CHF	–216 666.67
	Total Zuweisung	**CHF**	**4 250 000.–**

Kind C	Grundstück 1 (⅓)	CHF	6 666 666.67
	Hypotheken (⅓)	CHF	–1 300 000.–
	Anteil laufende Schulden	CHF	–0.–
	Ausgleichszahlung	CHF	–116 666.67
	Total Zuweisung	**CHF**	**5 2500 000.–**

Kind D	Grundstück 1 (⅓)	CHF	6 666 666.67
	Hypothek	CHF	–0.–
	Anteil laufende Schulden	CHF	–0.–
	Anteil Kapitalvermögen	CHF	83 333.33
	Total Zuweisung	**CHF**	**6 750 000.–**

2. Vermittlung zwischen den Erben

302 a) Es ist die Aufgabe des Willensvollstreckers, **zwischen den Erben zu vermitteln** und auf den Abschluss einer Teilungsvereinbarung (Art. 517–518 N 307 ff.) hinzuwirken. Seine Aufgabe bei der Teilung ist «eine rein dienende, vermittelnde und vorbereitende» (BJM 2005 S. 80 E. 3 = ZBGR 87/2006 Nr. 1 S. 94 [VGer. BS]). Der Willensvollstrecker hat «lediglich die Erbteilung vorzubereiten und nach Abschluss des Teilungsvertrages zu vollziehen. Die Erbteilung selbst ist jedoch Sache der Erben bzw. des Richters» (OW-AbR 2002–2003 Nr. 5 E. 2b [OGer.]). Der Willensvollstrecker soll eine möglichst neutrale Stellung einnehmen (Rep. 37/1943 S. 467 [Civ.]: «un gestore imparziale delle facoltà ereditarie, nell'interesse di tutti gli aventi diritto e non soltanto di taluni fra di essi»).

303 b) Der Willensvollstrecker holt die **Stellungnahmen der Erben** zum Teilungsplan (Art. 517–518 N 301) und (später) zu einer möglichen Teilungsvereinbarung (Art. 517–518 N 281) ein. Dies kann schriftlich (heute auch per Mail oder SMS) oder mündlich erfolgen. Die Stellungnahmen der Erben sind erst dann rechtsverbindlich, wenn der Teilungsvertrag (Art. 517–518 N 307 ff.) zustande kommt. Solange das nicht der Fall ist, können die Erben – was nicht selten geschieht – ihre Ansicht auch wieder ändern. Ausnahmsweise nimmt der Willensvollstrecker auch rechtsverbindliche Erklärungen entgegen, wie etwa zur Ausübung eines Kaufsrechts (vgl. den Sachverhalt in ZBGR 77/1996 Nr. 43 S. 291 = BN 55/1994 S. 282 [AppH BE]).

304 c) Zumindest in einer Anfangsphase, wo viele Fragen zu klären und auch Beschlüsse (etwa über das Vorgehen) zu fassen sind, empfiehlt sich die mündliche Besprechung mit allen Erben, die sog. **Erbenkonferenz.** Da die Erben eine Gesamthandsgemeinschaft bilden (Art. 602), müssen alle Erben an diesen Besprechungen teilnehmen (BSK-KARRER, Art. 518 N 53; BREITSCHMID, Stellung des Willensvollstreckers, S. 138: «Die notwendigen Abklärungen und Absprachen unter den Beteiligten ... haben den Charakter von Vertragsverhandlungen»). Sie unterstehen dabei vorvertraglichen Pflichten (culpa in contrahendo) und Rechten (Irrtumsanfechtung, fehlender Bindungswille) (BSK-SCHAUFELBERGER/KELLER, Art. 634 N 14). In der Praxis wird immer wieder darüber diskutiert, wie Erbenkonferenzen durchzuführen sind, insbesondere ob daran auch Ehepartner oder sonstige Angehörige und Rechtsvertreter teilnehmen dürfen und wer als Vertreter zugelassen werden soll. Darüber entscheiden letztlich die Erben selber (gemeinsam). Bei fehlendem Konsens sollte der Willensvollstrecker neben den Erben keine weiteren Teilnehmer zulassen. Der Willensvollstrecker sollte ein Protokoll über die Erbenkonferenz erstellen, aus welchem mindestens die Beschlüsse der Erben ersichtlich sind.

d) Der Willensvollstrecker wird seinen Teilungsplan aufgrund der *Stellungnahmen* (Art. 517–518 N 303) bzw. Ergebnisse der Erbenkonferenzen (Art. 517–518 N 304) verändern und wiederum zur Diskussion stellen. **Solange der Willensvollstrecker an einem Teilungsplan arbeitet, ist grundsätzlich kein Raum für die Teilungsklage eines Erben,** denn sonst könnte man den Willensvollstrecker von Anfang an ausschalten (ZGGVP 1981–82 S. 82 E. 2 [KGer.]: Die Klage auf Feststellung und Teilung des Nachlasses ist «zur Zeit abzuweisen»; SJZ 92/1996 Nr. 3 S. 242 [TC VD]; BK-TUOR/PICENONI, Art. 604 N 5: «Vorübergehend kann der Anspruch auf Teilung ausgeschlossen ... sein»; PIOTET, SPR IV/2, § 107 I: Die Erben können allenfalls eine Aufsichtsbeschwerde wegen Verzögerung führen; offengelassen in PKG 1997 Nr. 4 E. 2 S. 22 = ZF 97 7 [KGer.]: Die Erbteilungklage wurde von der Vorinstanz «einstweilen von der Hand gewiesen», wurde vom Willensvollstrecker aber inzwischen mitgetragen). In RBOG 1998 Nr. 2 S. 76 hat das Obergericht des Kantons Thurgau es für zulässig gehalten, Teilfragen vom Gericht entscheiden zu lassen, solange der Willensvollstrecker noch an einem Teilungsplan arbeitet: Feststellung des Anrechnungswerts einer Liegenschaft, welche durch eine Teilungsregel einem Erben zugewiesen wurde (mindestens wenn die Erben und der Willensvollstrecker sowieso die Absicht haben, diese Zuteilung in den Teilungsplan aufzunehmen). Der Willensvollstrecker darf auf die Vorlage eines Teilungsplans verzichten, wenn eine Einigung aus seiner Sicht von vornherein als ausgeschlossen erscheint (BREITSCHMID, Stellung des Willensvollstreckers, S. 148 f.). Dies liegt im Ermessen des Willensvollstreckers und mag in manchen Fällen ratsam sein. Als Kernfrage verbleibt, wie lange man dem Willensvollstrecker Zeit geben muss, um einen Teilungsplan (allenfalls auch mehrere Teilungspläne) vorzulegen. Ausgehend von der Regel, dass man in einem durchschnittlichen Nachlass innert 1–3 Jahren mit einem Abschluss der Teilung rechnen kann (Art. 517–518 N 138), ergibt sich, dass nach Ablauf dieser Zeit eine Teilungsklage nur noch bei Vorliegen besonderer Gründe (welche vom Willensvollstrecker darzulegen sind) verhindert werden kann (STURM, S. 745 f., beklagt, dass die Gerichte den Willensvollstrecker um seine Vermittlerrolle bringen, wenn sie zu schnell davon ausgehen, dass keine Aussicht auf eine gütliche Einigung bestehe, und die Teilungsklage zulassen). Wenn der Erblasser mit dem Willensvollstrecker einen Vermittler für die Erbteilung bestellt, darf dieser nicht von einem einzelnen Erben von vornherein ausgeschaltet werden. Selbst wenn die Erben sich nicht auf den Vorschlag des Willensvollstreckers einigen können, stellt sein Teilungsplan dennoch eine wertvolle Vorarbeit für die weitere Erbteilung dar, nicht zuletzt auch für den Teilungsrichter, welcher sich etwa in einer Referentenaudienz auf diese Vorarbeit stützen kann. Als Faustregel gilt somit: Vor Ablauf eines Jahres kann die Teilungsklage nur dann ohne weiteres eingereicht werden, wenn der Willensvollstrecker seine Bemühungen freiwillig einstellt. Bei der Abweisung der Teilungsklage «zur Zeit» handelt es sich übrigens um ein Sachurteil (PKG 1997 Nr. 4 E. 1 S. 20 ff.).

305

306 e) Der Erblasser hat keine wirksamen Möglichkeiten, die **Durchsetzungsfähigkeit des Willensvollstreckers** zu verstärken: STURM, S. 752, schlägt vor, die Erben zu bestrafen, wenn sie sich den Vorschlägen des Willensvollstreckers widersetzen, sei es durch (suspensiv bedingte) Vorausvermächtnisse an die Friedfertigen, durch Enterbung der grundlos Blockierenden oder durch Versilberung (und anschliessende Verteilung) des Nachlasses. Schon der Gesetzestext von Art. 477 zeigt, dass die Ablehnung der Vorschläge des Willensvollstreckers kein Enterbungsgrund ist. Vorausvermächtnisse an Friedfertige sind (nur, aber immerhin) im Rahmen der verfügbaren Quote (Art. 471) zulässig. Die Versilberung (und damit wohl auch die Wertverminderung) des Nachlasses kann vom Erblasser an sich angeordnet werden (BK-TUOR, Art. 518 N 39), aber die Erben können den Vollzug dieser Bestimmung verhindern, indem sie sich (wenigstens) darüber einigen, dass sie den Nachlass in Natura erhalten wollen.

3. Teilungsvertrag

307 a) Der **Willensvollstrecker entwirft den Erbteilungsvertrag** (Art. 634; zu Beispielen vgl. Art. 518–518 N 281; STUDER, Beginn, S. 119 ff.).

308 b) Der Teilungsvertrag muss in **schriftlicher Form** erfolgen (Art. 634 Abs. 2), die Erben müssen den Vertrag also unterschreiben oder sonst eine übereinstimmende schriftliche Erklärung abgeben (PKG 2003 Nr. 35 E. 3a S. 183 [PZ 02 127; KGP]: «Austausch von Briefen»). Unbenütztes Verstreichenlassen einer Frist für die Stellungnahme zum Teilungsvorschlag ist nicht als Zustimmung auszulegen (PKG 2003 Nr. 35 E. 3a S. 183 [PZ 02 127; KGP]; BSK-KARRER, Art. 518 N 61). Wenn der Willensvollstrecker die Ansicht der betroffenen Erben zu einem auslegungsbedürftigen Punkt der letztwilligen Verfügung einholt, darf diese Stellungnahme nicht leichthin als verbindliche Erklärung und somit als partielle Teilungsvereinbarung angesehen werden (BGE 115 II 323 E. 2b S. 330 = JdT 139/1991 I S. 149 = Pra. 79/1990 Nr. 90 S. 319 = ZBGR 73/1992 Nr. 33 S. 197: kein Bindungswillen der Erben, welche eine vom Willensvollstrecker formulierte Erklärung folgenden Inhalts unterschreiben: «Die Unterzeichneten verstehen die Zuteilung der Liegenschaften in Anrechnung an die jeweiligen Erbteile»).

309 c) Der Willensvollstrecker kann einen Erben beim Abschluss des Teilungsvertrags **vertreten,** handelt dann aber nicht in Ausübung seines Amtes und muss deshalb vom Erben ausdrücklich ermächtigt sein (Art. 33 OR), denn die Vertretung von Erben beim Abschluss des Teilungsvertrags gehört nicht zu den Aufgaben des Willensvollstreckers (BGE 102 II 197 E. 2b S. 202 = JdT 125/1977 I S. 335 = BN 41/1980 Nr. 8 S. 143 = ZBGR 60/1979 Nr. 11 S. 97; GR ZF 04 26 E. 5a: dass der Willensvollstrecker bei Unterzeichnung des objektiv-partiellen Erbteilungsvertrags «mit Vollmacht aller Erben gehandelt hat oder allenfalls sämtliche Erben

nachträglich ihre Zustimmung zu dieser Teilungsliste gegeben haben, ist keinerseits in Abrede gestellt»). Das Vertretungsverhältnis (Art. 32 OR) muss in diesem Fall schriftlich angegeben werden (BGE 102 II 197 E. 2b S. 201 = JdT 125/1977 I S. 335 = ZBGR 60/1979 Nr. 11 S. 97). Der Willensvollstrecker sollte eine solche Vertretung von Erben möglichst vermeiden, weil dadurch leicht Interessenkonflikte entstehen können (vgl. dazu Art. 517–518 N 7 ff.). Wenn ein Erbe unter Vormundschaft steht, ist die Zustimmung des gesetzlichen Vertreters erforderlich (ZVW 5/1950 Nr. 49 S. 99 f. [JD ZH]). Es gehört zu den Aufgaben des Willensvollstreckers, dafür zu sorgen, dass nicht voll handlungsfähige Erben über die notwendige gesetzliche Vertretung verfügen (ZKG AA060101 E. 1b: Der Willensvollstrecker ersucht die Vormundschaftsbehörde um Prüfung, ob für einen minderjährigen Erben ein Teilungsbeistand zu bestellen sei; später legte er ein Rechtsmittel gegen den ablehnenden Entscheid der Vormundschaftsbehörde ein).

d) Kommt mit oder ohne Mitwirkung des Willensvollstreckers (LGVE 2006 III Nr. 10 E. 3 S. 419; in ZR 90/1991 Nr. 66 E. 7d S. 223 [OGer.] wurden die Folgen der Nichtmitwirkung des Willensvollstreckers offengelassen; zur Gültigkeit des Teilungsvertrags ist diese aber nicht notwendig) ein **vollständiger oder partieller Teilungsvertrag** (durch Vertrag kann auch ein einzelner Erbe ausscheiden, vgl. ZOBL, Änderungen, S. 101 und S. 103 ff.) oder ein **Nichtteilungsvertrag** (= fortgesetzte Erbengemeinschaft; Art. 517–518 N 317) zustande (ZVW 5/1950 S. 99 f. [JD ZH]: Fortgesetzte Erbengemeinschaft über einen Viertel des Erbes; diese ist ebenfalls eine Gesamthandsgemeinschaft, vgl. BGE 61 II 38; BSK-KARRER, Art. 518 N 67; KRAMER, Auseinandersetzung, S. 9), ist der **Willensvollstrecker daran gebunden** (BGE 108 II 535 E. 2c S. 538 = JdT 131/1983 I S. 593 = Pra. 72/1983 Nr. 177 S. 480 = ZBGR 66/1985 Nr. 51 S. 247: «Dass der Willensvollstrecker verpflichtet ist, sich nach den Wünschen der Erben zu erkundigen und ihnen bei seinem Vorgehen im Hinblick auf die Teilung grundsätzlich Rechnung zu tragen, wird auch von der Lehre angenommen»; BGE 97 II 11 E. 3 S. 17 = JdT 121/1973 I S. 40 = Pra. 60/1971 Nr. 169 S. 533 = ZBGR 53/1972 Nr. 11 S. 114: «Für einen Willensvollstrecker, der die Erbteilung mangels besonderer Anordnungen des Erblassers nach Vorschrift des Gesetzes auszuführen hat, bedeuten diese Regeln in erster Linie, dass er in allen Punkten, über welche die Erben einig sind, deren Willen zu respektieren hat»; ZGRG 2010 S. 102 E. 2c/bb [ER KGer.]; überholt PKG 1985 Nr. 56 E. 2 S. 160 f. [PF 1/85; KGP]: Der Erblasser kann eine Anordnung gegen den gemeinsamen Willen der Erben durchsetzen, wenn er gleichzeitig einen Willensvollstrecker einsetzt). Der Erbteilungsvertrag ist für den Willensvollstrecker auch dann verbindlich, wenn die Einigung der Erben von den Anordnungen des Erblassers abweicht (BJM 2005 S. 81 f. E. 3 = ZBGR 87/2006 Nr. 1 S. 95 [VGer. BS]; PIOTET, SPR IV/2, § 108 I; BSK-KARRER, Art. 518 N 57 m.w.N.). Der Erblasser kann die Erben insbesondere nicht dazu zwingen, die

310

Gemeinschaft auf bestimmte oder unbestimmte Zeit fortzusetzen (ebenso [für das BGB] HAEGELE, BWNotZ 35/1969 S. 270; offengelassen in ZBGR 34/1953 Nr. 56 S. 252 [OGer. ZH]; SCHNYDER, recht 3/1985 S. 107 m.w.N.). § 2204 BGB ist von dieser starken Bindung des Teilungsvertrags ziemlich weit entfernt: Der Erblasser kann die Auseinandersetzung ins Ermessen des Testamentsvollstreckers stellen (§ 2048 S. 2 BGB), der Testamentsvollstrecker kann selbst bestimmte Anordnungen treffen (§ 2048 S. 1 BGB) oder es können gesetzliche Teilungsregeln anwendbar sein (STAUDINGER-REIMANN, § 2204 BGB Rn. 27). Vereinbarungen der Erben (§§ 2042 ff. BGB) haben somit im deutschen Recht nur beschränkte Wirkungen (SOERGEL-DAMRAU, § 2204 BGB Rz. 1 und 22). Die Verbindlichkeit des Teilungsvertrags im schweizerischen Recht stimmt mit dem Prinzip der freien Erbteilung (vgl. dazu Art. 517–518 N 11 und 97) überein und sollte beibehalten werden (BREITSCHMID, Stellung des Willensvollstreckers, S. 111). Verstösst der Willensvollstrecker gegen die (gemeinsame) Vereinbarung der Erben, verletzt er seine Pflicht und wird haftbar (BGE 108 II 535 E. 4 S. 539 f. = BN 45/1984 Nr. 13 S. 416 = JdT 131/1983 I S. 595 = Pra. 72/1983 Nr. 177 S. 482 = ZBGR 6/1985 Nr. 51 S. 248 f.: Verkauf einer Liegenschaft zu einem tieferen als dem von den Erben vorgegebenen Preis; zur Haftung vgl. Art. 517–518 N 421 ff.). Der Erbteilungsvertrag ist nur dann unbeachtlich, wenn er *widerrechtlich* (BREITSCHMID, Stellung des Willensvollstreckers, S. 145: Der Willensvollstrecker darf «auf eine vollstreckbare und formal taugliche Abmachung pochen»; SEEBERGER, S. 26) oder *unsittlich* ist (PIOTET, SPR IV/1, § 24 III D).

311 e) Die **Durchsetzung des erblasserischen Willens** ist nur dann gefragt, wenn Anordnungen (wie die Ausrichtung von Vermächtnissen oder die Durchsetzung von Auflagen) durchzusetzen sind, welche nicht in die Verfügungsgewalt der Erben fallen (BREITSCHMID, Stellung des Willensvollstreckers, S. 146: Eine Stiftung alimentieren, einen Grabunterhaltsvertrag abschliessen). Umstritten ist die Frage, wie der Willensvollstrecker mit **Teilungsvorschriften** des Erblassers bei Uneinigkeit der Erben umzugehen habe (STEIN-WIGGER, AJP 10/2001 S. 1143 ff.). Der Willensvollstrecker kann Teilungsvorschriften nicht vollziehen, solange der Erblasser keinen Anrechnungswert des zuzuteilenden Nachlassobjekts bestimmt hat, weil Teilungsvorschriften in diesem Fall nur obligatorische und keine dingliche Wirkung haben, ihr Vollzug somit der Zustimmung aller Erben bedarf (BIBER, S. 64 f. = ZBGR 86/2005 S. 11). Hat der Erblasser allerdings auch den Anrechnungswert bestimmt, kann der Willensvollstrecker die Teilungsvorschrift alleine vollziehen (BIBER, S. 66 f. = ZBGR 86/2005 S. 12; vgl. den Sachverhalt in ZR 73/1974 Nr. 27 S. 63 [OGer.]; anders BJM 2005 S. 81 ff. E. 3 = ZBGR 87/2006 S. 94 [VGer. BS]: Bei der Zuteilung an einen Erben braucht es einen Erbteilungsvertrag [Zustimmung aller Erben], der Willensvollstrecker ist aber zum Vollzug eines Vermächtnisses befugt). Entsprechendes gilt für ein Teilungsrecht, also das Recht eines Erben, sich einen Nachlassgegenstand (z.B. eine

Liegenschaft) aus dem Nachlass zuteilen zu lassen (BIBER, S. 65 = ZBGR 86/2005 S. 12). Dieses kann vom Willensvollstrecker (ohne Mitwirkung aller Erben) vollzogen werden.

f) Es ist **keine Zustimmung des Willensvollstreckers** zum Teilungsvertrag **erforderlich** (LGVE 2006 III Nr. 10 E. 3 S. 419 E. 3; BSK-KARRER, Art. 518 N 61). In der Literatur wird eine solche Zustimmung mit unterschiedlichen Begründungen verlangt (etwa REY, recht 2/1984 S. 93: um den Willen des Erblassers besser zur Geltung zu bringen), diese sind aber mit dem Prinzip der freien Erbteilung nicht vereinbar. Die Wirksamkeit einer Teilungsvereinbarung kann auch nicht von einer kantonalen Genehmigung abhängig gemacht werden (BGE 114 II 418 E. 2b S. 420 = JdT 137/1989 I S. 579 = Pra. 78/1989 Nr. 169 S. 576 = ZBGR 72/1991 Nr. 5 S. 30; SGGVP 1957 Nr. 85 E. 5 S. 185 [RR]: Wenn ein Willensvollstrecker «bestellt ist, kommt eine amtliche Teilung grundsätzlich nicht in Frage»).

312

g) **Beispiel** eines einfachen Erbteilungsvertrags:

313

Erbteilungsvertrag

im Nachlass des Hans Muster 1
geb. xx.xx.19xx,
verst. xx.xx.19xx,
von Zürich,
wohnhaft gewesen *str. *, 8000 Zürich

Die gesetzlichen Erben und Kinder des Erblassers:
1. **A. Muster,** geb. xx.xx.19xx, von Zürich, wohnhaft *strasse x, 8000 Zürich
2. **B. E.-Muster,** geb. xx.xx.19xx, von Zürich, wohnhaft *strasse *, 8000 Zürich
3. **C. Muster,** geb. xx.xx.19xx, von Zürich, wohnhaft *strasse *, 8000 Zürich
4. **D. F.-Muster,** geb. xx.xx.19xx, von Zürich, wohnhaft *strasse *, 8000 Zürich

regeln die Erbteilung wie folgt:

A. Teilungsgrundlagen

Der Erblasser war nicht verheiratet und hat am 4.4.2004 ein Testament verfasst, in welchem er die verfügbare Quote seinen 7 Enkeln zukommen liess und seinen gesetzlichen Erben, den 4 Kindern, ihren Pflichtteil überliess.

B. Nachlassvermögen

1. Diesem Vertrag liegt ein bereinigter Status per Teilungstag mit Anhang 1 (Bewertung der Liegenschaft 1) bei. Die Erben einigen sich im Hinblick auf eine rasche und einfache Erbteilung darauf, diesen Status mit Anhängen als Teilungsgrundlage zu akzeptieren, in Kenntnis davon, dass es sich bei den Bewertungen um Ermessensentscheide handelt.
2. Die Erben stellen fest, dass die Liegenschaft 2 und die Muster-AG verkauft wurden und dass die im Testament festgelegten Vermächtnisse inzwischen vom Willensvollstrecker ausbezahlt wurden.

C. Liegenschaften

1. Das Grundstück Kat. Nr. * des Grundbuchs von Zürich-Altstadt, umfassend * m^2, welches auf den Namen der Erbengemeinschaft im Grundbuch eingetragen ist, verbleibt im Gesamteigentum der drei Erben B. E.-Muster, C. Muster und D. F.-Muster (fortgesetzte Erbengemeinschaft). Der weitere Erbe, A. Muster, scheidet aus der Erbengemeinschaft aus. Seine Gesamthandanteile wachsen den verbleibenden Erben an. Intern sind die drei verbleibenden Erben je zu ⅓ beteiligt.
2. Die Anmerkungen und Dienstbarkeiten sind den Erben bekannt und bleiben unverändert. Das Grundstück ist belastet mit einem Grundpfandrecht im Umfang von CHF 3 300 000.–. Dieses wird intern von B.E.-Muster im Umfang von CHF 2 000 000.– und von C. Muster im Umfang von CHF 1 300 000.– übernommen, gegenüber der Gläubigerin, der Bank A, *strasse *, 8000 Zürich, unter solidarischer Haftung aller drei Erben.
3. Der Besitzesantritt, d.h. der Übergang des Nachlassobjekts in Rechten und Pflichten, Nutzen und Gefahr, erfolgt mit dem Datum der Tagebuchanmeldung.
4. Die grundbuchamtlichen Kosten werden von der Erbengemeinschaft bezahlt.
5. Der Willensvollstrecker hat die Eigentums-Übertragung des vorgenannten Grundstücks in Zürich unmittelbar im Anschluss an die Unterzeichnung dieser Vereinbarung durch die Erben beim zuständigen Grundbuchamt Zürich-Altstadt anzumelden.
6. Die auf dem Grundstück bestehenden Mietverträge werden übernommen.

D. Kapitalvermögen

1. B. E.-Muster hat innert 10 Tagen nach Inkrafttreten dieses Vertrags den Betrag von CHF 216 666.70 auf das Konto Nr. * bei Bank A, Zürich, als Ausgleich zu bezahlen.
2. C. Muster hat innert 10 Tagen nach Inkrafttreten dieses Vertrags den Betrag von CHF 116 666.70 auf das Konto Nr. * bei Bank A, Zürich, als Ausgleich zu bezahlen.
3. Der Willensvollstrecker wird angewiesen, innert 10 Tagen nach Eingang der Ausgleichszahlungen gemäss den Ziff. 1 und 2 folgende Zahlungen aus dem Depot Nr. * der Bank A, Zürich, vorzunehmen: CHF 3 250 000.– an A. Muster auf das Konto Nr. * bei der Bank B in Zürich, und CHF 83 333.35 an D. E.-Muster auf das Konto Nr. * bei der Bank C in Zürich.

E. Steuern
1. Es sind voraussichtlich keine Erbschaftssteuern zu bezahlen.
2. Die Einkommens- und Vermögenssteuern des Erblassers sind inzwischen bis 2009 definitiv veranlagt worden. Der Willensvollstrecker setzt sich dafür ein, dass auch die Steuern für das Jahr 2010 noch definitiv veranlagt werden.
3. Die Erben haben die Einkommens- und Vermögenssteuer für ihre Erbanteile seit dem Todestag selber zu deklarieren und zu entrichten.

F. Schlussbestimmungen
1. Die Erben übernehmen gegenseitig keinerlei Gewähr für die dem einzelnen Erben zu Allein- bzw. gemeinschaftlichem Eigentum überlassenen Nachlassgegenstände.
2. Der vorliegende Erbteilungsvertrag wurde per Todestag erstellt. Der Willensvollstrecker führt über die seitherigen Erträge (insbesondere Zinserträge und Dividenden) und die Aufwendungen (insbesondere Spesen) eine Buchhaltung und wird darüber eine Schlussabrechnung erstellen. Ein nach Bezahlung der Teilungskosten verbleibendes Restvermögen wird vom Willensvollstrecker zu gleichen Teilen an die Erben verteilt.
3. Sollten die verbleibenden Mittel zur Bezahlung der Forderungen nicht ausreichen, insbesondere wegen einer allenfalls höher veranlagten Steuer 2010, haben die Erben die Schulden zu gleichen Teilen zu übernehmen.
4. Die Erben nehmen zur Kenntnis, dass sie für verdeckte, zurzeit noch ausstehende weitere Verbindlichkeiten des Erblassers oder der Erbschaft solidarisch haften. Die solidarische Haftung der Erben verjährt mit Ablauf von 5 Jahren nach der Teilung oder nach dem Zeitpunkt, auf den die Forderung später fällig geworden ist. Sodann nehmen die Erben zur Kenntnis, dass sie eine solche erst nachträglich entdeckte Schuld entsprechend ihren Erbquoten an der Erbschaft zu tragen haben. In gleicher Weise sind die Erben auch an weiteren Erbschaftsaktiven berechtigt, die erst nach der vorliegenden Teilung bekannt würden.
5. Dieser Erbteilungsvertrag wird gültig, sobald er von allen Erben unterzeichnet ist.
6. Mit Vollzug dieses Erbteilungsvertrages sind die Erben betreffend ihrer Ansprüche im Nachlass des Erblassers per Saldo aller Ansprüche auseinandergesetzt.

- *-fach ausgefertigt -

Zürich, 2. April 2011

Die Erben: …

4. Realteilung

314 Bei der Realteilung (Naturalteilung) fallen – ähnlich wie bei einer Schenkung von Hand zu Hand – Verpflichtungs- und Verfügungsgeschäft zusammen (BGE 102 II 197 E. 3a S. 203 = JdT 58/1977 I S. 337 = ZBGR 60/1979 Nr. 11 S. 98). Der Willensvollstrecker bereitet eine Realteilung vor, indem er die entsprechenden Lose bildet (JOST, Willensvollstrecker, N 63). Dabei kann er auch Sachverständige beiziehen (PIOTET, SPR IV/2, § 109 II). Sie wird mit der **Entgegennahme der Lose** durch die Erben abgeschlossen (Art. 634 Abs. 1). Die blosse Entgegennahme von Nachlassgegenständen durch die Erben, welche ihnen vom Willensvollstrecker mehr oder weniger aufgedrängt wurden, kann nicht als stillschweigend akzeptierte Realteilung auslegt werden (anders PraxKomm-CHRIST, Art. 518 N 79: «Der Willensvollstrecker wird dieses Vorgehen allerdings nur wählen, wo ... Widerspruch offensichtlich rechtsmissbräuchlich wäre»), weil die causa dafür fehlt.

5. Teilungsklage durch einen Erben

315 a) Kommt weder eine Teilungsvereinbarung (Art. 517–518 N 307 ff.) noch eine Realteilung (Art. 517–518 N 314) zustande, kann der Willensvollstrecker die **Teilung nicht selbst** «durch einseitigen Rechtsakt verbindlich **zum Abschluss bringen**» (BGE 102 II 197 E. 2c S. 202 = JdT 125/1977 I S. 336 = Pra. 65/1976 Nr. 219 S. 545 = ZBGR 60/1979 Nr. 11 S. 97; weiter vgl. RJNE VIII/1915–52 S. 448 E. 3 [TC]). Der Willensvollstrecker kann den Erben nicht eine bestimmte Art der Teilung aufzwingen (JOST, Willensvollstrecker, N 72), wobei der Widerstand eines einzigen Erben genügt (DRUEY, Grundriss, § 14 N 68). Der Willensvollstrecker darf insbesondere Zuteilungsstreitigkeiten nicht durch den Verkauf umstrittener Gegenstände beenden.

316 b) Der Willensvollstrecker kann den Erben eine **Frist zur Anhebung der Teilungsklage** (Art. 604) **ansetzen** (BJM 1968 S. 27 [AB BS]; SJ 61/1939 S. 461 [Civ.]; das BGer. hat diese Frage offengelassen, vgl. BGer. C 202/66 vom 1. März 1967 [unveröffentlicht], S. 7 E. 4). Die Fristansetzung erfolgt nur dann durch den Richter, wenn es dafür eine gesetzliche Grundlage gibt (BK-TUOR/PICENONI, Art. 604 N 1d). In § 215 Ziff. 29 der früheren zürcherischen Zivilprozessordnung gab es eine solche Regelung: «Der Einzelrichter entscheidet im summarischen Verfahren auf Grund des Zivilgesetzbuches über: ... 29. Die Fristansetzung an die Erben zur Anerkennung des vom Willensvollstrecker aufgestellten Teilungsplans oder zur Teilungsklage, sofern der Willensvollstrecker oder ein Erbe dies verlangt»). Dabei handelt es sich aber um «eine (zum Glück fakultative) Zürcher Eigenheit» (WEBER, AJP 6/1997 S. 561), welche aus einer früheren Praxis hervorgegangen ist (ZR 60/1961 Nr. 84 E. 8 S. 183 [OGer.], ZBGR 34/1953 Nr. 56 S. 261 f. und 265

[OGer. ZH], ZR 34/1935 Nr. 182 S. 369 [OGer.], ZR 27/1928 Nr. 14 S. 5 = ZBGR 30/1949 Nr. 23 S. 66 [OGer.] und ZR 16/1917 Nr. 108 S. 179 f. [RK]). Die Fristansetzung darf nur gegenüber den Erben und nicht gegenüber Vermächtnisnehmern erfolgen, weil darin «eine unzulässige Klageprovokation» läge (ZR 34/1935 Nr. 182 S. 370 [OGer.]). Im konkreten Fall kann fraglich sein, ob es dem Willensvollstrecker zugemutet werden könne, einen weiteren Teilungsvorschlag zu präsentieren, oder ob er die Erben (bereits) auf den Klageweg verweisen dürfe (BREITSCHMID, Stellung des Willensvollstreckers, S. 148, weist darauf hin, dass die Aufsichtsbehörde über diese verfahrensrechtliche Frage zu entscheiden hat).

c) Der Willensvollstrecker kann die Teilung dann nicht durchführen, wenn sich alle Erben mit einer Fortsetzung der Erbengemeinschaft einverstanden erklären, also eine **Nichtteilungsvereinbarung** zustande kommt (BREITSCHMID, Stellung des Willensvollstreckers, S. 139), oder wenn der Richter die **Fortsetzung der Gemeinschaft** in bestimmten Fällen (Wertverminderung [Art. 604 Abs. 2] bzw. ungeborenes Kind [Art. 605 Abs. 1]) anordnet (ZBGR 34/1953 Nr. 56 S. 263 [OGer. ZH]; JOST, Willensvollstrecker, N 60). Der Willensvollstrecker bleibt in beiden Fällen grundsätzlich bis zum (späteren) Abschluss der Teilung im Amt (BSK-KARRER, Art. 518 N 60: «Ob ein Vertrag der Erben auf [vorläufigen] Verzicht auf Teilung die Willensvollstreckung hinfällig werden lässt, hängt von den Umständen ab»; BREITSCHMID, Stellung des Willensvollstreckers, S. 140: Wenn die Willensvollstreckung bis zum Erreichen eines Minimalalters angeordnet wurde oder wenn ein nasciturus vorhanden ist [Art. 605 Abs. 1], endigt sie mit einer Nichtteilungsvereinbarung nicht). Wenn der gesamte Nachlass in eine (andere) Gemeinschaftsform übergeführt wird, findet ebenfalls keine Teilung statt, aber die Tätigkeit des Willensvollstreckers findet ein Ende (BREITSCHMID, Stellung des Willensvollstreckers, S. 140: Gemeinsame Verwaltung einer Liegenschaft; in Frage kommen die Gemeinderschaft [Art. 336], die Einfache Gesellschaft [Art. 530 OR], die in Art. 517–518 N 317 erwähnten Gesellschaftsformen und Miteigentum [Art. 646 ff.], vgl. SCHICKER, S. 41 ff.; BK-TUOR/PICENONI, Art. 602 N 7 und 15; ZK-HANDSCHIN/VONZUN, Art. 530 OR N 139). Es steht nicht im Ermessen des Willensvollstreckers, die Teilung zu verschieben (a.M. SCHÄRER, S. 168 ff.).

d) Reicht ein Erbe die **Teilungsklage** (Art. 604) ein, wird die **Vorbereitung der Teilung** (Bestimmung der Teilungsmasse, Schätzung und Losbildung) **vom Richter übernommen** (JOST, Erbteilungsprozess, S. 90 ff.; BK-TUOR/PICENONI, Art. 604 N 4 f.). Der Willensvollstrecker hat lediglich das (Gestaltungs-)Urteil zu vollziehen (JOST, Erbteilungsprozess, S. 110: «Die Vollstreckung des Urteils wird ... in der Hauptsache nur die Herausgabe bestimmter beweglicher Sachen bzw. die Besitzübertragung an Immobilien betreffen»), soweit dies im Urteil nicht dem einzelnen Erben übertragen wird (JOST, Erbteilungsprozess, S. 110: «Im Dispositiv des Teilungsurteils ist der Kläger zu ermächtigen, die ihm zugewiesenen Grundstücke auf seinen Namen im Grundbuch eintragen zu lassen».).

6. Vollzug des Teilungsplans?

319 a) Nach der **revidierten Zürcher und der Basler Praxis** darf der Willensvollstrecker nach Ablauf einer von ihm angesetzten, angemessenen Frist (Art. 517–518 N 316) seinen eigenen Teilungsplan vollziehen (ZR 60/1961 Nr. 84 S. 183; BJM 1968 S. 27 [AB BS]; KOHLI, STH 82/2008 S. 1059: «Selon une pratique zurichoise, l'exécuteur peut impartir, ou faire impartir par l'autorité, un délai aux héritiers pour donner leur approbation au projet de partage ou introduire une action en annulation du projet de partage.»). Im Gegensatz zur alten Zürcher Praxis (ZR 34/1935 Nr. 182 S. 369) schafft der Willensvollstrecker damit keine endgültigen Verhältnisse, weil nur eine provisorische Verteilung (und keine eigentliche Erbteilung) vorgenommen wird. Den Erben steht es nach wie vor offen, gegen andere Erben vorzugehen, wenn sie der Ansicht sind, dass sie bei dieser Verteilung zu kurz gekommen sind. Die herrschende Meinung lehnt dieses Vorgehen ab (BJM 2005 S. 80 f. E. 3 = ZBGR 87/2006 Nr. 1 S. 94 f. [VGer. BS]; PKG 2003 Nr. 35 S. 185 [PZ 02 127; KGP]; OW-AbR 2002–2003 Nr. 5 E. 5a [OGer. OW]; BREITSCHMID, Stellung des Willensvollstreckers, S. 149; BSK-KARRER, Art. 518 N 63), weil man tatsächliche Verhältnisse schafft, welche in einem späteren Zeitpunkt nur noch schwer rückgängig gemacht werden können. Es führt zudem bei der Übertragung von Liegenschaften zu Problemen, weil ein Beleg im Sinne von Art. 18 GBV fehlt (anders die Rechtslage im BGB, vgl. STAUDINGER-REIMANN, § 2204 BGB Rn. 30: Verbindlichkeit des Auseinandersetzungsplans).

320 b) Wenn kein Erbteilungsvertrag (Art. 517–518 N 307 ff.) zustande kommt und kein Erbe die Teilungsklage (Art. 517–518 N 315 ff.) anhebt, **bleibt der Nachlass (vorläufig) ungeteilt,** bis ein Erbe sich doch noch entschliesst, die Teilungsklage anzuheben, oder bis nach erneuten Verhandlungen doch noch eine Einigung unter den Erben zustande kommt. Dies ist die Lösung nach herrschender Meinung (BREITSCHMID, Stellung des Willensvollstreckers, S. 149 f; WOLF, Teilung, S. 115), welche allgemein als unbefriedigend angesehen wird, weil eine Patt-Situation hingenommen und das Problem nicht gelöst, sondern nur aufgeschoben wird. Für den Willensvollstrecker stellt sich die schwierige Frage, ob er sein Amt auf unbeschränkte Zeit fortführen soll, oder ob er es niederlegen soll, weil die Erbteilung gescheitert ist. Man wird jeden Willensvollstrecker verstehen, der in diesem Zeitpunkt den Erben mitteilt, dass er seine Aufgabe nicht weiterführen werde und die Geschäfte den Erben überträgt. Die von WEIMAR, S. 455, vorgeschlagenene subjektiv-partielle Erbteilung wird von der herrschenden Meinung abgelehnt (DRUEY, Grundriss, § 16 N 33), während objektiv-partielle Erbteilungen (Einigung sämtlicher Erben über einzelne Nachlassgegenstände – Art. 517–518 N 310) für mögliche Lösungen gehalten werden, sie lösen aber das Problem nur zum Teil.

c) Nach **deutschem Recht** darf der Testamentsvollstrecker einen für die Erben 321
verbindlichen und endgültigen Teilungsplan aufstellen (STAUDINGER-REIMANN,
§ 2204 BGB Rn. 30; der Teilungsplan ist ein einseitiges, nicht formbedürftiges
Rechtsgeschäft, das nur verpflichtende und keine dingliche Wirkung hat), Eigentum und sonstige Rechte aber ohne ihren Willen nicht übertragen (STAUDINGER-REIMANN, § 2204 BGB Rn. 37; Beispiel: Die Übertragung des Eigentums an einer
beweglichen Sache an einen Miterben bedarf der Einigung zwischen diesem und
dem Testamentsvollstrecker und der Übergabe). Weil der Testamentsvollstrecker
zur Durchführung der Auseinandersetzung berechtigt ist, sind die Erben (und
sonstigen Beteiligten) verpflichtet, seinem Teilungsplan zu folgen. Der Testamentsvollstrecker kann deshalb auf Annahme des Teilungsplans und die Übereignung klagen (SOERGEL-DAMRAU, § 2204 BGB Rz. 26). Diese Ausführungen zeigen, dass der Testamentsvollstrecker eine wesentlich stärkere Stellung als der
Willensvollstrecker hat. Weil das Zusammenspiel von Teilungsvertrag (Art. 517–
518 N 307 ff.), Teilungsplan (Art. 517–518 N 294 ff.) und Teilungsklage
(Art. 517–518 N 315 ff. und 322 ff.) in den beiden Rechtsordnungen zwar unterschiedlich, aber je in sich geschlossen gelöst ist, besteht *kein Anlass, an der fehlenden Verbindlichkeit des Teilungsplans des Willensvollstreckers* (Art. 517–518
N 319) *etwas zu ändern* (anders STURM, S. 753 ff., welcher dem Willensvollstrecker eine Teilungsbefugnis zugestehen möchte).

7. Teilungsklage des Willensvollstreckers?

a) Um einen Ausweg aus Patt-Situationen (Art 517–518 N 320) 322
zu finden, wird in der **Lehre** vereinzelt (de lege lata) befürwortet, dass der Willensvollstrecker zur Teilungsklage legitimiert sei (SUTTER-SOMM/CHEVALIER,
successio 1/2007 S. 30 ff.; BSK-KARRER, Art. 518 N 66 und 84; WÜRMLIN,
TREX 16/2009 S. 223: «Der Willensvollstrecker kann die Erbteilung durch Klage
an das Gericht durchsetzen, wenn die Erbinnen und Erben seinen Teilungsvorschlag ablehnen»). Die herrschende Lehre lehnt dies aber grundsätzlich ab
(BREITSCHMID, Stellung des Willensvollstreckers, S. 150; BK-TUOR/PICENONI,
Art. 604 N 2; DRUEY, Grundriss, § 14 N 69; BSK-SCHAUFELBERGER/KELLER,
Art. 604 N 20; BRÜCKNER/WEIBEL, S. 92) bzw. sie begrüsst die Klagelegitimation
des Willensvollstreckers de lege ferenda (EITEL, S. 162; STEIN-WIGGER, AJP
10/2001 S. 1145).

b) In der **Praxis** wird die Legitimation des Willensvollstreckers zur Anhebung der 323
Teilungsklage vereinzelt bejaht (SJ 61/1939 S. 461 [Civ.], wo dem Willensvollstrecker zwar nicht die Pflicht, wohl aber das Recht zum Erheben der Teilungsklage zuerkannt wird: «Il est indiscutable qu'il peut, d'autre part, introduire lui-même action pour faire trancher par le Tribunal les contestations qui se sont élevées entre héritiers au sujet des dispositions testamentaires et du partage effectué

en vertu de ces dispositions»). Überwiegend wird der Willensvollstrecker nicht als legitimiert angesehen, die Teilungsklage zu erheben (OW-AbR 2002–2003 Nr. 5; SJZ 92/1996 Nr. 3 S. 242 [TC VD]). Das Bundesgericht hat sich zu dieser Frage noch nicht geäussert.

324 c) Bei der Beurteilung dieser Frage ist zu bedenken, dass es nicht ganz unproblematisch ist, wenn der (neutrale) Willensvollstrecker ins Geschehen eingreift. Auf der anderen Seite zeigt das deutsche Recht (Art. 517–518 N 321), dass man auch mit einem stärkeren Vollstrecker ganz gut leben kann. Deshalb wird **de lege ferenda** vorgeschlagen, einen neuen Art. 518 Abs. 2bis zu erlassen mit folgendem Wortlaut: *Der Willensvollstrecker ist befugt, die Teilungsklage zu erheben, wenn die Erben sich über die Teilung nicht einigen und keine Teilungsklage erheben.*

8. Willensvollstrecker als Schiedsrichter?

325 a) Der Erblasser kann den Willensvollstrecker nicht dazu befähigen, den Nachlass verbindlich zu teilen, weil dies gegen die materielle Höchstpersönlichkeit der letztwilligen Verfügung (Art. 517–518 N 20) und die freie Erbteilung (Art. 517–518 N 97) verstossen würde. Im deutschen Recht ist im Rahmen von § 2203 BGB eine Schiedsrichterfunktion des Testamentsvollstreckers grundsätzlich zulässig (SOERGEL-DAMRAU, § 2203 BGB Rz. 4), wenngleich nicht zu übersehen ist, dass leicht Interessenkollisionen entstehen können (vgl. dazu Art. 517–518 N 7 ff.) und gewisse Fragestellungen (wie der Bestand der Testamentsvollstreckung) ausgeschlossen sind (STAUDINGER-REIMANN, § 2203 BGB Rn. 16). Im schweizerischen Recht ist es möglich, dass **die Erben, den Willensvollstrecker durch einstimmigen Beschluss zum Schiedsrichter bestimmen** (BJM 2005 S. 81 E. 3 = ZBGR 87/2006 Nr. 1 S. 95 [VGer. BS]; KARRER, Art. 518 N 58; Art. 345 ZPO). Die Frage, ob der Willensvollstrecker auch durch den Erblasser (im Testament oder Erbvertrag) zum Schiedsrichter bestimmt werden kann, ist noch in Diskussion (ablehnend BSK-KARRER, Art. 518 N 11: «Der Erblasser kann nicht testamentarisch anordnen, dass der Willensvollstrecker als Schiedsrichter zur verbindlichen Regelung von Streitigkeiten unter den Erben eingesetzt wird»). Dazu soll nachfolgend das Umfeld beleuchtet werden.

326 b) Unabhängig vom Willensvollstrecker besteht – gerade bei internationalen Erbfällen – ein Bedürfnis für **Schiedsgerichte in Erbsachen** (BREITSCHMID, successio 3/2009 S. 317: «Die Vorteile liegen zweifelsohne auf der Hand, wo sich der Schiedsvertrag so gestalten lässt, dass ein internationaler Nachlass länderübergreifend einheitlich oder ein steuerlich heikler in familiärer Diskretion geordnet werden kann»). Die möglichen Vorteile dieses Verfahrens sind zahlreich (KISTLER, S. 1): Fachlich gut ausgebildete Schiedsrichter, nur eine einzige Instanz (Zeitgewinn und Kostenersparnis), flexiblere Entscheidfindung (häufigere Einigung als vor Gericht), flexibleres

Beweisverfahren (aktivere Beteiligung der Schiedsrichter) und die fehlende Öffentlichkeit (Vertraulichkeit). Der Zeitgewinn wird da und dort durch die (matchentscheidende) Bestellung des Schiedsrichters bzw. der Schiedsrichter wieder verspielt und es fehlt offenbar (national und international) an einem institutionalisierten besonderen Verfahren für Erbsachen. In Deutschland wurde 1998 der Verein «Deutsche Schiedsgerichtsbarkeit für Erbstreitigkeiten e.V. (DSE)» gegründet (<www.dse-erbrecht.de> [besucht am 20.03.2011]), ein Tochter-Verein der Deutschen Vereinigung für Erbrecht und Vermögensnachfolge (DVEV – <www.erbrecht.de> [besucht am 20.03.2011]). Die DSE hat sich eine eigene Schiedsordnung gegeben und führt eine 3-tägige Ausbildung für Schiedsrichter in Erbsachen durch. In der Schweiz gibt es noch keine parallele Einrichtung.

c) Es stellt sich die Frage, wie Schiedsrichter (in Erbsachen) eingesetzt werden können. In **Deutschland** sieht § 1030 Abs. 2 ZPO die **Schiedsvereinbarung** und § 1066 ZPO die (einseitige) **Schiedsklausel** vor («Für Schiedsgerichte, die in gesetzlich statthafter Weise durch letztwillige oder andere nicht auf Vereinbarung beruhende Verfügungen angeordnet werden, gelten die Vorschriften dieses Buches entsprechend»). Die Zulässigkeit der testamentarischen Schiedsklausel wird von der herrschenden Meinung auf § 1066 ZPO gestützt, unter Weglassung des Zusatzes «in gesetzlicher Weise» (DAMRAU/SEILER, § 1937 BGB Rz. 30). Die Schiedsklausel ist nicht materiell-rechtlicher, sondern prozessualer Natur und stellt somit keine materiell-rechtliche Beschränkung der Erben (etwa eine Verletzung von Pflichtteilen) dar (HARDER, S. 112).

327

d) In der **Schweiz** können die Erben (seit dem 1. Januar 2011) Schiedsgerichte in Erbsachen frei vereinbaren (Art. 357 ff. ZPO), weil sie im Rahmen der Erbteilung frei auf ihre Ansprüche verzichten können (Art. 354 ZPO; KISTLER, S. 6). Das Obergericht Zürich hat sich in ZR 80/1981 Nr. 10 Erw. 3 S. 29 noch gegen die Zulässigkeit der testamentarischen Schiedsklausel ausgesprochen (ebenso RIEMER, Schiedsfähigkeit, S. 380 f.). In der neuen ZPO wurde diese Frage (leider) nicht ausdrücklich geregelt, sie wurde im Gesetzgebungsverfahren auch nicht diskutiert. Nach Art. 353 Abs. 1 ZPO besteht die Möglichkeit, dass – auch für nationale Sachverhalte – (anstelle von Art. 354 ff. ZPO) die Art. 176 ff. IPRG für anwendbar erklärt werden. Nach Art. 177 Abs. 1 IPRG kann «jeder vermögensrechtliche Anspruch» Gegenstand eines Schiedsverfahrens sein, also auch erbrechtliche Ansprüche (SGer. GE ASA Bull. 2006 S. 474 f.; PERRIN, ASA Bull. 2006 S. 417 ff.). Mit der Abwahl von Art. 354 ff. ZPO und der Anwendung von Art. 176 ff. IPRG sollte nicht nur das Hindernis der freien Verfügbarkeit beseitigt (BGE 118 II 353 E. 3b S. 356: Der Gesetzgeber hat bewusst auf das Kriterium der freien Verfügbarkeit verzichtet), sondern auch eine Grundlage für das Abweichen vom Wohnsitzrichter vorhanden sein. Als Formulierung für eine **testamentarische Schiedsklausel** in einem nationalen Erbfall schlage ich (in Anlehnung an die Schiedsklausel des DSE <http://www.dse-erbrecht.de/voraussetzung.htm> [besucht am 20.03.2011]) vor: «Ich ordne an, dass alle Streitig-

328

keiten, die durch meinen Erbfall hervorgerufen werden, unter Ausschluss der ordentlichen Gerichte, dem Schiedsgericht X. und seiner jeweils gültigen Schiedsordnung unterstellt werden. Das Schiedsgericht soll aus einem/drei Schiedsrichter(n) bestehen. Der Sitz des Schiedsgerichts ist in Zürich. Die Sprache des Schiedsverfahrens ist Deutsch. Anstelle von Art. 354 ff. ZPO kommen Art. 176 ff. IPRG zur Anwendung.» Bei einem internationalen Erbfall würde nur der letzte Satz anders formuliert: «Art. 176 ff. IPRG kommen zur Anwendung.» Als Schiedsgerichte kommen etwa die Handelskammern von Bern, Basel, Genf, Lausanne, Lugano, Luzern, Neuenburg und Zürich in Frage (<http://www.zurichcci.ch/de/schiedsgericht.html> [besucht am 20.03.2011]) sowie die St. Galler Schiedsordnung (<http://www.sgso.ch> [besucht am 20.03.2011]). Wenn ein Erblasser der Wirksamkeit der testamentarischen Schiedsklausel nicht ganz traut oder wenn er die besondere Vertraulichkeit des Schiedsverfahrens schützen will, kann er daneben noch eine **privatorische Klausel** beifügen: «…Wer die Schiedsklausel anficht oder wer das Schiedsverfahren gegenüber nicht beteiligten Dritten nicht streng vertraulich behandelt, wird von der Erbschaft ausgeschlossen, pflichtteilsberechtigte Erben werden auf den Pflichtteil gesetzt.» Als Formulierung für eine **erbvertragliche Schiedsvereinbarung** in einem nationalen Erbfall schlage ich vor: «Die Parteien vereinbaren hiermit, dass alle Streitigkeiten, die im Zusammenhang mit dem Erbfall von X. (Name, Vorname, Geburtsdatum, Bürgerort bzw. Staatsangehörigkeit, Adresse) hervorgerufen werden, nach der jeweils gültigen Schiedsordnung des Schiedsgerichts X., unter Ausschluss des ordentlichen Rechtsweges, endgültig entschieden werden. Das Schiedsgericht soll aus einem/drei Schiedsrichter(n) bestehen. Der Sitz des Schiedsgerichts ist in Zürich. Die Sprache des Schiedsverfahrens ist Deutsch. Art. 176 ff. IPRG sind anwendbar.»

329 e) Auf internationaler Ebene kommt für den Vollzug (den schwierigsten Teil des Schiedsverfahrens) das Übereinkommen vom 10. Juni 1958 über die Anerkennung und Vollstreckung ausländischer Schiedssprüche (sog. **New-York-Übereinkommen** – SR 0.277.12) zur Anwendung. Dieses verlangt in Art. II «eine schriftliche Vereinbarung» zwischen den Parteien, wobei an die Form keine hohen Anforderungen gestellt werden (Abs. 2: es genügen auch Briefe oder Telegramme). Damit sind Entscheide aufgrund einer Schiedsvereinbarung unter Lebenden und einer Schiedsvereinbarung im Erbvertrag (oder im Zusammenhang mit einem Erbvertrag) international vollstreckbar. Probleme bereiten Entscheide von Schiedsgerichten aufgrund einer testamentarischen Schiedsklausel, welche vom Wortlaut von Art. II nicht abgedeckt sind. Eine entsprechende internationale Praxis fehlt bisher.

330 f) Nun ist noch zu klären, welche Fragen überhaupt **schiedsfähig** sind. Die (spärliche) Gerichtspraxis hat bisher abgelehnt, dass Schiedsgerichte über **Pflichtteile** entscheiden können: Das Bezirksgericht Zürich hat in ZR 80/1981 Nr. 10 E. 1 S. 27 die herrschende Meinung (WENNINGER SCHMID S. 355) zum Ausdruck gebracht, nämlich dass die Schiedsfähigkeit sich nur auf die verfügbare Quote beschränke (ähnlich das Zürcher Obergericht in ZR 88/1989 Nr. 75 S. 239 ff.). Da die Schiedsklausel prozes-

sualer Natur ist (KISTLER, S. 20; ebenso im deutschen Recht, vgl. Art. 517–518 N 327), verletzt sie die Pflichtteile aber nicht. Es kommt hinzu, dass Art. 177 Abs. 1 IPRG alle vermögensrechtlichen Ansprüche (unabhängig von der Verfügbarkeit) erfasst. Die Schiedsfähigkeit erstreckt sich somit m.E. auch auf die Pflichtteile (KISTLER, S. 42). Nachdem das Bundesgericht die **Aufsicht über den Willensvollstrecker** als grundsätzlich vermögensrechtliche Angelegenheit beurteilt hat (Art. 517–518 N 566), kann somit grundsätzlich auch die Entlassung des Willensvollstreckers vom Schiedsgericht entschieden werden (ebenso für das deutsche Recht MUSCHELER, ZEV 16/2009 S. 317 ff.; anders aber OLG Karlsruhe ZEV 16/2009 S. 466 = NJW 63/2010 S. 688 = MittBayNot 2010 S. 214 = RNotZ 8/2009 S. 661). Der Willensvollstrecker ist an die Schiedsklausel bzw. -vereinbarung gebunden (MAUERHOFER, ZBJV 142/2006 S. 395). Das Schiedsgericht kann keine Erbbescheinigungen ausstellen und unterliegt einigen weiteren Einschränkungen (MAUERHOFER, ZBJV 142/2006 S. 382 ff.).

g) Die Frage, ob der **Willensvollstrecker als Schiedsrichter** eingesetzt werden kann, ist mit «grundsätzlich ja» zu beantworten (anders MAUERHOFER, ZBJV 142/2006 S. 399). Sein Einsatz ist allerdings nur so weit möglich, als seine Unabhängigkeit besteht, weil er sonst von den Streitparteien abgelehnt werden kann (Art. 180 Abs. 1 lit. c IPRG). Zudem darf keine Interessenkollision bestehen (vorne, Art. 517–518 N 7 ff.; weiter vgl. die «Guidelines on Conflicts of Interest in International Arbitration» der International Bar Association [IBA]). Ein Interessenkonflikt ist etwa gegeben, wenn es um die Position des Willensvollstreckers geht oder wenn der Willensvollstrecker unmittelbar betroffen ist. M.E. sollte eine solche Doppelrolle möglichst vermieden werden (ähnlich BREITSCHMID, Umgang, S. 163). 331

9. Vorbereitung der Unternehmensnachfolge

a) Zur Vorbereitung der Teilung kann gehören, ein **Unternehmen,** welches ganz oder mehrheitlich dem Erblasser gehört hat, **umzugestalten,** bevor es auf die Erben übertragen wird. Der Willensvollstrecker hat entsprechende Verträge/Beschlüsse auszuarbeiten. Dabei kann er auch von allen Möglichkeiten, welche das Fusionsgesetz (FusG – SR 221.301) bietet (Fusion, Spaltung, Umwandlung usw.), Gebrauch machen. Dazu einige Beispiele (ausführlicher KÜNZLE, Business Succession Planning, S. 135 ff.): (1) Die Teilung kann vereinfacht werden durch die *Abspaltung* von Liegenschaften oder anderen nichtbetriebsnotwendigen Mitteln in eine eigene Gesellschaft oder durch deren *Überführung ins Privatvermögen* (BÜRGI/BRÄUTIGAM/HASLER/GANZ, S. 32). (2) Es kann sinnvoll sein, ein Unternehmen, welches Transporte durchführt und über Lagerhallen verfügt, für die Übernahme durch einen einzelnen Erben aber zu gross ist, in zwei selbständige Gesellschaften *aufzuspalten* (vgl. dazu ZWICKER/KÜNZLE, STH 71/1997 S. 993 ff.) und diese zwei Unternehmen je ihrer eigenen Bestimmung 332 zuzuführen (Übernahme durch einen oder mehrere Erben, Management buyout/buyin, Übernahme durch einen Dritten usw.). (3) Zusammengehörende Betriebe können vor einer Übertragung an die Erben unter einer *Holding* vereinigt werden, um die Kontrolle sicherzustellen (CORTIULA, TREX 3/1996 S. 151). Derartige Umgestaltungen kann der Willensvollstrecker regelmässig nur in Zusammenarbeit mit den Erben durchführen und sie benötigt einstimmiges Einverständnis.

333 b) Der Erblasser darf die **Bestimmung des Nachfolgers** im Unternehmen nicht dem Willensvollstrecker überlassen, weil dies gegen die Höchstpersönlichkeit der *letztwilligen Verfügung* verstossen würde (WETZEL, N 351 ff.; nach HAUSHEER, Erbrechtiche Probleme, S. 55 ff., sollte dem Willensvollstrecker wenigstens ein überprüfbarer Ermessensentscheid zugestanden werden). Soweit es mit den gesellschaftsrechtlichen Rahmenbedingungen vereinbar ist, kann der Nachfolger in der letztwilligen Verfügung festgelegt werden, und zwar entweder als *Auflage* (BK-TUOR, Art. 482 N 6), deren Vollzug der Willensvollstrecker zu überwachen hat, oder dann als *Weisung* an den Willensvollstrecker (DRUEY, SJZ 74/1978 S. 343). Da die Bestimmung eines Nachfolgers nicht vermögensrechtlicher Natur ist, verletzt eine entsprechende Anordnung des Erblassers keine Erbrechte, wie etwa Pflichtteilsrechte. Wenn der Erblasser den Nachfolger nicht bestimmt hat, haben die Erben diese Frage zu regeln (vgl. den Sachverhalt in EGVSZ 1995 Nr. 28 S. 78: Der Willensvollstrecker beauftragt einen Rechtsanwalt, das Mandat als Verwaltungsrat zu übernehmen; ZR 79/1980 Nr. 63 E. 4c S. 127: Die überlebende Ehefrau und der Willensvollstrecker besprechen die Frage der Nachfolge mit einem Dritten).

334 c) Bei den **juristischen Personen** hat der Willensvollstrecker im Rahmen der Teilungsvorbereitung die **Aufteilung der Anteile** bzw. die Auszahlung einzelner Erben zu planen (WETZEL, N 345 ff.). Bevor vinkulierte Aktien verteilt werden können, hat der Willensvollstrecker abzuklären, ob die Gesellschaft zur Aufnahme der Erben ins Aktienbuch bereit ist oder ob sie die Aktien «zum wirklichen Wert» übernimmt (Art. 685b Abs. 4 OR; vgl. den Sachverhalt in BGE 110 II 293 = JdT 33/1985 I S. 214 = Pra. 73/1984 Nr. 248 S. 676 und in ZR 85/1986 Nr. 89 S. 223 [OGer.], wo noch der alte Art. 686 Abs. 4 OR angewendet wurde). Wenn der Erblasser ein Unternehmen alleine oder mehrheitlich geführt hat, kann unter Umständen eine Erhöhung oder Senkung des Kapitals oder eine Veränderung der Beteiligungsrechte, wie die Einführung von Stimmrechtsaktien (KUMMER, S. 114), Partizipationsscheinen, vinkulierten Aktien (Art. 685b OR; BGE 110 II 293; die Übertragung von vinkulierten Aktien ist im Verhältnis zur Gesellschaft von der Zustimmung des Verwaltungsrates abhängig) oder Gewinnbeteiligungsrechten (RAUCH, CH-D Wirtschaft 6/2000 S. 12: Vorwegdividende oder Dividendengarantie), dazu dienen, die Erbteilung besser durchführen zu können. Der Willensvollstrecker hat entsprechende Abklärungen zu treffen und Vorschläge zu

unterbreiten. Für die Bewertung der Anteile ist der Verkehrswert massgebend (BK-TUOR, Art. 474 N 19), welcher aber im Einzelfall wenig adäquat sein kann (DRUEY, SJZ 74/1978 S. 341: Es kann die kapital- und funktionsmässige Beteiligung interessieren und weniger die Substanz).

d) Die Erben können die Unternehmensleitung aufgrund der ihnen zustehenden Freiheit in der Erbteilung auch abweichend von den Wünschen, Vorstellungen und Anordnungen des Erblassers festlegen. Bei Aktiengesellschaften wird häufig ein **Aktionärbindungsvertrag** (auch Pool- oder Stimmbindungsvertrag genannt) abgeschlossen, weil dieser die Möglichkeit bietet, mehrere Erben in verschiedener Funktion am Unternehmen beteiligt zu lassen und dennoch die Kontrolle zu behalten (KUMMER, S. 114 ff.; MEYER, ZBJV 136/2000 S. 421). Geregelt werden etwa (STAEHELIN, S. 119 FN 3; RAUCH, CH-D Wirtschaft 6/2000, 12): Übertragung von Aktien (Vinkulierung), Erwerbsberechtigungen und -verpflichtungen, Veräusserungsberechtigungen und -verpflichtungen (Wertbestimmung, Andienungsrechte, Vorkaufsrechte, Kaufs- und Verkaufsrechte [Call- und Put-Optionen], Mit-Verkaufsrechte usw.), Verhaltenspflichten, Konkurrenzverbote und Nebenklauseln (Konventionalstrafen, Vertragsdauer, Streiterledigung) sowie Abgangsentschädigung für Geschäftsführer, maximales Gehalt des Geschäftsführers, Sitze im Verwaltungsrat, Zuständigkeiten in der Geschäftsleitung, Beschlüsse über grössere Investitionen, Einstellung von Kader usw. Der Willensvollstrecker hat entsprechende Vorschläge auszuarbeiten. Er hat zudem die Aktien in der Generalversammlung zu vertreten, bis der Aktionärbindungsvertrag nach dem Ableben eines Aktionärs umgesetzt worden ist (zu einem Beispiel vgl. KNECHT/KOCH, S. 249; abweichend von diesem Muster würde ich empfehlen, die Einsetzung nicht gemeinsam, sondern einzeln vorzunehmen).

335

e) Bei einer **Personengesellschaft** ist die Nachfolge häufig schon im Gesellschaftsvertrag geregelt, und zwar durch Klauseln: (1) die *Fortsetzungsklauseln* sehen üblicherweise vor, dass die Kündigung oder der Tod eines Gesellschafters kein Grund zur Auflösung der Gesellschaft ist, sondern bloss Anlass zum Ausscheiden des Kündigenden/Verstorbenen sein soll, während die Gesellschaft unter den verbleibenden Gesellschaftern fortgesetzt wird (BGE 95 II 547; HAUSHEER, ZBJV 105/1969 S. 134 f.; V. GREYERZ, S. 78 ff.). (2) Mit einer einfachen *Eintrittsklausel* werden sämtliche Erben in die Gesellschaft aufgenommen, mit einer qualifizierten Eintrittsklausel einer unter mehreren Erben (V. GREYERZ, S. 80). (3) Die *Abfindungsklausel* regelt die Berechnungsart oder die Auszahlungsmodalitäten der Abfindungssumme (V. GREYERZ, S. 87). (4) Mit der einfachen *Nachfolgeklausel* wird die Mitgliedschaft auf alle Erben übertragen (Art. 517–518 N 188), mit der qualifizierten Nachfolgeklausel auf einen unter mehreren Erben (Art. 517–518 N 189; HAUSHEER, ZBJV 105/1969 S. 138; V. GREYERZ, S. 90). (5) Mit der *Konversionsklausel* soll die Mitgliedschaft eines unbeschränkt haftenden Gesellschafters in der Form einer Kommanditistenstellung vererbt werden. Bis zur Erbteilung

336

wird die Erbengemeinschaft zur Kommanditärin (HAUSHEER, ZBJV 105/1969 S. 141). (6) Mit *Kapitalkontenklauseln* werden Auszahlungsmodalitäten für den Kapitalanteil und das Privatkonto festgelegt (V. GREYERZ, S. 100). Die geschilderten Klauseln in den Gesellschaftsverträgen müssen die Form der letztwilligen Verfügung erfüllen, wenn sie als Verfügungen von Todes wegen qualifiziert werden (BGE 119 II 119 [Abfindungsklausel]; BGE 113 II 270 [Abfindungsklausel]; HAUSHEER/PFÄFFLI, ZBJV 130/1994 S. 43: Die Form der letztwilligen Verfügung ist notwendig, «wenn die Klausel dahin geht, dass die Erben des verstorbenen Gesellschafters mehr belastet werden, als der Erblasser selber belastet wäre, wäre er zu seinen Lebzeiten aus der Gesellschaft ausgeschieden»). Der Willensvollstrecker ist beim Vollzug dieser Klauseln involviert. Wenn die Gesellschaft ohne die Erben fortgesetzt wird, fällt der Abfindungsanspruch in den Nachlass (HAUSHEER, ZBJV 105/1969 S. 134 f.: Zur Auszahlung der Abfindung kommt es bei der Fortsetzungsklausel und wenn ein Bedachter von der Eintrittsklausel keinen Gebrauch macht und dieser ist vom Willensvollstrecker in den Teilungsplan (Art. 517–518 N 301) aufzunehmen.

337 f) Bei einer **Einzelfirma** kann der Willensvollstrecker die *operative Führung bis zur Erbteilung* einem Fachmann übertragen und nur noch dessen Tätigkeit überwachen (BREITSCHMID, Stellung des Willensvollstreckers, S. 136). Er kann dafür auch geeignete Erben einbeziehen. Einzelne Erben haben kein Recht, an der Unternehmensführung beteiligt zu werden, weil die Verwaltung der Erbschaft dem Willensvollstrecker zusteht (Art. 517–518 N 92 ff.) und dessen Vertretungs- und Verfügungsmacht exklusiv ist (Art. 517–518 N 200 und N 209). Um die Kontinuität nach Abschluss der Teilung zu gewährleisten, sollte der Willensvollstrecker die operative Führung frühzeitig dem vom Erblasser (in der letztwilligen Verfügung) oder von den Erben (in einer Vereinbarung) bestimmten Nachfolger übergeben (BSK-KARRER, Art. 518 N 31). Problematisch ist die Situation, wenn die Willensvollstreckung auf längere Dauer angelegt ist und minderjährige Erben vorhanden sind (HAUSHEER, Erbrechtliche Probleme, 79 f.). Wenn ein einzelner Erbe das Geschäft weiterführt und weitere mitbeteiligt, entsteht eine stille Gesellschaft, wenn mehrere Erben die Einzelfirma weiterführen, entsteht eine Kollektivgesellschaft (Art. 517–518 N 191).

338 g) Bei der **Einzelfirma** kann der Erblasser die zum Unternehmen gehörenden Vermögenswerte mit einer **Teilungsvorschrift** einem bestimmten Erben zuweisen oder ein Teilungsverbot aussprechen oder mit einer Auflage oder Bedingung dafür sorgen, dass die Einzelfirma solange erhalten bleibt, bis der Nachfolger von den Erben bestimmt wird (HAUSHEER, ZBJV 105/1969 S. 131). Der Willensvollstrecker hat diese letztwilligen Anordnungen zu vollziehen. Allerdings besteht das Risiko, dass der Bedachte das Unternehmen gar nicht weiterführen will und es deshalb zur Liquidation kommt (FEDERER, TREX 1/1994 S. 197). Einzelfirmen

können – vor oder nach der Erbteilung – in eine Personengesellschaft, AG oder GmbH überführt werden (vgl. auch Art. 517–518 N 191).

10. Auflösung eines Unternehmens

a) Die **juristischen Personen** werden durch den Tod des Erblassers in ihrem Bestand nicht beeinträchtigt. Wenn unabhängig davon der Richter benachrichtigt werden muss (Art. 725 Abs. 2 OR), ist dies nicht die Aufgabe des Willensvollstreckers (eines verstorbenen Mitglieds der Verwaltung oder der Kontrollstelle), sondern der verbleibenden Organe (ZR 94/1995 Nr. 51 E. 4.3 S. 156 f. [KR Zürich]: Eine Ausnahme ist nur in dringenden Fällen zu machen). Wenn keine Organe mehr vorhanden sind, hat der Willensvollstrecker dafür zu sorgen, dass für die Funktion des Erblassers ein Ersatz gefunden wird, indem er die Rechte eines Aktionärs ausübt (zum Stimmrecht vgl. Art. 517–518 N 184). Der Willensvollstrecker hat beispielsweise für die Neuwahl eines Verwaltungsrats zu sorgen, indem er eine ausserordentliche Generalversammlung einberufen lässt (Art. 699 Abs. 3 OR), oder für die Bestellung eines Beistands (Art. 392 ff.; zum Stimmrecht vgl. Art. 517–518 N 184). 339

b) **Personengesellschaften** werden von Gesetzes wegen durch den Tod eines Gesellschafters aufgelöst, wenn die Fortführung nicht vereinbart wurde oder wird (Art. 517–518 N 188). Der Willensvollstrecker hat im Falle der Auflösung (wie bei der Fortführung) die **Mitgliedschaftsrechte** wahrzunehmen (Art. 584 und Art. 619 Abs. 1 OR; BSK-KARRER, Art. 518 N 31; BSK-STAEHELIN, Art. 584 OR N 1). Zudem nimmt er den **Liquidationsanteil** für die Erben entgegen (STRAEHL, S. 100). Wenn der Willensvollstrecker gleichzeitig einziger Mitgesellschafter ist, liegt ein (unlösbarer) Interessenkonflikt vor, welcher einen Einsatz als Willensvollstrecker verhindert (WETZEL, N 387 ff.). 340

c) Wenn die **Einzelfirma** nach dem Tod des Erblassers nicht weitergeführt wird (Art. 517–518 N 191), gehört ihre Liquidation nicht ohne weiteres zu den Aufgaben des Willensvollstreckers (BSK-KARRER, Art. 518 N 31), weil die Erben Anspruch auf naturale Zuweisung haben (Art. 517–518 N 298). Soweit der Willensvollstrecker nicht mit der Liquidation beauftragt wird, hat er nur die einzelnen **Vermögenswerte** (Aktiven und Passiven) der Einzelfirma (im Rahmen der Erbteilung) auf die **Erben zu übertragen** (Art. 517–518 N 347). 341

IV. Durchführung der Erbteilung

Schweizerische Literatur: SCHWEIZER PHILIPPE, Dénonciation de litige (Neuchâtel et projet de P-CPC) Pour un tartare plus corsé, SJZ 104/2008 S. 452–455.

A. Allgemeines

342 a) Der Willensvollstrecker hat die Teilung durchzuführen (vgl. den Sachverhalt D. in BGer. 5C.46/2007 und 5C.47/2007 vom 6. Juni 2007 = AJP 16/2007 S. 1444 [Anm. Stephanie Hrubesch-Millauer]: «den Nettonachlass auszubezahlen bzw. auszuhändigen»; ZVW 5/1950 Nr. 49 S. 99 [JD ZH]; BREITSCHMID, Stellung des Willensvollstreckers, S. 156), und zwar (1) aufgrund einer **Teilungsvereinbarung** der Erben (Art. 517–518 N 302 ff.), (2) aufgrund des **Urteils** der Teilungsklage (Art. 517–518 N 315 ff.) oder (3) durch Vollzug einer **letztwilligen Verfügung.** Der letzte Fall kommt etwa zur Anwendung, wenn der Erblasser einen Alleinerben eingesetzt hat.

343 b) Bevor der Willensvollstrecker zur Teilung schreitet, hat er sich zu vergewissern, ob Gefahr besteht, dass Erben die letztwillige Verfügung anfechten (Herabsetzungs- oder Ungültigkeitsklage, vgl. Art. 519 ff. und Art. 527 ff.). Diese Klagen verwirken innert Jahresfrist seit Kenntnisnahme (Art. 521 Abs. 1 und Art. 533 Abs. 1). Wenn der Willensvollstrecker **vor Ablauf der Jahresfrist** seit dem Ableben des Erblassers **verteilen** möchte und Anhaltspunkte bestehen, dass solche Klagen in Aussicht stehen (oder wenn der Willensvollstrecker sich in jedem Fall absichern möchte), sollte er sich von den Erben (im Rahmen der Teilungsvereinbarung oder einer separaten Vereinbarung) zusichern lassen, dass sie die ihnen übergebenen Erbmasse wieder einbringen, wenn sich nachträglich herausstellen sollte, dass sie nicht im vorgesehenen Umfang daran berechtigt sind und den Willensvollstrecker schadlos halten. Mit einem solchen Vorbehalt kann die Haftung des Willensvollstreckers (vgl. dazu Art. 517–518 N 422 ff.) auf ein Minimum beschränkt werden.

344 c) Die Erben verpflichten sich, den im Gesamteigentum befindlichen Nachlass in der Weise ins Alleineigentum der Erben überzuführen, wie sie dies im Erbteilungsvertrag (Art. 517–518 N 307 ff.) vereinbart haben. Der Erbteilungsvertrag ist (entgegen Weimar, 450 ff.) ein Verpflichtungsgeschäft (BK-TUOR/PICENONI, Art. 634 N 15; ZK-ESCHER, Art. 634 N 13: obligatorische Bindung; BSK-SCHAUFELBERGER/KELLER, Art. 634 N 13: obligatorische, gegenseitige Verpflichtung; PraxKomm-MABILLARD, Art. 634 N 12 [nur obligatorische, keine dingliche Wirkung] und N 26). Es ist auch möglich, dass im Erbteilungsvertrag Elemente enthalten sind, welche Verfügungswirkung haben (PraxKomm-MABILLARD, Art. 634 N 26: Zession von Rechten, Übernahme von Schulden). Der Willensvoll-

strecker ist an die im Erbteilungsvertrag festgelegte Aufteilung des Nachlasses gebunden (Art. 517–518 N 310). Er hat die **notwendigen Verfügungen vorzunehmen,** um den Erbteilungsvertrag umzusetzen, ihn zu vollziehen (PraxKomm-CHRIST, Art. 518 N 72). Wenn die Erben die Fortsetzung der Erbengemeinschaft (auf Dauer) beschliessen, kann zum Vollzug dieser Vereinbarung gehören, dass eine Liegenschaft im Grundbuch vom Erblasser auf die Erbengemeinschaft übertragen wird (BREITSCHMID, Stellung des Willensvollstreckers, S. 140). Durch kantonale Vorschriften nach Art. 609 Abs. 2 (Teilungs- und andere Behörden) darf die Funktion des Willensvollstreckers nicht eingeschränkt werden (BGE 114 II 418 E. 2b S. 420; SGGVP 2001 Nr. 99 E. 2a S. 245; Art. 517–518 N 100). Von der Willensvollstreckung nicht betroffen ist die nach Art. 609 Abs. 1 zuständige Behörde zum Schutz eines Erbengläubigers (BSK-KARRER, Art. 518 N 59: «Die Kompetenzen der zuständigen Behörde zum Schutz eines Erbengläubigers im Sinne von Art. 609 Abs. 1 bleiben indessen auch bei Vorliegen der Willensvollstreckung unberührt»).

d) **Das Ermessen des Willensvollstreckers** bei der Vornahme von Verfügungen zum Vollzug der Erbteilung **ist eng begrenzt.** Mit BREITSCHMID (Stellung des Willensvollstreckers, S. 160) ist zwar zu wünschen, dass im Sinne einer Fortentwicklung der Praxis dem Willensvollstrecker zunehmend Ermessen zugestanden wird, etwa für Zweckmässigkeitsentscheidungen, dies wird aber nur wenige Probleme lösen, weil bei genauem Hinsehen hinter den meisten Entscheidungen materielle Fragen stehen, welche vom Erblasser selbst zu entscheiden sind. Beispiele: (1) Der Erblasser darf in der letztwilligen Verfügung nicht anordnen, dass der Willensvollstrecker die *Teilung nach eigenem Gutdünken* durchführen könne (vgl. den Sachverhalt in BGer. 5C.163/2003 vom 18. September 2003 = Pra. 93/2004 Nr. 98 S. 558: «Die Legate sind ... für soziale, bzw. wohltätige Zwecke unserer Region Baden zu verwenden. Und zwar entscheidet über die Wahl der Begünstigten und die Höhe der einzelnen Beträge einzig der Willensvollstrecker»; BSK-KARRER, Art. 518 N 11). Ein derartig weit gefasstes Ermessen verstösst gegen die materielle Höchstpersönlichkeit der letztwilligen Verfügung und macht eine entsprechende Anordnung unwirksam (BREITSCHMID, Höchstpesönlichkeit, S. 490; DRUEY, Grundriss, § 8 N 28). (2) Der Willensvollstrecker darf die *letztwillige Verfügung nicht ergänzen,* weil dies (ebenfalls) dem Grundsatz der materiellen Höchstpersönlichkeit widerspricht (BGE 48 II 308 E. 2 S. 313 = JdT 71/1923 I S. 294 = Pra. 11/1922 Nr. 166 S. 414 = ZBGR 27/1946 Nr. 80 S. 235). Lücken in der letztwilligen Verfügung können nur (in beschränktem Rahmen) vom Richter geschlossen werden (DRUEY, Grundriss, § 12 N 16 f.) und führen zur Unwirksamkeit einer Anordnung, wenn diese unklar oder zweideutig bleibt (PIOTET, SPR IV/1, § 33 III). (3) Der Willensvollstrecker kann *nicht* dazu befugt werden, *den massgebenden Sinn einer letztwilligen Verfügung festzulegen,* wenn diese einen Auslegungsspielraum lässt (BSK-KARRER, Art. 518 N 11; a.M. BVR 21/1996 E. 3b S. 505 f. [RR]: «Auslegung und Vollstreckung des Testaments sind Aufgaben des vom Verstorbenen bestimmten Willensvollstreckers»), weil der Richter den Sinn bestimmt bzw. unklare oder zweideutige Bestimmungen ungültig sind (PIOTET, SPR IV/1, § 33 III). (4) Der Willensvollstrecker darf *nicht einfach zur (teilweisen oder vollständigen) Teilung schreiten*, wenn die letztwillige Verfügung eine klare Anordnung des Erblassers enthält (anders Max. X/1961–70 Nr. 557 S. 423 = ZBGR 47/1966 Nr. 48 S. 221 [JK]: Der Willensvollstrecker ist verpflichtet, «die Teilungsvorschriften des Erblassers auszuführen, ganz gleichgültig, ob die Erben damit einiggehen oder nicht»; Art. 517–518 N 311). (5) Der Willensvollstrecker darf *formungültige Verfügungen nicht vollziehen* (BGE 48 II 308 E. 2 S. 313 = JdT 71/1923 I S. 294 = Pra. 11/1922 Nr. 166 S. 414 = ZBGR 27/1946 Nr. 80 S. 235). (6) Der Willensvollstrecker darf die Teilung nicht durchführen, wenn eine *sichernde Massnahme* wie die (von ihm oder einer anderen Person auszuführenden) Erbschaftsverwaltung angeordnet wurde (ZR 54/1955 Nr. 30 S. 78 = ZBGR 38/1957 Nr. 39 S. 208 [OGer.]; vgl. dazu Art. 517–518 N 117 ff.), wenn ein öffentliches Inventar aufgenommen (ZR 54/1955 Nr. 32 S. 80 = ZBGR 38/1957 Nr. 40 S. 209 [OGer.]: Beschränkung der Tätigkeit auf notwendige Verwaltungshandlungen) oder die Liquidation der Erbschaft durchgeführt wird (vgl. dazu Art. 517–518 N 123).

346 e) Die Erben können gegenüber dem Willensvollstrecker, welcher in **Konkurs** gefallen ist, die Legalzession im Sinne von Art. 401 OR geltend machen (BGE 87 III 14 E. 1 S. 16 ff. = JdT 109/1961 II S. 77 ff.). Um diesen Anspruch sicherzustellen und Dritte vor einer Zahlung an die Konkursverwaltung abzuhalten, ist diesen Dritten eine entsprechende Mitteilung zu machen (Art. 168 Abs. 2 OR; BGE 63 II 54 E. 2 S. 57).

347 f) Der Willensvollstrecker hat die **Nachlassgegenstände den Erben auszuhändigen** (BREITSCHMID, Stellung des Willensvollstreckers, S. 156; zu den allenfalls negativen Auswirkungen [auf ein Retentionsrecht], wenn der Willensvollstrecker den Besitz an den Nachlassgegenständen behält vgl. SJ 87/1965 S. 351 [Civ.]). Nicht selten müssen die Erben dabei mitwirken (vgl. den Sachverhalt in StR 35/1980 S. 503 = ASA 49/1980–81 S. 62 [BGer.]: «Unverzüglich nach Unterzeichnung dieses Vertrages sind die Werte durch den Willensvollstrecker auf jeden Erben zu übertragen, alles per ..., wobei die Erben sich zur Vornahme der gegenseitigen Übertragungsformalitäten verpflichten»). Das gilt auch dann, wenn ein Erbe seinen Anteil einem Dritten abgetreten hat, weil der Dritte dadurch keinen direkten Anspruch erwirbt (Art. 635 Abs. 2) (BGE 87 II 218 E. 1a S. 223 f. = JdT 110/1962 I S. 218 = Pra. 51/1962 Nr. 4 S. 9 = ZBGR 44/1963 Nr. 56 S. 266; weiter vgl. den Sachverhalt in BGE 92 II 335 Pt. A S. 336 = JdT 116/1968 I S. 42 = Pra. 56/1967 Nr. 79 S. 250 = SJ 89/1967 S. 313: Auszahlung des zedierten Erbanteils an eine Bank).

348 g) Verwaltungshandlungen der Erben sind grundsätzlich ungültig, soweit sie sich mit der (exklusiven) Kompetenz des Willensvollstreckers (Art. 517–518 N 200 und

N 209) nicht vertragen (BGE 97 II 11 E. 2 S. 15; BGE 90 II 376 E. 2 S. 381; BSK-KARRER, Art. 518 N 6), sie können allerdings vom guten Glauben Dritter geschützt sein (BSK-KARRER, Art. 518 N 6). Im Bereich der Erbteilung können die **Erben** dagegen frei verfügen (Art. 607 Abs. 2), sie können auch **durch einen Willensvollstrecker nicht gehindert** werden (BSK-SCHAUFELBERGER/KELLER, Art. 607 N 9). An sich ist der Erbteilungsvertrag bzw. das Teilungsurteil (Art. 517–518 N 342) durch den Willensvollstrecker zu vollziehen (Art. 518 Abs. 2; Art. 517–518 N 344 f.). Die Tatsache, dass die Erben (alleine) eine Realteilung vollziehen können (Art. 611 und Art. 634; BSK-SCHAUFELBERGER/ KELLER, Art. 634 N 3 ff.), führt m.e. dazu, dass eine fehlende Unterschrift des Willensvollstreckers auf einem Verfügungsgeschäft die von den Erben (gemeinsam) tatsächlich vollzogene Erbteilung (z.B. einen erfolgten Grundbucheintrag oder die Übertragung eins Bankdepots auf einen einzelnen Erben) nicht an der Gültigkeit hindert (offen gelassen in ZR 90/1991 Nr. 66 E. 7d S. 223 [OGer.]). § 2211 Abs. 1 BGB erklärt Handlungen der Erben ohne Mitwirkung des Testamentsvollstreckers dagegen für ungültig, es sei denn nach § 2211 Abs. 2 werde der gute Glaube von Dritten geschützt. An den guten Glauben werden derart hohe Anforderungen gestellt, dass er nur in seltenen Fällen gegeben sein dürfte: Wenn der Dritte weiss, dass eine Sache zum Nachlass gehört, muss er sich erkundigen, ob ein Testamentsvollstrecker vorhanden ist, indem er sich einen Erbschein vorlegen lässt. Wenn der Dritte weiss, dass ein Testamentsvollstrecker vorhanden ist, aber meint, dass der fragliche Nachlassgegenstand davon nicht betroffen sei, wird er nicht als gutgläubig angesehen (STAUDINGER-REIMANN, § 2211 Rn. 25 f.). Auch hier zeigt sich, dass die Stellung des Testamentsvollstreckers viel stärker als diejenige des Willensvollstreckers ist.

B. Grundbuch

a) Der **Willensvollstrecker kann** aufgrund seiner (gesetzlichen) Verfügungsmacht (LGVE 1988 I Nr. 6 E. 4a S. 9 [JK]: Der Willensvollstrecker «weist diese Handlungsmacht mit seiner Eigenschaft als Willensvollstrecker nach, ungeachtet der Pflichtgemässheit seiner Verfügungen im Innenverhältnis zu den Erben») alle **Eintragungen im Grundbuch anmelden,** welche mit seiner in Art. 518 Abs. 2 umschriebenen Aufgabe (Vorbem. zu Art. 517–518 N 1 ff.) zusammenhängen (BGE 74 I 423 S. 424 = JdT 97/1949 I S. 359 = Pra. 38/1949 Nr. 19 S. 59 = ZBGR 30/1949 Nr. 20 S. 54: Der Willensvollstrecker ist «zu grundbuchlichen Verfügungen über Liegenschaften der Erbschaft befugt»; BGE 61 I 382 Pt. A S. 383 = JdT 84/1936 I S. 202 E. 1 und S. 518 = Pra. 25/1936 Nr. 6 S. 19 = SJ 58/1936 S. 543 = ZBGR 17/1936 Nr. 64 S. 149; SGVP 3/1928–43 Nr. 434 S. 281 [BGer.]: «Gerade auch im grundbuchlichen Verkehr muss die Stellung des Willensvollstreckers ... genügen»; SJZ 23/1926–27 Nr. 4 E. 1 S. 28 f. = JdT 74/1926 I

349

S. 107 f. = MBVR 24/1926 Nr. 38 S. 84 = ZBGR 7/1926 Nr. 8 S. 44 f. [EJPD]; RPR XII/1985/86 S. 50 = BN 49/1988 Nr. 48 S. 271 [RR]; SJZ 33/1936–37 Nr. 82 S. 121 [JD SG]; ZBGR 17/1936 Nr. 58 S. 136 [JD AG]; ZBGR 9/1928 S. 274: Art. 14 Abs. 1 Weisungen des Kantonsgerichts und Finanzdepartements VD; PFÄFFLI, BN 46/1985 S. 74). Dies gilt insbesondere für Grundbuchanmeldungen im Zusammenhang mit der Tilgung von Schulden (ZGGVP 1983–84 S. 94 [VGer.]) und mit der Ausrichtung von Vermächtnissen (VPB 10/1936 Nr. 69 S. 79 = ZBGR 22/1941 Nr. 17 S. 33 [EGA]; ZGGVP 1983–84 S. 95 E. 2 [VGer.]; ZBGR 47/1966 Nr. 48 S. 220 [JK LU]: Übertragung von Begräbnisrechten an drei Gräbern; ZBGR 23/1942 Nr. 237 S. 276 f. [KGer. SZ]; PFÄFFLI, BN 46/1985 S. 76). Der Willensvollstrecker kann auch die Eintragung ausländischer gesetzlicher Erben anmelden, weil von diesen keine besondere Bewilligung nach BewG (SR 211.413.1) verlangt wird (AGVE 1970 Nr. 9 S. 362 [DI]; anders verhält es sich bei eingesetzten Erben, wie BGE 101 Ib 379 = Pra. 65/1976 Nr. 138 S. 328 = SJ 99/1977 S. 257 zeigt, wo der vom Willensvollstrecker beantragte Eintrag von zwei ausländischen Tierschutzvereinen im Grundbuch abgelehnt wurde). Soweit dem Willensvollstrecker die Anmeldung zuteht, sind die Erben davon grundsätzlich ausgeschlossen (ZBGR 17/1936 Nr. 58 S. 136 [JD AG]: Selbst die Alleinerbin ist vor der Teilung nicht zur Anmeldung berechtigt; zur Gültigkeit einer entgegen dieser Regel erfolgten Eintragung vgl. Art. 517–518 N 348). Ein Erbe kann den Willensvollstrecker nicht an Verfügungen im Grundbuch hindern, indem er beim Grundbuchamt die Vormerkung einer Verfügungsbeschränkung (Art. 960 Abs. 1 Ziff. 1; LGVE 1985 I Nr. 7 S. 14 f. [OGer.]) oder eine Grundbuchsperre beantragt (SGGVP 1980 Nr. 10 S. 18 [AppR]), solche Verfügungs-Beschränkungen (etwa nach Art. 961 Abs. 1 Ziff. 1) kann der Erbe aber beim Richter oder der Aufsichtsbehörde beantragen (Art. 517–518 N 352) und zu Unrecht übergangene Erben können wenigstens eine vorläufige Eintragung der Erbengemeinschaft vormerken lassen (SGGVP 1980 Nr. 10 S. 18 [AppR]). Umgekehrt kann der Willensvollstrecker zur Verhinderung von Verfügungen durch Dritte eine Verfügungsbeschränkung eintragen lassen (JdT 142/1994 III S. 120 f. E. 2 [TC VD]). Zu betonen ist, dass eine Eintragung im Grundbuch, welche gestützt auf einen Erbteilungsvertrag, aber ohne Mitwirkung des Willensvollstreckers erfolgt ist, dennoch gültig ist (Art. 517–518 N 348).

350   b) Der **Willensvollstrecker hat** einen **Ausweis über das Rechtsgeschäft beizubringen,** welches zur Änderung des Eintrags im Grundbuch führt (SGGVP 1957 Nr. 88 S. 192 = ZBGR 40/1959 Nr. 24 S. 155 [BGer.]). Das kann die schriftliche Zustimmung aller Erben (ZBGR 40/1959 S. 190 [NI ZH]) oder eine Teilungsvereinbarung (Art. 517–518 N 302 ff.), die Abtretung eines Erbanteils (Erbauslösung, -auskauf), die letztwillige Verfügung betreffend die Ausrichtung eines Vermächtnisses (ZGGVP 1983–84 S. 95 E. 3 [VGer.]) oder ein Kaufvertrag (ZBGR 40/1959 S. 160 [BGer.]) bzw. Steigerungsprotokoll (zur Bezahlung von Schulden) sein

(NUSSBAUM, ZBGR 4/1923 S. 148). Die Eintragung eines einzelnen Erben im Grundbuch bedeutet den Vollzug einer Realteilung (BGE 102 II 197 E. 3b S. 204 = JdT 125/1977 I S. 337 f. = Pra. 65/1976 Nr. 219 S. 545 = ZBGR 60/1979 Nr. 11 S. 99).

c) Der **Grundbuchverwalter prüft** anhand des Testaments (ZBGR 40/1959 Nr. 24 S. 158 [BGer.]: Eine amtlich beglaubigte Abschrift genügt) oder eines behördlichen Ausweises [Erbbescheinigung oder Willensvollstreckerausweis – Art. 517–518 N 34 ff.]) nur, ob der Willensvollstrecker die **Verfügungsmacht** besitzt (LGVE 1988 I Nr. 6 E. 4a S. 9 [JK]; ZGGVP 1983–84 S. 94 [VGer.]; ZBGR 25/1944 Nr. 61 S. 210 f. [JD AG]: «Der Grundbuchverwalter hat nur zu prüfen, ob der Antragsteller (Willensvollstrecker) Generalexecutor ist»; BSK-KARRER, Art. 518 N 45). Er ist dagegen nicht befugt, zu prüfen, ob die Verfügung des Willensvollstreckers seinen Pflichten im konkreten Fall entspreche (BGE 61 I 382 S. 383 = JdT 84/1936 I S. 202 E. 1 et S. 519 = Pra. 25/1936 Nr. 6 S. 19 = ZBGR 17/1936 Nr. 64 S. 149; BGE 74 I 423 S. 425 = JdT 97/1949 I S. 360 = Pra. 38/1949 Nr. 19 S. 60 = ZBGR 30/1949 Nr. 20 S. 55; BIBER, S. 60 = ZBGR 86/2005 S. 8), ob der Willensvollstrecker also innerhalb der Verfügungsbefugnis (Art. 517–518 N 204) handle (SGVP 3/1928–43 Nr. 434 S. 281 [BGer.]; BN 51/1990 Nr. 15 S. 116 [DI AG]; LGVE 1988 I Nr. 6 E. 4a S. 9 [JK]; Rep. 100/1967 S. 173 [DG]: «... senza che l'Ufficiale dei registri possa controllare se la disposizione stessa sia conforme o meno ai suoi obblighi di legge»; ZBGR 25/1944 Nr. 61 S. 211 [JD AG]; anders ZBGR 27/1946 Nr. 2 S. 324 [JD BS]: «Wenn die volle Wahrung der Erbeninteressen nachgewiesen werde, soll die Eintragung bewilligt werden»; ZK-HOMBERGER, Art. 965 N 74: Der Grundbuchverwalter darf die Verfügungsbefugnis überprüfen, wenn der Willensvollstrecker eine mit dem Testament nicht zu vereinbarende Verfügung vornimmt, weil sich seine «Vollmacht» auf das Testament stützt; dem ist nicht zu folgen, weil sich die Verfügungsmacht des Willensvollstreckers [Art. 517–518 N 201 f.] gewöhnlich auf das Gesetz stützt). Dagegen darf der Grundbuchverwalter die Anmeldung im Falle eines Interessenkonflikts (BRÜCKNER, ZBGR 64/1983 S. 73) oder eines offenbaren Missbrauchs der Verfügungsmacht (ZK-HOMBERGER, Art. 965 N 74) ablehnen, weil in diesen Fällen die notwendige Verfügungsmacht fehlt. Der Grundbuchverwalter hat nicht zu prüfen, ob materielles (Erb)Recht verletzt wird, weil dies durch eine gerichtliche Klage geltend zu machen ist (ZBGR 40/1959 Nr. 24 S. 158 [BGer.]).

351

d) Wenn die Erben – welche etwa eine Ungültigkeitsklage führen – den **Willensvollstrecker am Eintrag** von Verfügungen **im Grundbuch hindern** wollen, können sie dem Gericht vorsorgliche Massnahmen beantragen (Vormerkung einer vorläufigen Eintragung oder Kanzleisperre) (LGVE 1985 I Nr. 7 S. 15 [OGer.]: [Kantonalrechtliche] Kanzleisperre; SGGVP 1980 Nr. 10 S. 19 [AppR]: Vormerkung einer vorläufigen Eintragung [Art. 961 Abs. 1 Ziff. 1]; EGVSZ 1979 S. 74 ff. E. 4

352

und 5 [RK]: Vormerkung einer vorläufigen Eintragung [Art. 961 Abs. 1 Ziff. 1] oder Kanzleisperre) oder die Aufsichtsbehörde anrufen (Beschwerde – vgl. dazu Art. 517–518 N 519 ff.) und dem Willensvollstrecker die Anmeldung von Verfügungen verbieten lassen (JOST, Willensvollstrecker, N 54). Die beantragten Massnahmen dürfen allerdings nicht zu weit gehen, den Willensvollstrecker in seiner Verwaltungstätigkeit nicht behindern. So ist zum Beispiel eine (auf kantonales Recht gestützte) Kanzleisperre nicht berechtigt, wenn der Willensvollstrecker wegen Unterhalts- und Erneuerungsarbeiten die Belastung auf einer Liegenschaft erhöhen muss (EGVSZ 1979 S. 76 E. 6 [RK]).

353 e) Der Willensvollstrecker kann gegen Abweisungsverfügungen oder Gebührenentscheide des Grundbuchamts **Beschwerde** führen (AGVE 1991 Nr. 7 E. 3b S. 155 [VGer.]).

C. Gründung von juristischen Personen und Handelsgesellschaften

354 a) Wenn der Erblasser mit letztwilliger Verfügung eine **Stiftung errichtet** (gründet) und (1) die vorgesehene *Organisation nicht genügt*, hat der Willensvollstrecker zuhanden der Aufsichtsbehörde Vorschläge zu machen, wie diese Mängel behoben werden können (JOST, Willensvollstrecker, N 58). (2) Der *Willensvollstrecker* kann damit *beauftragt werden, eine Stiftung zu errichten* (Erbstiftung – vgl. die Sachverhalte in BGer. 5A.232/2010 vom 16. September 2010 Pt. B: «j'institue héritière de l'autre moitié de ma succession une fondation à constituer par mon exécuteur testamentaire après mon décès»; BGer. 4C.140/1998 vom 28. Januar 1999 Pt. A: «Die von mir bezeichneten Willensvollstrecker sollen … ein Statut für diese Stiftung ausarbeiten»; BGE 108 II 278 Pt. A.a S. 279 = Pra. 71/1982 Nr. 298 S. 751 = ZBGR 66/1985 Nr. 64 S. 294: «une fondation qu'elle chargeait ses exécuteurs testamentaires de constituer»; BGE 107 II 385 Pt. A = Pra. 71/1982 Nr. 9 S. 15 f. und ZVW 2/1947 Nr. 33 S. 65 [BR ZH]) oder Stiftungsräte zu bestimmen (vgl. den Sachverhalt in BVR 20/1995 S. 483 Pt. A [SRK]). (3) Wenn der Erblasser einem *Erben oder Vermächtnisnehmer die Auflage erteilt, eine Stiftung zu errichten*, hat der Willensvollstrecker für die Erfüllung dieser Auflage zu sorgen (BSK-KARRER, Art. 518 N 50). Das Bundesgericht (5A_185/2008 vom 3. November 2008 E. 3.1 = successio 4/2010 S. 45 ff. [Anm. Harold Grüninger]) hat dem Willensvollstrecker, der beanstandete, dass nicht er, sondern die Universalerbin den Stiftungsrat bestellen durfte, entgegnet, der Erblasser hätte eine Erbstiftung (Art. 493) vorsehen müssen, wenn er dem Willensvollstrecker diese Kompetenz hätte zuhalten wollen (die Errichtung einer Stiftung durch einen Erben mittels Auflage wird nicht als Erbstiftung angesehen, vgl. PraxKomm-BURKART, Art. 493 N 5). GRÜNINGER, successio 4/2010 S. 48 f., bedauert, dass das Bundesgericht in diesem Urteil die kontroverse

Frage nicht behandelt hat, wer die Konkretisierung von Auflagen vornehmen darf, der belastete Erbe oder der Willensvollstrecker (für eine Konkretisierung der Auflage durch den Erben plädiert BSK-STAEHELIN, Art. 482 N 24; für eine Konkretisierung durch den Willensvollstrecker plädiert PraxKomm-SCHÜRMANN, Art. 482 N 23). Diese Frage ist m.E. so zu entscheiden: Wenn ein einzelner Erbe beschwert ist, muss diesem das Ermessen zugestanden werden und der Willensvollstrecker kann nur eingreifen, wenn Rechtsverletzungen vorliegen (der Erbe das Ermessen überschritten hat); wenn dagegen der ganze Nachlass beschwert ist, kommt das Ermessen des Willensvollstreckers zum Zug und er untersteht dann der Kontrolle durch die Erben (welche Ermessensüberschreitungen rügen können). (4) Häufig wird der Willensvollstrecker die Aufgabe haben, der (errichteten) Stiftung die *notwendigen Mittel zu überlassen* (BERLA, S. 38, welcher zu Recht die Einschränkung macht, dass die Mittel nur zu überlassen sind, «wenn dadurch nicht pflichtteilsberechtigte Erben in ihren Rechten verletzt werden und sämtliche Schulden der Erbschaft bezahlt werden können»).

b) Der Erblasser kann den **Willensvollstrecker als Stiftungsorgan** einsetzen, sogar als einziges Stiftungsorgan (BGE 90 II 376 E. 5 S. 389 = JdT 113/1965 I S. 348 = Pra. 54/1965 Nr. 36 S. 125; anders PKG 1964 Nr. 55 E. 8 S. 141 ff. [Pr 6/63; KGP]; BK-RIEMER, Art. 83 N 30). Wenn dadurch Interessenkonflikte entstehen (vgl. dazu Art. 517–518 N 7 ff.), kann dies zur Suspendierung (vgl. den Fall BGer. 5A_502/2008 vom 4. März 2009 = successio 4/2010 S. 188 [Anm. Paul Eitel]; vgl. dazu Art. 517–518 N 536) oder gar zur Absetzung des Willensvollstreckers (vgl. dazu Art. 517–518 N 548) führen (WETZEL, N 390 ff.).

355

c) Die Erben können – anstelle einer Erbteilung (Art. 517–518 N 302 ff.) – vereinbaren, die **Erbengemeinschaft in ein Gesellschaftsverhältnis überzuführen,** in eine AG, GmbH, Kollektiv- oder Kommanditgesellschaft (SCHICKER, S. 43 f.). Dies ist im ZGB zwar nicht ausdrücklich vorgesehen, wird aber in Anlehnung an Art. 336 (Fortführung als Gemeinderschaft) durchgeführt (Art. 517–518 N 317). Der Willensvollstrecker kann sie daran ebenso wenig hindern, wie er nicht eine bestimmte Teilung gegen ihren Willen durchsetzen kann (vgl. zu Letzterem Art. 517–518 N 310). Mit der Überführung der Erbmasse auf diese Gesellschaft ist die Aufgabe des Willensvollstreckers erfüllt (ebenso [bezüglich des Erbenvertreters] SCHICKER, S. 39).

356

D. Handelsregister

a) Der Willensvollstrecker hat dafür zu sorgen, dass die Stiftungsorgane die (von ihm oder vom Erblasser mit letztwilliger Verfügung gegründete) **Stiftung** zum Eintrag ins Handelsregister anmelden (Art. 94 ff. HRV; BK-RIEMER, Art. 81 N 91; BSK-KARRER, Art. 518 N 50a). Unterbleibt die Anmeldung,

357

kann er mit einer Beschwerde an die (stiftungsrechtliche) Aufsichtsbehörde gelangen (BK-RIEMER, Art. 81 N 91 und Art. 84 N 119; anders JOST, Fragen, N 58: Der Willensvollstrecker hat die Stiftung im Handelsregister anzumelden).

358 b) Die durch den Tod des Erblassers notwendigen Anpassungen (Eintragungen [Art. 934 ff. OR], Änderungen [Art. 937 OR] oder Löschungen [Art. 938 OR]) im Bestand, in der Vertretungsordnung oder in der Firma einer **juristischen Person oder Handelsgesellschaft** sind im Handelsregister einzutragen. Bei den entsprechenden Anmeldungen hat der Willensvollstrecker mitzuwirken (Art. 17 Abs. 3 HRV; BSK-KARRER, Art. 518 N 31), soweit dies überhaupt notwendig ist. Eine Mitwirkung des Willensvollstrecker ist notwendig, (1) wenn der Erblasser Gesellschafter einer Kommanditgesellschaft war, weil Anmeldungen von allen Gesellschaftern zu unterzeichnen sind (Art. 597 OR), (2) der Erblasser Gesellschafter einer Kollektivgesellschaft war, weil die Anmeldung von deren Auflösung von allen Gesellschaftern zu unterzeichnen ist (Art. 574 Abs. 2 OR; BSK-STAEHELIN, Art. 574 OR N 5). Eine Mitwirkung des Willensvollstreckers setzt zudem voraus, dass die Organe nicht alleine für die Anmeldung zuständig sind. Eine Mitwirkung des Willensvollstreckers ist in der Regel nicht notwendig, wenn der Erblasser als Verwaltungsrat einer AG ausscheidet (nach Art. 711 Abs. 2 OR kann der Betroffene [hier: der Willensvollstrecker] die Anmeldung dann selbst vornehmen, wenn die verbleibende Verwaltung das Ausscheiden als Verwaltungsrat nicht innert 30 Tagen beim Handelsregister anmeldet). Für einen Eintrag des Willensvollstreckers (als solchen) gibt es keinen Anlass (WETZEL, N 99).

359 c) Der Willensvollstrecker hat nach dem Tod des Erblassers dafür zu sorgen, dass der Eintrag einer **Einzelfirma** im Handelsregister sofort den neuen Verhältnissen angepasst wird (der Willensvollstrecker kann die Vertretungsverhältnisse zum Beispiel in der Weise anpassen, dass Prokuristen nur noch mit ihm zusammen zeichnen können [Kollektivprokura], vgl. SCHREIBER, exécution testamentaire, S. 60 f.). Mit dem Eintrag des Willensvollstreckers ist auch ein Hinweis auf seine Stellung zu machen (ebenso [für das deutsche Recht] ESCH/SCHULZE ZUR WIESCHE/BAUMANN, N I 607), weil die Erben während der Dauer der Erbschaftsverwaltung von der Vertretung ausgeschlossen sind. Wenn die Einzelfirma nicht weitergeführt wird, hat sie der Willensvollstrecker löschen zu lassen (Art. 938 OR).

E. Familienrechtliche Aspekte

360 a) Wenn Eltern und unmündige Kinder Erben sind, liegt häufig ein Interessengegensatz vor, welcher die Bestellung eines **Vertretungsbeistands** (Art. 306 Abs. 2 i.V.m. Art. 392 Ziff. 2) verlangt (BGE 107 II 105; LGVE 2000 III Nr. 4 S. 408 [RR]: eine abstrakte Gefährdung genügt; SGGVP 1989 Nr. 76 E. 3c

S. 160 = BN 51/1990 Nr. 19 S. 117 [RR]: «Der Interessengegensatz ergibt sich bereits daraus, dass die Beschwerdeführerin und die von ihr vertretenen Kinder mit Bezug auf die erbrechtliche Auseinandersetzung Gegenparteien sind»; BK-SCHNYDER/MURER, Art. 392 N 94: «Besonders häufig ist die Verbeiständigung Unmündiger nach Ziff. 2 im Zusammenhang mit der erbrechtlichen Auseinandersetzung zwischen dem Kind und dem überlebenden Elternteil»). Die Tatsache, dass ein Willensvollstrecker vorhanden ist, ändert daran nichts, weil die Erben unabhängig über die Teilung entscheiden müssen und es nicht die Aufgabe des Willensvollstreckers ist, die Interessen von einzelnen Erben zu wahren (SGGVP 1989 Nr. 76 E. 3c S. 160 = BN 51/1990 Nr. 19 S. 117 [RR]).

b) Der Willensvollstrecker hat die Verfügung des Erblassers, wonach ein Elternteil von der Nutzung und **Verwaltung des** (als Pflichtteil oder auf andere Weise zugewiesenen) **Kindesvermögens** ausgeschlossen sei (Art. 321 f.), zu vollziehen. Er ist deshalb im Verfahren gegenüber der Vormundschaftsbehörde (ab 1.1.2013: Erwachsenenschutz- und Kindesschutzbehörde) legitimiert, die Durchsetzung dieser Bestimmung zu verlangen. Klagt ein Dritter gegen die Vormundschaftsbehörde auf Feststellung, dass in der letztwilligen Verfügung eine solche Einschränkung nicht enthalten sei, sollte deshalb dem Willensvollstrecker der Streit verkündet werden (vgl. den Sachverhalt in BGE 63 II 2 Pt. B S. 4 = JdT 85/1937 I S. 499).

c) Der Willensvollstrecker ist nicht legitimiert, die **Bevormundung eines Erben** (Art. 368 ff.; ab 1.1.2013: Verbeiständung) zu veranlassen, weil es dabei nicht um eine Verwaltung des Nachlasses geht (BGE 59 II 344 S. 345 f. = Pra. 22/1933 Nr. 157 S. 424 = SJ 56/1934 S. 291 = ZBGR 21/1940 Nr. 16 S. 44). Daran ändert sich auch nichts, wenn der Erblasser einen entsprechenden «Auftrag» in der letztwilligen Verfügung erteilt hat, denn eine solche Massnahme «ne touche pas seulement aux biens, mais à la personnalité même de celui qui en est l'objet» (BGE 59 II 344 S. 346 = Pra. 22/1933 Nr. 157 S. 424 = SJ 56/1934 S. 291 f. = ZBGR 21/1940 Nr. 16 S. 44).

d) Gelegentlich kommt es bei der Abgrenzung der Tätigkeiten zwischen einem **gesetzlichen Vertreter des Erblassers** und dessen Willensvollstrecker zu Unklarheiten oder Kompetenzkonflikten (vgl. etwa den Sachverhalt in BJM 1979 S. 256: Streit zwischen guardian und Willensvollstrecker; Art. 517–518 N 80).

F. Partieller und fehlerhafter Vollzug

a) **Beim teilweisen Vollzug,** wenn der Willensvollstrecker also nur einen Teil des Nachlassgutes verteilt, fragt es sich, ob und in welchem Umfang die Erbengemeinschaft fortbesteht. Die Erbengemeinschaft, in welcher die Erben die Nachlassgüter zu gesamter Hand halten (Art. 602; BK-TUOR/PICENONI,

Art. 602 N 1), kann beliebig lange dauern (BSK-SCHAUFELBERGER/KELLER, Art. 602 N 37: allenfalls wird formlos eine einfache Gesellschaft begründet). Sie wird erst mit der vollständigen Erbteilung, d.h. mit der Überführung aller im Gesamteigentum befindlichen Nachlassgüter ins Alleineigentum der Erben aufgehoben (BK-TUOR/PICENONI, Art. 602 N 6). Es ist eine Tatfrage, ob die Teilung vollständig ist (ZK-ESCHER, Art. 602 N 40). Die vollständige Teilung wird zum Beispiel verhindert, wenn nachträglich Nachlassgüter auftauchen. Es wird in der Literatur zum Teil erwähnt, dass die Nichtteilung eines geringen Restes den Beginn der Verjährung von Art. 639 nicht hindern dürfe und deshalb die Teilung in solchen Fällen als vollständig und die Erbengemeinschaft als aufgehoben gelte (BK-TUOR/PICENONI, Art. 602 N 6). Dabei geht es aber (nur) um die Frage der Haftung der Erben für eine Schuld der Erbengemeinschaft (Art. 639). Das Bestehen der Erbengemeinschaft in Bezug auf die Aktiven im Sinne von Art. 602 muss unabhängig davon beurteilt werden. Bei einem teilweisen Vollzug **besteht die Erbengemeinschaft** somit (zwischen den noch verbleibenden Erben) **in Bezug auf das noch ungeteilte Vermögen fort** (PraxKomm-WEIBEL, Art. 602 N 5).

365 b) Wenn der Willensvollstrecker einzelnen Erben **zu viel verteilt,** hat er die Ansprüche grundsätzlich vollständig erfüllt und die Erben sind abgefunden. Aus einer vollständigen Erfüllung wird durch die Zuwendung von zu viel Nachlassgütern keine **partielle Erbteilung,** weil dies ein zweiseitiges Geschäft ist, welches die Erben vereinbaren müssten und dafür die Grundlage fehlt. Allerdings ist genau zu analysieren, ob die Übertragung der einzelnen Güter wirklich zustande kommen konnte (vgl. Art. 517–518 N 366).

366 c) Wenn der Willensvollstrecker Nachlassgüter **falsch verteilt,** seine Verfügungen also vom Erbteilungsvertrag nicht gedeckt sind, fehlt es (bei Grundstücken und Mobilien) an der im schweizerischen Recht notwendigen causa für die Eigentumsübertragung (ZK-HAAB/SIMONIUS/SCHERRER/ZOBL, Art. 714 N 21). Bei Geld, Inhaberpapieren und blanko indossierten Namen- und Ordrepapieren erfolgt dagegen eine Vermischung (Art. 727; ZK-HAAB/SIMONIUS/SCHERRER/ZOBL, Art. 727 N 84 und 94a). Wenn ein Grundstück, Mobilien, Namen- oder Ordrepapiere ohne Blankoindossament übertragen werden, scheitert die Eigentumsübertragung, weil die Vermischung (Art. 727) nicht zum Zuge kommt und der empfangende Erbe wegen der Kenntnis des von der Eigentumsübertragung abweichenden Erbteilungsvertrags nicht gutgläubig sein kann (Art. 936 Abs. 1). In diesem Umfang **besteht die Erbengemeinschaft somit immer noch.** Wenn zu viel Geld, Inhaberpapiere oder blanko indossierte Namen- oder Ordrepapiere übertragen wurden, ist das Nachlassgut (gemeinschaftliches Eigentum) wegen der Vermischung (Art. 727) rechtswirksam verteilt worden (ins Alleineigentum der Erben gelangt) und die (sachenrechtliche) Erbengemeinschaft somit aufgelöst worden.

d) Wenn beim Vollzug durch den Willensvollstrecker Fehler vorgekommen sind, fragt es sich, welcher Natur der Rückforderungsanspruch des Willensvollstreckers ist. Der Willensvollstrecker hat einen **Besitzanspruch** bezüglich Nachlassgut, das ohne gültige causa (inhaltliche Deckung durch den Erbteilungsvertrag) an Erben übergeben wurde, sofern es sich nicht um Geld oder Inhaberpapiere handelt (Art. 926; Art. 517–518 N 366; zum Besitzanspruch im Nachlass allgemein vgl. BGE 86 II 355 E. 3 S. 359; BGE 77 II 122 E. 6 S. 126 = JdT 100/1952 I S. 170; Art. 517–518 N 83). Es gibt zwei Möglichkeiten, wie der Willensvollstrecker diesen Beisitzanspruch durchsetzen kann: (1) Der Willensvollstrecker kann seinen Besitzanspruch im Rahmen einer **Erbschaftsklage** (Art. 598 ff.) geltend machen, welche beim Fehlen eines Erbanspruchs (wie vorliegend bezüglich des zu viel ausbezahlten Nachlassgutes) ausnahmsweise auch gegenüber Erben geltend gemacht werden kann (PraxKomm-CHRIST, Art. 518 N 23; Art. 517–518 N 83). (2) Daneben kann der Willensvollstrecker den Besitz auch erlangen, indem er sich auf Art. 518 Abs. 2 stützt (BGE 86 II 355 E. 3 S. 359; Art. 517–518 N 83). Es fragt sich, ob dieser üblicherweise als «**Verwaltungsrecht**» bezeichnete Anspruch auch bei der hier in Frage stehenden Konstellation, bei welcher der Teilungsvertrag ja bereits abgeschlossen ist und es um eine Herausgabe von Nachlassgegenständen geht, noch angerufen werden kann. Im Gegensatz zum Sachverhalt von BGE 86 II 355 geht es vorliegend nicht um die Verwaltung des Nachlasses durch den Willensvollstrecker, sondern um die Durchführung der Teilung. Auch diese Tätigkeit ist aber in Art. 518 Abs. 2 erwähnt («Teilung ... ausführen») und deshalb ist der Besitzanspruch des Willensvollstreckers auch vorliegend intakt, soweit die Eigentumsübertragung an die beklagten Erben nicht fehlerfrei ablief.

367

e) Beim **Besitzesschutz** ist zu unterscheiden, ob der Besitzer gut- oder bösgläubig ist. Wenn der empfangende Erbe aufgrund des von ihm unterzeichneten Erbteilungsvertrags zumindest wissen musste, dass er zu viel erhalten habe, wird er als bösgläubig behandelt (wer sich «nicht in gutem Glauben» [Art. 936 Abs. 1] befindet, ist bösgläubig, vgl. BSK-STARK/ERNST, Art. 936 N 2). Vom bösgläubigen Erwerber kann man bewegliche Sachen «jederzeit» (Art. 936 Abs. 1) herausverlangen, es wird also regelmässig **keine Verjährungs- oder Verwirkungsfrist** geben (BSK-STARK/ERNST, Art. 936 N 10). Während beim gutgläubigen Erwerb für Geld und Inhaberpapiere eine Sonderregelung besteht (Art. 935), ist dies beim bösgläubigen Erwerb nicht der Fall.

368

f) Da Geld, Inhaberpapiere und blanko indossierte Namen- und Ordrepapiere ins Alleineigentum der Erben übergegangen sind, stützt sich der **Rückforderungsanspruch** des Willensvollstreckers bezüglich dieser Güter nicht mehr auf den Besitzanspruch, sondern auf den Erbteilungsvertrag (Art. 518), der Willensvollstrecker macht also ein **vertragliches Recht** geltend. Der Rückforderungsanspruch des Willensvollstreckers hat die gleiche vertragliche Natur wie der seinerzeitige Auszahlungsanspruch (dies haben das Bundesgericht [5C.69/2006 vom

369

23. Mai 2006 = successio 2/2008 S. 150 [Anm. Paul Eitel] und das Luzerner Obergericht [LGVE 2006 I Nr. 9 S. 12 = LOG 11 05 9] bezüglich des Willensvollstreckerhonorars ausführlich dargelegt – Art. 517–518 N 416). Das Bundesgericht hat in BGE 126 III 119 E. 3b und 3c S. 121 f. die Ausdehnung des vertraglichen Anspruchs gegenüber dem Anspruch aus ungerechtfertigter Bereicherung behandelt und auch Rückforderungsansprüche aus rückgängig gemachten oder wegen Irrtums angefochtenen Verträgen als vertraglich bezeichnet. Ein solcher Anspruch liegt auch hier vor: Die Parteien begegnen sich nicht als fremde Dritte, sondern als Vertragspartner, was für das gegenseitige Verhalten (und das ineinandergesetzte Vertrauen) entscheidend ist. Sobald die Erben einen Teilungsvertrag abgeschlossen haben, wird ein obligatorischer Anspruch auf Überführung des spezifizierten Anteils vom Gesamteigentum aller Erben – bzw. der verbliebenen Erben bei subjektiv partieller Teilung – ins Alleineigentum eines Erben begründet (BSK-SCHAUFELBERGER/KELLER, Art. 634 N 13). Die irrtümliche Übertragung von Nachlassgut ist keine freiwillige Zahlung einer Nichtschuld im Sinne des Art. 63 Abs. 1 OR, weil eine grundsätzliche Pflicht zur Übertragung von Erbgut an die Erben gestützt auf den Teilungsvertrag bestand. Diesen vertraglichen Anspruch des einen Erben gegen den anderen Erben können entweder die betroffenen Erben selbst geltend machen (und dem Willensvollstrecker den Streit verkünden – siehe das Beispiel bei SCHWEIZER, SJZ 104/2008 S. 454) oder der Willensvollstrecker macht diesen Anspruch selbständig (in seiner Funktion «als Willensvollstrecker») geltend, da der Vollzug des Teilungsvertrags zu seinen Aufgaben gehört (Art. 518 Abs. 2) und es nicht um die Veränderung von materiellen Rechtspositionen geht, sondern nur um die Umsetzung des Erbteilungsvertrags. Der Erbe hat das zu viel erhaltene Erbgut (inklusive des zwischenzeitlichen Ertrags) an den Willensvollstrecker herauszugeben, damit dieser es anschliessend auf die (anderen) Erben übertragen, seine Aufgabe, den Erbteilungsvertrag zu vollziehen, somit zum Abschluss bringen kann.

370 g) Gegenüber wem kann der Willensvollstrecker den Rückforderungsanspruch geltend machen? Das Prinzip der Gesamthand im Sinne von Art. 602 (nur gemeinsame Ansprache möglich) wird von Art. 603 Abs. 1 (**Solidarhaftung**) durchbrochen. Danach kann jeder Erbe für die Haftung gegenüber Dritten einzeln angegangen werden (Bundesgericht 5P.134/2002 vom 5. September 2002 = ZBGR 84/2003 S. 362). Diese Norm wird auch analog angewendet, wenn Erben gegenüber dem überlebenden Ehegatten einstehen müssen (BGE 101 II 218), wenn Erben gegenüber Vermächtnisnehmern einstehen müssen (ZWR 1997 S. 249) oder wenn ein Erbe nach erfolgter Erbteilung Rückforderungsansprüche gegen die übrigen Erben geltend macht (ZWR 1978 S. 63). Dies bedeutet für falsch verteiltes Erbgut, dass mehrere empfangende Erben solidarisch haften. Der belangte Erbe seinerseits kann Rückgriff auf die übrigen Erben nehmen, welche ebenfalls zu viel empfangen haben (Art. 148 Abs. 2 OR).

h) Die Qualifizierung des Rückforderungsanspruchs als vertraglicher Anspruch (Art. 517–518 N 369) hat zur Folge, dass ein **voller Rückerstattungsanspruch** besteht (vgl. Art. 109 OR) und darüber hinaus je nach den Umständen auch noch Anspruch auf Schadenersatz verlangt werden kann. Im Vergleich dazu reduziert das Bereicherungsrecht den Rückerstattungsanspruch in gewissen Fällen: Wäre Bereicherungsrecht anwendbar, könnte nur noch das zurückgefordert werden, was vom zuviel bezahlten Betrag noch vorhanden ist, es sei denn, die Empfänger wussten oder hätten wissen müssen, dass der erhaltene Betrag höher war als gewollt oder wenn sie mit einer Rückerstattung rechnen mussten (Art. 64 OR).

i) Soweit der Willensvollstrecker den **vertraglichen Rückforderungsanspruch** geltend macht (Art. 517–518 N 369), gilt die **zehnjährige Verjährungsfrist** (ebenso das Bundesgericht in 5C.69/2006 vom 23. Mai 2006 zum Rückforderungsanspruch gegenüber dem Willensvollstrecker – Art. 517–518 N 416). Die Frist beginnt mit der Auszahlung durch den Willensvollstrecker (Art. 127 i.V.m. Art. 130 Abs. 1 OR).

j) Der Willensvollstrecker kann statt an die Erben (Art. 517–518 N 365) an einen **Vermächtnisnehmer** eine fehlerhafte Leistung erbringen, etwa weil das Vermächtnis in einem späteren Testament widerrufen wurde. In diesem Fall kann der Willensvollstrecker (wie bei den Erben – Art. 517–518 N 367) grundsätzlich die Erbschaftsklage (Art. 598 ff.) bzw. sein Verwaltungsrecht (Art. 518 Abs. 2) geltend machen (Art. 517–518 N 367). Bei Geld- und Inhaberpapieren gibt es anstelle eines vertraglichen Anspruchs bei den Erben (Erbteilungsvertrag; Art. 517–518 N 369) einen Anspruch aus ungerechtfertigter Bereicherung (BGE 130 III 547 E. 2.1 S. 549 = 5C.116/2003 = JdT 152/2004 I S. 267 [Anm. Suzette Sandoz]).

G. Vollzug ohne den Willensvollstrecker

a) Wenn die Erben den Nachlass verteilen, ohne den Willensvollstrecker einzubeziehen, fragt es sich, ob dieser Vollzug gültig sei. Zunächst ist denkbar, dass die Erben eine **Realteilung** vornehmen (Art. 517–518 N 314). Wenn die Erben nach der Beerdigung die Wohnung des Erblassers besuchen und sich dort darüber einigen, wer welche Andenkensstücke mitnimmt und dies sogleich auch vollziehen, ist diese Verteilung gültig. Gleich verhält es sich, wenn die Erben einem Erben einvernehmlich einen Schlüssel überlassen, damit dieser in den nächsten Tagen Möbel abholen kann. Mit dem Abholen der Möbel erlangt der einzelne Erbe Alleineigentum an diesen Möbeln (weiter vgl. Art. 517–518 N 348).

b) Es ist allgemein anerkannt, dass der **Erbteilungsvertrag Elemente mit Verfügungswirkung** enthalten kann (PraxKomm-MABILLARD, Art. 634 N 26: Zession von Rechten, Übernahme von Schulden). Wenn die Erben schriftlich vereinbaren, dass ein einzelner Erbe ein Bankkonto übernehmen soll und die Bank aufgrund dieser Vereinbarung den Übertrag auch tatsächlich vornimmt, kann der Willensvollstrecker nicht dagegen einwenden, der Vollzug sei unvollständig oder fehlerhaft, weil er an diesem Vollzug nicht beteiligt gewesen sei (Art. 517–518 N 348). Ähnliches wird man von einem Grundbucheintrag sagen können, welcher aufgrund einer Vereinbarung zwischen den Erben ohne Mitwirkung des Willensvollstreckers zustande gekommen ist (Art. 517–518 N 348).

H. Beendigung der Willensvollstreckung

1. Gesetzliche Beendigungsgründe

376 a) Anders als noch in den kantonalen Rechten (HUBER, System II, S. 417, erwähnt die freiburgische Regel: «... dieser Zustand kann nicht länger, als Jahr und Tag, von dessen Absterben an gerechnet, dauern») kennt die Willensvollstreckung **keine vom Gesetz bestimmte Dauer** (SJ 59/1937 S. 330 [CJ]: «l'administration de l'exécuteur testamentaire n'a pas de durée déterminée ...»). Der Vorschlag von Rümelin, das Gesetz solle ausführen «ob, event. mit welchen Begrenzungen, der Willensvollstrecker als dauernder Erbschaftsverwalter bestellt werden kann» (Anträge, S. 103), wurde nicht umgesetzt (zur Zulässigkeit der Dauer-Willensvollstreckung vgl. Art. 517–518 N 51 ff.).

377 b) Die Willensvollstreckung erlöscht (in analoger Anwendung des Auftragsrechts – Art. 405 Abs. 1 OR) mit dem **Tod** und der **Handlungsunfähigkeit** des Willensvollstreckers (BGE 113 II 121 E. 2a S. 125 = SJ 110/1988 S. 261 = ZBGR 70/1989 Nr. 54 S. 366: tutuelle volontaire; weiter vgl. den Sachverhalt von BGE 110 Ia 117 Pt. A S. 118 = JdT 134/1986 I 612; ZK-ESCHER, Art. 518 N 20; BK-TUOR, Art. 517 N 15; BSK-KARRER, Art. 517 N 25; ebenso §§ 2225 und 2201 BGB; art. 1032 CC fr.: «Les pouvoirs de l'exécuteur testamentaire ne passeront point à ses héritiers»). Wegen der Unvererblichkeit dieses Amtes können die Erben des Willensvollstreckers dieses Amt auch nicht vorübergehend weiterführen, Art. 405 Abs. 2 OR wird also nicht angewendet (JUCHLER, S. 117). Bei Wiedererlangung der Handlungsfähigkeit bleibt das Amt erloschen (JUCHLER, S. 119). Die Zahlungsunfähigkeit, der Konkurs (ZK-ESCHER, Art. 518 N 20; BK-TUOR, Art. 517 N 15) und eine strafrechtliche Verurteilung des Willensvollstreckers führen nicht automatisch zum Erlöschen der Willensvollstreckung (BSK-KARRER, Art. 517 N 25), diese Gründe sind aber im Rahmen eines Absetzungsverfahrens zu behandeln (BSK-KARRER, Art. 517 N 25: «Absetzungsgrund wegen Unmöglichkeit gehöriger Erfüllung bzw. mangelnder Zutrauenswürdigkeit»).

378 c) Die Willensvollstreckung erlöscht grundsätzlich auch mit der **Auflösung bzw. Löschung der als Willensvollstreckerin tätigen juristischen Person** oder Personenge-

meinschaft (BK-FELLMANN, Art. 405 OR N 25; JUCHLER, S. 118). Die Frage, wann eine juristische Person ihre Existenz beendet und somit das Willensvollstreckeramt nicht (mehr) ausüben kann, stellt sich oft schon am Anfang der Willensvollstreckung, kann aber auch während deren Dauer auftreten. Angesichts der häufigen Rechtsformänderungen von Banken und Treuhandgesellschaften handelt es sich um eine praktisch wichtige Frage. Wenn aufgrund von Umwandlungen, Fusionen oder Abspaltungen die Rechtsform der Willensvollstreckerin geändert wird, existiert diese weiterhin, wenn auch in veränderter Form, nämlich als Rechtsnachfolgerin. In diesen Fällen darf regelmässig davon ausgegangen werden (Auslegung), dass der Erblasser sie auch in dieser neuen Form ernannt hätte (SOERGEL-DAMRAU, § 2225 BGB Rz. 2, betonen, dass juristische Personen gewählt werden, weil sie nicht sterben können). Es ist somit nicht auf die rechtstechnische Durchführung der Rechtsformänderung (liegt formell eine Auflösung vor?), sondern allein auf die Tatsache abzustellen, ob eine Rechtsnachfolgerin vorhanden ist (ebenso [für das BGB] SOERGEL-DAMRAU, § 2225 BGB Rz. 2). Die analoge Auslegung von Art. 405 OR führt dazu, dass die Willensvollstreckung nicht beendet wird, sondern auf die Rechtsnachfolgerin übergeht (stillschweigender Ersatz), wenn eine solche vorhanden ist. Sicherheitshalber sollte der Erblasser in der Ernennungsbestimmung jeweils festhalten, dass auch eine allfällige Rechtsnachfolgerin eingeschlossen ist (REIMANN, ZEV 7/2000 S. 385; weiter vgl. Art. 517–518 N 21).

2. Gewillkürte Beendigungsgründe

a) Der Erblasser kann die Willensvollstreckung **befristen** (BSK-KARRER, Art. 517 N 4), macht dies aber nur selten, weil er damit die Stellung des Willensvollstreckers schwächt, denn die Erben könnten auf Zeit spielen. Es kommt eher vor, dass der Erblasser eine Resolutivbedingung setzt (JUCHLER, S. 126) und die Willensvollstreckung zum Beispiel mit dem Eintritt eines bestimmten Ereignisses enden lässt (ZR 33/1934 Nr. 142 E. II S. 310 f.: Willensvollstreckung für eine Erbin, welche arbeitsscheu und leichtsinnig ist, solange dieser Zustand andauert). 379

b) Die Willensvollstreckung endet mit der **Absetzung** des Willensvollstreckers durch die Aufsichtsbehörde (ABSH 1997 S. 143 [OGer.]; BSK-KARRER, Art. 517 N 25; vgl. dazu Art. 517–518 N 548) oder durch den Richter (Interessenkollision z.B. wegen eines umstrittenen Vermächtnisses an den Willensvollstrecker) (BGE 90 II 376 E. 3 S. 384 f. = JdT 113/1965 I S. 345 = Pra. 54/1965 Nr. 36 S. 122; vgl. dazu Art. 517–518 N 454) und mit der **Ungültigerklärung des Testaments** durch den Richter (ABT, AJP 11/2002 S. 718; BSK-KARRER, Art. 517 N 24; vgl. dazu Art. 517–518 N 482) oder dem Auftauchen eines späteren Testaments mit einem anderen oder keinem Willensvollstrecker (JUCHLER, S. 115; SCHULER-BUCHE, S. 133.). 380

381 c) Die Willensvollstreckung endet aus der Natur der Sache mit der **Erledigung** des ‹Auftrags› (SJ 59/1937 S. 330 [Civ.]: «l'administration de l'exécuteur testamentaire ... doit, dans la règle, continuer jusqu'au moment où l'on procède au partage de la succession»; BSK-KARRER, Art. 517 N 25: «Vollzug des Erbteilungsvertrags»). Der ‹Auftrag› des Willensvollstreckers kann auch mit der Abwicklung einer Nichtteilungsvereinbarung (Art. 517–518 N 317) beendet sein (BREITSCHMID, Stellung des Willensvollstreckers, S. 139 f.). Dies ist wohl der häufigste und zugleich am wenigsten fassbare Beendigungsgrund. Erledigt ist die Willensvollstreckung grundsätzlich mit dem Vollzug des Erbteilungsvertrags oder einer Realteilung (BGer. 5P.59/2000 vom 7. April 2000 E. 3a; BSK-KARRER, Art. 517 N 25: «Vollzug des Erbteilungsvertrags»). Eine Erledigung liegt auch dann vor, wenn Dauerschuldverhältnisse (in casu die Lizenzverträge von Herbert von Karajan) betroffen sind, weil im Zweifel keine Dauer-Willensvollstreckung anzunehmen ist, sondern die Erben die Verwaltung dieser Verträge übernehmen (GR-KGE PZ 03 144 vom 19. Januar 2004 E. 4). Die Erledigung kommt etwa darin zum Ausdruck, dass der ganze Nachlass geteilt ist, wobei häufig die Begleichung der Schlussrechnung des Willensvollstreckers (zu einem Beispiel vgl. STUDER, Beginn, S. 131 ff.) die letzte Handlung darstellt (anders JUCHLER, S. 112: «Formell wird die Willensvollstreckung durch die Entgegennahme und Genehmigung der Schlussrechnung durch die beteiligten Erben beendet»). Der Willensvollstrecker lässt sich in vielen Fällen Décharge erteilen und bringt damit zum Ausdruck, dass die Aufgabe aus seiner Sicht erledigt sei. Gerade in denjenigen Fällen, in denen der Nachlass dank einer einvernehmlichen Zusammenarbeit der Erben rasch geteilt werden kann, ist die Gefahr gross, dass in einem späteren Zeitpunkt unbekannte Aktiven oder Passiven (insbesondere Steuerforderungen und -schulden) auftauchen. In solchen Fällen lebt die Willensvollstreckung wieder auf und der Willensvollstrecker kann seine Tätigkeit fortsetzen (JUCHLER, S. 125). Aus diesem Grund sollte er auch das Willensvollstreckerzeugnis archivieren. Wenn der Willensvollstrecker seine Tätigkeit nicht beenden möchte, kann die Aufsichtsbehörde das Ende feststellen und allenfalls notwendige Anordnungen (Vorlegung Schlussbericht, Herausgabe von Nachlassakten, Übertragung von Nachlassvermögen) erlassen (PKG 2003 Nr. 34 S. 173 [PZ 03 144; KGP]).

382 d) Die Tätigkeit des Willensvollstreckers wird schliesslich mit einer (jederzeit während seiner Tätigkeit möglichen) **Kündigung** beendet (Art. 404 Abs. 1 OR; LGVE 2002 I Nr. 47 S. 102; BVR 9/1984 S. 239 E. 10a [RS Bern]; SJZ 37/1940–41 Nr. 26 S. 43 [OGer. ZH]). Die Terminologie (Kündigung, Rücktritt, Verzicht) ist nicht einheitlich, aber auch nicht entscheidend (BREITSCHMID, Stellung des Willensvollstreckers, S. 156: Kündigung; BSK-KARRER, Art. 517 N 25: Rücktritt; SCHULER-BUCHE, S. 135: démission; weiter vgl. den Sachverhalt von BGE 99 II 246 Pt. G S. 251: Amt niedergelegt; ZR 66/1967 Nr. 17 S. 63: legte sein Amt nieder; in § 2226 Satz 1 und 2 BGB wird auch von «Kündigung» gesprochen). Es handelt sich um eine Erklärung des Willensvollstreckers, mit welcher sein Amt

beendet werden soll, also um die Ausübung eines aufhebenden Gestaltungsrechts. Die vom Bundesgericht früher angewendete Regel, dass bei Dauerschuldverhältnissen ein wichtiger Grund vorliegen müsse (BGE 83 II 525 E. 1 S. 529 f.), wird in der Zwischenzeit (BGE 104 II 108 E. 1 S. 110 f.; 106 II 157 E. 2a S. 159) nicht mehr angewendet (JUCHLER, S. 121). Ein Verzicht des Ernannten vor dem Tod des Erblassers hat – wie die vorzeitige Annahme (Art. 517–518 N 27) – keine bindende Wirkung, weil die Offerte des Erblassers erst für die Zeit nach dessen Tod gemacht wird. Üblicherweise widerruft der Erblasser die Ernennung des Willensvollstreckers, wenn er sie nicht mehr für notwendig hält; in der Praxis stellte sich diese Frage aber schon, weil der Testator die als Willensvollstrecker vorgesehene Person nicht brüskieren wollte und von ihr den freiwilligen «Rückzug» erwartete. Der Willensvollstrecker muss die Erklärung der Kündigung – wie die Annahme (Art. 517–518 N 29) – an die zuständige kantonale Behörde (Art. 517–518 N 25) richten (ZR 66/1967 Nr. 17 S. 193: Schreiben an den Einzelrichter; SCHULER-BUCHE, S. 135; nach § 2226 BGB ist die Kündigung gegenüber dem Nachlassgericht auszusprechen). Sie bedarf keiner Begründung (LGVE 2002 I Nr. 47 S. 102) und ist formfrei (JUCHLER, S. 123; BK-FELLMANN, Art. 404 OR N 33) sowie bedingungsfeindlich (hier besteht ein Unterschied zum gewöhnlichen Auftrag, wo Bedingungen unter gewissen Voraussetzungen toleriert werden, vgl. BK-FELLMANN, Art. 404 OR N 38 ff.; die Erben dürfen keine Bedingungen stellen, weil ihnen kein Widerruf zusteht, vgl. dazu Art. 517–518 N 383). Die Beendigung erfolgt mit dem Eintreffen des Schreibens bei der zuständigen kantonalen Behörde, wenn sie nicht ausdrücklich auf einen späteren Zeitpunkt ausgesprochen wird (JUCHLER, S. 123; BK-FELLMANN, Art. 404 OR N 36.). Mit der Beendigung ist ein allfälliger Ausweis zurückzugeben. Die Kündigung ist endgültig und kann nachträglich nicht mehr widerrufen werden (Rep. 68/1935 S. 414 = SJZ 32/1935–36 Nr. 174 S. 248 [Civ.]: «Una volta rassegnate le dimissioni, non è consentito al dimesso di ritirarle se non col consenso di tutte le parti»; BK-FELLMANN, Art. 404 OR N 31). Zu betonen ist, dass eine blosse Erklärung des Willensvollstreckers gegenüber den Erben, er werde seine Tätigkeit nicht fortsetzen, nur als eine faktische Beendigung seiner Tätigkeit anzusehen ist, welche in einem späteren Zeitpunkt wieder aufgenommen werden könnte (Art. 517–518 N 382). In einem solchen Fall sollten die Erben vom Willensvollstrecker eine Kündigung an die zuständige kantonale Behörde und die Rückgabe seines Ausweises verlangen und im Verweigerungsfall seine Absetzung durch die Aufsichtsbehörde (wegen Untätigkeit) in Aussicht stellen. Ein Rücktritt zur Unzeit (LGVE 2002 I Nr. 47 S. 102 = ZBJV 139/2003 S. 934) führt zur Schadenersatzpflicht des Willensvollstreckers (Art. 404 Abs. 2 OR; JUCHLER, S. 121; BK-FELLMANN, Art. 404 OR N 47 ff.; ebenso § 2226 Satz 3 und § 671 Abs. 2 BGB).

e) Ein einstimmiger Beschluss der Erben, den Willensvollstrecker abzusetzen, also ein **Widerruf durch die Erben,** ist ausgeschlossen (HUX, S. 113; JUCHLER, 383

S. 120 f.). Wenn die Erben den Willensvollstrecker beseitigen wollen, bleibt ihnen – neben der Anfechtung des Testaments – nur die Absetzung durch die Aufsichtsbehörde im Falle einer Pflichtverletzung (Art. 517–518 N 548) oder durch den Richter im Falle einer Interessenkollision (Art. 517–518 N 454). Dieser Weg wird in der Schweiz denn auch häufig begangen, weil die Aufsichtsbehörde in solchen Fällen keinen Ersatz bestimmen kann bzw. muss (Art. 517–518 N 20). In der Praxis gibt es daneben zahlreiche weitere Versuche, den Wirkungskreis des Willensvollstreckers einzuengen oder ihn faktisch abzusetzen. So verlangt etwa der überlebende Ehegatte vom Willensvollstrecker, die anstehenden Verwaltungshandlungen selbst bzw. durch einen eigenen Rechtsvertreter durchführen zu können. Der Willensvollstrecker kann gegen dieses Ansinnen seine exklusive Verfügungs- und Vertretungsmacht (Art. 517–518 N 200 und N 209) ins Feld führen und bedarf viel Fingerspitzengefühls, um eine sinnvolle Abgrenzung der Tätigkeitsbereiche festzulegen. Die Weigerung der Erben zur Mitwirkung und eine gegenwärtige Ablehnung der Teilung führen nicht zum Ende der Willensvollstreckung (BGer. 5P.59/2000 vom 7. April 2000 E. 3b), sondern im Gegenteil zu einer dauernden Willensvollstreckung (Art. 517–518 N 51). Das Ende der Willensvollstreckung kann mit der Abwicklung einer (schriftlichen) Nichtteilungsvereinbarung der Erben herbeigeführt werden (BGer. 5P.59/2000 vom 7. April 2000 E. 3b; BREITSCHMID, Stellung des Willensvollstreckers, S. 139 f.), etwa indem die Erbengemeinschaft in eine fortgesetzte Erbengemeinschaft (davon geht BGer. 5P.59/2000 vom 7. April 2000 E. 3b aus), eine Einfache Gesellschaft (ZK-HANDSCHIN/VONZUN, Art. 530 OR N 139; kritisch dazu allerdings ZR 71/1972 Nr. 90 E. 6 S. 282) oder andere geeignete Rechtsform überführt wird (Art. 517–518 N 317).

384 f) Die Willensvollstreckung wird auch nicht durch eine **Vereinbarung mit den Erben** beendet (SCHULER-BUCHE, S. 134: «car sa mission ne dépend d'eux»). Obwohl der Willensvollstrecker am Ende seiner Tätigkeit nicht selten mit den Erben Kontakt aufnimmt, um sie zu fragen, ob auch aus ihrer Sicht die Erbteilung vollständig abgeschlossen sei, hat diese Abstimmung rechtlich nicht die Bedeutung einer Abschlussvereinbarung.

385 g) Wenn einer von mehreren Willensvollstreckern seine Tätigkeit vorzeitig beendet, wird das Amt von den verbleibenden weitergeführt (PIOTET, SPR IV/1, § 24 II A; JUCHLER, S. 124). Wenn ein alleiniger Willensvollstrecker seine Tätigkeit aus einem der vorgenannten Gründe beendet, kommt – ausser bei der zeitlichen Beschränkung der Willensvollstreckung – der **Ersatzwillensvollstrecker** zum Zug (JUCHLER, S. 113), soweit ein solcher vom Erblasser selbst bestimmt wurde (Art. 517–518 N 20). Der zuständigen kantonalen Behörde steht es nicht zu, einen Ersatzwillensvollstrecker zu bestimmen. Der Ersatzwillensvollstrecker tritt sein Amt in gleicher Weise wie der ursprüngliche Willensvollstrecker (Art. 517–518 N 23 ff.) an und setzt seine Arbeit dort fort, wo der erste Willensvollstrecker aufgehört hat.

3. Fortdauernde Pflichten

a) Nach der Beendigung des ‹Mandates› muss der Willensvollstrecker seine **Akten** – soweit er zur Führung von Geschäftsbüchern verpflichtet ist – während mindestens 10 Jahren **aufbewahren** (Art. 962 Abs. 1 OR). Das schliesst auch die elektronisch erfassten Daten ein. Die Aufbewahrung muss so erfolgen, dass die Unterlagen innert nützlicher Frist verfügbar sind. Auch dem nichtprofessionellen Willensvollstrecker ist zu raten, seine Akten während mindestens 5 Jahren aufzubewahren, um so gegen später auftauchende Ansprüche gewappnet zu sein. Zu beachten ist aber, dass sich die Aufbewahrungsfrist an Verjährungsfristen orientiert und je nach Papier sehr unterschiedlich sein kann: Während Belege zur Steuererklärung an sich 3 Jahre nach der definitiven Veranlagung entsorgt werden können, beträgt die Verjährung für die Nachbesteuerung 15 Jahre (Art. 152 Abs. 3 DBG; ebenso Art. 120 Abs. 4 DBG: Veranlagungsverjährung) und die Mehrwertsteuer verlangt, dass Belege (z.B. im Zusammenhang mit einer Liegenschaft) während 25 Jahren aufbewahrt werden müssen. Es empfiehlt sich mit anderen Worten regelmässig, die Unterlagen über die handels- bzw. zivilrechtliche Frist hinaus aufzubewahren.

386

b) Der Willensvollstrecker muss sein Berufsgeheimnis (wie Anwalts-, Notaren- oder Revisionsgeheimnis) gegenüber Dritten auch nach Beendigung seines ‹Auftrags› weiterhin wahren (zu Einzelheiten vgl. vorne, Art. 517–518 N 218 und 227 ff.). Auch wer keinem Berufsgeheimnis untersteht, hat die Tatsachen, welche ihm in seiner Tätigkeit als Willensvollstrecker anvertraut wurden, weiterhin vertraulich zu behandeln (**Verschwiegenheitspflicht;** Art. 398 Abs. 2 OR; Vorbem. zu Art. 517–518 N 27).

387

V. Honorar

A. Umfang

a) Das Honorar des Willensvollstreckers kann **vom Erblasser** in der letztwilligen Verfügung **festgelegt** werden. Auch die vom Erblasser festgesetzte Vergütung muss angemessen (Art. 517–518 N 389) sein (BSK-KARRER, Art. 517 N 27; ebenso Art. 711 CC it.). Eine (im Vergleich mit der angemessenen) zu hohe Vergütung ist zu reduzieren, soweit sie nicht als Vermächtnis auszulegen ist (BS1 AZ-2006-28 vom 7. September 2007 E. 2.2: Nicht als Vermächtnis, sondern als Kostendach auszulegen ist die Formulierung im Testament: «... unter der Bedingung, dass sein Teilungshonorar 1% [einen Prozent] der Nachlassaktiven nicht übersteigt»; KOHLI, STH 82/2008 S. 1058: Wenn der Willensvollstrecker ein Vermächtnis zugesprochen erhält, muss im Einzelfall ausgelegt werden, ob dieses an die Stelle des Honorars tritt oder zusätzlich zu diesem erfolgt; JERMANN, TREX 16/2009 S. 165:

388

«Legt der Erblasser in der letztwilligen Verfügung eine finanzielle Leistung an den designierten Willensvollstrecker fest, ist durch Auslegung zu ermitteln, ob es sich dabei um eine Schenkung, um ein Vermächtnis, um die Willensvollstrecker-Vergütung oder allenfalls um eine Gesamtleistung aus verschiedenen Rechtsgründen handle»). Eine zu tiefe Vergütung ist zu erhöhen (JERMANN, TREX 16/2009 S. 165). Daraus kann die Schlussfolgerung gezogen werden, dass dem Erblasser nicht empfohlen werden kann, das Honorar des Willensvollstreckers in der letztwilligen Verfügung zu regeln. Dadurch entsteht regelmässig nur ein Auslegungsstreit und nicht – wie beabsichtigt – klare Verhältnisse. Wenn die Erben dem Willensvollstrecker ein Honorar in der Weise versprechen, dass sie ihm bei Eintritt eines bestimmten Erfolgs einen pauschalen Betrag schulden, ist dieses Versprechen ungültig, «weil das beurkundete Honorar nicht gewollt und das gewollte Schenkungsversprechen nicht beurkundet ist» (BGE 117 II 382 E. 2a S. 385 = JdT 141/1933 I S. 134).

389 b) Legt der Erblasser die Höhe des Honorars nicht fest, kann der Willensvollstrecker ein **angemessenes Entgelt** verlangen (Art. 517 Abs. 3; BGE 78 II 123 E. 2 S. 127 = JdT 101/1953 I S. 12 f. = Pra. 41/1952 Nr. 120 S. 319). Das Honorar richtet sich ausschliesslich nach Bundesrecht (BGE 129 I 330 = BGer. 5P.84/2003 = JdT 152/2004 I S. 125 = Pra. 93/2004 Nr. 61 S. 343 = SJ 125/2003 I S. 537 = TREX 11/2004 S. 31 = RDAF 60/2004 S. 589; RJN 2/1958–62 I S. 58 [TC]: «l'indemnité équitable due aux termes de l'art. 517 al. 3 du CCS doit être fixée uniquement d'après des principes de droit fédéral»). Aus BGE 129 I 330 folgt implizit, dass in jedem Fall eine *Kontrollrechnung* notwendig ist, und zwar auf der Basis eines reinen Zeithonorars (FLÜCKIGER, Honorar, S. 201 ff.; anders HRUBESCH-MILLAUER, AJP 14/2005 S. 1212 ff.).

390 c) Am anderen Ende der möglichen Honorar-Modelle liegen die **reinen Pauschalhonorare.** Diese sind an sich zulässig, dürfen aber im konkreten Fall nicht zu einem wesentlich anderen Ergebnis führen als das Zeithonorar (ZR 75/1976 Nr. 14 E. 3 S. 32 f. = SJZ 72/1976 Nr. 76 S. 263 [OGer.]: Die Berechnung des Honorars mit einem gewöhnlichen Stundenansatz von 50–80 Franken und einem Zuschlag von 1–2% des Bruttowerts darf von jener nicht gross abweichen, welche mit einem erhöhten [anderthalb- bis zehnfachen] Stundenansatz rechnet). Pauschalhonorare sind **in der Regel ungeeignet,** die Angemessenheit abzubilden (BGE 78 II 123 E. 2 S. 127 = JdT 101/1953 I S. 13 = Pra. 41/1952 Nr. 120 S. 319: «Pauschaltarife sollen schon an und für sich nur ausnahmsweise angewendet werden, da sie in der Regel keine angemessene, der Billigkeit entsprechende Vergütung der Arbeit und Verantwortung darstellen»). Hier ist vor allem die 3%-Regel angesprochen, welche lange als obere Grenze für die Angemessenheit von Willensvollstrecker-Honoraren galt (SJ 114/1992 S. 87 E. 4 [BGer.]: Genfer Notare verlangen für eine Erbteilung bis zu 3% des Bruttowertes; PKG 1962 Nr. 5 E. 4 S. 32 = ZBGR 45/1964 Nr. 5 S. 48 [ZF 6/62; KGer.]: Eine Entschädigung von CHF 5000.– bei einem Nachlass von CHF 120 000.– [4.16%] wäre «gut bezahlt gewesen»; BGE 78 II 123 E. 3

S. 129 = JdT 101/1953 I S. 15 = Pra. 41/1952 Nr. 120 S. 321: Eine Entschädigung von 5% des Nachlasses geht «über alles Mass hinaus»). Ausgehend von der Kontrollrechnung (Art. 517–518 N 389) wäre es ein Zufall, wenn ein in Prozenten des Nachlasses berechnetes Honorar sich als angemessen herausstellen würde. Zu berücksichtigen ist, dass pauschale Entschädigungen je nach der Grösse des Nachlassvermögens verschieden zu beurteilen sind (ZR 94/1995 Nr. 64 E. 3c S. 197 = ZBGR 78/1997 Nr. 23 S. 160 = ASS 1993 Nr. 2169 [OGer.]: Bei einem Nachlasswert von CHF 15 Mio. ist eine Pauschale von 1,5% angemessen [Honorar nach italienischem Anwaltsgebührentarif, welcher eine Pauschale von 0,5 bis 5% zulässt]; bei einem Nachlasswert von CHF 400 Mio. kann der Tarif des VZR nicht mehr ohne weiteres angewendet werden, weil die Abstufung der Stundensätze bei CHF 4 Mio. aufhört und solche Grössenordnungen offenbar nicht berücksichtigt). Die Übung der Pauschalhonorare erweist sich somit regelmässig als bundesrechtswidrig (BS1 AZ-2006-28 vom 7. September 2007 E. 2.3.4). In Deutschland, wo der Testamentsvollstrecker gemäss § 2221 BGB für die Führung seines Amtes (ebenfalls) eine angemessene Vergütung fordern kann, sofern der Erblasser nichts anderes bestimmt hat, behilft sich die Praxis mit sog. Vergütungsrichtlinien (STAUDINGER-REIMANN, § 2221 BGB Rn. 39: Rheinische Tabelle, Möhring'sche Tabelle, Klingelhöffer'sche Tabelle, Berliner Praxis Tabelle, Eckelskemper'sche Tabelle, Empfehlungen des Deutschen Notarvereins = Neue Rheinische Tabelle, Tabelle von Groll). Am bekanntesten ist wohl die (alte) Rheinische Tabelle aus dem Jahr 1925, welche vom Deutschen Notarverein durch die Neue Rheinische Tabelle ersetzt wurde. Diese sieht eine Vergütung von 4–1,5% vor (bis Euro 250 000 Bruttowert des Nachlasses 4%, bis Euro 500 000 3%, bis Euro 2 500 000 2,5%, bis Euro 5 000 000 2%, über Euro 5 000 000 1,5%, wobei jedoch mindestens der höchste Betrag der Vorstufe zugrundegelegt wird). Neben diesem Vergütungsgrundbetrag gibt es Zu- und Abschläge, Sonderregeln für die Dauertestamentsvollstreckung und Unternehmen (STAUDINGER-REIMANN, § 2221 BGB Rn. 41 ff.). Die Gerichte lassen die Anwendung der Vergütungsrichtlinien zwar zu, beurteilen diese jedoch kritisch (die Rechtsprechung hat bisher vermieden, sich auf eine der Tabellen festzulegen, vgl. BENGEL/REIMANN, Rz. 10 43; der BGH [ZEV 12/2005 S. 22] wendet sich gegen die schematische Anwendung von Tabellen; weniger kritisch dagegen LIEB, Rz. 488: «Eine Festlegung auf gerade eine der vorgeschlagenen Tabellen erübrigt sich aber ohnehin vor dem Hintergrund, dass es für die Bestimmung der angemessenen Vergütung eine Formel von mathematischer Exaktheit nicht geben kann. Vielmehr ist dem Testamentsvollstrecker bei der Findung ein gewisser Ermessensspielraum zuzugestehen. Sämtliche gebräuchliche Tabellen bewegen sich im Grundsatz innerhalb dieses Ermessensbereichs»). Man darf gespannt sein, wie weit sich die Basispauschalen des Testamentsvollstreckers noch zu halten vermögen bzw. wie schnell auch in Deutschland eine Schattenrechnung mit stundenbasierten Ansätzen aufkommt. Einen Anfang hat das OLG Köln (Urteil 2 U 79/09 vom 02.12.2009) gemacht, indem es ein zu üppiges Testamentsvollstreckerhonorar («Der Testamentsvollstrecker erhält neben dem Ersatz seiner notwendigen Auslagen eine Vergütung in Höhe von 10% des Wertes meines Nachlasses und zwar jährlich» – LG Köln 15 O 5586/08 Tatbestand 3) für unsittlich erklärte.

391 d) **Die (kombinierten) Anwalts- und Notariats-Tarife sind** Ausdruck des Üblichen, sie sind aber nicht identisch mit dem angemessenen Honorar (FLÜCKIGER, Honorar, S. 203 f.). Sie regeln meist nur einstellige Millionenbeträge und sind deshalb **für grössere Nachlässe** regelmässig **nicht geeignet.** Bei kleineren Nachlässen werden dagegen in der Regel angemessene Honorare resultieren, wenn man sie korrekt anwendet. Bei den kombinierten Tarifen beträgt der Bruttoaktiven-Zuschlag meist bis zu 1%, bei besonders komplizierten und schwierigen Willensvollstreckungen bis zu 2% (ZR 94/1995 Nr. 64 E. 3c S. 197 = ZBGR 78/1997 Nr. 23 S. 160 [OGer.]).

1. Stundentarif

392 a) Der Stundentarif ist aufgrund der **Qualifikation** (Art. 517–518 N 392), der Komplexität des Falles (Art. 517–518 N 393) und der Verantwortung (Art. 517–518 N 394) festzulegen. Die Qualifikation beeinflusst den Stundentarif wie folgt: (1) Die **Ausbildung** als Rechtsanwalt, Notar, dipl. Steuerexperte, dipl. Treuhandexperte oder dipl. Wirtschaftsprüfer etc. bildet den Ausgangspunkt für das Festsetzen des Stundentarifs. Häufig wird dabei ein **Verbandstarif** angewendet: Anwalts- und Notariatstarife (vgl. die Zusammenstellung bei FLÜCKIGER, Honorar, S. 220 ff.) oder die Honorarempfehlung der Treuhand-Kammer (BS1 AZ-2006-28 vom 7. September 2007: Anwendung der Funktionsstufe 3 wegen Beizug eines Substituten). Die Honorarordnung des Schweizerischen Treuhänder-Verbandes vom 1.1.2004 wurde am 31.12.2007 wieder ausser Kraft gesetzt (JERMANN, TREX 16/2009 S. 165 FN 13). (2) Unter dem Stichwort **Infrastruktur** werden Abzüge vorgenommen für diejenigen Willensvollstrecker, welche keine (vollen) Infrastrukturkosten haben, was nicht selten der Fall ist (Privatmandate von pensionierten Willensvollstreckern). Es gibt kaum Regeln für solche **Abzüge,** sie dürften sich in einer Grössenordnung von 33–50% bewegen (die Kosten für Miete, Büroeinrichtung, Personal [Sekretariat], Fachbücher [Bibliothek], Weiterbildung, Pensionskasse etc. betragen gemäss BGE 122 I 1 E. 3a S. 2 f. 40–50%; nach ZR 75/1976 Nr. 14 E. 3 S. 33 = SJZ 72/1976 Nr. 76 S. 264 [OGer.] kann ein Beamter, welcher das Anwaltspatent besitzt, den Anwaltstarif nicht voll anwenden, weil er die Spesen eines praktizierenden Anwalts nicht hat [Honorar von CHF 24 000.– statt CHF 42 500.–]). (3) Unter dem Begriff **Fachwissen** wird berücksichtigt, dass Anwalt nicht gleich Anwalt ist. Es wird mit anderen Worten nicht nur auf den Titel abgestellt, sondern auch auf das Fachwissen (insbesondere im Bereich Erbrecht und Erbschaftssteuerrecht). Mit der Einführung des **Fachanwalts Erbrecht SAV** (<http://fachanwalt.sav-fsa.ch/fachanwalt.164.0.html> [besucht am 20.03.2011]) gibt es Spezialisten, welche einen **Zuschlag** machen

können. (4) Sowohl das Fachwissen wie die **Erfahrung** sind im Zusammenhang mit einer effizienten Abwicklung zu sehen. Eine geringere Anzahl Stunden darf mit einem etwas höheren Stundensatz multipliziert werden (in BS1 AZ-2006-28 vom 7. Stepember 2007 E. 3.2 wurde das Argument der Erfahrung von einem Buchhalter und «Spezialist für Erbteilungen» zwar vorgebracht, aber nicht berücksichtigt, weil für den Kernbereich der Aufgaben ein Anwalt beigezogen werden musste). (5) Schliesslich kann eine **besondere Vertrauensstellung** einen Zuschlag rechtfertigen. Auszugehen ist aber davon, dass jeder Willensvollstrecker definitionsgemäss eine Vertrauensstellung innehat. Ein Zuschlag ist nur in denjenigen Fällen gerechtfertigt, in welchen der Willensvollstrecker den Erblasser schon vor dessen Tod umfangreich beraten und betreut hat.

b) Die **Komplexität des Falles** kann einen Zuschlag beim Stundentarif rechtfertigen (ZBJV 80/1944 S. 335 = ZBGR 25/1944 Nr. 103 S. 300 [OGer. LU]: «Schwierigkeit und Komplexität der Verhältnisse»; Art. 4 der Gebührenordnung des Vereins Zürcherischer Rechtsanwälte sieht allgemein vor, dass die ordentlichen Stundenansätze bis zum Doppelten erhöht werden dürfen; die Honorarempfehlung der Treuhand-Kammer [vom 10. Juni 1997] sieht in Ziff. 2.2 vor, dass das Honorar aus besonderen Gründen bis auf das Doppelte erhöht werden kann). Der Zuschlag kann sich etwa aus folgenden Faktoren ergeben: (1) **Konflikte unter den Erben** können ebenso komplexe Fragestellungen erzeugen wie komplexe Verwandtschaftsverhältnisse, Erben unbekannten Aufenthalts oder Erben mit Aufenthalt im Ausland. (2) Die **Struktur des Nachlasses** kann ebenfalls komplexe Fragestellungen hervorrufen: Liegenschaften und Unternehmen im Nachlass führen regelmässig zu schwierigen Rechts- und Steuerfragen. (3) Die **Steuerverhältnisse** können ebenfalls komplexe Fragestellungen ergeben. So stellen etwa Nach- und Strafsteuerverfahren regelmässig erhöhte Anforderungen, ebenso wie internationale Steuerverhältnisse, etwa mit Liegenschaften im Ausland. (4) Die **Anwendung ausländischen Rechts** erschwert die Fragestellungen für den Willensvollstrecker in der Regel erheblich und macht häufig den Beizug von Fachleuten notwendig. (5) Die **Anwendung fremder Sprachen** bringt entweder Übersetzungskosten mit sich oder berechtigt den Willensvollstrecker zur leichten Erhöhung des Stundesatzes für denjenigen Teil seiner Tätigkeit, für welchen er die fremde Sprache verwenden muss. (6) **Besondere Dringlichkeit,** welche sich aus der Struktur des Nachlasses oder durch den Wunsch der Erben ergeben kann, rechtfertigt insbesondere dann einen Zuschlag, wenn ein Einsatz des Willensvollstreckers ausserhalb der üblichen Bürozeiten notwendig wird.

c) Die besondere **Verantwortung** des Willensvollstreckers darf bei der Stundensatzfestsetzung berücksichtigt werden (FZR 1990 E. 3 S. 25 [ZG]). Der Umfang des (Brutto-)Nachlasses berechtigt im Einzelfall zur Erhöhung des Stundensatzes. Für diese Erhöhung gibt es keine festen Regeln (das Bezirksgericht Zürich hat im Urteil vom 14.9.2000 [U/CG970283] bei einem Nachlass von CHF 3,5 Mio. von grosser Verantwortung gesprochen [E. 2], vgl. FLÜCKIGER, Honorar, S. 245). Hier können auch besondere Kenntnisse des Willensvollstreckers ausserhalb des Erbrechts berücksichtigt werden, etwa Kenntnisse beim Management von Unternehmen, im Umgang mit Kunst oder andere im konkreten Fall notwendige Fachkenntnisse. Anstelle einer Erhöhung des Stundensatzes wird gelegentlich auch eine Pauschale zugeschlagen (Beispiel: Art. 3 der Gebührenordnung des Vereins Zürcherischer Rechtsanwälte [1991]; vgl. zu den kombinierten Tarifen Art. 517–518 N 391). Zu beachten ist allerdings, dass ein grosser Umfang des Nachlasses sich bei der Anzahl Stunden so weit niederschlagen kann, dass kein erhöhter Stundensatz mehr gerechtfertigt ist (BS1 AZ 2006-28 vom 7. September 2007).

395 d) Wenn der Willensvollstrecker auch die **administrativen Tätigkeiten** selbst erledigt (statt eine Sekretärin zu beschäftigen), hat er die entsprechenden Stunden abzugrenzen und zu einem reduzierten Stundensatz abzurechnen (oder er darf die entsprechende Zeit nicht voll aufschreiben). Entsprechendes gilt für die **Auflösung des Haushalts** des Erblassers. Dort können nur die Ausscheidung der persönlichen Papiere und die Organisation der Haushaltsauflösung zum vollen Stundentarif verrechnet werden, während die übrigen Arbeiten zu einem bescheidenen Stundentarif zu verrechnen sind.

2. Zeitaufwand

396 a) Wichtigster Faktor für die Honorarberechnung ist der Zeitaufwand (aufgewendete Arbeitsstunden) (Extraits 1990 S. 25 [ZGer.]; ZBJV 80/1944 S. 335 = ZBGR 25/1944 Nr. 103 S. 300 [OGer. LU]; BSK-KARRER, Art. 517 N 29). Dieser wird beeinflusst vom Umfang und der Dauer der Willensvollstreckung, welche aber keine eigenständigen Bemessungsfaktoren sind. Der Zeitaufwand geht von den tatsächlich aufgewendeten Stunden aus und wird nur dann berücksichtigt, wenn der Aufwand **notwendig** war (FZR 1990 E. 3 S. 25 [ZG]). Vom Willensvollstrecker darf eine **effiziente Abwicklung** verlangt werden. Ein Blick in die Stundenaufstellungen des Willensvollstreckers zeigt, ob dies der Fall war oder ob Kürzungen wegen fehlender Effizienz vorzunehmen sind. Ein verlässliches Urteil kann nur bei Einsicht in sämtliche Akten des Willensvollstreckers abgegeben werden, welche den Erben zugänglich gemacht werden müssen. In der Regel werden detaillierte Stundenabrechnungen akzeptiert (BS1 AZ-2006-28 vom 7. September 2007 E. 3.1) und nur bei offensichtlichen Überhöhungen gekürzt. Erledigen die Erben gewisse Aufgaben selbst (Beispiele: Erstellen eines Erbschaftsstatus, Verteilung von Mobilien, Verhandlungen über die Erbteilung usw., vgl. dazu BGE 78 II 123 E. 3 S. 128 f. = JdT 34/1953 I S. 14 = Pra. 41/1952 Nr. 120 S. 320) oder wird die Willensvollstreckung vom Erblasser auf gewisse Aufgaben beschränkt, wird der erforderliche Arbeitsaufwand ebenfalls reduziert. Zur notwendigen Tätigkeit gehört auch das Ablegen der Rechenschaft durch regelmässige Information der Erben (Art. 517–518 N 407), während das Erstellen der eigenen Honorarrechnung (Art. 517–518 N 410) regelmässig

im Stundensatz inbegriffen ist und diese Stunden deshalb nicht separat in Rechnung gestellt werden können.

b) Der Zeitaufwand muss darüber hinaus **sinnvoll** sein. Der Willensvollstrecker hat bei der **Koordination** mit anderen Willensvollstreckern, aber auch mit seinen Substituten sowie seinen Beauftragten (bei der Auslagerung von Arbeiten) den Reibungsverlust in einem vertretbaren Mass zu halten, welches nur im Einzelfall bestimmt werden kann. Als Faustregel gilt, dass der zusätzliche Aufwand 20–30% nicht übersteigen sollte und es darf mit anderen Worten kein unnötiger Reibungsverlust entstehen.

397

c) Der Zeitaufwand kann nur in Rechnung gestellt werden, wenn er auch tatsächlich **den Nachlass betroffen** hat und nicht auf eine «private» **Auseinandersetzung des Willensvollstreckers mit den Erben** zurückzuführen ist. Wenn die Aufsichtsbehörde feststellt, dass der Willensvollstrecker seine Pflichten grob verletzt hat, muss er die Verfahrens- und Vertretungskosten, aber auch seinen eigenen Aufwand, selber tragen (BGer. 2P.139/2001 vom 3. September 2001, in Bestätigung des unterinstanzlichen Urteils LGVE 2001 I Nr. 36 S. 56 [ABRA]). Wird eine Pflichtverletzung dagegen verneint, war es mit anderen Worten ein unberechtigter Vorwurf der Erben, hat der Nachlass sämtliche Kosten (inkl. des Zeitaufwands des Willensvollstreckers) zu tragen. Bei teilweiser Berechtigung des Vorwurfs sind die Kosten vom Nachlass anteilig zu übernehmen.

398

d) Entsprechend den verschiedenen Stundentarifen sind die **verschiedenartigen Tätigkeiten** (Willensvollstreckung, Administration, Haushaltauflösung etc.) **separat zu erfassen.**

399

3. Weitere Geischtspunkte

a) Eine **Gesamtbetrachtung** gibt die Möglichkeit, weitere, bisher nicht erwähnte Faktoren eines Einzelfalles zu berücksichtigen. Die Ortsübung darf berücksichtigt werden, aber ebenfalls nicht zu wesentlich abweichenden Ergebnissen führen (ZBJV 80/1944 S. 335 = ZBGR 25/1944 Nr. 103 S. 300 [OGer. LU]: «Auch die Ortsübung kann in einem gewissen Umfang berücksichtigt werden»).

400

b) Nicht zu den Aufgaben des Willensvollstreckers gehört die Vermittlung von Verkaufsgelegenheiten für Nachlassliegenschaften oder die Tätigkeit als Rechtsanwalt. Wenn solche Tätigkeiten vom Willensvollstrecker dennoch geleistet werden, hat er Anspruch auf eine **zusätzliche Vergütung** (ZR 66/1967 Nr. 13 S. 34 = ZBl. 68/1967 S. 134 [BGer.]; ZR 66/1967 Nr. 13 S. 33 [VGer.]; RB 1962 Nr. 78 S. 64 f.; BSK-KARRER, Art. 517 N 31; anders BOG 1944 S. 104 Nr. 2b = ZBGR 28/1947 Nr. 15 S. 36: Der Willensvollstrecker kann sein Honorar nur auf Art. 517 stützen und nicht etwa [beim Verkauf einer Liegenschaft]

401

eine Mäklerprovision oder [allgemein] eine Vergütung nach kantonalem Gebührentarif geltend machen).

402 c) Der Willensvollstrecker kann für die **Archivierung der Akten** keine gesonderte Vergütung verlangen, weil dies zu seinen Pflichten gehört (Art. 517–518 N 386) und vom verlangten Stundensatz bereits mit abgedeckt wird.

403 d) **Bei schlechter Erfüllung** der Aufgaben kann das **Honorar gekürzt** werden (PKG 1962 Nr. 5 E. 4 S. 32 f. = ZBGR 45/1964 Nr. 5 S. 48 [ZF 6/62; KGer.]: Kürzung des Honorars von CHF 5000.– auf CHF 4000.– wegen Nichteinholens der Erbgangsurkunde, Nichterstellens eines Teilungsplans und der Schlussabrechnung, Nichtabklärens von Vorempfängen, mangelhafter Ausrichtung eines Vermächtnisses, unzulässiger Forderung einer separaten Gantentschädigung, mangelhafter Rentenbestellung, rechtswidriger Abnahme eines Liquidationsbeitrags gegenüber Vermächtnisnehmern und durch die Schlechterfüllung verursachte unnötige Korrespondenzen). Wenn der Willensvollstrecker allerdings haftbar gemacht wird und den Schaden ersetzt, kann das Honorar nicht mehr gekürzt werden (FUHRER, S. 133).

404 e) Das **Honorar für mehrere Willensvollstrecker** ist entweder ein in der letztwilligen Verfügung festgelegtes Gesamthonorar, welches unter die mehreren Willensvollstrecker (gemäss der letztwilligen Verfügung oder entsprechend ihren Aufgaben) aufgeteilt wird, oder es setzt sich ansonsten aus mehreren Einzelhonoraren zusammen (BSK-KARRER, Art. 518 N 95). Neben den gleich bleibenden Ausführungshandlungen kommt in diesem Fall eine gewisse Zeit für die (gemeinsame) Beschlussfassung und die Koordination der Tätigkeiten hinzu. Die Gesamtsumme darf den sonst üblichen Rahmen aber nur unwesentlich überschreiten. Ob dies 10 oder 20% sind, kann nur im Zusammenhang mit einem konkreten Fall entschieden werden. Nachdem das Honorar des Willensvollstreckers an sich schon häufig zu Diskussionen Anlass gibt, kann dies im Falle von mehreren Willensvollstreckern recht komplex werden. Auch hier ist die Abhilfe nicht einfach (Art. 517–518 N 388), weil auch die vom Erblasser festgelegten Honorare einer gerichtlichen Kontrolle unterstehen (FLÜCKIGER, Honorar, S. 215).

405 f) Der Willensvollstrecker hat neben der Vergütung Anspruch auf den **Ersatz der Spesen und Auslagen** (Art. 402 Abs. 1 OR; BSK-KARRER, Art. 517 N 31: Kosten für den Beizug von Banken, Vermögensverwaltern und Rechtsanwälten; weiter zu erwähnen sind etwa die Auslagen für Liegenschaftsschätzungen; Art. 517–518 N 58; ebenso art. 1034 CC fr.; art. 712 CC it.).

406 g) Wenn den Erben durch die Tätigkeit des Willensvollstreckers **Schaden** entstanden ist (Art. 517–518 N 421 ff.), können sie diesen mit dem Honorar des Willensvollstreckers **verrechnen** (BGer. 4C.80/2005 vom 11. August 2005 E. 2.2: Anwalt).

B. Abrechnungspflicht

a) Der Willensvollstrecker hat die **notwendigen Aufzeichnungen** zu führen (JERMANN, TREX 16/2009 S. 165), welche es ihm ermöglichen, gegenüber den Erben (EGVSZ 1998 Nr. 43 E. 3.1 S. 128) jederzeit Rechenschaft abzulegen (Art. 400 Abs. 1 OR; ZR 94/1995 Nr. 64 E. 3b S. 196 = ZBGR 78/1997 Nr. 23 S. 158 [OGer.]; ZR 84/1985 Nr. 140 E. 3 S. 313 = BN 47/1986 Nr. 14 S. 332 [OGer.]; ZR 51/1952 Nr. 176 S. 317 [OGer.]; Art. 517–518 N 58). Dazu gehört in jedem Fall die Aufnahme eines Inventars (Aktiven und Passiven), obwohl dies vom ZGB nicht ausdrücklich erwähnt wird (ZR 91–92/1992–93 Nr. 64 E. IV.5.b S. 246 [OGer.]; PKG 1951 Nr. 63 E. 1 S. 142 [KGP]; zu Einzelheiten vgl. Art. 517–518 N 107 ff.). Bei kleineren Vermögen genügt eine Ablage von Bankauszügen (JERMANN, TREX 16/2009 S. 165), bei komplexeren Vermögensverhältnissen (und soweit von den Erben gewünscht) ist eine Buchhaltung nach kaufmännischer Art zu führen (ZR 91–92/1992–93 Nr. 64 E. IV.5.cβ S. 246 [OGer.]; BSK-KARRER, Art. 518 N 16; JERMANN, TREX 16/2009 S. 165). Im Fall BGer. 4A_547/2009 vom 27. April 2009 wurde diese Pflicht nach den Feststellungen des Bundesgerichts in verschiedener Hinsicht nicht erfüllt: Die «Buchhaltung in Tabellenform» ... «vermag nur unter grossem Zeitaufwand ein einigermassen umfassendes Bild zu vermitteln» (Erw. 4.1), die Ordnung der Belege taugt nicht als Grundlage der Erbteilungsschlussabrechnung (Erw. 4.4) und die Schlussabrechnung ist «nur nach intensivem und aufwendigem Studium verständlich» (Erw. 4.1). Das Kassationsgericht Zürich ergänzte im Urteil AA080146 vom 24. September 2010 in verfahrenstechnischer Hinsicht, dass die Nachlassbuchhaltung aus sich heraus nachvollziehbar sein muss und weder ein Fachexperte noch die Erben oder der Buchhalter (Erw. 3.1 a) vorzuladen sind. Das gilt sowohl für die Buchungen, als auch für die Aufstellungen (Jahresabschlüsse, Schlussabrechnung) und die Belegablage: Es genügt nicht, wenn diese erst mit Hilfe von zusätzlichen Informationen (Auskünfte des Buchhalters oder der Erben) verständlich werden. Der Erblasser kann den Willensvollstrecker nicht von der Abrechnungspflicht befreien (BSK-KARRER, Art. 518 N 11; ebenso ausdrücklich Art. 709 Abs. 4 CC it.; a.M. ZR 38/1939 Nr. 136 S. 330 [OGer.]).

407

b) Bei länger dauernder Tätigkeit darf sich der Willensvollstrecker **Kosten-Vorschüsse** (A-Konto-Zahlungen) gewähren (LGVE 2006 I Nr. 9 E. 3.2 S. 13 = LOG 11 05 9; ZR 94/1995 Nr. 64 E. 3b S. 196 = ZBGR 78/1997 Nr. 23 S. 158 [OGer.]; SGGVP 1957 Nr. 85 E. 3 S. 185 [RR]; BSK-KARRER, Art. 517 N 32).

408

c) Am Ende seiner Tätigkeit hat der Willensvollstrecker eine **Schlussabrechnung** zu erstellen, welche die Einnahmen und Ausgaben nachweist (BSK-KARRER, Art. 518 N 16: Überprüfbare Schlussabrechnung; JERMANN, TREX 16/2009 S. 165). Bei länger dauernder Verwaltung kann von den Erben eine *jährliche* Rechenschaftslegung verlangt werden (ZR 91–92/1992–93 Nr. 64 E. IV.5.cβ S. 246 [OGer.]; ZR 84/1985 Nr. 140 E. 3 S. 313 = BN 47/1986 Nr. 14 S. 332 [OGer.]; ZR 81/1982

409

Nr. 89 E. 2a S. 214 = SJZ 79/1983 Nr. 17 S. 111 [OGer.]; SGVP 3/1928–43 Nr. 680 S. 485 = ZBGR 27/1946 Nr. 130 S. 320 [RR]; JERMANN, TREX 16/2009 S. 165).

410 d) Für die eigenen Bemühungen hat der Willensvollstrecker eine **Kostennote** zu erstellen, in welcher Vergütung (Art. 517–518 N 388 ff.), Spesen und Auslagen (Art. 517–518 N 405) getrennt ausgewiesen werden (ZR 75/1976 Nr. 14 E. 2 S. 29 = SJZ 72/1976 Nr. 76 S. 361 [OGer.]; PKG 1962 Nr. 5 E. 4 S. 32 = ZBGR 45/1964 Nr. 5 S. 47 f. [ZF 6/62; KGer.]). Am Ende seiner Tätigkeit darf er sich das Honorar selbst von der Erbschaft überweisen lassen (JOST, Fragen, N 20).

411 e) Streitigkeiten über das Honorar sind **Zivilstreitigkeiten,** welche grundsätzlich vom Richter zu beurteilen sind (BGE 78 II 123 E. 1a S. 125 = JdT 101/1953 I S. 11 = Pra. 41/1952 Nr. 120 S. 317 f.: Der Streit über das Honorar des Willensvollstreckers ist «mangels einer abweichenden Sondervorschrift vor dem Zivilrichter auszutragen»; Art. 125 Abs. 2 VD-CDPJ; Extraits 1990 S. 24 E. 3 [ZGer.]; PKG 1962 Nr. 5 E. 4 S. 31 = ZBGR 45/1964 Nr. 5 S. 47 [ZF 6/62; KGer.]; RJN 2/1958–62 I S. 58 [TC]; SGGVP 1957 Nr. 85 E. 3 S. 185 [RR]; BJM 1955 S. 113 [AB BS]; ZBGR 21/1940 Nr. 4 S. 292 [JD AG]; BSK-KARRER, Art. 517 N 34). Art. 54 SchlT erlaubt es den Kantonen allerdings, auch Zivilstreitigkeiten der Aufsichtsbehörde zu übertragen (ZR 68/1969 Nr. 136 S. 346 f. [BGer.]). Dies ist allerdings nur unter der Voraussetzung erlaubt, «dass diese Behörden die Grundsätze des rechtlichen Gehörs wahren» (BGE 86 I 330 S. 333 = JdT 109/1961 I S. 351 = Pra. 50/1961 Nr. 27 S. 75 = ZBGR 43/1962 Nr. 44 S. 309). Unzuständig ist jedenfalls die Aufsichtsbehörde über die Notare, auch wenn ein Notar als Willensvollstrecker tätig ist (BGer. 5A_61/2010 vom 26. Februar 2010 E. 2.2).

412 f) Zuständig ist der Richter **am letzten Wohnsitz des Erblassers** (Art. 28 ZPO; ZBGR 28/1947 Nr. 76 S. 196 [OGer. SO]; Max. VIII/1931–40 Nr. 486 S. 699 = ZBGR 19/1938 Nr. 49 S. 175 [OGer.]). Dort kann der Willensvollstrecker, der die Klage für unberechtigt hält, auch eine Widerklage anbringen, allerdings nur unter der Voraussetzung, dass die Klage gegen ihn bereits rechtshängig ist (BGE 87 I 126 E. 3 S. 130 = JdT 109/1961 I S. 576 f. = Pra. 50/1961 Nr. 95 S. 286 f.).

413 g) Das Honorar des Willensvollstreckers ist eine **Erbgangsschuld** (Extraits 1977 S. 58 E. 3a = RFJ 1977 S. 58 [Civ.]; PraxKomm-CHRIST, Art. 517 N 37) und kann somit nicht angefochten werden mit der Begründung, es würde Pflichtteile verletzten, weil das Honorar für die Pflichtteils-Berechnungsmasse bereits abgezogen wird (PraxKomm-HRUBESCH-MILLAUER, Art. 522 N 1; BSK-KARRER, Art. 517 N 33: «Damit sind sie für die Berechnung der Pflichtteile vom Nachlass abzuziehen und gehen gem. Art. 564 den Ansprüchen der Vermächtnisnehmer vor»). Der Willensvollstrecker hat seine Forderung grundsätzlich gegen sämtliche Erben geltend zu machen (ZBGR 28/1947 Nr. 76 S. 196 [OGer. SO]). Eine Ausnahme liegt vor,

wenn die Aufgabe des Willensvollstreckers beschränkt ist (Art. 517–518 N 94), der Willensvollstrecker beispielsweise nur eine Auflage durchzusetzen oder ein Vermächtnis auszurichten hat, dann haften (neben dem Nachlass) nur der (betroffene) Erbe bzw. Vermächtnisnehmer (BSK-KARRER, Art. 517 N 33; PIOTET, SPR IV/1, § 24 III A). Da es sich um eine Gesamthandsschuld handelt, wird (auf Antrag eines Erben) vernünftigerweise ein Erbenvertreter bestellt, welcher den Prozess für die Erben führt (ZBGR 28/1947 Nr. 76 S. 197 [OGer. SO]). Ausnahmsweise ist auch ein Vermächtnisnehmer zur Klage gegen den Willensvollstrecker legitimiert, wenn nämlich sein Vermächtnis herabgesetzt wurde (SJ 49/1927 S. 184 = SJZ 23/1926–27 Nr. 256 S. 329 [Civ.]; Art. 517–518 N 288).

h) Während die Kosten der Willensvollstreckung (und damit auch das Honorar des Willensvollstreckers) im Aussenverhältnis von den Erben solidarisch getragen werden, sind diese im **Innenverhältnis** von den Erben im Umfang ihrer Erbteile zu tragen (ZR 103/2004 Nr. 34 E. 5 S. 129 [Bez.Ger. ZH]). Der Grund ist darin zu suchen, dass es sich um eine Erbgangsschuld handelt (ZR 103/2004 Nr. 34 E. IV.1.c S. 132; Art. 517–518 N 413) und das Honorar den Nettonachlass und somit letztlich auch den Pflichtteil mindert. Diese Bestätigung der früheren Freiburger Praxis (Extraits 1977 S. 58 E. 3a) wird in der Literatur zwar nicht einhellig geteilt (BK-WEIMAR, Art. 474 N 10), ist aber herrschende Meinung (BSK-KARRER, Art. 517 N 33).

414

i) Beim Streit über das Honorar liegt die **Beweislast** beim Willensvollstrecker. Er darf sich nicht einfach auf die Schwierigkeit des Falles berufen, sondern muss seine Rechnung detailliert begründen (BGer. 4A_547/2009 vom 27. April 2010 E. 4.2: «welche Verrichtungen er wann, wofür und wie lange als Willensvollstrecker vorgenommen habe»; ZR 100/2001 Nr. 27 E. 2.3 S. 88 f. [OGer.]: Der Willensvollstrecker muss über seinen Zeitaufwand substanziiert [im Detail] Aufschluss geben können; Extraits 1990 S. 25 [ZGer.]; BSK-KARRER, Art. 517 N 32). Wer die Stunden nicht von Anfang an genau erfasst (etwa weil er pauschal abrechnen möchte, vgl. BS1 AZ-2006-28 vom 7. September 2007 E. 3.1), wird Probleme haben, nachträglich eine zuverlässige Aufstellung zu erarbeiten. Allgemeine Ausführungen genügen nicht. Die Angabe, «es hätten zwei Nachlässe auseinander gehalten und geteilt werden müssen, die Teilung des Nachlasses des vorverstorbenen Sohnes des Erblassers sei problematisch gewesen, es sei auch Grundeigentum in K. zu veräussern» (BGer. 4A_547/2009 vom 27. April 2010 E. 4.2), erlauben es nicht, das Honorar im Detail zu beurteilen. Der Willensvollstrecker muss die Beweise auch tatsächlich liefern, ein blosses Anbieten genügt nicht (ZKG AA080146 E. 4.1: Das [seit 6 Jahren] bestehende Angebot, Handnotizen nachzureichen, genügt für den Beweis nicht). Wenn die Notwendigkeit der ausgeführten Tätigkeit bestritten wird, ist es nicht möglich, das Honorar des Willensvollstreckers zu schätzen (BGer. 4A_547/2009 vom 27. April 2010 E. 4.6; ZKG AA 080146 vom 24. September 2009 E. 4.1).

415

416 j) Die **Verjährung** der Honorarforderung des Willensvollstreckers beträgt grundsätzlich 10 Jahre (Art. 127 OR; BGer. 5C.69/2006 vom 23. Mai 2006 E. 2.3.3 und ebenso der vorinstanzliche Entscheid LGVE 2006 I Nr. 9 S. 12 = LOG 11 05 9: Vorschüsse unterstehen nicht dem Bereicherungsrecht, sondern dem Vertragsrecht). Die Frage, ob auf einen Anwalt als Willensvollstrecker die fünfjährige Verjährungsfrist (Art. 128 Ziff. 3 OR) zur Anwendung komme (so BSK-KARRER, Art. 517 N 34), hat das Bundesgericht ausdrücklich offengelassen (BGer. 5A_267/2007 vom 24. Oktober 2007), weil die verkürzte Frist nur auf berufsspezifische Arbeiten zur Anwendung kommt und die Tätigkeit des Willensvollstreckers nur zu einem kleinen Teil aus Anwaltstätigkeit besteht (Rechtsberatung). Diese Frage ist somit im Einzelfall zu beantworten.

417 k) **Steuerliche Aspekte:** (1) Seit der Einführung der Mehrwertsteuer hat der Willensvollstrecker zu beachten, dass seine Tätigkeit grundsätzlich umsatzsteuerpflichtig ist (die Steuerpflicht entsteht, wenn ein Mindestumsatz von CHF 100 000.– erzielt wird, vgl. Art. 10 Abs. 2 lit. a MWStG). (2) Das Honorar des Willensvollstreckers gehört bei der Einkommensbesteuerung zu den Kosten der Vermögensverwaltung und kann somit abgezogen werden (PVG 1993 Nr. 58 S. 165 [478/92]; AGVE 1984 Nr. 13 E. 1 S. 523 = StE 2/1985 B 27-7 Nr. 4 [SRK]; AGVE 1979 Nr. 16 E. 1 S. 352 [SRK]). Wenn die genaue Höhe der Vermögensverwaltungskosten nicht aus dem Honorar des Willensvollstreckers ausgeschieden werden kann, sind sie zu schätzen (SGGVP 2005 Nr. 38 S. 132 [VRK]). (3) Der Willensvollstrecker hat sein Honorar grundsätzlich als Einkommen zu versteuern (PVG 1974 Nr. 73 S. 122), es sei denn, der Willensvollstrecker könne beweisen, dass für einen Teil des Honorars die Gegenleistung fehlt (und somit ein Vermächtnis vorliegt, vgl. Art. 517–518 N 388).

418 l) Eher selten dürfte es vorkommen, dass vom Willensvollstrecker eine **Kostenschätzung** verlangt wird. Das Bundesgericht hat den Willensvollstrecker jedenfalls bei einer solchen Angabe behaftet (BGer. 5P.12/2003 vom 15. September 2003): Der Willensvollstrecker hat in einer einzig von ihm unterzeichneten ‹Teilungsvereinbarung› das Honorar vorbehalten und wie folgt umschrieben: Dopo il «pagamento dell'onorario finale a favore dell esecutore testamentario e della Fiduciaria X. relativo al dispendio orario di circa complessive 10 (dieci) ore». Als er schliesslich einen höheren Betrag in Rechnung stellte, wurden ihm von der kantonalen Instanz nur 14,5 Stunden à 200 Franken erlaubt, weil er eine weiter gehende Abweichung vom Kostenvoranschlag nicht begründen konnte, was das Bundesgericht für angemessen hielt. Dieses Beispiel zeigt, dass es wenig empfehlenswert ist, im Voraus Kostenschätzungen abzugeben. Der Willensvollstrecker ist dazu nicht verpflichtet.

419 m) Ein unangemessenes Honorar kann für einen Willensvollstrecker, der auch einer Berufsorganisation angehört (z.B. einem Rechtsanwalt) gleichzeitig auch eine Verletzung der **Standespflichten** bedeuten (LGVE 2001 I Nr. 36 S. 56 [ABRA]).

C. Retentionsrecht

Der Willensvollstrecker kann für den Umfang seiner Honorarforderung und einer allfälligen Prozessentschädigung ein **Retentionsrecht** (Art. 895) an den in seinem Besitz befindlichen Erbschaftssachen geltend machen (BGE 86 II 355 E. 3 und 4a S. 359 ff. = JdT 109/1961 I S. 305 ff. = Pra. 50/1961 Nr. 31 S. 85 ff.: Honorar; ZR 44/1945 Nr. 73 S. 180 f. [OGer.]: Prozessentschädigung; BSK-KARRER, Art. 517 N 32). Dieses Recht ermöglicht ihm eine Schadloshaltung, auch nachdem seine Forderung verjährt ist (BGE 86 II 355 E. 2 S. 358 = JdT 109/1961 I S. 304 = Pra. 50/1961 Nr. 31 S. 85). Auch wenn Anwälte als Willensvollstrecker tätig werden, steht ihnen für die Akten im Rahmen dieser Tätigkeit ein Retentionsrecht zu (BGE 86 II 355 E. 3 S. 359 ff. = JdT 109/1961 I S. 305 ff. = Pra. 50/1961 Nr. 31 S. 85 ff.), obwohl das Standesrecht dem Anwalt grundsätzlich ein Retentionsverbot auferlegt (BGE 78 II 376 E. 2 S. 379; BK-FELLMANN, Art. 400 OR N 96).

420

VI. Verantwortlichkeit

Literatur: BAUER ALAIN, La responsabilité des collectivités de de leurs agents (spécialement dans le canton de Neuchâtel), RJN 2005, S. 13–47.

A. Haftung des Willensvollstreckers

1. Vertragsähnliche Haftung

a) Für die Beurteilung der Haftung ist der Zivilrichter **zuständig** (BSK-KARRER, Art. 518 N 109; Art. 517–518 N 451 ff.). Die Aufsichtsbehörde kann auch nicht angegangen werden, um vorfrageweise gewisse Abklärungen zu treffen (Rep. 115/1982 S. 368 [Civ.]: «All'autorità di vigilanza sugli esecutori testamentari non spetta la facoltà di ordinare una perizia sull'attendibilità di un conteggio prodotto dall'esecutore, ai fini di chiarirne la sua responsabilità civile»). Örtlich zuständig ist der Richter am Wohnsitz des Willensvollstreckers bzw. am Geschäftssitz bei einer juristischen Person (Art. 59 BV; BRÜCKNER/WEIBEL, N 325; FUHRER, S. 134; a.M. [entgegen der Vorauflage] BSK-KARRER, Art. 518 N 114).

421

b) Zur Klage **legitimiert** ist (1) *jeder einzelne Erbe* (KGer. GR ZF-08-21-25 vom 19. Mai 2008 E. 2b; anders BSK-KARRER, Art. 518 N 113: «die Erben»), weil sein Erbanspruch auf dem Spiel steht. Die Klage muss auf Leistung an die Erbengemeinschaft gehen, ähnlich wie man jedem Aktionär die Möglichkeit gibt, Generalversammlungsbeschlüsse anzufechten (Art. 706 OR) bzw. jedem Gesellschafter, eine actio pro socio zu erheben (vgl. dazu MEIER-HAYOZ/FORSTMOSER, § 3 N 35).

422

Früher herrschte eine andere Ansicht (BGE 52 II 195 S. 199 = JdT 74/1926 I S. 482 = Pra. 15/1926 Nr. 97 S. 282; WIDMER, S. 64: «Die Berufung auf diese [sc. die Verschuldenshaftung des Willensvollstreckers] ist ... dem einzelnen Miterben jedoch zufolge des Umstandes, dass der Schadenersatzanspruch der Gemeinschaft entsteht, versagt»). Nach Abschluss der Erbteilung ist der Klageanspruch jedes einzelnen Erben unbestritten (FUHRER, S. 129). Soweit es um die Ausrichtung der Vermächtnisse geht, sind auch die (2) *Vermächtnisnehmer* zur Klage legitimiert (BSK-KARRER, Art. 518 N 113; FUHRER, S. 129; FRANK/STRÄULI/MESSMER, §§ 27/28 ZPO N 69: «die anderen vom Erblasser begünstigten Personen»; ebenso § 2219 BGB und Art. 709 Abs. 2 CC it.; anders GUINAND/STETTLER, N 444: die Vermächtnisnehmer müssen sich an die Beschwerten [häufig die Erben] halten, welche als Geschäftsherren für die Handlungen des Willensvollstreckers haften und diese können allenfalls auf diesen Regress nehmen; dies berücksichtigt nicht, dass die Beschwerten, ob sie nun Erben sind oder nicht, gegenüber dem Willensvollstrecker kein Weisungsrecht haben [Art. 517–518 N 60 und N 93]). (3) *Dritte* sind nicht zur Klage legitimiert, was insbesondere für Erbschafts- und Erbengläubiger, Auflagenbegünstigte sowie Personen gilt, an welche Erbanteile abgetreten wurden (BGE 101 II 47 E. 1 S. 52 = ZBGR 57/1976 Nr. 73 S. 374 = SJ 98/1976 S. 199; BSK-KARRER, Art. 518 N 113; FUHRER, S. 129). (4) Von einer Klage ausgeschlossen sind sodann diejenigen Personen, welche zur (angeblich) schädigenden Handlung des Willensvollstreckers *(vorgängig) zugestimmt* haben (BGE 101 II 47 E. 1 S. 53 = ZBGR 57/1976 Nr. 73 S. 374 = SJ 98/1976 S. 200: «Cet accord exclut le principe même d'une responsabilité de l'exécuteur testamentaire à son égard»; FUHRER, S. 129).

423 c) Zur Anwendung kommt das Zivilrecht (BSK-KARRER, Art. 518 N 109: Bundeszivilrecht) und nicht Beamtenrecht (ZBJV 55/1919 Nr. 9 S. 77 = ZBGR 16/1935 Nr. 102 S. 266 [AppH BE]: Das Notariatsrecht ist nicht anwendbar; DRUEY, Grundriss, § 14 N 46). Auch die diplomatische Immunität kommt nicht zum Zug (VPB 34/1968/69 Nr. 17 S. 36 [DP]). Wenn ESCHER schreibt: «obwohl er nicht ihr Beauftragter ist» (ZK-ESCHER, Vorbem. zu Art. 517–518 N 6), deutet er damit an, dass eine Haftung besteht, wie wenn ein Auftrag gegeben wäre. Tatsächlich werden **Art. 394 ff. OR analog angewendet** (BGer. 5C.311/2001 vom 6. März 2002 E. 2a und 2b; BGE 101 II 47 E. 2 S. 53 = ZBGR 57/1976 Nr. 73 S. 375 f. = SJ 98/1976 S. 200: «Sa responsabilité s'apprécie comme celle d'un mandataire, auquel on l'assimile»; Rep. 123/1990 E. 1 S. 190 = SJZ 89/1993 Nr. 1 S. 30 [Civ.]; BREITSCHMID, Stellung des Willensvollstreckers, S. 160 f.). Ergänzend werden **Art. 97 ff. OR analog angewendet** (Rep. 123/1990 S. 190 E. 2 = SJZ 89/1993 Nr. 1 S. 30 [Civ.]; ROSSEL/MENTHA, S. 103), insbesondere Art. 99 OR (BVR 9/1984 S. 239 E. 9 [RS Bern]; BSK-KARRER, Art. 518 N 112). Es handelt sich um eine vertragsähnliche Haftung (PIOTET, SPR IV/1, § 24 I; BSK-KARRER, Art. 518 N 109: Vertragsähnliche Verschuldenshaftung; anders GUINAND, ZBGR 57/1976 S. 330: Vertragliche Haftung). Die Voraussetzungen der Haftung lauten somit

(wie üblich): Pflichtverletzung (d), Schaden (e), adäquater Kausalzusammenhang (f) und Verschulden (g).

d) Die Kläger haben als Erstes eine **Pflichtverletzung** des Willensvollstreckers nachzuweisen (BGer. 5C.277/2000 vom 22. Juni 2001 E. 4a; BGE 101 II 47 E. 2 S. 53 = ZBGR 57/1976 Nr. 73 S. 374 f. = SJ 98/1976 S. 200). Eine solche liegt vor, wenn der Willensvollstrecker gegen seine in Art. 518 Abs. 2 umschriebenen Pflichten (Art. 517–518 N 92 ff.) verstossen hat, also beim Verstoss gegen die letztwilligen Anordnungen des Erblassers (auszunehmen sind diejenigen Fälle, in welchen die Erben von solchen Anordnungen des Erblassers in der Erbteilungsvereinbarung abweichen, vgl. dazu Art. 517–518 N 302 ff.), beim Verstoss gegen gesetzliche Regeln (insbesondere die Teilungsregeln von Art. 607 ff. – GUINAND, ZBGR 57/1976 S. 330 f.) oder gegen die Teilungsvereinbarungen der Erben (Art. 517–518 N 310). Eine Pflichtverletzung ist aus der Sicht aller und nicht nur einzelner Erben zu betrachten. Wenn der Willensvollstrecker den Wünschen einzelner Erben nicht nachkommt, muss dies keineswegs eine Pflichtverletzung sein. Gerade wenn die Interessen der Erben auseinandergehen, ist eine Pflichtverletzung nicht ohne weiteres anzunehmen, sondern dem Willensvollstrecker bei der (schwierigen) Abwägung aller Interessen vielmehr ein Ermessen einzuräumen (dieses ist in verschiedenen Phasen unterschiedlich gross, vgl. Art. 517–518 N 95 und 345). Als Pflichtverletzung anzusehen sind zum Beispiel die Begleichung einer bloss moralischen Pflicht (vgl. dazu Art. 517–518 N 204), einer (sonst) nicht bestehenden oder zweifelhaften Schuld oder der nicht korrekte Vollzug einer Teilungsvereinbarung.

424

e) Der Kläger muss sodann den **Schaden** beweisen (BGer. 5C.277/2000 vom 22. Juni 2001 E. 4a; BGE 101 II 47 E. 2 S. 54 = ZBGR 57/1976 Nr. 73 S. 375 = SJ 98/1976 S. 200). Der Schaden bestimmt sich (wie üblich) nach der sog. Differenztheorie (BGE 129 III 331 E. 2.1 S. 332). Beim Erben liegt üblicherweise ein direkter Schaden (am Nachlassvermögen) vor, beim Vermächtnisnehmer häufiger ein indirekter Schaden (Reflexschaden) (DRUEY, Aufgaben, S. 7). Der Kläger muss etwa dartun, welchen Wert die angeblich im Inventar fehlenden Gegenstände haben (PKG 1962 Nr. 5 E. 1 S. 30 = ZBGR 45/1964 Nr. 5 S. 46 [ZF 6/62; KGer.]). Auch wenn der Willensvollstrecker zu Unrecht Vermächtnisse ausgerichtet oder Gegenstände aus der Erbschaft verteilt hat, steht der Schaden so lange noch nicht fest, als den Vermächtnisnehmern bzw. Erben Leistungsklagen zur Verfügung stehen, d.h., als Vermächtnisnehmer auf Ausrichtung der Vermächtnisse klagen (Art. 562) bzw. als Erben die Erbschaftsklage (Art. 598) erheben (BÖCKLI, SJZ 18/1921–22 S. 382) oder auf Teilung der Erbschaft (Art. 604) klagen können. Im Einzelfall kann es schwierig sein, den Schaden festzustellen, so lange Handlungen der Erben und Vermächtnisnehmer noch Einfluss auf den Schaden haben können (BGer. 5C.311/2001 vom 6. März 2002 E. 2c: Der belastete Erbe und der Vermächtnisnehmer einigen sich später über die streitigen Zinsen). Wenn Geschäfte mit Dritten betroffen sind, steht der Schaden erst fest, wenn die Haftung gegenüber den Dritten geklärt ist. Wenn nur ideelle und nicht

425

materielle Werte verloren gegangen sind, wenn etwa ein in Aussicht stehendes Grundstück an einen Dritten verkauft wurde, ist kein Schaden (im Rechtssinne) entstanden. GUINAND (S. 9 und ZBGR 57/1976 S. 332) schlägt vor, in solchen Fällen eine Genugtuung (Art. 49 OR) zu prüfen, was aber kaum Erfolg haben wird, weil es schwierig ist, die besondere Schwere der Verletzung nachzuweisen.

426 f) Der Kläger muss weiter den **adäquaten Kausalzusammenhang** zwischen der Pflichtverletzung und dem Schaden darlegen (BGer. 5C.277/2000 vom 22. Juni 2001 E. 4a; BGE 101 II 47 E. 2 S. 54 = ZBGR 57/1976 Nr. 73 S. 375 = SJ 98/1976 S. 200; BGE 87 II 218 E. 2 S. 230 f. = JdT 110/1962 I S. 222 f. = Pra. 51/1962 Nr. 4 S. 14 = ZBGR 44/1963 Nr. 56 S. 271; GUINAND, ZBGR 57/1976 S. 330). Neben dem natürlichen Kausalzusammenhang (conditio sine qua non) wird also auch – wie im schweizerischen Haftpflichtrecht üblich – die Adäquanz verlangt (vgl. dazu allgemein BSK-SCHNYDER, Art. 41 OR N 8 ff.). Dieser Beweis ist schwierig zu führen, wenn der Schaden erst lange Zeit nach der Pflichtverletzung feststeht und die Erben bzw. Vermächtnisnehmer zuerst mit Leistungsklagen versucht haben, ihre Ansprüche geltend zu machen (Art. 517–518 N 425). Grobes Selbstverschulden des Klägers kann zur Unterbrechung des Kausalzusammenhangs führen (BGer. 5C.119/2004 vom 23. Dezember 2004 E. 3.2).

427 g) Der Willensvollstrecker haftet nur, wenn ihm ein **Verschulden** zur Last gelegt werden kann (BVR 9/1984 S. 239 E. 9 [RS Bern]; WENGER, S. 56: «schuldhafte Verletzung seiner Pflichten»; ebenso Art. 709 Abs. 2 CC it.). Dabei gelten folgende Regeln: (1) Entsprechend Art. 97 OR wird das *Verschulden vermutet* (BGE 101 II 47 E. 2 S. 54 = ZBGR 57/1976 Nr. 73 S. 375 = SJ 98/1976 S. 200; GUINAND, ZBGR 57/1976 S. 330). Der Willensvollstrecker muss sich also exkulpieren, wenn er der Haftung entgehen will, er muss also zeigen, dass sein Vorgehen richtig war (ZR 1/1902 Nr. 261 S. 314 [AppK]: Ausrichtung ungültiger Vermächtnisse nach Zustimmung durch die Vormundschaftsbehörde [für die unmündigen Erben]). Fehlende Fachkenntnisse sind keine Entschuldigung (BSK-KARRER, Art. 518 N 16), der Willensvollstrecker muss entweder einen Fachmann beiziehen, sich das Wissen rechtzeitig aneignen (vgl. BGer. 4C.80/2005 vom 11. August 2005 E. 2.2.1: Anwalt) oder zurücktreten. Angelastet wird dem Willensvollstrecker auch eine ungenügende Abklärung des Sachverhalts (vgl. BGer. 4C.80/2005 vom 11. August 2005 E. 2.2.1: Anwalt). (2) *Den Massstab für die Haftung bestimmt Art. 398 OR* (BGer. 5C.277/2000 vom 22. Juni 2001 E. 4a; KARRER, S. 143; HUX, S. 80 f.; Art. 517–518 N 62): Für das Mass der Sorgfalt «verweist Art. 398 Abs. 1 OR auf die Bestimmungen zur Sorgfaltspflicht des Arbeitnehmers im Arbeitsverhältnis. Gemäss Art. 321e Abs. 2 OR richtet sich der Sorgfaltsmassstab nach den Fähigkeiten, Fachkenntnissen und Eigenschaften des Beauftragten» (BGer. 4C.80/2005 vom 11. August 2005 E. 2.2.1: Anwalt). Das Mass der Sorgfalt bestimmt sich somit nicht ausschliesslich nach objektiven Kriterien, sondern *auch das*

subjektive Sorgfaltsvermögen ist zu berücksichtigen (BGer. 5C.311/2001 vom 6. März 2002 E. 2b: «Lorsqu'il s'agit d'un mandataire au bénéfice d'un diplôme de capacité professionnelle, qui s'est vu délivrer une autorisation officielle de pratiquer et qui exerse son activité contre rémunération, tel qu'un avocat et/ou un notaire, on doit pouvoir attendre de lui une diligence particulière en relation avec ses connaissances spécifiques et eompter, notamment, qu'il conseille et oriente son client quant aux possibilités juridiques ou pratiques qui se présentnt à lui dans certains situations»). Die Sorgfalt bei der Haftung des Testamentsvollstreckers nach § 2219 BGB wird wegen des allgemein anwendbaren § 276 BGB von vielen immer noch nach objektiven Kriterien bemessen (vgl. etwa WEIDLICH, § 2219 BGB N 4; ZEISING, Rz. 501: «Massgeblich sind daher – jedenfalls bei der Verwaltung eines Grossvermögens – nicht die individuellen Fähigkeiten oder Kenntnisse des Testamentsvollstreckers, sondern diejenigen, die der Verkehr erwarten darf»). Allerdings mehren sich auch hier die Stimmen, welche die Berücksichtigung der Fähigkeiten des Testamentsvollstreckers und damit die Anwendung von subjektiven Kriterien verlangen (BENGEL/REIMANN, Rz. 12 48: «Es geht nicht um die Frage, wie ein Testamentsvollstrecker mit optimaler Erfahrung oder auch von durchschnittlicher Befähigung gehandelt hätte. Massstab der Beurteilung muss sein, welche Sorgfalt man gerade von diesem Testamentsvollstrecker im Hinblick auf seine Vorbildung, seine berufliche Tätigkeit und sein Alter bei gewissenhafter Amtsführung erwarten darf»; KRUG/RUDOLF/KROIß, § 13 Rz. 263). (3) Der Willensvollstrecker haftet für mangelnde Sorgfalt (Kunstfehler) (BREITSCHMID, Stellung des Willensvollstreckers, S. 161), wobei *leichtes Verschulden genügt*. Das Verschulden kann in einer Nachlässigkeit, in einem Ermessensfehler, in der Nichtbefolgung von Weisungen der Aufsichtsbehörde oder in einem Überschreiten der Vertretungs- oder Verfügungsmacht bzw. -befugnis liegen (ebenso [bezüglich des Erbschaftsverwalters] YUNG, SJ 69/1947 S. 474). Ein Verschulden ist zum Beispiel gegeben, wenn der Willensvollstrecker ein Vermächtnis ausrichtet, dessen Bestand unklar ist, ohne vorher die Zustimmung der Erben einzuholen (ZR 1/1902 Nr. 260 S. 313 [AppK]), oder wenn er einem eingesetzten Erben trotz Ungültigkeitsklage das Erbe aushändigt (BÖCKLI, SJZ 18/1921–22 S. 382). Kein Verschulden ist im Scheitern eines Grundstücksverkaufs zu sehen, wenn die Gründe ausserhalb des Einflussbereichs des Willensvollstreckers liegen (BGer. 5C.277/2000 vom 22. Juni 2001 E. 4b). (5) Der Willensvollstrecker geniesst in vielen Bereichen seiner Tätigkeit einen Ermessensspielraum (Art. 517–518 N 94), weshalb auch ein gewisser *«Spielraum für Fehlentscheide»* (BREITSCHMID, Aufsicht, S. 156) vorhanden ist und solches Handeln somit kein Verschulden darstellt. (5) Der Erblasser kann den Willensvollstrecker *nicht von der Haftung für mangelnde Sorgfalt befreien* (Art. 100 OR; BSK-KARRER, Art. 518 N 11; FUHRER, S. 133; HUX, S. 82 f.; BRACHER, S. 43; ebenso § 2220 BGB; STAUDINGER-REIMANN, § 2219 BGB Rn. 8). (6) Zur *Haftung für Hilfspersonen* (Art. 101) vgl. Art. 517–518 N 63 f.

428 h) Eine Haftung ist ausgeschlossen, wenn gesetzliche **Rechtfertigungsgründe** gegeben sind: (1) Die (einstimmige) *Zustimmung der Erben* (vgl. dazu Art. 517–518 N 441) bewirkt nach Art. 99 Abs. 3 OR bzw. Art. 44 Abs. 1 OR einen Ausschluss der Haftung (BGer. 5C.311/2001 vom 6. März 2002 E. 2c). (2) Wenn sich der Willensvollstrecker bei seinem Vorgehen auf ein *Gerichtsurteil* (Art. 517–518 N 451 ff.) oder einen *Entscheid der Aufsichtsbehörde* (Art. 517–518 N 534 ff.) stützen kann, ist eine Pflichtverletzung (Art. 517–518 N 424) ausgeschlossen, nicht aber, wenn er ein Steuerinventar (Art. 517–518 N 236) oder ein Sicherungsinventar (Art. 517–518 N 102) unbesehen verwendet, weil diese für einen anderen Zweck erstellt wurden.

429 i) Mehrere Willensvollstrecker **haften** (analog wie mehrere Beauftragte nach Art. 403 Abs. 2 OR) **solidarisch** (BSK-KARRER, Art. 518 N 94). Eine (interne) Geschäftsordnung teilt die Verantwortung nicht (BSK-KARRER, Art. 518 N 91). Dies ist ein Aspekt, welcher den einen oder anderen Willensvollstrecker davon abhält, die ihm zugedachte Aufgabe überhaupt anzunehmen, womit die vom Erblasser angestrebte Lösung gar nicht zustande kommt. Für Hilfspersonen haftet der Willensvollstrecker nach Art. 101 OR, für Substituten (nur) nach Art. 399 OR. Nach der neueren Rechtsprechung des Bundesgerichts ist der Beizug von Hilfspersonen im Einzelfall zu prüfen: Wenn im Interesse der Erben Fachpersonal beigezogen wurde, ist die Haftung auf Art. 399 OR begrenzt (BGE 112 II 347 E. 2a S. 353 f.), wenn dagegen im Interesse des Willensvollstreckers (nur) dessen Kapazität erweitert wurde, kommt die strengere Haftung von Art. 101 OR zur Anwendung (BGE 118 II 112 E. 2 S. 114; BGE 107 II 238 E. 5b S. 245).

430 j) Als **Ersatzleistung** kann neben dem im Auftragsrecht üblichen Schadenersatz – solange möglich – auch eine Realerfüllung gefordert werden (HUX, S. 84 f.). Die Höhe des Schadenersatzes richtet sich nach dem Verschulden (Art. 398 Abs. 1; zum Verschulden vgl. Art. 517–518 N 427). Selbstverschulden des Klägers kann zur Reduktion des Schadenersatzes führen (Art. 99 Abs. 3 i.V.m. Art. 44 Abs. 1 OR; BGer. 5C.119/2004 vom 24. Dezember 2004 E. 3.2).

431 k) **Kasuistik (Haftung bejaht):** (1) Der Willensvollstrecker haftet für einen Kurszerfall nach dem 11.9.2001 wegen eines verspäteten Auftrags an die Bank zum Verkauf von Wertschriften (BGer. 5C.119/2004 vom 23. Dezember 2004). (2) Der Willensvollstrecker verletzt seine Pflicht, wenn er eine Liegenschaft verkauft, ohne das Einverständnis der Erben zum Preis einzuholen und ohne ihnen die Möglichkeit einzuräumen, die Liegenschaft zum offerierten Preis selbst zu übernehmen (BGE 108 II 535; ähnlich AB-SH 1997 S. 147 E. 6a aa: mit der fehlenden Mitteilung an die Erben über die Zwangsversteigerung hat der Willensvollstrecker seine Pflicht «in nicht leicht zu nehmender Weise verletzt»). (3) Der Willensvollstrecker haftet für eine Verletzung der Informationspflicht im Zusammenhang mit der Rückweisung einer Zahlung und einem Streit über die Verzinsung eines Vermächtnisses (BGer.

5C.311/2001 vom 6. März 2002 E. 2d). (4) Der Willensvollstrecker haftet für die Ausrichtung ungültiger Vermächtnisse (ZR 1/1902 Nr. 260 S. 313 [AppK]).

l) **Kasuistik (Haftung verneint)**: (1) Der Willensvollstrecker haftet nicht, wenn er eine Immobiliengesellschaft 3 Jahre nach dem Ableben des Erblassers verkauft, um die Erbschaftssteuern bezahlen zu können, zumal der Preis das Angebot der Erben übertraf und mit einer Expertise übereinstimmte (BGE 101 II 47 E. 2c S. 56 f. = Pra. 64/1976 Nr. 179 S. 502 = SJ 98/1976 S. 202 f. = ZBGR 57/1976 Nr. 73 S. 376 f.). (2) Der Willensvollstrecker haftet nicht für eine fehlende Überprüfung der Versicherungsdeckung, weil die Willensvollstreckung bezüglich der Liegenschaft mit der Übertragung ins Alleineigentum des Erben bereits beendet war (KGer. GR ZF-08-21-25 vom 19. Mai 2008). (3) Der Willensvollstrecker haftet nicht für angeblich im Inventar fehlende Nachlassgegenstände, wenn die Erben dafür den Beweis nicht erbringen können (PKG 1962 Nr. 5 E. 1 S. 29 f. = ZBGR 45/1964 Nr. 5 S. 46 [ZF 6/62; KGer.]): Die Kläger haben «nicht die geringsten Anhaltspunkte gegeben, geschweige denn Beweise dafür erbracht, dass die Erblasserin kurz vor ihrem Hinschied Werte und Mobilien in der behaupteten Grössenordnung besessen oder über diese in einer Weise verfügt habe, die einer Ausgleichung rufe»). (4) Weder Gerichtsfälle noch Schadenfälle bei den Versicherungen sind häufig, was unter anderem damit zusammenhängt, dass kaum fachliche Anforderungen (Art. 517–518 N 4) an den Willensvollstrecker gestellt werden (FUHRER, S. 109). 432

m) FUHRER, 111, bildet aufgrund der Rechtsprechung zum BGB vier **Fallgruppen:** (1) Vermögensverwaltung: Geldanlage bei einer unzuverlässigen Bank, Mehrkosten einer Grundstücksverwaltung, unsorgfältige Führung einer Firma, unnötige Umwandlung einer Einzelfirma in eine GmbH; (2) Veräusserung von Erbschaftsaktiven: Verkauf einer Liegenschaft ohne Rücksprache mit den Erben, Versteigerung trotz günstigerem freihändigen Verkauf; (3) Allgemeine Sorgfaltspflicht: Überflüssige Prozessführung, Übernahmeverschulden, fehlende Neutralität bei Interessenkollision, schuldhafte Verzögerung der Auseinandersetzung; (4) Besondere Sorgfaltspflicht: Schuldhaft unzutreffende Testamentsauslegung. Damit sind die Problemfelder aufgezeigt, welche auch vom schweizerischen Willensvollstrecker zu bewältigen sind. 433

n) Zur Durchsetzung der Haftung kann es notwendig sein, dass der Willensvollstrecker **betrieben** wird. Dabei wird unter Rechtsanwälten in der Regel erwartet (Standesrecht), dass dies erst nach vorheriger Ankündigung erfolgt (BGE 130 II 270 = 2A.459/2003 = NZZ vom 21. Juli 2004, S. 14). 434

o) Die **Verjährung** für die Willensvollstreckerhaftung beträgt 10 Jahre (Art. 127 OR; FUHRER, S. 134; KOHLI, STH 82/2008 S. 1059). Ob für Anwälte, Notare etc. Art. 128 Ziff. 3 OR vorbehalten bleibt, ist ebenso im Einzelfall zu prüfen wie beim Honorar (Art. 517–518 N 416). M.E. ist der Willensvollstrecker nicht verpflichtet, die Erben 435 darauf hinzuweisen, dass bezüglich Haftpflichtansprüchen gegen ihn die Verjährung drohe (offengelassen von FUHRER, S. 134).

2. Culpa in contrahendo

436   Wenn der Willensvollstrecker seine Vertretungs- oder Verfügungsmacht überschritten hat (Art. 517–518 N 198 ff. und 207 ff.) oder seine Prozessführungsbefugnis (Art. 517–518 N 468 ff.), haftet er gegenüber Dritten (analog) nach **Art. 39 OR**, d.h., es ist primär das negative Vertragsinteresse geschuldet (ZÄCH, Art. 39 OR N 5 ff.). Bei Verschulden kann der Richter «Ersatz weitern Schadens» (Art. 39 Abs. 2 OR) zusprechen, also maximal das positive Vertragsinteresse (ZÄCH, Art. 39 OR N 26 ff.).

3. Vertrauenshaftung

437   Die Vertrauenshaftung basiert auf der «Enttäuschung berechtigten Vertrauens durch die **Verletzung von Schutzpflichten,** die aus einer rechtlichen Sonderbeziehung erwachsen, die über den Zufallskontakt des Deliktsrechts hinausgeht, sich aber (noch) nicht zu einer vertraglichen Beziehung verdichtet hat» (FUHRER, S. 135). Soweit ersichtlich gibt es noch keine entsprechenden Gerichtsentscheide. Das vorausgesetzte Vertrauen ergibt sich aus Pflichten wie: die Geschäfte des Erblassers zu beenden, Vermächtnisse auszurichten oder die Erbteilung zu vollziehen (FUHRER, S. 137). Als Legitimierte kommen diejenigen Personen in Frage, welchen die vertragsähnliche Haftung verwehrt ist (Art. 517–518 N 422): Erbschaftsgläubiger, Erbengläubiger und Personen, welchen Erbteile abgetreten wurden (FUHRER, S. 137). Die Widerrechtlichkeit besteht in der Verletzung der Pflicht des Willensvollstreckers, die Gegenpartei vor Schädigungen zu bewahren. Der Grundsatz von Treu und Glauben bildet sowohl die Grundlage der Rechtspflicht als auch den Massstab für die Beurteilung der Verletzung (FUHRER, S. 142). Wie bei der vertragsähnlichen Haftung (Art. 517–518 N 427) ist das Verschulden zu vermuten (FUHRER, S. 143).

4. Deliktshaftung

438   Vorbehalten bleibt in jedem Fall, vom Willensvollstrecker Schadenersatz wegen **unerlaubter Handlung** (Art. 41 OR) zu verlangen (BSK-KARRER, Art. 518 N 109; FUHRER, S. 115). Dieser Anspruch bleibt als einziger übrig für die aus einer Auflage Berechtigten oder für die Vermächtnisnehmer, wenn es nicht um die Ausrichtung eines Vermächtnisses geht, kann aber auch von Erbschaftsgläubigern geltend gemacht werden (ebenso [für das BGB] STAUDINGER-REIMANN, § 2219

BGB Rn. 17). Sie dürfte regelmässig daran scheitern, dass es im Einzelfall nicht möglich ist, die Widerrechtlichkeit der Schädigung darzulegen (FUHRER, S. 115).

B. Strategien zur Vermeidung der Haftung des Willensvollstreckers

Problemstellung: Wenn der Willensvollstrecker die Auswahl zwischen mehreren möglichen Massnahmen treffen muss und gleichzeitig eine Haftung vermeiden möchte, stehen ihm mehrere Wege offen (BVR 9/1984 S. 239 f. E. 10 a–d [RS Bern]). Entsprechend den vier Stufen der Risikopolitik (HALLER, S. 43) kann der Schaden verhindert (b), vermindert (c) selbst getragen (d) oder überwälzt (e) werden. 439

1. Schaden verhindern

Der Willensvollstrecker kann sich überlegen, ob er seine Aufgabe überhaupt weiterführen will oder ob er sie **beenden** (kündigen) soll. Diese Strategie kann er grundsätzlich jederzeit wählen, er muss nur Schadenersatz wegen Niederlegung seiner Aufgabe zur Unzeit abwenden (Art. 517–518 N 382). In den meisten Fällen wird dieser Schritt aber nicht ernsthaft erwogen, wurde der Willensvollstrecker doch gerade eingesetzt, um (mehr oder weniger erwartete) Konflikte zu lösen und nicht um vor ihnen zu fliehen. 440

2. Schaden vermindern

a) Die zweite Strategie geht dahin, die **Entscheidung des Willensvollstreckers abzusichern.** Negativ abzugrenzen ist, dass die Absicherung insofern nicht vom Erblasser stammen kann, als dieser den Willensvollstrecker nicht von der Pflicht zur ordnungsgemässen Verwaltung befreien kann (Art. 517–518 N 94 und 426). Für eine Absicherung kommen grundsätzlich drei Stellen in Frage, die Erben (b), die Aufsichtsbehörde (c) und der Richter (d–f). 441

b) Als Erstes wird der Willensvollstrecker versuchen, die **Zustimmung der Erben** einzuholen (ZBGR 25/1944 Nr. 61 S. 210 [JD AG]; Art. 517–518 N 97 und N 310). Zu Diskussionen Anlass gibt häufig die Ausrichtung von Vermächtnissen und die Veräusserung von Grundstücken. Der Willensvollstrecker besitzt zwar in gewissen Fällen die Vertretungsmacht, einen freihändigen Verkauf abzuschliessen, (Art. 517–518 N 126) und auch die Verfügungsmacht, um diesen im Grundbuch eintragen zu lassen (Art. 517–518 N 351). Wenn er allerdings befürchtet, dass die Erben einem solchen Verkauf oder der Art und Weise seiner Durchführung ablehnend gegenüberstehen, sollte er (wenn möglich) ihre Zustimmung einholen. Gleiches 442 gilt bezüglich der Auslegung von Vermächtnissen (ZR 1/1902 Nr. 260 S. 313 [AppK]: «Wo aber die Sache zweifelhaft ist und es sich nicht um im Verhältnis zur ganzen Verlassenschaft geringfügige Beträge handelt, haben die Testamentsvollstrecker jedenfalls die Verpflichtung, sich mit den Beteiligten zu verständigen und nicht, ohne sich deren Zustimmung gesichert zu haben, vorzugehen»). Diese Zustimmung ist in kritischen Fällen erfahrungsgemäss nicht beizubringen.

443 c) Wenn die Zustimmung der Erben nicht erhältlich ist, wird sich der Willensvollstrecker überlegen, ob er eine **Weisung der Aufsichtsbehörde** erhalten könne. Ein solches Vorgehen wird in der Rechtsprechung regelmässig abgelehnt (MBVR 40/1942 Nr. 194 E. 3 S. 394 [RR]: Die Willensvollstrecker «können sich ihrer Verantwortung nicht durch Einholung behördlicher Weisungen entschlagen»; Art. 517–518 N 519) und führt in den meisten Fällen schon deshalb nicht zum Erfolg, weil nicht formelle (organisatorische), sondern materiell-rechtliche Fragen, wie etwa Auslegung eines Vermächtnisses (in MBVR 17/1919 Nr. 136 E. 4 S. 504 [RR], hat die Aufsichtsbehörde zu Unrecht die Auslegung selbst vorgenommen) oder die Gültigkeit eines Kaufrechts (BVR 9/1984 S. 240 E. 11 [RS Bern]), zu entscheiden sind und dafür nicht die Aufsichtsbehörde (Art. 517–518 N 522), sondern der Richter zuständig ist (Art. 517–518 N 451).

444 d) Als Nächstes überlegt sich der Willensvollstrecker, ob er das **Urteil eines Richters** erwirken kann. Die crux liegt darin, dass der Willensvollstrecker nur zur Führung bzw. Fortsetzung von Prozessen legitimiert ist, wenn es sich um Streitigkeiten zwischen der (ganzen) Erbengemeinschaft und Dritten handelt (Art. 517–518 N 470). Soweit die Erbteilung betroffen ist, können nur die Erben bzw. Vermächtnisnehmer klagen (Art. 517–518 N 481).

445 e) Wenn der **Willensvollstrecker zur Prozessführung** legitimiert ist, muss er sich überlegen, ob er einen Prozess (weiter)führen, einen Vergleich schliessen oder davon Abstand nehmen will. Erlangt der Willensvollstrecker ein Urteil des Richters, schafft dieses zwar Klarheit über die materielle Rechtslage, aber es bringt Probleme mit sich, wenn der Prozess verloren geht. Dann besteht nämlich die Gefahr, dass die Erben dem Willensvollstrecker unnötige Prozessführung vorwerfen und von ihm verlangen, dass er die Prozesskosten trägt. Als Ausweg wird dieser daher häufig auf die Möglichkeit zurückgreifen, mindestens denjenigen Erben, von welchen er Widerstand gegen eine beabsichtigte Massnahme (Klage oder Vergleich) befürchtet, den Streit zu verkünden (Art. 517–518 N 502). Beabsichtigt er, von einer Klage Abstand zu nehmen, weil er die Erfolgsaussichten als zu gering ansieht, sollte er versuchen, von den Erben die Zustimmung zur Prozessführung einzuholen. Gerade in kritischen Fällen wird diesbezüglich aber keine Einigung zu erzielen sein, weshalb dieses Vorgehen auch nicht weiterhilft. Hier stösst der Willensvollstrecker an Grenzen der Absicherungsmöglichkeiten. Er hat eine Ermessensentscheidung zu treffen und die Folgen selbst zu tragen. Dies ist vor allem deshalb unangenehm, weil das Verschulden ver-

mutet wird und der Willensvollstrecker sich exkulpieren muss, um einer Haftung zu entgehen (Art. 517–518 N 427). Zu beachten ist allerdings, dass dieser Beweis umso eher gelingt, als der Willensvollstrecker alle hier aufgezählten Schritte befolgt.

f) Soweit die **Erben bzw. Vermächtnisnehmer zur Prozessführung legitimiert** sind, setzt der Willensvollstrecker ihnen – ähnlich wie vor dem Vollzug des Teilungsplans (Art. 517–518 N 316) – eine Frist an, innert welcher sie klagen können. Gleichzeitig hat er bekanntzugeben, welche Massnahme er beim Ausbleiben einer Klage beabsichtigt. Wenn die Betroffenen Klage erheben, erhält der Willensvollstrecker ein Urteil, an welches er sich halten kann. Bleiben die Angesprochenen aber untätig, kann ihnen der Willensvollstrecker dies später entgegenhalten, wenn er haftbar gemacht wird. Eine Haftung ist zwar nicht auszuschliessen, aber in vielen Fällen wird das Verschulden fehlen und die Kausalität zwischen dem Handeln des Willensvollstreckers und dem entstandenen Schaden nur noch schwer nachzuweisen sein.

446

3. Schaden selbst tragen

Wenn trotz aller Anstrengungen weder eine Einigung zu erzielen noch ein Entscheid oder Urteil erhältlich ist, muss der Willensvollstrecker eine eigene, **sorgfältige Entscheidung treffen,** das Risiko also selbst tragen. Das Risiko kann allerdings begrenzt werden: (1) Wenn **Nachlasswerte** zu liquidieren sind, kann sich der Willensvollstrecker ein Stück weit dadurch absichern, dass er sich **am Marktpreis orientiert.** Dies geschieht, indem Angebote von Kaufinteressenten eingeholt werden oder eine öffentliche Versteigerung durchgeführt wird (ZR 91–92/1992–93 Nr. 64 E. IV.4.d S. 246 [OGer.]). (2) Zu einer Reduktion der Haftung führt sodann der Beizug eines **Fachmannes** oder das Einholen eines Gutachtens. (3) Um beweismässig gewappnet zu sein, sollte der Willensvollstrecker seine Tätigkeit gut **dokumentieren.**

447

4. Schaden überwälzen: Versicherung

Schliesslich ist zu erwähnen, dass sich der Willensvollstrecker unter Umständen **versichern** kann (zur Versicherungsmöglichkeit in Deutschland vgl. PICKEL, S. 212 ff.). So können Anwälte, Notare und Treuhänder die Tätigkeit als Willensvollstrecker im Rahmen ihrer Berufshaftpflichtversicherung abdecken (FUHRER, S. 150). In der Police wird eine bestimmte Versicherungssumme vereinbart und ein Selbstbehalt (FUHRER, S. 150). Die Haftpflichtversicherung deckt die Entschädigung begründeter Ansprüche (vgl. dazu Art. 517–518 N 431) und die Abwehr unbegründeter Ansprüche (Art. 517–518 N 432) (FUHRER, S. 149). Von der Deckung ausgeschlossen ist etwa die Unternehmensführung (FUHRER, S. 149), welche auch zur Tätigkeit des Willensvollstreckers gehören kann (vgl. dazu Art. 517–518 N 184 ff.). In zeitlicher Hinsicht kommt in der Berufs-Haftpflichtversicherung für

448

den Willensvollstrecker in der Regel das Claims-made-Prinzp zur Anwendung, d.h., der Schaden ist von der Versicherung gedeckt, wenn der Anspruch während der Vertragsdauer geltend gemacht wird (FUHRER, S. 152). Der örtliche Schutz umfasst meist fast die ganze Welt, ein Ausschluss erfolgt regelmässig für das USA/Canada-Risiko (FUHRER, S. 156 f.).

C. Haftung der Erben

449   Neben der Haftung des Willensvollstreckers für seine Handlungen stellt sich auch die Frage, wie die Erben für die Handlungen des Willensvollstreckers haften und wie diese Haftung allenfalls beschränkt werden kann. Der Willensvollstrecker begründet mit seinen Geschäften Erbschaftsschulden, für welche die Erben grundsätzlich voll (persönlich und unbeschränkt) haften (ZK-ESCHER, Art. 516 N 13; BSK-KARRER, Art. 518 N 35). Die Möglichkeiten der **Haftungsbeschränkung** (Ausschlagung [Art. 566 ff.], Erbschaftsliquidation [Art. 593 ff.] und öffentliches Inventar [Art. 580 ff.]) sind (im Vergleich mit dem BGB) **nicht sehr wirksam**, insbesondere weil die Haftung für die hier in Frage stehenden Erbgangsschulden durch ein öffentliches Inventar nicht begrenzt werden kann (MUSCHELER, S. 75 f.). Der (deutsche) Testamentsvollstrecker begründet mit seinen Geschäften Nachlassschulden (§§ 2205–06 BGB; STAUDINGER-REIMANN, § 2205 Rn. 84), «für welche der Erbe die Haftung mit den üblichen Mitteln beschränken kann» (MUSCHELER, S. 11; vgl. dazu etwa §§ 1967, 1973 ff. 1980 und 1990 BGB; STAUDINGER-REIMANN, § 2205 BGB Rn. 91). Darüber hinaus können sich Erbengläubiger nicht an Nachlassgegenstände halten, welche der Testamentsvollstreckung unterstehen (§ 2214 BGB). Die beschränkte Haftung der Erben bietet Probleme, wenn der Testamentsvollstrecker Handelsgeschäfte oder Geschäftsanteile verwalten sollte (vgl. etwa RGZ 132, 138 S. 144), weil die «Haftungsgrundsätze des Handelsrechts mit denen des Erbrchts unvereinbar» sind (STAUDINGER-REIMANN, § 2205 BGB Rn. 91: Das Handelsrecht verlangt eine unbeschränkte Haftung, während das Erbrecht Haftungsbeschränkungen zulässt). Das Haftungsregime in der Schweiz hat den Vorteil, dass die Fortführung einer Einzelfirma oder von Personengesellschaften durch den Willensvollstrecker problemlos sind (HAUSHEER, Erbrechtliche Probleme, S. 78 f.).

D. Haftung der Aufsichtsbehörde

450   Neben dem Willensvollstrecker (Art. 517–518 N 421 ff.) und den Erben (Art. 517–518 N 449) ist auch eine Haftung der Aufsichtsbehörde denkbar (BAUER, RJN 2005 S. 38: «la responsabilité de l'Etat peut être engagée par les décisions que l'autorité cantonale compétente prend ou ne prend pas en violation des devoirs qui lui incombent en la matière»). Diese Haftung stützt sich auf das kantonale

Recht und erfasst Personen, welche eine staatliche Aufgabe erfüllen (BAUER, RJN 2005, S. 38: «En droit neuchâtelois, la loi sur la responsabilité dispose que les collectivités publiques répondent des dommages causés sans droit à des tiers par leurs agents dans l'exercice de leurs fonctions ..., en précisant que, par agent, on entend toute personne chargée de l'accomplissement d'une tâche de droit public»).

VII. Zuständigkeiten und Verfahren

A. Zivilrechtliche Streitigkeiten im ordentlichen Verfahren

1. Betroffene Verfahren

a) Meinungsverschiedenheiten zwischen dem Willensvollstrecker und den Erben, welche nicht das von der Aufsichtsbehörde zu beurteilende formelle Vorgehen (Vorbem. zu Art. 517–518 N 515 ff.), sondern **materiell-rechtliche Fragen** betreffen (ZGGVP 1983–84 S. 198 E. 3b [RR]: Eine materiell-rechtliche Frage liegt vor, «wenn ein Entscheid getroffen werden soll, der in endgültiger und dauernder Weise ein zwischen den Parteien streitiges zivilrechtliches Verhältnis regelt»), sind im ordentlichen Zivilverfahren auszutragen. 451

b) Dazu gehören: (1) Die **Ungültigkeitsklage** (Ungültigkeit der Ernennung des Willensvollstreckers; Art. 517–518 N 16 ff. und N 482) und (2) die **Herabsetzungsklage** (Verletzung des Pflichtteils durch die Ernennung des Willensvollstreckers; Art. 517–518 N 53 und N 483), (3) der **Vollzug der Erbteilung** (LGVE 2006 III Nr. 10 E. 3 S. 419: «Verzögert der Willensvollstrecker den Vollzug, so können die Erben ... beim ordentlichen Richter auf Ausrichtung der Erbteile klagen»; LGVE 1979 III Nr. 21 E. 2 S. 39 [RR]: «Teilungsvorschlag, die Teilung selbst»; zum materiellen Recht vgl. Art. 517–518 N 342 ff.), (4) das **Honorar** (BGE 78 II 123 E. 1a S. 125 f. = JdT 101/1953 I S. 11 f. = Pra. 41/1952 Nr. 120 S. 318: «Die Aufsichtsbehörde ... ist nicht zuständig, da die Honorierung des Willensvollstreckers nicht mehr zur Willensvollstreckung gehört, sondern zur Liquidation des Mandatsverhältnisses nach deren Durchführung in Anwendung des Art. 517 und der einschlägigen Bestimmungen des Auftragsrechts»; ZGGVP 1983–84 S. 199 [RR]; anders noch RJNE VIII/1915–52 S. 533: Aufsichtsbehörde; auch die Aufsichtbehörde für Rechtsanwälte ist nicht zuständig, vgl. Rep. 109/1976 E. 1 S. 72 [AB RA]; zum materiellen Recht vgl. Art. 517–518 N 388 ff.), (5) die **Auskunft** (zum materiellen Recht vgl. Art. 517–518 N 215 ff.) und (6) die **Haftung** des Willensvollstreckers (SGGVP 1957 Nr. 85 E. 1d S. 183 [RR]; zum materiellen Recht vgl. Art. 517–518 N 421 ff.). 452

453 c) Vom Richter zu beurteilen ist sodann (7) die Frage, **ob Verfügungen des Willensvollstreckers durch die Anordnungen des Erblassers gedeckt sind** (BGE 97 II 11 E. 1 S. 13 f. = JdT 120/1972 I S. 36 f. = Pra. 60/1971 Nr. 169 S. 531 = ZBGR 53/1972 Nr. 11 S. 111 f.). Das gilt etwa für den Streit über die Verwertung einer Liegenschaft. Der Richter hat die Frage zu entscheiden, ob eine Liegenschaft freihändig zu verkaufen oder zu versteigern sei, weil das Recht auf Durchführung einer Versteigerung (Art. 612 Abs. 3) betroffen ist (BGE 97 II 11 E. 1 13 f. und E. 4 S. 20 = JdT 120/1972 I S. 36 f. und S. 43 = Pra. 60/1971 Nr. 169 S. 531 und S. 535 = ZBGR 53/1972 Nr. 11 S. 111 f. und S. 117). Weitere Beispiele (ZGGVP 1983–84 S. 198 f. [RR]): Vornahme von Rückstellungen für ein Vermächtnis in Rentenform und für Steuerforderungen, Ablösung von Hypotheken auf vererbten Liegenschaften.

454 d) Der Richter hat schliesslich (8) die **Absetzung des Willensvollstreckers wegen einer Interessenkollision** zu beurteilen (BGE 90 II 376 E. 5 S. 386 ff. = JdT 113/1965 I S. 345 ff. = Pra. 54/1965 Nr. 36 S. 123 ff.; RVJ 2005 S. 242 E. 1a und S. 243 f. E. 2a [Cass.]; anders BSK-KARRER, Art. 518 N 104, welcher diesen Tatbestand bei der Aufsichtsbehörde ansiedelt). Da die zuständige Behörde vom ZGB nicht bestimmt wird, könnten die Kantone grundsätzlich auch die Aufsichtsbehörde für die Behandlung von Interessenkollisionen als zuständig erklären (Art. 54 Abs. 2 SchlT), diese müssten aber ein ordentliches Verfahren (und nicht wie sonst üblich ein summarisches Verfahren, vgl. Art. 517–518 N 554) durchführen. Allein die Tatsache, dass der Willensvollstrecker gleichzeitig Vormund des Erblassers (PKG 1965 Nr. 59 S. 126 [Pr 2/65; KGP]: Keine Interessenkollision, wenn der frühere Vormund als Willensvollstrecker eingesetzt wird), Erbe (EGVSZ 1979 S. 76 [RK]), Vermächtnisnehmer, Gläubiger der Erbschaft oder Stiftungsrat einer vom Erblasser errichteten Stiftung (BGer. 5P.352/2006 vom 19. Februar 2007 E. 5) ist und eine Interessenkollision damit als möglich erscheint, genügt für seine Absetzung noch nicht (zum gleichen Ergebnis kommt BGE 90 II 376 E. 5 S. 386 ff. = JdT 113/1965 I S. 345 ff. = Pra. 54/1965 Nr. 36 S. 123 ff.). Eine Interessenkollision wird erst dann zum Absetzungsgrund, wenn nachteilige Auswirkungen nicht nur möglich, sondern aufgrund des bisherigen Verhaltens des Willensvollstreckers oder aufgrund der Konstellation zu erwarten sind (BGer. 5P.341/2000 vom 6. Oktober 2000: es ist nicht einzusehen, worin der behauptete Schaden liegen soll, wenn der Willensvollstrecker einen Erben beim Verfassen einer Stellungnahme an die Amtschreiberei unterstützt, weil keine erbrechtlichen Dispositionen davon betroffen sind; BSK-KARRER, Art. 518 N 104: Die Interessenkollision muss sich «in anderen Umständen manifestieren»). Wenn die persönlichen Interessen dem Willensvollstrecker in der konkreten Konstellation die notwendige Objektivität nehmen und ihn wesentlich an der Erfüllung seiner Aufgabe behindern, ist er abzusetzen (BJM 1990 S. 87 E. 2b = ZBGR 73/1992 Nr. 1 S. 25 [AB BS]; etwas anders die Betonung in ZR 91–92/1992–93 Nr. 31 E. 5a S. 119 [OGer.], «wonach es genügt, den Anschein der Befangenheit und die Ge-

fahr der Voreingenommenheit nachzuweisen»). Das ist zum Beispiel der Fall, wenn der Willensvollstrecker Gläubiger der Erbschaft ist, seine Forderungen von den Erben aber bestritten werden (BJM 1990 S. 87 E. 2b = ZBGR 73/1992 Nr. 1 S. 26 f. [AB BS]: Der Willensvollstrecker ist Hauptgläubiger des Nachlasses; BSK-KARRER, Art. 518 N 104) und er somit gegen sich selbst vorgehen müsste. Auf der anderen Seite ist bei der Absetzung Zurückhaltung geboten, wenn der Erblasser den Willensvollstrecker trotz bekannter oder voraussehbarer Interessenkollision bewusst ernannt hat (BJM 1990 S. 87 E. 2b = ZBGR 73/1992 Nr. 1 S. 25 [AB BS]), weil es gilt, den Willen des Erblassers nach Möglichkeit zu verwirklichen (favor testamenti). Diese Ausführungen zeigen, dass in dieser Frage nicht das Verbots-, sondern das Missbrauchsprinzip angewendet wird. Wenn die Funktion des Willensvollstreckers von grösseren Organisationen wahrgenommen wird (GENNA, Jusletter vom 16. Januar 2006. Rz. 59: Bei einer Bank kann die gleichzeitige Kontoführung, Kreditgewährung, Vermögensverwaltung, Anlageberatung, Vorsorgeberatung etc. zu Interessengegensätzen führen, ebenso wie die Hoffnung auf künftige Geschäfte mit den Erben), ist durch eine Trennung von Funktionen (chinese walls) die Interessenkollision zu reduzieren. Wenn die Interessenkollision nicht offensichtlich ist, wird der Richter davon absehen, im Sinne einer vorsorglichen Massnahme den Willensvollstreckerausweis einzuziehen (vgl. den Sachverhalt von BGer. 5P.352/2006 vom 19. Februar 2007).

2. Örtliche Zuständigkeit

a) Für die im ordentlichen Verfahren durchgeführten Verfahren der Erben gegen den Willensvollstrecker (Art. 517–518 N 452 ff.) ist meist der **Richter am letzten Wohnsitz des Erblassers zuständig** (Art. 28 Abs. 1 ZPO; früher: Art. 18 Abs. 1 GestG bzw. Art. 538 Abs. 2; BGE 117 II 26 E. 2a S. 28 = JdT 140/1992 I S. 351 f. = Pra. 81/1992 Nr. 207 S. 784 = SJ 113/1991 S. 586; BSK-KARRER, Art. 518 N 72: «Trotz seiner selbständigen Stellung handelt der Willensvollstrecker in Nachlassangelegenheiten ... so dass er als Nachlass-Prozesspartei nicht den Gerichtsstand seines Wohn- bzw. Geschäftssitzes in Anspruch nehmen kann»), weil es sich um erbrechtliche Klagen handelt. Dies gilt auch für Streitigkeiten über das Honorar (Art. 517–518 N 412). 455

b) Dieser Gerichtsstand gilt nicht für die Geltendmachung der **Verantwortlichkeit** (Schadenersatzansprüche sind am Wohnsitz des Willensvollstreckers geltend zu machen, vgl. Art. 517–518 N 421; SCHREIBER, Rechtsstellung, S. 89: «Als Gerichtsstand für persönliche Ansprachen gilt nicht derjenige der Erbschaft, sondern der Wohnsitz des Willensvollstreckers»; a.M. BSK-KARRER, Art. 518 N 72 und 114), weil bei dieser Klage der «Auftrag» (Art. 398 ff. OR) das charakteristische Merkmal ist. Einen besonderen Gerichtsstand gibt es sodann für Verantwortlichkeitsklagen im Zusammenhang mit Verwaltungsratsmandaten des Erblassers, welche 456 (auch gegen den Willensvollstrecker) am Sitz der Gesellschaft anhängig gemacht werden können (BGer. 4C.132/1996 = SZW 1997 S. 213).

457 c) Für **sichernde Massnahmen** ist ebenfalls der Wohnsitz des Erblassers massgebend, unter Umständen auch der davon abweichende Sterbeort (Art. 28 Abs. 2 ZPO; früher: Art. 18 Abs. 2 GestG). Seit dem Inkrafttreten des GestG (2001) ist das früher notwendige Ausweichen auf den Heimatort (ZR 38/1939 Nr. 89 S. 198 [OGer.]) nicht mehr notwendig.

458 d) Für **nichterbrechtliche Klagen** kommt das Lugano-Übereinkommen zur Anwendung, teilweise auch für Vorfragen (BGE 135 III 185 E. 3.4.1 S. 191: Auskunft der Erben gegenüber einer Bank): Der Willensvollstrecker hat danach Dritte an ihrem ausländischen Wohnsitz einzuklagen (Art. 2 LugÜ) und Dritte den Willensvollstrecker entsprechend an seinem schweizerischen Wohnsitz.

3. Prozessführung

a. Erbengemeinschaft als Streitgenossenschaft

459 a) Die Mitglieder der Erbengemeinschaft bilden eine Streitgenossenschaft, denn im Prozess mit Dritten können sie ihre Rechte nur gemeinsam geltend machen (RJJ 2001 S. 149). Folge davon ist, dass **in der Parteibezeichnung alle Erben einzeln** mit allen notwendigen Angaben **aufgeführt werden müssen** (BGE 79 II 113 E. 3 S. 115 f. = JdT 102/1954 I S. 8 f.: «Erben der Frau Harris» ist eine ungenügende Parteibezeichnung). Wegen der solidarischen Haftung können Dritte allerdings auch einzelne Erben für Erbschafts- und Erbgangsschulden einklagen (Art. 517–518 N 188, N 191, N 198 und N 298).

460 b) In erbrechtlichen Prozessen genügt es, wenn sämtliche Mitglieder der Erbengemeinschaft am Prozess beteiligt sind, sei es als Kläger oder Beklagter (BGE 109 II 400 E. 2 S. 403). Das führt dazu, dass **auf der Aktivseite eine einfache Streitgemeinschaft** besteht (ein oder mehrere Kläger) (SEEBERGER, S. 50; anders die Bezeichnung in BGE 100 II 440 E. 1 S. 441 = JdT 123/1975 I S. 545 = ZBGR 57/1976 Nr. 21 S. 106: notwendige Streitgenossenschaft) und nur **auf der Passivseite eine notwendige Streitgenossenschaft** vorhanden ist (BGer. 2C_46/2008, 2C_47/2008 und 2C_48/2008 und 2C_55/2008 vom 18. Dezember 2008 Erw. 1.3; BGE 89 II 429; NATER, S. 74), nämlich alle nicht klagenden Erben (BGE 86 II 451 E. 3 S. 455). Die Praxis bietet denjenigen beklagten Erben, welche am Prozess nicht teilnehmen möchten, zudem die Erleichterung an, dass sie zuhanden des Gerichts die Erklärung abgeben können, wonach sie mit der Klage einverstanden sind oder sich dem Ergebnis des Prozesses unterziehen (BGE 100 II 440 E. 1 S. 441 f. = JdT 123/1975 I S. 545 f. = ZBGR 57/1976 Nr. 21 S. 106; BGE 93 II 11 E. 2b S. 14 ff. = JdT 115/1967 I S. 545 f. = Pra. 56/1967 Nr. 80 S. 256; BGE 89 II

429 E. 4 S. 434 ff. = JdT 112/1964 I S. 369 f. = Pra. 53/1964 Nr. 50 S. 83 f.; BGE 86 II 451 E. 3 S. 455 = JdT 109/1961 I S. 469 = Pra. 50/1961 Nr. 90 S. 266 = ZBGR 45/1964 Nr. 28 S. 208).

c) Im Übrigen ist die Erbengemeinschaft auch dann prozessfähig, **wenn ein Willensvollstrecker** (oder Erbschaftsverwalter oder Erbenvertreter) **vorhanden ist** (BGE 102 II 385 E. 2 S. 387 = JdT 126/1978 I S. 36 = Pra. 66/1977 Nr. 33 S. 86 m.w.N.). Dann müssen die Erben in der Parteibezeichnung nicht einzeln aufgeführt werden (Art. 517–518 N 465), die Bestimmung der Partei erfolgt über den Willensvollstrecker. 461

b. Prozessführung durch einzelne Erben

a) Ein **einzelner Erbe** kann die Erben(gemeinschaft) nur **vertreten,** wenn er dazu eine Vollmacht von allen Erben besitzt oder in **«Fällen der Dringlichkeit»** (BGE 93 II 11 E. 2b S. 15 = JdT 115/1967 I S. 545 = Pra. 56/1967 Nr. 80 S. 256; ZBl. 89/1988 S. 555 [BGer.]; LEIMGRUBER, S. 50 ff.), sei es zur Wahrung von Interessen der Erbengemeinschaft oder zur Erhaltung von Nachlassgegenständen. Auf dieser Grundlage kann ein Erbe zum Beispiel eine Klage einleiten (BGE 73 II 162 E. 5 S. 170 = JdT 96/1948 I S. 216 = Pra. 37/1948 Nr. 2 S. 5 = ZBGR 29/1948 Nr. 135 S. 286: Ausübung eines Vorkaufsrechts). 462

b) Diese Befugnis (Art. 517–518 N 462) gilt nur **«für die Dauer der Dringlichkeit»** (BGE 74 II 215 E. 2 S. 217 = JdT 97/1949 I S. 267 = Pra. 38/1949 Nr. 40 S. 108). Danach müssen die Erben wieder gemeinsam auftreten (BGE 52 II 195 S. 197 = JdT 74/1926 I S. 483 = Pra. 15/1926 Nr. 97 S. 280: Einzelne Erben sind nicht legitimiert, «zur unverteilten Erbschaft gehörende Ansprüche gerichtlich geltend zu machen [selbst nicht mit dem Antrag auf Leistung an sämtliche Erben gemeinsam] ...»; weiter vgl. BGE 50 II 216 E. 1 S. 221 f. = JdT 72/1924 I S. 509 = Pra. 13/1924 Nr. 131 S. 366: Der einzelne Miterbe kann die Erben[gemeinschaft] nicht vertreten, weil ihm die Möglichkeit zusteht, nach Art. 602 Abs. 3 einen Vertreter bestellen zu lassen). 463

c. Prozessführung durch den Willensvollstrecker

a) Im materiellen Recht verfügt der Willensvollstrecker über die Erbschaft im eigenen Namen (Art. 517–518 N 206) und er verpflichtet die Erben(gemeinschaft) in fremdem Namen (Art. 517–518 N 214). Im Prozess nimmt der Willensvollstrecker selbständig ein fremdes Recht wahr. Dies bedeutet Folgendes: **Der Willensvollstrecker handelt in Parteistellung** (BGer. 4A_290/2008 vom 4. Mai 2009 E. 1; BGE 129 V 113 E. 4.2 S. 117; BGE 116 II 131 E. 3a S. 133 = JdT 140/1992 II S. 63 = Pra. 79/1990 Nr. 186 S. 656 = ZBGR 73/1992 464

Nr. 41 S. 231; BGE 94 II 141 E. 1 S. 144 = JdT 117/1969 I S. 362 = Pra. 58/1969 Nr. 17 S. 51 = ZBGR 50/1969 Nr. 19 S. 191 = ZBJV 106/1970 52; ZGRG 2010 S. 100 E. 2b [ER KGer.]: «als Partei»; BVG A-1214/2010 vom 4. Oktober 2010 E. 2.2.2; PKG 1994 Nr. 3 E. 2c S. 15 [ZF 74/93; KGer.]: «Befugnis zur Prozessführung als Partei»; ZR 42/1943 Nr. 40 S. 121 = BlSchK 7/1943 Nr. 69 S. 137 [OGer.]: «Und da ihr [sc. der Willensvollstreckerin] in Ansehung des Nachlasses ein eigenes selbständiges Verfügungs- und Verwaltungsrecht zusteht, das während der Dauer der Vollstreckung an Stelle derjenigen der Erben tritt, so kommt ihr im Prozess die Stellung der Partei ... zu»; RBOG 1940 Nr. 6 S. 47 = ZBGR 22/1941 Nr. 150 S. 275: «Parteirolle»; WALDER-RICHLI/GROB-ANDERMACHER, S. 149 FN 17: «ist nicht selber Partei, hat aber Parteistellung»; zur Diskussion in der Literatur vgl. EITEL, S. 135 ff.). Unpräzise ist die Ausdrucksweise, der durch den Willensvollstrecker vertretene Nachlass sei parteifähig (so PKG 1984 S. 26 E. 2).

465 b) **Der Willensvollstrecker handelt im eigenen Namen** (BGE 84 II 241 S. 245 = JdT 107/1959 I S. 190 = Pra. 47/1958 Nr. 128 S. 405 = SJ 81/1959 S. 333; BVG A-1214/2010 vom 4. Oktober 2010 E. 2.2.2; PKG 1994 Nr. 3 E. 2c S. 15 [ZF 74/93; KGer.]; PKG 1991 Nr. 2 E. I/2 S. 15 = ZBGR 76/1995 Nr. 42 S. 300 [ZF 62+62/91; KGer.]; BK-TUOR, Vorbem. zu Art. 517–518 N 7; BSK-KARRER, Art. 518 N 70). Der Willensvollstrecker handelt «als Willensvollstrecker im Nachlass X» (oder: «... der Erbengemeinschaft X») und muss also die einzelnen Erben, welche die Erbengemeinschaft bilden, nicht angeben (BGE 94 II 141 E. 1 S. 144 = JdT 117/1969 I S. 362 = Pra. 58/1969 Nr. 17 S. 51 = ZBGR 50/1969 Nr. 19 S. 191 = ZBJV 106/1970 S. 52: «als Willensvollstrecker des Luigi Costa»; anders LGVE 1982 I Nr. 18 S. 42 = ZBGR 65/1984 Nr. 46 S. 295 [AB]: «Um Schwierigkeiten zu vermeiden, empfiehlt es sich jedoch, bei der Erbengemeinschaft jeweils die Erben einzeln, vertreten durch den ... Willensvollstrecker ... als Partei aufzuführen»). Mit dieser Sammelbezeichnung der Erbengemeinschaft wird zum Ausdruck gebracht, dass der Willensvollstrecker selbst legitimiert ist, über ein fremdes Recht zu prozessieren (BGE 116 II 131 E. 3a S. 134 = JdT 140/1992 II S. 64 = Pra. 79/1990 Nr. 186 S. 657 = ZBGR 73/1992 Nr. 41 S. 232: «L'exécuteur testamentaire doit alors se référer à son habilitation légale, fondée sur l'existence d'un patrimoine spécial qu'il doit administrer»). Dieses Handeln erfüllt die Voraussetzungen für das Handeln in fremdem Namen (Art. 517–518 N 214) nicht und muss deshalb als Handeln im eigenen Namen angesehen werden, wenngleich ein gewisser Fremdbezug angezeigt wird. Dieser Drittbezug führt zur dritten Eigenschaft.

466 c) **Der Willensvollstrecker handelt in Prozessstandschaft** (BGE 129 V 113 E. 4.2 S. 117; BGer. 4C.44/1998 E. 2c = SIC 2000 S. 410; BGer. C 245/84 vom 3. Oktober 1984 [unveröffentlicht], S. 17 E. 5: «Prozessstandschaft für die Erben»; ZKG AA070147 E. II.3.b bb = ZR 107/2008 Nr. 26 S. 93 = ZBGR 89/2008 Nr. 40 S. 333; PKG 1994 Nr. 3 E. 2c S. 15 [ZF 74/93; KGer.]; SJZ 82/1986 Nr. 22 S. 147 [TC VD]: «Il s'agit d'un cas où, exceptionnellement, une personne se voit

attribuer par la loi la capacité de défendre en son propre nom le droit d'un tiers [‹Prozessstandschaft› ...]»; ZR 76/1977 Nr. 66 E. 3a S. 169 = SJZ 74/1978 Nr. 17 S. 58 [OGer.]). Prozessstandschaft gibt es nur in wenigen, gesetzlich vorgesehenen Fällen, eine gewillkürte Prozessstandschaft gibt es nicht (ZKG AA80076 E. 6.3). (4) Es ist nicht zutreffend, dem Willensvollstrecker die *Stellung eines (gesetzlichen) Vertreters* zuzuordnen (so VJS 36/1936 Nr. 94 S. 233 = SJZ 34/1937–38 Nr. 97 S. 136 [OGer.]: Gesetzliche Prozessvollmacht; nach BGer. 5P.355/2006 vom 8. November 2006 E. 3.3 = successio 2/2008 S. 149 [Anm. Paul Eitel] ist diese Ansicht allerdings «nicht ... klar falsch», weil der Willensvollstrecker die einzelnen Erben in der Parteibezeichnung nicht angeben muss [«X. als Willensvollstrecker im Nachlass Y.»] und somit nicht in fremdem Namen handelt). Nicht zutreffend ist es auch, den Willensvollstrecker (5) als *Organ* zu behandeln (so HOLENSTEIN, 104 ff.), weil die Erbengemeinschaft keine juristische Person ist (BGer. 4A.12/2010 vom 25. Februar 2010 Erw. 3.2).

d) Der Prozessstandschafter (Art. 517–518 N 464) besitzt (von Gesetzes wegen) die **Prozessführungsbefugnis** (ähnlich PKG 1991 Nr. 2 E. I/2 S. 15 = ZBGR 76/1995 Nr. 42 S. 300 [ZF 62+63/91; KGer.]: Prozessführungsbefugnis oder Prozessstandschaft; BSK-KARRER, Art. 518 N 68: Prozessführungsbefugnis). Die Prozessführungsbefugnis des Willensvollstreckers ist in dem Sinne **exklusiv,** als sie sowohl *die Gesamtheit der Erben* (Art. 517–518 N 459) *als auch die einzelnen Erben* (Art. 517–518 N 462) soweit *von der Prozessführung ausschliesst*, als diesen vom materiellen Recht die Verfügungsmacht entzogen und auf den Willensvollstrecker übertragen wurde (BGE 116 II 131 E. 3b S. 134 = JdT 140/1992 II S. 63 = Pra. 79/1990 Nr. 186 S. 657 = ZBGR 73/1992 Nr. 41 S. 233: Le pouvoir de l'exécuteur testamentaire «est exclusif; le droit correspondant des héritiers leur est retiré [BGE 94 II 144 consid. 1, 90 II 381]»; SJ 117/1995 E. 3b S. 215 [Civ.]; BSK-KARRER, Art. 518 N 69). 467

4. Umfang der Prozessführungsbefugnis

Der Umfang der Prozessführungsbefugnis des Willensvollstreckers **leitet sich von der materiellen Rechtsstellung ab** (SJZ 92/1996 Nr. 3 S. 242 [TC VD]: L'exécuteur testamentaire «peut participer aux procès qui concernent sa désignation ou ses fonctions»; PKG 1969 Nr. 3 E. 1 S. 20 [ZF 13/68; KGer.]: Die Vollmacht des Willensvollstreckers beinhaltet «auch die Prozessführung»; BSK-KARRER, Art. 518 N 69: «Die Prozesslegitimation ist ein Ausfluss der Verwaltungsbefugnis/-pflicht des Willensvollstreckers»). Sie ist umfassend (BSK-KARRER, Art. 518 N 71: «alle Arten von Klagen bzw. Eingaben, sämtliche prozessuale Handlungen und Rechtsmittel»). Sie kann in kurzer Form wie folgt beschrieben werden: Der Willensvollstrecker ist Verwalter der Erbschaft und vertritt die Erben gegenüber Dritten. Die Art und Weise der Erbteilung wird dagegen allein vom Erblasser bestimmt (Vermächtnisse und Auflagen) bzw. von den Erben (aufgrund der Freiheit der 468

Erbteilung bzw. im Rahmen des ihnen zugewiesenen Anteils) ausgehandelt und vom Willensvollstrecker vollzogen. Daraus ergeben sich (unter anderem) die nachfolgenden Zuständigkeiten (vgl. auch EITEL, S. 152 ff.).

a. Regelmässige Prozessführungsbefugnis

469 a) Der Willensvollstrecker ist *aktiv legitimiert* bei **Auskunftsklagen** gegen Erben und (Dritte) Empfänger von lebzeitigen Zuwendungen (BRÜCKNER/WEIBEL, S. 20) sowie **Akteneditionsbegehren** gegen ehemalige Vertragspartner des Erblassers, insbesondere Banken (BRÜCKNER/WEIBEL, S. 26; zum matriellen Anpruch vgl. vorne, Art. 517–518 N 215 ff.).

470 b) Der Willensvollstrecker ist bei **Ansprüchen des Nachlasses und gegen den Nachlass** *aktiv und passiv legitimiert*, weil es um den Bestand des von ihm zu verwaltenden Nachlasses (Art. 517–518 N 92 ff.) geht (BGer. 133 III 421 E. 1 S. 426 = 4A_28/2007 = successio 2/2008 S. 240 [Anm. Nedim Peter Vogt und Daniel Leu]: Vollzug eines Schenkungsvertrags; BGer. 5P.355/2006 E. 3.1 = BR 2007 S. 69: Prozesse um die Aktiven und Passiven der Erbschaft; BGE 110 II 183 E. 1 185 = Pra. 73/1984 Nr. 118 S. 491: Abwicklung eines Auftrags des Erblassers zur Transaktion von 10 Goldbarren; BGE 85 II 597 E. 3 S. 601 = JdT 108/1960 I S. 303 = Pra. 49/1960 Nr. 91 S. 267: «Kläger zur Geltendmachung von Erbschaftsaktiven ... Beklagter gegenüber einer gegen die Erbschaft erhobenen Forderungsansprache»; BGE 59 II 119 E. 1 S. 123 = Pra. 22/1933 Nr. 108 S. 278 = SJ 56/1934 S. 78 = ZBGR 17/1936 Nr. 63 S. 143: «paiement d'une dette de la succession»; BGE 54 II 197 E. 1 S. 200 = JdT 76/1928 I S. 612 f. = Pra. 17/1928 Nr. 139 S. 410 = ZBGR 18/1937 Nr. 51 S. 142; BGE 53 II 202 E. 4 S. 208 = JdT 75/1927 I S. 503 = Pra. 16/1927 Nr. 106 S. 307 = ZBGR 26/1945 Nr. 42 S. 153; JdT 143/1995 III S. 118 E. 1b [Civ.]; PKG 1971 Nr. 9 S. 41 f. = SJZ 68/1972 Nr. 194 S. 322: Im Testament erwähnte Forderung aus Überlassung der AHV; BSK-KARRER, Art. 518 N 76 f.; ESCHER, SJZ 29/1932–33 S. 245). Die Legitimation ist nur dann vollumfänglich gegeben, wenn der Willensvollstrecker Generalexekutor (Art. 517–518 N 60) ist (SG-KGE 1938 Nr. 2 S. 11 = SJZ 36/1939–40 Nr. 90 S. 126 = ZBGR 26/1945 Nr. 71 S. 258). Mögliche Ansprüche ergeben sich unter anderem (1) aus *unerledigten Geschäften oder Prozessen des Erblassers* (Sachverhalt in BGer. 4C.175/2000 vom 25. Oktober 2000 = DDB 2003 S. 11: Beendigung eines Mietverhältnisses; Sachverhalt in BGer. SG 842 vom 09.04.1992 Pt. A: Haftung aus unfachmännischer Zahnreparatur; ZKG AA060140 E. II: Grundbuchberichtigungsklage; BZ.2002.2: Erneuerung der Prozessvollmacht in Forderungsprozess des Erblassers; SOG 1999 Nr. 8 S. 16: gegen den Erblasser hängiges Entmündigungsverfahren; SG Nr. 910 [GK Alttoggenburg]; SJ 117/1995 E. 2 S. 215 [Civ.]: «conduire le procès condamnant l'actif ou le passif de la succession»; ZR 86/1987 Nr. 22 E. 1 S. 52: Honorarforderung eines Anwalts;

ZR 18/1919 Nr. 34 S. 59 [OGer.]; weiter vgl. den Sachverhalt in BGE 109 II 43 Pt. B S. 44 = JdT 131/1983 I S. 274 = Pra. 72/1983 Nr. 85 S. 232: Klage wegen Missachtung eines Aktionärbindungsvertrags durch den Erblasser; ASA 43/1974 Nr. 34 Pt. B S. 459 f. = RDAF 32/1976 S. 32 f. [BGer.]; anders BGE 111 II 16 S. 18: Eine Vollmacht ist notwendig, wenn der Willensvollstrecker in einen Herabsetzungsprozess des Erblassers eintreten will, was m.E. nicht richtig ist; weiter vgl. BSK-KARRER, Art. 518 N 69), (2) aus dem *Widerruf von Schenkungen* des Erblassers (BGer. 44A_28/2007 vom 30. Mai 2007 E. 1.1 und 6; in BGE 96 II 119 E. 1b S. 125 = JdT 119/1971 I S. 149 = Pra. 60/1971 Nr. 30 S. 85 war die Klage der Erbin auch gegen den Willensvollstrecker gerichtet; Rep. 10/1970 S. 205 E. 1b: Widerruf einer Schenkung des Erblassers) und (3) aus dem *Schlussbericht des Beirats* des Erblassers (BGer. 5A_30/2008 vom 25. März 2008 E. 2.1: Im konkreten Fall waren allerdings keine relevanten Ansprüche zu beurteilen [fehlende Erwähnung der Handtasche, des Portemonnaie's, des Adressbuchs und der Ausweispapiere]). Beim (4) *Streit über Forderungen von Dritten* ist die Teilnahme des Willensvollstreckers nicht unbedingt notwendig, weil die Solidarhaftung der Erben (Art. 603) zur Folge hat, dass diese auch einzeln und persönlich belangt werden können (BGE 86 II 335 S. 337 = JdT 109/1961 I S. 227 f. = Pra. 50/1961 Nr. 29 S. 79: Alleinerbin; BGE 48 I 131 S. 133 f. = JdT 71/1923 I S. 26 = Pra. 11/1922 Nr. 104 S. 264 = ZBGR 2/1921 Nr. 43 S. 135 [KGer. ZG]: Steuerschuld nach Erledigung der Erbteilung; BSK-KARRER, Art. 518 N 77: «Der Nachlassgläubiger hat ... die Wahl, ob er den Willensvollstrecker, die Erben oder beide gleichzeitig einklagen will»). Ein derartiges Urteil wirkt dann aber nur für und gegen den einzelnen Erben (zur Wirkung der Prozesse vgl. Art. 517–518 N 497). Zur (5) Einleitung eines *Strafverfahrens gegen einen Dritten* im Zusammenhang mit einer Forderung ist der Willensvollstrecker dagegen (alleine) nicht berechtigt (ESCHER, SJZ 29/1932–33 S. 244 f.). Der Willensvollstrecker kann sich in diesen Fällen von den Erben bevollmächtigen lassen und als deren Vertreter auftreten (AGVE 2005 Nr. 4 E. 4 S. 34: Definitive Rechtsöffnung bezüglich eines Unterhaltsurteils zugunsten der Erblasserin).

c) Der Willensvollstrecker ist *aktiv legitimiert*, den **Vollzug einer Auflage** (Art. 482; Vorbem. zu Art. 571–518 N 11 ff.) zu verlangen (BGE 66 III 61 E. 2 S. 65 = JdT 89/1941 II S. 39 = Pra. 29/1940 Nr. 138 S. 311; SGGVP 1966 Nr. 13 S. 46 f. [KGer.]; BK-TUOR, Art. 482 N 16: «nicht nur ein Recht, sondern auch eine Pflicht zur Klage»; ZK-ESCHER, Art. 482 N 19; PIOTET, SPR IV/1, § 23 II; BSK-KARRER, Art. 518 N 85). 471

d) Der Willensvollstrecker ist *passiv legitimiert*, wenn es um die **Ausrichtung eines Vermächtnisses** (Art. 484, 562 und 601; Art. 517–518 N 287 ff.) geht (BGE 105 II 253 E. 2e S. 261 = BN 42/1981 S. 209 = JdT 128/1980 I S. 312 = Pra. 69/1980 Nr. 108 S. 291 = ZBGR 64/1983 Nr. 13 S. 46: «Ihre Klage darf sie nicht nur gegen die Erben, sondern auch gegen den beauftragten Willensvollstrecker als Treuhänder 472 richten, der im Streit darüber, ob gemäss Verfügung von Todes wegen einem Bedachten gewisse Rechte zustehen, neben den Erben passivlegitimiert ist ...»; BGE 91 II 94 E. 1 S. 97; BGE 81 II 22 S. 25 [Bez.Ger. ZH]: Feststellungsklage, dass ein Vermächtnis wegen ungenügender Bestimmung der Vermächtnisnehmer ungültig sei und nicht ausbezahlt werden dürfe; PKG 1991 Nr. 2 E. I/2 S. 15 = ZBGR 76/1995 Nr. 42 S. 300 [ZF 62+63/91; KGer.]: «Wenn ... mit der Verwaltung der Erbschaft ... ein Willensvollstrecker betraut ist, ... ist die Vermächtnisklage gegen ihn anzuheben»; so schon implizit unter kantonalem Recht ZKG 1896 Nr. 15 E. 2 S. 114 ff.; EITEL, S. 168 ff.). Diese Klage richtet sich nicht zwingend gegen den Willensvollstrecker, sondern (auch) die Erben sind passivlegitimiert (SJ 88/1966 S. 68 E. 1 [TC]; BS-AGE 3/1916–20 Nr. 4 S. 4 = SJZ 14/1917–18 Nr. 67 S. 88; BSK-KARRER, Art. 518 N 50). Eine Aktivlegitimation ist dagegen grundsätzlich (zur Ausnahme vgl. Art. 517–518 N 473) nicht gegeben (EITEL, S. 166 ff.).

473 e) Der Willensvollstrecker ist *aktiv legitimiert,* die **Herabsetzung eines Vermächtnisses** im Sinne von Art. 486 (Art. 517–518 N 289) zu verlangen (BSK-KARRER, Art. 518 N 82: Der Willensvollstrecker ist aktiv legitimiert, «wenn er in Unkenntnis von Erbschaftsschulden Vermächtnisse ausgerichtet hat und gegen die Bedachten die Herabsetzungsklage erheben muss»). Wenn die (beschwerten) Erben gegen den Willensvollstrecker vorgehen wollen, der ein Vermächtnis in fremder Währung wegen eines Kaufkraftverlusts heraufsetzen will, ist der Willensvollstrecker passiv legitimiert (BGE 49 II 12 E. 1 S. 15 = JdT 72/1924 I S. 5; ebenso die untere Instanz ZR 22/1923 Nr. 167 S. 332 f. [OGer.]). Da es sich um eine materiellrechtliche Frage handelt (wie hoch ist das Vermächtnis?), ist diese vom Richter zu behandeln und nicht von der Aufsichtsbehörde.

474 f) Der Willensvollstrecker ist bei einzelnen **Massnahmen zur Sicherung des Erbganges,** wie der Anordnung des **amtlichen Inventars** (Art. 490 Abs. 1 und Art. 553; Art. 517–518 N 103 ff.), *aktiv legitimiert* (ZR 54/1955 Nr. 30 S. 78 = ZBGR 38/1957 Nr. 39 S. 207 [OGer.]: Aufnahme eines amtlichen Inventars; JdT 81/1933 III S. 46 [TC]: recourir contre l'inventaire successoral) zu verlangen. Der Willensvollstrecker kann sodann die Einsetzung eines **Erbschaftsverwalters** (Art. 554; Art. 517–518 N 117 f.) anfechten, weil seine Stellung betroffen ist, er kann aber nicht seine Einsetzung verlangen (ZR 39/1940 Nr. 162 S. 357 [OGer.]). *Passiv legitimiert* ist der Willensvollstrecker, wenn es um Sicherstellungsmassnahmen zugunsten eines einzelnen Erben geht (vgl. den Sachverhalt B in BGer. 5C.91/2000 vom 25. Mai 2000: Sicherstellung einer Rente).

475 g) Bei der **Erbschaftsklage** (Art. 598 ff.; Art. 517–518 N 366 und 372) ist der Willensvollstrecker *aktiv legitimiert,* soweit damit Nachlassgegenstände von Dritten herausverlangt werden (SJ 103/1981 S. 63 E. 3 [Civ.]; EITEL, S. 158 ff.; DRUEY, Grundriss, § 14 N 70; BREITSCHMID, Stellung des Willensvollstreckers, S. 116;

BSK-KARRER, Art. 518 N 83; BRÜCKNER/WEIBEL, S. 56; weiter vgl. den Sachverhalt von BGE 85 II 504 Pt. C S. 506 = JdT 108/1960 I S. 232 = Pra. 49/1960 Nr. 5 S. 149). Gegenüber den Erben kann der Willensvollstrecker die Erbschaftsklage nicht geltend machen, wohl aber gestützt auf seinen Besitzanspruch Erbschaftssachen herausverlangen (BGE 77 II 122 E. 6 S. 125 f.: Klage nach Art. 518 Abs. 2). Der Willensvollstrecker sollte seinen Besitz am Nachlass nicht weiter in Anspruch nehmen, als dies für die Wahrnehmung seiner Aufgaben notwendig ist. Aus diesem Grund ist es auch denkbar, dass die Erben neben dem Willensvollstrecker eine Erbschaftsklage führen (anders SUTTER-SOMM/MOSHE, successio 2/2008 S. 278; PraxKomm-CHRIST, Art. 518 N 107). Erbschaftsklagen gegen den Willensvollstrecker sind an sich denkbar *(Passivlegitimation)*, sie werden aber wegen dessen exklusiven Besitzanspruchs (Art. 517–518 N 80) nur selten Aussicht auf Erfolg haben (EITEL, S. 160 f.; BSK-KARRER, Art. 518 N 83).

h) Der Willensvollstrecker ist *passiv legitimiert* bei der eigentlichen **Durchführung der Teilung** (BGE 85 II 597 E. 3 S. 601 = JdT 108/1960 I S. 303 = Pra. 49/1960 Nr. 91 S. 267; ZBGR 62/1981 Nr. 29 E. 3 S. 284 f. [OGer. ZH]: Klage eines Erben, «um sein Erbbetreffnis zu erhalten»; BGE 51 II 49 E. 3 S. 54 = JdT 73/1925 I S. 347 = Pra. 14/1925 Nr. 43 E. 2 S. 116: Klage auf Herausgabe eines Wertschriftendepots wegen Ungültigkeit einer Dauerwillensvollstreckung; zum materiellen Recht vgl. Art. 517–518 N 341 ff.). Einzuschränken ist aber, dass der Willensvollstrecker nur dann allein legitimiert ist, wenn der Umfang des Vermächtnisses bzw. Erbes in der letztwilligen Verfügung klar festgehalten, durch Vereinbarung (Teilungsvereinbarung nach Art. 634 oder Einigung der Vermächtnisnehmer mit den belasteten Erben oder Vermächtnisnehmern, vgl. BK-TUOR/PICENONI, Art. 562 N 5) oder durch richterliches Urteil bestimmt ist (wenn der Willensvollstrecker einen Teilungsvertrag der Erben nicht akzeptieren will, ist dessen Gültigkeit gerichtlich feststellen zu lassen, vgl. ZBGR 62/1981 Nr. 29 E. 3 S. 284 [OGer. ZH]). Wenn die Ansprüche der Vermächtnisnehmer bzw. Erben dagegen noch nicht genau feststehen oder umstritten sind, weil zum Beispiel Herabsetzungen geltend gemacht werden, müssen Vermächtnisnehmer auch die (persönlich haftbaren) Belasteten ins Recht fassen (BGE 83 II 427 E. 2a S. 441 = JdT 106/1958 I S. 238 = Pra. 47/1958 Nr. 19 S. 58: «Auch wenn sich die beklagte Erbin nicht im Besitze der Erbschaft befindet, sondern diese vom Willensvollstrecker verwaltet wird, ist doch sie die mit den Legaten Beschwerte und haftet, da sie die Erbschaft angetreten hat, für deren Ausrichtung ... Dieser Anspruch wird gemäss Art. 562 Abs. 2 fällig, sobald der Beschwerte die Erbschaft angenommen hat oder sie nicht mehr ausschlagen kann ...») bzw. die Erben den Streit untereinander austragen (etwa durch Ungültigkeits-, Herabsetzungs- oder Teilungsklage).

476

i) Der Willensvollstrecker ist im Verfahren um die Durchsetzung der **Verwaltung von Kindesvermögen** durch einen Dritten (Art. 321 f.) aktiv legitimiert (Art. 517–518 N 362).

477

478 j) Der Willensvollstrecker ist im Verhältnis zu den Erben *aktiv und passiv legitimiert* für alle Ansprüche, welche aus dem ihm erteilten ‹**Auftrag**› (Art. 517–518 N 58 ff.) hervorgehen (BSK-KARRER, Art. 518 N 87): (1) Auslegung der im Testament festgelegten Aufgaben und Befugnisse (BGE 51 II 49 E. 2 S. 53 = JdT 73/1925 I S. 343 = Pra. 14/1925 Nr. 43 S. 114; Art. 517–518 N 92 ff.). (2) Der Willensvollstrecker ist *aktiv legitimiert*, um die Herausgabe von Erbschaftssachen aus dem Besitz von Erben gestützt auf sein Verwaltungsrecht (Art. 518 Abs. 2; Art. 517–518 N 83) zu verlangen (JOST, Fragen, N 79). Weiter ist der Willensvollstrecker legitimiert (3) bei der Auskunftserteilung durch die Erben und Dritte inkl. Akteneinsicht (Art. 517–518 N 215 ff.; BGE 85 II 597 E. 3 S. 601 = JdT 108/1960 I S. 303 = Pra. 49/1960 Nr. 91 S. 267; ZR 55/1956 Nr. 12 S. 26 [OGer.]), bei der (4) Durchsetzung von Verwaltungs- und Verfügungshandlungen (Art. 517–518 N 194 ff.), (5) beim Honorar des Willensvollstreckers (Art. 517–518 N 388 ff., insbesondere N 413) und (6) bei der Haftung für Pflichtverletzungen (Art. 517–518 N 421 ff., insbesondere N 422). (7) Bei der Absetzungsklage, welche im ZGB nicht geregelt ist und sich auf eine Interessenkollision stützt (Art. 517–518 N 454), ist der Willensvollstrecker *passiv legitimiert* (BJM 1990 S. 85 f. E. 1 in fine = ZBGR 63/1992 S. 24 Nr. 1 [AB BS]).

479 k) Der Willensvollstrecker kann *aktiv und passiv legitimiert* sein, **Verwaltungsverfahren** (Art. 517–518 N 130 und 181) für die Erben durchzuführen. So kann er im Verfahren zur Festsetzung der Erbschafts- und anderer Steuern mitwirken, soweit Rechte des Nachlasses betroffen sind bzw. das Steuerrecht seine Mitwirkung vorsieht (Art. 517–518 N 235 ff.). Er kann auch für den Nachlass in einem Verfahren vor einem kantonalen Versicherungsgericht auftreten (BGE 130 V 532 Pt. 5 S. 535 = K 103/03) oder vor dem Bundesgericht in einem Entschädigungsverfahren (ZBl. 89/1988 E. 1b S. 555: staatsrechtliche Beschwerde). Ausgeschlossen ist seine Mitwirkung, wenn die Angelegenheit den Erblasser (und nicht den Nachlass) betrifft und wenn seit dem Tod des Erblassers das aktuelle Rechtsschutzbedürfnis fehlt (RB 1998 Nr. 41 S. 85).

480 l) Bei **Gestaltungsklagen** (Art. 87 ZPO) erfolgt eine Begründung, Änderung oder Aufhebung von Rechten nur durch gerichtliches Urteil. Das hat zur Folge, dass beim Vorhandensein eines Willensvollstreckers die Erben von der Prozessführungsbefugnis ausgeschlossen sind, der Willensvollstrecker eine *ausschliessliche Prozessführungsbefugnis* besitzt. Gleiches gilt für die **Klage auf Feststellung** (Art. 88 ZPO) eines ganzen Vertragsverhältnisses zwischen dem Erblasser und einem Dritten, nicht aber bei einzelnen Forderungen (BGE 89 II 429 E. 3 S. 434; weiter vgl. Art. 517–518 N 498).

b. Ausnahmsweise Prozessführungsbefugnis

a) Der Willensvollstrecker besitzt bei verschiedenen Klagen/Verfahren nur ausnahmsweise Prozessführungbefugnis, nämlich **wenn seine eigene Rechtsstellung betroffen ist,** etwa in den folgenden Fällen: 481

b) Bei der **Ungültigkeitsklage** (Art. 519 ff.; Art. 517–518 N 33, 38 f. und 43) ist der Willlensvollstrecker *passiv legitimiert,* soweit er seine eigene Rechtsstellung verteidigen muss, also seine Ernennung, den Inhalt und Umfang seines Auftrags und der testamentarisch bestimmten Befugnisse sowie die Dauer seines Amtes (BGE 132 III 315 = 5C.120/2005; BGer. 5C.273/2005 vom 14. März 2006 E. 1.2; BGer. 5P.202/2004 vom 10. August 2004; BGE 103 II 84 E. 1 S. 85 f. = JdT 126/1978 I S. 55 = Pra. 68/1979 Nr. 113 S. 278 = ZBGR 61/1980 Nr. 44 S. 303; BGE 97 II 11 E. 1 S. 14 = JdT 121/1973 I S. 37 = Pra. 60/1971 Nr. 169 S. 531 = ZBGR 53/1972 Nr. 11 S. 112; BGer. C 201/68 vom 7. Februar 1969 [unveröffentlicht], S. 5 E. 1; BGer. C 202/66 vom 1. März 1967 [unveröffentlicht], S. 7 E. 2: «seine Ernennung oder die testamentarische Regelung seiner Befugnisse»; BGE 44 II 107 E. 2 S. 114 ff. = JdT 67/1919 I S. 631 ff. = Pra. 7/1918 Nr. 77 S. 178 f. = SJ 41/1919 S. 144 = ZBGR 28/1947 Nr. 90 S. 220 f.; weiter vgl. den Sachverhalt in BGE 107 II 30 Pt. B S. 31 = JdT 129/1981 I 299, 300 = ZBGR 65/1984 Nr. 40 S. 241; ZGRG 2010 S. 101 E. 2c/bb [ER KGer.]; ZGGVP 1997–98 S. 123 [KGer.]: «Geht der Streit um die Existenz der Willensvollstreckung, ihr Bestehen, ihren Inhalt, ihren Umfang, so ist der Willensvollstrecker passivlegitimiert»; SJ 88/1966 S. 8 [Civ.]; BJM 1970 S. 266 E. 2a: teilweise Ungültigkeit der letztwilligen Verfügung bezüglich des Willensvollstreckers; Eitel, S. 152 ff.; ZK-Escher, Art. 518 N 28; BSK-Karrer, Art. 518 N 81; Tuor/Schnyder/Schmid/Rumo-Jungo, § 71 N 34; Brückner/Weibel, S. 14; anders noch XIV/1852 Nr. 1 S. 386: «zur Aufrechterhaltung eines angefochtenen Testamentes»). Der Willensvollstrecker ist *aktiv legitimiert,* um eine Feststellungsklage über die Gültigkeit seiner Ernennung zu führen (BK-Tuor, Art. 518 N 31; BSK-Karrer, Art. 518 N 81) oder um eine letztwillige Verfügung, welche einen andern Willensvollstrecker vorsieht und seine Ernennung verhindert, ungültig erklären zu lassen (BK-Tuor, Art. 519 N 8; Brückner/ Weibel, S. 12; Hux, S. 46 f.). 482

c) Bei der **Herabsetzungsklage** (Art. 522 ff.) ist der Willlensvollstrecker *passiv legitimiert,* wenn umstritten ist, ob eine Dauer-Willensvollstreckung (Art. 517–518 N 4 und 53 ff.) den Pflichtteil eines Erben (Art. 471) oder das Verbot mehrfacher Nacherbschaft (Art. 488 Abs. 2) verletzt (BGE 97 II 11 E. 1 S. 14 = JdT 121/1973 I S. 37 = Pra. 60/1971 Nr. 169 S. 531 = ZBGR 53/1972 Nr. 11 S. 112; BGE 85 II 597 E. 3 S. 601 f. = JdT 108 /1960 I S. 303 = Pra. 49/1960 Nr. 91 S. 267 f.; BGE 51 II 49 E. 3 S. 53 f. = JdT 73/1925 I S. 347 f. = Pra. 14/1925 Nr. 43 E. 2 S. 115; Eitel, S. 156 ff.; BSK-Karrer, Art. 518 N 82; Brückner/Weibel, S. 41). Im Übrigen ist der Willensvollstrecker nicht passiv legtimiert (BGE 111 II 16 E. 2 483

S. 18 f. = BN 47/1986 Nr. 15 S. 333 = JdT 134/1986 I S. 107 = Pra. 74/1985 Nr. 182 S. 531 f. = ZBGR 68/1987 Nr. 29 S. 248; ZR 56/1957 Nr. 89 E. 2b S. 140 [OGer.]).

484 d) Von der Tatsache, dass die Erben die Teilungsklage erst einreichen dürfen, nachdem die Bemühungen des Willensvollstreckers zur einvernehmlichen Teilung gescheitert sind (Art. 517–518 N 305), kann man nicht darauf schliessen, dass die Erben auch für die Anhebung der **Herabsetzungsklage** (Art. 517–518 N 483) eine Art **Wartefrist** einhalten müssen (STURM, S. 748, bedauert, dass der Willensvollstrecker mit einer solchen Klage «ausser Gefecht» gesetzt wird). Wegen der engen zeitlichen Frist bei der Herabsetzungsklage (Art. 533 Abs. 1) kann es Sinn ergeben, gleichzeitig mit der Herabsetzungsklage auch die Teilungsklage bereits einzureichen. In diesem Fall hat der Richter das Verfahren aber so lange zu sistieren und darf die Teilungsklage nicht behandeln, bis der Willensvollstrecker mit seiner Vermittlerrolle unter den Erben endgültig gescheitert ist. Das Obergericht des Kantons Thurgau hat dies folgendermassen ausgedrückt: «Aus prozessökonomischen Gründen wurde der Erbstreit ... durch die Vorinstanz – nach richterlichem Entscheid über die strittige Auslegungsfrage – sistiert, damit der Willensvollstrecker, nachdem ihm die Bahn für seine Tätigkeit zur Erstellung eines Teilungsplans frei gemacht wurde, nun aktiv werde» (RBOG 1998 Nr. 2 S. 82). Anstelle einer Herabsetzungsklage genügt es nicht, wenn der Anwalt eines ausgeschlossenen Erben nur mit dem Willensvollstrecker verhandelt (BGer. 4A_464/2008 vom 22. Dezember 2008: Haftung im Umfang des Pflichtteils), weil die als Verjährungsfristen bezeichneten Fristen in Art. 522 und Art. 533 Verwirkungsfristen sind, welche (vom Willensvollstrecker) nicht beeinflusst werden können (PraxKomm-TARNUTZER-MÜNCH/ABT, Art. 521 N 2; PraxKomm-HRUBESCH-MILLAUER, Art. 533 N 1).

485 e) Die **Geltendmachung der Erbunwürdigkeit** (Art. 540; Art. 517–518 N 3; dazu kommen verschiedenste Klagen in Frage, unter anderem die Erbschafts- und Teilungsklage, vgl. BK-TUOR/PICENONI, Art. 540/541 N 31) liegt ausserhalb der Prozessführungsbefugnis des Willensvollstreckers. Im Einzelfall kann die Erbunwürdigkeit eines Alleinerben (Art. 540) dazu führen, dass die gleichzeitige und davon abhängige Einsetzung als Willensvollstrecker (ebenfalls) nichtig ist, weil der Ernannte unfähig ist, dieses Amt auszuüben (BGE 132 III 315 E. 2.3 S. 320 f. = 5C.120/2005 = SJ 128/2006 I S. 345; BGer. 5C.121/2005 vom 6. Februar 2006 E. 6.5; AJP 15/2006 S. 241 [Anm. Daniel Abt]). In der Regel wird die Erb-unwürdigkeit die Einsetzung des Willensvollstreckers aber nicht betreffen (BGer. 5A_748/2009 vom 16. März 2009 E. 10).

486 f) Der Willensvollstrecker besitzt (ausnahmsweise) Prozessführungsbefugnis, wenn er am **Eröffnungsverfahren** (Art. 556 ff.) beteiligt ist (Art. 517–518 N 23 ff.) und ein rechtliches Interesse besitzt. (1) Der Willensvollstrecker kann aktiv legitimiert

sein, Einsprache gegen die *Eröffnungsverfügung* (Art. 557) zu erheben (ZR 66/ 1967 Nr. 102 S. 192 mit Verweis auf ZR 54/1955 Nr. 172 E. 4 S. 342 [OGer.]: Damit die Willensvollstreckerin «ihre Pfichten richtig erfüllen kann, muss sie klare Verhältnisse in der Erbfolge vor sich sehen und soll sie nicht durch Feststellungen über diese, die sich möglicherweise nicht halten lassen, irregeführt oder Begehren Dritter ausgesetzt werden»; strenger aber PKG 1979 Nr. 47 S. 127 [PF 1/79; KGP]: Bei der Eröffnung eines umstrittenen Testamentsnachtrags, welches die Stellung des Willensvollstreckers nicht berührt, ist dieser in seinen subjektiven Rechten nicht berührt; ZR 68/1969 Nr. 131 S. 326 [OGer.]: «Die Willensvollstreckerin hat daher kein rechtliches Interesse an einer Anfechtung der vorläufigen Beurteilung der letztwilligen Verfügung durch den Einzelrichter auf dem Rekurswege»). Der Willensvollstrecker ist auch legitimiert, gegen die Kosten der Eröffnungsverfügung Rechtsmittel einzulegen (vgl. den Sachverhalt in BGE 84 I 114 S. 115 = Pra. 47/1958 Nr. 133 S. 427). (2) Das *Erbbescheinigungsverfahren* (Art. 559) betrifft den Willensvollstrecker in der Regel nicht (ZGRG 2010 S. 100 f. E. 2c/aa [ER KGer.]; AGVE 2000 Nr. 3 S. 30 [OGer.]). Eine Prozessführungsbefugnis ist nur denkbar, wenn seine Erwähnung auf der Erbbescheinigung im Einzelfall streitig ist (zum materiellen Recht vgl. vorne, Art. 517–518 N 46 ff.). (3) Das Kantonsgericht Graubünden hat im (unpublizierten) Urteil ERZ 10 51 vom 3. Mai 2010 festgehalten, dass der Willensvollstrecker nicht legitimiert sei, einen *Erbenruf* (Art. 555) zu beantragen (Erw. 2c/cc) bzw. eine Erbbescheinigung anzufechten, wenn er in der Erbbescheinigung zwar aufgeführt, aber seine eigene Stellung nicht betroffen ist (Erw. 2c/aa).

g) Der Willensvollstrecker ist grundsätzlich nicht legitimiert, die Anordnung des **öffentlichen Inventars** (Art. 580; Art. 517–518 N 105 ff.) anzufechten (SGGVP 1967 Nr. 84 S. 234 = SJZ 65/1969 Nr. 30 S. 63 [RR]; BSK-KARRER, Art. 518 N 19). Eine Ausnahme besteht dann, wenn der Eröffnungsrichter das öffentliche Inventar anordnet, weil dieser dafür nicht zuständig ist (ZR 54/1955 Nr. 172 E. 5 S. 343 [OGer.]) oder wenn der Willensvollstrecker angewiesen wird, den gesetzlichen Erben eine Kopie der Vermögensaufstellung vom Inventar zur Kenntnis zu bringen (BLVGE 1981 S. 101 E. 2). 487

h) Wenn ein **Erbschaftsliquidator** (Art. 595) eingesetzt wird (und diese Aufgabe nicht dem Willensvollstrecker übertragen wird; Art. 517–518 N 123), ist der Willensvollstrecker aktiv legitimiert, bei der Aufsichtsbehörde Beschwerde gegen den Erbschaftsliquidator zu führen (MBVR 21/1923 S. 66 Nr. 37 [RR]). 488

c. Keine Prozessführungsbefugnis

a) Der Willensvollstrecker ist nicht passiv legitimiert in einer **Anerkennungklage eines Kindes** (Art. 261) und möglichen Erben (in BGE 130 III 723 = 5A.12/2003 = JdT 153/2005 I 138 = SJ 127/2005 I S. 61 = FamPra. 6/2005 489

Nr. 4 S. 107 = ZVW 59/2004 S. 260 = SZIER 15/2005 S. 380 hat ein Nachkomme nach dem Tod des Erblassers im Ausland [Israel] gegen den Willensvollstrecker und Erbschaftsverwalter eine Anerkennungsklage eingereicht und die Anerkennung als Kind erreicht; in der Scheiz wurden dann richtigerweise die gesetzlichen Erben – um deren Stellung es alleine geht – angefragt, ob sie mit einer Eintragung des Kindesverhältnisses in den Zivilstandsregistern einverstanden seien, was diese ablehnten [Art. 27 Abs. 2 lit. a und b IPRG]; da erst im Verfahren vor Bundesgericht beanstandet wurde, dass die Erben im ausländischen Verfahren nicht beteiligt gewesen seien, konnte das Bundesgericht auf diese neu vorgebrachten Tatsachen nicht mehr eingehen).

490 b) Der Willensvollstrecker ist nicht aktiv legitimiert, die **Bevormundung eines Erben** (oder eine andere vormundschaftliche Massnahme gegenüber einem Erben) zu veranlassen, selbst wenn er vom Erblasser dazu einen «Auftrag» erhält (vgl. Art. 517–518 N 362).

491 c) Der Willensvollstrecker besitzt keine Prozessführungsbefugnis, wenn es um die **Auslegung eines Testaments** geht (PIOTET, SPR IV/1, § 24 IV B; JOST, Willensvollstrecker, N 85), weil davon regelmässig nur die Begünstigten (Erben, Vermächtnisnehmer etc.) betroffen sind.

492 d) Bei der **Anfechtung einer Enterbung** (Art. 479) ist der Willensvollstrecker nicht zur Prozessführung legitimiert (BGE 86 II 340 E. 1 S. 342 f. = JdT 109/1961 I S. 231 f. zum materiellen Recht vgl. Art. 517–518 N 290 f.).

493 e) Mangels Betroffenheit ist der Willensvollstrecker in der Regel nicht berechtigt, Rechtsmittel gegen **Sicherungsmassnahmen** (Art. 551 ff.; Art. 517–518 N 102 ff.) einzulegen (BOSON, RVJ 2010 S. 107).

494 f) Bei der **Vermächtnisklage** (Art. 562) ist der Willensvollstrecker nicht zur Prozessführung legitimiert (BK-TUOR/PICENONI, Art. 562 N 8a; ZK-ESCHER, Art. 562 N 7; BRÜCKNER/WEIBEL, S. 106; anders noch ZBJV 19/1883 Nr. 1 E. I.b S. 91: «gegen die Erben auf Anerkennung der Vermächtnisse zu klagen»). Zur Passivlegitimation und zur Herabsetzung eines Vermächtnisses vgl. Art. 517–518 N 470 f.

495 g) Bei der **Teilungsklage** (Art. 604) ist der Willensvollstrecker nach herrschender Lehre de lege lata nicht aktiv legitimiert (zu Einzelheiten und zur Diskussion vgl. Art. 517–518 N 323 ff.). Im Sachverhalt von ZR 68/1969 Nr. 111 S. 287 wird der Willensvollstrecker als Beklagter angegeben, m.E. ist er aber (auch) passiv nicht legitimiert.

496 h) Ob (neben den Angehörigen eines Opfers) auch der Willensvollstrecker eines Opfers befugt ist, im **Strafverfahren** Rechtsmittel einzulegen, hat das Bundesge-

richt offengelassen (BGE 126 IV 150 E. 6a S. 157 f. mit Verweis auf BGE 126 IV 42), ist m.E. aber zu verneinen.

5. Prozesswirkungen

a) Es ist nicht einfach, die Wirkungen der Prozesse zu beschreiben, welche der Willensvollstrecker im Interesse der Erben führt, weil nur Personen und nicht Vermögensmassen Partei sein können (Vorbem. zu Art. 517–518 N 36 f.). Die Prozesswirkungen **treffen die Erben, und zwar bezüglich des Nachlassvermögens** (BGE 59 II 121 E. 2 S. 123 = Pra. 22/1933 Nr. 108 S. 279 = ZBGR 17/1936 Nr. 63 S. 143 f.: «Il convient par conséquent de limiter l'effet d'une condamnation éventuelle aux biens composant la succession»; PKG 1991 Nr. 2 S. 15 = ZBGR 76/1995 Nr. 42 S. 300 [ZF 62+63/91; KGer.]: Der «Willensvollstrecker haftet nur mit dem Nachlassvermögen, nicht persönlich»; RBOG 1940 Nr. 6 S. 47: «Die Wirkung des Urteils geht ... gegen den Nachlass, bezw. dessen Subjekt, den Erben»; BRACHER, S. 95 f., S. 100 f. und S. 36) und nicht bezüglich des Privatvermögens (BSK-KARRER, Art. 518 N 78). Das zeigt, dass materiell die Erben Partei sind und nicht der Willensvollstrecker (anders PKG 1994 Nr. 3 E. 3b S. 16 f. [ZF 74/93; KGer.], wo [ohne Begründung] die Exklusivität der Prozessführungsbefugnis des Willensvollstreckers der Exklusivität der Parteistellung gleichgestellt wird [E. 2 d]; BSK-KARRER, Art. 518 N 78: Das Urteil wirkt «formell nur für und gegen ihn [sc. den Willensvollstrecker] persönlich»). Das sieht man etwa an den Prozesskosten, welche eine Nachlassverbindlichkeit darstellen und somit grundsätzlich von den Erben zu bezahlen sind (ZBGR 22/1941 Nr. 150 S. 275 [OGer. TG]; BSK-KARRER, Art. 518 N 73: «Die Prozesskosten gehen bei Nachlassstreitigkeiten zu Lasten des Nachlasses»; anders ZGRG 2010 S. 103 E. 4a [ER KGer.]: Die Kosten werden direkt dem Willensvollstrecker auferlegt).

b) **Bei Aktivprozessen tritt die Rechtskraft des Urteils gegen den Willensvollstrecker auch die Erben vollumfänglich** (BSK-KARRER, Art. 518 N 78). Bei Passivprozessen kommt allerdings noch eine Komponente hinzu: Da jeder Erbe für die Nachlassschulden persönlich haftet (Art. 603 Abs. 1), kann er auch für diese Schulden verklagt werden. **Dem Gläubiger steht eine Leistungsklage gegenüber dem einzelnen Erben** auch nach einem Urteil gegenüber dem Willensvollstrecker **weiter offen.** Das Gericht wird das Bestehen der Schuld nicht anders beurteilen können als gegenüber dem Willensvollstrecker, aber dem einzelnen Erben können andere Einreden bzw. Einwendungen zustehen, so dass die Leistungspflicht schliesslich anders beurteilt werden kann gegenüber dem einzelnen Erben als gegenüber dem Willensvollstrecker (der Erbengemeinschaft).

499 c) **Vorbehalten bleiben** sodann **Ansprüche** der Erben und Vermächtnisnehmer gegenüber dem Willensvollstrecker **wegen Schlecht- oder Nichterfüllung** seiner Aufgabe (PKG 1991 Nr. 2 E I/2 S. 15 = ZBGR 76/1995 Nr. 42 S. 300 [ZF 62+63/91; KGer.]), etwa wenn er ausserhalb seiner Prozessführungsbefugnis Prozesse führt (vgl. dazu ZGRG 2010, S. 97 [ER KGer.]: Anfechtung der Erbbescheinigung).

6. Einbezug des Willensvollstreckers/der Erben

500 a) Wenn ein Geschäft des Willensvollstreckers mit einem Dritten Gegenstand der Klage eines Erben bildet (zum Beispiel: Rückgängigmachung des Verkaufs einer Liegenschaft, weil der Willensvollstrecker dazu nicht ermächtigt war), richtet sich die Klage gegen den Dritten und die (nicht schon auf der Seite des Klägers beteiligten) Miterben (BGer. C 149/83 vom 20. Oktober 1983 [unveröffentlicht], S. 9 f. E. 3a; BGE 74 II 215 E. 3 S. 217 = JdT 30/1949 I S. 267 = Pra. 38/1949 Nr. 40 S. 108 f.: «Vielmehr ist genügend, aber auch erforderlich, dass sämtliche Erben zur Klage Stellung beziehen und, soweit sie weder der Klage beitreten noch sich von vornherein einem darüber ergehenden Urteil unterziehen wollen, auf beklagter Seite am Prozesse teilnehmen»). **Der Einbezug des Willensvollstreckers ist möglich und häufig sinnvoll,** aber nicht (in jedem Fall) zwingend (offengelassen in BGer. C 149/83 vom 20. Oktober 1983 [unveröffentlicht], S. 10 f. E. 3b; anders art. 704 CC it.: «Durante la gestione dell'esecutore testamentario, le azioni relative all'eredità devono essere proposte anche nei confronti dell'esecutore»). Der Willensvollstrecker ist **nicht zwingend Prozesspartei,** wenn es primär um den Bestand des Erbes geht und nicht um dessen Verwaltung, er muss zwingend einbezogen werden, wenn Rechte von Vermächtnisnehmern in Frage stehen. Während die Erben selbst auf den Prozess Einfluss nehmen können, ist dies bei den Vermächtnisnehmern nur über den Willensvollstrecker der Fall. Die Tatsache, dass der Willensvollstrecker bei einer allfälligen Rückabwicklung des Geschäfts mitwirken muss, ist kein Grund, ihn zwingend in den Prozess einzubeziehen, weil das Urteil zwischen dem Dritten und den Erben wirkt (Art. 517–518 N 459). Der Willensvollstrecker muss nur die auf der Seite der Erben(gemeinschaft) notwendigen Schritte zur Vollstreckung des Urteils vornehmen. Das muss er übrigens auch bei den zwischen den Erben ausgetragenen Prozessen, etwa über die Gültigkeit oder Auslegung eines Testaments (zur Durchführung der Erbteilung vgl. Art. 517–518 N 342 ff.), und er ist dort selbstverständlich nicht (als Beklagter oder Kläger) am Prozess beteiligt.

501 b) **Der Willensvollstrecker** kann sich den Prozessen der Erben (untereinander oder gegenüber Dritten) **als Nebenintervenient** anschliessen, soweit dies der Erfüllung seiner Aufgabe dient (SJZ 92/1996 Nr. 3 S. 242 [TC VD]: Bei einer Teilungsklage ist nicht nur die Prozessführung, sondern auch die Nebeninterventi-

on durch den Willensvollstreckers ausgeschlossen; BSK-KARRER, Art. 518 N 74), ähnlich wie im Falle der Prozessführung durch den Willensvollstrecker den Erben der Streit verkündet werden kann (Art. 517–518 N 502).

c) Wenn der Willensvollstrecker eingeklagt wird und die Erben nicht in den Prozess einbezogen sind, hat der Willensvollstrecker die Obliegenheit, **den Erben den Streit zu verkünden,** soweit die Gefahr besteht, dass er von ihnen verantwortlich gemacht werden könnte (ähnlich [für das BGB] STAUDINGER-REIMANN, § 2212 BGB Rn. 16: «Eine Verpflichtung des Testamentsvollstreckers, dem Erben den Streit zu verkünden, besteht ... nur insoweit, als die Verkündung durch den Grundsatz der ordnungsgemässen Verwaltung geboten ist»). Die Erben können ganz allgemein als Nebenintervenienten auftreten (HUX, S. 51). 502

7. Rechtsmittel

Wird die Aktiv- oder Passivlegitimation des Willensvollstreckers von der letzten kantonalen Instanz verneint, handelt es sich um ein Haupturteil, das endgültig ist. Dieses konnte nach altem Recht mit *Berufung* beim Bundesgericht angefochten werden (BGer. 5C.51/1995 AJP 5/1996 Nr. 6 E. 2b bb S. 1288; ZBJV 131/1995 S. 36 [BGer.]; BGE 90 II 376 E. 3 S. 384 f. = JdT 113/1965 I S. 343 f. = Pra. 54/1965 Nr. 36 S. 122; BGE 82 II 555 E. 5 S. 565 = JdT 107/1959 I S. 135; BGE 64 II 231 S. 232 = JdT 86/1938 I S. 469 = Pra. 27/1938 Nr. 115 S. 293; in diesen Fällen ist die Nichtigkeitsbeschwerde, welche bei der Anfechtung von Entscheiden der Aufsichtsbehörde zum Zug kommt, «ein der Berufung nach Art. 43 ff. OG subsidiäres Rechtsmittel» [BGE 82 II 555 E. 2 S. 561]). Nach neuem Recht (seit 1. Januar 2007) steht das Rechtsmittel der **Beschwerde in Zivilsachen** (Art. 72 Abs. 1 BGG) zur Verfügung. Im Gegensatz dazu stellt die Bejahung der Legitimation als solche noch kein anfechtbares Haupturteil dar, vielmehr muss zuerst auch über den erhobenen Anspruch entschieden werden (BGE 64 II 231 S. 232 = JdT 86/1938 I S. 469 = Pra. 27/1938 Nr. 115 S. 293). 503

8. Parteientschädigung

Der Willensvollstrecker kann Prozesse selbst führen, sei es als Anwalt oder Laie. Wenn der Willensvollstrecker Anwalt ist und einen Prozess führt, hat er Anspruch auf die Parteientschädigung (Art. 517–518 N 548), **allenfalls eine reduzierte,** weil sein Aufwand wegen der Doppelstellung ein geringerer ist (BGer. 5A_114/2008 vom 7. August 2008 E. 8.2.1 und 8.2.3). Wenn der Willensvollstrecker den Prozess selber führt und kein Anwalt ist, wird er höchstens im Rahmen von Art. 95 Abs. 3 lit. c ZPO eine Entschädigung erhalten. Die Prozessentschädigung steht dem Nachlass zu. Der Willensvollstrecker darf sein Honorar (vgl. dazu Art. 517–518 N 388 ff.) geltend machen. 504

B. Zwangsvollstreckungsverfahren

505 a) Bei der Betreibung liegt (aktiv und passiv) eine **notwendige Streitgenossenschaft** vor, denn im Betreibungsbegehren müssen alle Erben einzeln aufgeführt werden (BGE 51 III 98; zur Streitgenossenschaft im Prozess vgl. Art. 517–518 N 459). Wenn allerdings ein Willensvollstrecker vorhanden ist, dürfen die Erben mit einer Sammelbezeichnung angegeben werden (BGE 53 II 202 E. 4 S. 208 = JdT 75/1927 I S. 503 = Pra. 16/1927 Nr. 106 S. 307 = ZBGR 26/1945 Nr. 42 S. 153).

506 b) **Die unverteilte Erbschaft (Erbengemeinschaft) ist** in der Betreibung **prozessfähig** (BGE 102 II 385 E. 2 S. 387 = JdT 126/1978 I S. 36 = Pra. 66/1977 Nr. 33 S. 86), ebenso im Rechtsöffnungsverfahren (vgl. dazu Art. 517–518 N 512) und im Aberkennungsprozess (BGE 102 II 385 E. 2 S. 388 = JdT 126/1978 I S. 37 = Pra. 66/1977 Nr. 33 S. 87).

507 c) **Der Willensvollstrecker handelt** auch im Betreibungsverfahren **im eigenen Namen** (BGE 80 III 7 E. 4 S. 14 = Pra. 43/1954 Nr. 71 S. 205; zum Handeln im Prozess vgl. Art. 517–518 N 465).

508 d) Für die **Betreibungsart** (Art. 38 ff. SchKG) ist auf den Erblasser abzustellen (Art. 39 Abs. 1 Ziff. 1–4 SchKG: War der Erblasser im Handelsregister eingetragen?) und nicht auf die Erben oder den Willensvollstrecker.

509 e) Der **Betreibungsort** für den unverteilten Nachlass befindet sich am letzten Wohnsitz des Erblassers (Art. 49 SchKG). «In allen anderen Fällen und Verfahren wird der Gerichtsstand durch das kantonale Recht bestimmt» (BSK-KARRER, Art. 518 N 72; anders noch ZR 2/1903 Nr. 9 S. 9: Klage am Wohnort des Testamentsvollstreckers). Dies gilt auch bei einer Betreibung gegen den Willensvollstrecker.

510 f) **Betreibungsurkunden** können einem der Erben zugestellt werden (Art. 65 Abs. 3 SchKG). Der Gläubiger muss sich aber vergewissern, ob ein Willensvollstrecker (Erbschaftsverwalter oder Erbenvertreter) vorhanden ist (BGE 71 III 161 = JdT 27/1946 II S. 72 = Pra. 34/1945 Nr. 212 S. 507), weil dieser eine exklusive Vertretungs- und Verfügungmacht besitzt (ZR 42/1943 Nr. 40 S. 121 = BlSchK 7/1943 Nr. 69 S. 137 [OGer.]; vgl. dazu Art. 517–518 N 199 und 208) und deshalb die **Betreibungsurkunden ausschliesslich dem Willensvollstrecker zuzustellen** sind (107 III 7 E. 1 S. 10 = JdT 131/1983 II S. 38 = Pra. 70/1981 Nr. 165 S. 440; BGE 101 III 1 E. 1 S. 5 = JdT 124/1976 II S. 38 = Pra. 64/1975 Nr. 188 S. 535 = ZBJV 112/1976 S. 498 f.; 91 III 13 S. 14 = JdT 113/1965 II 41 = Pra. 54/1965 Nr. 81 S. 259; Rep. 106/1973 S. 351 E. 8 [CEF]; Rep. 103/1970 S. 72 [Civ.]; ZBJV 73/1937 S. 66 f. = BlSchK 2/1938 Nr. 21 S. 42 = ZBGR 21/1940 Nr. 110 S. 261 f.).

g) Wenn ein Willensvollstrecker vorhanden ist, kann nur dieser die **Betreibung gegen Drittte anheben** (BSK-KARRER, Art. 518 N 79; PraxKomm-CHRIST, Art. 518 N 106). Eine Betreibung, welche von einem Erben (ohne Dringlichkeit – Art. 517–518 N 462 f.) eingeleitet wird, ist (mindestens) anfechtbar (Art. 17 SchKG). 511

h) Im **Rechtsöffnungsverfahren** (Art. 80 ff. SchKG) müssen die gleichen Parteien wie im Betreibungsverfahren vorhanden sein (LGVE 1974 I Nr. 205: in beiden Fällen die Erbengemeinschaft oder ein einzelner Erbe). Wenn die Betreibung noch gegen den Erblasser lief, kann die Rechtsöffnung gegen die Erben (BGE 116 III 4 E. 2a S. 7) bzw. (wenn ein solcher vorhanden ist, auschliesslich) gegen den Willensvollstrecker geführt werden. 512

i) Der Willensvollstrecker kann (selbständig) eine **Aberkennungsklage** (Art. 83 SchKG) führen (ZR 42/1943 Nr. 40 S. 121 = BlSchK 7/1943 Nr. 69 S. 137 [OGer.]). 513

j) Der Willensvollstrecker ist berechtigt, ein **Widerspruchsverfahren** (Art. 106 ff. SchKG) einzuleiten (BGer. 7B.159/2005 vom 15. November 2005; BGE 58 II 195 E. 2 S. 200 = JdT 81/1933 I S. 565 = Pra. 21/1932 Nr. 131 S. 374: Widerspruchsklage [nach Art. 107 Abs. 1 SchKG besteht eine Frist von 10 Tagen]). 514

C. Aufsicht

1. Zuständige Behörde

a) Aus Art. 518 Abs. 1 i.V.m. Art. 595 Abs. 3 wird abgeleitet, dass der Willensvollstrecker einer Aufsicht untersteht (BGer. 5P.83/2003 vom 8. Juli 2003 E. 1; BGE 90 II 376 E. 1 S. 379 = JdT 113/1965 I S. 339 = Pra. 54/1965 Nr. 36 S. 118; BGE 66 II 148 E. 2 S. 150 = JdT 89/1941 I S. 12 = Pra. 30/1941 Nr. 14 S. 35 = SJ 63/1941 S. 192 = ZBGR 30/1949 Nr. 18 S. 49; RVJ 2005 S. 241 E. 1a [Cass.]; LGVE 1978 III Nr. 11 E. 1 S. 34 [RR]; DRUEY, Grundriss, § 14 N 45; BSK-KARRER, Art. 518 N 97). Diese Anordnung des Gesetzes ist **zwingend** (AJP 5/1996 S. 90 E. 2bγ [OGer. ZH]; BSK-KARRER, Art. 518 N 97 und Art. 595 N 20). Auf der einen Seite kann der Erblasser den Willensvollstrecker nicht von der Aufsicht befreien (PIOTET, SPR IV/1, § 24 IV B; BSK-KARRER, Art. 518 N 2), und auf der anderen Seite sind die Erben nicht berechtigt, zur Selbsthilfe zu greifen, wenn der Willensvollstrecker seine Aufgaben nicht richtig erfüllt (ZR 84/1985 Nr. 140 E. 4 S. 316 [OGer.]). 515

b) Die **zuständige Behörde** wird von den Kantonen bestimmt (Art. 54 SchlT; SOG 1994 Nr. 10 E. 1 S. 33), meist im EG zum ZGB. Die Zuständigkeit über die Auf- 516 sicht des Willensvollstreckers wird in den folgenden Kantonen ausdrücklich geregelt (DERRER, S. 110 ff.; TORRICELLI, N 156):

Kanton	Zuständige Aufsichtsbehörde über den Willensvollstrecker	Rechtsgrundlage
BE	Regierungsstatthalter[94]	Art. 7 BE-EGZGB
BL	Bezirksschreiberei (Erbschaftsamt)	§ 105 lit. m BL-EGZGB
GR	Bezirksgerichtspräsident/ Presidente de tribunale distrettuale/President da la dretgira districtuala	Art. 83 Abs. 1 GR-EGZGB/ GR-LICC
JU	Juge administratif	Art. 10 JU-LICC
LU	Teilungsbehörde[95]	Art. 9 Abs. 2 lit. d LU-EGZGB
NW	Abteilung für öffentliche Inventarisationen	Art. 10 Abs. 1 Ziff. 2 NW-EGZGB
SG	Kreisgerichtspräsident	Art. 13 Abs. 1 SG-EGZGB
SH	Erbschaftsbehörde	Art. 88 Abs. 1 lit. a SH-EGZGB
SO	Amtsschreiber[96]	§ 224 Abs. 1 SO-EGZGB
SZ	Bezirksgerichtspräsident[97]	§ 2 Abs. 1 lit. c. Ziff. 1 SZ-EGZGB
VD	Juge de paix[98]	Art. 125 Abs. 2 VD-CDPJ

---

[94] Vgl. BVR 21/1996 S. 505 E. 3b (RR); BVR 9/1984 S. 236 E. 5 (RS Bern); MBVR 17/1919 Nr. 136 S. 503 (RR).

[95] Zur früheren Rechtslage (Zuständigkeit des Regierungsstatthalters bis zum 31.12.2001) vgl. § 18 V vom 6. September 1965 über das Verfahren in Erbschaftsfällen (SRL Nr. 210); LGVE 1994 I Nr. 30 S. 37 (ABRA); LGVE 1991 III Nr. 4 S. 341 (RR).

[96] Vgl. SOG 1994 Nr. 10 E. 1 S. 33; ZBGR 27/1946 Nr. 1 S. 291 und Nr. 123 S. 317 (OGer. SO); BOG 1939 Nr. 5 S. 160 f.

[97] Vgl. EGVSZ 1966 S. 44 E. 3 (KGer.) (nach dem früher geltenden § 1 und § 133 SZ-EGZGB).

[98] Vgl. JdT 138/1990 III S. 31 E. a (TC) (nach dem früher geltenden Art. 530 Abs. 1 VD-CPC; CARRARD, S. 29; Anders: JdT 88/1940 III S. 96 (TC); SJZ 35/1938–39 Nr. 16 S. 31 (TC VD); JdT 79/1931 III S. 73 (TC) und JdT 68/1920 III S. 68 (TC), welche den Juge de paix für zuständig hielten, weil sie sich an der Zuständigkeit des Erbschaftsverwalters orientierten.

Kanton	Zuständige Aufsichtsbehörde über den Willensvollstrecker	Rechtsgrundlage
ZG	Gemeinderat[99]	§ 85 ZG-EGZGB
ZH	Einzelgericht[100]	§ 139 Abs. 2 ZH-GOG

Wenn das kantonale Recht keine ausdrückliche Regelung der Zuständigkeit vorsieht, ist (soweit vorhanden) die subsidiär zuständige Behörde bzw. diejenige Aufsichtsbehörde gemeint, welche den Erbschaftsliquidator bzw. das im Erbschaftsverfahren zuständige Amt beaufsichtigt (EGVSZ 1966 S. 44 E. 3 [KGer.]: «Nach der vorherrschenden Meinung verweist Art. 518 nicht auf den Sicherungsverwalter gemäss Art. 554 ZGB, sondern auf die Stellung des Erbschaftsliquidators im Sinne von Art. 595 ZGB, dessen Befugnisse jenen des Willensvollstreckers materiell näherkommen. ... Schon aus diesem Grund erscheint es sachlich gerechtfertigt und zweckmässig, den Willensvollstrecker ebenfalls der Aufsichtsbehörde des Erbschaftsliquidators zu unterstellen»; RBOG 1989 Nr. 4 S. 68; ZBJV 74/1938 S. 140 f. E. 1 = SJZ 35/1938–39 Nr. 14 S. 91 f. [RR BE]). Die folgenden Kantone kennen keine ausdrückliche Regelung für die Zuständigkeit über die Aufsicht des Willensvollstreckers:

Kanton	Zuständige Aufsichtsbehörde über den Willensvollstrecker	Rechtsgrundlage
AG	Bezirksgerichtspräsident[101]	§ 72 AG-EGZGB (subsidiäre Zuständigkeit)
AI	Erbschaftsbehörde	Art. 71 (subsidiäre Zuständigkeit) und Art. 82 AI-EGZGB (Erbschaftsliquidator)
AR	Gemeinderat[102]	Analog nach Art. 3 Ziff. 15 AR-EGZGB (Erbschaftsliquidator)

---

[99] Vgl. ZGGVP 1983/84 S. 197 E. 3b (RR); das ZG-EGZGB hat die Zuständigkeit früher nicht geregelt und sie wurde von der Praxis parallel zur Aufsicht über die Erbteilungskommission festgelegt, vgl. ZGGVP 1977/78 S. 131 E. 2 (VGer.).

[100] Zur früheren Rechtslage vgl. ZR 60/1961 Nr. 84 E. 1 S. 175: Der Einzelrichter ist zuständig, ebenso wie beim Erbschaftsverwalter; 51/1952 Nr. 176 S. 317 (OGer.): Einzelrichter.

[101] Vgl. AGVE 1971 Nr. 9 S. 38 E. 1 (IK): parallel zur Zuständigkeit beim Erbschaftsverwalter; VJS 38/1938 Nr. 35 S. 124 (AnwK) und 32/1932 Nr. 4 E. 3 S. 7 (OGer.).

[102] Vgl. AR-GVP 1988 Nr. 1085 S. 120 (RR); anders DERRER, S. 110: Keine Aufsichtsbehörde.

Kanton	Zuständige Aufsichtsbehörde über den Willensvollstrecker	Rechtsgrundlage
BS	Erbschaftsamt	Analog nach § 139 Abs. 2 BS-EGZGB (Erbschaftsliquidator/-verwalter)
FR	Einzelgericht	Analog nach Art. 193 FR-EGZGB (Erbschaftsliquidator) bzw. Art. 51 Abs. 1 lit. b ZPO und Art. 51 Abs. 1 lit. b FR-JG
GE	Juge de paix[103]	Analogue d'après art. 2 lit. i GE-LACC (liquidation officielle)
GL	Vormundschaftsbehörde[104]	Art. 1 Ziff. 5 und Art. 104 Abs. 1 GL-EGZGB
NE	Tribunal civil (Tribual d'instance)	Art. 1 Abs. 1 NE-LICC (compétence subsidiaire)
OW	Kantonsgerichtspräsidium[105]	Art. 90 OW-EGZGB (Erbschaftsliquidator)
TG	Notariat[106]	§ 8 Ziff. 7 TG-EGZGB
TI	Pretore[107]	Analog nach Art. 86a Abs. 1 lit. g TI-LACC (liquidazione d'ufficio)
UR	Gemeinderat	Analog nach Art. 3 Ziff. 10 UR-EGZGB (Erbschaftsliquidator)
VS	Bezirksrichter/ Juge de district[108]	Art. 110 Abs. 2 VS EGZGB/ VS-LACC (Erbschaftsliquidator)

---

[103] Vgl. SJ 123/2001 I S. 519 E. 2a (Civ.).
[104] Vgl. DERRER, S. 111: Waisenamt.
[105] Zur früheren Zuständigkeit der Obergerichtskommission vgl. OW-AbR 2002–2003 Nr. 5 E. 1 [OGer.]; OW-AbR 1984–1985 Nr. 11; OW-AbR 1968–1971 S. 35 f.
[106] Zur früheren Rechtslage (Zuständigkeit der Teilungsbehörde nach § 12 Ziff. 3 TG-EGZGB) vgl. TVR 1987 Nr. 16 mit Verweis auf RBRR 1982 Nr. 12 S. 29 f.
[107] Vgl. Rep. 81/1948 S. 204 (Civ.).
[108] Vgl. RVJ 2005 S. 242 E. 1c (Cass.) (nach dem früher geltenden Art. 89 Abs. 2 Ziff. 16 VS-EGZGB).

Diese Ordnung gilt auch, wenn ein Notar oder Rechtsanwalt als Willensvollstrecker tätig ist (VJS 38/1938 Nr. 35 S. 124 [AK]: Anwalt). Die besonderen Aufsichtskommissionen für diese Berufsgruppen kommen grundsätzlich nicht zum Zug (AGVE 1949 Nr. 25 S. 246 = ZBGR 31/1950 Nr. 60 S. 143 [JD]: Notar; weiter vgl. den Sachverhalt in BS2 VD 2008 765: Rechtsanwalt), es sei denn, es liege gleichzeitig ein berufswidriges Verhalten vor (BGer. 2C_257/2010 vom 23. August 2010 E. 3.1; BGer. 2C.518/2009 vom 9. Februar 2010 E. 4.2: Verletzung der Treuepflicht durch die Vertretung kollidierender Interessen als Anwalt und Notar sowie [übergangener] Willensvollstrecker; LGVE 2002 I Nr. 47 S. 101 = ZBJV 139/2003 S. 933 [AK]; LGVE 1994 I Nr. 31 S. 38 [ABRA]: «Es ist mit dem Unabhängigkeitsgebot nicht vereinbar, dass ein angestellter Rechtsanwalt oder ein Büropartner ein Anwaltsmandat im Zusammenhang mit der gleichen Erbstreitsache [sc. Vertretung eines einzelnen Erben] übernimmt, für die der vorgesetzte Anwalt oder der Büropartner die Willensvollstreckung durchzuführen hat»; LGVE 1994 I Nr. 30 S. 37 f. [ABRA]: Abrechnung; Max. XI/1971–80 Nr. 61 S. 76 [AnwK]: Verstoss gegen Berufs- und Standespflichten bzw. die Regeln des kollegialen Verhaltens; MBVR 55/1957 Nr. 122 E. 2 S. 432 = ZBGR 39/1958 Nr. 3 S. 34 [JD]: Gegen einen Notar kann als Willensvollstrecker die notariatsrechtliche Beschwerde erhoben werden, «wenn dieser durch sein Verhalten Würde und Ansehen des Notariats gefährdet»; BSK-KARRER, Art. 595 N 20). Die Aufsichtsbehörde hat ihre Zuständigkeit von Amtes wegen zu prüfen (JdT 79/1931 III S. 78 f. [TC]). Rechtsvergleichend sei erwähnt, dass die Aufsicht über den (deutschen) Testamentsvollstrecker hauptsächlich durch den Zivilrichter erfolgt (BENGEL/REIMANN, Rz. 1 17; BayObLGZ 1953 S. 357), das Nachlassgericht ist nur in den vom Gesetz genannten Fällen, unter anderem für die Entlassung des Testamentsvollstreckers (§ 2227 Abs. 1 BGB), zuständig. Dies regt dazu an, die Aufsicht über den Willensvollstrecker de lege ferenda auch in der Schweiz beim Zivilrichter azusiedeln.

c) Interkantonal ist die Behörde **am Ort des letzten Wohnsitzes des Erblassers** zuständig (Art. 518 Abs. 1 i.V.m. Art. 595 Abs. 3 i.V.m. Art. 54 SchlT; Rep. 106/1973 S. 98: keine Zuständigkeit am Wohnsitz des Willensvollstreckers; AGVE 1949 Nr. 25 S. 246 = ZBGR 31/1950 Nr. 60 S. 143 [JD]; BSK-KARRER, Art. 518 N 106) und nicht etwa diejenige am Sterbeort (DRUEY, Grundriss, § 14 N 14) oder am Wohnsitz des Willensvollstreckers (EGVSZ 1966 S. 45 E. 5 [KGer.]; DERRER, S. 63: «Da es sich nicht um einen Zivilprozess handelt, wird die Garantie des Art. 59 BV nicht verletzt»). Die an einem andern Ort vorgenommene Testamentseröffnung verändert die Zuständigkeitsordnung nicht (ZR 78/1979 Nr. 60 E. b S. 125 f. [OGer.]). Auch im internationalen Verhältnis gilt die Zuständigkeit am letzten Wohnsitz des Erblassers (Art. 86 i.V.m. Art. 92 Abs. 2 IPRG).

d) Trotz der Aufsicht durch eine Behörde ist das Verhältnis zwischen dem Willensvollstrecker und den Erben **rein privatrechtlicher Natur** (vgl. BGE 90 II 376 E. 2 S. 380 = JdT 113/1965 I S. 340 = Pra. 54/1965 Nr. 36 S. 119; BGE 78 II 123 E. 1a

S. 125 = JdT 101/1953 I S. 11 = Pra. 41/1952 Nr. 120 S. 317; BGE 47 II 38 E. 4 S. 42 ff. = Pra. 10/1921 Nr. 86 S. 183 ff. = ZBGR 27/1946 Nr. 94 S. 284 ff.; LGVE 1978 III Nr. 11 E. 1 S. 34 [RR]; BLOCH, SJZ 57/1961 S. 245).

2. Legitimation

519 a) Die Aufsichtsbehörde wird grundsätzlich auf Beschwerde hin tätig (RVJ 2005 S. 241 E. 1a [Cass.]; DRUEY, Grundriss, § 14 N 48). **Zur Beschwerde legitimiert** sind: (1) die einzelnen *Erben* (Art. 518 Abs. 1 i.V.m. Art. 595 Abs. 3; AJP 5/1996 S. 87 E. 2bα [OGer. ZH]; BJM 1963 S. 203 [AB BS]: «jeden Erben») oder deren gesetzliche Vertreter (LOG 19_08_01 E. 7.4 = LGVE 2008 I Nr. 38 S. 83: Kombinierte Beiräte [Art. 395 Abs. 1 und 2]), (2) *Vermächtnisnehmer* (90 II 376 E. 3 S. 383 = JdT 113/1965 I S. 343 = Pra. 54/1965 Nr. 36 S. 121: «auf Antrag eines materiell an der Erbschaft Beteiligten»; Max. XI/1971–80 Nr. 61 S. 75 [AnwK]: «auf Antrag eines materiell an der Erbschaft Beteiligten»; BJM 1963 S. 203 [AB BS]: «jeden ... Bedachten»; BSK-KARRER, Art. 518 N 99), (3) *Erbschaftsgläubiger* (BVR 21/1996 S. 505 E. 3b [RR]: «Erbschaftsgläubiger»; SGGVP 1969 Nr. 91 E. 1 S. 179 [RR]; BSK-KARRER, Art. 518 N 99; der Erbschaftsgläubiger ist nur so weit legitimiert, als es um die Bezahlung seiner Schuld geht), (4) *Erbgangsgläubiger* (BSK-KARRER, Art. 518 N 99) und (5) Auflagebegünstigte (Art. 482 Abs. 1). Nicht zur Beschwerde legitimiert sind: (6) *Erwerber von Erbanteilen* (PKG 1964 Nr. 55 E. 4 S. 134 f. [Pr 6/63; KGP]: «... sonst könnte ein aussenstehender Dritter auf dem Wege der Zession sich in die Erbschaftsangelegenheiten einmischen ...»; Guinand, 8) und (7) der *geschiedene Ehemann der Erblasserin* (SGGVP 1969 Nr. 91 S. 178 [RR]), «nicht aber Drittpersonen ohne näheren Bezug zur Erbschaft» (BVR 21/1996 E. 3b S. 505 [RR]). Der Willensvollstrecker kann das Beschwerderecht nicht beschneiden, indem er das Einhalten einer von ihm gesetzten Frist verlangt (Beschwerdeprovokation) (SJZ 21/1924–25 Nr. 2 E. 2 S. 12 [ER Zürich]: Die Beschwerde kann «jederzeit angebracht werden»; BSK-KARRER, Art. 595 N 34).

520 b) Der **Willensvollstrecker ist** nach herrschender Praxis **grundsätzlich nicht legitimiert,** die Aufsichtsbehörde anzurufen, auch nicht, um dort Rat zu holen (offengelassen in GR-KGE PZ 02 127 vom 1. April 2003 E. 1; WEBER, AJP 6/1997 S. 561: «Der Beauftragte [sc. Willensvollstrecker, Erbschaftsverwalter usw.] selbst kann seine Verantwortung nicht durch Vorlage einer Frage an die Aufsichtsbehörde abschieben»; anders BSK-KARRER, Art. 518 N 101: «Der Willensvollstrecker selbst ist zu einer Anfrage bei der Aufsichtsbehörde aktivlegitimiert, um Rat oder Weisung einzuholen oder ein von ihm beabsichtigtes Geschäft genehmigen zu lassen»; anders [bezüglich des Erbenvertreters] BGer. 5A_806/2009 vom 26. April 2010 E. 3.1). Wenn man sich überlegt, ob die bestehende Praxis geändert werden sollte, ist zu bedenken, dass dies nicht dazu führen

darf, dass der Willensvollstrecker sein selbständiges Arbeiten aufgeben und ständig Rückendeckung bei der Aufsichtsbehörde suchen muss (wie das teilweise in den Common-law-Ländern der Fall ist). Insofern ist ein Zugang zur Aufsichtsbehörde höchstens mit Zurückhaltung zu gewähren. Der Willensvollstrecker ist berechtigt, gegen einen anderen Willensvollstrecker vorzugehen (MBVR 40/1942 Nr. 194 E. 3 S. 394 f. [RR]).

c) Die Aufsichtsbehörde kann **von Amtes wegen** eingreifen (BGer. 5C.77/1988 vom 2. September 1988 [unveröffentlicht] S. 3 E. 2; LGVE 1978 III Nr. 11 E. 1 S. 34 [RR]; Max. XI/1971–80 Nr. 61 S. 75 [AK]; BSK-KARRER, Art. 518 N 98), was häufig durch die Anzeige eines (nicht zur Beschwerde legitimierten) Dritten veranlasst wird (BGE 90 II 376 E. 3 S. 383 = JdT 113/1965 I S. 343 = Pra. 54/1965 Nr. 36 S. 121; SGGVP 1969 Nr. 91 S. 178 [RR]: Geschiedener Ehemann, welcher nicht gesetzlicher Vertreter des erbenden Kindes ist).

521

3. Gegenstand der Beschwerde

Gegenstand der Beschwerde sind **getroffene, beabsichtigte** (OW-AbR 1984–1985 Nr. 11 E. 1 S. 51) oder **unterlassene Handlungen** (Verfügungen, Verpflichtungen, Prozesshandlungen) des Willensvollstreckers.

522

4. Inhalt der Beschwerde

a) Die Aufsichtsbehörde hat **nur das formelle Vorgehen zu beurteilen** (ZGGVP 1983–84 S. 197 E. 3b [RR]: «Prüfung der formellen Richtigkeit und der Angemessenheit der Vorkehren des Willensvollstreckers»), nicht aber materielle Fragen zu entscheiden (DERRER, S. 30 ff.), denn für Letztere ist der Richter zuständig (Art. 517–518 N 451 ff.; SJZ 21/1924–25 Nr. 2 E. 4 S. 12 [BezGer. Zürich]; DRUEY, Grundriss, § 14 N 49 f.), der auch durch vorsorgliche Massnahmen ins Geschehen eingreifen kann (SJZ 21/1924–25 Nr. 2 E. 6 S. 13 [BezGer. Zürich]). Beispiel: Die Auszahlung eines Vorschusses kann Gegenstand einer Beschwerde an die Aufsichtsbehörde bilden, wenn dadurch die Erbteilung nicht präjudiziert wird (ZGGVP 1983–84 S. 198 E. 3c [RR]; ZGGVP 1977–78 S. 132 f. E. 3 und 4 [VGer.]), ansonsten wäre es eine materiell-rechtliche Frage, welche vom Richter zu beurteilen ist. In der Praxis können diese Fragen oft kaum auseinandergehalten werden (WEBER, AJP 6/1997 S. 561: «Bisweilen hätte man um das Resultat wohl geradesogut würfeln können ...»). In Deutschland ist fast ausschliesslich der Zivilrichter zuständig (BENGEL/REIMANN, Rz. 1 17; BayObLGZ 1953 S. 357), das Nachlassgericht nur in den vom Gesetz genannten Fällen, unter anderem für die Entlassung des Testamentsvollstreckers (§ 2227 Abs. 1 BGB).

523

524 b) Beschwerdegrund kann sein: (1) Die **rechtliche Unfähigkeit des Willensvollstreckers,** von der Handlungsunfähigkeit bis zum Konkurs (BGE 90 II 376 E. 1 S. 379 = JdT 113/1965 I S. 339 = Pra. 54/1965 Nr. 36 S. 118; ZR 91–92/1992–93 E. 1a S. 174 Nr. 46 [OGer.]; ZR 76/1977 Nr. 101 S. 266 E. 3 [OGer.]; Max. XI/1971–80 Nr. 61 S. 75 [AK]; ZBGR 27/1946 S. 174 und S. 237 [RR SG]). Wenn es wegen einer Unfähigkeit des Willensvollstreckers unklar ist, ob seine Ernennung mit einer Ungültigkeitsklage verhindert oder seine Absetzung mit einer Beschwerde an die Aufsichtsbehörde verlangt werden soll, müssen vorsichtshalber beide Wege beschritten werden (BSK-KARRER, Art. 518 N 105).

525 c) Möglicher Beschwerdegrund ist sodann (2) **die tatsächliche Unfähigkeit,** von der Krankheit bis zur Abwesenheit (ZR 91–92/1992–93 Nr. 46 E. 1a S. 174 [OGer.]; BSK-KARRER, Art. 518 N 104: «Landesabwesenheit»). Da keine besondere Befähigung verlangt wird (Art. 517–518 N 4), wird fachliche Unfähigkeit eher selten vorkommen.

526 d) Häufiger Beschwerdegrund ist (3) **die Untätigkeit,** von der Verzögerung bis zur Inaktivität (LGVE 2006 III Nr. 10 E. 3 S. 418 f. [RS Hochdorf]: Verzögerung des Vollzugs der Erbteilung; LGVE 2002 I Nr. 47 S. 102 = ZBJV 139/2003 S. 933 [AK]: Verschleppung; OW-AbR 1984–1985 Nr. 11 E. 1 S. 51 [OGer.]; PKG 1951 Nr. 63 E. 2 S. 142 [KGP]; Rep. 114/1981 S. 123 E. 4 [Civ.]): «rifiuto di rendere conto dell'administrazione ad un erede»; Rep. 36/1913 S. 687 = SJZ 10/1913–14 Nr. 270 S. 307 [Civ.]: «negligenza»; ZR 76/1977 Nr. 101 E. 3 S. 266 [OGer.]: «bei grob saumseliger Amtsführung und Verschleppung»).

527 e) Wichtigster Beschwerdegrund ist (4) **die Unangemessenheit einer Massnahme,** von der offenbaren Unzweckmässigkeit bis zur Willkür (BGE 97 II 11 E. 4 S. 20 = JdT 120/1972 I S. 43 = Pra. 60/1971 Nr. 169 S. 535 = ZBGR 53/1972 Nr. 11 S. 117: Entscheid über die Frage, ob die Versteigerung einer Liegenschaft in der Erbteilung unter den Erben oder öffentlich stattfinden soll; OW-AbR 1984–1985 Nr. 11 E. 1 S. 51 [OGer.]; Rep. 115/1982 S. 370 E. 1 [Civ.]; LGVE 1979 III Nr. 21 E. 2 S. 39 [RR]; ZR 76/1977 Nr. 101 E. 3 S. 266 [OGer.]: «willkürliche oder offenbar unsachliche Anordnungen»; SGGVP 1957 Nr. 85 E. 1a S. 181 [RR]; PKG 1951 Nr. 62 E. 2 S. 142 [KGP]; ZBGR 27/1946 S. 237 [RR SG]). Hierher gehört etwa die unberechtigte Verweigerung des Willensvollstreckers, einen Nachlassgegenstand an Erben auszuliefern (BRACHER, S. 64) oder einen Vorschuss zu gewähren (vgl. dazu Art. 517–518 N 246, 300, 523, 533 und 534).

528 f) Grund für eine Beschwerde kann auch (5) **die fehlende oder mangelhafte Information** der Erben und Vermächtnisnehmer sein (RVJ 2005 S. 242 E. 1a [Cass.]): violer les devoir de «renseigner les héritiers sur les affaires de la successsion dans toute la mesure nécessaire à l'exercice de leurs droits»).

g) Die Auszählung der Beschwerdegründe ist offen. Alle noch nicht genannten Gründe fasst man zusammen unter (6) **(sonstige) Pflichtverletzungen** (BGE 90 II 376 E. 1 S. 379 = JdT 113/1965 I S. 339 = Pra. 54/1965 Nr. 36 S. 118; ZR 93/1994 Nr. 15 E. IV.3.4 S. 72 = ZBGR 76/1995 Nr. 32 S. 233 [KassGer.]; ZR 76/1977 Nr. 101 E. 3 S. 266 [OGer.]; WEBER, AJP 6/1997 S. 554: Verweigerung der Mitwirkung bei der Ermittlung der Erben). Dazu gehört etwa die *Parteilichkeit* (LGVE 1979 III Nr. 21 E. 2 S. 39 [RR]; Max. XI/1971–80 Nr. 61 S. 75 [AK]; Rep. 36/1913 S. 687 = SJZ 10/1913–14 Nr. 270 S. 307 [Civ.]: «infedeltà»; DRUEY, Grundriss, § 14 N 50; BSK-KARRER, Art. 518 N 104: «Voreingenommenheit oder fehlende Integrität»). 529

h) Die Vorwürfe sind «unter tatsächlichen wie rechtlichen Gesichtspunkten umfassend zu würdigen» (BREITSCHMID, AJP 5/1996 S. 87; JdT 138/1990 III 32 E. b [TC]: «la Chambre des recours peut revoir l'entier de la cause en fait et en droit»). Zu betonen ist aber, dass die Aufsichtsbehörde nicht anstelle des Willensvollstreckers entscheiden, sondern nur bei offenbarer Unsachlichkeit oder gar Willkür eingreifen darf. Sie muss sich bei der Überprüfung also Zurückhaltung auferlegen **(beschränkte Kognition)** (ZR 91–92/1992–93 Nr. 46 E. 1b S. 176 [OGer.]; ZR 91–92/1992–93 Nr. 31 E. 2 S. 117 [OGer.]; BVR 9/1984 S. 236 f. E. 6 [RS Bern]; ZR 76/1977 Nr. 101 E. 3 S. 265 f. [OGer.]: Die Aufsichtsbehörde darf sich «nicht an die Stelle des Willensvollstreckers setzen und das ihr zweckmässig Erscheinende vorkehren»; BREITSCHMID, Stellung des Willensvollstreckers, S. 124; BSK-KARRER, Art. 595 N 22). 530

i) Blosse **Meinungsverschiedenheiten** zwischen dem Willensvollstrecker und den Erben **genügen als Beschwerdegrund nicht** (ZBGR 27/1946 Nr. 10 S. 57 [RR SG]: Meinungsverschiedenheiten sind kein Grund für eine Absetzung des Willensvollstreckers; Rep. 36/1913 S. 685 = SJZ 10/1913–14 Nr. 270 S. 308 [Civ.]: «Ma tale misura [sc. revocarlo dalle sue funzioni] non sarebbe giustificata pel solo motivo di rapporti cattivi esistenti fra l'erede e l'esecutore testamentario»; MBVR 38/1940 Nr. 34 S. 75 = SJZ 37/1940–41 Nr. 2 S. 11 [RR]: «Der Umstand allein, dass die Erben die Absetzung übereinstimmend begehren, reicht aber zur Begründung eines solchen Begehrens nicht aus»). 531

j) **Interessenkollisionen** können **nicht Gegenstand einer Aufsichtsbeschwerde** sein, weil diese vom Richter zu behandeln sind (BGE 90 II 376 E. 5 S. 386 ff. = JdT 113/1965 I S. 345 ff. = Pra. 54/1965 Nr. 36 S. 123 ff.; LGVE 1978 III Nr. 11 E. 2a S. 35 [RR]). Da die zuständige Behörde vom ZGB aber nicht bestimmt wird, können die Kantone auch eine Verwaltungsbehörde, nämlich die Aufsichtsbehörde, für die Behandlung von Interessenkollisionen als zuständig erklären (Art. 54 Abs. 2 SchlT; BGE 90 II 376 E. 4 S. 385 f. = JdT 113/1965 I S. 344 f. = Pra. 54/1965 Nr. 36 S. 122, wo betont wird, dass das Verfahren kontradiktorisch durchzuführen sei und den bundesrechtlichen Erfordernissen an einen Zivilprozess genügen müsse; 532

weiter vgl. BJM 1990 S. 85 E. 1 = ZBGR 73/1992 Nr. 1 S. 24 [AB BS]). Materiell-rechtliche Fragen sind immer vom Zivilrichter zu entscheiden (MBVR 40/1942 Nr. 194 E. 2 S. 394 [RR]), die Aufsichtsbehörde darf solche Fragen auch nicht vorfrageweise behandeln.

5. Kasuistik zur Pflichtverletzung

533   a) **Pflichtverletzung bejaht:** (1) *Verspätetes Einreichen* der letztwilligen Verfügung zur Eröffnung (BGE 90 II 376 E. 6a S. 390 f. = JdT 113/1965 I S. 348 f.; PKG 1964 Nr. 55 E. 6a S. 136 [Pr 6/63; KGP]), (2) *Nichtherausverlangen* des vom Erblasser aufgestellten Vermögensstatus vom Anwalt der Witwe (BGE 90 II 376 E. 6d S. 392 = JdT 113/1965 I S. 350; PKG 1964 Nr. 55 E. 6c S. 138 f. [Pr 6/63; KGP]), (3) *Verweigerung der Zusammenarbeit* mit dem Notar, welcher das amtliche Inventar aufnimmt (ZR 84/1985 Nr. 140 E. 3b S. 315 [OGer.]), (4) *Vorschussbezüge* ohne Benachrichtigung der Erben (ZR 70/1971 Nr. 73 S. 222 [AK]), (5) *Nichtausrichtung von Vermächtnissen* (ZR 70/1971 Nr. 73 S. 222 [AK]) und (6) *fehlende Vorbereitung der Liegenschaftsübertragung* (ZR 70/1971 Nr. 73 S. 222 [AK]).

534   b) **Pflichtverletzung verneint:** (1) *Verlust auf Wertpapieren beim Börsencrash* (ZR 91–92/1992–93 Nr. 64 E. IV.6b S. 248 [OGer.]), (2) *Nichtauszahlung eines Vorschusses* an die Erben (ZGGVP 1983–84 S. 198 E. 3c [RR]: Bei einem Restnachlass von DM 700 000 und Schulden in [umstrittener] Höhe von DM 70 000.– bis 1 000 000.– ist die Nichtauszahlung eines Vorschusses nicht zu beanstanden), (3) *Nichtablieferung eines Erbvertrags zur Eröffnung* (BGE 90 II 376 E. 6b S. 391 = JdT 113/1965 I S. 349: Die zuständige Behörde lehnt es ab, Erbverträge zu eröffnen), (4) *Antritt des Amtes trotz Zweifeln an der Gültigkeit der letztwilligen Verfügung* (SGGVP 1957 Nr. 85 E. 1b S. 181 f. [RR]), (5) *Weigerung* des Willensvollstreckers, eine vom Erblasser errichtete *Stiftung als nichtig zu behandeln* (BGE 90 II 376 E. 6c S. 391 f. = JdT 113/1965 I S. 349 f.), (6) *Weigerung* des Willensvollstreckers, ein *Verschollenheitsverfahren bezüglich eines möglichen Erben einzuleiten* (BGE 90 II 376 E. 6e S. 392 = JdT 113/1965 I S. 350, mit der Begründung: «Auf alle Fälle stand es den Erben, die dies wünschten, frei, ohne Mitwirkung der Willensvollstreckerin ein solches Gesuch zu stellen»). Nicht buerteilt wurde die Pflichtverletzung bei der Nichtauszahlung eines Vorschusses an den Erben (ZGGVP 1977–78 S. 132 E. 3 [VGer.]; weiter vgl. den Fall BGE 91 II 52 = JdT 114/1966 I S. 61 = Pra. 54/1955 Nr. 91 S. 279).

6. Massnahmen

535   Die Massnahmen bestimmen sich **nach Bundesrecht** (ZGB) (BSK-KARRER, Art. 518 N 97; JOST, Willensvollstrecker, N 91; anders PIOTET,

SPR IV/1, § 24 I: Verweis und Busse stützen sich auf kantonales Recht; WENGER, S. 57: Die Aufsichtsbehörde kann «nach kantonalem Recht disziplinarische Massnahmen ergreifen»; SCHREIBER, Rechtsstellung, S. 81: «... den Willensvollstrecker zu verwarnen oder zu büssen, nach Massgabe der kantonalen Gesetzgebung»). Da keine ausdrückliche Regelung besteht, ist kein fester Katalog von Massnahmen vorhanden. Die nachfolgenden Ausführungen stützen sich auf die Praxis der Aufsichtsbehörden. Diese sind bei der Anordnung von Massnahmen nicht an die Anträge der Beschwerdeführer gebunden (DERRER, S. 80). Man unterscheidet sachbezogene Massnahmen (ZR 91–92/1992–93 Nr. 46 E. 1c S. 176 [OGer.]: Präventivmassnahmen; vgl. dazu Art. 517–518 N 536 ff.) und disziplinarische Massnahmen (RVJ 2005 S. 242 E. 1a [Cass.]; Art. 517–518 N 542 ff.).

a. Sachbezogene Massnahmen

a) Zu den sachbezogenen Massnahmen gehört, dass die Aufsichtsbehörde vom Willensvollstrecker (1) **Aufschluss über seine Tätigkeit verlangen** kann (BRÜCKNER/WEIBEL, S. 129: Aktenedition und Auskunfterteilung).

536

b) Die Aufsichtsbehörde kann (2) dem Willensvollstrecker (unverbindliche) **Empfehlungen aussprechen** (LGVE 1995 I Nr. 46 E. 2 S. 64; SOG 1994 Nr. 10 E. 2 S. 33; ZR 91–92/1992–93 Nr. 46 E. 1dα S. 176 [OGer.]: «Die Empfehlung ist in der Regel nur gegenüber dem nicht rechtskundigen oder in einem speziellen Belang nicht sachkundigen Willensvollstrecker in Betracht zu ziehen»; BSK-KARRER, Art. 595 N 29: «unverbindliche Empfehlungen»; BRÜCKNER/WEIBEL, S. 129; DERRER, S. 80, nennt folgende Beispiele [aus unveröffentlichten Entscheiden]: Ungesäumte Teilung des restlichen Nachlasses bzw. Orientierung der Erben über das weitere Vorgehen nach Abschluss des Inventars).

537

c) Weiter kann die Aufsichtsbehörde dem Willensvollstrecker (3) (verbindliche) **Weisungen (Gebote oder Verbote) erteilen** (vgl. den Sachverhalt von BGer. 5P.529/1994 AJP 5/1996 Nr. 3 S. 82; LGVE 2006 III Nr. 11 E. 8 S. 420: «Dem Willensvollstrecker ist ... die Weisung zu erteilen, den partiellen Teilungsvertrag innert 10 Tagen nach Rechtskraft dieses Entscheides beim Grundbuchamt zur Eintragung anzumelden»; BSK-KARRER, Art. 595 N 29: «verbindliche Weisungen, etwas zu tun oder zu unterlassen»; BRÜCKNER/WEIBEL, S. 129; DERRER, S. 82). Als Weisung formuliert wird etwa die Anordnung, (3a) *ein Inventar zu erstellen* (ZR 91–92/1992–93 Nr. 64 E. IV.5b S. 246 [OGer.]: «Aufstellung von Aktiven und Passiven des Nachlasses» innert 45 Tagen; DERRER, S. 82), (3b) eine *Forderung geltend zu machen* (Rep. 114/1981 S. 122 [Civ.]; vgl. weiter den Sachverhalt in SGGVP 3/1928–43 Nr. 481 S. 324 = ZBGR 20/1939 Nr. 2 S. 207 [RR SG], wo aber neben der Weisung, die Forderung ins Willensvollstrecker-Inventar aufzunehmen, ein Erbenvertreter eingesetzt wurde, um die Forderung gegenüber dem Erben geltend zu machen), (3c) *mit einem Verkauf zuzuwarten* (Rep. 101/1968

538

S. 58 = SJZ 68/1972 Nr. 143 S. 226 [Civ.]; DERRER, S. 82), (3d) den Erben einen *Teilungsvorschlag zu unterbreiten* (DERRER, S. 82), (3e) den *Nachlass auszuliefern* (vgl. den Sachverhalt von BGer. 5P.529/1994 AJP 5/1996 Nr. 3 S. 82; DERRER, S. 82), (3f) *Auskünfte zu erteilen* (vgl. den Sachverhalt von BGer. 5P.529/1994 AJP 5/1996 Nr. 3 S. 82; DERRER, S. 82), (3g) eine *Buchhaltung zu führen* (ZR 91–92/1992–93 Nr. 64 E. IV.5.cβ S. 247 [OGer.]: «binnen 75 Tagen ... eine fachlich kompetente Treuhandgesellschaft mit der Erstellung einer Buchhaltung zu beauftragen oder eine solche selbst anhand zu nehmen»), (3h) *Rechenschaft abzulegen* (vgl. BGer. 5P.529/1994 AJP 5/1996 Nr. 3 S. 82) oder (3h) eine *Schlussabrechnung zu liefern* (Rep. 81/1948 S. 204 [Civ.]: «presentare, entro dieci giorni, un rendiconto della sua gestione»).

539 d) Schliesslich kann die Aufsichtsbehörde (4) **andere sachdienliche Massnahmen anordnen** (BGE 90 II 376 E. 3 S. 383 = JdT 113/1965 I S. 343 = Pra. 54/1965 Nr. 36 S. 121; ZR 93/1994 Nr. 15 E. IV.3.4 S. 72 = ZBGR 76/1995 Nr. 32 S. 233 [KassGer.]; LGVE 1979 III Nr. 21 E. 2 S. 39 [RR]; LGVE 1978 III Nr. 11 E. 1 S. 34 [RR]; Max. XI/1971–80 Nr. 61 S. 75 [AnwK]; SGGVP 1969 Nr. 91 S. 178 [RR]; MBVR 38/1940 Nr. 34 S. 74 = SJZ 37/1940–41 Nr. 2 S. 11 [RR]; BSK-KARRER, Art. 595 N 29). Als ‹andere sachdienliche Massnahme› wird insbesondere die *Fristansetzung* verwendet. Im Allgemeinen empfiehlt sich (je nach der Schwere des Falles) ein stufenweises Vorgehen (SOG 1994 Nr. 10 E. 2 S. 33; ZR 91–92/1992–93 Nr. 46 E. 1c S. 176 [OGer.]; BSK-KARRER, Art. 595 N 30), d.h. ein Beginnen mit leichten Massnahmen.

540 e) Die Aufsichtsbehörde kann (soweit notwendig) (5) **vorsorgliche (sachdienliche) Massnahmen** anordnen, etwa (5a) eine *Grundbuchsperre* (vgl. dazu auch Art. 517–518 N 352) oder (5b) die *Sperrung von Bankkonten* (LGVE 2008 I Nr. 38 E. 7.8 S. 88 [19 08 01; OGer.]: Grund für diese Massnahme waren Darlehen an Gesellschaften, welche dem Willensvollstrecker nahe stehen; ABSH 2008, 146 [51/2008/26; OGer.] = SJZ 105/2009 Nr. 33 S. 510: Die Gefahr, dass ein Willensvollstrecker sich weitere Vorschüsse für sein Honorar auszahlen könnte, ist kein Grund für eine Untersuchungsrichterin, eine Beschlagnahme des Bankkontos nach Art. 172 StPO anzuordnen, vielmehr hat die Aufsichtsbehörde eine Kontosperre vorzunehmen; weiter vgl. den unveröffentlichten Entscheid des Bezirksgerichts Zürich vom 17. März 1987 in Sachen S./S. gegen K.). Zu beachten ist, dass je nach Fragestellung nicht die Aufsichtsbehörde, sondern der Zivilrichter zuständig ist, um vorsorgliche Massnahmen zur Sicherung der Erben zu treffen (LGVE 1985 III Nr. 21 S. 355 f. [RR]; BSK-KARRER, Art. 595 N 29; Art. 517–518 N 33, 352 und 522).

541 f) Die sachdienlichen Massnahmen beschränken sich auf das Verfahren (EGVSZ 2002 Nr. A.2.1 E. 2c S. 7 = SJZ 100/2004 Nr. 10 S. 143 (KG 516/01; KGer.): «Es steht der Aufsichtsbehörde nicht zu, «den Willensvollstrecker verbindlich anzuweisen, welcher Vermögenswert auf welchen Erben zu verteilen ist»; SJ 123/2001 I

S. 520 E. 2c [Civ.]: «le Juge de paix n'était matériellement pas compétent pour décider d'un partage successoral»), vom Willensvollstrecker bereits vorgenommene **Handlungen können von der Aufsichtsbehörde nicht geändert oder rückgängig gemacht** werden (OW-AbR 2002–2003 Nr. 5 E. 5b [OGer.]). So kann die Aufsichtsbehörde insbesondere auch Geschäfte, welche der Willensvollstrecker mit Dritten abgeschlossen hat, nicht aufheben (DERRER, S. 51 f.), diese können aber zur Haftung führen (Art. 517–518 N 421 ff.).

b. Disziplinarische Massnahmen

a) Als mildeste disziplinarische Massnahme kann die Aufsichtsbehörde (1) dem Willensvollstrecker **einen Verweis erteilen** (LVGE 1995 I Nr. 46 S. 64 [OGer.]; ZR 91–92/1992–93 Nr. 64 E. 7 S. 248 [OGer.]). 542

b) Die Aufsichtsbehörde kann (2) den Willensvollstrecker **ermahnen** (BGer. 5P.199/2003 vom 12. August 2003 E. 1.2; BGer. 5P.529/1994 AJP 5/1996 Nr. 3 S. 82; ZGRG 2010 S. 103 E. 3b [ER KGer.]; LGVE 1995 I Nr. 46 S. 64 [OGer.]; ZR 93/1994 Nr. 15 E. IV.3.4 S. 72 = ZBGR 76/1995 Nr. 32 S. 233 [KassGer.]; BSK-KARRER, Art. 595 N 30). Diese Massnahme ist geeignet, wenn eine beabsichtigte Massnahme des Willensvollstreckers verhindert werden soll. In ZGRG 2010, S. 97, wurde mit einer Ermahnung (durch die Aufsichtsbehörde) dem Urteil (des Zivilrichters), welches die Anfechtung der Erbbescheinigung durch den Willensvollstrecker ablehnte, Nachachtung verschafft. 543

c) Die Aufsichtsbehörde kann (3) **den Willensvollstrecker verwarnen** (BSK-KARRER, Art. 595 N 30; BRÜCKNER/WEIBEL, S. 130; BRACHER, S. 142). 544

d) Unabhängig von weiteren Massnahmen kann die Aufsichtbehörde den Willensvollstrecker (4) **mit einer Ordnungsbusse belegen** (BSK-KARRER, Art. 595 N 30). 545

e) Wenn zu befürchten ist, dass der Willensvollstrecker sich nicht an Weisungen (Art. 517–518 N 538) halten wird, kann die Aufsichtsbehörde ihm (5) für den Wiederholungsfall die **Bestrafung nach Art. 292 StGB (Haft oder Busse) androhen** (ZR 91–92/1992–93 Nr. 46 E. 1.dα S. 176 [OGer.]; Max. XI/1971–80 Nr. 61 S. 76 [AnwK]; BSK-KARRER, Art. 595 N 30). 546

f) Schliesslich – wenn alle angeordneten Massnahmen nicht zum Ziel führen – kann die Aufsichtsbehörde (7) **den Willensvollstrecker absetzen** (BGE 90 II 376 E. 3 S. 383 = JdT 113/1965 I S. 343 = Pra. 54/1965 Nr. 36 S. 121; BGE 66 II 148 E. 2 S. 150 = JdT 89/1941 I S. 12 = Pra. 30/1941 Nr. 14 S. 35 = SJ 63/1941 S. 192 = ZBGR 30/1949 Nr. 18 S. 49; LGVE 1979 III Nr. 21 E. 2 S. 39 [RR]; LGVE 1978 III Nr. 11 E. 1 S. 34 [RR]; Max. XI/1971–80 Nr. 61 S. 75 [AK]; PKG 1964 Nr. 55 E. 7 S. 141 [Pr 6/63; KGP]; BJM 1963 S. 203 [AB BS]; PKG 1951 Nr. 62 E. 2 547

S. 142 [KGP]; DRUEY, Grundriss, § 14 N 46; BSK-KARRER, Art. 518 N 103: «ultima ratio»; TUOR/SCHNYDER/SCHMID/RUMO-JUNGO, § 71 N 34).

548 g) **Eine Absetzung ist gerechtfertigt** (1) *bei wiederholter Pflichtverletzung* (durch frühere Massnahmen abgegoltene Kritik kann in späteren Verfahren nicht nochmals in eine Gesamtwürdigung einbezogen werden, vgl. ZR 91-92/1992-93 Nr. 46 E. 1c S. 176 [OGer.]), (2) *bei grober Pflichtverletzung* (SGVP 3/1928-43 Nr. 510 S. 343; ZR 91-92/1992-93 Nr. 46 E. 1c S. 176 [OGer.]: «Auch schwere Pflichtverletzungen führen nicht zwangsläufig zur Absetzung») wie der Verheimlichung von Akten (SJZ 61/1965 Nr. 140 E. b und c S. 312 [RR LU]), (3) *bei fehlender Vertrauenswürdigkeit* (TVR 1993 Nr. 10 E. 2b S. 63: «Verwicklung im Handel mit möglicherweise wertlosen Obligationen»; ZR 91-92/1992-93 Nr. 46 E. 1c S. 176 [OGer.]: Wenn der Willensvollstrecker «konflikttreibend wirkt»; ZR 84/1985 Nr. 140 E. 3a und 3b S. 314 f. [OGer.]: Der Willensvollstrecker war früher während Jahren Vermögensverwalter des Erblassers und macht keine näheren Angaben zum Honorar von CHF 45 520.–; ZR 83/1984 Nr. 15 E. 2 S. 49 [OGer.]: Ein früheres Strafverfahren, welches mit Freispruch endete, spricht nicht gegen die Vertrauenswürdigkeit; PIOTET, SPR IV/1, § 24 I D: Der Willensvollstrecker gerät in Konkurs), also einem Verhalten, welches ausserhalb der Aufgabe des Willensvollstreckers liegt. Ein Grund für die Absetzung des Willensvollstreckers liegt weiter vor (4) *bei Unfähigkeit* (zur Unfähigkeit führen nicht nur tatsächliche, sondern auch rechtliche Hindernisse, wie eine fehlende Bewilligung eines Beamten für eine Nebenbeschäftigung), (5) *bei langdauernder Krankheit,* (6) *bei langdauernder Abwesenheit im Ausland* sowie allgemein (7) *bei Gefährdung des Nachlassvermögens* (TVR 1993 Nr. 10 E. 3 S. 64: Strafverfahren wegen Betrugs).

549 h) Während Interessenkonflikte vom Richter zu behandeln sind (Art. 517-518 N 454), **führen** Meinungsverschiedenheiten mit den Erben **nicht zur Absetzung** (PKG 1965 Nr. 59 E. 1 S. 127 [Pr 2/65; KGP]: «Eine Interessenkollision setzt eine Kollision von Rechtsgütern voraus»; SGVP 3/1928-43 Nr. 510 S. 343 [RR]: «Schlechte Beziehungen zwischen einem Erben und dem Willensvollstrecker können aber keinen genügenden Grund zur Absetzung bilden»). Während der Willensvollstrecker sich der (frei vereinbarten) Teilungsvereinbarung der Erben beugen (und die Teilung dementsprechend vornehmen) muss, können die Erben den Willensvollstrecker auch durch einstimmigen Beschluss nicht absetzen (BJM 1963 S. 203 [AB BS]). Die Absetzungsgründe sind nicht aus der Sicht des Erblassers zu betrachten (TVR 1993 Nr. 10 E. 2c S. 63: Es kann «nicht eingewendet werden, der Erblasser hätte den Beschwerdeführer, weil er sein Enkel sei, als Willensvollstrecker belassen»), sondern nach «objektiven Kriterien» TVR 1993 Nr. 10 E. 2c S. 64) zu beurteilen.

550 i) Die Aufsichtsbehörde kann **vorsorgliche (disziplinarische) Massnahmen** ergreifen. Insbesondere im Zusammenhang mit einem Absetzungsbegehren

(Art. 517–518 N 547) kann die Aufsichtsbehörde **den Willensvollstrecker (vorübergehend) suspendieren** (BGer. 5A_574/2009 vom 4. Dezember 2009 E. 1.1; LGVE 2008 I Nr. 38 E. 7.6 S. 86 [19 08 01; OGer.]: Grund für diese Massnahme waren der Konkurs [Überschuldung von rund 23 Mio.] und ein Strafverfahren wegen Vermögensdelikten; ZR 78/1979 Nr. 117 E. 6b S. 258 [AK]; Rep. 106/1973 S. 98; SJZ 35/1938–39 Nr. 63 S. 382 [TC VD]: L'exécuteur testamentaire, qui est «suspendu de son activité de notaire», peut être suspendu temporairement de ses fonctions; Derrer, S. 89 f.; anders BSK-Karrer, Art. 518 N 102: «Eine vorläufige Amtseinstellung des Willensvollstreckers kommt kaum in Frage ... Sie würde in der Verwaltung des Nachlasses ein Vakuum bewirken, das nur durch Bestellung eines Erbschaftsverwalters oder Erbenvertreters behoben werden könnte»; diese Ansicht lehnt an die deutsche Praxis, vgl. etwa OLG Schleswig-Holstein 3W 29/10 ZEV 17/2010 S. 147: Einstweilige Untersagung der Amtsausübung des Testamentsvollstreckers ist nicht zulässig; diese Praxis ist mindestens seit dem Inkrafttreten des FamFG am 1.9.2009 überholt, vgl. ZEV 17/2010 S. 368 f. [Anm. Walter Zimmermann]).

j) In dringenden Fällen kann der **Beschwerde gegen vorsorgliche Massnahmen die aufschiebende Wirkung entzogen** werden (LGVE 2008 I Nr. 38 E. 7.3 S. 84 [19 08 01; OGer.]; ABSH 1997 Nr. 2 E. 6c S. 150 [OGer.]; ebenso OLG Hamm Zerb 12/2010 S. 262). Wenn die aufschiebende Wirkung nicht entzogen wird, kann eine vorsorgliche Massnahme wirkungslos bleiben (vgl. etwa BGEr. 5A_502/2008 vom 4. März 2009, wo der fehlende Einzug des Willensvollstreckerausweises dazu führte, dass der [suspendierte] Willensvollstrecker die Erbteilung vollzogen hatte, bevor über die Rechtsmässigkeit der Suspendierung entschieden wurde). 551

k) Disziplinarische Massnahmen werden **gegenstandslos,** wenn der Willensvollstrecker sein Amt niederlegt (vgl. dazu Art. 517–518 N 382). 552

l) Neben den Disziplinarmassnahmen der Aufsichtsbehörden können bei Rechtsanwälten und anderen Berufsträgern unter Umständen auch **berufsspezifische Disziplinarmassnahmen** ergriffen werden (ZR 103/2004 Nr. 11 E. 1b S. 32; weiter vgl. Art. 517–518 N 516). 553

7. Verfahren

a) Das Verfahren wird von den Kantonen bestimmt (Art. 54 Abs. 3 SchlT; BVR 9/1984 S. 236 E. 6 [RS Bern]; Derrer, S. 9). Da es sich um eine *Angelegenheit der nichtstreitigen Gerichtsbarkeit* handelt (BGE 98 II 272 S. 275 = Pra. 62/1973 Nr. 34 S. 109 = ZBGR 55/1974 Nr. 17 S. 80; RVJ 2005 S. 242 E. 1a [Cass.]; JdT 138/1990 III 31 E. a [TC]; Rep. 112/1979 E. 3a S. 218 [Pub.]; BSK-Karrer, Art. 595 N 33), wird **meist ein summarisches Verfahren angewendet** (BGE 108 Ia 308 E. 2a S. 311 = JdT 131/1983 I S. 286 = 554

Pra. 72/1983 Nr. 110 S. 303 = SJ 105/1983 S. 303; PKG 2002 Nr. 44 S. 240 [PZ 02 2; KGP]; FRANK/STRÄULI/MESSMER, Vorbem. zu § 204 ff. ZPO N 1; zu Einzelheiten vgl. DERRER, S. 71 ff.). Abzugrenzen ist, dass Art. 248 ff. ZPO nicht zur Anwendung kommen, obwohl Art. 248 lit. e ZPO für Angelegenheiten der nichtstreitigen Gerichtsbarkeit das summarische Verfahren für anwendbar erklärt, weil diese Bestimmungen nur für das gerichtliche Verfahren gelten und die Aufsicht über den Willensvollstrecker in der Aufzählung von Art. 249 ZPO nicht enthalten ist. Fehlende Regeln sind durch die Praxis zu ergänzen (VJS 32/1932 Nr. 4 E. 3 S. 7 [OGer.]: «Mangels jeglicher Regelung dieses Verfahrens durch das ZGB oder das aarg. EinfG hiezu kommt daher weder das ordentliche noch ein bestimmtes der besonderen Verfahren der aarg. ZPO in Betracht ... Das vor Bezirksgericht als Aufsichtsbehörde einzuschlagende Verfahren muss daher durch die Praxis bestimmt werden ...»), ergänzend wird man künftige analog auch Art. 248 ff. ZPO beiziehen.

555 b) Die wichtigen Verfahrensgrundsätze lauten: (1) **Der Sachverhalt ist von Amtes wegen abzuklären** (EGVSZ 2002 Nr. A.2.1 E. 2b S. 7 [516/01; KGer.]; ZR 78/1979 Nr. 53 E. 3b S. 108 [OGer.]; VJS 32/1932 Nr. 4 E. 4 S. 7 [OGer.]; BREITSCHMID, AJP 5/1996 S. 91; BSK-KARRER, Art. 595 N 33; FRANK/STRÄULI/MESSMER, § 215 ZPO N 53; vgl. Art. 255 ZPO; ähnlich Art. 710 Abs. 2 CC it.: «L'autorità giudiziaria, prima di provvedere ... puó disporre opportuni accertamenti»). In diesem Rahmen sind (soweit notwendig) auch die nicht am Verfahren beteiligten Erben einzubeziehen (ähnlich BREITSCHMID, AJP 5/1996 S. 91: «Das kann, muss aber nicht eine ‹gesamthandschaftliche› Beteiligung am Beschwerdeverfahren erfordern»). Dies hat zum Beispiel zur Folge, dass der Willensvollstrecker der Aufsichtsbehörde über eine (unklare) Überweisung an eine seiner Gesellschaften (CHF 243 640.84) auch dann Auskunft geben muss, wenn dies in der Beschwerdeschrift nicht beanstandet wurde (LGVE 2008 I Nr. 38 E. 7.9 S. 83 [19 08 01; OGer.])

556 c) (2) **Den am Verfahren Beteiligten ist im Rahmen von Art. 4 BV rechtliches Gehör zu gewähren** (DERRER, S. 67; FRANK/STRÄULI/MESSMER, § 206 ZPO N 1; weiter vgl. Art. 253 ZPO). Die Parteien haben Anspruch auf Anhörung, Akteneinsicht und sachliche Prüfung ihrer Vorbringen (ähnlich Art. 710 Abs. 2 CC it.: «L'autorità guidiziaria, prima di provvedere, deve sentire l'esecutore»).

557 d) (3) **Die Aufsichtsbehörde ist nicht an die Parteianträge gebunden** (EGVSZ 2002 Nr. A.2.1 E. 2b S. 7 [516/01; KGer.]); BSK-KARRER, Art. 595 N 33; weiter vgl. Art. 256 ZPO).

558 e) (4) **Die Verfahrenskosten sind grundsätzlich von den Beteiligten zu tragen** (BGer. 5A_815/2009 vom 31. März 2010 E. 3.2; BGer. 5C.69/2006 vom 23. Mai 2006 E. 5.1 = successio 2/2008 S. 150 [Anm. Paul Eitel]; GR-KGE PZ 06 6 vom 13. Februar 2006 E. 3; BSK-KARRER, Art. 595 N 37) und *ebenso die Parteikosten*

(BGer. 5A_114+126+127/2008 vom 7. August 2009 E. 8.2 = ZBGR 90/2009 Nr. 36 S. 299 [Anm. Paul-Henri Steinauer], successio 3/2009 S. 139 ff. [Anm. Paul-Henri Steinauer]): Dem Willensvollstrecker ist auch dann eine Parteientschädigung zu gewähren, wenn er selbst Anwalt ist und den Prozess führt; BGer. 5C.69/2006 vom 23. Mai 2006 E. 6.1). Bei unberechtigtem Verfahren gegen den Willensvollstrecker kann dieser seinen Aufwand dem Nachlass belasten. Wenn ein Erbe aus berechtigtem Anlass Beschwerde führt, mit seinem Anliegen aber dennoch unterliegt, können die Kosten ausnahmsweise dem Nachlass in Rechnung gestellt werden (SJZ 21/1924–25 Nr. 2 E. 7 S. 13 [BezGer. Zürich]; FRANK/STRÄULI/MESSMER, § 211 ZPO N 9). Wenn der Willensvollstrecker für den Nachlass einen Prozess führt und unterliegt, kann er die Kosten dem Nachlass belasten (BGer. 5A_261/2008 vom 10. Juni 2008 E. 7).

f) (5) In BJM 2007 S. 128 (AB BS) wurde die Beschwerde eines Willensvollstreckers gegen eine **Pauschalgebühr** des Erbschaftsamts beurteilt. Die unbesehene Anwendung des amtlichen Tarifs führte in diesem Fall zu einem unadäquaten Ergebnis. Noch krasser lagen die Verhältnisse in BGer. 5A_23/2009 vom 20. Mai 2009 = SJZ 105/2009 S. 368 = AJP 18/2009 S. 1197 (Anm. Yvo Hangartner) = ZBJV 146/2010 384 (Anm. Regina Aebi-Müller) = ZBJV 146/2010 S. 518 (Anm. Urs R. Behnisch und Andrea Opel) = NZZ 2009 Nr. 145–51: Der Nachlass betrug CHF 89 830 000.– und die überlebende Ehefrau und Erbin verlangte von der Aufsichtsbehörde die Absetzung des Willensvollstreckers. Die erste Instanz verlangte Kosten von CHF 584 888.– und eine Prozessentschädigung von CHF 379 163.–. Die zweite kantonale Instanz erhob eine Gerichtsgebühr von CHF 450 000.–. Das Bundesgericht erachtete es als willkürlich, den gesamten Nachlasswert als Streitwert heranzuziehen, weil der Fall danach nicht erledigt (insbesondere der Nachlass nicht geteilt) sei (E. 6.5). Es machte einen Verweis auf die Gerichtsgebühren des Verwaltungsgerichts, welches bei Streitwerten über 1 Mio. eine Gebühr bis zu CHF 50 000.– verlangt, welcher bei besonders aufwendigen Verfahren verdoppelt werden kann (E. 6.5; ähnlich BGer. 5A_646/2008 vom 22. Dezember 2008 = successio 4/2010 S. 118 [Anm. Paul Eitel]: Beim einem Nachlass von CHF 50 Mio. wurde die Gerichtsgebühr von CHF 210 000.– gemäss Tarif auf CHF 25 000.– reduziert). In einem parallelen Verfahren (5A_44/2009 vom 20.05.2009 = ZBJV 146/2010 S. 384 f. [Anm. Regina Aebi-Müller] = ZBJV 146/2010 S. 518 f. [Anm. Urs Behnisch und Andrea Opel]) hatte das Bundesgericht die Parteientschädigung im gleichen Fall zu beurteilen, welche erstinstanzlich auf CHF 320 000.– festgesetzt wurde. Diese war ebenso willkürlich, weil auch sie vom Nachlasswert ausging (E. 4.4). Für die Parteientschädigung erinnerte das Bundesgericht daran, dass der entstandene Aufwand eine Rolle spielen müsse und bei grösserer Verantwortung der Stundensatz angehoben werden könne (E. 4.5). Diese Ausführungen erinnern stark an die Entwicklungen beim Willensvollstreckerhonorar (Art. 517–518 N 390), wo das Bundesgericht ebenfalls verlangte, dass ein Zusammenhang zwischen Aufwand und Ertrag bestehen müsse.

560 g) (6) **Für den Erlass von vorsorglichen Massnahmen** (Art. 517–518 N 536) **ist das kantonale Verfahrensrecht heranzuziehen** (BJM 1955 S. 119 [BGer.]: Vorsorgliche Massnahmen sind «in sinngemässer Anwendung von § 259 ZPO vom Vorsitzenden der Aufsichtsbehörde zu erlassen, wobei dem Gesuchsteller in vollkommener Durchführung der Analogie eine Prosekutionsfrist gesetzt werden muss»; DERRER, S. 76 f.).

8. Rechtsmittel

561 a) Die **Rechtsmittel** zur Anfechtung eines Entscheids der Aufsichtsbehörde sind beschränkt: In den meisten Kantonen ist mindestens ein Rechtsmittel vorhanden (DERRER, S. 114 ff.):

Kanton	Rechtsmittel gegen Entscheide der Aufsichtsbehörden	Rechtsgrundlage
AG	Aufsichtsbeschwerde ohne Fristbegrenzung an das Obergericht[109]	§ 75 AG-GOG
AI	Rekurs innert 10 Tagen an die Standeskommission	Art. 6 AI-EGZGB
AR	Rekurs innert 20 Tagen an den Regierungsrat	Art. 45 Abs. 1 AR-GG i.V.m. Art. 30 ff. AR-VRPG
BE	Beschwerde innert 30 Tagen an den Regierungsrat[110]	Art. 10 BE-EGZGB Abs. 1 i.V.m. Art. 64 und Art. 67 BE-VRPG
BL	Beschwerde innert 10 Tagen an den Regierungsrat	§ 107 BL-EGZGB, § 29 Abs. 1 lit. b und § 33 Abs. 1 BL-VVG
BS	Beschwerde innert 10 Tagen an die Aufsichtbehörde über das Erbschaftsamt (Ausschuss des Zivilgerichts)	§ 2 Abs. 2 und 3 BS-EGZGB

---

[109] Vgl. AGVE 1971 Nr. 9 S. 38 (IK): keine Disziplinarbeschwerde und Verwaltungsbeschwerde.
[110] Vgl. MBVR 36/1938 Nr. 78 S. 186 = ZBJV 74/1938 S. 140 f. = SJZ 35/1938/39 Nr. 14 E. 2 S. 92 (RR BE); MBVR 17/ 1919 Nr. 136 E. 1 S. 504 (RR).

Kanton	Rechtsmittel gegen Entscheide der Aufsichtsbehörden	Rechtsgrundlage
FR	Beschwerde innert 10 Tagen an das Kantonsgericht	Art. 319 und Art. 321 Abs. 2 ZPO i.V.m. Art. 52 FR-JG
GE	Rekurs innert 30 Tagen an die Autorité de surveillance (Cour de justice)	Art. 319 und Art. 321 Abs. 2 ZPO i.V.m. Art. 126 GE-LOJ
GL	Beschwerde innert 30 Tagen an den Regierungsrat	Art. 17 Abs. 1 GL-EGZGB i.V.m. Art. 89 Abs. 1 und Art. 102 GL-VRPG
GR	Beschwerde innert 10 Tagen an das Kantonsgericht[111]	Art. 7 GR-EGZPO i.V.m. Art. 319 und Art. 321 Abs. 2 ZPO
JU	Rekurs innert 30 Tagen an den Cour administrative	Art. 160 lit. c und Art. 121 JU-CPA
LU	Beschwerde innert 20 Tagen an den Regierungsrat[112]	§ 10 LU-EGZGB und § 142 Abs. 1 lit. b und § 130 LU-VRG
NE	Beschwerde innert 10 Tagen an die Cour civile (Tribunal cantonal)	Art. 1 Abs. 2 NE-LICC i.V.m. Art. 319 und Art. 321 Abs. 2 ZPO sowie Art. 40 Abs. 1 NE-LOJ
NW	Beschwerde innert 20 Tagen an den Regierungsrat	Art. 82 Abs. 2 NW-EGZGB
OW	Beschwerde innert 10 Tagen an das Obergericht	Art. 319 und Art. 321 Abs. 2 ZPO sowie Art. 37 Abs. 1 lit. b OW-GOG
SG	Beschwerde innert 10 Tagen an den Einzelrichter des Kantonsgerichts[113]	Art. 319 und Art. 321 Abs. 2 ZPO sowie Art. 15 SG-EGZPO

---

[111] Nach altem Recht (Art. 83 Abs. 1 GR-EGZGB) konnte ein Rekurs an den Kantonsgerichtspräsidenten geführt werden, vgl. PKG 2002 Nr. 44 E. a S. 241 (KGP); anders PKG 1964 Nr. 55 E. 2 S. 132 f. (Pr 6/63; KGP): der Kantonsgerichtspräsident ist nach Art. 5 Abs. 2 GR-EGZGB zuständig; nochmals anders PKG 1951 Nr. 62 S. 141: Kein Rechtsmittel

[112] Vgl. LGVE 1995 I Nr. 46 S. 64 (OGer.); anders DERRER, S. 115: Kein Rechtsmittel.

[113] Anders die frühere Rechtslage (Rekurs an das Justiz- und Polizeidepartement) vgl. Sachverhalt in BGer. 5P.209/2003 vom 9. September 2003; nochmals anders (nach

Kanton	Rechtsmittel gegen Entscheide der Aufsichtsbehörden	Rechtsgrundlage
SH	Beschwerde innert 20 Tagen an das Volkswirtschaftsdepartement	Art. 88 Abs. 1 lit. b SH-EGZGB und Art. 20 SH-VRG
SO	Beschwede innert 10 Tagen an das Obergericht	Art. 224 Abs. 2 SO-EGZGB
SZ	Beschwerde innert 10 Tagen an das Kantonsgericht	Art. 319 und Art. 321 Abs. 2 ZPO sowie Art. 12 SZ-JV
TG	Grundbuch- und Notariatsinspektorat[114]	§ 13 Ziff. 2 TG-EGZGB
TI	Beschwerde innert 10 Tagen an die Camera civile (Tribunale di appello)[115]	Art. 319 und Art. 321 Abs. 2 ZPO sowie Art. 48 lit. a Ziff. 1 TI-LOG
UR	Beschwerde innert 20 Tagen an den Regierungsrat	Art. 8 Abs. 1 UR-EGZGB und Art. 48 UR-VRPV
VD	Beschwerde innert 10 Tagen an die Chambre des tutelles (Tribunal cantonal)[116]	Art. 319 und Art. 321 Abs. 2 ZPO sowie Art. 76 Abs. 2 VD-LOJ
VS	Beschwerde innert 20 Tagen an den Kantonsgerichtspräsidenten/Président du Tribunal Cantonal	Art. 319 und Art. 321 Abs. 2 ZPO sowie Art. 5 Abs. 2 lit. c VS-EGZPO/VS-LACPC
ZG	Beschwerde innert 20 Tagen an den Regierungsrat[117]	§ 40 Abs. 1 und § 43 Abs. 1 ZG-VRG
ZH	Beschwerde innert 20 Tagen an das Obergericht	Art. 319 und Art. 321 Abs. 2 ZPO sowie § 48 ZH-GOG

Art. 14 Abs. 2 SG-EGZGB Beschwerde gegen Entscheide des Bezirksammanns innert 14 Tagen an den Regierungsrat) vgl. SGGVP 1957 Nr. 85 E. 1a S. 180 f. (RR).

[114] Zur früheren Rechtslage (nach § 6 TG-VRG Rekurs gegen Entscheide der Teilungsbehörde an das Justiz-, Polizei- und Fürsorgedepartement) vgl. TVR 1987 Nr. 16 E. 2 S. 86.

[115] Vgl. Rep. 81/1948 S. 205 (Civ.).

[116] Zur früheren Rechtslage (nach Art. 489 VD-CPC Rekurs innert 10 Tagen an das Kantonsgericht) vgl. JdT 138/1990 III S. 31 E. a (TC).

[117] Vgl. ZGGVP 1983/84 S. 197 E. 3b [RR]; ZGGVP 1977/78 S. 131 E. 2 [VGer.]).

b) In einigen Kantonen ist eine **zweite Rechtsmittelinstanz** vorhanden: 562

Kanton	Zweites Rechtsmittel gegen Entscheide der Aufsichtsbehörden	Rechtsgrundlage
BL	Beschwerde innert 10 Tagen an das Kantonsgericht[118]	§ 43 Abs. 1 und § 48 BL-VPO
BS	Beschwerde innert 10 Tagen an den Ausschuss des Appellationsgerichts	§ 2 Abs. 2 BS-EGZGB
GL	Beschwerde innert 30 Tagen an das Verwaltungsgericht	Art. 89 Abs. 1 und Art. 105 Abs. 1 lit. a GL-VRPG
LU	Beschwerde innert 30 Tagen an das Verwaltungsgericht	§ 148 lit. b LU-VRG
NW	Beschwerde innert 20 Tagen an das Verwaltungsgericht	Art. 82 Abs. 3 NW-EGZGB
SH	Beschwerde innert 20 Tagen an den Regierungsrat	Art. 16 Abs. 1 und Art. 20 Abs. 1 SH-VRG
TG	Kein zweites Rechtsmittel[119]	
ZG	Beschwerde innert 30 Tagen an das Verwaltungsgericht[120]	§ 61 Abs. 1 Ziff. 2 und § 64 ZG-VRG
ZH	Kein zweites Rechtsmittel[121]	

c) Die **Überprüfung** durch die Rechtsmittelinstanz ist umfassend: Sie kann den Entscheid der Aufsichtbehörde ändern oder aufheben oder sie kann die Sache an die Vorinstanz zurückweisen zur Ergänzung des Sachverhalts und zu neuer Entscheidung (JdT 138/1990 III S. 32 E. c [TC]). 563

d) **Seit dem 1. Januar 2007** steht als einziges **Rechtsmittel gegen letztinstanzliche kantonale Entscheide** die *Beschwerde in Zivilsachen* zur Verfügung (BGer. 5A_643/2007 vom 25. März 2008): «Das Bundesgericht beurteilt Beschwerden 564

---

[118] Vgl. BLVGE 1981 Nr. 16.2 E. 1b S. 100.
[119] Zur früheren Rechtslage (nach § 54 und § 57 Abs. 1 TG-VRG Beschwerde innert 30 Tagen an das Verwaltungsgericht gegen Entscheide des Justiz-, Polizei- und Fürsorgedepartements), vgl. TVR 1987 Nr. 16 E. 2 S. 86 mit Verweis auf TVR 1986 Nr. 15 S. 91.
[120] Vgl. ZGGVP 1983/84 S. 197 E. 3 b (RR); ZGGVP 1977/78 S. 131 E. 2 (VGer.).
[121] Zur früheren Rechtslage (bis 31.12.2010 war nach § 284 Ziff. 2 ZPO die Nichtigkeitsbeschwerde ans Kassationsgericht unzulässig), vgl. ZKG AA080088 = ZR 108/2009 Nr. 4 und ZKG AA090007; bis zum 1.1.1996 war die Nichtigkeitsbeschwerde innert 30 Tagen an das Kassationsgericht nach § 281 und § 287 ZH-ZPO zulässig.

gegen Entscheide in Zivilsachen 5. Auf dem Gebiet der Aufsicht über ... die Willensvollstrecker und Willensvollstreckerinnen ...» (Art. 72 Abs. 2 lit. b Ziff. 5 BGG). Damit kann zum Beispiel eine Rechtsverzögerung geltend gemacht werden (BGer. 5A_643/2007 vom 25. März 2008: Der Beschwerdeführer unterbreitete dem Bezirksgericht Meilen als [unterer] Aufsichtsbehörde eine 189 Seiten lange Rechtsschrift mit 183 Beilagen. Statt der vom Gericht empfohlenen Kürzung erfolgten weitere Eingaben mit Anträgen, welche vom Gericht abgelehnt wurden. Das Bundesgericht verneinte das Rechtsschutzinteresse an der Rechtsverzögerungsbeschwerde, weil im Zeitpunkt des Urteils in Lausanne die Beschwerdeantwort des Willensvollstreckers inzwischen in Meilen eingegangen sein dürfte). Eine falsche Rechtsmittelbelehrung (der Vorinstanz) darf nicht schaden (weshalb in BGer. 5A_574/2009 vom 4. Dezember 2009 E. 1.2 eine Beschwerde in öffentlichrechtlichen Angelegenheiten als Beschwerde in Zivilsachen entgegengenommen wurde).

565 e) Früher (bis zum 31. Dezember 2006) gab es mehrere Rechtsmittel gegen letztinstanzliche kantonale Entscheide: So konnte (1) die *staatsrechtliche Beschwerde* wegen Verletzung von Art. 4 BV (Willkür) eingereicht werden (BGer. 5P.199/2003 vom 12. August 2002: Gegen eine einzelne Ermahnung kann allerdings keine staatsrechtliche Beschwerde geführt werden; ZBJV 131/1995 S. 36 [BGer.]; BGE 98 II 276 E. 1–3 S. 277 f. = JdT 121/1973 I S. 249 E. 2 = ZBGR 55/1974 Nr. 18 S. 81 f.: Ablehnung des Willensvollstreckers beim Einsetzen eines Erbschaftsverwalters; AGVE 1971 Nr. 9 S. 45 [IK]: Verzögerung der Erbteilung durch den Willensvollstrecker). Eine falsche Rechtsmittelbelehrung verlängert die Frist für eine staatsrechtliche Beschwerde nicht, ist aber Grund für eine Wiederherstellung der Frist (Art. 35 OG; BGE 111 Ia 355 = JdT 134/1986 I S. 651 = Pra. 75/1986 Nr. 54 S. 181: Die Frist für die Wiederherstellung beträgt nur 10 Tage [Art. 35 Abs. 1 OG], ist also wesentlich kürzer als die 30-tägige Frist zur Einreichung einer staatsrechtlichen Beschwerde [Art. 89 Abs. 1 OG]). (2) Unter gewissen Umständen war es auch möglich, eine *zivilrechtliche Nichtigkeitsbeschwerde* zu führen (Art. 68 OG; BGer. 5P.485/1994 vom 20. März 1995 E. 1 [unveröffentlicht]; BGE 91 II 177 E. 1 S. 180 f. = JdT 114/1966 I S. 152 f. = Pra. 54/1965 Nr. 159 S. 474 = ZBGR 47/1966 Nr. 39 S. 177: Ausstellung eines Ausweises für den Willensvollstrecker; BGE 91 II 177 E. 2 S. 181: Verletzung eidgenössischer Normen über die sachliche Zuständigkeit; ZBl. 49/1948 S. 220 [BGer.]: Anwendung von kantonalem Recht statt Bundeszivilrecht; BSK-KARRER, Art. 595 N 36; DERRER, S. 98 f.). (3) Eine *Berufung* war dagegen nicht möglich (BGer. 5C.77/1988 vom 2. September 1988 E. 2 [unveröffentlicht]; BGE 98 II 276 = Pra. 62/1973 Nr. 34 S. 109 = ZBGR 55/1974 Nr. 17 S. 80; BGE 91 II 177 E. 1 S. 180 = JdT 114/1966 I S. 152 = Pra. 54/1955 Nr. 159 S. 473 = ZBGR 47/1966 Nr. 39 S. 177; BGE 90 II 376 E. 1 S. 379 f. = JdT 113/1965 I S. 339 f. = Pra. 54/1965 Nr. 36 S. 118 f.; Rep. 81/1948 S. 205 [Civ.]; BSK-KARRER, Art. 518

N 108; DERRER, S. 97 f.). Die Berufung steht nur für materiell-rechtliche Fragen (Art. 43 OG) offen, welche vom Zivilrichter (Art. 517–518 N 451 ff.) und nicht von der Aufsichtsbehörde zu behandeln sind (BGE 91 II 52 E. 1 S. 56 = JdT 114/1966 I S. 62 = Pra. 54/1955 Nr. 91 S. 281: «La distinzione tra l'intervento dell'autorità di vigilanza per il controllo della correttezza formale e dell'opportunità dei provvedimenti presi dall'esecutore testamentario e quello del giudice, quando si trovino in discussione questioni di diritto sostanziale, che esigano segnatamente un'indagine sulla ultima volontà del testatore, è commune alla dottrina ed alla giurisprudenza ... Solo in quest'ultimo caso trattasi di procedimenti civili nel senso degli art. 43 e seg. OG»).

f) Der Rechtsweg von **Zwischenentscheiden** folgt grundsätzlich demjenigen der Hauptsache (BGer. 5A_574/2009 vom 4. Dezember 2009 E. 1.2). Ob die Absetzung des Willensvollstreckers **eine vermögensrechtliche Angelegenheit** ist, hat das Bundesgericht in BGer. 5A_574/2009 vom 4. Dezember 2009 E. 1.2 noch offen gelassen (wie schon in BGE 90 II 386 Erw. 4), in BGer. 5A_395/2010 E. 1.2.2 dann aber grundsätzlich bejaht (soweit «sein Handeln in vermögensrechtlichen Angelegenheiten veranlasst ist»). Der massgebliche Streitwert vom CHF 30 000.– (Art. 74 Abs. 1 lit. b BGG) muss somit gegeben sein. Gegen Zwischenentscheide (z.B. die vorsorgliche Suspendierung des Willensvollstreckers für die Dauer der Aufsichtsbeschwerde) kann nur Beschwerde geführt werden, wenn **ein nicht wiedergutzumachender Nachteil** (Art. 93 Abs. 1 lit. a BGG) eintreten würde (BGer. 5A_574/2009 vom 4. Dezember 2009 E. 1.1). Inhaltlich kann gegen Entscheide über vorsorgliche Massnahmen nur die Verletzung verfassungsmässiger Rechte geltend gemacht werden (Art. 98 BGG), namentlich Willkür (BGer. 5A_574/2009 vom 4. Dezember 2009 E. 1.3). Der Beschwerdeführer muss anhand der Erwägungen aufzeigen, inwiefern verfassungsmässige Rechte verletzt sind (Art. 106 Abs. 2 BGG; BGE 133 III 393 E. 6 S. 397). Wenn Willkür geltend gemacht wird, hat er darzutun, in welcher Hinsicht der Entscheid an einem qualifizierten und offensichtlichen Mangel leidet (BGE 134 III 244 E. 2.2 S. 246), inwiefern das Ergebnis offensichtlich unhaltbar ist, mit der tatsächlichen Situation in klarem Widerspruch steht, eine Norm oder ein unumstrittener Rechtsgrundsatz krass verletzt wird oder in stossender Weise dem Gerechtigkeitsgedanken zuwider läuft (BGE 134 II 124 E. 4.1 S. 133). Das Bundesgericht stellt erhöhte Anforderungen, wenn die Sachverhaltsdarstellung bemängelt wird (BGE 133 II 249 E. 1.4.3 S. 255). Auf rein apellatorische Kritik wird nicht eingetreten (BGE 133 III 396 E. 3.1 S. 399).

D. Strafrecht

a) Der Willensvollstrecker ist im Besitz von Nachlassgegenständen (Art. 517–518 N 79 ff.) und kann über den Nachlass verfügen (Art. 517–518 N 198 ff.). Wenn er das anvertraute Gut den Erben entzieht und für seine eigenen

Zwecke verwendet (vgl. den Sachverhalt in ZR 78/1979 Nr. 117 E. 6a S. 258 [AK]), liegt eine **Veruntreuung** (Art. 138 StGB) vor (BGer. 6S.398/2004 vom 3. Februar 2005 und 6S.287/2003 vom 17. Oktober 2003; ebenso YUNG, SJ 69/1947 S. 474, bezüglich des Erbschaftsverwalters; die Frage des Diebstahls kann sich nur beim Pseudo-Willensvollstrecker stellen, vgl. den Sachverhalt in BGE 103 Ia 616 S. 617). Die Erben sind nicht berechtigt, gegen die Einstellung eines Strafverfahrens gegen den Willensvollstrecker ein Rechtsmittel zu ergreifen (BGer. 6B_348/2007 vom 12. August 2007: Die Motivation, bei einer Verurteilung des Willensvollstreckers sein Honorar kürzen zu können, ist in diesem Zusammenhang unbeachtlich).

568 b) Der Willensvollstrecker ist ein Geschäftsführer im Sinne von Art. 158 StGB und macht sich bei schädigendem Fehlverhalten der **ungetreuen Geschäftsbesorgung** (Art. 158 StGB; früher: Ungetreue Geschäftsführung [Art. 159 StGB]) schuldig (BGer. 6B_105/2008 vom 17. Juni 2008: Einstellung des Verfahrens gegen den Willensvollstrecker, der Schmuck in Millionenhöhe aus dem Tresor genommen und der überlebenden Ehefrau ausgehändigt hatte, welche den Schmuck verkaufte und den Erlös behielt; SBK.2007.47 [OGer. AG] = www.successio.ch: Tatbestand nicht erfüllt wegen fehlender Bereicherungsabsicht; ZR 99/2000 Nr. 8 S. 24 = Assistalex 1998 Nr. 5890 [KassGer.]: Kostenauflage bei Verfahrenseinstellung; Extraits 1973 S. 134 E. 2 [Cass.]; BSK-KARRER, Art. 518 N 110; zum Verfahren gegen einen Zürcher Rechtsanwalt im Zusammenhang mit dem Verkauf einer Liegenschaft vgl. NZZ vom 1. September 1995, S. 55; NZZ vom 11. Oktober 1995, S. 53; NZZ vom 7. Mai 1996, S. 53; NZZ vom 18. März 1997, S. 56).

569 c) Eher selten vorkommen dürfte der Vorwurf der **üblen Nachrede** (Art. 173 StGB) gegenüber einem Willensvollstrecker (BGer. 6S.171/2003 vom 10. September 2003).

570 d) Ein weiterer Straftatbestand, welcher in der Praxis geprüft wurde, war die **Erschleichung einer Falschbeurkundung** (BGer. 6B_348/2007 vom 12. August 2007; SBK.2007.47 [OGer. AG] = www.successio.ch: Das Erschleichen einer Falschbeurkundung [Art. 253 Abs. 1 StGB] wurde in casu verneint, weil keine Pflicht zur Weiterveräusserung verschwiegen wurde und die beurkundenden Notare zudem vollständig im Bild waren, zumal sie ja selbst den Willensvollstrecker noch beraten haben).

571 e) Es sind **weitere Straftatbestände** denkbar, von denen ein Willensvollstrecker betroffen sein kann, etwa Sachbeschädigung (Art. 144 StGB; vgl. dazu BGE 103 Ia 616 E. 3c S. 622: Jemand gibt sich fälschlicherweise als Willensvollstrecker aus), Betrug (Art. 146 StG; MEYER, BJM 2008 S. 185: Übergehen eines Erben), arglistige Vermögensschädigung (Art. 151 StGB), Hehlerei (Art. 160 StGB), Urkundenfälschung (Art. 251 ff. StGB, insbesondere auch Art. 254 StGB [Unterdrücken einer Urkunde], vgl. dazu RIEDO, AJP 12/2003 S. 929) und Verletzung des Amts- und Berufsgeheimnisses (Art. 320 f. StGB).

572 f) Zu **Steuersraftatbeständen** vgl. vorne, Art. 517–518 N 266 ff.

g) Das Bundesgericht (6B_105/2008 vom 17. Juni 2008) hat sich mit der **Kostentragung nach einer Strafklage** befasst und dem Willensvollstrecker trotz Einstellung des Verfahrens einen Teil der Kosten auferlegt, weil er teilweise Anlass zum Vorgehen gegeben hat. Diese Kosten sind (wie beim Aufsichtsverfahren – Art. 517–518 N 515 ff.) vom Willensvollstrecker zu tragen und dürfen nicht auf den Nachlass überwälzt werden.

573

h) Der Willensvollstrecker ist nicht befugt, in **Strafverfahren, welches gegen den Erblasser geführt wurde,** Rechtsmittel zu ergreifen. Ob dies auch bei der Nichtigkeitsbeschwerde im Strafpunkt aufgrund des Opferhilfegesetzes (Art. 2 i.V.m. Art. 8 OHG) gilt, welche zur Durchsetzung der Zivilansprüche geltend gemacht wird, hat das Bundesgericht offengelassen (BGE 126 IV 42 E. 4c S. 46 f. = JdT 152/2004 IV S. 104 f. = Assistalex 2000 Nr. 6401), dürfte aber wohl zu bejahen sein, weil es nicht um Ansprüche von Erben aus dem Nachlass, sondern originäre Ansprüche von Angehörigen geht.

574

Stichwortverzeichnis

Verweise auf die Vorbemerkungen zu Art. 517–518 erfolgen als «**Vorbem. N. x**», Verweise auf die Ausführungen zu Art. 517–518 als «**517–518 N. x**».

A

Aberkennungsklage 517–518 N. 513
Abfindungsklausel 517–518 N. 336
Abrechnung, siehe Willensvollstrecker; Willensvollstrecker – Schlussabrechnung
Absetzung, siehe Willensvollstrecker; Willensvollstrecker – Legitimation • bei der Absetzungsklage
Absetzungsklage 517–518 N. 478
– siehe auch Zivilrechtliche Streitigkeiten
Abtretung
– *eines Erbanteils,* siehe Grundbuch – Ausweise
– *von Forderungen,* siehe Willensvollstrecker
Abwesenheit, siehe Erben, Willensvollstrecker
Abwicklungsvollstrecker, siehe Willensvollstrecker
Acte de notoriété, siehe Exequaturverfahren – Frankreich
Administrator Vorbem. N. 154 f.
– *Administrator with the will annexed* (cum testamento annexo – C.T.A.) Vorbem. N. 98 und 146
– *Ancillary administrator* Vorbem. N. 101, 103 und 154
– *Letters of administration,* siehe dort
Akten
– *des Erblassers* Vorbem. N. 18
– *des Willensvollstreckers* 517–518 N. 129, 381, 386 und 402

Akteneditionsbegehren, siehe Willensvollstrecker – Legitimation
Aktienbuch, siehe Erben
Aktiengesellschaft, siehe Willensvollstrecker – Gründung
Aktionär, siehe Willensvollstrecker – Interessenkollision
Aktionärbindungsvertrag 517–518 N. 335
Albacea, siehe Spanien
Alleineigentum
– *Übertragung der Nachlassgegenstände* 517–518 N. 344 und 347
Alleinerbe, siehe Willensvollstrecker
Amtliche Liquidation, siehe Erbschaftsliquidator
Amtsinhaber, siehe Willensvollstrecker – Theorien
Ancillary letters of administration Vorbem. N. 101 und 103
Anerkennung, siehe Haager Übereinkommen; Willensvollstrecker – Ausweis • Internationale Anerkennung
Anfechtung
– *der Enterbung* 517–518 N. 492
– *der Erbausschlagung* Vorbem. N. 57
– *der Erbbescheinigung* 517–518 N. 499 und 543
– *der letztwilligen Verfügung* Vorbem. N. 11; 517–518 N. 120 und 383
– *des Steuerinventars* 517–518 N. 239

– *des Vermächtnisses* 517–518 N. 287 und 293
– *von Entscheiden der Aufsichtsbehörde* 517–518 N. 561
– siehe auch Rechtsmittel; Willensvollstrecker
Angehörige Vorbem. N. 12, 13 und 14
Anlage
– *von Kindesvermögen* 517–518 N. 147 ff.
– *von Mündelvermögen* 517–518 N. 143 ff.
– *von Nachlassvermögen* 517–518 N. 131 ff., 165 ff. und 176 f.
– *von Pensionskassenvermögen* 517–518 N. 149 ff.
– *von Privatkundenvermögen* 517–518 N. 152 ff.
– *von Trustvermögen* 517–518 N. 155 ff.
Anlagehorizont 517–518 N. 138 und 169
Anlagestrategie, siehe Willensvollstrecker
Anleihensvertreter Vorbem. N. 46
Anmeldung, siehe Grundbuch
Annahme
– *der Erbschaft*, siehe Erbschaft
– *der Erbschaft unter Inventar*, siehe Inventar
– *des Amtes als Willensvollstrecker*, siehe Willensvollstrecker
– *Frist zur Annahme*, siehe Willensvollstrecker
Anordnungen des Erblassers Vorbem. N. 1 und 9; 517–518 N. 96
– *mündliche* 517–518 N. 93
– *persönlichkeitsbezogene* (um der Persönlichkeit willen) Vorbem. N. 11 ff.

- siehe auch Auflagen; Bedingungen
– *vermögensrechtliche* Vorbem. N. 12; 517–518 N. 17 f., 20, 96, 99, 126, 185 f., 204, 205, 292, 298, 310 f., 333, 335, 338, 345, 424 und 453
- siehe auch Verfügung – letztwillige; Vermächtnis
– siehe auch Willensvollstrecker
Anpassung *(des ausländischen Vollstreckers an das schweizerische Recht)* Vorbem. N. 107 f., 121, 124, 126, 128, 130, 132, 134, 138, 140, 142, 144, 146, 148, 150, 152 und 154
Anteile des Erblassers *(am Unternehmen im Nachlass)* 517–518 N. 184 und 334
Anwalt, siehe Aufsichtsbehörde; Berufsrecht; Rechtsanwalt; Willensvollstrecker – Interessenkollision
Anwaltsgeheimnis Vorbem. N. 17; 517–518 N. 1, 8, 218, 227, 387 und 571
Anwaltsgemeinschaft, siehe Willensvollstrecker
Anwaltstarif, siehe Willensvollstrecker – Honorar
Anwendbares Recht Vorbem. N. 70 ff.
– siehe auch Erbstatut; Eröffnungsstatut
Appointment, siehe Power of appointment
Archivierung von Akten 517–518 N. 402
Arztgeheimnis Vorbem. N. 17; 517–518 N. 218, 220 und 227
Asset Allocation, siehe Taktik der Vermögensanlage; Willensvollstrecker – Anlagestrategie

Atto di notorietà Vorbem. N. 133
Aufbewahrungspflicht *(als Grenze der Auskunftspflicht)* 517–518 N. 231
Aufenthaltsprinzip Vorbem. N. 83
– *Europäische Erbrechtsverordnung* Vorbem. N. 83
Auflagebegünstigte
– *Legitimation*
  • *zur Beschwerde an die Aufsichtsbehörde* 517–518 N. 519
– siehe auch Berechtigte (von Auflagen)
Auflagen Vorbem. N. 11 ff.
– siehe auch Berechtigte; Willensvollstrecker; Willensvollstrecker – Legitimation • zum Vollzug von Auflagen
Auflösung (einer juristischen Person), siehe Willensvollstrecker
Aufsicht 517–518 N. 515 ff.
– siehe Stiftungsaufsicht; Treuhand; Trustee; Willensvollstrecker
Aufsichtsbehörde
– *ausländische* 517–518 N. 106
– *Beschwerde* 517–518 N. 515 ff.
  • siehe auch Beschwerde – an die Aufsichtsbehörde; Erben – Legitimation • zur Beschwerde an die Aufsichtsbehörde; Willensvollstrecker – Legitimation zur Anrufung der Aufsichtsbehörde; Zuständige kantonale Behörde
– *Beschwerdegründe*
  • *Pflichtverletzungen (sonstige)* 517–518 N. 529
  • *Rechtliche Unfähigkeit* 517–518 N. 524
  • *Tatsächliche Unfähigkeit* 517–518 N. 525

  • *Unangemessenheit einer Massnahme* 517–518 N. 527
  • *Ungenügende Information* 517–518 N. 528
  • *Untätigkeit* 517–518 N. 526
– *für Anwälte*, siehe Aufsichtsbehörde – für Rechtsanwälte
– *für Notare* 517–518 N. 6, 8, 15, 411, 516 und 553
– *für Rechtsanwälte* 517–518 N. 1, 8, 15, 452, 516 und 553
– *Haftung* 517–518 N. 450
– *Kognition, beschränkte* 517–518 N. 530
– *Legitimation*, siehe Erben – Legitimation • zur Beschwerde an die Aufsichtsbehörde; Willensvollstrecker – Legitimation • zur Anrufung der Aufsichtsbehörde
– *Massnahmen* 517–518 N. 535 ff.
  • *Absetzung*, siehe Willensvollstrecker
  • *Aufschluss über die Tätigkeit geben* 517–518 N. 536
  • *disziplinarische* 517–518 N. 542 ff.
  • *Empfehlungen* 517–518 N. 537
  • *Ermahnung* 517–518 N. 543
  • *Gegenstandslosigkeit* 517–518 N. 552
  • *Ordnungsbusse* 517–518 N. 545
  • *sachdienliche (sachbezogene)* 517–518 N. 536 ff. und 539
  • *Suspendierung* 517–518 N. 355, 550 f. und 566
  • *Strafe androhen* 517–518 N. 546
  • *Verweis* 517–518 N. 542
  • *vorsorgliche disziplinarische* 517–518 N. 550

- *vorsorgliche sachdienliche* 517–518 N. 540
- *Weisungen* 517–518 N. 443 und 538
- *Rechtsmittel* 517–518 N. 561 ff.
  - *aufschiebende Wirkung entziehen* 571–518 N. 551
  - *Berufung* 517–518 N. 565
  - *Beschwerde in Zivilsachen* 517–518 N. 564
  - *Nichtigkeitsbeschwerde* 517–518 N. 565
  - *staatsrechtliche Beschwerde* 517–518 N. 565
  - *Umfassende Überprüfung* 517–518 N. 563
  - *Zwischenentscheide* 517–518 N. 566
- *Tätigwerden von Amtes wegen* 517–518 N. 521
- *Zuständigkeit*, siehe Zuständige kantonale Behörde

Aufsichtsverfahren 517–518 N. 554 ff.
- *Kosten* 517–518 N. 558 f.
- *nichtstreitiges Verfahren* 517–518 N. 554
- *Parteianträge* 517–518 N. 557
- *rechtliches Gehör* 517–518 N. 556
- *Rechtsmittel*, siehe Aufsichtsbehörde
- *Sachverhaltsabklärung von Amtes wegen* 517–518 N. 555
- *summarisches Verfahren* 517–518 N. 554
- *vorsorgliche Massnahmen* 517–518 N. 560

Auftrag Vorbem. N. 26 f. und 63; 517–518 N. 58 ff.
- *über den Tod hinaus* Vorbem. N. 16
- *Widerruf* 517–518 N. 39, 69, 229 und 383
- siehe auch Willensvollstrecker – Grundverhältnis; Willensvollstrecker – Theorien • Mandat

Aufzeichnungen, siehe Willensvollstrecker

Ausbildung, siehe Willensvollstrecker

Ausgleichung Vorbem. N. 21; 517–518 N. 42, 225, 229, 295 und 432

Auskunft 517–518 N. 65, 95, 174 und 215 ff.

Auskunftsklage, siehe Willensvollstrecker – Legitimation

Auskunftspflicht 517–518 N. 65 und 215 ff.
- siehe auch Dritte; Erben; Rechtsanwalt; Willensvollstrecker

Auskunftsrecht 517–518 N. 65, 95, 215 ff. und 248
- *voraussetzungsloses* 517–518 N. 232
- siehe auch Dritte; Erben; Rechtsanwalt; Willensvollstrecker

Ausländisches Recht, siehe Internationales Privatrecht; Kollisionsrecht; Willensvollstrecker – Anwendung ausländischen Rechts

Auslagen, siehe Willensvollstrecker

Ausland, siehe Anpassung; Aufsichtsbehörde – ausländische; Ausstellung; Ausweis – ausländischer; Erblasser – Wohnsitz; Erbschein – ausländischer; Lex Friedrich; Mobilien; Urteil – ausländisches; Vermögen – im Ausland; Willensvollstrecker – ausländischer; Willensvollstrecker – Tätigkeit im Ausland

Auslegung
- *der letztwilligen Verfügung*, siehe Verfügung – letztwillige

Stichwortverzeichnis   363

– *des Vermächtnisses*, siehe
  Vermächtnis; Willensvollstrecker – Vermächtnis • auslegen
Ausschlagung der Erbschaft,
  siehe Anfechtung – der Erbausschlagung; Erbschaft
Aussonderungsrecht,
  siehe Legalzession
Ausstellung
– *eines schweizerischen Ausweises für einen ausländischen Vollstrecker* Vorbem. N. 119 ff.
  • *Belgien* Vorbem. N. 129
  • *Italien* Vorbem. N. 133
  • *Liechtenstein* Vobem. N. 127
  • *Österreich* Vorbem. N. 127
  • *Schweden* Vorbem. N. 141
  • *Spanien* Vorbem. N. 136
Australien
– *Executor in der Schweiz* Vorbem. N. 150 f.
Auswahl *(der Hilfspersonen und Fachleute)* 517–518 N. 64, 98, 175 und 439
Ausweis
– *ausländischer* Vorbem. N. 109 ff.
– siehe auch Acte de notoriété; Ancillary letters of administration; Erbschein; Erbbescheinigung; Grant of probate; Grundbuch; Letters of administration; Letters of executorship; Letters probate; Letters testamentary; Testamentsvollstreckerzeugnis; Verklaring van executele; Willensvollstrecker

B
Bäuerliches Bodenrecht
  Vorbem. N. 5; 517–518 N. 5 und 203

Bank, siehe Dritte – Auskunftspflicht; Willensvollstrecker – Interessenkollision
Bankgeheimnis 517–518 N. 228 ff.
Bankvermögen, siehe Willensvollstrecker
Baurecht, siehe Willensvollstrecker – Bauvorschriften geltend machen
Beauftragter, siehe Auftrag
Bedingungen Vorbem. N. 11; 517–518 N. 17, 26, 32, 338, 379, 382 und 388
Beendigung, siehe Willensvollstrecker
Beerdigung Vorbem. N. 15
– siehe auch Begräbnis; Bestattung; Kremation
Beglaubigung Vorbem. N. 86, 89, 92, 95, 115, 122 und 133; 517–518 N. 45, 91 und 351
Begräbnis Vorbem. N. 14 f. und 134; 517–518 N. 209 und 309
– siehe auch Beerdigung; Bestattung; Kremation
Begräbniskosten 517–518 N. 113
Begünstigte Vorbem. N. 48 ff. und 63; 517–518 N. 85, 291 f., 345, 422 und 491
– siehe auch Auflagebegünstigte; Vermächtnisnehmer
Begünstigung, siehe Lebensversicherung
Behandlung, *medizinische*
– siehe Medizinische Behandlung
Behörde, zuständige kantonale,
  siehe Zuständige kantonale Behörde
Behördemitglieder, siehe Willensvollstrecker
Beistand
– *des Erblassers* 517–518 N. 8, 80 und 112

- *eines Erben* Vorbem. N. 38 und 56; 517–518 N. 8 und 55
- *eines Sterbenden*, siehe Willensvollstrecker – Abgrenzungen
- *eines Unternehmens* 517–518 N. 339
- *Teilungsbeistand* 517–518 N. 309
- *Vertretungsbeistand* Vorbem. N. 38; 517–518 N. 360
- *Verwaltungsbeistand* Vobem. N. 38

Belastung von Liegenschaften, siehe Willensvollstrecker – Liegenschaften • belasten

Belgien
- *Exécuteur testamentaire in der Schweiz* Vorbem. N. 128 f.

Beneficiaries 517–518 N. 51

Berechtigte (von Auflagen) Vorbem. N. 1 und 19; 517–518 N. 438
- siehe auch Auflagebegünstigte

Bereicherung, siehe Ungerechtfertigte Bereicherung

Berufliche Vorsorge, siehe BVG; BVV2

Berufsgeheimnis, siehe Geheimnis

Berufsrecht *(der Anwälte und Notare)* 517–518 N. 1, 72, 227, 419, 516 und 553

Berufung 517–518 N. 503 und 565

Beschwerde
- *an die Aufsichtsbehörde* siehe dort
- *an die Stiftungsaufsicht* 517–518 N. 357
- *gegen den Erbschaftsliquidator* 517–518 N. 123
- *gegen die Anordnung des öffentlichen Inventars* 517–518 N. 106
- *gegen die Anordnung des Sicherungsinventars* 517–518 N. 104
- *gegen Verfügungen des Grundbuchamts* 517–518 N. 353
- *im Bereich des öffentlichen Rechts* 517–518 N. 130
- siehe auch Aufsichtsbehörde

Beschwerde in Zivilsachen 517–518 N. 503 und 565

Beschwerderecht 517–518 N. 95 und 203

Besitz, siehe Erben; Willensvollstrecker

Besitzesschutz, siehe Willensvollstrecker

Bestattung Vorbem. N. 11 f. und 24
- siehe auch Beerdigung; Begräbnis; Kremation

Bestrafung, siehe Aufsichtsbehörde – Massnahmen • Strafe androhen

Beteiligungsmodelle, siehe Willensvollstrecker – Mehrere Willensvollstrecker

Betreibung 517–518 N. 434 und 505 ff.
- siehe auch Erben – Legitimation • im Betreibungsverfahren; Willensvollstrecker; Willensvollstrecker – Legitimation • im Betreibungsverfahren

Betreibungsart 517–518 N. 508

Betreibungsort 517–518 N. 509

Betreibungsurkunden 517–518 N. 510

Betriebene, siehe Willensvollstrecker

Betrug 517–518 N. 571
- siehe auch Steuerbetrug

Bevormundung 517–518 N. 362 und 490

Beweislast, siehe Willensvollstrecker – Honorar

Börsencrash 517–518 N. 166 und 534
Brüsseler Übereinkommen Vorbem. N. 84
Bürgerort, siehe Erblasser – Staatsangehörigkeit; Willensvollstrecker – Staatsangehörigkeit
Büronachfolgeklausel 517–518 N. 1 und 20
BVG 517–518 N. 149 ff. und 281
– siehe auch Sozialversicherungen
BVV2 517–518 N. 133, 140, 144, 146, 148, 149 ff., 155, 158, 172 und 176

C

Convention *Concerning the International Administration of Estates of Deceased Persons* Vorbem. N. 110
Culpa in contrahendo 517–518 N. 304 und 436

D

Dauer *der Willensvollstreckung,* siehe Willensvollstrecker
Dauervollstrecker, siehe Willensvollstrecker
De lege ferenda 517–518 N. 22, 293 und 324
Delegation
– *von Anlageentscheiden* 517–518 N. 94, 98, 155 f. und 161
– siehe auch Willensvollstrecker – Substitution
Deliktshaftung 517–518 N. 438
Deutsches Recht *(rechtsvergleichend)* 517–518 N. 6, 8, 12, 13, 14, 15, 16, 18, 20, 22, 27, 29, 30, 31, 32, 48, 51, 52, 53, 56, 65, 80, 89, 93, 94, 95, 97, 98, 107, 113, 127, 146, 165, 166, 175, 185, 186, 188, 192, 203, 212, 246, 260, 283, 291, 296, 310, 319, 321, 325, 327, 348, 377, 378, 382, 390, 422, 427, 433, 438, 449, 502, 516 und 523

Deutschland
– *Testamentsvollstrecker in der Schweiz* Vorbem. N. 124 f.
– *Willensvollstrecker in Deutschland* Vorbem. N. 85 ff. und 104
– siehe auch Fremdrechts-Testamentsvollstreckerzeugnis; Staatsangehörigkeitsprinzip
Dingliches Recht Vorbem. N. 55; 517–518 N. 73, 76, 199 und 201 f.
– siehe auch Willensvollstrecker – Liegenschaften • belasten
Direkte Steuern, siehe Einkommens- und Vermögenssteuer
Discretionary trust, siehe Trust
Disziplinarische Massnahmen, siehe Aufsichtsbehörde – Massnahmen • disziplinarische; Berufsrecht
Diversifikation, siehe Willensvollstrecker
Dokumentation 517–518 N. 98 und 447
Doppelvertretung, siehe Willensvollstrecker
Dringlichkeit
– *der Prozessführung,* siehe dort
– *der Vertretung,* siehe Erben
– *der Willensvollstreckung,* siehe dort
Dritte
– *Auskunftspflicht* 517–518 N. 226 ff.
– *Auskunftsrecht* 517–518 N. 222
– *Gutgläubige Dritte* 517–518 N. 201, 205 und 213

- *Mitteilungspflicht* 517–518 N. 226 ff.

E
Ehegatte, *überlebender*
- *als Willensvollstrecker,* siehe Willensvollstrecker; Willensvollstrecker – Interessenkollision
- *Schutz* Vorbem. N. 19

Ehevertrag Vorbem. N. 80

Eigenrechts-Testamentsvollstreckerzeugnis Vorbem. N. 125

Eigentum
- *am Nachlass* 517–518 N. 73 ff.
- siehe auch Erben; Erbschaft; Übertragung; Vermächtnisnehmer; Willensvollstrecker
- *Miteigentum,* siehe dort
- *Resolutiv bedingtes Eigentum (deutsch-rechtliche Treuhand)* Vorbem. N. 50
- *Stockwerkeigentum,* siehe dort
- *zu gesamter Hand* 517–518 N. 74

Eigentumsgarantie Vorbem. N. 9

Einfache Gesellschaft 517–518 N. 1, 356, 364 und 383

Einkommens- und Vermögenssteuer 517–518 N. 242 ff.
- siehe auch Erben; Haftung – des Willensvollstreckers; Willensvollstrecker; Willensvollstrecker – Vertretung der Erben im Steuerverfahren

Einladung zur Testamentseröffnung, siehe Willensvollstrecker – Ausweis

Einsicht in die letztwillige Verfügung, siehe Willensvollstrecker

Eintrittsklausel 517–518 N. 336

Einzelfirma 517–518 N. 191 ff., 337 f., 341, 359 und 449

Eltern
- *Ausschluss von der Verwaltung des Kindesvermögens* 517–518 N. 147 ff. und 360

Empfehlungen, siehe Aufsichtsbehörde – Massnahmen

Ende, siehe Willensvollstrecker – Beendigung

England
- *Executor in der Schweiz* Vorbem. N. 144 f.
- *Willensvollstrecker in England* Vorbem. N. 97 ff. und 105
- siehe auch Letters of administration; Staatsvertrag; Wohnsitzprinzip

Enterbung 517–518 N. 306
- siehe auch Anfechtung der Enterbung

Entlassung, siehe Willensvollstrecker – Absetzung

Equitable title (equitable estate, equitable ownership) Vorbem. N. 51 und 55

Erbanfallsteuer 517–518 N. 257, 260, 263 und 265

Erbbescheinigung
- *als Ausweis des Willensvollstreckers* 517–518 N. 48 ff.
- *als Ausweis zum Eintrag der Erben im Grundbuch* 517–518 N. 87 ff.
- *Hinweis* 517–518 N. 50
- *Zuständigkeit* 517–518 N. 49

Erbeinsetzung, siehe Nacherbeinsetzung

Erben
- *Abwesenheit* Vorbem. N. 3, 56 und 58; 517–518 N. 50 und 97
- *Aktienbuch (Aufnahme der Erben)* 517–518 N. 334

- *Auskunftspflicht* 517–518 N. 215 f.
- *Auskunftsrecht* 517–518 N. 219 ff.
  - *Recht des einzelnen Erben* 517–518 N. 232
  - *voraussetzungsloses* 517–518 N. 232
- *Beistand eines Erben*, siehe dort
- *Besitz am Nachlass* 517–518 N. 80 ff., 367 ff., 476 und 478
- *Dringlichkeit der Vertretung* Vorbem. N. 3; 517–518 N. 180, 463 und 511
- *Eigentum am Nachlass* 517–518 N. 73 f.
  - siehe auch Erbschaft; Übertragung; Vermächtnisnehmer; Willensvollstrecker
- *Einkommens- und Vermögenssteuer* 517–518 N. 244 f.
- *Erbschaftssteuer* 517–518 N. 260 ff.
- *Grundstückgewinnsteuer* 517–518 N. 278
- *Haftung* 517–518 N. 449
  - *solidarische* 517–518 N. 68, 74, 187, 191, 207, 263, 269, 370, 414 und 459
- *Handänderungssteuer* 517–518 N. 278
- *Handeln eines einzelnen Erben*, siehe Erben – Dringlichkeit der Vertretung
- *Honorar-Klage* 517–518 N. 411
- *Interessen der Erben*, siehe dort
- *Interessenkollision* Vorbem. N. 3; 517–518 N. 254
- *Konflikte*, siehe Willensvollstrecker
- *Legitimation*
  - *im Betreibungsverfahren* 517–518 N. 505 ff.
  - *zur Beschwerde an die Aufsichtsbehörde* 517–518 N. 519
  - *zur Haftungsklage gegen den Willensvollstrecker* 517–518 N. 422
  - *zur Prozessführung* 517–518 N. 446
- *Mehrwertsteuer* 517–518 N. 275 und 277
- *minderjährige* 517–518 N. 8, 55, 309 und 337
- *Nacherbe*, siehe dort
- *Nachlasssteuer* 517–518 N. 258, 261, 263, 265 und 270
- *Nachsteuer* 517–518 N. 254
- *provisorische*
  - *Auskunftsrecht* 517–518 N. 217
- *Prozessführung durch einzelne Erben* 517–518 N. 462 f.
- *Realteilungsanspruch*, siehe Realteilung – Anspruch der Erben auf Realteilung
- *Stellungnahmen zum Teilungsplan*, siehe dort
- *Steuerinventar* 517–518 N. 238
- *Streiverkündigung (dem Willensvollstrecker)* 517–518 N. 361 und 369
- *Teilungsklage*, siehe dort
- *Übertragung des Nachlasses*, siehe Übertragung – der Nachlassgegenstände auf die Erben
- *unbekannte* Vorbem. N. 3, 50, 73, 97 und 393
- *Uneinigkeit* Vorbem. N. 3 und 58; 517–518 N. 17, 148 und 311
- *Unerfahrenheit* Vorbem. N. 3; 517–518 N. 57
- *Verrechnungssteuer* 517–518 N. 276

- *Vormund eines Erben*, siehe dort; Gesetzlicher Vertreter
- *Wünsche* 517–518 N. 297, 310, 335 und 424
- *Zahlungsunfähigkeit* Vorbem. N. 56
- *Zivilklage*, siehe dort
- *Zustimmung* Vorbem. N. 22; 517–518 N. 97, 113, 203, 212, 287, 292, 294, 308 ff., 350, 427 f., 442 und 445
- siehe auch Willensvollstrecker – Auskunftspflicht; Willensvollstrecker – Interessenkollision; Willensvollstrecker – Streitverkündigung

Erbenausschlussklausel 517–518 N. 230

Erbengemeinschaft
- *als juristische Person (Organtheorie)* Vorbem. N. 44
- *fortgesetzte*, siehe Nichtteilungsvereinbarung
- *Handlungsfähigkeit* Vorbem. N. 3
  • *beschränkte* Vorbem. N. 34
- *Prozessfähigkeit* 517–518 N. 461 und 506
- *Streitgenossenschaft* 517–518 N. 459 ff.
  • *einfache* 517–518 N. 460
  • *notwendige* 517–518 N. 460 und 505
- siehe auch Gesamthandsgemeinschaft

Erbengläubiger Vorbem. N. 6, 19 und 57; 517–518 N. 290, 344, 422, 437 und 449
- *Legitimation zur Haftungsklage gegen den Willensvollstrecker* 517–518 N. 422
- *Schutz* Vorbem. N. 19

Erbenkonferenz 517–518 N. 304

Erbenvertreter Vorbem. N. 23 und 58
- *Erbschaft erhalten* Vorbem. N. 23
- *Liquidationshandlungen* Vorbem. N. 23
- *Prozesse führen* Vorbem. N. 23
- *Vermächtnisse ausrichten* Vorbem. N. 23
- siehe auch Willensvollstrecker – Abgrenzung • zum Erbenvertreter

Erbgang
- *Eröffnung*, siehe Verfügung – letztwillige
- *Sicherung*, siehe dort
- siehe auch Vorsorgliche Massnahmen

Erbgangsgläubiger 517–518 N. 519
- *Legitimation*
  • *zur Beschwerde an die Aufsichtsbehörde* 517–518 N. 519

Erbgangsschulden 517–518 N. 113, 191 ff., 207, 413 f. und 449

Erbgut, siehe Erbschaft

Erhaltung (des Nachlasses) in natura, siehe Naturalerhaltung

Erblasser
- *Staatsangehörigkeit*
  • *ausländische* Vorbem. N. 76 ff.
  • *schweizerische* Vorbem. N. 70 ff.
  • siehe auch Staatsangehörigkeitsprinzip
- *Wohnsitz, letzter*
  • *ausländischer* Vorbem. N. 71
  • *in der Schweiz* Vorbem. N. 70; 517–518 N. 23, 412, 457, 509 und 517
  • siehe auch Wohnsitzprinzip

- siehe auch Akten; Anordnungen; Testierfähigkeit; Verfügungsbefugnis

Erbschaft
- *als Sondervermögen* Vorbem. N. 44
- *als verselbständigter Vermögenskomplex* 517–518 N. 32
- *Annahme* 517–518 N. 200, 230 und 476
- *Ausschlagung* 517–518 N. 201
- *Besitz* siehe Erben; Willensvollstrecker
- *Eigentum*, siehe Erben; Übertragung; Vermächtnisnehmer; Willensvollstrecker
- *Erhaltung in natura*, siehe Naturalerhaltung
- *Erwerb* 517–518 N. 74
- *Herausgabe von Nachlassgegenständen*, siehe Willensvollstrecker – Besitz; Willensvollstrecker – Legitimation • die Herausgabe von Erbschaftssachen zu verlangen
- *Inbesitznahme*, siehe Willensvollstrecker – Besitz
- *Ipso-iure-Erwerb* 517–518 N. 73
- *Liquidation* 517–518 N. 126
- *Rechtsstillstand* 517–518 N. 115
- *Schulden*, siehe Erbgangsschulden; Erbschaftsschulden
- *Teilung* 517–518 N. 282 ff. und 342 ff.
- *Verwaltung* 517–518 N. 77

Erbschaftsgläubiger 517–518 N. 98, 290, 437 f. und 519
- *Legitimation*
  • *zur Beschwerde an die Aufsichtsbehörde* 517–518 N. 519
  • *zur Haftungsklage gegen den Willensvollstrecker* 517–518 N. 422
- *Schutz* Vorbem. N. 19

Erbschaftsklage
- *der Erben* 517–518 N. 425
- *des Willensvollstreckers* 517–518 N. 83, 367, 373 und 475
- siehe auch Willensvollstrecker – Legitimation • bei der Erbschaftsklage

Erbschaftsliquidator Vorbem. N. 22 und 57; 517–518 N. 122 f. und 488
- *Inventar erstellen* Vorbem. N. 22
- *Liegenschaft veräussern* Vorbem. N. 22
- *Liquidation der Erbschaft* Vorbem. N. 22
- *Rechnungsruf durchführen* Vorbem. N. 22
- *Vermächtnisse ausrichten* Vorbem. N. 22
- *Willensvollstrecker als Erbschaftsliquidator* 517–518 N. 122 ff.

Erbschaftsschulden 517–518 N. 113, 126 f., 187, 191 ff., 207, 244, 246, 289, 298, 354, 449, 473 und 498
- *Deckung als Voraussetzung für die Ausrichtung von Vermächtnissen* 517–518 N. 288

Erbschaftssteuer 517–518 N. 257 ff.
- siehe auch Erben; Haftung – des Willensvollstreckers; Willensvollstrecker – Vertretung der Erben im Steuerverfahren

Erbschaftsverwalter
- *im Sinne von Art. 554 ZGB* Vorbem. N. 20 f. und 56; 517–518 N. 86 und 117 ff.
  • *Erbschaft erhalten* Vorbem. N. 21

- *keine Vorbereitung und Durchführung der Erbteilung* Vorbem. N. 21
- *Liegenschaft veräussern* Vorbem. N. 21
- *Vermächtnisse ausrichten* Vorbem. N. 21
- *im Sinne von Art. 556 ZGB* Vorbem. N. 21; 517–518 N. 80 und 121
- siehe auch Prinzip – der freien Erbschaftsverwaltung

Erbschein Vorbem. N. 86, 111, 112, 119, 125, 127, 131, 133, 143, 154 und 155; 517–518 N. 348
- *ausländischer* Vorbem. N. 86, 111 und 112
- siehe auch Erbbescheinigung

Erbstatut Vorbem. N. 72 ff., 79, 83, 85, 88, 91, 94, 100, 111, 114 und 154

Erbteilung
- *Durchführung* Vorbem. N. 1 und 8; 517–518 N. 342 ff.
- *fehlerhafter Vollzug* 517–518 N. 365 f.
- *Mitwirkung der Behörden* 517–518 N. 344
- *ohne Mitwirkung des Willensvollstreckers* 517–518 N. 348 und 374 ff.
- *partieller Vollzug* 517–518 N. 364
- *rechtswidrig* Vorbem. N. 9
- *unsittlich* Vorbem. N. 9
- *Vereinbarung,* siehe Teilungsvereinbarung (-vertrag)
- *Vorbereitung* 517–518 N. 282 ff.
- siehe auch Prinzip – der freien Erbteilung; Willensvollstrecker

Erbteilungsvereinbarung (-vertrag), siehe Teilungsvereinbarung (-vertrag)

Erbunwürdigkeit 517–518 N. 3 und 485

Erbvertrag Vorbem. N. 1, 69, 74 und 124; 517–518 N. 17 f., 24, 25, 54, 325, 328 f., 373 und 534

Erbvorbezug 517–518 N. 295

Erfahrung, siehe Willensvollstrecker

Erledigung der Aufgabe, siehe Willensvollstrecker

Ermächtigung, siehe Willensvollstrecker – Verfügungsmacht und – Vertretungsmacht

Ermächtigungstreuhand, siehe Treuhand

Ermessen
- *beim Auslegen der letztwilligen Verfügung,* siehe Verfügung – letztwillige • Ermessen
- *des Willensvollstreckers bei der Verwaltung des Nachlassvermögens* 517–518 N. 98
- *des Willensvollstreckers bei der Durchführung der Erbteilung* 517–518 N. 345

Ermessensfehler 517–518 N. 169, 175, 354 und 427

Ernennung, siehe Willensvollstrecker

Eröffnung des Erbgangs, siehe Verfügung – letztwillige
- siehe auch Willensvollstrecker – Legitimation • im Eröffnungsverfahren

Eröffnungsrichter, siehe Willensvollstrecker

Eröffnungsstatut Vorbem. N. 72 ff.

Eröffnungverfahren Vorbem. N. 119; 517–518 N. 116 und 486

Errichtung einer Stiftung, siehe Stiftung – Errichtung

Ersatz, siehe Willensvollstrecker

Ersatzleistung 517–518 N. 430

Ersatztreuhänder 517–518 N. 85

Erwerb der Erbschaft, siehe
  Erbschaft
– siehe auch Equitable title;
  Legal title
Esecutore testamentario,
  siehe Italien
Europäische Erbrechtsverordnung Vorbem. N. 83 und 111
Europäischer Erbschein Vorbem. N. 111
Executele, siehe Niederlande
Exécuteur testamentaire, siehe
  Belgien; Frankreich
Executor 517–518 N. 55
– siehe auch Australien; England;
  Kanada; Südafrika; USA
Exequaturverfahren Vorbem. N. 112 ff.
– *Australien: grant of probate*
  Vorbem. N. 151
– *Deutschland: Testamentsvollstreckerzeugnis* Vorbem. N. 125
– *England: grant of probate*
  Vorbem. N. 145
– *Frankreich: act de notoriété*
  Vorbem. N. 131
– *Griechenland: Testamentsvollstreckerzeugnis* Vorbem. N. 143
– *Italien: Bestätigung des Gerichts*
  Vorbem. N. 133
– *Kanada: letters probate*
  Vorbem. N. 149
– *Niederlande: verklaring van executele* Vorbem. N. 139
– *Südafrika: letters of executorship*
  Vorbem. N. 153
– *USA: letters testamentary*
  Vorbem. N. 147
Exklusivität, siehe Willensvollstrecker – Fähigkeiten • exklusive;
  Willensvollstrecker – Prozessführungsbefugnis • exklusive

F
Fachanwalt SAV Erbrecht, siehe
  Willensvollstrecker – Honorar
Fachmann (Fachleute) 517–518
  N. 1, 63 und 98
Fachliche Qualifikation, siehe
  Willensvollstrecker
Fähigkeiten, siehe Willensvollstrecker
Fahrlässigkeit, siehe Willensvollstrecker – Verschulden
Falschbeurkundung 517–518
  N. 570
Familie, siehe Angehörige
Familienrecht 517–518 N. 360 ff.
Familienschriften 517–518 N. 204
Familienstiftung Vorbem. N. 61
– siehe auch Stiftung
Feststellungsklage 517–518 N. 472 und 482
Fiduzia Vorbem. N. 48 f. und 53
– siehe auch Willensvollstrecker – Theorien • Treuhänder
Fishing expedition 517–518 N. 233
Flexibilität, siehe Trust
Foralrechte, siehe Spanien
Forderungen, siehe Willensvollstrecker
Formstatut Vorbem. N. 69
Formungültige Verfügungen,
  siehe Willensvollstrecker – Vollzug • formungültiger Verfügungen
Fortführungsvereinbarung
  (einer Gesellschaft) 517–518
  N. 190, 340 und 356
Fortsetzung
– *der Erbengemeinschaft,* siehe
  Nichtteilungsvereinbarung
– *einer Kollektivgesellschaft* 517–518 N. 188 ff.
– *einer Personengesellschaft* 517–518 N. 188 f. und 336

- *eines Prozesses* 517–518 N. 444
Fortsetzungsklausel 517–518 N. 336
Frankreich
- *Exécuteur testamentaire in der Schweiz* Vorbem. N. 130 f.
- *Willensvollstrecker in Frankreich* Vorbem. N. 91 ff. und 105

Freihändiger Verkauf von Liegenschaften, siehe Willensvollstrecker – Liegenschaften • freihändig verkaufen
Freiheit
- *Persönliche Freiheit* Vorbem. N. 14 f.
- siehe auch Prinzip – der freien Erbschaftsverwaltung; Prinzip – der freien Erbteilung; Verfügungsfreiheit

Fremdrechts-Testamentsvollstreckerzeugnis Vorbem. N. 86 und 125
Frist
- *zur Annahme der Willensvollstreckung,* siehe Willensvollstrecker
- *zur Durchführung der Willensvollstreckung,* siehe Willensvollstrecker

Fristansetzung, siehe Willensvollstrecker
Fürsorge
- *Totenfürsorge,* siehe dort
- *vermögensrechtliche (für die Familie)* Vorbem. N. 42

G

Gedenkstätte errichten Vorbem. N. 15
Geheimnis, siehe Anwaltsgeheimnis; Arztgeheimnis; Bankgeheimnis, Notarengeheimnis; Postgeheimnis; Revisorengeheimnis

Geheimhaltungspflicht 517–518 N. 8, 218, 226 ff.
Geld, siehe Rückforderungsanspruch
Geldwäscherei 517–518 N. 101
Generalexekutor, siehe Willensvollstrecker
Gesamthandsgemeinschaft Vorbem. N. 3 und 44; 517–518 N. 74, 304, 310, 370, 413 und 555
Geschäfte, siehe Willensvollstrecker
Geschäftsbesorgung, *ungetreue,* siehe dort
Gesellschaft mit beschränkter Haftung (GmbH), siehe Willensvollstrecker – Gründung
Gesetzlicher Vertreter
- *Abgrenzung der Tätigkeit* 517–518 N. 363
- *Zustimmung* 517–518 N. 309, 427
- siehe auch Willensvollstrecker – Theorien

Gestaltungsklage, siehe Willensvollstrecker – Legitimation
Gewinn 517–518 N. 155 und 180
- *Grundstücksgewinn,* siehe dort

Gläubiger
- *der Erben,* siehe Erbengläubiger
- *der Erbschaft,* siehe Erbgangsgläubiger; Erbschaftsgläubiger
- *des Treuhänders* 517–518 N. 51 und 55
- siehe auch Willensvollstrecker – Interessenkollision

Grabunterhalt Vorbem. N. 15; 517–518 N. 96 und 311
Grant of probate, siehe Exequaturverfahren – Australien und – England

Griechenland
- *Testamentsvollstrecker in der Schweiz* Vorbem. N. 142 f.

Grossbritannien, siehe England

Gründung, siehe Willensvollstrecker

Grundbuch 517–518 N. 87 ff. und 349 ff.
- *Anmeldung*
  • *durch den Willensvollstrecker* 517–518 N. 87 und 349
  • *durch die Erben* 517–518 N. 87
- *Ausweis*
  • *Abtretung eines Erbanteils* 517–518 N. 350
  • *Erbbescheinigung* 517–518 N. 87 f.;
  • *Kaufvertrag* 517–518 N. 350
  • *Letztwillige Verfügung (für Vermächtnis)* 517–518 N. 350
  • *Steigerungsprotokoll* 517–518 N. 350
  • *Teilungsvereinbarung* 517–518 N. 350
  • *Willensvollstreckerausweis* Vorbem. N. 84; 517–518 N. 88 und 351
  • *Zustimmung aller Erben* 517–518 N. 90 und 350
- *Eintragung*
  • *der Erben* 517–518 N. 87 f.
  • *des Willensvollstreckers* 517–518 N. 89
- *Kanzleisperre*, siehe dort
- *Prüfung der Anmeldung* 517–518 N. 90 und 351
- *Verfügungsberechtigung* 517–518 N. 91 und 351
  • *Teilungsvorschrift vollziehen* 517–518 N. 91

  • *Vermächtnis ausrichten* 517–518 N. 91

Grunddienstbarkeit 517–518 N. 178 und 202

Grundstücke, siehe Liegenschaften

Grundstückgewinn 517–518 N. 213
- siehe auch Grundstückgewinnsteuer

Grundstückgewinnsteuer 517–518 N. 278

Güterrechtliche Auseinandersetzung 517–518 N. 282 ff.
- *Beispiel* 517–518 N. 286
- siehe auch Willensvollstrecker – Verwaltung des güterrechtlichen Anspruchs des überlebenden Ehegatten

Güterrechtlicher Teilungsvertrag 517–518 N. 282

Gutgläubige Dritte, siehe Dritte

H

Haager Übereinkommen
- *über das auf die Form letztwilliger Verfügungen anwendbare Recht* Vorbem. N. 69
- *über das auf Trusts anwendbare Recht und über ihre Anerkennung* 517–518 N. 61

Haftpflichtversicherung 517–518 N. 448

Haftung
- *des Willensvollstreckers*
  • *für die Einkommens- und Vermögenssteuer* 517–518 N. 246 f.
  • *für die Erbschaftssteuer* 517–518 N. 263 ff.
  • *für die Nachlasssteuer* 517–518 N. 263 ff.
  • *für Nachsteuern* 517–518 N. 255 f.

– siehe auch Aufsichtsbehörde; Erben; Willensvollstrecker
Handänderungssteuer 517–518 N. 278
Handeln, siehe Erben; Willensvollstrecker
Handelsregister 517–518 N. 357 ff.
– siehe auch Willensvollstrecker
Handlungsfähigkeit, siehe Erbengemeinschaft; Willensvollstrecker
Handlungsunfähigkeit, siehe Willensvollstrecker
Hausgenossen 517–518 N. 113
Haushalt auflösen 517–518 N. 395
Heimatort, siehe Erblasser – Staatsangehörigkeit; Staatsangehörigkeitsprinzip; Willensvollstrecker – Staatsangehörigkeit
Herabsetzung
– *des Erbes,* siehe Herabsetzungsklage; Willensvollstrecker – Legitimation • bei der Herabsetzungsklage
– *eines Vermächtnisses* 517–518 N. 288
Herabsetzungsklage Vorbem. N. 10; 517–518 N. 200, 213, 284, 473 und 483 f.
– *Auswirkung auf Erbteilung* 517–518 N. 343
– *Auswirkung auf die Ausrichtung von Vermächtnissen* Vorbem. N. 21
– *Auswirkung auf Verfügungsbefugnis des Willensvollstreckers* 517–518 N. 213
– *Auswirkung der Willensvollstreckung* 517–518 N. 200
Herausgabe von Nachlassgegenständen, siehe Willensvollstrecker – Besitz
Hilfspersonen, siehe Willensvollstrecker – Substitution

Höchstpersönlichkeit
– *der letztwilligen Verfügung* 517–518 N. 20, 22, 94 f., 333 und 345
– *der Rechte des Erblassers* Vorbem. N. 9 und 11
Honorar, siehe Anwaltstarif, Rechtsanwalt; Willensvollstrecker
Honorar-Klage, siehe Erben
Honorar-Ordnung der Treuhand-Kammer 517–518 N. 392
Hypothek, siehe Willensvollstrecker – Liegenschaften • belasten

I
Immobilien, siehe Liegenschaften
Inaktivität, siehe Willensvollstrecker
Independent Administration of Estates Act Vorbem. N. 147
Index nachbilden 517–518 N. 141
Informationen, vertrauliche, siehe Vertrauliche Informationen
Infrastruktur, siehe Willensvollstrecker
Inhaberpapiere, siehe Rückforderungsanspruch
Instruktion *(von Fach- und Hilfspersonen)* 517–518 N. 64, 98 und 175
Interessen
– *der Erben* Vorbem. N. 6
– *der Gläubiger* Vorbem. N. 6
– *der Vermächtnisnehmer* Vorbem. N. 6
– *öffentliche* Vorbem. N. 10
Interessenkollision, siehe Erben; Willensvollstrecker
Interessenkonflikt, siehe Interessenkollision

Internationales Privatrecht (IPR)
Vorbem. N. 69 ff.
– siehe auch Anwendbares Recht;
Erbstatut; Eröffnungsstatut;
Formstatut; Zuständigkeit
Internationales Zerfitikat
Vorbem. N. 110
Intertemporales Recht Vorbem.
N. 156
Inventar
– *Amtliches Inventar* 517–518
N. 103 ff.
  • *Mitwirkung des Willensvollstreckers* 517–518 N. 104
– *Annahme der Erbschaft unter Inventar* 517–518 N. 113
und 192
– *Öffentliches Inventar* 517–518
N. 105 ff.
  • *Beschränkung der Verfügungsbefugnis des Willensvollstreckers* 517–518
N. 204
  • *Mitwirkung des Willensvollstreckers* 517–518 N. 106
– *Sicherungsinventar*, siehe Inventar – Amtliches Inventar
– siehe auch Steuerinventar;
Willensvollstrecker
Inventarpflichtverletzung 517–518
N. 268
Investition von Nachlassvermögen
517–518 N. 151, 154, 162, 176,
180 und 335
Ipso-iure-Erwerb der Erbschaft,
siehe Erbschaft
Italien
– *Esecutore testamentario in der Schweiz* Vorbem. N. 132 f.
– *Willensvollstrecker in Italien*
Vorbem. N. 88 ff. und 104
ius in rem Vorbem. N. 51

J
Jahresfrist, siehe Verwirkung
Juristische Person 517–518
N. 184 ff.
– siehe auch Erbengemeinschaft –
als juristische Person; Willensvollstrecker – Auflösung (einer juristischen Person); Willensvollstrecker – Person • Natürliche oder juristische Person

K
Kalifornien Vorbem. N. 102 f.,
146 f. und 154; 517–518 N. 23
Kanada
– *Executor in der Schweiz*
Vorbem. N. 148 f.
Kanonisches Recht Vorbem. N. 27
und 41
Kantonale Behörde, siehe Zuständige kantonale Behörde
Kantonales Recht Vorbem. N. 7, 9
und 16; 517–518 N. 26, 30, 38,
73, 100, 104, 105, 106, 123, 240,
344, 352, 376, 401, 450, 472 und
509
– siehe auch Steuerrecht; Zuständige kantonale Behörde
Kantonales Verfahren, siehe Verfahren – kantonales
Kanzleisperre 517–518 N. 352
Kapitalkontenklausel 517–518
N. 336
Kaufsrecht 517–518 N. 202, 303,
335 und 443
– siehe auch Vorkaufsrecht
Kaufvertrag, siehe Grundbuch –
Ausweise
Kausalzusammenhang, adäquater
517–518 N. 426
Kinder
– *Schenkungen an Kinder* 517–518
N. 280

– *unmündige als Erben* 517–518 N. 360
Kindesvermögen, *Anlage von* 517–518 N. 147 f. und 477
– siehe auch Eltern – Ausschluss von der Verwaltung des Kindesvermögens
Klage, siehe Aberkennungsklage; Absetzungsklage; Auskunftsklage; Erbschaftsklage; Feststellungsklage; Gestaltungsklage; Herabsetzungsklage; Honorarklage; Teilungsklage; Ungültigkeitsklage; Vermächtnisklage; Verwaltungsklage; Zivilklage
Kollektivgesellschaft Vorbem. N. 39, 45; 517–518 N. 191, 337 und 358
– siehe auch Fortsetzung; Willensvollstrecker – Gründung
Kollisionsrecht Vorbem. N. 64 ff.
– *Konflikte* Vorbem. N. 87, 90, 93, 96, 99 und 118
– siehe auch Nachlassspaltung
Kommanditgesellschaft, siehe Willensvollstrecker – Gründung
Komplexität des Falles, siehe Willensvollstrecker
Konflikte, siehe Kollisionsrecht
– *der Erben,* siehe Willensvollstrecker
– *der Erben mit dem Willensvollstrecker* 517–518 N. 398
  • siehe auch Klage; Meinungsverschiedenheiten
Konkurs, siehe Willensvollstrecker
Konkursverwalter Vorbem. N. 46; 517–518 N. 346
Konversionsklausel 517–518 N. 188 und 336
Kosten
– *eines Strafverfahrens* 517–518 N. 573

– *des Aufsichtsverfahrens* siehe dort
– siehe auch Begräbniskosten; Prozesskosten; Willensvollstrecker – Honorar
Krankheit, siehe Willensvollstrecker
Kremation Vorbem. N. 15
– siehe auch Beerdigung; Begräbnis; Bestattung
Kündigung, siehe Willensvollstrecker
Kunstfehler, siehe Willensvollstrecker

L
Langobardisches Recht Vorbem. N. 41
Laufende Geschäfte, siehe Willensvollstrecker – Geschäfte
Lebensversicherung 517–518 N. 293
Lebzeit der Erben *(als zeitliche Grenze der Willensvollstreckung)* 517–518 N. 124
Lebzeitige Zuwendungen Vorbem. N. 21; 517–518 N. 216 und 469
– siehe auch Schenkung
Legal title *(legal estate, legal ownership)* Vorbem. N. 55, 146 und 152
Legalzession 517–518 N. 66
Legat, siehe Vermächtnis
Legitimation, siehe Aufsichtsbehörde; Erben; Erbengläubiger; Erbgangsgläubiger; Erbschaftsgläubiger; Vermächtnisnehmer; Willensvollstrecker – keine Legitimation; Willensvollstrecker
Leichnam Vorbem. N. 14 und 24; 517–518 N. 200

Leitwährung 518–518 N. 137 und 167
Letters of administration, Vorbem. N. 98, 101, 119, 151, 154 und 155
– siehe auch Ancillary letters of administration
Letters of executorship, siehe Exequaturverfahren – Südafrika
Letters probate, siehe Exequaturverfahren – Kanada
Letters testamentary, siehe Exequaturverfahren – USA
Letztwillige Verfügung, siehe Verfügung
Lex domicilii, siehe Wohnsitzprinzip
Lex Friedrich (Koller) 517–518 N. 349
Lex rei sitae Vorbem. N. 105, 107 und 117
Liegenschaften, siehe Willensvollstrecker
– *Versteigerung von Liegenschaften,* siehe Grundbuch – Ausweise • Steigerungsprotokoll
Liquidation, *amtliche,* siehe Erbschaftsliquidator
Liquidationshandlungen, siehe Erbenvertreter; Willensvollstrecker
Liquidität (des Nachlasses) sicherstellen 517–518 N. 135, 139, 144, 163, 168 und 177
Living Will, siehe Patientenverfügung (Patiententestament)
Losbildung 517–518 N. 296, 299, 314 und 318
Lugano-Übereinkommen Vorbem. N. 91; 517–518 N. 458

M
Mandat, siehe Auftrag
Manuskript Vorbem. N. 18
Massnahmen, siehe Aufsichtsbehörde; Vorsorgliche Massnahmen
Materiell-rechtliche Fragen Vorbem. N. 73; 517–518 N. 327, 443, 451, 473, 523, 532 und 565
Medizinische Behandlung Vorbem. N. 13 und 24
Mehrere Willensvollstrecker, siehe Willensvollstrecker
Mehrwertsteuer 517–518 N. 275, 277 und 416
Meinungsverschiedenheiten 517–518 N. 398, 451, 531 und 549
Messen lesen lassen Vorbem. N. 16
Mietverträge 517–518 N. 178, 191, 199 und 202
Mitarbeiter *im Unternehmen des Erblassers* Vorbem. N. 19
Miteigentümer *an Nachlassgegenständen* Vorbem. N. 19
Miteigentum 517–518 N. 317
Mitteilung *(an den Willensvollstrecker),* siehe Willensvollstrecker
Mitteilungspflicht, siehe Dritte; Willensvollstrecker
Mitwirkung
– *der Behörden,* siehe Erbteilung
– *der Erben bei der Verwaltung des Nachlassvermögens* 517–518 N. 97
– *des Willensvollstreckers im Steuerverfahren,* siehe Willensvollstrecker
– *von Zeugen,* siehe Zeugen
Mobilien *ausländische* Vorbem. N. 85 ff.
Monitoring des Nachlassvermögens 517–518 N. 172

Moralische Pflichten 517–518 N. 67 und 424
Mündelsichere Kapitalanlage 517–518 N. 143 ff.
Mündelvermögen, *Anlage von* 517–518 N. 143 ff.

N
Nacherbe, siehe Willensvollstrecker
– Dauer
Nacherbeinsetzung 517–518 N. 51, 53 f. und 56
Nachfolgeklausel 517–518 N. 188 ff. und 336
– *einfache* 517–518 N. 188 und 336
– *qualifizierte* 517–518 N. 189 und 336
Nachfolger eines Unternehmers bestimmen, siehe Willensvollstrecker
Nachlässigkeit 517–518 N. 427
Nachlass, siehe Erbschaft
Nachlassgegenstände 517–518 N. 79 ff. und 116 ff.
– *schätzen* 517–518 N. 294
– *Übertragung ins Alleineigentum eines Erben* 517–518 N. 314, 344 und 347
– siehe auch Miteigentümer; Willensvollstrecker – Besitz; Übertragung
Nachlassspaltung, *kollisionsrechtliche* Vorbem. N. 74 und 75
Nachlasssteuer 517–518 N. 258, 261, 263, 265 und 270
Nachlassverfahren, siehe Eröffnung des Erbgangs
Nachlassverwalter, siehe Erbschaftsverwalter
Nachlassverwaltung, siehe Erbschaftsverwaltung; Willensvollstrecker – Verwaltung

Nachsteuer 517–518 N. 250 ff.
– siehe auch Erben; Haftung – des Willensvollstreckers; Willensvollstrecker; Willensvollstrecker – Vertretung der Erben im Steuerverfahren; Vereinfachte Nachbesteuerung
Nachvermächtnis 517–518 N. 293
Nasciturus Vorbem. N. 56; 517–518 N. 317
Naturalerhaltung *(Erhaltung in natura)* 517–518 N. 125 und 306
Naturalteilung, siehe Realteilung
Naturalzuweisung, siehe Zuweisung
Nebenintervention, siehe Willensvollstrecker
New York Vorbem. N. 100 f. und 105
New York Übereinkommen 517–518 N. 329
Nichtigkeitsbeschwerde 517–518 N. 503, 565 und 574
Nichtstreitige Gerichtsbarkeit 517–518 N. 118 und 554
Nichtteilungsvereinbarung (-vertrag) 517–518 N. 97, 310, 317, 344, 364, 381 und 383
Niederlande
– *Executele in der Schweiz* Vorbem. N. 138 f.
– *Testamentair bewind in der Schweiz* Vorbem. N. 138 f.
– *Uitvoerder* Vorbem. N. 137
Notar Vorbem. N. 57, 80, 92, 124, 131, 133, 136 und 139; 517–518 N. 1, 6, 8, 17, 20, 24, 25, 35, 49, 72, 101, 103, 104, 105, 122, 203, 214, 218, 226, 227 ff., 387, 390, 391, 392, 411, 423, 435, 448, 516, 533, 561 und 570
– siehe auch Aufsichtsbehörde – für Notare

Notarengeheimnis 517–518 N. 218 und 387
Notariatstarif, siehe Willensvollstrecker – Honorar
Numerus clausus Vorbem. N. 55
Nutzniessung Vorbem. N. 55; 517–518 N. 202 und 294

O
Öffentlich-rechtliche Verfahren, siehe Willensvollstrecker – Rechtsmittel ergreifen
Öffentliches Inventar, siehe Inventar
Österreich
– *Testaments-Exekutor in der Schweiz* Vorbem. N. 126 f.
Ordnungsbusse, siehe Aufsichtsbehörde – Massnahmen
Organ, siehe Erbengemeinschaft – als juristische Person (Organtheorie); Willensvollstrecker – Theorien
Organentnahme Vorbem. N. 14
Organspende (Organspenderausweis) Vorbem. N. 12 und 14

P
Pachtverträge 517–518 N. 182
Pactum fiduciae 517–518 N. 49
Parteientschädigung 517–518 N. 281, 504 und 558 f.
Parteilichkeit, siehe Willensvollstrecker – (Un)parteilichkeit
Parteistellung 517–518 N. 464
Partieller Teilungsvertrag Vorbem. N. 124; 517–518 N. 308 ff.
Partieller Vollzug 517–518 N. 364
Patientenverfügung (Patiententestament) Vorbem. N. 12 f., 24 und 59

Pensionskasse, siehe BVG; BVV2
Pensionskassenvermögen, *Anlage von* 517–518 N. 149 ff.
Persönliche Freiheit, siehe Freiheit
Persönlichkeitsbezogene Anordnungen, siehe Anordnungen des Erblassers
Persönlichkeitsrecht Vorbem. N. 11, 14 und 16
Personaldienstbarkeit 517–518 N. 202
Personengesellschaft 517–518 N. 1 und 188 ff.
– siehe auch Kollektivgesellschaft; Willensvollstrecker
Pflichten, siehe Moralische Pflichten; Sittliche Pflichten; Willensvollstrecker
Pflichtteile Vorbem. N. 7, 55, 105 und 130; 517–518 N. 8, 12, 93, 95, 107, 108, 186, 226, 229, 232, 288, 297, 327 f., 330, 333, 354, 361, 413, 414, 452, 483 und 484
– *als Hindernis für eine zeitlich unbeschränkte Willensvollstreckung* 517–518 N. 53
– *Schiedsfähigkeit* 517–518 N. 330
– siehe auch Quote, verfügbare
Pflichtverletzung, siehe Aufsichtsbehörde – Beschwerdegründe; Willensvollstrecker
Portugal Vorbem. N. 109, 147, 149 und 151
Postgeheimnis 517–518 N. 234
Power of appointment Vorbem. N. 144
Prinzip
– *der freien Erbschaftsverwaltung* Vorbem. N. 2 und 55
– *der freien Erbteilung* Vorbem. N. 9 und 55; 517–518 N. 95, 97, 310, 312, 325, 335 und 468
Privatakten, siehe Akten

Private Banking Standard-Strategien 517–518 N. 152 ff.
Probate Court 517–518 N. 110, 148, 150 und 152
Protective trust, siehe Trust
Prozess
– *unerledigter* 517–518 N. 470
– siehe auch Erben – Legitimation • zur Prozessführung; Vermächtnisnehmer – Legitimation • zur Prozessführung; Willensvollstrecker – Legitimation • zur Prozessführung; Willensvollstrecker – Prozesse
Prozessfähigkeit, siehe Erbengemeinschaft
Prozessführung
– *Dringlichkeit* 517–518 N. 462 f.
– siehe auch Erben; Willensvollstrecker
Prozessführungsbefugnis, siehe Willensvollstrecker
Prozesskosten 517–518 N. 445 und 497
Prozessstandschaft 517–518 N. 466
Prozesswirkungen 517–518 N. 497 ff.
Prudent Investor Rule 517–518 N. 155 ff.
Prudent Man Rule 517–518 N. 159 ff.
Prudent Man Test 517–518 N. 159
Publizitätsprinzip Vorbem. N. 55

Q
Qualifikation, siehe Willensvollstrecker
Quote, *verfügbare* 517–518 N. 53, 94, 306 und 330

R
Realerfüllung 517–518 N. 64 und 430
Realteilung 517–518 N. 97, 125, 138, 151, 166, 204, 285, 314, 348, 350 und 374
– *Anspruch der Erben auf Realteilung* Vorbem. N. 6
Rechenschaft
– *Anspruch auf* 517–518 N. 95
– siehe auch Willensvollstrecker
Rechnungsruf, siehe Erbschaftsliquidator; Willensvollstrecker – Inventar
Rechtliches Gehör 517–518 N. 556
Rechtsanwalt
– *Auskunftspflicht* 517–518 N. 227
– *Beratung* 517–518 N. 401
– *Honorar,* siehe Willensvollstrecker
– *Standespflichten* 517–518 N. 1, 8, 62, 419, 420, 434 und 516
– siehe auch Aufsichtsbehörde – für Rechtsanwälte; Willensvollstrecker – Rechtsanwalt als Willensvollstrecker
Rechtsmittel Vorbem. N. 84; 517–518 N. 28, 48, 102, 245, 248, 253, 260, 262, 278, 309, 408, 486, 493, 496, 503, 561 ff. und 574
– siehe auch Anfechtung; Berufung; Beschwerde; Beschwerde in Zivilsachen; Nichtigkeitsbeschwerde; Staatsrechtliche Beschwerde
Rechtsnachfolger, siehe Willensvollstrecker
Rechtsstillstand 517–518 N. 115
Rechtswahl Vorbem. N. 72, 79 f., 81 f., 84, 93, 99, 106, 114 und 154; 517–518 N. 297
– *Italien* Vorbem. N. 81 f.
– *stillschweigende* Vorbem. N. 80

Register
– siehe Aktienbuch; Handelsregister
Restatement 3rd of Trusts 517–518 N. 155
Retentionsrecht, siehe Willensvollstrecker
Revisorengeheimnis 517–518 N. 227 und 387
Richter, siehe Eröffnungsrichter; Schiedsrichter; Willensvollstrecker – Interessenkollision
Right to follow Vorbem. N. 144
Risikobereitschaft 517–518 N. 92, 136 und 170
Risikofähigkeit 517–518 N. 92, 135 und 169
Rückforderungsanspruch 517–518 N. 367 und 369 ff.
– *Verjährung* 517–518 N. 372
– siehe auch Ungerechtfertigte Bereicherung
Rücksicht *auf die schützenswerten Interessen* Vorbem. N. 8; 517–518 N. 98, 175 und 227
Rücktritt, siehe Willensvollstrecker
Rückverweisung Vorbem. N. 146

S
Sachbeschädigung 517–518 N. 571
Sachlich vertretbare Gesichtspunkte *(bei der Verwaltung des Nachlassvermögens)* 517–518 N. 98
Sachverhaltsabklärung, *von Amtes wegen* siehe Aufsichtsverfahren
Salman Vorbem. N. 41 und 48
Schaden 517–518 N. 406 und 425
– *selber tragen* 517–518 N. 447
– *überwälzen* 517–518 N. 448

– *verhindern* 517–518 N. 440
– *vermindern* 517–518 N. 441 ff.
– siehe auch Willensvollstrecker – Haftung
Schadenersatz
– *Anspruch auf* 517–518 N. 95
– siehe auch Willensvollstrecker – Haftung
Schätzung von Nachlassgegenständen 517–518 N. 294
Schenkung Vorbem. N. 21; 517–518 N. 112 f., 229, 280, 295, 314, 388 und 470
– *auf den Todesfall* 517–518 N. 223
– *Erbvorbezug*, siehe dort
– *Widerruf* 517–518 N. 470
Schenkungssteuer, siehe Erbschaftssteuer
Schiedsfähigkeit *(von Erbsachen)* 517–518 N. 330
Schiedsgericht 517–518 N. 3 und 325 ff.
Schiedsklausel 517–518 N. 327
Schiedsrichter, siehe Willensvollstrecker
Schiedsvereinbarung 517–518 N. 327
Schlechte Erfüllung 517–518 N. 403, 423 und 499
Schlussabrechnung, siehe Willensvollstrecker
Schmuck 517–518 N. 568
Schulden, siehe Erbgangsschulden; Erbschaftsschulden; Willensvollstrecker
Schweden
– *Testamentsexekutor in der Schweiz* Vorbem. N. 140 f.
Schweigepflicht *(fortdauernde)* 517–518 N. 387
– siehe auch Berufsgeheimnis
Selbstkontrahieren, siehe Willensvollstrecker

Sicherung des Erbgangs 517–518 N. 102 ff., 200, 474 und 493
– siehe auch Willensvollstrecker – Erbgang sichern; Willensvollstrecker – Legitimation • bei Massnahmen zur Sicherung des Erbgangs
Sicherungsinventar, siehe Inventar
– Amtliches Inventar
Siegelung 517–518 N. 102
Singularsukzession 517–518 N. 189
Sittliche Pflichten 517–518 N. 113
Slowakei (Slowakische Republik) Vorbem. N. 110
Solidarische Haftung, siehe Erben – Haftung; Willensvollstrecker – Haftung
Sorgfaltspflicht, siehe Willensvollstrecker
Sozialversicherungen Vorbem. N. 5; 517–518 N. 113 und 281
– siehe auch BVG
Spanien
– *Albacea in der Schweiz* Vorbem. N. 134 ff.
– *Foralrechte* Vorbem. N. 135
– *Willensvollstrecker in Spanien* Vorbem. N. 94 ff. und 104
Spendthrift trust, siehe Trust
Spezialexekutor, siehe Willensvollstrecker
Sprachen *(fremde),* siehe Willensvollstrecker – Anwendung fremder Sprachen
Staatsangehörigkeit, siehe Erblasser; Willensvollstrecker
Staatsangehörigkeitsprinzip Vorbem. N. 78 ff. und 104
– *Deutschland* Vorbem. N. 78, 85 ff. und 104
– *Liechtenstein* Vorbem. N. 78
– *Österreich* Vorbem. N. 78
Staatsrechtliche Beschwerde 517–518 N. 130, 479 und 565

Staatsvertrag Vorbem. N. 65 ff.
– *mit den USA* Vorbem. N. 68
– *mit England (Grossbritannien, UK) und Irland* Vorbem. N. 68
– *mit Frankreich* Vorbem. N. 91
– *mit Griechenland* Vorbem. N. 66
– *mit Iran (Persien)* Vorbem. N. 68
– *mit Italien* Vorbem. N. 65, 76 und 88 ff.
– *mit Japan* Vorbem. N. 68
– *mit Portugal* Vorbem. N. 67
Standespflichten, siehe Rechtsanwalt
Status, siehe Willensvollstrecker – Inventar
Stellungnahmen der Erben *(zum Teilungsplan)* 517–518 N. 303
Stellvertretung Vorbem. N. 25 und 28 ff.
– siehe auch Doppelvertretung; Dringlichkeit der Vertretung; Ermächtigung; Fähigkeiten; Vertretungsbefugnis; Vertretungsmacht
Stellvertretungsrecht
– *analoge Anwendung* Vorbem. N. 25, 30, 41 und 63; 517–518 N. 198, 207
– *direkte Anwendung* Vorbem. N. 28
Stempelabgabe 517–518 N. 279
Sterbeort Vorbem. N. 66; 517–518 N. 457 und 517
Steuerbetrug 517–518 N. 271 und 274
Steuerdelikte 517–518 N. 266 ff.
Steuergefährdung 517–518 N. 272
Steuerhinterziehung 517–518 N. 269 und 274
Steuerinventar 517–518 N. 236 ff.
– *Verheimlichung* 517–518 N. 273
– *Verzicht auf* 517–518 N. 240 f.

Steuern
– siehe Einkommens- und Vermögenssteuer; Erbschaftssteuer; Grundstückgewinnsteuer; Handänderungssteuer; Mehrwertsteuer; Nachlasssteuer; Nachsteuer; Verrechnungssteuer; Willensvollstrecker
Steuerrecht 517–518 N. 235 ff.
Steuersukzession 517–518 N. 244
Steuerstrafrecht 517–518 N. 266 ff.
– siehe auch Strafsteuer; Willensvollstrecker
Steuerverfahren 517–518 N. 235 ff.
Steuerverfahrenssukzession 517–518 N. 245
Stiftung Vorbem. N. 144; 517–518 N. 1, 8, 96, 149, 176, 231, 311, 357, 454 und 534
– *Errichtung* 517–518 N. 78 und 354
– *letztwillige Errichtung* 517–518 N. 78, 94 und 354 f.
– *Vermächtnis* 517–518 N. 292 f.
– siehe auch Familienstiftung
Stiftungsaufsicht 517–518 N. 354 und 357
– siehe auch Beschwerde – an die Stiftungsaufsicht
Stiftungsrat, siehe Willensvollstrecker; Willensvollstrecker – Interessenkollision
Stimmrecht, siehe Willensvollstrecker
Stockwerkeigentum 517–518 N. 171, 183 und 202
Strafrecht 517–518 N. 567 ff.
– siehe auch Steuerstrafrecht
Strafsteuer 517–518 N. 251
Strafverfahren, siehe Willensvollstrecker – Legitimation • zur Einleitung eines Strafverfahrens

Strategie der Vermögensanlage, siehe Anlagestrategie
Strategisches Investment-Management 517–518 N. 141
Streit
– *der Erben,* siehe Willensvollstrecker – Konflikte der Erben
– *der Erben mit dem Willensvollstrecker* 517–518 N. 398
Streitgenossenschaft, siehe Erbengemeinschaft
Streitverkündigung, siehe Erben; Willensvollstrecker
Stundentarif, siehe Willensvollstrecker – Honorar
Substitution Vorbem. N. 51
– siehe auch Willensvollstrecker
Südafrika
– *Executor in der Schweiz* Vorbem. N. 152 f.
Summarisches Verfahren, siehe Aufsichtsverfahren
Surrogation 517–518 N. 83
Suspendierung, siehe Aufsichtsbehörde – Massnahmen; Willensvollstrecker

T
Taktik der Vermögensanlage 517–518 N. 173
Teilbarkeit des Nachlasses 517–518 N. 171 und 298
Teilungsinventar 517–518 N. 294
Teilungsklage 517–518 N. 315 ff.
– *des Willensvollstreckers,* siehe dort
– *eines Erben* 517–518 N. 315 ff.
– *zur Zeit abzuweisen* 517–518 N. 305
– siehe auch Willensvollstrecker – Fristansetzung • zur Anhebung der Teilungsklage; Willensvoll-

strecker – Legitimation • bei der Teilungsklage
Teilungsplan, siehe Willensvollstrecker
Teilungsvereinbarung (-vertrag) 517–518 N. 307 ff., 342 und 375
- *Beispiel* 517–518 N. 313
- *Bindung des Willensvollstreckers* 517–518 N. 310
- *partieller* Vorbem. N. 124; 517–518 N. 310
- *Nichtteilungsvertrag*, siehe dort
- *Schriftlichkeit* 517–518 N. 308
- *Vertretung beim Abschluss* 517–518 N. 309
- *vollständiger* 517–518 N. 310
- *vollziehen* 517–518 N. 342

Teilungsvorschläge 517–518 N. 296
- siehe auch Fortführungsvereinbarung

Teilungsvorschriften Vorbem. N. 9; 517–518 N. 91, 202, 292, 311, 338 und 345

Territorialitätsprinzip Vorbem. N. 102, 146 und 154

Testament, siehe Verfügung – letztwillige; Patientenverfügung (Patiententestament)

Testamentair bewind, siehe Niederlande

Testamentary trust, siehe Trust

Testamentseröffnung, siehe Willensvollstrecker – Ausweis

Testaments-Exekutor, siehe Österreich

Testamentsexekutor, siehe Schweden

Testamentsvollstrecker
- *kantonaler* Vorbem. N. 7 und 9
- siehe auch Deutschland; Griechenland

Testamentsvollstreckerzeugnis Vorbem. N. 86, 119 und 125

- siehe auch Eigenrechts-Testamentsvollstreckerzeugnis; Exequaturverfahren – Deutschland und Griechenland; Fremdrechts-Testamentsvollstreckerzeugnis

Testamentszeugen, siehe Willensvollstrecker – Interessenkollision

Testierfähigkeit Vorbem. N. 17; 517–518 N. 19, 28, 42 und 120

Testierfreiheit, siehe Verfügungsfreiheit

Theorien, siehe Willensvollstrecker

Title, siehe Equitable title; Legal title

Tod, siehe Erblasser; Willensvollstrecker

Totenfürsorge Vorbem. N. 14

Tracing Vorbem. N. 51 und 55

Trauerfeier Vorbem. N. 16 und 24

Treugut Vorbem. N. 49 ff.; 517–518 N. 85

Treuhänder, siehe Willensvollstrecker – Theorien; Ersatztreuhänder

Treuhand Vorbem. N. 48 ff. und 63
- *Aufsicht* 517–518 N. 51
- *des römischen Rechts* Vorbem. N. 49 und 53
  • siehe auch Fiduzia
- *des schweizerischen Rechts* Vorbem. N. 49 und 51
- *deutsch-rechtliche* Vorbem. N. 50 und 54
- *Ermächtigungstreuhand* Vorbem. N. 50
- *Verwaltungstreuhand* Vorbem. N. 49 f.
- *Vollmachtstreuhand* Vorbem. N. 50

Trust Vorbem. N. 48, 51, 55, 61 und 144; 517–518 N. 155 ff. und 231
- *Constructive trust* Vorbem. N. 55

- *Discretionary trust* Vorbem. N. 55
- *Flexibilität* Vorbem. N. 55
- *Irrevocable trust* Vorbem. N. 51
- *Protective trust* Vorbem. N. 55
- *Spendthrift trust* Vorbem. N. 55
- *Testamentary trust* 517–518 N. 144

Trustee Vorbem. N. 51, 55, 61, 88, 92, 97, 144 und 146; 517–518 N. 155 ff.
- *Aufsicht* 517–518 N. 51

Trustvermögen Vorbem. N. 51
- siehe auch Anlage

Tschechien *(Tschechische Republik)* Vorbem. N. 110

U

Übersetzung Vorbem. N. 89, 92, 95, 115 und 122; 517–518 N. 393

Übertragung
- *der einzelnen Nachlassgegenstände auf die Erben* 517–518 N. 344 und 347 f.
- *des Eigentums auf die Erben*, siehe Universalsukzession
- *von Liegenschaften*, siehe Willensvollstrecker – Liegenschaften

Überwachung
- *des Nachlassvermögens*, siehe Monitoring
- *durch den Willensvollstrecker* 517–518 N. 94 und 175
  • siehe auch Aufsichtsbehörde

Überwachungsfunktion (von ausländischen Vollstreckern) Vorbem. N. 126, 128, 130, 132 und 134

Üble Nachrede 517–518 N. 569

Uitvoerder, siehe Niederlande

Umbau von Nachlassliegenschaften, siehe Willensvollstrecker – Liegenschaften • verwalten

Umstrukturierung des Nachlassvermögens 517–518 N. 106, 177 und 298

Unentgeltliche Zuwendungen, siehe Zuwendungen

Unerlaubte Handlung 517–518 N. 212 und 438

Unfähigkeit 517–518 N. 4, 524 f. und 548

Ungerechtfertigte Bereicherung 517–518 N. 373

Ungetreue Geschäftsbesorgung 517–518 N. 568

Ungültigerklärung, *einer letztwilligen Verfügung*, siehe Verfügung
- letztwillige

Ungültigkeitsklage Vorbem. N. 10; 517–518 N. 352, 427, 452, 482 und 524
- *Auswirkung auf Annahme des Willensvollstreckers* 517–518 N. 33
- *Auswirkung auf Ausstellung des Willensvollstreckerzeugnisses* 517–518 N. 38 f. und 43
- *Auswirkung auf Erbteilung* 517–518 N. 343
- *Auswirkung auf Ernennung des Willensvollstreckers zum Erbschaftsverwalter* 517–518 N. 120
- *Auswirkung auf Verfügungsbefugnis* 517–518 N. 204
- siehe auch Vorsorgliche Massnahmen – bei der Ungültigkeitsklage; Willensvollstrecker – Legitimation • bei der Ungültigkeitsklage

Uniform Prudent Investor Act (UPIA) 517–518 N. 156

United Kingdom, siehe England

United States of America, siehe USA

Universalsukzession Vorbem.
N. 28, 30, 44, 53, 55, 72 und
144; 517–518 N. 73, 229 und
244 f.
(Un)parteilichkeit 517–518 N. 41,
297 und 529
Untätigkeit 517–518 N. 526
Unterdrückung einer Urkunde
517–518 N. 571
Unterhaltsansprüche 517–518
N. 113
Unterhaltsarbeiten an Nachlassliegenschaften, siehe Willensvollstrecker – Liegenschaften
• verwalten
Unternehmen
– *Auflösung,* siehe Willensvollstrecker
– *Umgestaltung* 517–518 N. 332
– *Weiterführung,* siehe Willensvollstreckung
Unternehmensleiter, siehe Willensvollstrecker – Interessenkollision
und – Unternehmensleitung übertragen
Unternehmensnachfolge 517–518
N. 184 ff. und 332 ff.
Unzeit, siehe Willensvollstrecker –
Rücktritt
Unzweckmässigkeit, siehe Willensvollstrecker
Urteil
– *ausländisches* Vorbem. N. 91
– *der Teilungsklage* 517–518
N. 342
– *des Richters* 517–518 N. 444
USA
– *Executor in der Schweiz*
Vorbem. N. 146 f.
– *Willensvollstrecker in den USA*
Vorbem. N. 100 ff. und 105

V
Veräusserung von Liegenschaften,
siehe Willensvollstrecker – Liegenschaften
Verantwortlichkeit, *zivilrechtliche,*
siehe Willensvollstrecker – Haftung
Verantwortung, siehe Willensvollstrecker
Verbeiständung Vorbem. N. 38;
517–518 N. 360 und 490
Vereinbarung
– *der Teilung,* siehe Teilungsvereinbarung (-vertrag)
– *eines Teilungsaufschubs,* siehe
Fortführungsvereinbarung
Vereinfachte Nachbesteuerung
517–518 N. 32 und 252
Verfahren
– *kantonales* 517–518 N. 560
– *nichtstreitiges* 517–518 N. 118
und 554
– *summarisches* siehe Aufsichtsverfahren
Verfahrenssukzession, siehe
Steuerverfahrenssukzession
Verfügung
– *Letztwillige*
  • *als Grundlage für die Tätigkeit des Willensvollstreckers*
    517–518 N. 17 und 93
  • *Anfechtung,* siehe dort
  • *Auslegung* 517–518 N. 39,
    94, 209, 291 f., 308, 345,
    378, 388, 433, 442 f., 478,
    484, 491 und 500
  • *Bedingungen,* siehe dort
  • *Eigenhändige* 517–518 N. 17
  • *Einlieferung* Vorbem. N. 56;
    517–518 N. 23 f.
  • *Einsicht* 517–518 N. 28
  • *Ermessen (bei der Auslegung)*
    517–518 N. 95 und 345
  • *Eröffnung* 517–518 N. 23

- • *Höchstpersönlichkeit*, siehe dort
- • *Mündliche* 517–518 N. 17
- • *Öffentlich beurkundete* Vorbem. N. 69; 517–518 N. 17
- • *Ungültigerklärung* 517–518 N. 380
- – *über den Erbteil* 517–518 N. 200
- – *unter Lebenden* Vorbem. N. 5 und 56; 517–518 N. 18 und 189
  - • siehe auch Lebensversicherung; Schenkung; Stiftung
- **Verfügungsbefugnis**
- – *des Erblassers* Vorbem. N. 7
- – *des Willensvollstreckers*, siehe dort
- **Verfügungsfähigkeit**, siehe Testierfähigkeit
- **Verfügungsfreiheit** Vorbem. N. 7
- **Verfügungsmacht**, siehe Willensvollstrecker
- **Vergleich** *abschliessen* 517–518 N. 445
- **Verjährung**, siehe Rückforderungsanspruch; Willensvollstrecker – Haftung und – Honorar
- – siehe auch Verwirkung
- **Verkauf von Liegenschaften**, siehe Willensvollstrecker – Liegenschaften • verkaufen
- **Verklaring van executele**, siehe Exequaturverfahren – Niederlande
- **Vermächtnis** Vorbem. N. 7, 124, 128, 130, 134 und 137; 517–518 N. 8, 28, 78, 91, 94 ff., 126, 139, 163, 168, 196, 203, 222, 287 ff., 311, 349, 350, 380, 388, 403, 413, 422, 425 ff., 431, 437 f., 442 f., 453, 468, 472 f., 476 und 533
- – *Auslegung* 517–518 N. 291
- – *ausrichten*, siehe Willensvollstrecker
- – *Bestimmung der Begünstigten und des Inhalts* 517–518 N. 291
- – *Fälligkeit* 517–518 N. 287 und 290
- – *Herabsetzung*, siehe dort
- – *Unklares Vermächtnis* 517–518 N. 292 und 427
- – *Vorausvermächtnis* 517–518 N. 306
- – siehe auch Erbenvertreter; Erbschaftsliquidator; Erbschaftsverwalter; Stiftung; Willensvollstrecker
- **Vermächtnisklage** 517–518 N. 472 und 494
- – siehe auch Willensvollstrecker – Legitimation • bei der Vermächtnisklage
- **Vermächtnisnehmer** Vorbem. N. 7, 31, 36, 63 und 111; 517–518 N. 11, 26, 40, 52, 94, 108, 122, 257, 260, 262, 263 f., 269 f., 284, 287 ff., 316, 354, 370, 373, 425 ff., 444, 454, 491, 499 f. und 528
- – *Besitz am Nachlass* 517–518 N. 82 f.
- – *Eigentum am Nachlass* 517–518 N. 75
- – *Legitimation*
  - • *zur Beschwerde an die Aufsichtsbehörde* 517–518 N. 519
  - • *zur Haftungsklage gegen den Willensvollstrecker* 517–518 N. 422
  - • *zur Prozessführung* 517–518 N. 446
- – siehe auch Willensvollstrecker; Willensvollstrecker – Interessenkollision

Vermeidung der Haftung *des Willensvollstreckers* 517–518 N. 439 ff.
Vermittlung
- *von Verkaufsgelegenheiten* 517–518 N. 401
- *zwischen den Erben*, siehe Willensvollstrecker

Vermögen
- *anlegen*, siehe Anlage
- *im Ausland* 517–518 N. 197

Vermögensrechtliche Anordnungen, siehe Anordnungen
Vermögensverwaltung, siehe Anlage; Bankvermögen; Investition; Monitoring; Willensvollstrecker
Verrechnung 517–518 N. 112 und 202
- *von Honorar und Schaden* 517–518 N. 406

Verrechnungssteuer 517–518 N. 275
Verschulden, siehe Willensvollstrecker
Versicherung, siehe Haftpflichtversicherung; Lebensversicherung; Sozialversicherungen
Versteigerung von Liegenschaften Vorbem. N. 22; 517–518 N. 203, 212, 217, 224, 299, 431, 433, 447, 453 und 527
- siehe auch Grundbuch – Ausweise • Steigerungsprotokoll; Willensvollstrecker – Liegenschaften • versteigern

Vertrauenshaftung 517–518 N. 437
Vertrauensstellung, siehe Willensvollstrecker
Vertrauenswürdigkeit, siehe Willensvollstrecker
Vertreter, siehe Willensvollstrecker – Theorien

Vertretungsbefugnis, siehe Willensvollstrecker
Vertretungsbeistand, siehe Beistand
Vertretungsmacht, siehe Willensvollstrecker
Vertrauliche Informationen Vorbem. N. 17
Veruntreuung 517–518 N. 567
Verwaltung
- *der Erbschaft*, siehe dort; Willensvollstrecker
- *von Liegenschaften*, siehe Willensvollstrecker – Liegenschaften

Verwaltungsbeistand, siehe Beistand
Verwaltungsklage, siehe Willensvollstrecker
Verwaltungsrat, siehe Willensvollstrecker – Interessenkollision
Verwaltungsverfahren, siehe Willensvollstrecker – Legitimation
Verwaltungsvollstreckung Vorbem. N. 4; 517–518 N. 51
Verweis, siehe Aufsichtsbehörde – Massnahmen
Verwirkung *(von Klagen)* 517–518 N. 53, 91, 295, 343, 454 und 484
Verzicht, siehe Willensvollstrecker
Verzögerung, siehe Willensvollstrecker
Vollmacht
- *auf den Todesfall* 517–518 N. 95
- *über den Tod hinaus (postmortale)* Vorbem. N. 28 f. und 30 f.; 517–518 N. 95 und 209
- *Widerruf* 517–518 N. 31 und 209

Vollstreckbarerklärung *(eines ausländichen Vollstreckerausweises)*, siehe Exequaturverfahren

Vorbestrafte, siehe Willensvollstrecker
Vorerbe, siehe Willensvollstrecker
– Abgrenzung; Willensvollstrecker – Dauer
Vorkaufsrecht Vorbem. N. 5; 517–518 N. 128, 202, 335 und 462
Vormerkung einer vorläufigen Eintragung 517–518 N. 89, 202, 352 und 394
Vormund
– *als Vorläufer des Willensvollstreckers* Vorbem. N. 27 und 41
– *eines Erben* 517–518 N. 53, 55, 203, 309, 362, 427 und 490
– *des Erblassers* Vorbem. N. 5; 517–518 N. 8, 80, 112, 118 und 454
– *des Willensvollstreckers* 517–518 N. 19 und 42
– siehe auch Anlage – von Mündelvermögen; Willensvollstrecker – Legitimation • im vormundschaftlichen Verfahren; Willensvollstrecker – Theorien • Vormund
Vormundschaftsbehörden, *Richtlinien der Kantonalen Vormundschaftsbehörden* 517–518 N. 145
Vorschuss, siehe Willensvollstrecker
Vorsorge, *berufliche,* siehe BVG; BVV2
Vorsorgliche Massnahmen Vorbem. N. 65, 75 und 117; 517–518 N. 33, 36, 293, 352, 454, 523, 540, 550 f., 560 und 566
– *bei der Ungültigkeitsklage* 517–518 N. 352

– *im Grundbuchverkehr* 517–518 N. 352
– siehe auch Aufsichtsverfahren; Willensvollstrecker – Legitimation • bei Massnahmen zur Sicherung des Erbgangs

W
Waffen 517–518 N. 84
Weisungen, siehe Aufsichtsbehörde – Massnahmen; Willensvollstrecker
Weisungsrecht 517–518 N. 61 und 422
Weiterführung eines Unternehmens, siehe Willensvollstrecker – Unternehmen • weiterführen
Werterhaltung Vorbem. N. 21 und 23; 517–518 N. 191
Wertschriften, siehe Willensvollstrecker – Vermögensanlage
Wertschwankungen 517–518 N. 125, 166, 296 und 299
Wertverlust *(Wertverminderung)* 517–518 N. 135, 143, 157, 163, 166, 168, 174, 175, 291, 299, 306, 317, 473 und 477
Widerruf, siehe Auftrag; Schenkung; Vollmacht; Willensvollstrecker – Grundverhältnis
Widerspruchsverfahren 517–518 N. 514
Willensvollstrecker
– *Aberkennungsklage* 517–518 N. 513
– *Abgaben,* siehe Sozialversicherungen; Stempelabgabe; Zusatzleistungen
– *Abgrenzung*
  • *zum Beistand eines Sterbenden* Vorbem. N. 59; 517–518 N. 59

(Willensvollstrecker)
- *zum Erbenvertreter* Vorbem. N. 23 und 58; 517–518 N. 124
- *zum Erbschaftsliquidator* Vorbem. N. 22 und 57; 517–518 N. 122 ff.
- *zum Erbschaftsverwalter* Vorbem. N. 20 und 56; 517–518 N. 117 ff.
- *zum Trustee* Vorbem. N. 61
- *zum Vorerben* Vorbem. N. 60
– *Abrechnung* 517–518 N. 407 ff.
– *Absetzung* 517–518 N. 8, 9, 20, 39, 41, 71, 118, 120, 186, 355, 377, 380, 382 f., 454, 524, 531, 547 ff. und 566
– *Absetzungsklage* siehe dort
– *Abtretung von Forderungen* 517–518 N. 202
– *Abwesenheit* 517–518 N. 63, 524 und 548
– *Abwicklungsvollstrecker* Vorbem. N. 2; 517–518 N. 146, 148, 151, 158, 164, 165, 167, und 179
– *Akten aufbewahren*, siehe dort
– *Alleinerbe* 517–518 N. 3, 8, 27,342 und 485
- *als Beschränkung der freien Erbschaftsverwaltung* 517–518 N. 2
- *als Erbschaftsliquidator* 517–518 N. 44 und 123
- *als Erbschaftsverwalter im Sinne von Art. 554 ZGB* 517–518 N. 117 ff.
- *als Erbschaftsverwalter im Sinne von Art. 556 ZGB* 517–518 N. 121
- *als Institut eigener Art* Vorbem. N. 47 und 62 f
- *als Schiedsrichter* 517–518 N. 331
- *als Stiftungsrat* 517–518 N. 355
– *Anfechtung der Ernennung*
  - *aufgrund einer Interessenkollision* 517–518 N. 7
  - *Einsetzung als Erbschaftsverwalter* 517–518 N. 120
– *Anlagestrategie entwickeln und umsetzen* 517–518 N. 133 ff. insbesondere N. 140, und 165 ff.
– *Annahme* 517–518 N. 29 ff.
  - *Adressat: Zuständige kantonale Behörde* 517–518 N. 29
  - *Form: formfreie Erklärung* 517–518 N. 30
  - *keine Pflicht* 517–518 N. 32
  - *Wirkung: Eintreffen bei der zuständigen Behörde* 517–518 N. 33
  - *Zeitpunkt: Erklärung vor Testamentseröffnung* 517–518 N. 31
– *Anordnungen des Erblassers durchsetzen* Vorbem. N. 1, 9, 11 f., 15 f. und 36; 517–518 N. 96 und 310 f.
– *Anwalts-AG* 517–518 N. 1
– *Anwaltsgemeinschaft* 517–518 N. 1
– *Anwendung ausländischen Rechts* 517–518 N. 393
– *Anwendung fremder Sprachen* 517–518 N. 393
– *Aufgaben* Vorbem. N. 1 ff.
– *Auflagen vollziehen* Vorbem. N. 1, 11, 14 ff., 18, 31 und 124; 517–518 N. 78, 95 f., 185, 196, 293, 311, 333, 338, 354, 413 und 471
– *Auflösung (einer juristischen Person)* 517–518 N. 339 ff.
  - *als Beendigungsgrund für die Willensvollstreckung* 517–518 N. 378

(Willensvollstrecker)
- *Aufsicht* 517–518 N. 515 ff.
  - *Schiedsfähigkeit* 517–518 N. 330
  - *zwingende Natur* 517–518 N. 515
- *Auftrag* Vorbem. N. 26 ff. und 63; 517–518 N. 58 ff. und 229, 377, 381, 387, 423, 427, 429, 430, 456 und 478
- *Aufzeichnungen* 517–518 N. 407
- *Ausbildung* 517–518 N. 392
- *Auskunftspflicht*
  - *gegenüber den Erben* 517–518 N. 217 ff.
  - *gegenüber Dritten* 517–518 N. 222
- *Auskunftsrecht* 517–518 N. 215 f. und 226 ff.
- *ausländischer* Vorbem. N. 106 ff.; 517–518 N. 4, 23, 119, 197 und 548
- *Auslagen* 517–518 N. 405
- *Ausweis* 517–518 N. 34 ff.
  - *Ablehnung* 517–518 N. 42
  - *Absetzungsgrund* 517–518 N. 39
  - *Anordnung einer Erbschaftsliquidation* 517–518 N. 44
  - *Anordnung einer Erbschaftsverwaltung* 517–518 N. 44
  - *Auslegungsstreit* 517–518 N. 39 und 41
  - *Einladung zur Testamentseröffnung* 517–518 N. 46
  - *Einsprache* 517–518 N. 39
  - *Erbbescheinigung* 517–518 N. 36 und 48 ff.
  - *formungültige letztwillige Verfügung* 517–518 N. 42
  - *Gegenstandslosigkeit* 517–518 N. 39
  - *Handlungsfähigkeit fehlt* 517–518 N. 42
  - *Hinweis* 517–518 N. 38
  - *Inhalt* 517–518 N. 38
  - *Internationale Anerkennung* Vorbem. N. 85 ff. und 109 ff.
  - *Interessenkollision* 517–518 N. 41
  - *Kopie* 517–518 N. 45
  - *Sistierung* 517–518 N. 43
  - *Testament als Ausweis* Vorbem. N. 122
  - *Testamentseröffnung* 517–518 N. 46 f.
  - *Testierfähigkeit fehlt* 517–518 N. 42
  - *Ungültigkeitsklage* 517–518 N. 39 und 41
  - *Verfahren* 517–518 N. 36
  - *Vermerk* 517–518 N. 38 und 40
  - *Voraussetzungen* 517–518 N. 37
  - siehe auch Ausstellung eines schweizerischen Ausweises für einen ausländischen Vollstrecker; Exequaturverfahren; Grundbuch – Ausweise; Zuständige kantonale Behörde
- *Bankvermögen verwalten* 517–518 N. 131 ff.
- *Bauvorschriften geltend machen* 517–518 N. 130
- *Beendigung* 517–518 N. 376 ff.
  - siehe auch Willensvollstrecker – Mehrere Willensvollstrecker • Ausscheiden
- *Befähigung* 517–518 N. 4
- *Behörde, zuständige kantonale,* siehe Zuständige kantonale Behörde
- *Behördenmitglieder* 517–518 N. 6
- *Berufung* 517–518 N. 16
  - siehe auch Ernennung

(Willensvollstrecker)
- *Besitz* 517–518 N. 77, 80 ff. und 367
  • *herausverlangen* 517–518 N. 82
  • *unmittelbarer Besitz* 517–518 N. 81
  • *unselbständiger Besitz* 517–518 N. 81
- *Besitzesschutz* 517–518 N. 83 und 368
- *Betreibung* 517–518 N. 434 und 505 ff.
- *Betreibung anheben* 517–518 N. 511
- *Betreibungsurkunden zustellen* 517–518 N. 510
- *Betriebene (fruchtlos Betriebene)* 517–518 N. 5
- *Buchhaltung führen* 517–518 N. 129, 407 und 538
- *Dauer* 517–518 N. 51 ff. und 376 ff.
  • *Nacherbe* 517–518 N. 56
  • *Vorerbe* 517–518 N. 56
- *Dauervollstrecker* Vorbem. N. 4 und 11; 517–518 N. 51 ff. und 176 f.
  • siehe auch Lebzeit der Erben
- *Diversifikation* 517–518 N. 134, 141, 149, 155 ff., 160, 166
- *Doppelvertretung* 517–518 N. 10 und 212
- *Dringlichkeit* 517–518 N. 393
- *Effiziente Abwicklung* 517–518 N. 396
- *Eigentum am Nachlass (kein Eigentum)* 517–518 N. 76
- *Einkommens- und Vermögenssteuer* 517–518 N. 246 ff.
- *Einsicht in die letztwillige Verfügung* 517–518 N. 28
- *Einzelfirma*
  • *fortführen* 517–518 N. 337
- • *Übertragung auf die Erben* 517–518 N. 341
- *Ehegatte als Willensvollstrecker* 517–518 N. 1
- *Entlassung*, siehe Absetzung
- *Erben als Willensvollstrecker* 517–518 N. 1
- *Erbgang sichern* 517–518 N. 102 ff., 200, 428
- *Erbschaft verwalten* Vorbem. N. 2 und 5; 517–518 N. 116 ff.
- *Erbschaftsklage*, siehe dort
- *Erbschaftssteuer* 517–518 N. 260 ff.
- *Erbschaftsverwalter*, siehe Willensvollstrecker – Abgrenzung
- *Erbteilung*
  • *durchführen* Vorbem. N. 1 und 8; 517–518 N. 342 ff. und 364 ff.
  • *vorbereiten* 517–518 N. 282 ff.
- *Erfahrung* 517–518 N. 392
- *Erledigung der Aufgabe* 517–518 N. 39 und 381
- *Ermächtigung*, siehe Willensvollstrecker – Verfügungsmacht; Willensvollstrecker – Vertretungsmacht
- *Ermessen*, siehe dort
- *Ernennung* 517–518 N. 16 ff.
  • *durch Dritte (nicht)* 517–518 N. 18
  • *durch Erbvertrag (nicht)* 517–518 N. 18
  • *durch letztwillige Verfügung* 517–518 N. 17
  • *unsittliche* 517–518 N. 3
  • siehe auch Willensvollstrecker – Anfechtung der Ernennung
- *Eröffnungsricher* 517–518 N. 6

(Willensvollstrecker)
- *Ersatzwillensvollstrecker* 517–518 N. 20 und 385
  - *De lege ferenda* 517–518 N. 21
- *Fachliche Qualifikation* 517–518 N. 4, 392 und 432
- *Fähigkeiten* Vorbem. N. 55; 517–518 N. 60, 119 und 194 ff.
  - *exklusive* 517–518 N. 200 und 209
  - siehe auch Willensvollstrecker – Verfügungsmacht; Willensvollstrecker – Vertretungsmacht
- *Forderungen*
  - *abtreten* 517–518 N. 202
  - *geltend machen* 517–518 N. 112
- *Frist*
  - *zur Annahme* 517–518 N. 27
  - *zur Durchführung der Willensvollstreckung* 517–518 N. 379
- *Fristansetzung*
  - *zur Anhebung der Teilungsklage* 517–518 N. 316
- *Generalexekutor* 517–518 N. 60, 99, 195 und 470
- *Geschäfte (laufende) beenden* 517–518 N. 128
- *Gründung*
  - *einer Aktiengesellschaft (AG)* 517–518 N. 356
  - *einer Gesellschaft mit beschränkter Haftung (GmbH)* 517–518 N. 356
  - *einer Kollektivgesellschaft* 517–518 N. 356
  - *einer Kommanditgesellschaft* 517–518 N. 356
  - *einer Stiftung*, siehe Stiftung – Errichtung
- *Grundbuch*, siehe *dort*
- *Grundstücke*, siehe Liegenschaften
- *Grundstückgewinnsteuer* 517–518 N. 278
- *Grundverhältnis* 517–518 N. 58 ff.
  - *Beendigung* 517–518 N. 376 ff.
  - *Widerruf* 517–518 N. 383
  - siehe auch Auftrag
- *Haftung* 517–518 N. 175 und 421 ff.
  - *Culpa in contrahendo*, siehe dort
  - *Deliktshaftung*, siehe dort
  - *Kasuistik* 517–518 N. 431 ff.
  - *Kausalzusammenhang (adäquater)* 517–518 N. 426
  - *Schaden* 517–518 N. 425
  - *solidarische* 517–518 N. 429
  - *Verjährung* 517–518 N. 435
  - *Vermeidung*, siehe dort
  - *Verschulden* 517–518 N. 427
  - *vertragsähnliche* 517–518 N. 421 ff.
  - *Vertrauenshaftung*, siehe dort
  - *Zivilverfahren* 517–518 N. 421
  - siehe auch Haftung
- *Haftpflichtversicherung*, siehe dort
- *Handänderungssteuer* 517–518 N. 278
- *Handeln*
  - *im Betreibungsverfahren* 517–518 N. 505 ff.
  - *im eigenen Namen* 517–518 N. 206, 465 und 507
  - *in fremdem Namen* 517–518 N. 214
  - *in Prozessstandschaft* 517–518 N. 466
  - *Kollektives Handeln* 517–518 N. 12 ff.

(Willensvollstrecker)
- *Neutrales Handeln* Vorbem. N. 32 f.
- *Handelsregister*
  - *Anmeldung der Stiftungsorgane* 517–518 N. 357
  - *Anmeldung einer Firmenänderung* 517–518 N. 359
  - *Anmeldung von Anpassungen der Vertretungsordnung* 517–518 N. 358
- *Handlungsfähigkeit* 517–518 N. 2
  - *der Erbengemeinschaft verbessern* Vorbem. N. 3
- *Handlungsunfähigkeit* 517–518 N. 70 und 377
- *Hilfspersonen*, siehe Willensvollstrecker – Substitution
- *Honorar* 517–518 N. 59 und 388 ff.
  - *Abrechnung*, siehe Willensvollstrecker – Abrechnung; Willensvollstrecker – Schlussabrechnung
  - *angemessenes* 517–518 N. 389
  - *Anwaltstarif* 517–518 N. 391 f.
  - *Auslagen*, siehe Willensvollstrecker
  - *Beweislast* 517–518 N. 415
  - *Fachanwalt SAV Erbrecht* 517–518 N. 392
  - *Gesamtbetrachtung* 517–518 N. 400
  - *Kostennote* 517–518 N. 410
  - *Kostenschätzung* 517–518 N. 418
  - *Kostenvorschuss* 517–518 N. 408
  - *Kürzung* 517–518 N. 403
  - *Mehrere Willensvollstrecker* 517–518 N. 404
  - *Notariatstarif* 517–518 N. 391 f.
  - *pauschales* 517–518 N. 390
  - *Retentionsrecht*, siehe Willensvollstrecker – Retentionsrecht
  - *Rechtsanwalt* 517–518 N. 391 f.
  - *Spesen*, siehe Willensvollstrecker – Auslagen
  - *Stundentarif* 517–518 N. 392 ff.
  - *unangemessenes* 517–518 N. 419
  - *Verjährung* 517–518 N. 416
  - *vom Erblasser festgelegtes* 517–518 N. 388
  - *Zeitaufwand* 517–518 N. 396 ff.
  - *Zivilverfahren* siehe dort
- *Inaktivität* 517–518 N. 526
- *Infrastruktur* 517–518 N. 129 und 392
- *Interessenkollision* 517–518 N. 7 ff., 41, 44, 55, 104, 113, 119 f., 173, 184, 186, 218, 254, 309, 325, 331, 340, 351, 355, 380, 383, 433, 454, 478, 532 und 549
  - *als Hinderungsgrund für die Ernennung zum Erbschaftsverwalter 517–518 N. 119*
  - *Bewältigung* 517–518 N. 10
  - *der Bank* 517–518 N. 8
  - *der Berater* 517–518 N. 8
  - *der Testamentszeugen* 517–518 N. 8
  - *der Urkundsperson* 517–518 N. 8
  - *des Aktionärs* 517–518 N. 8
  - *des Alleinerben* 517–518 N. 8
  - *des Anwalts* 517–518 N. 8
  - *des Beistands* 517–518 N. 8

(Willensvollstrecker)
- *des Erben* 517–518 N. 8
- *des Eröffnungsrichters* 517–518 N. 6
- *des Gläubigers* 517–518 N. 8
- *des Notars* 517–518 N. 6
- *des Rechtsanwalts* 517–518 N. 8
- *des Richters* 517–518 N. 6
- *des Sicherungsinventarnotars* 517–518 N. 8
- *des Stiftungsrats* 517–518 N. 8
- *des überlebenden Ehegatten* 517–518 N. 8
- *des Unternehmensleiters* 517–518 N. 8
- *des Vermächtnisnehmers* 517–518 N. 8
- *des Verwaltungsrats* 517–518 N. 8
- *des Vormunds* 517–518 N. 8
- *vom Erblasser geschaffene* 517–518 N. 9
- *vom Willensvollstrecker geschaffene* 517–518 N. 9
- *von Behördenmitgliedern* 517–518 N. 6
– *Inventar aufnehmen* 517–518 N. 107 ff.
  - *Beispiel* 517–518 N. 111
  - *kein Rechnungsruf* 517–518 N. 109
  - *Steuerinventar als Basis* 517–518 N. 108
  - siehe auch Inventar – Amtliches Inventar; Inventar – Öffentliches Inventar
– *Investition von Nachlassvermögen*, siehe dort
– Keine Legitimation
  - *bei der Anerkennungsklage eines Kindes* 517–518 N. 489
  - *bei der Anfechtung einer Enterbung* 517–518 N. 491
  - *bei der Auslegung eines Testaments* 517–518 N. 491
  - *bei der Bevormundung/ Verbeiständung eines Erben* 517–518 N. 490
  - *bei der Teilungsklage* 517–518 N. 495
  - *bei der Vermächtnisklage* 517–518 N. 494
  - *bei Sicherungsmassnahmen* 517–518 N. 493
  - *zur Einleitung eines Strafverfahrens* 517–518 N. 496
– *Klage führen*, siehe Willensvollstrecker – Legitimation
– *Komplexität des Falles* 517–518 N. 393
– *Konflikte der Erben* 517–518 N. 393
– *Konkurs* 517–518 N. 5, 71, 346, 377 und 524
– *Konkursite* 517–518 N. 5
– *Koordination mehrerer Willensvollstrecker* 517–518 N. 11 f., und 397
– *Krankheit* 517–518 N. 63, 118, 525 und 548
– *Kündigung* 517–518 N. 382
– *Kunstfehler* 517–518 N. 427
– *Laufende Geschäfte*, siehe Willensvollstrecker – Geschäfte
– *Legitimation*
  - *bei Akteneditionsbegehren* 517–518 N. 469
  - *bei Anordnung des öffentlichen Inventars* 517–518 N. 487
  - *bei Ansprüchen für und gegen den Nachlass* 517–518 N. 470

(Willensvollstrecker)
- *bei Ansprüchen im Zusammenhang mit seinem Auftrag* 517–518 N. 478
- *bei Auskunftsklagen* 517–518 N. 469
- *bei der Absetzungsklage* 517–518 N. 478
- *bei der Ausrichtung eines Vermächtnisses* 517–518 N. 472
- *bei der Durchführung der Teilung* 517–518 N. 476
- *bei der Erbschaftsklage* 517–518 N. 475
- *bei der Herabsetzung eines Vermächtnisses* 517–518 N. 473
- *bei der Herabsetzungsklage* 517–518 N. 483 f.
- *bei der Teilungsklage* 517–518 N. 315, 322 ff., 476 und 484 f.
- *bei der Ungültigkeitsklage* 517–518 N. 476 und 482
- *bei der Verwaltung des Kindesvermögens* 517–518 N. 477
- *bei Erbunwürdigkeit* 517–518 N. 485
- *bei Feststellungsklagen* 517–518 N. 480
- *bei Gestaltungsklagen* 517–518 N. 480
- *bei Massnahmen zur Sicherung des Erbgangs* 517–518 N. 474 und 493
- *die Herausgabe von Erbschaftssachen zu verlangen (Verwaltungsrecht)* 517–518 N. 83 und 478
- *gegen den Erbschaftsliquidator* 517–518 N. 488
- *im Betreibungsverfahren* 517–518 N. 505 ff.
- *im Eröffnungsverfahren* 517–518 N. 474 und 486
- *im Verwaltungsverfahren* 517–518 N. 479
- *zum Vollzug von Auflagen* 517–518 N. 471
- *zur Anrufung der Aufsichtsbehörde* 517–518 N. 520
- *zur Beantragung der Erbbescheinigung* 517–518 N. 48
- *zur Beschwerde gegen Verfügungen des Grundbuchamts* 517–518 N. 353
- *zur Prozessführung* 517–518 N. 445
- siehe auch Willensvollstrecker – keine Legitimation
– *Leitwährung (bei der Verwaltung des Nachlassvermögens)*, siehe dort
– *Letztwillige Verfügungen vollziehen* Vorbem. N. 1
– *Liegenschaften*
  - *belasten* 517–518 N. 202 und 352
  - *freihändig verkaufen* 517–518 N. 126, 203, 299, 433, 442 und 453
  - *parzellieren* 517–518 N. 171 und 299
  - *übertragen* 517–518 N. 114 und 344
  - *verkaufen* 517–518 N. 94, 126, 202 ff., 278, 298 f., 310, 401 425, 427, 431 ff., 442, 453, 500, 538 und 568; siehe auch • *veräussern*
  - *versteigern* 517–518 N. 203, 212, 217, 224, 277, 299, 433, 447, 453 und 527

(Willensvollstrecker)
- *veräussern* 517–518 N. 33, 53, 90, 94, 202 ff., 299, 433, 442 und 570
- *verwalten* 517–518 N. 178 ff.
– *Liquidation der Erbschaft* Vorbem. N. 6
– *Liquidationsanteil (einer Personengesellschaft) entgegennehmen* 517–518 N. 340
– *Liquidationshandlungen* Vorbem. N. 1 und 6; 517–518 N. 126, 168 und 298
– *Liquidität (des Nachlasses) sicherstellen*, siehe dort
– *Lose bilden*, siehe Losbildung
– *Mehrere Willensvollstrecker* 517–518 N. 11 ff.
  - *Ausscheiden eines Willensvollstreckers* 517–518 N. 14
  - *Beteiligungsmodelle* 517–518 N. 15
  - *Gesetzliche Regeln* 517–518 N. 13
  - *Koordination* 517–518 N. 397
  - *Regeln des Erblassers* 517–518 N. 12
– *Mehrwertsteuer* 517–518 N. 275, 277 und 417
– *Mitgliedschaftsrechte ausüben* 517–518 N. 185, 340
– *Mitteilung an den Willensvollstrecker* 517–518 N. 25 ff.
  - *von Amtes wegen* 517–518 N. 26
– *Mitteilungspflicht* 517–518 N. 223 ff.
– *Mitwirkung im Steuerverfahren* 517–518 N. 235 ff.
  - siehe auch Willensvollstrecker – Einkommens- und Vermögenssteuer / – Erbschaftssteuer / – Grundstückgewinnsteuer / – Handänderungssteuer / – Mehrwertsteuer / – Nachlasssteuer / – Nachsteuern / – Steuerinventar / – Steuerstrafrecht und – Verrechnungssteuer
– *Nachfolger eines Unternehmers bestimmen* 517–518 N. 333
– *Nachlasssteuer* 517–518 N. 261, 263, 265
– *Nachlassvermögen* 517–518 N. 110
  - *verwalten*, siehe Willensvollstrecker – Erbschaft verwalten
– *Nachsteuern* 517–518 N. 253 ff.
– *Nationalität*, siehe Staatsangehörigkeit
– *Nebenintervention* 517–518 N. 501 f.
– *Notar als Willensvollstrecker* 517–518 N. 6
– *Nutzung des Nachlasses* 517–518 N. 76
  - siehe auch Eltern – Ausschluss von der Verwaltung des Kindesvermögens
– *Parteistellung*, siehe dort
– *Person* 517–518 N. 1 ff.
  - *Bestimmte oder bestimmbare Person* 517–518 N. 1
  - *Handlungsfähige Person* 517–518 N. 2
  - *Natürliche oder juristische Person* 517–518 N. 1
– *Personengesellschaft* 517–518 N. 1 und 188 ff.
– *Pflichten* 517–518 N. 58 ff.
– *Pflichtverletzung* 517–518 N. 217, 383, 398, 424, 529 und 533 f.
– *Prozesse*
  - *des Erblassers beenden* 517–518 N. 128

(Willensvollstrecker)
- *des Erblassers fortführen* 517–518 N. 187
  - *über güterrechtliche Ansprüche* 517–518 N. 284
- *Prozessführung durch den Willensvollstrecker* 517–518 N. 464 ff.
- *Prozessführungsbefugnis* 517–518 N. 60 und 467 ff.
  - *exklusive* 517–518 N. 467
  - Umfang 517–518 N. 468 ff.; siehe auch Legitimation
- *Qualifikation*
  - *rechtliche* Vorbem. N. 25 ff.
  - *fachliche* 517–518 N. 392
- *Realteilung vorbereiten* 517–518 N. 314
- *Rechenschaft ablegen* 517–518 N. 95, 396 und 407 ff.
- *Rechnungsruf*, siehe Willensvollstrecker – Inventar
- *Rechtsanwalt als Willensvollstrecker* 517–518 N. 8
- *Rechtsmittel*
  - *in öffentlich-rechtlichen Verfahren* 517–518 N. 130
  - *im Strafverfahren gegen den Erblasser* 517–518 N. 574
  - *im Aufsichtsverfahren gegen den Willensvollstrecker*, siehe Aufsichtsbehörde
  - siehe auch dort
- *Rechtsnachfolger* 517–518 N. 1 und 21
- *Rechtsöffnungsverfahren* 517–518 N. 512
- *Retentionsrecht* 517–518 N. 347 und 420
- *Richter benachrichtigen (Art. 725 OR)* 517–518 N. 339
- *Rückforderungsanspruch*, siehe dort
- *Rückstellungen bilden* 517–518 N. 453
- *Rücktritt* 517–518 N. 382
  - *zur Unzeit* 517–518 N. 382 und 440
- *Schiedsrichter* 517–518 N. 3, 94 und 325 ff.
- *Schlussabrechnung* 517–518 N. 409
- *Schulden*
  - *begründen* 517–518 N. 127
  - *bezahlen (tilgen)* Vorbem. N. 1; 517–518 N. 113
- *Selbstkontrahieren* 517–518 N. 10, 186 und 212
- *Sorgfaltspflicht* 517–518 N. 62, 98, 168, 175, 246, 427, 433 und 447
- *Spezialexekutor* 517–518 N. 94, 119 und 196
- *Staatsangehörigkeit* Vorbem. N. 106; 517–518 N. 4
- *Steuerinventar* 517–518 N. 239
- *Steuerstrafrecht* 517–518 N. 266 ff.
- *Steuerverfahren* 517–518 N. 235 ff.
  - siehe auch Willensvollstrecker – Einkommens- und Vermögenssteuer / – Erbschaftssteuer / – Grundstückgewinnsteuer / – Handänderungssteuer / – Mehrwertsteuer / – Nachlasssteuer / – Nachsteuern / – Steuerinventar / – Steuerstrafrecht und – Verrechnungssteuer
- *Stiftung errichten*, siehe Stiftung – Errichtung
- *Stiftungsrat* 517–518 N. 8
- *Stimmrechte ausüben* 517–518 N. 185
- *Streitgenossenschaft* 517–518 N. 460 und 505

(Willensvollstrecker)
- *Streitverkündigung (den Erben)* 517–518 N. 445 und 502
- *Substitution* 517–518 N. 63
- *Suspendierung im Amt* 517–518 N. 99, 355, 550 f. und 566
- *Tätigkeit im Ausland* Vorbem. N. 85 ff.
- *Teilungsklage* 517–518 N. 322 ff.
- *Teilungsplan*
  • *Basler Praxis* 517–518 N. 319
  • *erarbeiten* 517–518 N. 294 ff.
  • *Beispiel* 517–518 N. 301
  • *vollziehen* 517–518 N. 319 ff.
  • *Zürcher Praxis* 517–518 N. 319
- *Teilungsvereinbarung (-vertrag)*, siehe dort
- *Teilungsvorschläge* 517–518 N. 296, 306, 334 f. und 354
- *Theorien*
  • *Amtsinhaber* Vorbem. N. 46 f.
  • *Beauftragter* Vorbem. N. 26
  • *Gesetzlicher Vertreter* Vorbem. N. 34 ff.
  • *Organ* Vorbem. N. 44 f.
  • *Treuhänder* Vorbem. N. 48 ff.
  • *Trustee* Vorbem. N. 55
  • *Vermögensverwalter* 517–518 N. 46
  • *Vertreter der Erben* Vorbem. N. 30 f
  • *Vertreter des Erblassers* Vorbem. N. 28 f.
  • *Vertreter der Erbschaft* Vorbem. N. 32 f.
  • *Vormund* Vorbem. N. 41 ff.
- *Treugut* 517–518 N. 49 ff. und 85
- *Tod* 517–518 N. 14, 70 und 377
- *Überlebender Ehegatte als Willensvollstrecker* 517–518 N. 8
- *Übernahme des Amtes* 517–518 N. 23 ff.
- *Unangemessenheit seiner Massnahmen* 517–518 N. 527
- *Unfähigkeit* 517–518 N. 524 f.
- *(Un)parteilichkeit* 517–518 N. 41, 297 und 529
- *Untätigkeit* 517–518 N. 526
- *Unternehmen*
  • *auflösen* 517–518 N. 339 ff.
  • *weiterführen* 517–518 N. 184 ff.
- *Unternehmensleitung übertragen* 517–518 N. 186
- *Unternehmensnachfolge vorbereiten* 517–518 N. 332 ff.
- *Unzweckmässigkeit seiner Massnahmen* 517–518 N. 527
- *Verantwortung (besondere)* 517–518 N. 394
- *Verantwortlichkeit*, siehe Willensvollstrecker – Haftung
- *Vereinbarung mit den Erben (über die Beendigung der Willensvollstreckung)* 517–518 N. 384
- *Verfügungsbefugnis* 517–518 N. 204
- *Verfügungsmacht* 517–518 N. 60 und 198 ff.
  • *Kontrolle durch Grundbuchführer* 517–518 N. 351
  • *Überschreiten* 517–518 N. 201
- *Verkauf von Liegenschaften*, siehe Willensvollstrecker – Liegenschaften

(Willensvollstrecker)
- *Vermächtnis*
  - *auslegen* 517–518 N. 291 f.
  - *ausrichten* Vorbem. N. 1 und 7; 517–518 N. 96, 114, 203, 287 ff., 311, 349 f., 403, 422, 425, 427, 431, 438, 442, 472, und 476
  - *Nichtausrichtung* 517–518 N. 533
- *Vermächtnisnehmer* 517–518 N. 8
- *Vermittlung zwischen den Erben* 517–518 N. 302 ff.
- *Vermögensanlage* 517–518 N. 165 ff.
- *Vermögensverwaltungsverträge* 517–518 N. 132
- *Verpflichtungen des Erblassers erfüllen* 517–518 N. 114
- *Verrechnung*, siehe dort
- *Verrechnungssteuer* 517–518 N. 276
- *Verschulden* 517–518 N. 427
- *Vertrauensstellung* 517–518 N. 392
- *Vertrauenswürdigkeit* 517–518 N. 548
- *Vertretung der Erben in Steuerverfahren* 517–518 N. 239, 241, 248 f., 253, 256, 260, 261, 265, 275, 276, 278, 279, 280 und 281
- *Vertretungsbefugnis* 517–518 N. 213
- *Vertretungsmacht* Vorbem. N. 37; 517–518 N. 207 ff.
- *Verwaltung der Erbschaft* 517–518 N. 77 und 92 ff.
  - *Erhaltung in natura* 517–518 N. 125
- *Verwaltung des güterrechtlichen Anspruchs des überlebenden Ehegatten* 517–518 N. 283

- *Verwaltungsklage* 517–518 N. 83
- *Verwaltungsrecht* 517–518 N. 83, 367, 373, 464 und 478
- *Verzicht* 517–518 N. 14 und 382
- *Verzögerung* 517–518 N. 305, 433, 452, 526 und 565
- *Vollzug*
  - *der Erbteilung* Vorbem. N. 11; 517–518 N. 342 ff. und 364 ff.
  - *formungültiger Verfügungen* 517–518 N. 345
  - *ohne den Willensvollstrecker* 517–518 N. 374 ff.
  - *von Auflagen* Vorbem. N. 11; 517–518 N. 96 und 311
- *Vorbestrafte* 517–518 N. 5
- *Vorschuss auszahlen* 517–518 N. 300
- *Weisungen*
  - *der Aufsichtsbehörde* 517–518 N. 427, 443, 520, 538 und 546
  - *der Erben* 517–518 N. 61 und 97
  - *des Erblassers* 517–518 N. 61, 93, 165 und 185 f.
  - *Nichtbefolgung* 517–518 N. 427
- *Widerruf* 517–518 N. 70 und 383
- *Widerspruchsverfahren* 517–518 N. 514
- *Willkür* 517–518 N. 527, 530, 559 und 565 f.
- *Wohnsitz* 517–518 N. 4 und 119
- *Zahlungsunfähigkeit* 517–518 N. 377
- *Zuständigkeit*, siehe dort; Zuständige kantonale Behörde
- *Zustimmung* 517–518 N. 54 und 153

Willensvollstreckung, siehe Willensvollstrecker
Willkür, siehe Willensvollstrecker
Wohnsitz, siehe Erblasser; Willensvollstrecker
Wohnsitzprinzip Vorbem. N. 70 und 77
– *England (Grossbritannien, UK)* Vorbem. N. 77
– *Frankreich,* Vorbem. N. 77
– *USA,* Vorbem. N. 77
Wohnung, siehe Zuweisung
Wünsche der Erben 517–518 N. 297

Z
Zahlung
– *aufgrund des Wrongful Death Law* Vorbem. N. 5.
Zahlungsunfähigkeit, siehe Erbe; Willensvollstrecker
Zeitliche Beschränkung der Willensvollstreckung, siehe Willensvollstrecker – Dauer
Zeugen, siehe Willensvollstrecker – Interessenkollision • des Testamentszeugen
Zivilklage, siehe Zivilrechtliche Streitigkeiten im ordentlichen Verfahren
Zivilrechtliche Streitigkeiten im ordentlichen Verfahren 517–518 N. 411 und 451 ff.
– *Absetzungsklage wegen Interessenkollision* 517–518 N. 454
– *Auskunft* 517–518 N. 453
– *Durchführung der Erbteilung* 517–518 N. 452
– *Haftung* 517–518 N. 452
– *Herabsetzungsklage* 517–518 N. 452
– *Honorar* 517–518 N. 452
– *Ordnungsmässigkeit von Verfügungen des Willensvollstreckers* 517–518 N. 453
– *Ungültigkeitsklage* 517–518 N. 452
Zivilverfahren, siehe Zivilrechtliche Streitigkeiten im ordentlichen Verfahren
Zonenplanänderung bei Nachlassliegenschaften 517–518 N. 130 und 181
Zusatzleistungen 517–518 N. 280
Zuständige kantonale Behörde
– *Amtliches Inventar (Sicherungsinventar)* 517–518 N. 103
– *Aufsichtsbehörde* 517–518 N. 516
– *Einreichung der letztwilligen Verfügung* 517–518 N. 24
– *Erbbescheinigung* 517–518 N. 49
– *Erbschaftsliquidator* 517–518 N. 122
– *Erbschaftsverwalter* 517–518 N. 117
– *Mitteilung an den Willensvollstrecker* 517–518 N. 25
– *Öffentliches Inventar* 517–518 N. 105
– *Sicherungsinventar,* siehe Zuständige kantonale Behörde – Amtliches Inventar
– *Willensvollstreckerausweis* 517–518 N. 35
Zuständigkeit 517–518 N. 451 ff.
– *am letzten Wohnsitz des Erblassers* Vorbem. N. 70 und 77; 517–518 N. 23, 412, 455, 457, 509 und 517
– *am Wohnsitz des Willensvollstreckers* 517–518 N. 421 und 456

- *für das Exequaturverfahren* Vorbem. N. 113
- *Wahl der Heimatzuständigkeit* Vorbem. N. 71
- siehe auch Zivilverfahren; Zuständige kantonale Behörde

Zustimmung, siehe Erben; Gesetzlicher Vertreter; Grundbuch – Ausweise • Zustimmung aller Erben; Willensvollstrecker

Zuweisung
- *Gesamtzuweisung (eherechtliche)* 517–518 N. 42 und 282
- *Naturalzuweisung* 517–518 N. 125, 298 und 341

Zuwendungen
- *unentgeltliche* 517–518 N. 203

Zwangsvollstreckungsverfahren 517–518 N. 505 ff.